郭齐勇　主编

武汉大学阳明学研究中心　贵阳孔学堂文化传播中心　编

陽明學研究

第七辑

人民出版社

目　录

阳明心学的哲学解释

阳明后学与清初思想

现代新儒学与心学传统

书评

诗赋

心性之学：你究竟在追求什么？*

丁为祥

摘要：心性之学作为一种主体性思潮是举世公认的，但其究竟在追求什么却各有不同的说法。固然，以往所谓成圣、成仙与成佛也就代表着传统儒佛道三教的最高追求，但就现实人生而言，促使并支撑其追求的精神动力究竟来自哪里呢？以墨子、孟子和庄子为代表的儒道墨三家实际上也就构成了中国心性之学所以发生的完整谱系，比如墨子的平等意识、孟子的超越追求以及庄子对于人之自然天性的坚持与对体知的捍卫，就构成了中国心性之学所以形成的几个关键环节。仅从儒家来看，则人人生而平等也就代表着心性之学所以确立的精神地基；而尽心则知性知天又构成其人生的主要追求；至于其对人生真切、独到的体知，则又成为其不能不有所表达的精神动力。这就构成了儒家心性之学所以成立的基本依据。至于不同心性包括万事万物之间的差异性与多样性存在，则《中庸》所谓"万物并育而不相害，道并行而不相悖"也就应当成为所有心性之学的一种基本共识。

关键词：心性之学；平等；超越追求；体知；多样性；理解与沟通

在中国文化中，心学或心性之学是一种较为普遍的传统，从儒、道、墨三家到儒、佛、道三教都有其心学；至于其共同特征，则主要在于一种主体性精神。不过，由于这种主体性精神并不是只要讲心、讲性或讲主体性就可以称为心性之学，而主要在于一种为学进路，在于以真正的主体精神面对自己的生存世界及其所面临的问题；因而，只要以真正的主体精神面对儒、佛、道三教所面临的问题，那么其学也就必然会呈现出主体究竟如何成圣、成仙与成佛的实际追求。在这一背景下，其问题自然是真问题，其精神则是活生生的真精神；至于其解决问题的思路与方法，也必然是能够正对问题而又切实可行的思路与方法。相反，如果问题是来自书本、来自权威抑或是来自理论思辨，在这种条件下，无论其如何认真地讨论心、讨论性抑或是讨论主体性精神，那么这种精神说到底也不过是一种来自书本、来自权威抑或是来自理论思辨中的主体性精神而已。这就使我们不得不面对一个问题：什么才是真正的心性之学？什么才是心性之学的真精

---

* 本文为笔者所主持的贵州省哲学社会科学规划国学单列课题："儒道互补及其价值观的相互支撑"（批准号：18GZGX03）的阶段性成果。

神？以及什么才是心性之学的真正追求？

一、基本前提：人与人的本质同一

从思想史的角度看，继儒家而起的墨家就应当说是代表中国心性之学的发轫。当然在此之前，虽然孔子也有关于"心"的一些论述，比如孔子在回答"三年之丧"时反问宰我的"食夫稻，衣夫锦，于女安乎"（《论语·阳货》），所谓"安"与"不安"实际上都指"心"而言；而为孟子所引述的"'操则存，舍则亡，出入无时，莫知其乡'，惟心之谓与"（《孟子·告子上》），也同样代表着孔子对于心之"思"及其走向的描述。至于孔子的"七十而从心所欲，不逾矩"（《论语·阳货》），更是直接就"从心所欲"的角度立说。但我们毕竟不能说孔子所开创的儒学就是心学；至于墨家，则从其产生到形成，则始终都表现出一种鲜明而又强烈的心学特征（就其愿望而言）。作为心学，墨家当然并不同于后来作为儒家心性之学开创者的孟子心学，但其形成却足以表现所有心性之学所以形成之最一般的特征。

关于墨家思想的形成，淮南子曾追溯性地分析说："墨子学儒者之业，受孔子之术，以为其礼烦扰而不悦，厚葬靡财而贫民，（久）服伤生而害事，故背周道而用夏政。"（《淮南子·要略》）这就是说，在淮南子看来，墨子本来也是习儒出身，只是因为"其礼烦扰而不悦，厚葬靡财而贫民，（久）服伤生而害事"，这才有了"背周道而用夏政"的不同抉择，这就代表着墨家思想的最初形成。

那么，既然墨子"学儒者之业"，为何最后又走上了"背周道而用夏政"之路呢？因为儒家的基本特征就在于"祖述尧舜，宪章文武"（《礼记·中庸》），而在当时的墨子看来，儒家的这种主张包括其人伦之爱的落实反而造成了一种广泛的社会不平等，比如"子自爱，不爱父，故亏父而自利；弟自爱，不爱兄，故亏兄而自利；臣自爱，不爱君，故亏君而自利。此所谓乱也"。（《墨子·兼爱上》）之所以如此，也就根植于儒家"有我"的理论本身。因而在墨子看来，儒家最大的问题就在于其人伦之爱必然会导致"亲疏尊卑之异"，而这一点又恰恰是当时人人自爱而不相爱的根源。所以，在集中批评儒家思想的《非儒》篇中，墨子就明确指出：

> 儒者曰"亲亲有术，尊贤有等"，言亲疏尊卑之异也。（《墨子·非儒》）

显然，在墨子看来，所谓"亲疏尊卑之异"，其实也就是儒家思想最大的副作用，当然也是墨子"背周道而用夏政"的根本原因。正因为儒家的礼教及其人伦之爱是以"亲疏尊卑之异"为前提的（并不仅仅是因为"其礼烦扰"），从而才导致了作为当时社会普遍现象的"子自爱，不爱父""弟自爱，不爱兄""臣自爱，不爱君，故亏君而自利"之类的现象，所以也才有墨子"此所谓乱也"的批评。从具体表现及其结果来看，则所谓"饥者不得食，寒者不得衣，劳者不得息，三者民之巨患也"。（《墨子·非乐上》）——这种"不得食""不得衣"与"不得息"的"民之巨患"，其实也就同样源于儒家的"亲疏尊卑之异"。因为其推己及人的理论本身就包含着以"我"为始与从"我"出发之意，因而也可以说，正是这种以"我"为始与从"我"出发的思想，才是墨子不得不"背周道而用夏政"的根本原因。

正是为了纠偏儒家这种建立在"亲疏尊卑之异"基础上的"有我"之爱，墨子才特意提倡一种人我全然无别的"兼爱"主张，并以之作为儒家"亲疏尊卑之异"基础上"有我"之爱的替代主张。在墨子看来，所有的社会乱象以及人生痛苦的根源，也就在于人与人的不相爱，从"子自爱，不爱父""弟自爱，不爱兄"到"大夫之相乱家，诸侯之相攻国"（《墨子·兼爱上》），实际上也都源于人与人的"不相爱"。相反，"若使天下兼相爱，爱人若爱其身，犹有不孝者乎？视父兄与君若其身，恶使不孝、犹有不慈者乎！视弟子与臣若其身，恶使不慈、故不孝不慈亡有！"（《墨子·兼爱上》）进一步看，"视人之室若其室，谁窃？视人身若其身，谁贼……视人家若其家，谁乱？视人国若其国，谁攻？"（同上）这样看来，一种建立在人我全然无别基础上的"兼爱"主张也就成为儒家"亲疏尊卑"之爱的全面取代者。

很明显，墨子对于儒家以"我"为始与从"我"出发思想的反感，包括以其"兼爱"主张对于儒家"亲疏尊卑"之爱的全面取代，实际上也都包含着一种人与人之间最基本最原始的平等意识，同时也表现着墨子"背周道而用夏政"的根本原因。所以，这种平等意识不仅决定着墨子对于思想传统的选择，同时也表现在其对理想社会的描摹、勾画与展望中。比如关于理想的社会及其人际关系，墨子描述说：

> ……以德就列，以官服事，以劳殿赏，量功而分禄。故官无常贵，而民无终贱，有能则举之，无能则下之。（《墨子·尚贤上》）

这种以"德""事""劳"为特征的社会评价标准起码包含着"官"与"民"、"贵"与"贱"当然也包括"亲"与"疏"在社会机会上的完全平等；而作为平等之基础与权衡的标准，就是"有能则举之，无能则下之"。显然，在墨子看来，也只有这样，才能实现所谓"官无常贵，而民无终贱"的理想。那么，这究竟是一种什么理想呢？应当说这就是一种人与人平等的理想。正是这种人与人的平等意识，才构成了墨子观察世道人心、取舍思想传统以及改造社会的基本标准。

当然整体而言，墨家的思想体系未必就属于心学（也没有人视墨家为心学学派），而心学之为心学也并不仅仅决定于其从所谓善良的心灵与愿望出发这一点上，但是，墨家从人与人的平等意识出发这一点却构成并且也表现了所有心性之学所以成立之一种最基本的前提与最一般的特征。比如作为儒家心性之学开创者的孟子，就曾借助颜回与舜之比较提出了自己人生的努力方向：

> 颜渊曰："舜，何人也？予，何人也？有为者亦若是。"（《孟子·滕文公上》）
>
> ……子服尧之服，诵尧之言，行尧之行，是尧而已矣。子服桀之服，诵桀之言，行桀之行，是桀而已。（《孟子·告子下》）

在孟子关于人与人的这种比较性思考中，其实都存在着一个基本的前提，这就是人与人的平等意识。而这种平等意识又是超越于人与人之不平等的社会现实的，于是，这就有了对平等的不懈追求。比如孟子举例说："今有无名指屈而不伸，非疾痛害事也，如有能信之者，则不远秦楚之路，为指不若人也。指不若人，则知恶之，心不若人，则不知恶，此之谓不知类也。"（《孟子·告子上》）这种从"指不若人"到"心不若人"的比喻，就包含着一种人与人之间最基本的平等意识；而对"指"之求"伸"与对"心"之求"同于人"的努力，也就构成了人生最根本的追求。

从中国思想文化史的角度看，则这种原始而又基本的平等心理不仅超越于人与人之间不平等的现实（也包括生理的差别），而且也是超越于中国儒佛道三教的一种共同心理。比如当禅宗六祖慧能拜师时，其与五祖弘忍之间的一段对话也就典型地表现了这种人与人的平等意识：

祖问曰：汝何方人，欲求何物？

惠能对曰：弟子是岭南新州百姓。远来礼师，惟求作佛，不求余物。

祖言：汝是岭南人，又是獦獠，若为堪作佛？

惠能曰：人虽有南北，佛性本无南北。獦獠身与和尚不同，佛性有何差别？

五祖更欲与语，且见徒众总在左右，乃令随众作务。（《六祖坛经·自序品》）

所谓"獦獠"，当然首先是在调笑慧能的长相；间或也暗含着慧能没有文化或缺乏文明素养而言，但慧能一个"人虽有南北，佛性本无南北。獦獠身与和尚不同，佛性有何差别"的回答与反问，则完全是从"佛性"无分于"南人""北人"这一基本前提出发的，这就等于从根本上坚持着一种佛性人人同具的平等原则。所以说，人与人的平等意识也就是所有心性之学所以成立的一个基本前提。

二、现实出发点：人与人的实然差别

虽然人人平等或人的本质同一也就构成了所有心性之学所以成立的基本前提，但仅仅承认这个前提并不能成为心学所以成立的实现条件。比如墨子，虽然他也从人与人的平等意识出发要求"官"与"民"、"贵"与"贱"包括"亲"与"疏"在社会资格上的完全平等，而且其这一要求也是完全合理的，但由于墨子并不了解人与人的现实差别以及其所以形成，而仅仅将其归结为儒家"亲疏尊卑之异"的主张及其作用的结果，并且希望通过"爱人若爱其身"的"兼爱"主张来改变"人与人相贼害"的现实（《墨子·兼爱上》），结果却导致了其在现实生活中的处处"碰壁"。而其从人与人的平等意识出发所形成的救世主张，不仅被孟子批评为"禽兽"（《孟子·滕文公》下）之道，而且还被庄子嘲笑为"反天下之心"（《庄子·天下》）。这说明，仅仅承认人人平等或坚持人的本质同一原则还是远远不够的，要成为能够扎根现实并真正面对现实的心学，还必须从人的生存现实出发。

从人的生存现实出发意味着什么呢？这就意味着必须承认人在现实上的不平等；而这种不平等不仅存在于人与人之间，而且也存在于物与物之间。比如孟子说："夫物之不齐，物之情也"（《孟子·滕文公上》）。这就是说，从物与物到人与人，其相互的不平等不仅是一种严酷的生存现实，而且这种不平等还是从根本上超越于人的主观愿望的；当然反过来看，也正是这种从物与物到人与人的不平等，才构成了世界的纷繁多样性。所以，问题也许并不在于这种现实的"物之不齐"，而恰恰在于如何看待这种不平等以及如何从这种不平等的现实出发以展开人生的平等追求。正是在这一点上，才显现出了心学之为心学的特征。

这个心学之为心学的基本特征就是人生的超越追求，当然也可以说是心学之为心学的实现条件。正是在这个意义上，孟子借助颜渊所感喟的"舜，何人也？予，何人也？有为者亦若是"才有了其真正的现实意义；而孟子在回答曹交所谓"人皆可以为尧舜"（《孟子·告子下》）的问题时所阐发的"子服尧之服，诵尧之言，行尧之行，是尧而已矣。子服桀之服，诵桀之言，行桀之行，是桀而已"才真正展现了心学之为心学的根本特征。所以说，就其现实性而言，心学之为心学也就表现为人的一种超越追求，而是否拥有这种超越追求精神，也就可以说是心学之为心学的实现条件。

但人凭什么来确立自己的超越追求呢？也就是说，人究竟凭什么认为其超越追求精神就是真实可靠的而不仅仅是异想天开呢？这就必须通过人对自身生理生命包括万物自然生命的超越从而又能够作为其终极关怀的人生根据来确立。正是在这一点上，孟子的思想才真正接续上了中华民族自古以来的"天人合一"传统，并以"天"作为世界上万事万物之超越而又终极的根据。而其"天人合一"的认知指向与论证结构，首先也就表现在"天"对人之"思"之能力的赋予上，当然同时也就包含着对人之"思"及其内容的基本规定。比如孟子说：

> 耳目之官不思，而蔽于物。物交物，则引之而已。心之官则思，思则得之，不思则不得也。此天之所与我者。先立乎其大者，则其小者不能夺也。（《孟子·告子上》）

> 恻隐之心，人皆有之；羞恶之心，人皆有之；恭敬之心，人皆有之；是非之心，人皆有之。恻隐之心，仁也；羞恶之心，义也；恭敬之心，礼也；是非之心，智也。仁义礼智，非由外铄我也，我固有之也，弗思耳矣。（《孟子·告子上》）

在这两段关于人之"思"及其内容的基本规定中，首先一点就在于必须从"天"出发，从而对人之认知及其思维能力作出了明确地肯定，这就主要表现为人的两种认知能力：其一即"人"作为一种"物"对于外物的认知能力，由于这种能力往往会从根本上遮蔽人之所以为人之"思"，所以孟子认为"物交物，则引之而已"，意即在对这种能力的运用中，"人"只是作为一种"物"以对外在于"己"之"物"进行认识，因而往往会将人之"思"引向外在世界，但却无关于人之生命的本质及其超越性根据的认知，所以对于这种能力，孟子虽然明确承认，却是基本否定的。在孟子看来，人的最根本的能力固然在于"思"，但其最有价值也最有意义的"思"却是指向内在于自我的"心之官则思"。由于这种"思"的指向首先就是"天之所与我者"，因而既是对"我"之所以为人之本质依据的思考，同时也可以说是人的一种最根本的能力。

在这一基础上，人之"思"也就应当指向既源于"天"同时又作为"非由外铄我"的"我固有之"的内在本质了。在孟子看来，这就是作为"人皆有之"从而也可以作为人人平等之根本依据的"四端之心"了。既然"四端之心"根源于"天之所与"，同时又是一种"人皆有之"（对人而言，也可以说是一种现实而又遍在的"我固有之"），因而也就可以成为人人平等之最根本的根据了。而人生所有的追求，也只有建立在这种本质同一的基础上，才是真正有价值有意义的追求。所谓"服尧之服，诵尧之言，行尧之行，是尧而已矣"（《孟子·告子下》）也只有在这一基础上，才能真正成为一种人生现实。

这样看来，作为儒家心性之学的开创者，孟子之同于墨子，就在于其对人生现实之种种不平等的承认与接受——孟子甚至还将这种不平等推进于物理世界，认为"物之不齐，物之情也"；但孟子之不同于墨子，则在于他并不像墨子那样要求直接对现实的人生进行"直以绳，正以县（悬）"（《墨子·法仪》）式的加工与改造，从而实现人与人的当下平等。由此来看，孟子并不否定墨家的人人平等追求，不仅不否定，而且还将这种人人平等及其本质同一的预设——"人皆可以为尧舜"（《孟子·告子下》）推向了"天"对"人"之最根本的赋予；而孟子最不同于墨子之处，又在于其还把这种人与人的平等及其本质同一的预设与追求的权利交给了每一个个体，并明确认为，"求则得之，舍则失之，是求有益于得也，求在我者也"（《孟子·尽心上》）。所以说，孟子不仅承认人人平等，而且还将这种人人平等视为"天"对"人"的一种最根本的赋予；其不仅鼓励人对平等的追求，而且还将这种人人平等的追求权交给了每一个个体，并认为这就是个体做人之最根本的精神与最神圣的使命。

这样看来，孟子就在墨家人人平等的基础上前进了一大步，而这种前进恰恰又是通过两个方面表现出来的。一方面，孟子通过"天之所与"，将墨家所坚持的人人平等原则还原于天之赋命，这就使人人平等精神具有了终极的根源性与至上的神圣性；但另一方面，对于这种人人平等精神的落实和实现，孟子又不再坚持墨家的那种当下兑现原则，而是在承认人生现实确有差别因而并不平等的基础上将其对平等的追求权利交给了每一个个体，并通过个体的"求则得之"来作为其平等追求得以实现的根本动力。这样一来，墨家所追求的人人平等原则，也就成为儒家视域中每个个体"求则得之"的自我实现活动了。

正由于儒家心性之学已经将人生的最高使命落实于每一个个体，并通过个体的自我追求活动来实现，因而由孟子所表现的儒家心性之学也就突出了一种个体的自我追求与自我实现精神，而这种自我追求与自我实现活动，也就成为儒家心性之学的一个最根本的特征。比如为孟子所称述的颜回就以舜为参照进行自我比较，其实这也就是将自己与舜置于同一地平线上，这就使得颜回乃至每一个个体，都不能不形成一种强烈的自我实现精神。

正因为儒家心性之学是以主体性精神及其自我实现追求作为根本特征的，因而这也就同时突出了其主体直面现实之自我抉择与自我担当的精神。心性之学的这一特点，同时也就决定着其主体必须随时直面现实，并且也必须随时能够作出符合其自我价值标准的抉择与取舍。比如颜回以舜为参照坐标进行自我比较，这种比较固然属于同一方向的比较，也是促使其自我获得精神动力的比较，但在现实的人生中，同时也存在着一种反向的比较。在这种条件下，如果说前一种比较自然会使其自我获得更大的精神动力，那么反向的比较则往往会使其自我形成一种"坚拒"与"排斥"的心理；而这种"坚拒"与"排斥"，同时也就成为其人对于人生底线的一种自觉捍卫和顽强守护了。请看孟子所征引的如下案例：

一箪食，一豆羹，得之则生，弗得则死，嘑尔而与之，行道之人弗受；蹴尔而与之，乞人不屑也……（《孟子·告子上》）

在这一案例中，所谓"自我"不过是一个饥肠辘辘的"乞人"，但面对"蹴尔而与之"的"嗟来之食"，那么即使是"乞人"，也仍然可以愤怒地加以拒斥。而在孟子所论证的"四端之心"中，如果说"恻隐之心""辞让之心""是非之心"都表现了"心"对于人之精神世界的开发与正面建构一面，那么所谓的"羞恶之心"，则又表现了人对于某种现象的愤怒拒绝。当然在这里，所谓"拒斥"与"追求"，从现象上看固然也可以说是两种完全相反的表现，但却属于同一种精神，这就都是儒家直面现实并且落实于现实生活中的自我实现精神；而这种自我实现精神，又始终是以天人合一为终极根据与最高指向的。这主要是因为前者在于积极地拓展、规范并实现人的正面价值；而后者则是以"坚拒"与"排斥"的心态来捍卫人的价值与人的尊严。

为什么这样说呢？因为自孟子提出"尽其心者，知其性也。知其性，则知天矣"（《孟子·尽心上》）以来，这种由"心""性""天"之一线相连与一意贯通也就成为儒家主体性精神之一种特殊的表现方式了；而这种一意贯通又起始于现实生活中主体的当下现在之心，而又始终指向其所面对之天（至于"性"，则既是"心"之超越的根据，同时又指"天"对人之根本性的赋予，因而也可以说，"性"就是"心"与"天"之中间环节或承接枢纽）。因而，由"心"而"性"，又由"性"而"天"，也就可以说是儒家心性之学的一种带有普遍性的追求指向及其实现次第。由于这一逻辑所突出的主要在于人的一种直面现实的主体性精神，因而所谓儒家心性之学，不仅是其主体性精神的现实指代，同时也是其直面现实并展开超越的实践追求之具体表现。

三、真切的体知与独特的领悟

如果说儒墨两家在心性之学所以形成上的递进关系是因为墨子曾经"学儒者之业，受孔子之术"，而墨家拯救人伦文明的方向也同样是沿着儒家游说政权、辅佐教化的进路展开的，那么，道家则一开始就与儒家属于并处于一种"道不同，不相为谋"（《论语·卫灵公》）的对反关系中。从这个角度看，儒道两家似乎是一种互不相及甚或完全相反的关系。但相反的事物往往具有其相互促成的一面，而对于作为人伦世界普遍现象的主体性精神来说，其形成进路包括其表现方式也往往具有超越各种不同思想流派的特征。正是从这个角度看，中国心性之学不仅缘起于墨，而且也同样表现在儒道两家既相对反同时又相互继起、相互促成的递进追求中。当然，正像孟子之于孔子一样，庄子的心性之学也必然会给老子的道家思想以极大的促进。

庄子的思想探索究竟是从哪里起始的？这的确是一个很难断定的问题，但作为继老子而起的道家二代钜子，庄子无疑是沿着道家思想的既定轨道前进的。从这一视角出发，那么其对老子思想的继承与质疑或质疑性的继承也就必然会成为其自身思想探索的基本出发点。老子曾追溯天地万物之起源，并提出了极具道家特色的"天下万物生于有，有生于无"（《道德经》第四十章）

一说。面对老子的这一观点，庄子则明确地提出了自己的疑问：

> 有始也者，有未始有始也者，有未始有夫未始有始也者。有有也者，有无也者，有未始有无也者，有未始有夫未始有有无也者，俄而有无矣，而未知有无之果孰有孰无也。
>
> 今我则已有谓矣，而未知吾所谓之其果有谓乎，其果无谓乎？（《庄子·齐物论》）

很明显，这无疑代表着庄子对老子从现实之"有"出发的"有生于无"之宇宙追溯逻辑的一种明确疑问。因为在庄子看来，如果沿着时间的维度一味追溯，那就只能导致一种永无止境的"恶无限性"。那么，庄子又将如何改造老子这种"恶无限性"式的追溯呢？这就必须彻底放弃老子这种"有生于无"式的思考，从而返归"我"与"吾"之当下所直接面对的"俄而有无矣"这一现在时态作为基本入手。至于庄子返归于"我"与"吾"之当下面对的这个世界进行思考会得出什么结论，那是无关紧要的，但其能够看出老子"有生于无"进路之"恶无限性"陷阱，从而返归于自我当下所面对的世界这一点则是值得高度肯定的。因为正是这一返归，也就使其自我必须以主体性的精神直面这个世界；因而也只有这一返归，才使一个自我所必须直面相对而又与自我同时共在的世界当下确立起来了。

那么，庄子又将如何开启并介入这个世界呢？应当说其以"养生"标宗的"庖丁解牛"就是一个极为鲜活的案例。因为当庖丁以"手之所触，肩之所倚，足之所履，膝之所踦"（《庄子·养生主》）的方式完成解牛之后，曾踌躇满志地自述说："臣之所好者道也，进乎技矣。始臣之解牛之时，所见无非全牛者。三年之后，未尝见全牛也。方今之时，臣以神遇而不以目视，官知止而神欲行……"（《庄子·养生主》）这就完全是以其建立在生理基础上独特的生存技能来融入这个世界了，并且也以这种独特的生存技能来表达其对"道"的追求，这就是说，庖丁是以其生存技能来撑开其人生世界的。

正因为这一原因，所以庄子对于人之随生而来、因生而有的因素和趣向就非常重视，比如他曾以寓言的方式比喻说："南海之帝为倏，北海之帝为忽，中央之帝为浑沌。倏与忽时相遇于浑沌之地，浑沌待之甚善。倏与忽谋报浑沌之德，曰：'人皆有七窍以视听食息，此独无有，尝试凿之。'日凿一窍，七日而浑沌死。"（《庄子·应帝王》）浑沌为什么会因为"凿七窍"而死呢？这就是因为其生来就没有七窍；而强行改变其天生禀赋的做法，则只能使其走向死亡。所以，对于世界上的各种生命形态，庄子明确地表态说：

> ……凫胫虽短，续之则忧；鹤胫虽长，断之则悲。故性长非所断，性短非所续，无所去忧也。（《庄子·骈拇》）
>
> 吾始乎故，长乎性，成乎命……吾生于陵而安于陵，故也；长于水而安于水，性也；不知吾所以然而然，命也。（《庄子·达生》）

庄子的这一取向表明，他对人包括万物之因生而有、随生而来的因素都是坚持一种尊敬并且顽强守护的态度，相反，凡是对于生命之因生而有、随生而来的因素强行改造，那就只能像浑沌一样是自寻死路，或者说是被迫地走向死路。但是在这里，庄子所有这些论述，首先都是从"我"这个个体出发的；而其所遇到的问题，也首先是"我"这个个体所遭遇的问题，因而，虽然这里所论说的并不排除其人际、物际甚至包括遍及所有生命界的普遍性关怀，但无疑首先就是"我"这个个体所遭遇的问题，也始终是从"我"这个个体出发的。其次，庄子这里又完全是以"我"之"故""性""命"来概括人之随生而来、因生而有的因素与特殊取向的，这就说明，其所谓的"养生"与"达生"追求，实际上就已经达到对自然生命及其本质的认知了；至于其所谓的"故""性""命"，说到底也不过对其生命之一种自然的自觉或所谓自性展现而已，因而也就代表着庄子对于人之生命及其本质的一种认知、理解和概括。

既然人生首先就是"我"的人生，并且也是以"自我"之遭际的方式展开的，那么所谓世界也就首先应当是"自我"这个个体所必须面对的世界；而"自我"对这个世界的认知，也就首先应当成为"自我"所"独知"的世界。这当然也首先包含着"自我"与这个世界之独特的交流以及对它的独特领悟。请看庄子借助轮扁与齐桓公的一段对话所表达的其对"自我"世界之独特甚至有点专业性的认知：

> ……桓公读书于堂上。轮扁斫轮于堂下，释椎凿而上，问桓公曰："敢问公之所读者何言邪？"公曰："圣人之言也。"曰："圣人在乎？"公曰："已死矣。"曰："然则君之所读者，古人之糟粕已夫！"桓公曰："寡人读书，轮人安得议乎！有说则可，无说则死。"

> 轮扁曰："臣也以臣之事观之，斫轮，徐则甘而不固，疾则苦而不入，不徐不疾，得之于手而应之于心，口不能言，有数存焉于其间。臣不能以喻臣之子，臣之子亦不能受之于臣，是以行年七十而老斫轮。古之人与其不可传也死矣，然则君之所读者，古人之糟粕已夫！"（《庄子·天道》）

在这一案例中，轮扁首先依据自己对"斫轮"的实践性认知（这种认知无疑是带有一定专业独特性的），明确断言齐桓公所读的"圣人之言"不过是"古人之糟粕已夫"，这无疑是一个极为大胆的断言，所以就得到了齐桓公"有说则可，无说则死"的裁断。但轮扁显然是有备而来，所以他就引入了自己的"斫轮"实践以及其对"斫轮"的认知和领悟；所谓"徐则甘而不固，疾则苦而不入"一说也显然是任何人都可以想象得到的；至于"不徐不疾，得之于手而应之于心，口不能言，有数存焉于其间"一点，则无疑又是其对"斫轮"实践的"亲知"与"独知"，所以说是"臣不能以喻臣之子，臣之子亦不能受之于臣"，这就显现出了"斫轮"实践的当下性与"独知性"。至于庄子本人，则无疑是借助"斫轮"实践之"亲知"与"独知"性质，不仅彰显了所谓"圣人之言"的"糟粕"性，而且也凸显了实践性智慧的鲜活性。

不仅如此，对于"斫轮"实践的理解固然需要一定的"亲知"与"独知"，但庄子的关怀显然并不仅仅停留于所谓"独知"的层面，而是要将此"独知"拓展为一种普遍性之"知"；而这种普遍性之"知"又是建立在"亲知"与"独知"的基础上的。为什么这样说呢？因为如果轮扁只是出于自信且自得于自己对"斫轮"实践的"亲知"与"独知"，那么其安于自己的"故""性""命"并且陶醉于自己的"斫轮"实践也就可以安身立命了。但庄子的关怀显然并不在这里，于是，这就有了轮扁的"释椎凿而上"，并且还直下断言齐桓公所读的"圣人之言"不过是"古人之糟粕"而已，从而也就将自己置于"有说则可，无说则死"的境地了。那么轮扁将如何化解这一生死危境呢？这就是运用其对"斫轮"实践的"亲知"与"独知"。很明显，对于轮扁来说，"斫轮"固然可以说是一种独特的操作过程，但其中所蕴含的"数"却并不仅仅属于"斫轮"本身，而是属于人生的一种普遍性之"知"。在这里，作为其"知"的内容，固然是一种"独"，但这种"独知"的形式却无疑存在着一种普遍性蕴含；所谓"数"则正是其"独知"所表现之普遍性蕴含的一种存在方式。正是通过这种带有普遍性蕴含的"亲知"与"独知"，使齐桓公认识到"臣不能以喻臣之子，臣之子亦不能受之于臣……古之人与其不可传也死矣"的道理，从而也就证明了"圣人之言"不过是"古人之糟粕"而已，这就完全化解了自己的生死危境。

庄子的这种智慧——既坚持其生存技能之"亲知"与"独知"色彩，同时又能从"独知"的角度揭示其中的普遍性蕴含，这就不仅是中国智慧之具体性的典型表现；更重要的一点还在于，这种"亲知"与"独知"中的领悟色彩以及其中以"数"所表现的普遍性蕴含也就成为中国心性之学及其普遍性关怀之一种独特的形成道路了。因而，这同时也就为中国心性之学提供了一种其不能不有所表达之生生不息的动力。所以，由此也可以断言，只要人之"知"中的"亲知"与"独知"色彩以及其在特殊条件下对于"数"之普遍性蕴含的领悟排除不了，那么主体心性之学及其认知方式也就是排除不了的。

当庄子以"自我"来面对这个世界，同时又以其"自我"之禀赋与生存技能来撑开这个世界时，其为学进路显然属于一种主体性的进路。但庄子并不停留于此，而是以其"亲知"与"独知"之"数"的方式来揭示其中的普遍性蕴含，并以此来证明这个世界的多样性及其合理性。那么，庄子所有这些论证究竟要说明什么呢？这就在于表达并捍卫其主体对于"自我"世界的"独知"性，进而捍卫其中的普遍性蕴含以及由此所表现之世界的多样性。

四、"万物并育而不相害，道并行而不相悖"

当庄子通过轮扁的"亲知""体知"（此"亲知"必然要以"体知"为根本特征）与"独知"来揭示其中的普遍性蕴含时，这就使其世界形成了一种新型的立体性与多样性，而这种多样性不仅建立在人之"五官"各自独立运用、然后综合互证的基础上，而且也就建立在人之"六官"——以"心"（"意"）为主体之眼、耳、鼻、舌、身综合运用的基础上。相对于人在其"五官"各自独立运用然后综合互证基础上所形成的世界，这种建立在"六官"基础上的世界似乎也就具有了一定的"微观""层级"与"隔绝"的色彩（无怪乎孟子要以"思"来规定人的"心之官"），但却仍然具有人伦文化的共同性与互通性：所谓共同性，当然首先是指这个世界必然是一种个体的世界，而且也只有建立在个体主体的基础上才能真正形成；至于其互通性，则是指这种建立在"六官"基础上的世界只有在某种特定条件下——所谓"亲知""体知"与"独知"的条件下才有互通的可能。

如果对应于现实人生，那么这种建立在"六官"基础上的世界反而可能更接近于人之生存现实。因为只有这个世界才真正代表着我们每个人的"心"——我们的个体主体所开创的世界，至于其"得之于手而应之于心"的特点，也就使其只有在身心并到、知行合一的基础上才能真正形成，并且也才具有人与人、知与知之间的互通性。这样一来，与传统相比，我们的人生世界也就多出了一个层级、一个维度或一个界面；而我们的人生也将因此而更能彰显出其立体的多样性。

当然，这种由身心并到之立体性所表现出来的多层级、多维度的世界，其根据则全然在于我们的"心"，在于我们的"心"是以"意""念""身"包括所谓"数"的形式从事人生"世界"之立体性的开发与实践性的拓展的。但这种开发又往往是通过所谓"层级"与"隔绝"的方式表现出来的。首先，所谓"层级"自然是因为其作为一种认知，它并不建立在原来"五官"综合运用的基础上，而是人以其主体之"心"作为统领和生发之源，并在其"身"当然也包括"六官"并用的基础上形成的，因而，在这种认知系统中，主体之"心"及其"意"、与"念"也就占有特别重要的地位。其次，由于这种认知是以"心"为主体与动力，而又以其"意"与"念"为表现形式的，因而它并不等同于此前在"五官"并用基础上所形成的认知；而其传播、沟通也不像此前在"五官"并用基础上所形成的名词、概念与知识性沟通。至于其沟通方式，也就像轮扁所总结的，是"臣不能以喻臣之子，臣之子亦不能受之于臣"一样，这就必然会使其世界表现出一定的"层级性"，也必然会表现出一定的"隔绝性"。当然在这里，所谓"隔绝性"并不是绝对的"隔绝"，而是建立在一定"层级"基础上的"隔绝"；只要能够以身心并到、知行合一的方式来突破其"层级"，那么，所谓的"隔绝性"也就会涣然冰释。

这样的"世界"当然是一种具有一定"隔绝性"与"层级性"的世界，但这样的"世界"才真正是中国传统的世界——是一种带有"层级性"与境界"隔绝性"的世界；而周敦颐所谓的"默契道妙"、王阳明所谓的"无声无臭"，实际上也都是这种世界之"层级性"与"隔绝性"的典型表现。至于国人所谓境界的"层级性"与"立体性"，实际上也就主要是由这种"世界"的"层级性"及其"隔绝性"决定的。

那么，这样的"世界"究竟是一种什么样的世界呢？之所以认为这样的"世界"才是真正中国传统的世界，主要就是因为其"世界"的"立体性"与境界性；而这种"层级性"的境界，也可以子思所开创的"中庸"世界作为其典型表现：

……喜怒哀乐之未发，谓之中；发而皆中节，谓之和；中也者，天下之大本也；和

也者，天下之达道也。致中和，天地位焉，万物育焉。（《礼记·中庸》）

很明显，在《中庸》的这一开篇中，子思并没有一处提到"心"，但其从"喜怒哀乐之未发，谓之中"到"发而皆中节，谓之和"乃至"中也者，天下之大本也；和也者，天下之达道也"一直到所谓"致中和，天地位焉，万物育焉"，却无一不是从主体之"心"出发的，并且也无一不是以主体之"身心并到"的方式来"行乎贫贱""行乎富贵"与"行乎患难""行乎夷狄"的；至于其所谓的"君子无入而不自得焉"（《礼记·中庸》），也同样是通过"身心并到"的方式来实现的。所以说，从这个角度看，撰写了《中庸》的子思，才是儒家心性之学的真正开创者，也是"身心并到"认知方式的首倡者。

那么，这种以《中庸》为代表的"世界"又是一种什么世界呢？实际上，这就是我们生存

其中并与之同生共长、感通流洽且时时进行能量与信息交换的世界，也就是我们身心并到、知行合一的世界，所以说这才是我们本真的人生世界。如果将这个"世界"与我们建立在"五官"基础上并以概念、知识进行表达、沟通且又带有对象性质的世界进行比较，那么对个体而言，这个"世界"显然具有更真实也更为客观的基础。因为这个"世界"并不仅仅是我们之外的存在，而且也是包括我们自身于其中且与之时时进行能量与信息交换的世界；至于我们与这个"世界"的关系，则我们既是这个"世界"发展的产物，同时也在创造并发展着这个"世界"。

从这个"世界"内部来看，所谓与"五官"对应的世界自然是一个由"物"与"知"相对待的主客观世界，但从人的"意识"起，则进入了一个纯精神的领域，而"意"与"念"的分辨以及近现代以来对西方精神科学的充分借鉴，则使"意"与"念"完全可以通过"显"与"潜"的方式涵括人的整个精神世界。在这方面，道家对于人之本能与"独知"的守护、佛教对于人之精神世界的聚焦及其所谓"八识说"，固然也都使其对人之精神世界的认知独著先鞭，而儒学对于道家的学习、对于佛教的借鉴以及其"转识成智"与"穷智见德"指向的提出，则又为人之精神世界的转进、提升提供了一条内在的下学上达之路。

与我们建立在"五官"基础上的对象世界相比，这个"世界"显然扩大并拓展了所谓对象世界的内含与内涵。从内含来看，它显然已经不再是我们之外的存在，而是既指我们之外的存在，同时又包括我们自身于其中；不仅包括我们感性肉身的存在，同时也包括我们"操则存，舍则亡，出入无时，莫知其乡"之心与神的存在。从内涵来看，由于这个"世界"不仅建立在"物"之生化发展以及我们人对"物"之世界的认知与表达的基础上，而且还建立在以我们的"心"作为生发之源与发展动力所形成的世界，因而其内涵也就远远超越于以往所谓"物"与"知"的世界。

最重要的一点还在于，这个"世界"不仅拓展了我们原有世界的内涵，而且还在于其从根本上拓展了我们的生存空间，并使我们的"世界"更具有包容性与涵括性。而这一特点又以《中庸》的表达最为经典，所以我们这里也就以《中庸》的表达来结束本文：

> 万物并育而不相害，道并行而不相悖，小德川流，大德敦化，此天地之所以为大也。（《礼记·中庸》）

这就是儒家心性之学从主体之"心"出发为我们所开创的"世界"，也是我们人的精神世界之立体、多样以及其相互沟通、相互理解以推陈出新的母体与基础。

作者简介：丁为祥，1957 年生，哲学博士。陕西师范大学教授，中华孔子学会阳明学研究会副会长。一直从事儒家哲学（主要是宋明理学、阳明学）的研究，对儒家的未来命运与精神走向尤为关注。

《大学》《中庸》义理规模下的修身工夫

——《孟子》"万物皆备于我"章正义 *

周浩翔

摘要：《孟子》"万物皆备于我"章是对《大学》《中庸》修身工夫的高度概括。孟子授业于子思之门人，子思之学又承自曾子，历史上的思孟学派于史有征。孟子之学颇多体现了对《大学》《中庸》义理思想的继承和发展。"万物皆备于我"章即其明证。历来对"万物皆备于我"章的诠释多失之笼统，有穿凿附会之嫌，不能得文本义理之实。"万物皆备于我"明确万物之各得其所、各正性命系之于一身，强调以修身为本，由修身为本引出"反身而诚"的工夫路径，再由"反身而诚"引出一以贯之的"忠恕之道"，再由"忠恕之道"引申为在外王层面的"絜矩之道"，由此层层推扩，以至齐家、治国、平天下，从而成己、成物，达于"至诚"，终于"止于至善"的理想之境。

关键词：《孟子》；"万物皆备于我"；《大学》；《中庸》；修身

《孟子》"万物皆备于我"章历来注释繁多，歧义纷纭，从汉赵岐注，到宋明诸家，以至近现代诠释，多失之笼统，有穿凿附会之嫌，不能得其善解。具体而言，对《孟子》文本以及孟子思想要放在当时思孟学派的语境下去把握。历史上实有所谓思孟学派，孟子之学多传自曾子、子思。《大学》为曾子所传，《中庸》为子思所作，因此，《孟子》"万物皆备于我"章应放到《大学》《中庸》的语境下去理解，才能得文本义理之实。《孟子》"万物皆备于我"章是对《大学》《中庸》修身工夫的高度概括。孟子受业于子思之门人，子思之学又承自曾子，历史上的思孟学派于史有征，渊源有自。孟子之学颇多体现了对《大学》《中庸》义理思想的继承和发展。"万物皆备于我"章即其明证。

孟子虽私淑孔子，然其学自有统序。太史公谓其"受业子思之门人"，刘向、赵岐等却说他师事子思，然而无论哪种说法，孟子与曾子、子思关系之密切则确切无疑。孟子称述曾子者最多，可谓传曾子之学①。曾子传子思，孟子之学又多转自子思。②又，孟子曰："曾子、子思同道。

---

* 项目基金：河北大学哲学社会科学重点培育项目"儒家与康德道德哲学比较研究"（2020HPY013）。

① 参见陈澧：《东塾读书记》（外一种），北京：三联书店1998年版，第49页。

② 参见杨树达：《孟子学说多本子思考》，见《积微居小学金石论丛》（增订本），北京：科学出版社1955年版，第220—222页。

曾子，师也，父兄也；子思，臣也，微也。"（《孟子·离娄下》）可见，从曾子、子思到孟子，隐然有其学脉。① 韩愈说："孔子之道大而能博，门弟子不能遍观而尽识也，故学焉而皆得其性之所近。其后离散，分处诸侯之国，又各以其所能授弟子，源远而末益分。惟孟轲师子思，而子思之学出于曾子。自孔子没，独孟轲氏之传得其宗。故求观圣人之道者，必自孟子始。"② 如此，则思孟学派的线索更为明晰。而随着郭店楚简等出土文献的发现，学界对思孟学派有了更为深入的认识。③ 李学勤先生就此说："从现在发现的新材料出发，再去看传世各种文献，宋人所说曾参、子思、孟子的统系确是存在的。"④ 明确了思孟学派的学术脉络及思想背景，我们再来具体探讨《孟子》"万物皆备于我"章的文本。

历来对"万物皆备于我"一语不能得其善解，多缘于不明"万物皆备于我"章有着完整的义理结构。"万物皆备于我"强调以修身为本（格物致知），而反身而诚、强恕而行便是修身的具体工夫，"反身而诚"是修身（成己——诚意慎独）的路径，"强恕而行"是具体的为仁工夫（成物——齐家、治国、平天下）。"万物皆备于我"章的义理结构与《大学》"八条目"的义理规模可谓若合符节。同时，"万物皆备于我"旨在说明，万物皆内蕴于吾人之性分内，万物之各得其所、各正性命端赖于吾人能尽其性。成己即尽己之性，成物即尽人之性以至尽物之性。《中庸》言："唯天下至诚，为能尽其性；能尽其性，则能尽人之性；能尽人之性，则能尽物之性；能尽物之性，则可以赞天地之化育；可以赞天地之化育，则可以与天地参矣。"这又与《中庸》的思想相贯通。如此，在《大学》《中庸》的义理规模下，"万物皆备于我"章的主旨便清晰了起来。

一、以"身"为本——从"格物致知"到"万物皆备于我"

"万物皆备于我"章出于《孟子·尽心上》：

> 孟子曰："万物皆备于我矣。反身而诚，乐莫大焉。强恕而行，求仁莫近焉。"

此章最难索解的就是首句"万物皆备于我"。历来对"万物皆备于我"的解释可以从尊德性与道问学两个路向来加以总结。

从道问学的角度出发，"万物"之"物"一般被解读为"事"。如汉赵岐注："物，事也。我，身也。普谓人为成人已往，皆备知天下万物，常有所行矣。"⑤ 备知天下万物即备知天下万事。朱子则从万物或万事之理的角度予以解读。其言："此言理之本然也。大则君臣父子，小则事物细

---

① 参见徐威雄：《先秦儒学与易关系之研究》，新加坡国立大学中文系博士学位论文，2005 年，第 240 页。
② 转引自朱熹：《孟子序说》。参见朱熹：《四书章句集注》，北京：中华书局 1983 年版，第 198 页。
③ 关于郭店楚简与思孟学派之间的关系参见《郭店楚简研究》（《中国哲学》第二十辑）中的相关文章，沈阳：辽宁教育出版社 1999 年版。另参见梁涛：《郭店竹简与思孟学派》，北京：中国人民大学出版社 2008 年版。
④ 李学勤：《走出疑古时代》，沈阳：辽宁大学出版社 1994 年版，第 17 页。
⑤ 焦循：《孟子正义》，北京：中华书局 1987 年版，第 882—883 页。

微，其当然之理，无一不具于性分之内也。"①朱子注重道问学的工夫路径，因此尤其强调穷理的重要，其解"万物皆备于我"乃是遵循其解《大学》"格物致知"的诠释方法。其为《大学》所作"补传"云："一旦豁然贯通焉，则众物之表里精粗无不到，而吾心之全体大用无不明矣。此谓物格，此谓知之至也。"②因此，"万物皆备于我"即相当于知至或知性之说。王船山便遵循朱子的这一诠释路径。其言："'万物皆备于我矣'，此孟子知性之验也。……天下之理无不穷，则吾心之理无不现矣。……万物之皆备于我者，诚有之而无妄也。此非格物未至者所可知之境界，故难一一为众人道尔。"③从道问学的诠释路向出发，"万物皆备于我"强调的是"我"之"格物致知"或穷理以知性的重要性。

从尊德性的角度出发，后世儒者多从为仁以致"万物一体"的视域来诠释首句，由此体现为仁的德行工夫。二程诠释"万物皆备于我"说："此通人物而言。禽兽与人绝相似，只是不能推。"④二程在此强调的是人异于禽兽所具有的推扩本心善性的能力，也即为仁的能力。二程据此又有"仁者，以天地万物为一体，莫非己也"⑤的说法，由此体现己与万物的内在关系，可谓对孟子"万物皆备于我"的注解。至王阳明，则发"拔本塞源"论，以推阐"天地万物一体之仁"之教，进一步发挥"万物一体"的思想，从而在思想史上形成了从孟子到宋明儒学关于"万物一体"思想的诠释线索。到明清之际的黄宗羲则在《孟子师说》中更明确地以"浑然一体"来解之：

> 盈天地间无所谓万物，万物皆因我而名。如父便是吾之父，君便是吾之君，君父二字，可推之为身外乎？然必实有孝父之心，而后成其为吾之父；实有忠君之心，而后成其为吾之君，此所谓"反身而诚"，才见得万物非万物，我非我，浑然一体，此身在天地之间，无少欠缺，何乐如之？⑥

与之同时期的王船山则恰恰反对用这种"万物一体"的思想来诠释。他说："切不可用浑沦一气，包含万象等辽阔不亲之语，及民胞物与，专在仁爱上说。"⑦不专在仁爱上说，恰恰说明王船山并非否定这一视角，而是他更为看重从穷理知性的角度来诠释。然不论是从道问学的角度还是尊德性的角度，其对"万物皆备于我"的诠释恰恰体现了宋明儒学中存在的这两条明显的思想线索，因此其相应的诠释也难免有各自的思想烙印，未必符合孟子当时言说的语境。对"万物皆备于我"章的理解应放在当时思孟学派的思想背景下，才更能得其善解。

具体而言，"万物皆备于我"中的"万物"即相应于《大学》中的身、家、国、天下（万物），"我"则指身、家、国、天下中的"身"，即"反身而诚"之"身"。"万物皆备于我"是说万物之为万物的可能性皆内蕴于吾人之性分内，万物之各得其所、各正性命端赖于吾人能尽其性，须吾

① 朱熹：《四书章句集注》，北京：中华书局 1983 年版，第 350 页。
② 朱熹：《四书章句集注》，北京：中华书局 1983 年版，第 7 页。
③ 王船山：《船山全书》第六册，长沙：岳麓书社 2011 年版，第 1105 页。
④ 程颢、程颐：《二程集》，北京：中华书局 2004 年版，第 56 页。
⑤ 程颢、程颐：《二程集》，北京：中华书局 2004 年版，第 15 页。
⑥ 黄宗羲：《孟子师说》，见《黄宗羲全集》（第一册），杭州：浙江古籍出版社 1985 年版。
⑦ 王船山：《船山全书》第六册，长沙：岳麓书社 2011 年版，第 360 页。

人（身）进一步诚之、行之，始能成己、成物。此句重在强调身、家、国、天下（万物）皆系之于一身，成之于一身，强调的是以"身"为本，以修身为先务，此即《大学》格物致知或知本之学。"万物"即相当于《大学》中的"格物"之"物"以及"物有本末"之"物"。为了更好地理解"物"的意涵，我们此处依《大学》古本相关内容征引如下：

物有本末，事有终始。知所先后，则近道矣。

古之欲明明德于天下者，先治其国。欲治其国者，先齐其家。欲齐其家者，先修其身。欲修其身者，先正其心。欲正其心者，先诚其意。欲诚其意者，先致其知。致知在格物。物格而后知至，知至而后意诚，意诚而后心正，心正而后身修，身修而后家齐，家齐而后国治，国治而后天下平。

自天子以至于庶人，一是皆以修身为本。其本乱而末治者否矣。其所厚者薄，而其所薄者厚，未之有也。此谓知本，此谓知之至也。

就"物有本末，事有终始。知所先后，则近道矣"而言，朱子云："明德为本，新民为末。知止为始，能得为终。本始所先，末终所后。此结上文两节之意。"[1]这是将此句属之上文，以作结语。而此句恰恰在于引起下文。这样，"物"也好，"事"也好，才会都有着落。就下文"古之欲明明德于天下者"一节而言，关键在于对"格物致知"的理解。格物的"格"字，《说文》上训为"木长貌"。伍庸伯先生指出，"树木的生意或生气，固通乎其整体，然其生长却由本及末，有其顺序。'木长貌'应即树木由本及末那生长的情形。所以把事物由本及末层层发展的情形表露出来，亦即为'格物'了。而知识为物之反映，事物情理是这样，照样反映无误，亦即为'知至'。"[2]以树譬喻，其根为本，其树干枝叶为末，同理，人类社会同样有其本末所在。孟子言："人有恒言，皆曰'天下国家'，天下之本在国，国之本在家，家之本在身。"（《孟子·离娄上》）结合"古之欲明明德于天下者"一节，伍庸伯先生言："这就是指出身为家、国、天下之本，从身而家，而国，而天下，是人类社会一个整体。这是有形可见的。凡有形可见的都可说作物。所以天下、国、家、身，这人类的一整体就是一物。身在这一物中是本；其家、国、天下对此皆可云末。"[3]把人类社会中的本末条理如实反映出来，这就是"格物"。这里的"格物"之"物"即上文"物有本末"之物，指身、家、国、天下这一整体而言；而"事有终始"之"事"即指修、齐、治、平之事，修身为事之始，治平为事之终。同时，"致知"之"知"也即"知所先后"之"知"。"物有本末，事有终始，知所先后，则近道矣"，即是说人世间的一切事物皆有本末终始的天然条理。知晓其间的物之本末和事之终始，就接近于"道"了。

既然"身"为本，因此下文便强调，"自天子以至于庶人，一是皆以修身为本"。伍庸伯先生就此说："从'此谓知本，此谓知之至也'，就见出知本即知至。除'知本'之外，更别无所谓'知至'。在上文的'致知在格物，物格而后知至'实无他义（如朱子、阳明所说者），只是深明

① 朱熹：《四书章句集注》，北京：中华书局1983年版，第3页。
② 伍庸伯、严立三：《〈礼记·大学篇〉伍严两家解说》，北京：商务印书馆2016年版，第39—40页。
③ 伍庸伯、严立三：《〈礼记·大学篇〉伍严两家解说》，北京：商务印书馆2016年版，第37页。

物——身、家、国、天下——之本末而已。"① 因此，"格物致知"的结果即"知本"，也即知以身为本，以修身为本。

揆之《孟子》"万物皆备于我"，这里的"万物"即相应于《大学》中的"格物"之"物"以及"物有本末"之"物"，乃就身、家、国、天下之一整体而言。"万物"也即"舜明于庶物"中的"庶物"。孟子云："舜明于庶物，察于人伦，由仁义行，非行仁义也。"（《孟子·离娄下》）"舜明于庶物"，也即《大学》所谓"格物"，即明了于人世间事物的本末终始之天然条理，与"察于人伦"正好互文见义。朱子解"庶物"之"物"为"事物"，固属含混不清。② 至于焦循释"庶物"为"禽兽"，则更为离谱。③ 就"万物"或"庶物"而言，其间自有本末终始之先后次序，不可遄等。

上文已言及"格物"之"格"为"木长貌"，是指树木在整体上由本及末的生长情况。"万物"作为一个整体也犹如一株树木的生长情况。就一株树木而言，其根为本，其枝叶花果为末，其枝叶花果之条畅生意皆已具足于其根，而枝叶花果之具体实现则端赖于根之固本培元。就"万物皆备于我"之"万物"而言，"身"为本，家、国、天下为末，身之为身，以至家、国、天下之为家、国、天下，皆已具足于我（身），而其具体实现、各得其所，则端赖于我（身）进一步诚之、行之，始能成己、成物。此即《中庸》所言："诚者非自成己而已也，所以成物也。"《孟子》"牛山之木"章云："故苟得其养，无物不长；苟失其养，无物不消。"（《孟子·告子上》）牛山之木如此，包括身、家、国、天下在内的万物皆然，而其中又以身为本，因为唯有身（人之身）才能诚之、行之，赞天地之化育，与天地参。因此，"万物皆备于我"诚有后世所谓"万物一体"的含义，但其关键在于强调"身"为"万物"（包括身、家、国、天下）之本。"身"即为"万物"之本，因此"自天子以至于庶人，一是皆以修身为本"。除此之外，孟子也多次强调以"身"或"修身"为本：

> 爱人不亲，反其仁；治人不治，反其智；礼人不答，反其敬。行有不得者，皆反求诸己。其身正而天下归之。（《孟子·离娄上》）

> 君子之守，修其身而天下平。人病舍其田而芸人之田，所求于人者重，而所以自任者轻。（《孟子·尽心下》）

人之所患在"所求于人者重，而所以自任者轻"，即《大学》所谓"其所厚者薄，而其所薄者厚"，这就是不知以修身为本。陆象山尝言："收拾精神，自作主宰，万物皆备于我，何有欠阙！当恻隐时，自然恻隐；当羞恶时，自然羞恶；当宽裕温柔时，自然宽裕温柔；当发强刚毅时，自然发强刚毅。"④ 这便是强调应以修身为本。"收拾精神，自作主宰"即反求诸己，求诸于内，而无须求诸于外。是"求则得之"，无所欠阙。"万物皆备于我"强调以身为本，以修身为本，由此进一步引出下文"反身而诚"的修身路径。

---

① 伍庸伯、严立三：《〈礼记·大学篇〉伍严两家解说》，北京：商务印书馆 2016 年版，第 37 页。
② 参见朱熹：《四书章句集注》，北京：中华书局 1983 年版，第 294 页。
③ 参见焦循：《孟子正义》，北京：中华书局 1987 年版，第 568 页。
④ 陆九渊：《陆九渊集》，北京：中华书局 1980 年版，第 455—456 页。

二、反身而诚——反己求仁的工夫路径

"万物皆备于我"强调以"身"为本，以"修身"为本，"反身而诚"则是具体的修身路径，此即《大学》《中庸》"慎独""诚之"的工夫。《大学》古本全篇分六章，即《格致》《诚意》《正修》《修齐》《齐治》《治平》。在论述《格致》章，强调以修身为本后，紧接着就是《诚意》章，具体论述修身的工夫。《孟子》"万物皆备于我"章恰恰也遵循了同样的次序，《诚意》章云：

> 所谓诚其意者，毋自欺也。如恶恶臭，如好好色，此之谓自谦。故君子必慎其独也。小人闲居为不善，无所不至，见君子而后厌然，掩其不善而著其善。人之视己，如见其肺肝然，则何益矣。此谓诚于中，形于外，故君子必慎其独也。曾子曰："十目所视，十手所指，其严乎！"富润屋，德润身，心广体胖，故君子必诚其意。……此谓知本。

"反身而诚，乐莫大焉"，"反身而诚"即相当于《大学》《中庸》"慎独"与"诚之"的工夫，"乐莫大焉"之"乐"即《大学》之"自谦"，谦即快、足之谓。"反身"即"反求诸己"。孟子云："仁者如射：射者正己而后发；发而不中，不怨胜己者，反求诸己而已矣。"（《孟子·公孙丑上》）《中庸》则云："射有似乎君子，失诸正鹄，反求诸其身"。孟子又云："爱人不亲，反其仁；治人不治，反其智；礼人不答，反其敬。行有不得者，皆反求诸己。"（《孟子·离娄上》）修身的第一步就是反求诸己，在己身上用功。"反其仁"，"反其智"，"反其敬"，即反求诸己之仁、智与敬，也就是"慎独"。《中庸》进一步言"慎独"："是故，君子戒慎乎其所不睹，恐惧乎其所不闻。莫见乎隐，莫显乎微，故君子慎其独也。"

《大学》《中庸》《孟子》都强调以修身为本，《大学》言修身的次第及其工夫，《中庸》则广言修身工夫，此即"慎独"与"诚之"的工夫，至《孟子》则从进一步从"求放心""存心养性""养气"等层面发挥"慎独"的工夫，又从"身之""思诚"等层面发挥"诚"的工夫。[1]

在《大学》，慎独的工夫关联着诚意的工夫，所谓诚意，即毋自欺，而要做到毋自欺，最后还是要回到慎独的工夫上去。因此，诚意慎独只是一个慎独的工夫。"慎即留心（或当心）之谓，独即指自己。合而言之，便是留心自己。知得修身为本了，便自会留心自己；而诚意功夫即此留心自己之申展深入。"[2] 孟子言："学问之道无他，求其放心而已矣。"（《孟子·告子上》）"君子所以异于人者，以其存心也。君子以仁存心，以礼存心。"（《孟子·离娄下》）"故苟得其养，无物不长；苟失其养，无物不消。孔子曰：'操则存，舍则亡。出入无时，莫知其乡。'惟心之谓与！"（《孟子·告子上》）求放心以及存养其心，无不是留心自己，无不是慎独的工夫。在《孟子》"万物皆备于我"章，则以"反身而诚"总述之，因为这都是自反也即慎独的工夫。此外，孟子在论述浩然之气的时候也提到了这一工夫："其为气也至大至刚，以直养而无害，则塞于天地之间。

---

① 徐复观：《中国思想史论集》，北京：九州出版社 2014 年版，第 86 页。
② 伍庸伯、严立三：《〈礼记·大学篇〉伍严两家解说》，北京：商务印书馆 2016 年版，第 164 页。

其为气也配义与道，无是馁也。是集义所生者，非义袭而取之也。行有不慊于心则馁矣。……必有事焉而勿正，心勿忘，勿助长也。"（《孟子·公孙丑上》）"必有事焉而勿正，心勿忘，勿助长"便是自反慎独的工夫，能做这样的工夫便"乐莫大焉"。张载云："'反身而诚'，谓行无不慊于心，则乐莫大焉。"① 这也就是《大学》中的"自慊"，否则"行有不慊于心则馁矣"。

"反身而诚"既是《大学》《中庸》中的"慎独"工夫，同时也即是《中庸》中的"诚之"工夫。"反身而诚"也即孟子所谓"思诚"，其说如下：

> 居下位而不获于上，民不可得而治也。获于上有道，不信于友，弗获于上矣。信于友有道，事亲弗悦，弗信于友矣。悦亲有道，反身不诚，不悦于亲矣。诚身有道，不明乎善，不诚其身矣。是故诚者，天之道也。思诚者，人之道也。至诚而不动者，未之有也。不诚，未有能动者也。（《孟子·离娄上》）

孟子"反身而诚"或"思诚"的工夫即是《中庸》"诚之"的工夫：

> 在下位不获乎上，民不可得而治矣；获乎上有道，不信乎朋友，不获乎上矣；信乎朋友有道，不顺乎亲，不信乎朋友矣；顺乎亲有道，反诸身不诚，不顺乎亲矣；诚身有道，不明乎善，不诚乎身矣。诚者，天之道也；诚之者，人之道也。诚者，不勉而中，不思而得，从容中道，圣人也；诚之者，择善而固执之者也。

上述两段话自"不诚其身"以上内容大体一致，其核心思想都在表达修身的工夫。《孟子》《中庸》中的"诚者，天之道"也即《中庸》所谓"天命之谓性"。所以赵岐释《孟子》"诚者，天之道"为"授人诚善之性者，天也。故曰天道"。② 徐复观先生在谈到《中庸》"诚"的时候说："诚即是性。凡《大学》《中庸》《易传》《孟子》之言诚，皆就人之内心而言。"③ 他又就《中庸》"天之道"说："此处的'天之道'，实等于'天之命'，当时'天道'与'天命'二词常常互用。由此可知'诚者天道'，与孟子'尧、舜，性之也'同义，即孔子'七十而从心所欲不逾矩'的境界。"④ 因此，诚者是天之道，同时又是圣人之道，即《中庸》所谓"率性"之谓，也即孟子所谓"尧舜性之"的意思。

《中庸》"诚之"之道，即孟子"思诚"之道，也即孟子"汤武身之"或"汤武反之"的意思。对此，伍庸伯先生有精准的分析：

> 孟子所说"尧舜性之"，便是《中庸》所说的"率性"，亦即圣人"生在安行"之意。其云"汤武反之"，相当于《中庸》的"修道之谓教"；教之义即学之义也。这是指一般人总不出乎"学知利行""困知勉行"而说。"反之"者，要从功夫以复其本体；有本体，有功夫。"性之"者，便本体功夫不分了。⑤

---

① 张载：《张载集》，北京：中华书局 1978 年版，第 33 页。
② 焦循：《孟子正义》，北京：中华书局 1987 年版，第 509 页。
③ 徐复观：《中国思想史论集》，北京：九州出版社 2014 年版，第 93 页。
④ 徐复观：《中国思想史论集》，北京：九州出版社 2014 年版，第 94 页。
⑤ 伍庸伯、严立三：《〈礼记·大学篇〉伍严两家解说》，北京：商务印书馆 2016 年版，第 128 页。

《孟子》《中庸》都提到"诚者，天之道"，都是指圣人之道，这里没有分歧。容易引起分歧的是《孟子》"思诚"与《中庸》"诚之"的关系。何益鑫认为《中庸》的"诚之"与《孟子》的"思诚"内涵迥异，指出"'诚者'的'诚'指'至诚'，'思诚者'的'诚'指'诚性'。前者是'诚'的完成态，后者是'诚'的'端'和'才'"。① 并举孟子四端之心与四德（即仁义礼智之性）的例子与之相类比。孟子确实认为四端之心既是仁义礼智之端，又是仁义礼智之性。因为，从现实层面而言，四端之心是仁义礼智之端，而从本质层面而言，四端之心又是仁义礼智之性。所以孟子才说"尽其心者，知其性也".(《孟子·尽心上》) 但这里确实存在心、性之别。但"诚"就是"诚"，不管是"诚者"之"诚"，还是"诚之者"或"思诚者"之"诚"，都是指的"诚善之性"，也即"不明乎善"之"善"，区别只在两方达致"诚"的路径不同而已，无所谓"诚"与"诚"之端的区分。这样强行区分，难免犯了孟子所谓智者"凿"之的过患。再者，何文由"诚者"之"诚"与"思诚者"之"诚"不同，也不能直接推出《孟子》"思诚"与《中庸》"诚之"内涵迥异。何文说："'诚之'字面只是'诚'的实现，隐含的途径则是'择善而固执之'；'思诚'字面就已明示，唯有以诚性的自觉为前提方有可能。"② 这似乎是说，《中庸》"诚者"之"诚"与"诚之"之"诚"都是指"至诚"，而《孟子》"思诚"之"诚"则指"诚善之性"。然而这种解读显然是不符合《中庸》文本原意的，因为《中庸》"诚者"与"诚之者"明显指的是两种不同的工夫路径，也即孟子"性之"与"反之"的工夫路径。"至诚"即达致"诚"的目标或境界，不管是"诚者"还是"诚之者"或"思诚者"，都可以"至诚"，所谓殊途同归。所以《中庸》说："自诚明，谓之性；自明诚，谓之教。诚则明矣，明则诚矣。""自诚明"是"诚者"的路径，也即孟子"尧舜性之"的路径，这是即本体即工夫；"自明诚"是"诚之者"或"思诚者"的路径，也即孟子"汤武身之"或"汤武反之"的路径，这即伍庸伯先生所谓"从功夫以复其本体"。然归根结底"诚则明矣，明则诚矣"，只要身体力行，"至诚无息"，不管是"诚者"还是"诚之者"或"思诚者"，最后都可以实现"至诚"，即达致"诚"的目标或境界。这一目标或境界即是"诚善之性"的全体呈现，也即"仁"的全体呈现。徐复观先生说："孟子之言诚，系继承《中庸》下篇言诚的思想而加以发展。"③ 他指出孟子"反身而诚"之"诚"和《中庸》下篇之"诚"都以"仁"为其内容。"诚即是仁的全体呈露，诚即是实有其仁。"④ 因此"至诚"即是仁德的全部实现，而仁德的全部实现，即相应于《大学》的"止于至善"，也即孟子"万物皆备于我"之境的充分展开。

所以说，孟子"思诚"的工夫就是《中庸》"诚之"的工夫，都是强调通过"反之"的工夫来实现仁德。焦循引赵佑《温故录》说得很明白："《中庸》言'诚之者'，而下详其目，故以'慎思'为诚之一事，乃就所学所问而次第及之，然后进以'明辨''笃行'。孟子浑括其辞，独揭一'思'字加本句上，则统所知所行而归重言之，明示人以反求诸身为诚身之要。惟思故能择善，惟思故

---

① 何益鑫：《从"万物皆备于我"到"反身而诚"——以孟子"诚"的思想为线索》，《哲学研究》2020 年第 2 期。
② 何益鑫：《从"万物皆备于我"到"反身而诚"——以孟子"诚"的思想为线索》，《哲学研究》2020 年第 2 期。
③ 徐复观：《中国人性论史·先秦篇》，北京：九州出版社 2014 年版，第 136 页。
④ 徐复观：《中国人性论史·先秦篇》，北京：九州出版社 2014 年版，第 139 页。

能固执。"①"思诚"之"思"即自反、自觉的意思，即何文"对本心善性的反思性的自觉"②。孟子说："耳目之官不思，而蔽于物。物交物，则引之而已矣。心之官则思；思则得之，不思则不得也。"（《孟子·告子上》）耳目之官不思，不思即不知自反自觉，而心之官则能自反自觉。孟子"思诚"之道，即《中庸》"诚之""择善而固执之"之道。所以程瑶田说："《孟子》此章（即上引'思诚'章——引者注），括《中庸》之旨而言之。"③ 正与徐复观先生的说法相呼应。

"万物皆备于我"实际已经蕴涵《中庸》"至诚"之道，《中庸》言："唯天下至诚，为能尽其性；能尽其性，则能尽人之性；能尽人之性，则能尽物之性；能尽物之性，则可以赞天地之化育；可以赞天地之化育，则可以与天地参矣。"能够尽人、物之性，参赞天地化育，即是成己、成物，合外内之道，而这就是仁德的全体呈露，也即是"万物皆备于我"在理想层面的具体展开。而"万物皆备于我"的现实层面的具体展开最终又系之于一身，由此强调以修身为本。修身的具体路径就是"反身而诚"，即反己求仁的工夫，"乐莫大焉"则是其效验。在此基础上，则更进一步引出求仁之方，即"强恕而行，求仁莫近焉"。

三、强恕而行——作为为仁之方的絜矩之道

如果说"反身而诚"是实现"万物皆备于我"，实现仁德，从而成己成物的路径方向，那么，"强恕而行"便是求仁、为仁的具体实践工夫。换句话说，"强恕而行"就是"反身而诚"最切近的工夫。儒学是仁学，儒家仁道即是忠恕之道。忠恕之道自孔子阐发，经曾子、子思直至孟子，其承传脉络一以贯。子曰："参乎！吾道一以贯之。"曾子曰："唯。"子出，门人问曰："何谓也？"曾子曰："夫子之道，忠恕而已矣。"（《论语·里仁》）朱子注云："尽己之谓忠，推己之谓恕。而已矣者，竭尽而无余之辞也。夫子之一理浑然而泛应曲当，譬则天地之至诚无息，而万物各得其所也。自此之外，固无余法，而亦无待于推矣。曾子有鉴于此而难言之，故借学者尽己、推己之目以著明之，欲人之易晓也。盖至诚无息者，道之体也，万殊之所以一本也；万物各得其所者，道之用也，一本之所以万殊也。以此观之，一以贯之之实可见矣。"④"天地之至诚无息"即"诚者，天之道"，"万物各得其所"即"万物皆备"之义，"万物各得其所"不能仅靠"至诚无息"的天地，更要靠行道的天下至诚者。因为唯有天下至诚者，能尽人之性、尽物之性，能参赞天地化育，而与天地参。而天下至诚者即能行忠恕之道者。正如前文所言，不管是"诚者"还是"诚之者"或"思诚者"，都可以"至诚"，都可以尽人、物之性，使"万物各得其所"，而这也就是孟子"万物皆备于我"的真实意涵。因此，恕道就是"反身而诚"的切近工夫，也即求仁、为仁的切近工夫。

---

① 焦循：《孟子正义》，北京：中华书局 1987 年版，第 509 页。
② 何益鑫：《从"万物皆备于我"到"反身而诚"——以孟子"诚"的思想为线索》，《哲学研究》2020 年第 2 期。
③ 焦循：《孟子正义》，北京：中华书局 1987 年版，第 511 页。
④ 朱熹：《四书章句集注》，北京：中华书局 1983 年版，第 72 页。

忠恕之道，又可简之为恕道，所以《中庸》云："忠恕违道不远，施诸己而不愿，亦勿施于人。""施诸己而不愿，亦勿施于人"是恕道，即涵忠道而言。子贡问曰："有一言而可以终身行之者乎？"子曰："其恕乎！己所不欲，勿施于人。"（《论语·卫灵公》）《大学》："是故君子有诸己而后求诸人，无诸己而后非诸人。所藏乎身不恕，而能喻诸人者，未之有也。"至孟子，则直言："强恕而行，求仁莫近焉。"《说文》云："恕，仁也。从心，如声。"段玉裁注云："孔子曰：'能近取譬，可谓仁之方也已。'孟子曰：'强恕而行，求仁莫近焉。'是则为仁不外于恕，析言之则有别，浑言之则不别也。仁者，亲也。"①因此，恕道就是为仁之道。赵岐注云："当自勉强以忠恕之道，求仁之术，此最为近。"②前文已言及，"反身而诚"之"诚"即"诚善之性"，也即仁性，"反身而诚"也即反己求仁，实践仁德。而恕道或忠恕之道便是最切近的求仁之方。是故焦循云："反身而诚，即忠恕之道也，宜勉行之。"③"反身而诚"者是"诚之者"或"思诚者"，并非从容中道的"诚者"，所以需勉而行之，但其达于"至诚"实现仁德的目标则与"诚者"无异。朱子引程子云："以己及物，仁也；推己及物，恕也，违道不远是也。忠恕一以贯之：忠者天道，恕者人道；忠者无妄，恕者所以行乎忠也；忠者体，恕者用，大本达道也。"④程子以忠恕分属天道、人道于义理虽不尽严密，但其言忠恕一贯之旨则确系无疑。尽己之谓忠，推己之谓恕，推己必先尽己，则恕道必涵忠道而言。《大学》："是故君子有诸己而后求诸人，无诸己而后非诸人。所藏乎身不恕，而能喻诸人者，未之有也。""有诸己""无诸己"即尽己之忠道，能尽己而后始能推己及人以行恕道。恕者，推己及人，"己所不欲，勿施于人"，己所不愿者，将心比心，亦勿施之于人。唐文治言："不愿者，勿施于人，则其所愿者能施于人可知也。"⑤是故孔子云："己欲立而立人，己欲达而达人。能近取譬，可谓仁之方也已。"（《论语·公冶长》）"己欲立而立人，己欲达而达人"即尽己之忠道，是以其所愿而施于人，也即以己及物之仁道。所以说言恕道即涵忠道而言，恕道即忠恕之道，也即为仁之道。

在《大学》，恕道又称为"絜矩之道"："所谓平天下在治其国者，上老老而民兴孝，上长长而民兴弟，上恤孤而民不倍，是以君子有絜矩之道也。所恶于上，毋以使下，所恶于下，毋以事上；所恶于前，毋以先后；所恶于后，毋以从前；所恶于右，毋以交于左；所恶于左，毋以交于右；此之谓絜矩之道。"恕道即一贯之道。那么，《大学》为何又称"絜矩之道"呢？唐文治先生就此言："然此经不言一贯之道，而言絜矩之道者，何也？以道德而言，则曰一贯；以政治而言，则曰絜矩也。一贯言其理，絜矩言其法则也。"⑥这里的一贯之理，则建立在人人共有的天性的基础之上。这里所言天性肌既包括理义之性，也包括耳目之官这样的形色之性。所以孟子说："口之于味也，有同嗜焉；耳之于声也，有同听焉；目之于色也，有同美焉。至于心，独无所同然乎？

---

① 许慎、段玉裁：《说文解字注》，杭州：浙江古籍出版社 2006 年版，第 504 页。
② 焦循：《孟子正义》，北京：中华书局 1987 年版，第 883 页。
③ 焦循：《孟子正义》，北京：中华书局 1987 年版，第 883 页。
④ 朱熹：《四书章句集注》，北京：中华书局 1983 年版，第 72—73 页。
⑤ 唐文治：《中庸大义》，上海：上海人民出版社 2018 年版，第 92 页。
⑥ 唐文治：《大学大义》，上海：上海人民出版社 2018 年版，第 43 页。

心之所同然者，何也？谓理也，义也。圣人先得我心之所同然耳。故理义之悦我心，犹刍豢之悦我口。"（《孟子·告子上》）正是建立在同然之性的基础上，作为一贯之理的忠恕之道才得以成立。是故焦循说："此章（指'万物皆备于我'章——引者注）申明知性之义也。知其性而乃尽其心。然则何以知其性？以我推之也。我亦人也，我能觉于善，则人之性亦能觉于善，人之情即同乎我之情，人之欲即同乎我之欲，故曰万物皆备于我矣。己欲立而立人，己欲达而达人，己所不欲，勿施于人，即反身而诚也，即强恕而行也。"① 人之性皆能觉于善，有"心之所同然"，所以人性皆有善端，孟子于此道性善。人人又都有同然之嗜欲，所以孟子以此晓谕齐宣王。齐宣王言自己好货、好色，而孟子则晓谕之以恕道，以王之好货、好色之心推而及于百姓。"王如好货，与百姓同之，于王何有？""王如好色，与百姓同之，于王何有？"（《孟子·梁惠王下》）以此恕道推之于王政，便是所谓"絜矩之道"了。所以，"絜矩之道"是恕道在政治层面或外王层面的具体实践。

《大学》论"絜矩之道"正好出现在"治平"章，正相应于外王层面。朱子指出，《大学》"所恶于上，毋以使下，所恶于下，毋以事上"与《中庸》"所求乎臣以事君，未能也"同义。②《中庸》云："忠恕违道不远，施诸己而不愿，亦勿施于人。君子之道四，丘未能一焉：所求乎子以事父，未能也；所求乎臣以事君，未能也；所求乎弟以事兄，未能也；所求乎朋友，先施之，未能也。""君子之道四"对应四种人伦关系，即父子、君臣、兄弟、朋友，正相应于《大学》上下、前后、左右的人伦关系，也同时与前引《中庸》及《孟子》"在下位不获乎上"一段相应。获乎上之道、信乎朋友之道及顺乎亲之道即上述"絜矩之道"。"絜矩之道"正是恕道在外王层面的具体实践，这里具体表现为行乎四种人伦关系之道。而行此"絜矩之道"的前提则是"反身而诚"。由"万物皆备于我"明确万物之各得其所、各正性命系之于一身，强调以修身为本，由修身为本引出"反身而诚"的工夫路径，由"反身而诚"引出一以贯之之道，即"忠恕之道"，再由"忠恕之道"引申为在外王层面的"絜矩之道"，具体表现为获乎上之道、信乎朋友之道及顺乎亲之道等，由此层层推扩，以至齐家、治国、平天下，从而成己、成物，达于"至诚"，终于"万物皆备于我"的理想之境。而行此"絜矩之道"又必自顺乎亲始。所以《大学》云："所谓平天下在治其国者，上老老而民兴孝，上长长而民兴弟，上恤孤而民不倍，是以君子有絜矩之道也。"朱子注云："絜，度也。矩，所以为方也。言此三者，上行下效，捷于影响，所谓家齐而国治也。"③ 孟子也说："人人亲其亲、长其长，而天下平。"（《孟子·离娄上》）"絜矩之道"作为为仁之方，必自亲亲始，度此以应四方，正是为政之道。所以孟子又说："亲亲，仁也。敬长，义也。无他，达之天下也。"（《孟子·尽心上》）可见，《大学》《中庸》及《孟子》言修身工夫可谓层次分明，逻辑谨严，环环相扣，回环往复。

至于孟子言仁政，言先王之道，则是据"絜矩之道"而在外王层面的具体施设。如果说，"絜

---

① 焦循：《孟子正义》，北京：中华书局1987年版，第883页。
② 《朱子语类》第二册，北京：中华书局1994年版，第362页。
③ 朱熹：《四书章句集注》，北京：中华书局1983年版，第10页。

矩之道"是外王层面的形上准则，那么，具体的仁政或王道便是"絜矩之道"在客观政治层面的具体展开：

> 离娄之明，公输子之巧，不以规矩，不能成方圆。师旷之聪，不以六律，不能正五音。尧舜之道，不以仁政，不能平治天下。今有仁心仁闻而民不被其泽，不可法于后世者，不行先王之道也。故曰：徒善不足以为政，徒法不能以自行。《诗》云："不愆不忘，率由旧章。"遵先王之法而过者，未之有也。（《孟子·离娄上》）

依"絜矩之道"，"民之所好好之，民之所恶恶之"，先王制定出福泽于百姓的各项仁政。孟子将仁政与作为自然度数的规矩、六律相比拟，将之视为通向王道政治的不易之法。是以有学者指出："《大学》把这种'恕道'直称为'絜矩之道'，作为孔门外王之学的基础。这一思想不仅被《中庸》予以全面继承，到了孟子这里，则演化为一套以道揆、法守等观念为中心的系统的政治儒学。"① 不过，这里需要格外注意的是，孟子强调"徒善不足以为政，徒法不能以自行"，"善"与"法"或内圣与外王在此是并行的关系，并不存在后世"内圣开外王"或体用的关系。可以说，后世儒者"内圣开外王"或内圣为体、外王为用的说法是对先秦儒家政道思想的一种歪曲。关于此，这里只是点到为止，并不展开论述。②

可以说，"反身而诚"更侧重于成己的一面，强调仁的一面；而"忠恕之道"或"絜矩之道"更侧重于成物的一面，强调智的一面。然而成己与成物又不可分割，因为"万物皆备于我"，成己就是在推己及物的成物的工夫实践中一步步落实的。所以《中庸》云："诚者非自成己而已也，所以成物也。成己，仁也；成物，知也。性之德也，合外内之道也，故时措之宜也。"

四、结语

《孟子》"万物皆备于我"章是对《大学》《中庸》修身工夫的高度概括。"万物皆备于我"明确万物之各得其所、各正性命系之于一身，强调以修身为本，由修身为本引出"反身而诚"的工夫路径，由"反身而诚"引出"忠恕之道"，是为仁之方。再由"忠恕之道"引申为在外王层面的"絜矩之道"，由此层层推扩，从而成己、成物，达于"至诚"，不断趋向"止于至善"的理想之境。

孟子云："所恶于智者，为其凿也。"（《孟子·离娄下》）对经典文本的诠释，既要面向文本本身，更要"辨章学术，考镜源流"，回归文本所处的学术脉络，如此才能对经典文本作出更合理的解释。其实，《孟子》文本本来简易平实，在解读文本的过程中，假如强探力索、过于穿凿，则有智者过之嫌。宋明儒者对"万物皆备于我"的诠释，或从道问学的角度出发，解"万物"为万事或万物之理，强调格物穷理的重要，从而忽视了"我"之"反身而诚"、成己成物的道德实

---

① 邓秉元：《说："絜矩之道"》，《中国文化》第 50 期，第 171 页。
② 关于内圣与外王的关系问题，可参见刘乐恒：《"内圣转外王"：儒家政治哲学的新视野》，《齐鲁学刊》2018 年第 4 期。

践义；或从尊德性的角度出发，从"万物一体"的视域诠释"万物皆备于我"，重视仁者的道德实践，从而忽视了万物本身所具有的客观义，更引发了后世学者从神秘体验的角度对之进行诠释，如冯友兰先生等所作的诠释。① 宋明儒者的诠释皆不免偏于一隅，可谓不及之过。在经典诠释层面，如果说宋明儒者所患在不及一面，现代学者的诠释则不免有过度穿凿之嫌了。比如从神秘主义的视角诠释《孟子》文本，便是"执今以律古"，难免有诬古之嫌。又比如对《孟子》文本的诠释不重视孟子所处思孟学派这一思想背景，没有看到《孟子》与《大学》《中庸》文本之间在义理方面的内在关联，从而强行区分《中庸》"诚之"与《孟子》"思诚"，没有注意到它们在义理层面的内在一致性。

回到"万物皆备于我"章本身，并结合思孟学派这一思想背景，我们了解到孟子此章既是对在位之君子而言，也是对一般有志于成为君子的庶人而言，所言不外强调以修身为本，并由此引申出"反身而诚"的修身路径与"强恕而行"的修身工夫，从而与《大学》《中庸》的义理规模相互衔接与呼应，显示出古代学术思想的血脉绵延。通过把"万物皆备于我"章放到《大学》《中庸》的思想背景下去理解，此章的含义才变得更为清晰、立体。"执古以绳今，是为诬今；执今以律古，是为诬古。"② 这也提醒我们，经典诠释一定要通达文本所在的思想背景与学术脉络，由此才能对经典文本作出相应的理解与诠释。

作者简介：周浩翔，男，汉族，哲学博士，副教授，河北安平人；研究方向：儒家哲学，中西哲学比较。

---

① 冯友兰：《中国哲学史》，北京：中华书局 2014 年版，第 144—145 页。
② 《默觚——魏源集》，沈阳：辽宁人民出版社 1991 年版，第 55 页。

想象的诗学：《庄子·逍遥游》诠解

伍至学

摘要：在《庄子》语词的密林中，想象力巡弋其间，构成了一种隐喻寓言与思维观念绵密繁复交织的诗化哲学文本。本文之诠解，尝试划分《逍遥游》文本结构，观念界定，论证铺陈，彰显深藏于气势磅礴诗意书写中的哲学意蕴，在诗学与哲学之间游移探索，这既是对庄子哲学地图踪影流泻的重绘，也是对其想象的诗学之分析与阐述。《庄子》的绚丽且幽微的书写，乃是其想象力哲学的具体生成。故《逍遥游》可说是存在与隐喻合一的旅行。

关键词：鲲鹏之喻；无待；至人；神人；无用

如果说《庄子·逍遥游》的哲学书写是一场波澜壮阔之文本的旅行，那么从刚开始的北冥有鱼到最后有用无用之辩，其文本结构明显地可以分为三个部分：① 第一部分鲲鹏之喻与小大之辩的寓言。思想风景的焦点在于"大"与"化"，从人之生命尝试超越一切现实限定而挣离限制之"无限"境域说逍遥。由鹏之翱翔天际显示生命力量之自我转化与超越的强度，以及作为潜藏背景之存有场域的无限宽广。

第二部分，从四种人之存在状态的划分，最终显示"乘天地之正，而御六气之辩，以游无穷者"的"无待"之主体人格作为整篇《逍遥游》义旨的重心，② 此乃以"无待"言逍遥。如此，再以三段分别铺陈"至人无己，神人无功，圣人无名"的"无待"之体道者的三种真实存在样态。此无待之主体，乃逍遥而游之"游"的体道主体，与道同游之自由主体。

第三部分，则以惠子与庄子的两段对话总结整篇的叙述，将问题导向有用与无用的价值抉

---

① "本篇的结构，第一部分，从'北冥有鱼'到'此小大之辩也'，都是借鲲鹏和蜩鸠的寓言故事，来托出'大'的境界，这正是'逍遥游'的方向。第二部分，从'故夫知效一官'到'故曰至人无己，神人无功，圣人无名。'这是本篇的中心，是以修养的层次，写出'逍遥游'的最高境界。第三部分，从'尧让天下于许由'到最后的'无所可用，安所困苦哉'，这是借许多故事，把第二部分的中心思想，再加以推衍和证明。"（吴怡：《新译庄子内篇解义》，台北：三民书局 2004 年版，第 12 页）本文之区分与上述说法不尽相同。

② "此节为一篇之正文。'至人无己'三句，则一篇之要旨。而'无己'，尤要中之要。盖非至'无己'不足以言'游'，更不足以言'逍遥'也。'圣人''神人''至人'，虽有三名，至者圣之至，神者圣而不可知之称。其实皆圣人也。而'无己'必自'无名''无功'始。"（钟泰：《庄子发微》，上海：上海古籍出版社 2002 年版，第 14—15 页）

择，逆转世俗价值，重估一切价值，从如何善于用物（善用其大）与无用之物（无用之用）两个层次辨明"无用之用"的价值，如此乃是从人之寓居于世而"无所可用"之"无用"言逍遥，一种闲适悠然自得的形而上心情，以此回归本源之"大用"消解现实人生之"困苦"。

总而言之，"逍遥游"指向的是人的自由的强健的生命活动，一种根源的主体人格的存在方式，人之本真的生存论情态。无限、无待与无用总括为逍遥之三义，此乃《逍遥游》的思想主旨。《庄子》内篇以《逍遥游》开端，一方面环绕着"无"的观念系谱，从无穷、无待、无名、无功、无己、无为，构成"无"的生存论分析；另一方面则沿着"人"的本真存在，从圣人、神人、至人言"游"的心怀。逍遥游，一言以蔽之，乃体道主体人格之生命壮游。

因此，我们对《逍遥游》文本结构的思想分析就从"鲲鹏之喻"的哲学寓言书写开始。

一、鲲鹏之喻

北冥有鱼，其名为鲲。鲲之大，不知其几千里也。化而为鸟，其名为鹏。鹏之背，不知其几千里也；怒而飞，其翼若垂天之云。是鸟也，海运则将徙于南冥。南冥者，天池也。

《齐谐》者，志怪者也。《谐》之言曰："鹏之徙于南冥也，水击三千里，抟扶摇而上者九万里，去以六月息者也。"野马也，尘埃也，生物之以息相吹也。天之苍苍，其正色邪？其远而无所至极邪？其视下也，亦若是则已矣。

且夫水之积也不厚，则其负大舟也无力。覆杯水于坳堂之上，则芥为之舟；置杯焉则胶，水浅而舟大也。风之积也不厚，则其负大翼也无力。故九万里，则风斯在下矣，而后乃今培风；背负青天而莫之夭阏者，而后乃今将图南。

如果我们问《庄子》幽深玄远的哲学要从什么地方开始，翻开《庄子》文本的首页所浮现的第一个句子乃是"北冥有鱼"，庄子就是以这里为起点展开他的思想旅程。"北冥有鱼，其名为鲲。鲲之大，不知其几千里也。化而为鸟，其名为鹏。鹏之背，不知其几千里也。怒而飞，其翼若垂天之云。是鸟也，海运则将徙于南冥。南冥者，天池也。"很明显，庄子在此所说的是一个哲学的寓言，仿佛一个古老遥远的故事，哲学从充满诗意想象与绚丽文采的寓言开始，在思想的疆域中这究竟意味着什么，我们的问题与思索就从此处开始。

在这《庄子》文本开端的鲲鹏之喻中，首先触动我们思绪的是关于"大"的存有想象，"鲲之大，不知其几千里也"，"鹏之背，不知其几千里也"，重复强调"不知其几千里也"此语，显示庄子此处着重于"大"。故鲲鹏两者其实为庄子借以比喻大物之存在。"不知"呈现的是游离于知识的边界之外，消解知识的确定性。故如此之"大"是非知识精确意义的，是纯然想象力的构造，是存有表象的再生产。[①] 想象力的逻辑，非知性的逻辑，其意义在于转换我们观照存有的视域与生

---

① "自然界中人的形象和力量并不显赫，往往受到制约，因此想象假如有巨大的形象，就有巨大的力量，在自然界中就能随心所欲地活动。而且，人又是有限的存在，在空间上有限，在时间上也有限，人总是自觉不自觉

存方式。想象力具有无穷的可能性，现实的存有被彻底地颠覆，想象的世界开启了我们逃逸现实存在束缚的另一路线。

于是我们可以说"鲲鹏之喻"作为庄子哲学的开端，根本的意义在于哲学必须从想象（Imagination）出发，[1]这与中西其他许多哲学形态的起点是非常不同的。如与希腊哲学相比，希腊哲学以哲学源于惊奇，这惊奇是对现象的一种震撼与好奇，求知的意味很重，如此才有希腊之对理论性知识的探求。而庄子哲学以想象为始源，其思想指向与意趣并不囿限于现象之表象而已，而是表象的自由游戏，故具有美学的维度，一种美学的形而上学的境域。

与希伯来宗教传统之言"敬畏上主是智慧的开端"相对照，希伯来所重者在于对一超越性存在之敬畏与向往，故信仰必须以人之谦卑臣服于神为前提，敬畏上主乃是一种强烈的宗教情怀，充满怖栗与不安。与此相比，庄子哲学之终极并非如希伯来之神一般之超越性存在。其想象的诗化哲学虽亦有形而上之维度，但却是以人之寓居于世诗意的栖居为本。"敬畏上主"的存在心情是凝重严肃的，而庄子逍遥游的心情却是自在恬适的。

庄子的想象逻辑亦与笛卡尔的怀疑方法有着根本的差异，怀疑是一种犀利的思想武器，笛卡尔以之摧毁一切传统知识体系，欲重新建构知识之坚实的地基。隐藏在这庞大之知识改造活动背后的，是知识的欲望，也是权力的欲望，因此表面上笛卡尔试图在沉思中寻求一种心灵的内在平静，但其实亦欲求真理之意志。庄子的寓言固然某种程度亦表现对知识的质疑与嘲弄，但根本上所追求的却是一种无知之知，所欲求者乃非知之意志，心怀所寄亦生命之逍遥无为，人之本真存在的怡然自得。

让我们的文本阅读从想象力开始。

"冥"，庄子意味着一个黑暗隐没的存在场域，北与南，是空间性方位的标示。如此，北冥乃是存有的幽暗"场所"。冥冥之道，冥之幽玄隐没，亦黑暗的存有论的想象。[2]

地束缚在有限的时间空间中。因此，人要追求自由，就必然要摆脱有限，希望拥有无限广阔的空间和永恒的时间。鲲鹏巨大的形象和翱翔的姿态，就是人类愿望的形象表现。"（张涅：《庄子解读——流变开放的思想形式》，山东：齐鲁书社 2003 年版，第 49 页）

[1] "'北冥有鱼，其名为鲲。'全本庄书这样开始。在古时候人们的心眼里，全世界的中心有'中国'，周围环绕着荒漠，直到阴暗的大海，波浪滂湃，黝湛的冥海就等于我们全世界的极限，也就是我们想象的最终极端。"（吴光明：《庄子》，台北：东大图书公司 1988 年版，第 107 页）

[2] "冥暗毕竟就是包容我们的安身之居，只要我们肯看冥暗作我们的诗境，我们的怡想。在这里我们可以在暗中参与宇宙的玄秘。而且冥暗是个人私自亲密的境界。日间属于公共一般，冥暗却永远是新鲜的，永远是我们初次踏进的地方。我们最好培养我们察觉冥暗的感官，这冥昏是我们的安歇，渊水，混沌，不知境。我们出生于此，抚养于此。"（吴光明：《庄子》，台北：东大图书公司 1988 年版，第 112 页）庄子关于冥冥之道的表述有："至道之精，窈窈冥冥；至道之极，昏昏默默。"（《在宥》）"视乎冥冥，听乎无声。冥冥之中，独见晓焉；无声之中，独闻和焉。"（《天地》）"昭昭生于冥冥，有伦生于无形。"（《知北游》）

"庄子在其他地方也用过'北海'（《秋水》），而在此处用'北冥'自有特殊的意义。一方面'北冥'与下文的'南冥'相对照，'南冥'在天际，当然不能解作'南海'。所以这个'冥'字是联结了水天一色，也就是统一了天和地的。另一方面，庄子在一开端便揭出了这个'北冥'不只是指那遥远的地方有个'北冥'或'北海'，而是把我们的视线无限地拓广，使我们的思路进入玄深幽远的境地。所以这个'冥'字打通了内外一体，也就是融合了心和境的。"（吴怡：《新译庄子内篇解义》，台北：三民书局 2000 年版，第 14 页）

冥与"溟"亦相通,如此出现的是广阔无垠之海的意象。北冥,是一种关于大海的想象,水的原型的复归。幽暗的大海成为孕育生命存在的母体根源。

"有",在此只是一纯粹的所与,存有之慷慨的赠与。"有"鱼,是存有之自然而然的显现。此"有"非神之创造,亦非人之建构,而是浑然大道之自然无为的开显,"有鱼"亦鱼之真实存在的涌现,一种非现实的(ontic),存有论的(ontological)"实事本身"。

"北冥有鱼",为什么庄子的想象一开始就说的是"鱼"这种动物呢,鱼在古代思想与神话中通常是生命之原始野性的象征,鱼悠游于波涛汹涌之汪洋大海,其存在的姿势是身体的游移与摆动,鱼游于水但同时亦抵御水之阻力而自由移动,显示的是鱼的生命力的舞动,游动的生命力量。① 苍茫大海中鱼是如此之沉浮自在与逍遥。故开始即以鱼作为生命潇洒自在的象征。②

"化",乃是存有的自由转化,"化而为鸟"之化,依神话思维而解乃是生命之变形,在万物生命一体中相互转化。而化亦可是存有之造化,大化之流衍。化即是变化,但非与存有相分离之变化,而是"有"之化,存有与变化不一不二之化。

相对于鱼之嬉游于水中,鸟之"怒而飞"展示了生命存在之逍遥的另一种方式,自由飞行于无涯天际,无拘无束。从鸟之飞翔,庄子邀请我们想象一种离开流动水域与沉重之土地的展翅高飞的存在方式。从天际"俯视"大地,"以道观之",一切存在的差异显得如此渺小。一切界线都消失在一种存有的高度之中。飞行的身影,乃是生命的自我超越。

鱼与鸟分别象征相对于人之存在的两种本真生命的存在方式,人立于土地之上,艰苦行走于大地,相反于此,鱼浮游于水中却是舒缓的,水可减轻存在的重负,鸟翱翔于天空,乘风而起,亦是轻盈的。庄子所言之逍遥游,亦舒缓轻盈之生存美学方式。

此外从字形隐喻而言,以鱼与鸟为字形构造之鲲鹏,昆有暗示昆仲之义,朋有暗示友朋之义,鲲鹏亦象征万有中不同个体物之亲密平等交往与生命一体之互为转化。经由鲲鹏之喻,庄子所想象的是一个万物通而为一的生命共同体与存在家园。

由"北冥"至"南冥",③ 由"鲲"至"鹏",这是一次悠远无穷之存在场域的旅行,想象的旅

---

① "鱼如何摇动?鱼只是在水中跳跃,而鸟的摇动,是飞跃,跳跃与飞跃,都是舞动,是舞蹈!逍遥游——那是开端之舞蹈的步伐,回旋的步伐。逍遥——这是步伐,是押着韵、合着辙的步伐,这是在风中的舞蹈。是万物舞蹈的步伐!逍遥:这是万物在连绵舞蹈中带来的重围的错视!是万物瞬间显现中一起涌动时的韵律或节奏!"(夏可君:《幻象与生命——〈庄子〉的异变书写》,上海:学林出版社2007年版,第69页)

② "庄子笔下的鱼分为两种状态:一种困于干涸的水沟或被人类的知识技巧所乱而危在旦夕、面临灭顶之灾,一种没于深渊或摆脱情感的牵累而潇洒自在、忘情遨游;鱼的两种截然不同的存在状态,代表不同的意义,具有不同的象征:前者本性丧失殆尽,后者天然率性自在;前者是违背本性的异化状态,后者是保持本性的自由状态。更为重要的是,庄子对鱼的两种存在状态区别对待——否定前者,肯定后者。换言之,庄子所关注和认可的是鱼的后一种状态,他倾慕和向往的正是这种意义的鱼。"(魏义霞:《鱼在〈庄子〉中的象征意义——"北冥有鱼"与庄子的动物情结》,《黑龙江社会科学》2006年第3期)

③ "按照中国古典哲学的思维习惯,南和北是相互对立的两极。北方是否定的一极,它意味着阴,是昏暗、寒冷之地;而南方则是阳的象征,由于那里是太阳存在的方向,所以它意味着对生命的肯定,意味着温暖的阳光等一切美好的东西。也许是受了这种思维定势的影响,庄子在用鲲鹏之变象征精神世界的无限超越时,南方具有非同寻常的意义。他让鹏鸟飞越大地的中央直达南方的天池,而且鹏鸟在'图南'的过程中经历了从无翼向有

程。于此不仅是存有的自由转化，亦是价值视野的重估，眼界的开拓，视域的提升。

故庄子于文本第二段便指出上述之存在的旅行乃是想象之书的虚构："《齐谐》者，志怪者也。《谐》之言曰：鹏之徙于南冥也，水击三千里，抟扶摇而上者九万里，去以六月息者也。野马也，尘埃也，生物之以息相吹也。天之苍苍，其正色邪。其远而无所至极邪。其视下也，亦若是则已矣。"在这段叙述中，"野马"，"尘埃"乃至"生物之以息相吹"显示了一种澎湃沉郁之巨大生命力量的想象。

总之，鲲鹏之喻作为一种想象的哲学。[①] 从对大物的想象开始，"大"之所以为大，非外在形体之巨大而已，而是飞越现实经验的框架，想象一种巨大无比与浩瀚无垠的存在辽阔之感。"鲲"与"鹏"皆为生命力量变化无穷之象征，[②] 庄子在此以诗意的想象触动我们的思维。鲲鹏之畅游寓意生命要不受到固定之限制，唯有不断自我转化，永不止息地自我突破与超越。逍遥作为一种生命的旅行，并没有预设特定之目的地，而是自由地移动，人类的生命力量的无限扩展，"远而无所至极"之遥远的生命漫游。逍遥之无限义，在于消解界线，重写存在的疆域，游走于界线内外。鲲鹏之喻，乃是生命的变异书写，在巨大幻想的美学视觉图像中，想象力的逻辑与神话的思维合而为一，从海洋的想象模拟着存在的边际。[③]

二、小大之辩

蜩与学鸠笑之曰："我决起而飞，抢榆枋，时则不至而控于地而已矣，奚以之九万里而南为？"适莽苍者，三餐而反，腹犹果然；适百里者，宿舂粮；适千里者，三月聚

翼的形变，以此象征摆脱肉身的局限走向终极的理想。"（刘成纪：《诗性地理与庄子的哲学发现》，《江苏大学学报》2003 年第 3 期）

① "在故事的中间，鱼把自己转化成鸟。我不认为，庄子是随意地选择这两种动物的。以鱼开始，意味深长。鱼象征着一个能被捉住的动物。由于在一开始就说到鱼，我们可以容易地把鱼看作读者的象征。鱼，跟我们一样，生活在黑暗之中，或者从认识论上说，生活在无知之中。但是，鱼拥有将自己转化为别的动物的能力。这别的动物就是鸟。选择鸟也不是文学上的偶然。鸟象征着一种我们将其跟自由和超越联系起来的动物。这里的主题信息（thematic massage）是：从无知向有知的转化是在我们之内的一种内在的可能性，并且，这种转化的结果就是自由的取得。这也是幸福的取得，这种幸福是以目的地（天池）来象征的。仅仅是这个神话故事的开头就已告诉我们多少关于《庄子》的整体信息！这些信息包括：捉住无知的读者，告诉我们在我们之内的自我转化的能力，自由与幸福的取得。"[爱莲心（R.E.Allison）：《向往心灵转化的庄子—内篇分析》，周炽成译，南京：江苏人民出版社 2004 年版，第 44 页]

② "庄子首先想到的是超越世俗、志向远大的生命形式。鲲鹏是宏大生命形式的象征，'不知其几千里也'，是从形象上予以强调，'化'则是生命活动的质的发展。而且，鹏的活动在'九万里'的阔大空间和'六月'这样的时间条件下展开，更展现出生命价值的辉煌壮观。"（张涅：《庄子解读——流变开放的思想形式》，山东：齐鲁书社 2003 年版，第 48 页）

③ "'北冥有鱼，其名为鲲。'全本庄书这样开始。在古时候人们的心眼里，全世界的中心有'中国'，周围环绕着荒漠，直到阴暗的大海，波浪滂湃，黯湛的冥海就等于我们全世界的极限，也就是我们想象的最终极端。"（吴光明：《庄子》，台北：东大图书公司 1988 年版，第 107 页）

粮。之二虫又何知!

小知不及大知,小年不及大年。奚以知其然也?朝菌不知晦朔,蟪蛄不知春秋,此小年也。楚之南有冥灵者,以五百岁为春,五百岁为秋;上古有大椿者,以八千岁为春,八千岁为秋,此大年也。而彭祖乃今以久特闻,众人匹之,不亦悲乎?

汤之问棘也是已。穷发之北有冥海者,天池也。有鱼焉,其广数千里,未有知其修者,其名为鲲。有鸟焉,其名为鹏,背若太山,翼若垂天之云,抟扶摇羊角而上者九万里,绝云气,负青天,然后图南,且适南冥也。斥鴳笑之曰:"彼且奚适也?我腾跃而上,不过数仞而下,翱翔蓬蒿之间,此亦飞之至也。而彼且奚适也?"此小大之辩也。

"小知不及大知,小年不及大年。"小与大之差别,非在外在时间性与空间性之经验存在的差别,差别仅在"视域"而已。视域宽阔辽远者乃是将"眼界"提升,① 旷观存在的地平线,而小者亦视见短浅,以井窥天而已。

郭象注曰:"小夫小大虽殊,而放于自得之场,则物任其性,事称其能,各当其分,逍遥一也,岂容胜负于其间哉。"此乃从事物之本性言。故虽然有小大的不同,只要事物就能依其自然本性,自尔独化,皆为逍遥,并且逍遥的程度也是一样的,并无高下优劣之差别。郭象之思路与庄子显然有别,因小大之辩非从一物之本性言,而是从主体之自我转化言。"视域"亦生命主体之心怀,格局,气魄而已。

三、无待

故夫知效一官,行比一乡,德合一君而征一国者,其自视也亦若此矣。而宋荣子犹然笑之。且举世而誉之而不加劝,举世而非之而不加沮,定乎内外之分,辩乎荣辱之境,斯已矣。彼其于世未数数然也。虽然,犹有未树也。夫列子御风而行,泠然善也,旬有五日而后反。彼于致福者,未数数然也。此虽免乎行,犹有所待者也。若夫乘天地之正,而御六气之辩,以游无穷者,彼且恶乎待哉。故曰:至人无己,神人无功,圣人无名。

此段结构分明,可以下列图表解明:

	待(依赖条件)
1. 自视者	封闭性(外在限定性) 世俗之人
2. 宋荣子	内在性(内外荣辱之分) 内在自我

① 王博:《庄子哲学》,北京:北京大学出版社 2004 年版,第 115 页。

续表

	待（依赖条件）
3. 列子	有形之物 有限主体
4. 以游无穷者	无形之道 逍遥游之最高自由主体 至人、神人、圣人

此四种区分，其一之自视者全然处于有限界域的束缚（"知效一官，行比一乡，德合一君而征一国者"），满足于外在的肯定，如此是毫无主体人格可言的，纯然媚俗，沉沦于尘世的。其二之宋荣子的存在方式是以对抗外在世界的激越高傲姿态呈现的。故严格区分内外荣辱之别（"举世而誉之而不加劝，举世而非之而不加沮"），固守内在自我，将自我视为抵御外在流俗的坚强堡垒（"定乎内外之分，辩乎荣辱之境"），内在自我成为其之"所待"。

微妙的是，御风而行的列子为什么"此虽免乎行，犹有所待者也"，列子显然已达到游的境域，但尚非逍遥之游，问题的关键便在于列子虽然能够自由飞翔于一定之场域，但其行旅往返仍是有限的（"旬有五日而后反"），非"以游无穷"。往返地来回运动暗示着他仍离不开一个出发的原点，只能在自我的定点与有限边际之间的中间地带反复游走。这虽然已是一种非常轻盈旷达的生命境域，但终非无待之得道主体。御风而行象征着自由自在地流动，其实这已经开启了一条逃逸的路线，只是还未达到绝对的逃走，无目的性与方向性之遨游。

最后，与道同游之体道者之所以能够"以游无穷"，乃本于"乘天地之正，而御六气之辩"。如此之体道主体依然有所"乘"与"御"，仿佛依然"有所待"，但是《逍遥游》采取的回应却是"彼且恶乎待哉"，因为列子之风仍是现象界之无形之存在物，仍非道之自体，而"天地之正"与"六气之辩"与前述之"风"有所不同，乃是大道之常与变，大道超越形而下的有形界域，回归整体无限的源始境域，而至人神人圣人之所以可能，便在于此根源之道的呈显，体道而游。于此，人的个体存在才能"以游无穷"，无穷之大道是形而上学想象的疆域，本真生命的终极境域。① 最重要者，"天地之正"与"六气之辩"之大道自身，乃是形而上之绝对无，故"待无"虽是"待"，却也是"无所待"之"无待"。

---

① "《逍遥游》篇正是以世界的个体多样性状态为立论根据的，其最终意图则是要超越世俗生活的肤浅的无限状态，而达乎一种立足于'无何有之乡、广漠之野'的个别化的本真存在，可以说，这种个别化的本真存在，乃是庄子思想的基本原则之一，而在《逍遥游》中，这个原则则隐含于'无待'之境界中。""一般而言，'逍遥'在庄子思想中不仅仅是指称一种人的状态，它的完整意义应该是指天下万物在一种自由流转的整体境域中各是其所是的本真的存在场状态。但是，让包括人自身在内的天下万物以个体多样性的方式保持在这种本真状态中，在庄子那里却是对人提出的要求。无论是《逍遥游》的'知效一官'一节还是其最后二节，都明确地表明，在放弃了对事物和人自身的功利性计算和一般公众性解释与评判而让其自在的同时，并且只有在这种情况下，人才能达乎一种本真的个别化存在，而这才是庄子真正关心的事情。因此，'逍遥'毕竟是对人而言的个别化的本真存在的自我实现，而事物的本真自在则统一并维持于人的本真化的自我实现。"（张松：《论"无待"与"因是"的存在论——形而上学基础——人类自由本质及其现实具体化之可能性视野下的庄子思想》，《东岳论丛》2005年第2期）

四、圣人无名：符号的瓦解

尧让天下于许由，曰："日月出矣而爝火不息，其于光也，不亦难乎。时雨降矣而犹浸灌，其于泽也，不亦劳乎。夫子立而天下治，而我犹尸之，吾自视缺然。请致天下。"许由曰："子治天下，天下既已治也。而我犹代子，吾将为名乎？名者，实之宾也。吾将为宾乎？鹪鹩巢于深林，不过一枝；偃鼠饮河，不过满腹。归休乎君，予无所用天下为。庖人虽不治庖，尸祝不越樽俎而代之矣。"

这一段讲的是"圣人无名"，我们先将其对比结构表列。

有名	无名
尧	许由
人为勉力 （爝火，浸溉）	自然无为 （日月，时雨）
庖人	尸祝
符号之域	神圣之域

对庄子而言，"名"之所以要进行解构，其实已经预设了文明的符号系统。名作为符号系统，区分能指与所指，衍生差异与分别，[1] 这个符号可以是知识建构的，也可以是伦理秩序的。总之，名的世界即是符号的帝国。谁掌握"名"，也就掌握了权力，名的制定者也是权力的拥有者。因此，"无名"是还原人的存在至前符号的生存状态，如此之主体人格是无法以仁义道德的伦理坐标加以定位的，也无法将其视为世间权力棋局中的一颗棋子，即使是其中最具有枢纽位置的君王，也无法激起隐士逸名之体道者对名的欲求。体道主体是纯然活在符号话语之外的，是知识真理体制的化外之民。

《逍遥游》假借许由之名书写的其实是另一种的真理，有别于知识真理的生命真理，这是中国哲学的终极指向。"日月"与"时雨"的比喻，透露着生命的明与暗，生命的滋润与缓慢茁壮，那是属于生命的节奏与存在的脉动。许由以尸祝自况，[2] 其心情是严肃而充满崇敬之情的，那是

---

[1] "从名实关系看，'名'首先以'分'为其特点，当庄子强调'名'为实之'宾''名止于实'时，已同时肯定了'名'与'实'（'物'）之间的对应性，后者（对应性）既体现了'名'与'物'关系的确定性，也凸显了'名'所内含的'分'与'别'等功能：名与物的对应性，以不同的'名'分别地指称或表示不同的'物'为前提。'名'的这种分别性，同时蕴含着对存在本身的某种分离或分化。"（杨国荣：《庄子的思想世界》，北京：北京大学出版社 2006 年版，第 125—126 页）

[2] "'尸祝'和'庖人'是截然不同的职守，前者是祭祀的时祷祝神主的人，而后者是主掌厨事者，显然暗示着专注的于自我满足的隐士许由和专注于世俗功业的人间圣王尧之间处于两个不同的系统之中。如果玩味其中的意思，许由或许还在其中隐隐表示了高下之别：'尸祝'是祭祀的重要角色，而古代'祭祀'的重要性不言而喻；至于'庖人'，这里或许不仅仅是指一般掌管厨事的供膳者，很可能是与祭祀活动相关的安排祭品之类的人物。"（陈引驰：《庄子精读》，上海：复旦大学出版社 2005 年版，第 54 页）

一种面对"不可名"的生命情态。仰望"不可名"之奥秘与神圣，世俗天下皆已放下（"予无所用天下为"），那是"圣人无名"隐含的超越维度。

五、神人无功：形神的转化

> 肩吾问于连叔曰："吾闻言于接舆，大而无当，往而不返。吾惊怖其言，犹河汉而无极也；大有径庭，不近人情焉。"连叔曰："其言谓何哉？"曰："藐姑射之山，有神人居焉，肌肤若冰雪，淖约若处子；不食五谷，吸风饮露；乘云气，御飞龙，而游乎四海之外；其神凝，使物不疵疠而年谷熟。吾以是狂而不信也。"连叔曰："然，瞽者无以与乎文章之观，聋者无以与乎钟鼓之声。岂唯形骸有聋盲哉？夫知亦有之。是其言也，犹时女也。之人也，之德也，将旁礴万物以为一，世蕲乎乱，孰弊弊焉以天下为事。之人也，物莫之伤，大浸稽天而不溺，大旱金石流土山焦而不热。是其尘垢秕糠，将犹陶铸尧舜者也，孰肯以物为事。"

此段关于"神人"的描述，我们可以整理如下：

	神人
居	姑射之山
身	肌肤若冰雪，淖约若处子
心	神凝
德	旁礴万物以为一
事	不以物为事

"神人无功"此段乃是想象书写的盛宴（"大而无当，往而不返"描写想象力之衍生扩散）。首先，神人之居是"非现实存在"的远方（"姑射之山"），是遥远的梦想国度。在真实与虚构之间徘徊不定，《逍遥游》构造了一个神人的身体，神话的身体，完全脱离日常经验的身体。日常的身体是功效的身体，是使用价值的物质载体甚至生产机器，而神人的身体则是"无功"的。神人所呈现的是一种身体美学的姿态，原始野性的强力生命，遨游于天地之间。相对于人类文明对身体进行的再生产，将其训练驯化为一具有工作效力的劳动身体，庄子所向往之神人的身体是裸体的，非文明的，青春的，挣脱一切规约与枷锁的，可以说这是一种原初生命力身体的大解放（"肌肤若冰雪，淖约若处子"），重新激发人类肉身主体的无穷力量。

接着，神人之"凝神"，以心摄物，心物互动和谐。如此神人方能身心一如，游心于世。①

---

① "庄子将'游'寄寓了深刻的哲学含义和美学含义，在他看来，'游'既是生命存在的最高形式，也是精神自由的终极向往；既是想象性的对现实的情感超越，又是直觉化的对可能世界的诗意寄托；既是自我肢体借助于物质工具的自己运动，属于一种'身游'和'物游'，又是超越时空而无所依凭的纯粹的心灵的想象活动，属于一种'心游'和'神游'。"（杜琇琳：《试论"游"在〈庄子〉美学范畴中的地位》，《社会科学辑刊》2004 年第 5 期）

神人之德乃是以开阔广大的胸襟气魄，接纳万物，包容世界，达致道通为一的场域（"旁礴万物以为一"）。神人优游自在，在宇宙大化流行中，其身影永远是舒缓的，非劳劳碌碌的，缓慢的，非汲汲营营于俗务的。神人之为事乃"不以物为事"，正显示其超然物外，忘怀毁誉得失，回归自然之率真素朴，神人亦高贵之自然人而已。总之，神人的书写是人之生命的原型的摹写，是野性自然的想象书写。神人的语言不是文明的理性话语，而是荒诞的狂言，诗意的众声喧哗。神人的疯狂话语，庄子如是说。

六、至人无己：自我的退隐

宋人资章甫而适诸越，越人断发文身，无所用之。尧治天下之民，平海内之政，往见四子藐姑射之山，汾水之阳，窅然丧其天下焉。

此段讲"至人无己"，这是三段理想人格书写中至为简短的一段。这段文字最让人困惑的是宋人资章甫而适诸越此句究竟意蕴为何，因为表面观之，此句的意义重点似乎在"无所用之"。关于有用无用的讨论，如此则与"无己"显然没有关联，而且又与后两段无用之用的阐述相重叠，因此我们必须重新理解。简言之，此句是在说宋人之自以为是，以己意妄为之，陷进自我中心的漩涡。所以才会产生将礼冠（礼乐文明制度的象征）运至越国（断发文身象征野性淳朴）的错误，如此则可以明显看出庄子对自我主体之膨胀的批判，人的主体对世界的宰制与占有之伪皆是由此衍生的。

于是，自我的消减，复归于以"无己"体道主体，谦冲无私的明朗德性人格，遂成为问题的关键。这是人之生命的自我转换最为艰困的一个防线。因为世俗之人是如此贪恋自我，将自我构筑为一坚固的阵地。在自我与他者的辩证中，独裁的自我往往吞没他者，自我的霸权是不会尊重他者的，相反于此，至人要走出自我，将自我无化乃是生命存在的彻底颠覆与裂变。自我的隐退，敞开自身，其实是让虚无之道进驻我的内在（"窅然"）。这是对他者的纯然接纳，如此，自我与道在同一与差异的双重路径中漫游，成为一无己之自由主体。[1] 在至人的心灵辞典中，"己"是一个渺小的词汇，甚至是一个消失的词汇。文本书写中的"四子"指涉的就是此种体现绝对道体之至人。至人得道逍遥，超离尘世，隐没中自然流露一股独特的人格精神魅力，故尧往见之乃深为所感，乃有忘己丧天下之心怀。在《逍遥游》简约的书写中，至人的生命存在方式是隐微的，言语难以表达的。至人乃是存在的隐遁者。

经过上述对《逍遥游》文本关于至人神人、圣人的哲学书写的再度重写，最后，我们需要

---

① "至人是凝视着万物之原本的'一'的，故至人虽生于差别与对立的世界，却不为差别与对立所拘执（囚系）；至人是谛观着一切存在之自生自化的，故虽置身流转变化的世界，却不反逆流转变化。至人对于其自己及世界之本然相是虚己的，故不为任何事物所拘执，正因其不为任何事物所拘执，故于任何事物皆无所恐惧。至人是无往而不自由的（对于一切而皆自由的）。所谓自由，就是有无所拘无所执（无所囚系）的一己之谓。"（福永光司：《庄子：古代中国的存在主义》，陈冠学译，台北：三民书局 1968 年版，第 159 页）

进一步探问的是：至人、神人、圣人之所以真实的可能的理据为何。很明显，至人、神人、圣人之体道主体人格必须基于天地之正与六气之辩的道体自身，大道乃是人之存在的生存论之超越性维度的终极境域。庄子之理想人格的逍遥游乃是"体道"而游，与道同游，"体道"是根本的枢纽，"体道"是人之存在精神视域的扩展，生命强力的转换，这是一种"无主体的主体"。这是一种真正归属于人之存在生命自身的"体验"。因此，与其说道体为理想主体人格之理据，不如更精确地说，生命存在的"体验"才是中国哲学之本，一种回到"实事自身"的生命"体验"活动，质言之，"体验"才是中国哲学一切思辨与关切的根源与"理据"。

哲学的书写如果没有生命的"体验"为理据，终将是枯燥乏味的。而生命的体验却又是离不开想象的移动，唯有想象之网，生命经验才不是机械重复的习性，才不是单一平面没有任何深度的日常惯性，想象使得体验充满丰富的歧义性。如此，体道主体仿佛经过不断经过皱褶的主体，所谓至人神人圣人乃至于真人天人，方能构成体道者的系谱学，古典中国哲学的体验现象学方得以展开。

七、无用之用

惠子谓庄子曰："魏王贻我大瓠之种，我树之成而实五石，以盛水浆，其坚不能自举也；剖之以为瓢，则瓠落无所容。非不呺然大也，吾为其无用而掊之。"庄子曰："夫子固拙于用大矣。宋人有善为不龟手之药者，世世以洴澼絖为事。客闻之，请买其方以百金。聚族而谋曰：'我世世为洴澼絖，不过数金；今一朝而鬻技百金，请与之。'客得之，以说吴王。越有难，吴王使之将，冬与越人水战，大败越人，裂地而封之。能不龟手，一也，或以封，或不免于洴澼絖，则所用之异也。今子有五石之瓠，何不虑以为大樽而浮乎江湖，而忧其瓠落无所容？则夫子犹有蓬之心也夫。"

惠子谓庄子曰："吾有大树，人谓之樗，其大本臃肿而不中绳墨；其小枝卷曲而不中规矩，立之涂，匠者不顾。今子之言，大而无用，众所同去也。"庄子曰："子独不见狸狌乎？卑身而伏，以候敖者；东西跳梁，不辟高下；中于机辟，死于网罟。今夫斄牛，其大若垂天之云。此能为大矣，而不能执鼠。今子有大树，患其无用，何不树之于无何有之乡，广莫之野，彷徨乎无为其侧，逍遥乎寝卧其下。不夭斤斧，物无害者，无所可用，安所困苦哉。"

这两段惠子与庄子的对话环绕着有用与无用的辩证而展开。惠子两次发言质疑，其一是以表面上世俗价值所肯定之巨大之物（"魏王贻我大瓠之种"）为例，故言其乃君王赠予的贵重之物，但此巨大之物却是难以体现具体之使用价值的。惠子的思想是以有用性（使用价值）为判准的，其锋芒所刺向的乃是形体巨大之物。其二则是以表面上使用性有所匮乏之巨大之物为例，再次质疑庄子关于如何用物之回答，并且将攻击的矛头延伸至庄子之玄思与寓言。

庄子的回答，首先，是批判惠子"拙于用大"，依庄子，一巨大之物是不必囿限于单纯而固定之物的使用性的，物的使用性非绝对，纯依人之如何用物而定。庄子以不龟手之药方举例，是说明相同之使用价值却会依不同之使用情况而有不同之效果，换言之，有用之用非单一固定不变，"用"是充满歧义的，在有用之用的边界之外，仍有无用之"用"的可能性存在，另一种的"用"。其次，庄子更在追求有用之用的同时往往会不自觉地陷入一种危险的情况，以更加严厉而讽刺的口吻对惠子加以反驳警告，所谓"中于机辟，死于网罟"也。庄子两次的回答雄辩的言辞讥锋背后，隐隐透露的是一种闲适舒缓的生命情调，恬淡自适的形而上心境。①

有用之用的同质性构成着世俗价值的运作机制，充满排他性，将"无用"排除，"无用"成为一种价值的他者。而庄子之以无用之用自况所显示的正是一种超越世俗的恬静心境。"彷徨乎无为其侧，逍遥乎寝卧其下"表达的是一种相反于世俗之辛劳与压迫重担的休憩与洒脱自在之感。

总结而言，庄子之《逍遥游》是从体道主体言逍遥，特别着重的是生命存在之无所限定，主体人格之无待，无用之超越价值的向往。人之生存的逍遥而游，就从我们所栖居的生活世界展开。逍遥之无限义使人之生命心怀远大，无待使人之心志高尚，无用则使人之心境淡朴。

综合而论，《逍遥游》之"游"乃是一种无穷之场域内的自由运动，此所谓"以游无穷"之游。此游之主体是"无"之主体性的体道人格，"无名""无功""无己"之根源的"无待"的主体性。故人之逍遥而游，实乃虚己顺物与道同游。在文本中，此"游"之想象可归结为三种方式：其一，鱼之浮游于大海。鱼之浮游于大海，大海是水的场域。鱼之巡游于水波浪涛的波动之中，悠然自得。其二，鸟之飞翔于天空。天空是气与风的场域。鸟振翅飞行于气机鼓荡的无穷天际，自由自在。其三，人之行走栖居于大地。大地是土地的场域。人之漫步于广漠之野，亦心无所系矣。这三种"游的想象"皆彰显一种自由精神的形象，一种生命之动态转化的力量。

"想象"活动作为人类存在经验徜徉所激荡的可能性，可以说是西方哲学传统里最古奥深微的问题之一。远自古希腊之哲学理性传统与希伯来之圣经宗教传统，对想象便一直把抱持警戒贬抑的态度，因为正是只有"人"才有想象的特殊力量，在想象的意象王国中，混合着异质的存有与非存有，真实与模仿，现实性与可能性等等一连串范畴的对立，令人孳生惊奇迷离。在《圣经》传统中，想象使人能够回忆过往并筹划未来，挣离当下有限的经验藩篱，进入无穷可能性的开放境域。在古希腊，想象只是真实之模仿，嬉游于如梦幻般的镜像折射，故亚里士多德声言："想象大部分是错误的。"（《论灵魂》428a）既定的理性秩序皆惧怕想象那种颠覆的危险性，一种塑造非现实及逾越日常界线的魅力，故古典西方形而上学常营筑真实之堡垒排拒想象于边陲，将想象活动视为异端邪说的臆造者加以放逐。

① "当人与之相通走进'无何有之乡，广漠之野'时，也即走进道境之时，就可以'彷徨乎无为其侧，逍遥乎寝卧其下'，获得精神的大自由。具体说，这种'无用'之大用，首先就在于'无害者'，不会像那些有用者，由于受到刀斧的砍伐而夭折。同时，因其'无用'，也不会因为'有用'而受到用者加诸的困苦，这种'无用'之大用，其所象征的，无疑就是解脱一切束缚获得精神自由的一种大解放。"（王树人、李明珠：《"象思维"视野下的〈庄子〉》，南京：江苏人民出版社 2006 年版，第 16—17 页）

与西方哲学极为不同，庄子哲学乃是想象的诗学。从"北冥有鱼"开始，庄子哲学非如西方哲学一般之理性的思辨，概念名相的推演，构筑建立在逻辑形式性基础上的抽象体系。相反，庄子之寓言以隐喻与象征表达，更需要我们激发深沉动人的想象力，将生命意识的触角延伸到幽暗的，不可思议的未知地带，从事最高可能的自由想象。人之本真存在只有透过如此这般的大想象与大解放，才能不断锤炼自身于文明历史的烈火之中。

从想象的诗学看《逍遥游》，哲学并非只是飘浮在概念天空的纯粹思维，哲学的物质性在于思考转化为语言文字的书写，书写是思维的痕迹，生命的镌刻。哲学的书写在《庄子》的文本中体现着双重的刻痕。

一为生命的书写，这也就是说，书写总是裂解自身向外在逾越，朝向人之存在之生命个体。于是，《庄子》的哲学书写并非如西方古典哲学一般，试图通过逻辑与论证朝向知识真理的确证，而是竭尽一切书写的无穷可能形式，导源复归于一切哲学的根源，特别是中国哲学内在的终极向往，体道主体人格的安立。

二为隐喻的书写。①《庄子》的文本构成，并非抽象观念的思想地图，而是隐喻与象征的林中路。隐喻的书写乃是书写的原初形式，相对于隐喻，概念在发生次序上是后起的，概念其实皆可被还原为尝试涂抹自身出生证明的隐喻。因此，哲学的观念书写是永远走不出隐喻的迷宫的。《庄子》文本是寓言的语词密林，明显是一种风瞻华美的隐喻书写。隐喻的书写是诗意的创造，想象力的自由奔放，让我们的思绪翱翔，笔锋在文字的田野中迂回游走。

如此，《庄子》的哲学书写既是生命的书写，亦是隐喻的书写。哲学在生命与隐喻的隙缝中彰显，哲学因此获得了生命悸动的力量，触动着我们内心深处。而生命最终也只是一个隐喻，犹如一场哲学戏剧的排演。

作者简介：伍至学（1962—　），男，出生于中国台湾，华梵大学哲学系副教授，主要研究道家哲学，著作有《老子反名言论》及相关学术论文多篇。

---

① "隐喻不再是一种修辞手段、一种写作技巧，而是一种思维方式，一种人与世界同质同构的致思路径。这种意义上的隐喻，就是通过作为'此在'之'我'的有限性，来'彰显'一切可能的'在者'之'在'的无限性。这样，隐喻便由'用'的层面进入到'体'的层面，从而成为人的存在'样态'，成为人的存在的'去蔽'方式，也即人的存在之真理的'敞显'方式。它的实现，意味着哲学的表达不再是一种语言策略，而是已经成为人的存在方式本身。就像在古代阴阳五行思想中一样，人与自然现象的广泛类比与隐喻关系，就不再仅仅是一种修辞方法，而成为一种'结构性'的思维模式。正如有学者所指出的，'在古代中国的语境中，隐喻首先是一种逻辑现象，而不是一种文体风格的技巧'。它们的内容早已经编织在中国人的语言能力（linguistic competence）之中了。这种隐喻不仅能够扩展我们的认知能力，并且能够揭示某些古老的真理。"（刁生虎：《隐喻与庄子哲学》，《商丘师范学院学报》2005 年第 1 期）

才禀于气，亦禀于理

——论朱子之"才"

崔泬睿　吴　宁

摘要： 相较于汉唐，宋代更重视性理而非才性。然朱子并非只重视性理而忽视才性对人的影响，其在孟子和伊川的基础上，将"才"的概念发展为才能，并重"才"之德行与才干两方面内容。此才能是对"气质之性"的外部呈现。朱子统合孟子和伊川的观点，基于对"气质之性"的理解，认为才禀于气，亦禀于理。"才"与"情"同为"性"的外部呈现，所不同的是，"情"指的是心的发用，而"才"则指的是会或能那样去发用。"才"可应用于道德的方面，即德行。亦可应用于非道德的方面，即才干。二者为"才"的一体两面，相辅相成。相较于才干，德行更容易通过后天的修养而有所精进，更为朱子所重。才禀于气，故主体当削减所受之局限，成为"不器"之君子。才禀于理，故充分实现己身之才干，涵养自身之德行，均为人生之"不容已"。

关键词： 才；理；气；气质之性

学界对朱子"心""性""情""意"等概念均有较为详尽的讨论，而鲜少论及"才"。究其原因，可从"才"的两个层面上来论说。从体用层面来说，"才"是对本体的呈现，具体而论，是主体如何呈现出本体的一种能力。就体用角度来说，"才"远没有"情"更为重要。"情"以"性"为内在根据，"情"为"性"的外在表现。"情"与"性"的定义及其关系，直接牵涉到理学"已发""未发"等重要问题。而"才"仅是"情"如何发作的背后根源，且"气"为"才"的根源之一，"才"与"性"之间的关系不如"情"与"性"之间的关系更为密切直接。从外在呈现的层面来说，主体先天所具备的特性、才能，不甚为宋儒所重。"才"禀于"理""气"，是以其中既有"性"的部分，亦有"命"的部分。而汉魏时期，过于强调其中"命"的部分，重视气禀对人的影响，导致"才"与"性"相混同，被宋儒驳斥。相较于才性，宋儒更注重性理，关注后天的工夫涵养。宋明儒者几无对"才"集中的论说，往往是随附、隐藏于对其他问题的讨论中，朱子亦是如此。是故，学界鲜有对朱子有关"才"的论述的梳理。①

---

① 牟宗三在《心体与性体》中对朱子"才"的概念有所论述，然其主要是批驳朱子对孟子之"才"的错会，未对朱子本身对"才"的观点进行系统梳理。且牟宗三认为，朱子对"才"的观点与伊川基本一致，同样持有"才

然而，朱子"才"的概念仍具有一定的研究价值。原因有四：一者，"才"的概念自先秦至于宋代几度转变，探讨朱子对"才"概念的理解，有助于加深对"才"的含义、来源及其作用的认识；二者，"才"能否通过后天的努力而有所转化，针对这一问题，朱子的论述可供于参考；三者，"才"与"心""性""情"等概念有密切的关联，对于"才"概念的厘清，有助于深化对名义系统整体的认识；四者，朱子并举"才"的一体两面，即德行与才干，并未轻视才干，认为德才兼备方为之理想人格，方能称为君子。

一、"才"的含义

朱子论"才"，常举孟子与伊川的观点，以辅申己意。其认为孟子论"才"指的是本然之才，伊川论"才"指的是对气禀的呈现。朱子肯定二者论说的合理性，但认为二者在"才"这一问题上并未说尽。相比之下，朱子更为偏重伊川的说法，认为论"才"则必不能不考虑到"气"在其中发挥的作用。在伊川的基础上，朱子将"才"的概念发展为才能。此才能是对"性"的外部呈现，则与"情"的概念相类。所不同的是，"情"指的是心的发用，而"才"则指的是会或能那样去发用。

宋儒尊孟，当有所体悟，则欲以己义合会孟子，然往往与孟子原义不尽相合。朱子认为，孟子论"才"，指的是"才"的本然状态，是对义理之性、天命之性的呈现，是人可以为善的资质。孟子曰："乃若其情，则可以为善矣，乃所谓善也。若夫为不善，非才之罪也……或相倍蓰而无算者，不能尽其才者也。"（《孟子·告子上》）朱子将孟子"乃若其情"中的"情"，理解为性情对言之"情"。如此解释，则原文中的"情"只能理解为善的。然这就不能解释，为何现实中会有为恶者。"情本自善，其发也未有染污，何尝不善。"（卷第五十九，廖德明录）[1]"情"必然是主体已发状态，则不可言"情"之未发之时为善。为解决这一问题，朱子只能将"情"之善设定为未受污染时的状态。然此为一理想设定，现实中无法实现，"情"之发用必然会受到"气"的沾染。与此相应，朱子认为孟子所论之"才"，指的是资质，是"才"未受到气沾染的本然状态，是对义理之性的纯粹呈现。

牟宗三认为，本然之情和本然之才的说法并不妥当，其并不具备普遍性，只是理想设定的一个标的。而"乃若其情"中的"情"，并非性情对言之"情"，而应当指的是情实，指的是人本性之实。与此相应，"才"也仅指的是一个虚词，表示孟子所说的义理之性[2]。也就是说，孟子论"才"始终与非道德的"才"的意思无关，而只是就对道德的呈现上来论"才"。所以孟子言"非

禀于气"的主张。张凯作则是将"才"这一概念归入到朱子"气质之性"的概念中，如此则是取消了"才"与"性"之间的区别。参见牟宗三：《心体与性体（下）》，长春：吉林出版集团有限责任公司2013年版，第376—384页；张凯作：《论朱子哲学中的气质之性》，《东方论坛》2012年第1期。

① 黎靖德编：《朱子语类》，北京：中华书局2020年版，第1479页。
② 牟宗三：《心体与性体（下）》，长春：吉林出版集团有限责任公司2013年版，第377—383页。

天之降才尔殊也"，其不甚关注人的先天特性，而强调道德潜能上的普遍性。在朱子的学说体系中，"情"与"才"均是独立的概念，并非虚指。所以，朱子只能将孟子所论之"才"，称为本然之才。

朱子将孟子所论之"才"理解为材质，理解为一个独立概念，秉承自伊川。"才犹言材料。曲可以为轮，直可以为梁栋。若毁凿坏了，岂关才事？下面不是说人皆有四者之心？或曰：'人材有美恶，岂可言"非才之罪"？'曰：'才有美恶者，是举天下言之也。若说一人之才，如因富岁而赖，因凶岁而暴，岂才质之本然耶？'"（《河南程氏遗书》卷第十八）① 伊川此言，亦是以己义会合孟子。其本在多处明言，"有不善者才也"。然亦可以从此条目中看出，伊川认为"才"是因人而异，先天具有差异性，非如孟子所言"非天之降才尔殊也"。其言从个体出发，"才"本无美恶之分，之所以有美恶是以社会的标准来进行分化。如此，尧舜与桀纣从各自的才智而言亦并无善恶之分，此为伊川强以己义合于孟子。实际上，伊川认为人之"才"如"材"，受到气禀的影响，先天具有善恶之分。伊川所言之"才"，应是对气质的性的呈现。其言"才"有善恶之分，然同孟子一般，主要围绕道德呈现的一面来说。气质的性除了表示对人的限定之外，亦包含人之特性，伊川论"才"隐含着"非道德"的"才"之义，即才能。

"要之，才只是一个才，才之初，亦无不善。缘他气禀有善恶，故其才亦有善恶。"（卷第五十九，辅广录）② 朱子统合二者的观点，认为二者所论之"才"本是一个。孟子所论"才"是"才"之初，其尚未受到气禀的干扰，所以是为"性能"。伊川所论之"才"，类于气禀，故强调"才"的差异处。伊川虽仅以善恶论"才"，然既已言气禀，则其中必然涵括清浊、厚薄、智愚等分别。朱子在伊川所论基础上，进一步将"才"的概念坐实，使之成为一个独立的概念，确定其"才能"的含义。"孟子论才，是本然者，不如程子之备。"（卷第五十九，杨道夫录）③ 朱子厘清了孟子与伊川在论"才"方面的分歧，实际上却并不赞同孟子论"才"时排除气禀对"才"的影响。其将孟子之"才"理解为本然之才，本然之才是一个悬设的概念，如此一来，"才"之现实性与普遍性则无法得到保证。故而，朱子论"才"主要将其理解为才能，而非性能。"舜功问：'才是能为此者，如今人曰才能？'曰：'然。'"（卷第五十九，郑可学录）④ 才能并不仅指的是天资，"才"可以应于非道德的方面，也可以应于道德方面，可称为"有道德地善的才"⑤。"才"应当是对"气质之性"的呈现。

在朱子的学说体系中，"情"与"才"的概念十分相近，均是对性的外部呈现。不同的是，"情"是心之发用，而"才"是会或能那样去发用。"才是能主张运用做事底。同这一事，有一人会发挥得，有不会发挥得；同这一物，有人会做得，有人不会做，此可见其才。"（卷第

---

① 程颐、程颢：《二程集》，北京：中华书局 1981 年版，第 207 页。
② 黎靖德编：《朱子语类》，北京：中华书局 2020 年版，第 1481 页。
③ 黎靖德编：《朱子语类》，北京：中华书局 2020 年版，第 1480 页。
④ 黎靖德编：《朱子语类》，北京：中华书局 2020 年版，第 1478 页。
⑤ 牟宗三：《心体与性体（下）》，长春：吉林出版集团有限公司 2013 年版，第 382 页。

五十九，陈淳录）① 此是言，"才"是影响人是否能够具体实施某项事务的因素。个体是否可以承担某项事务，往往与所受气禀的情况有关。纵使德性完满，所受气禀不佳，诸事亦无法得以实现。若颜子之短寿，若孔子终身栖栖为旅人。"问：'情与才何别？'曰：'情只是所发之路陌，才是会恁地去做底。且如恻隐，有恳切者，有不恳切者，是则才之有不同。……才者，水之气力所以能流者，然其流有急有缓，则是才之不同。'"（卷第五，刘砥录）② 此是言，"才"是影响人如何进行具体实施某项事务的因素。若一人心生恻隐，此为"情"，而表现得恳切与否，则为"才"。"性"如水平静之时的状态，"情"如水之流动时候的状态，而水之流动或湍急或缓慢的状态即为"才"。总而言之，朱子论"才"，主要指的是"才能"，既是实践道德的能力，亦指主体的特性与才干。这种界定与朱子对"气质之性"的理解十分相关，由此可以亦可推究出"才"的来源。

二、"才"的来源

朱子所言"气质之性"，通常指的是天命之性受到气禀沾染后的状态。也就是说，"气质之性"是理与气的混杂。依上所言，"才"是对"性"的外部呈现。继而推断出"才"禀于气，亦禀于理的观点。无论是将孟子论述总结为"才禀于性"或"才禀于理"的主张，还是伊川已经明确提出的"才禀于气"的主张，在朱子看来均有偏失。

陈来先生认为朱子哲学中的"性"具备两种意义，一个是天命之性或本然之性，一个是气质之性。③ 孟子言"性"往往专指本然之性，不甚注重气质之性或生物之性。"气质之性"的概念最先为张载提出，之后种种衍出，则与原旨有差别。"气质之性"的概念在朱子的论说中亦存有异指。"人物的气质之性，在用法上或兼指人物之性，或者专指人性，少数情况下他也采取胡宏著作中常有的、以性为天地之理的说法，凡此皆须在具体问题的分析上加以注意。"④ 两种对于"气质之性"的用法，与"才"概念关系密切者为前者。本文所引称"气质之性"，只局限于第一种用法上。朱子对"才"的理解直接与对"气质之性"的理解相关，故在此梳理朱子对前人理解"性"的看法，并呈现朱子本人对"气质之性"的理解。

朱子认为孟子言性善，不考虑气禀，其所举出之"性"为"本然之性"，即宋明儒所言天命之性。天命之性，未尝有异，只因气质不尽相同，所以落到个体上有不同的显现，故孔子言"性相近"。在朱子看来，孟子重点突出气质中天之所命的部分示人，是为与当时告子诸言对治。然如此一来，则无法彻底说明，为何的确存在有的人生下来便为恶的情况。"人之性皆善。然而有

① 黎靖德编：《朱子语类》，北京：中华书局 2020 年版，第 1485 页。
② 黎靖德编：《朱子语类》，北京：中华书局 2020 年版，第 106 页。
③ 陈来：《朱子哲学研究》，上海：华东师范大学出版社 2000 年版，第 194 页。
④ 陈来：《朱子哲学研究》，上海：华东师范大学出版社 2000 年版，第 194 页。

生下来善底，有生下来恶底，此是气禀不同。"（卷第四，滕璘录）① 自濂溪横渠提出有关"气"的诸多论说之后，人之恶习方有确定的来源。陈来先生认为，对于儒家人性论来说，发展出气质之性是必然的。诚然，天命之性使每个个体均具备成仁至圣的可能性，但这种可能性向现实转化是十分困难的，而且不同个体的困难程度也存在差异。面对此种情况，儒家必须要给予充分合理的解释。②

孟子之后，韩愈有性三品之说。朱子认为韩愈等人意识到"气"对"性"的影响是其胜于孟子之处，然其只论气禀不论性理，终不甚完备。至于北宋，濂溪横渠将人之刚柔迟缓与人之气禀联系起来。伊川则在此基础上更进一步，将气禀与人之善恶联系到一起。伊川所论气质之性，主要指的是气禀，即气质的性。③ 朱子论气质之性，则凸显了个体在才性上的差异。气质之性并非与天命之性全然对立，非是性二元论，而应如陈来先生所言二者的区分为"一元而多层次的形式"④。天命之性亦即孟子的本然之性，并非在朱子所提出的气质之性之外，另有一个本然之性，二者并为人性的组成部分⑤。而是若要谈论落于形体上的天命之性，则已然是气质之性。依牟宗三所言，凡言"性"者，有顺气而言，有逆气而言。前者如"材质之性"，后者如"义理之性"，朱子所言"气质之性"则是兼二者而论之⑥。朱子在"性"方面持有的观点与前人有所不同，这直接导致其对"才"的理解与前人也不尽相同。

孟子对"才"的论述与其"性"的主张紧密关联，其较为强调义理之性、价值之性，而不甚重视生物之性、气质的性。而义理之性自无不善，仅依凭此性所发用出来的"才"也必然是善的。人之所以为善为恶，非是"才"有善有恶，而是本然之性受到"气"的干扰，人的行为方有善恶的呈现，故知孟子所称之"才"，是"才"的本然状态。"孟子说才，皆是指其资质可以为善处。"（卷第五十九，周谟录）⑦ 孟子论"才"，摒弃了气对义理之性干扰的一面，故从实现的可能上来说，"才"皆是善的。如此，则可将孟子的观点总结为"才禀于性"或"才禀于理"。

孟子论"才"，仅将其归于"性"上，并未考虑"气"在本体发用过程中产生的作用。朱子认为，孟子在此问题上并未说尽，是故其常举伊川一言以明之："论气不论性，不明；论性不论气，不备。"（卷第五十九，周谟录）⑧ 其中"气"指的是气禀，"性"指的是与"理"相贯通的义理之性。既然考察人之性习远近的问题，就不能只考虑"理"的一面，而忽略"气"的一面。在朱子看来，荀扬学说的出现及盛行，皆是因孟子在此问题上言有未尽。在形气当中的"性"，为气所沾染，故所发出来的"才"必有善恶之分。韩愈提出"性有三品"说，是对气质的性有所考

① 黎靖德编：《朱子语类》，北京：中华书局 2020 年版，第 75 页。
② 参见陈来：《朱子哲学研究》，上海：华东师范大学出版社 2000 年版，第 200 页。
③ 参见吴震、徐洪兴、赵刚编著：《中国理学》第四卷，上海：东方出版中心 2002 年版，第 44—45 页；张丽华：《宋明理学中"气质之性"的考察》，《武汉大学学报》2005 年第 4 期。
④ 陈来：《朱子哲学研究》，上海：华东师范大学出版社 2000 年版，第 208 页。
⑤ 陈来：《朱子哲学研究》，上海：华东师范大学出版社 2000 年版，第 206 页。
⑥ 参见牟宗三：《才性与玄理》，桂林：广西师范大学出版社 2006 年版，第 1—2 页。
⑦ 黎靖德编：《朱子语类》，北京：中华书局 2020 年版，第 1481 页。
⑧ 黎靖德编：《朱子语类》，北京：中华书局 2020 年版，第 1481 页。

虑，然其不明人之不同是源于气禀之异，而错将气质的性解为本然之性。或将"性有三品"换为"才有三品"更为妥帖，然气禀之不同，并非三品所能涵盖①。伊川认为"才"必有善与不善之分，认为"才禀于气"。其云："才禀于气，气清则才清，气浊则才浊"（卷第五十九，周谟录）②。人之气禀有善恶，则才必有善恶。这是就人相异处论处，所以伊川将"才"归之于气禀，而孟子是就人相同处讨论，故将"才"归之于性理。

朱子认为孟子论"才"是就其本然状态来说，并未考虑"气"的一面，不如伊川之说完备。然伊川虽突出"才"与"气"之间的联系，却并未提及"才"与"理"之间的关系，而朱子对二者均有强调。"蜚卿曰：'然则才亦禀于天乎？'曰：'皆天所为，但理与气分为两路。'又问：'程子谓才禀于气，如何？'曰：'气亦天也。'道夫曰：'理纯而气则杂。'曰：'然。理精一，故纯；气粗，故杂。'"（卷第五十九，杨道夫录）③朱子认为"才"禀受于天，同时受到"理"与"气"两方面的影响。"才"所禀受之理是相同的，而禀受之气则因人而异。"'气出于天否？'曰：'性与气皆出于天。性只是理，气则已属于形象。性之善，固人所同，气便有不齐处。'"（卷第五十九，陈淳录）④"理"与"气"皆出于天，而"才"受到这两方面的影响，所以既可以呈现出人之相同处，亦可以呈现出人之不同处。若将孟子的观点总结为"才禀于性"或"才禀于理"，将伊川的观点总结为"才禀于气"，则朱子的观点应为"才禀于理气"。与此相应，"才"的内容有德行与才干两个方面，"才"可应用于道德的方面，亦可应用于非道德的方面。

三、"才"的内容及其关系

"才"有德行与才干两方面的内容，前者与"理"的关系更密切，后者与"气"的关系更密切。朱子认为两者不可偏废，无论是重才干而轻德行，还是重德行而轻才干，均可导致不良的后果。只有德行和才干兼备，方能称为君子。相较于才干，德行更易于通过后天的培养而有所精进，变化的可能性更大，朱子在两者中更加重视德行。然德行与才干为"才"之一体两面，本无法分割来看待。要想成为德才兼备的君子，必须冲破气禀的局限，达到"不器"的境地。

---

① 凡论及朱子对荀扬、韩愈等人的观点，均参考此条材料。"问孟、程所论才同异。曰：'才只一般能为之谓才。'问：'集注说：孟子专指其出于性者言之，程子兼指其禀于气者言之，又是如何？'曰：'固是。要之，才只是一个才，才之初，亦无不善。缘他气禀有善恶，故其才亦有善恶。孟子自其同者言之，故以为出于性；程子自其异者言之，故以为禀于气。大抵孟子多是专以性言，故以为性善，才亦无不善。到周子程子张子，方始说到气上。要之，须兼是二者言之方备。只缘孟子不曾说到气上，觉得此段话无结杀，故有后来荀扬许多议论出。韩文公亦见得人有不同处，然亦不知是气禀之异，不妨有百千般样不同，故不敢大段说开，只说：性有三品。不知气禀不同，岂三品所能尽耶！'"（卷第五十九，辅广录）（黎清德编：《朱子语类》，北京：中华书局 2020 年版，第 1481 页）
② 黎靖德编：《朱子语类》，北京：中华书局 2020 年版，第 1481 页。
③ 黎靖德编：《朱子语类》，北京：中华书局 2020 年版，第 1480—1481 页。
④ 黎靖德编：《朱子语类》，北京：中华书局 2020 年版，第 1485 页。

　　朱子认为，不可只重才干而轻德行，可以将其称述归纳为二。一者，只重才干，不重德行，则只能有偏才，不能得大体。"'侯氏举"君子不可小知而可大受"，如何？'曰：'"不可小知"，便是不可以一偏看他，他却担负得远大底。小人时便也有一才一艺可取，故可小知。'"（卷第二十四，黄干录）① 气有清浊，人禀受之，固有资质上的不同。然便是资质极差者，亦有擅长之处，有其所能而旁人不能之技。人不当因有一技之长而自喜，大才大器者应是几无所短，应于万事。而若想臻达此境，则当以德行为辅。圣贤不以天资之才为恃，其求之大体而非小体，若得理明，则知大才而弃小才。二者，若只重才干而不重德行，则才愈高，危害愈大。"才高，须着实用工，少间许多才都为我使，都济事。若不细心用工收敛，则其才愈高，而其为害愈大。"（卷第十二，叶贺孙录）② 才高者，容易恃才傲物，以为凭己身天才之资，所视所见，均是正意。然如此，其往往只能获得表象，而未能获得学问的真质。有才无德，才只能为弃才。

　　上为朱子论不可偏重才干而轻视德行之由，然仅具德行而才能不备，亦有缺憾。一者，有德无才可唤作贤人，却于政事上无法委以大任。朱子反复强调，为政者有可以"托六尺之孤，寄百里之命"之能与"临大节不可夺"之德同等重要。甚至在挑选委任者时前者更为重要，因为若所托非人，被委任者无可托付之才，则必为枉死，不济于事。"自家徒能'临大节而不可'，却不能了得他事，虽能死，也只是个枉死汉！济得甚事！"（卷第二十一，沈僩录）③ 其十分重视对贤才的举用，并非推崇只有德行而无才能的贤人。二者，若过于忽视人天资上的差异，则无法对一些史实加以解释。"孟子只见得是性善，便把才都做善，不知有所谓气禀各不同。如后稷岐嶷，越椒知其必灭若敖，是气禀如此。"（卷第五十九，周谟录）④ 后稷幼年之时便极其聪颖，楚国令尹子文临死有言，其侄斗越椒必灭若敖氏，只因斗越椒"熊虎之状，而豺狼之声"⑤。此俱为先天之资，非后天可改化。若否定人天资各异，则无法解释为何有人出生未久便昏愚凶狠。

　　朱子同时强调德行与才干，认为德才兼备方能称之为君子。"有德而有才，方见于用。如有德而无才，则不能为用，亦何足为君子。"（卷第二十一，吕焘录）⑥ 由此可见，才干与德行不仅同等重要，而且并行不悖、相互影响。但凡有大才，而不限于偏才者，必有是德，故"聪明强毅"不仅是才能，亦可称之为德行。反之，有大德者，往往具天才之资，禀受之气清，所以更易于明理，能为人所不能，故有德者可尽其才。总而言之，"才"所包含的德行与才干两部分，前者与气质之性中的"理"关联更密切，后者与气质之性中的"气"关联更密切。两者同时受到"理"与"气"的影响，只是影响的程度上存在差异。在朱子看来，德行与才干兼备最佳，即可称为君子。德行与才干并非全然为二事，两者相辅相成，并行不悖。然朱子虽同时强调二者，却在其中仍有所偏重，即相较于才干更偏重于德行。朱子对德行的偏重，与才干与德行二者，经过后天的

① 黎靖德编：《朱子语类》，北京：中华书局2020年版，第626页。
② 黎靖德编：《朱子语类》，北京：中华书局2020年版，第215页。
③ 黎靖德编：《朱子语类》，北京：中华书局2020年版，第994页。
④ 黎靖德编：《朱子语类》，北京：中华书局2020年版，第1484页。
⑤ 杨伯峻：《春秋左传注》，北京：中华书局1990年版，第679—682页。
⑥ 黎靖德编：《朱子语类》，北京：中华书局2020年版，第995页。

工夫存养，从而产生变化的可能性相关。

朱子认为人经由后天的培养，个体于德行上均可以有所变化，然因个体资质不同，修行的难度也不同。有上知之资的人，更易明理，可闻一知十。具备中人以下之资的人，终究有不可相与的内容。对中人来说，可闻一知二，大多通过学而知之，虽比上知之资的人臻于明心见性的地步要艰难一些，却均可经由后天的修炼来弥补自身的不足，增进自身的德行①。况且，若一心向学，愚鲁之人往往也有大成就。"曾子之学，诚笃而已。圣门学者，聪明才辩，不为不多，而卒传其道，乃质鲁之人尔。故学以诚实为贵也。"②孔子门下，多有资质甚高者，然据以小才为恃，不及大道。而曾子鲁钝，无有偏才，反而一心往德行上用功，却能深造于道。所以资质相异之人，虽修行的难易程度不同，但均可以通过后天的修炼，增进自身的德行，可尽其"才"。

上言，人通过后天修养工夫，可以对"才"之德行的一面有所增进。然"才"之才干的一面，却不尽如此，难以有所突破。此即牟宗三所言，从才性系统观入，无能建立进德之学，在此方面无有超越之根据③。"问：人有日诵万言，或妙绝技艺，此可学否？曰：不可。大凡所受之才虽加勉强，止可少进，而钝者不可使利也。惟理可进。"（《河南程氏遗书》卷第十八）④特殊才能才干主要是由气禀所决定的，人难以勉强而为之，非学可得。此与"命"者相类。颜子禀得气清，又有志于学，所以可称为圣贤。然其气亦禀得过薄，所以寿命不长，且终身贫困，才干一面终未能充分展现出来。"贫富贵贱寿夭"，其为气质的性，然君子不将其视为性，而将其视为命，视为对个体实现自我的一种限定。对于上述此等局限性，难以通过后天的修炼来更改，"才"之才干的一面，不可勉力而得。

天生之资固然对人之发展有重要的影响，却无法因此而对个体下判定。个体之"才"，既与先天的禀受相关，亦与个人的志向以及后天的学习相关。孔子曰："唯上知与下愚不移。"（《论语·阳货》）对此条目的阐发角度颇多，伊川的解释具有一定的代表性："语其性则皆善也，语其才则有下愚之不移。所谓下愚有二焉：自暴自弃也。人苟以善自治，则无不可移，虽昏愚之至，皆可渐磨而进也。"⑤天生之资的确对人的发展有所限制，然曾子亦鲁钝，不为先天所受气禀所囿。真正无法自新之人，非是因先天的诸多限定，而是源于自暴自弃，自我舍弃变化气质的可能。若要尽可能减少气禀所带来的局限，则必须坚定其志，并一心向学。先天所受气禀不佳者，变化其气禀十分困难，然若有志，且"人一能之，己百之；人十能之，己千之"，亦能有所改变。中庸言"虽愚必明，虽柔必强"，正是此意。且德性修养到一定的境地，则可以超越自身的局限，

---

① "胡氏曰：'子贡方人，夫子既语以不暇，又问其与回孰愈，以观其自知之如何。闻一知十，上知之资，生知之亚也。闻一知二，中人以上之资，学而知之之才也。子贡平日以己方回，见其不可企及，故喻之如此。夫子以其自知之明，而又不难于自屈，故既然之，又重许之。此其所以终闻性与天道，不特闻一知二而已也。'"（朱熹：《四书章句集注》，北京：中华书局1983年版，第105—106页）

② 朱熹：《四书章句集注》，北京：中华书局1983年版，第127页。

③ 牟宗三：《才性与玄理》，桂林：广西师范大学出版社2006年版，第48—50页。

④ 程颢、程颐：《二程集》，北京：中华书局1981年版，第191页。

⑤ 朱熹：《四书章句集注》，北京：中华书局1983年版，第176页。

最大限度减少气禀带来的干扰，到达"不器"的境地。正所谓："理明则天资之才不用。"（卷第九十七，郑可学录）①

四、结语

综上所述，朱子对"才"的认识，与其对于"气质之性"的理解密切相关。在他看来，孟子所言之"性"，仅为本然之性。汉儒分诸品以论人性，仍未点明"气"在其中发挥的作用。自横渠提出"气质之性"后，伊川将人为恶的原因归之于"气"，为恶的产生找到根源，却只就善恶论"气"。朱子统合诸说，将天地之性落入形气之后的状态，称之为气质之性，既肯定了本然之性，也未忽略"气"对本然之性造成的干扰。性理与气质之间，呈现出不离不杂的状态。这种阐释，既强调个体要有一个通过后天的修养来恢复其本然之性的过程，又涵括了魏晋时期对个体才性、性分的重视。朱子认为，"才"同"情"一般是对"性"的外部呈现。所不同的是，"才"是不同个体"情"同而外在表现不同的原因，是具体实施的能力。而这种能力，既源于"理"，亦源于"气"。相应地，"才"具有德行与才干两方面内容。朱子并举二者，认为君子应当德才兼备。而普通人难以通过后天修炼，从而大幅增进己身"才"之才干的一面。故而相较于才干，朱子更注重对主体德行的培养。

"才"这一概念，必须放置到"心""性""情""意"等整体名义系统中进行考量。此概念在孟子处，或为虚指，所指向的只是义理之性本身。而在朱子处，"才"是一个独立的概念，并且具备丰富性和复杂性。而这种丰富性和复杂性，则来源于"才"与朱子学说系统中其他概念及其主张的密切关联。文中提到，朱子对"才"的界定，直接与其对"气质之性"的理解有关。而"气质之性"中，性理与气质不离不杂的关系，又基于其独到的理气观。"才"与"情"的概念又十分相近，其均是对"性"的一种外部表现，所不同的是，"情"是对心的发用，而"才"是会或能进行此种发用的原因。"天，便似天子；命，便似将告敕付与自家；性，便似自家所受之职事，如县尉职事便在捕盗，主簿职事便在掌簿书；情，便似去亲临这职事；才，便似去动作行移，做许多工夫。"（卷第五十九，叶贺孙录）②"天""命""性""情""才"等等概念，皆是用来理解人何所以称之为人，借助他们解释个体的使命、生命的局限、情感的发用、自我的超越等等到底是怎么一回事。而这些概念归拢到人的身上，又是浑然一体的。对任何一个概念的解析，都与整体的名义系统、学说体系相关，牵一发而动全身。所以"才"的概念虽不如"心""性""情"等其他概念重要，却仍有讨论的空间和价值。

依照朱子对于"才"的理解，落于实践上可以有三点推论。一者，才禀于理，亦禀于气。人受到气禀的影响，必然有所局限，而此局限往往亦成就人之特性。此特性又往往对"才"之才干

---

① 黎靖德编：《朱子语类》，北京：中华书局 2020 年版，第 2677 页。
② 黎靖德编：《朱子语类》，北京：中华书局 2020 年版，第 1479 页。

的一面有所影响，如宰我善辩，子贡善货。人之去除私意、明理向善，因天道与性命相贯通，有"理"在背后作为支撑，所以是人生来所具之"不容已"。而人之"才"禀于气，气归于天，人之特性亦有实现的"不容已"处。人应当随才所宜，充分实现自身之才干。亦应当将道德实践通过此种特性加以实现，化其偏而善其用，在此一特性上寻求自我突破。二者，人之特质不可学，然可以通过后天的努力，在德行上有所精进，故学者应当着重致力于明理。人应当充分了解己身之特性、才干在何处，何种特性、才干是自身不具备难以通过后天学习获得的。如此在充分发扬己身特性的同时，主要在明理进德上下功夫，才能使生命得以不断开阔。三者，所谓"大贤以上即不论才"，学者应当毕生自新自明，不断摆脱、超越气禀对自身的限制。其不应当在一才一艺上用力，陷溺于偏才之上。大贤、君子非仅仅是道德完备者，其亦应是才干出众者，而此才应为"不器之才"，可应于万事万物。总之，对"才"这一概念的辨析，既有助于理解朱子名义系统之整体，亦可对主体之工夫实践方面有所启发。

作者简介：崔洺睿（1998—　　），女，中山大学博雅学院中国哲学专业研究生；吴宁（1975—　　），男，中山大学博雅学院副教授；专业及研究方向：中国哲学。

论朱熹阴阳思想的义理内涵

王泳树

摘要：朱熹认为太极、阴阳、五行、万物是宇宙的衍化秩序，将阴阳二气视作构生万物最基本的形质。朱熹提出由于人与万物皆由阴阳所构成，故人与人、人与外物、人与天道并非二分，而是天然地存在着人伦关系与仁义道德。在此基础上，人心与此宇宙秩序的同构，阴阳为心性情之间的关系提供了解释。朱熹以阴阳阐发其思想义理，但朱熹对"性"与"阴阳"的理解同其阴阳思想的重要来源者周敦颐不同，故其学说存在一定的内部矛盾。

关键词：朱熹；阴阳；心性学说

在先秦儒学中，阴阳思想主要集中于易学，《论语》《孟子》对"阴阳"极少涉及，存在"隐而不阐"的特点。西汉时期，董仲舒提倡"阴阳之理，圣人之法也"[①]，尝试在阴阳思想与儒家伦理道德之间建立联系[②]。而在宋代理学家力图重建儒学思想和现实秩序的过程中[③]，阴阳思想与儒家义理得到了更加深度的融合。朱熹在北宋五子的基础上将阴阳概念更加深入地引入到儒家学说当中，建立了体系宏大，内容丰富的阴阳思想。

朱熹阴阳思想中最为学界所关注的问题是"阴阳"与"太极"的关系，或者说理气之辨。钱穆认为此二者浑然为一体，将二者分说只是开方便法门。[④] 唐君毅认为太极为阴阳之本，阴阳为太极安顿处，理气间是一种"相悬"的关系。[⑤] 冯友兰指出朱熹对"太极"和"阴阳"的解释可能受到了华严宗和天台宗的影响。[⑥] 陈来认为朱熹的理气之辨发生了从本体论到宇宙论，最后回到宇宙论的变化。[⑦] 郭齐勇与冯达文则认为二者之间的关系属于一体浑然的圆相论。[⑧] 由此而生

① 苏舆：《春秋繁露义证》，北京：中华书局 1992 年版，第 331 页。
② 参见徐复观：《中国人性论史》，上海：华东师范大学出版社 2005 年版，第 351 页。
③ 参见 [日] 内藤湖南：《中国史通论》（上），北京：社会科学文献出版社 2004 年版，第 323—334 页。
④ 参见钱穆：《朱子学提纲》，北京：三联书店 2014 年版，第 36—44 页。
⑤ 参见唐君毅：《中国哲学原论·原性篇》，北京：九州出版社 2016 年版，第 293—336 页。
⑥ 参见冯友兰：《中国哲学史》，北京：中华书局 1961 年版，第 896—907 页。
⑦ 参见陈来：《朱子哲学研究》，上海：华东师范大学出版社 2000 年版，第 75—99 页。
⑧ 参见冯达文、郭齐勇：《新编中国哲学史》（下），北京：人民出版社 2004 年版，第 65—71 页。

出的另一层问题则是"阴阳"与道德伦理的关系。日本学者沟口雄三认为朱熹运用"阴阳"建立的宇宙生成论意在突出"人"建立德治、维护天道的主体力量。[①] 牟宗三认为朱熹阴阳思想分心、性、情为三，是横摄系统而非直贯系统，消减了道德的性体义。[②] 张立文认为朱熹所阐发的"阴阳"具有生物之具与道德伦理的双重色彩。[③] 就思想的梳理与问题的讨论而言，分疏朱熹阴阳思想的形上学说与道德学说是有必要的，但朱熹阴阳思想的要义正在于打通这两种学说，以证明儒家道德的成立。

我们认为朱熹以"阴阳"为枢纽建立了庞大的思想体系，其阴阳思想的学理脉络仍是接续先秦儒学和北宋理学的问题意识，通过转化传统的"阴阳"概念而展开新的诠释，为何以和如何安顿儒家的仁义道德提供一种系统的义理解释。在这当中，人与外物的同质、心与宇宙的同构成为朱熹阐扬心性义理的基本问题。

一、内外无碍：阴阳与仁义道德

朱熹的阴阳思想上承于周敦颐《太极图说》。周敦颐《太极图说》言曰："无极之真，二五之精，妙合而凝。'乾道成男，坤道成女'，二气交感，化生万物。万物生生，而变化无穷焉。"[④] 所谓"二五"，便指阴阳化生五行，五行化生万物。在朱熹看来，宇宙生成之初，阴阳二气自然地游走运行，"磨来磨去，磨得急了，便拶许多渣滓"[⑤]，遂有实体的天地以及万物产生。因此万物是阴阳的承载者，阴阳可以随物而屈伸，无论是极宏大还是极微小的事物都包蕴着阴阳，故"大而天地万物，小而起居食息，皆太极阴阳之理也"[⑥]。

于人而言，人的生成不离于阴阳二气，人是形气的产物，"只是这个天地阴阳之气，人与万物皆得之"[⑦]。人与外境中的事物在本质上是相同的，因为二者均是由阴阳二气构成的。朱熹认为这就好比水中的鱼儿，肚子里的水和肚子外面的水都是一样的水。于人而言，"内外无非天地阴阳之气"[⑧]，"天地之塞，吾其体；天地之帅，吾其性"[⑨]，究其根本，人与外在环境是内外无异的，人与天地万物在根本上是相同的、一体的。人若能够领会到这一层意思，其道德之心所关注的对象就不再只是其自身，还会将周遭的环境包举进来，"'见生不忍见死，闻声不忍食肉'，非其时

---

① 参见［日］沟口雄三：《中国的思想》，北京：中国财富出版社 2012 年版，第 96—100 页。
② 参见牟宗三：《心体与性体》（下），上海：上海古籍出版社 1999 年版，第 406—441 页。
③ 参见张立文：《朱熹思想研究》，北京：中国社会科学出版社 2001 年版，第 184—198 页。
④ 周敦颐：《周敦颐集》，北京：中华书局 1990 年版，第 5 页。
⑤ 黎靖德编：《朱子语类》，北京：中华书局 1986 年版，第 6 页。
⑥ 黎靖德编：《朱子语类》，北京：中华书局 1986 年版，第 104 页。
⑦ 黎靖德编：《朱子语类》，北京：中华书局 1986 年版，第 46 页。
⑧ 黎靖德编：《朱子语类》，北京：中华书局 1986 年版，第 40 页。
⑨ 张载：《张载集》，北京：中华书局 1978 年版，第 62 页。

不伐一木，不杀一兽，'不杀胎，不夭夭，不覆巢'"①。在这种理解下，他人与外物同己身的生命建立起联系，或者说，被纳入到自己的生命当中，孟子所谓"仁民爱物"即是此意。

同理，所有人都是由阴阳二气构成的，乃至其祸福夭寿也受阴阳二气的影响。既然人与人在本质上都是相同的，那么人与人的关系也就不应当是非此即彼的对立关系，而是由阴阳二气的同质带来一种同一性，其显化出来就是儒家的人伦关系。就此，朱熹言曰：

> 父之所以慈，子之所以孝，盖父子本同一气，只是一人之身，分成两个，其恩爱
>
> 相属，自有不期然而然者。其它大伦皆然，皆天理使之如此，岂容强为哉！②

朱熹认为，君臣、父子、夫妻之间的人伦并非是发明制作的社会规范，而是天然存在的联系。因此，儒家对人伦的提倡来源于对人际关系最本质的把握，是所当然之理，具有绝对的正当性。

朱熹进而还以阴阳气质之不同来说明人性与物性为何不同、人与人之间为何不同的问题。朱熹认为阴阳二气与五行在起初都是纯正的，随着衍化变得越发驳杂，因而有清浊之不同，造成了万物之间先天具有的种种不同。人与草木禽兽都具有五行，只是动植物所得的五行相较于人而言更加偏颇，因而它们虽能够显示出某种道德的习性，却不能够像人一样完整地把握和实践道德，例如蜂蚁只知君臣之义而不知父子、夫妇之义③。现实中人与人道德水平与财势名望的不同来自人与人之间在气质之性的层面上存在有巨大的差异。同时，构生每个人的二五之气也不是等量和均衡的，其中任意一种的偏差或者缺失都会造成品性上的差异，例如于人"有得木气重者，则恻隐之心常多，而羞恶、辞逊、是非之心为其所塞而不发"④，而成为圣人的路径正是使自身"阴阳合德，五行全备"⑤，保持一种中正的状态。

朱熹还运用阴阳为德福不一致的问题进行了说明，为儒者生命修行与现实问题之间的矛盾提供一种足以自圆其说的解释。按照朱熹的理论，有德有位的圣贤之人，气质中和；有德无位的圣贤之人，其气偏行；聪明而难享福禄之人，气质清明；无知却尽享福禄之人，气质浑浊。人与人的种种不同，在先天的层面上都源于气质的不同，乃有"尧舜禹皋文武周召得其正，孔孟夷齐得其偏者也"⑥。他将内在的道德归于天命之性，将外在的荣辱祸福归于气质之性，这样现实中德福不一致的问题无非就是阴阳的不同罢了。"性者万物之原，而气禀则有清浊，是以有圣愚之异。命者万物之所同受，而阴阳交运，参差不齐，是以五福、六极，值遇不一。"⑦故孔子虽为圣人犹有陈蔡之厄，颜回贤明通达却箪食瓢饮。

正是由于阴阳气质的不同，每个人需要在不同的现实位分上以不同的方式完成对于自身所

---

① 黎靖德编：《朱子语类》，北京：中华书局 1986 年版，第 296 页。
② 黎靖德编：《朱子语类》，北京：中华书局 1986 年版，第 383 页。
③ 参见黎靖德编：《朱子语类》，北京：中华书局 1986 年版，第 75 页。
④ 黎靖德编：《朱子语类》，北京：中华书局 1986 年版，第 74 页。
⑤ 黎靖德编：《朱子语类》，北京：中华书局 1986 年版，第 74 页。
⑥ 黎靖德编：《朱子语类》，北京：中华书局 1986 年版，第 8 页。
⑦ 黎靖德编：《朱子语类》，北京：中华书局 1986 年版，第 76 页。

禀赋的"性"的实践。故君主需要仁爱人民与土地，一家之长需要"爱一家之人，惜一家之物"①，皆是将"仁"扩充于其所处的环境。朱熹还认为道德虽有种种条目，但都是由这本体在不同的情景当中显现，譬如"见孺子入井，所以伤痛之切"②，"仁"在此种危急的情景中表现为恻隐之心。在朱熹的语境中，"仁"就是"性"，"性"就是"理"，由此便将儒家内圣外王的种种条目统摄为一"理"的存在。

除却作为气质的属性，阴阳还具有化生五行与万物的功用，阴阳与仁义道德的生成、衍化与流行有着密切的关系。造化中万千的事物皆离不开二五之妙化，人之心亦然。朱熹认为："此理在天地间，则为阴阳，而生五行以化生万物；在人，则为动静，而生五常以应万事。"③太极的阴阳动静在天地间表现为以五行构生万物，在人事中表现为以五常应对万事。阴阳既能与四时、五行相配，又能与儒家之伦理道德相配，故有：

> 自阴阳上看下来，仁礼属阳，义智属阴；仁礼是用，义智是体。春夏是阳，秋冬是阴。只将仁义说，则"春作夏长"，仁也；"秋敛冬藏"，义也。若将仁义礼智说，则春，仁也；夏，礼也；秋，义也；冬，智也。④

在朱熹看来，"仁"是舒畅发达的，而"仁"又与"礼"相配⑤，故此二者属阳，"智"是明辨是非，"义"是收敛情志，故此二者属阴。

儒家最为推崇"仁"的价值，朱熹以为"礼"是"仁"的节文，"义"是"仁"的断制，"智"是"仁"的分别，义、礼、智三者均是围绕"仁"而展开的。"仁"表现于外便是"浑然温和之气"⑥，"其气则天地阳春之气，其理则天地生物之心"⑦。春日的生意主导了春生夏长、秋收冬藏，人心之"仁"主导了仁、义、礼、智、信五常，朱熹认为这正是阴阳流行下"人与己一，物与己一"⑧的明证。朱熹主张"当来得于天者只是个仁，所以为心之全体"⑨，心之全体、性之大本无非一个"仁"，仁、义、礼、智的说法只是对于"仁"的细化，人与万事万物相接的根本都只是"仁"。朱熹的诠释使得仁、义、礼、智、信不再是自外于人的道德信条，而是如万物不离五行一般，成为内在于人的基本信念。

在朱熹的阴阳思想中，阴阳可以用于解释万事万物的变化，无论是天文星象，物候变化还是人体运行都被阴阳所包举。但朱熹以阴阳释万物的根本在于点出天与人的合一，天道与人道的

---

① 黎靖德编：《朱子语类》，北京：中华书局 1986 年版，第 383 页。
② 黎靖德编：《朱子语类》，北京：中华书局 1986 年版，第 383 页。
③ 黎靖德编：《朱子语类》，北京：中华书局 1986 年版，第 2371 页。
④ 黎靖德编：《朱子语类》，北京：中华书局 1986 年版，第 106 页。
⑤ 《论语·颜渊》曰："颜渊问仁。子曰：'克己复礼为仁。一日克己复礼，天下归仁焉。为仁由己，而由人乎哉？'颜渊曰：'请问其目。'子曰：'非礼勿视，非礼勿听，非礼勿言，非礼勿动。'颜渊曰：'回虽不敏，请事斯语矣。'"故可将"仁"与"礼"视作是相配的。
⑥ 黎靖德编：《朱子语类》，北京：中华书局 1986 年版，第 111 页。
⑦ 黎靖德编：《朱子语类》，北京：中华书局 1986 年版，第 111 页。
⑧ 黎靖德编：《朱子语类》，北京：中华书局 1986 年版，第 111 页。
⑨ 黎靖德编：《朱子语类》，北京：中华书局 1986 年版，第 115 页。

贯通①，阴阳流行既为人与人之间带来了显化为人伦的天然联系，也将仁、义、礼、智、信充沛于世间，从而使得天地万物都成为君子道德之心扩充的场域。

二、天人贯通：心性与宇宙的同构

在重建儒家秩序的过程中，人为何要践履儒家的伦理道德是一个不可避免的理论问题。正如有的学者所说，朱熹所要回答的正是"孔子言性与天道，不可得而闻，而孟子教人乃开口便说性善，是如何"的问题，否则便难以在面向士人的教育中建立起儒家信仰。事实上，朱熹对于孟学当中的人性论不甚满意，认为孟子只说了一个大概，没有阐明"性之所以善"的问题。为此，朱熹沿着易学中"一阴一阳之谓道，继之者善也，成之者性也"②的路径对人性进行新的阐释。

由于人本身是宇宙间的造物，因此"性"必然有其来源。按照朱熹的说法，"性"即所谓"天所赋予人物，人物所受于天者也"③，也就是"太极"或者说"理"。在《中庸章句》中，朱熹点出："性，即理也。天以阴阳五行化生万物，气以成形，而理亦赋焉，犹命令也。于是人物之生，因各得其所赋之理，以为健顺五常之德，所谓性也。"④太极是宇宙理念上的发端与源头，宇宙存在即有阴阳，有阴阳即有四时五行，"故赋予人物，便有仁义礼智之性。"⑤太极化生阴阳、五行，造化万物，并且赋予了人物，人的性来自对太极的禀赋。朱熹为人的道德寻求一种本源性的解释，在他看来，恻隐之心是由于此心之仁，"仁即所谓天德之元；元即太极之阳动"⑥，只要对散为万殊的道德情感与实践进行更深的探究，就会发现它们都具有相同的源头。朱熹认为道德天然地存在于宇宙之中，也天然地存在于人性之中，故"这道理自是长在天地间，只借圣人来说一遍过"⑦，即使没有伏羲画易，文王制礼作乐，孔子发明六经，"理"依然是世界的本源与法则，"性"依然是人本来具有的道德情感。这就将儒家的伦理道德置于了不容置喙的地位，它不再是社会的产物与圣人的学说，而是人与生俱来应当选择的生命方式。朱熹认为性与天道在本质上为同一个对象，在人物上表现为性，在天地中表现为阴阳五行，从而将"阴阳"引入到道德学说当中，以"理"建立人性与天道的贯通，解释人之性善从何而来，人为何且如何践履其性善的问题。

朱熹认为人心与宇宙是同构的。将宇宙与人心进行比照，则"太极便是性，动静阴阳是心，金木水火土是仁义礼智信，化生万物是万事"⑧，"太极—阴阳—五行—万物"的宇宙结构在人身

---

① 有学者将此概括为性二元论。参见李晓春：《宋代性二元论研究》，北京：中国社会科学出版社2006年版，第1页。

② （魏）王弼、（晋）韩康伯注，（唐）孔颖达疏：《宋本周易注疏》，北京：中华书局2018年版，第392页。

③ 黎靖德编：《朱子语类》，北京：中华书局1986年版，第2372页。

④ 朱熹：《四书章句集注》，北京：中华书局1983年版，第17页。

⑤ 黎靖德编：《朱子语类》，北京：中华书局1986年版，第383页。

⑥ 黎靖德编：《朱子语类》，北京：中华书局1986年版，第156页。

⑦ 黎靖德编：《朱子语类》，北京：中华书局1986年版，第156页。

⑧ 黎靖德编：《朱子语类》，北京：中华书局1986年版，第2379页。

上都有其专门对应的概念和对象。宇宙的生生不息离不开"太极"与"阴阳"微妙的体用关系，而在人心这个小宇宙中，仁义道德与其实践同"性"和"情"的相互作用息息相关。"太极"或者"理"是宇宙的本源，宇宙间存在的万物皆是阴阳二气所化生的。阴阳是形而下的，其上承于太极，同时阴阳在形而下的世界中并非直接可见的，故化生五行与万物而得以表现，因此阴阳是承接起太极与万物的重要中枢。朱熹主张"在天为命，禀于人为性，既发为情"[1]，可知"性"是人对于形而上的本体的禀赋，"情"是"性"之发用。那么在人心这一小宇宙当中"太极"与"性"相对应，万事万物与"情"相对应，唯有"虚明洞彻"之"心"能够兼统性、情二者，故"阴阳"在心、性、情三者中与"心"相对应。朱熹就此曰：

> 性犹太极也，心犹阴阳也。太极只在阴阳之中，非能离阴阳也。然至论太极，自
> 是太极；阴阳自是阴阳。惟性与心亦然。所谓一而二，二而一也。[2]

这种性与心的关系可以在朱熹的体用论中找到相应的陈述，无论是"太极"与"阴阳"，还是"性"与"心"，二者之间都是不离不杂，"一而二，二而一"的关系。在这样的语境当中，阴阳的作用表现为"心统性情"。

除去"形而下者"的意涵，阴阳本身"气"的形质使得朱熹有时又将其作为气质之性予以解读。在"性"与"情"的关系中，逻辑顺序上是"性"发动而产生"情"，时间顺序上"性"与"情"二者俱生，"性"依托于"情"得以彰显其存在，"性"与"情"同时存在且不可分离。在朱熹的本体论当中，"才说太极，便带着阴阳"[3]，与之相对应，"才说性，便带着气"[4]，倘若离开了"阴阳"或者说"气"，"太极"与"性"也就无所承托了。故朱熹言曰：

> 气质是阴阳五行所为，性则太极之全体。但论气质之性，则此全体在气质之中耳，
> 非别有一性也。[5]

人们不能到现实的世界以外去求索"太极"的存在，"性"也无法单独存在于现实的人心以外。但"性"是形而上的，"情"是属于形气的，是形而下的，二者之间又存在天然的分野。朱熹认为这种关系恰可用"水中盐"的比喻来解释，水中之盐已经无色可见，但盐本身还是盐，就如人除去气质上的驳杂，人与人所具有的太极都是相同而纯正的。[6] 正所谓"心之理是太极，心之动静是阴阳"[7]，宇宙生化的体用和人心道德的发用在结构上是一致的。

程颐在阐述人心性情时提出："心譬如谷种，其中具生之理是性，阳气发生处是情。"[8] 朱熹肯定程颐的说法，认为人心的道德活动可以被视作"所当然"与"所以然"两个层次。就如同

---

① 黎靖德编：《朱子语类》，北京：中华书局 1986 年版，第 90 页。
② 黎靖德编：《朱子语类》，北京：中华书局 1986 年版，第 87 页。
③ 黎靖德编：《朱子语类》，北京：中华书局 1986 年版，第 2371 页。
④ 黎靖德编：《朱子语类》，北京：中华书局 1986 年版，第 2371 页。
⑤ 黎靖德编：《朱子语类》，北京：中华书局 1986 年版，第 2379 页。
⑥ 参见黎靖德编：《朱子语类》，北京：中华书局 1986 年版，第 67 页。
⑦ 黎靖德编：《朱子语类》，北京：中华书局 1986 年版，第 84 页。
⑧ 黎靖德编：《朱子语类》，北京：中华书局 1986 年版，第 95 页。

人见到小儿掉入井中皆会有怵惕恻隐之心那样，人下意识般的道德实践是"所当然而不容已"①的，而人之所以会作出符合道德的决定与行动是由于人具有"所以然而不可易者"②。其中"所当然"者是世间的阴阳造化，"所以然"者指"太极"或者"理"，故道德的发用虽然处于形而下的层面，但其来源必须追溯到形而上的"太极"。也正是基于此，朱熹认为道德不应当成为停留在表面的规训和行为，而是一种深层次的情感和动机。如果只是完成忠、孝、仁、义的仪节，那么人在人世间的作为也就像天地间其他的事物一样"阳长则生，阴消则死"，而只有深切地体会到"太极"的存在，人的立德才具有深刻的意义。从学问的角度而言，"大学之道，所以在致知、格物。格物，谓于事物之理各极其至，穷到尽头。若是里面核子未破，便是未极其至也。"③ 如果不能够从天人合一的视角中领会道德深层次的根源，内圣的工夫也就无法到达最高的境界。

朱熹虽然通过阴阳学说证明了人性中道德的存在与发用，但朱熹并不主张将这套学说看得过为重视，甚或是纠结其中细微的问题。面对学人就阴阳动静之理的提问，朱熹提出："莫管他阳动阴静，公看得理又过了。大抵看理只到这处便休，又须得走过那边看，便不是了。"④ 在朱熹眼中，阴阳之学为儒家道德的存在提供了理论上的支撑，砥砺心性，建立事功才是儒者为学之大本，对其中的阴阳之理只需默而识之即可。

三、朱熹阴阳思想的争议与问题

朱熹的阴阳思想综合了《周易》《洪范》《太极图说》《西铭》等思想资源，将产生和兴盛于不同时期的诸多概念进行了统合。尽管在朱熹看来，这些不同的说法"理一也，人所见有详略耳，然道理亦未始不相值也"⑤，但这也使得其阴阳思想并非是一个非常完善和严密的体系，其中最大的学理问题在于作为本体的"太极"，"性"和"阴阳"的道德属性问题。

这一问题的产生需要上溯于周敦颐的学说。周敦颐在《太极图说》中指出："形既生矣，神发知矣，五性感动而善恶分，万事出矣"⑥，将"性"解作受外物感动而产生善恶与万般情志的来源，而在没有与外物相接时，"性"应当处于善恶未分的状态，如此方能更好地与化生阴阳而对阴阳没有分判的"太极"相对应。周敦颐对"性"的理解削弱了儒家仁义道德所具有的本源性的意味，被朱震⑦、

① 黎靖德编：《朱子语类》，北京：中华书局1986年版，第414—415页。
② 黎靖德编：《朱子语类》，北京：中华书局1986年版，第414—415页。
③ 黎靖德编：《朱子语类》，北京：中华书局1986年版，第415页。
④ 黎靖德编：《朱子语类》，北京：中华书局1986年版，第823页。
⑤ 黎靖德编：《朱子语类》，北京：中华书局1986年版，第2386页。
⑥ 周敦颐：《周敦颐集》，北京：中华书局1990年版，第6页。
⑦ 朱震《汉上易传》："上陈抟以《先天图》传种放，放传穆修……牧修以《太极图》传周敦颐，敦颐传程颐、程颢。"（脱脱：《宋史》，北京：中华书局1985年版，第12908页）

陆九渊①、毛奇龄②等人怀疑此说受到了道家思想的影响，存在相当大的争议性③。与周敦颐相比，朱熹通常认为性是善的，性已经包含仁、义、礼、智、信五常。譬如《中庸章句》中曰："人物之生，因各得其所赋之理，以为健顺五常之德，所谓性也。"④ 只有在个别情况下，朱熹说善恶产生于阴阳运动变化之后，在此之前"性"未可分善恶⑤。

可见朱熹虽然继承了周敦颐有关宇宙衍生的学说，但在"性"的道德属性问题上与周敦颐截然不同。朱熹的学生曾就此向朱熹请教："以诚配太极，以善恶配阴阳，以五常配五行，此固然。但'阳变阴合，而生水火木金土'，则五常必不可谓共出于善恶也。"⑥ 这就存在一个问题，性与五常都是积极的，然而性何以生善恶，善恶何以生五常？故宇宙的秩序与心性的结构不能很好地对应起来。朱熹亦承认"《通书》从头是配合，但此处却不甚似"⑦，难以对此作出圆满的解释。

"太极—阴阳—五行"与"性—善恶—五常"的对应关系存在缺陷，造成了朱熹阴阳思想内部的矛盾⑧，这种矛盾体现为。"阴阳"在道德心性方面的属性问题。《朱子语类》记载，弟子问是否"有阴阳便有善恶"⑨，朱熹的回答有"阴阳五行皆善"⑩，"阴阳之理皆善"⑪，"合下只有善，恶是后一截事"⑫，"竖起看，皆善；横看，后一截方有恶"⑬，"有善恶，理却皆善"⑭。阴阳发源于太极，上通于天理，与五常相配，故应是善的。但朱熹在诠释《太极图》时认为"五常之性，感物而动，而阳善、阴恶，又以类分"⑮，阴阳是兼有善恶，善恶分明的。朱熹还认为太极"在天地则为阴阳，在人则为善恶"⑯，"不善处便是阴，善处便属阳"⑰，与其说天地之心在人身上的表现是"阳动阴静"，不如说是"阳善阴恶"更为贴切。故朱熹有时认为阴阳是善的，有时认为是"阳善阴恶"的。

正所谓"分阴分阳，两仪立焉"，阴阳乃太极所生，天地间无物不属阴阳，阴阳理当是天地

---

① 陆九渊曾与朱熹通过书信往来就《太极图说》展开论辩，提出了三条证据认为《太极图说》具有道家思想的意味。可参考黄宗羲撰，全祖望补修：《宋元学案》，北京：中华书局 1986 年版，第 501 页。

② 毛奇龄《太极图说遗议》："太极无所为图也。况其所为图者，虽出自周子濂溪，为赵宋儒门之首，而实本之二氏之所传。"（毛奇龄：《太极图说遗议》，北京：中华书局 2010 年版，第 95 页）

③ 有关这一问题可参考李申：《太极图渊源辩》，《周易研究》1991 年第 1 期。

④ 朱熹：《四书章句集注》，北京：中华书局 1983 年版，第 17 页。

⑤ 参见黎靖德编：《朱子语类》，北京：中华书局 1986 年版，第 1928、2375 页。

⑥ 黎靖德编：《朱子语类》，北京：中华书局 1986 年版，第 2394 页。

⑦ 黎靖德编：《朱子语类》，北京：中华书局 1986 年版，第 2394 页。

⑧ 参见冯达文：《宋明新儒学略论》，成都：巴蜀书社 2016 年版，第 47 页。

⑨ 黎靖德编：《朱子语类》，北京：中华书局 1986 年版，第 2396 页。

⑩ 黎靖德编：《朱子语类》，北京：中华书局 1986 年版，第 2396 页。

⑪ 黎靖德编：《朱子语类》，北京：中华书局 1986 年版，第 2396 页。

⑫ 黎靖德编：《朱子语类》，北京：中华书局 1986 年版，第 2396 页。

⑬ 黎靖德编：《朱子语类》，北京：中华书局 1986 年版，第 2396 页。

⑭ 黎靖德编：《朱子语类》，北京：中华书局 1986 年版，第 2396 页。

⑮ 周敦颐：《周敦颐集》，北京：中华书局 1990 年版，第 6 页。

⑯ 黎靖德编：《朱子语类》，北京：中华书局 1986 年版，第 1792 页。

⑰ 黎靖德编：《朱子语类》，北京：中华书局 1986 年版，第 1792 页。

间自然的存在。然而朱熹所追求的并非是阴阳平衡，而是阳善阴恶，以阳胜阴。朱熹认为天理虽然生出阴阳，但天理的应有之义是遏制阴气，勿使其胜过阳气。其言曰："天下只是善恶两端。譬如阴阳在天地间，风和日暖，万物发生，此是善底意思；及群阴用事，则万物雕悴。恶之在人亦然。天地之理固是抑遏阴气，勿使常胜。学者之于善恶，亦要于两夹界处拦截分晓，勿使纤恶间绝善端。"① 可见朱熹对阴阳并非等而视之，而是存在分判的，且这种分判在其宇宙论和人性论中皆有显示。朱熹以为："论阴阳，则有阴必有阳；论善恶，则一毫著不得！"② 万物皆由阴阳所构生，阴阳不可须臾相离，但对于君子而言，但求纯善而无恶，纯阳而无阴。"阳刚为君子，阴柔为小人"③，倘若君子不能摒除阴气，那么在道德修为上便会滑向小人的一端。朱熹认为儒者治学，"《易》有个阴阳，《诗》有个邪正，《书》有个治乱"④，阴阳既与邪正、治乱相对应，自然是要求学者务必求其阳气，去其阴气。

朱熹认为就宇宙而言，则必有阴阳二气，就个人的道德而言，朱熹追求纯阳无阴的道德境界，故其曰："若论阴阳，则须二气交感，方成岁功。若论君子小人，则一分阴亦不可；须要去尽那小人，尽用那君子，方能成治。"⑤ 天道可以表现为昼夜更替，四时寒暑往来，阴阳二气在天地间周流运转，人道的理想表现却只有仁义礼智，君臣父子。纯善而无恶的人性其实截断了阴阳在人心的运动。就群体的道德而言，朱熹将"使得天下皆为君子"⑥ 视作圣人的理想境界。朱熹旗帜鲜明地反对"君子小人常相伴"⑦ 的说法，认为必须以"仁"感化众人，使得小人不敢为非作歹，众人皆洗心革面而成为行仁德的君子。故朱熹虽然力图实现宇宙与人心的统一，但他只承认天道之阴阳，不承认人心之阴阳，其所坚信的儒家道德理想与他建立的宇宙与心性结构之间存在着理论的缝隙。

朱熹将宇宙之"理"与人心之"性"同一起来，认为宇宙的生成（理的衍化）与人对于道德的实践（性的发用）是同样的过程与结构，以儒家伦理道德的学说重新诠释了阴阳之宇宙学说。朱熹力图为"太极"赋予儒家道德的色彩，将儒家道德置于这一体系之中。太极的状态下尚未有对于阴阳的分别，而"性"已隐含了对善恶的分别，其所产生的逻辑问题是：若以太极生阴阳观之，太极是阴阳尚未分判的状态，而当"太极"或"理"为人所禀赋时，则善恶均为"性"自然所生，不可视其为至善的；以人物之"性"观之，若把与"性"相对应的"太极"或"理"视为至善的，认为阴阳的分立就像人心的善恶一样是出于气质的驳杂和障蔽，那么"阳"是未受气质障蔽的，"阴"是受到气质障蔽的，然而阴阳本就由太极所生，这样无疑与太极生阴阳的秩序相违背；如果"性"是至善的，则"太极"不当生阴阳；如果"性"不是至善的，这虽符合"太极"

---

① 黎靖德编：《朱子语类》，北京：中华书局 1986 年版，第 203 页。
② 黎靖德编：《朱子语类》，北京：中华书局 1986 年版，第 229 页。
③ 黎靖德编：《朱子语类》，北京：中华书局 1986 年版，第 238 页。
④ 黎靖德编：《朱子语类》，北京：中华书局 1986 年版，第 188 页。
⑤ 黎靖德编：《朱子语类》，北京：中华书局 1986 年版，第 1672—1673 页。
⑥ 黎靖德编：《朱子语类》，北京：中华书局 1986 年版，第 1759 页。
⑦ 黎靖德编：《朱子语类》，北京：中华书局 1986 年版，第 1759 页。

与"阴阳"之间的关系，却直接推翻了朱熹探讨心性时最基本的定义。无论周敦颐的宇宙论思想在何种程度上受到道家思想的影响，朱熹意欲将儒家的伦理道德加之于原本无善无恶的本体之上，自然会产生这样的缺陷，使其难以自圆其说。更深层的原因则在于朱熹所坚持的儒家理念中纯善的性体与现实中有善有恶的人性之间存在的固有矛盾。

四、结语

在朱熹对义理的探讨中，阴阳这一概念具有三重意涵。一是作"形而下"解，在说明心、性、情之间的关系时，代表统摄性情的"心"；二是作"气质"解，代表与"天命之性"相对的"气质之性"；三是置于"二五之妙华"中来理解，使阴阳直接与儒家伦理道德相配。事实上，朱熹的阴阳思想有相当丰富的宇宙论与博物学说，但最终都指向了心性义理。朱熹以"阴阳"对人性论和儒家道德进行重新的建构，一方面将儒家的道德伦理提高到本体的地位，证明道德的必要性；另一方面将人性与天地之心相贯通，将人的道德实践提高到新的高度，解释君子为何要将道德作为自己的生命方式。

作者简介：王泳树，武汉大学国学院，研究方向：东亚儒学。

明代的讲学山人

——以阳明心学的流行为背景

焦 堃

摘要：在明代中后期，山人这一群体的活跃成为显著的社会现象。所谓"山人"之称在历史上有多重意涵，而中晚明活跃在社会上的山人，则是借诗文等手段来交结高官、谋取利益，甚至卷入幕后政治运作的一股势力。除了擅长诗文者外，还有各种方技之士、罢闲官吏、僧人道士等加入这一群体。而随着阳明心学的流行和全国性的讲学网络的形成，还出现了一类新型的山人，即那些借讲学活动而与信奉阳明心学或是对此感兴趣的高官相往来、进而干涉政治者，其幕后政治活动在地方和中央层面都可以觅得踪迹，有时甚至涉及朝廷内部的高层权力斗争。在阳明学派中，自王阳明在世时起便出现了具有山人背景的人物，而尤以泰州一派中多见此类讲学山人，其中颜山农、何心隐、李贽等人可谓是代表人物。

关键词：明代；山人；讲学；阳明心学；泰州学派

一、前言——明代的山人群体

明代中后期，社会上活跃着被称为"山人"的群体。沈德符《万历野获编》中云："山人之名本重，如李邺侯仅得此称。不意数十年来，出游无籍辈以诗卷遍赘达官，亦谓之山人。始于嘉靖之初年，盛于今上之近岁。"[①]据此条所述，自嘉靖初年开始，所谓"山人"的活动便逐渐成为一种社会现象。而这些山人的主要活动，便是以诗作交结高官，以此来谋取利益。钱谦益《列朝诗集》在山人吴扩的小传中亦云："本朝布衣以诗名者，多封己自好，不轻出游人间。其挟诗卷、携竿牍，遨游缙绅，如晚宋所谓山人者，嘉靖间自子充始，在北方则谢茂秦、郑若庸。此后接迹如市人矣。"[②]此处所言与上引《万历野获编》的内容大致相符，即明

---

① （明）沈德符：《万历野获编》卷二十三"山人名号"条，北京：中华书局1959年版，第585页。

② （清）钱谦益：《列朝诗集》丁集卷七"吴山人扩"条，见《续修四库全书》第1623册，上海：上海古籍出版社2002年版，第615页。

代嘉靖以后，以诗作交结高官的山人开始大量出现，并且认为这种类型的人物在南宋末时便已存在。

实际上，所谓"山人"的渊源可以上溯到比宋末早得多的时期。牟发松《唐代山人考论》一文认为，"山人"这一称呼的由来可追溯到《庄子·天道》篇中"江湖山林之士"一语，此后"山林之士""山客""山人"等都被用作隐士的代称。① 日本学者金文京认为，"山人"之本义乃是隐居山中之人，而此类人物在最初被视作是仙人或是隐居以求成仙之人。② 金文京还指出，山人最初的渊源可追溯到汉代在山中修习方术的术士，故而在包括明代在内的后世，除了隐居的文人知识分子之外，从事风水、占卜、医药、绘画乃至律讼等行业的方技之士亦可称"山人"。③ 牟发松认为所谓山人大量出现于文献资料始于唐代，而其所分析的唐代山人中除了隐士或是以隐居求仕宦的一类人物外，还包括从事于符瑞、服食、医药等的方士型山人，正可印证金文京的考察。

"山人"一词除了指称隐居之士、方技者流等人物之外，还可被那些并不隐居的文人士大夫用作自己的别号，以表达自身之意向志趣。日本学者铃木正在《明代山人考》一文中指出，虽然别号自南宋就开始普及，但"山人"开始被大量作为别号使用，则是在进入明代之后，具体来说则是嘉靖年间以后。同文还指出，明代的山人群体中，除了放弃科举而成为逸民的传统意义上的山人之外，还有所谓的"吏隐"或"冠带山人"，即那些已经进入仕途却又在精神上向往隐逸生活的官僚士大夫。④ 赵轶峰《山人与晚明社会》一文亦指出："宋元明清时期，以'山人'为号的士大夫不少，而以晚明为最著"，并认为"这些人以山人为道号，不过是标榜超尘脱俗而已，和沈德符所说的那种作为社会阶层的'出游无籍辈'不同"。⑤

《万历野获编》中所谓"出游无籍"的山人结交高官的行为常被称作"打秋风"或"打抽丰"，以获得钱物馈遗等为目的。晚明名士张岱曾自云其幼时在杭州遇到著名山人陈继儒，陈出上联"太白骑鲸，采石江边捞夜月"以试张岱，张即对以"眉公跨鹿，钱塘县里打秋风"。⑥ 此类山人可归入方志远《"山人"与晚明政局》一文中所谓"演示并出售文化产品"的"娱乐型山人"一类，除诗文之外，"堪舆、星相、占卜、房中术、黄白术"等皆是此类型山人谋生之技艺。⑦ 而除了以自身之种种技艺而谋利之外，奔走于权门的山人还经常卷入政治当中，成为替高官勋贵出谋划策，甚至是直接参与幕后政治运作的灰色政治势力，由此成为方志远文中所谓"政治

---

① 参见牟发松：《唐代山人考论》，《河北学刊》2011年第3期。

② 参见〔日〕金文京：《山人としての杜甫》，《中国文学报》2012年第83期。

③ 参见〔日〕金文京：《中国近世における知識人の性格——明代の山人を手がかりとして》，《中国史学》1997年第7卷。

④ 〔日〕铃木正：《明代山人考》，见清水博士追悼纪念明代史论丛编纂委员会编：《明代史論叢：清水博士追悼記念》，东京：大安出版社1962年版，第357—388页。

⑤ 赵轶峰：《山人与晚明社会》，《东北师范大学学报（哲学社会科学版）》2001年第1期。

⑥ （明）张岱：《琅嬛文集》卷五《自为墓志铭》，见夏咸淳校点：《张岱诗文集》，上海：上海古籍出版社1991年版，第296页。

⑦ 参见方志远：《"山人"与晚明政局》，《中国社会科学》2010年第1期。

型山人"。[1]

实际上，山人这类群体自最初便与政治有脱不开的干系。南朝孔稚圭所作《北山移文》讽刺了名士周颙表面上以隐逸之姿示人、实则热衷于出仕的行径，文中便有"山人去兮晓猿惊"之语。[2] 到了唐代，以隐居为"仕宦捷径"者大有人在；像李泌这样的人物，先是隐居山中，后虽被征召辅佐唐肃宗，却不接受官职，仍称山人；而方士术人亦屡屡凭借其技艺进入宫廷，参与政治。[3] 明代山人干谒权门进而参与到时政之中，可以说是中古以来山人涉足政治传统的一种延续。

明代自嘉靖年间山人群体开始活跃之后，山人干涉政治的现象也开始层出不穷，甚至涉及政界的最高层。《万历野获编》中云："相门山人，分宜有吴扩，华亭有沈明臣，袁文荣有王稚登，申吴门有陆应阳，诸人俱降礼为布衣交。惟江陵、太仓无之。"[4] 说明自嘉靖年间的严嵩以来，内阁首辅大臣拥山人于门下已经成为一种流行的现象，仅间有一二例外者。不独内阁大臣如此，据前引方志远文中考论，地方及边境上统兵官员之帅府、藩王之藩府甚至掌握司礼监的大宦官门下亦莫不有山人。[5] 而山人很难与其所交结高官手中的权力完全保持距离，如以上引文中所云申时行门下的陆应阳，《万历野获编》便记载其在"申当国时，藉其势攫金不少"。[6] 尤其是那些朝廷高官所拥之山人，往往能够参与到政权中枢的各种斗争及交易中来。到万历年间，山人的幕后政治活动已经显著扰乱了中央的政治秩序，以致万历皇帝曾亲自下诏驱逐所有在京山人："恩诏内又一款，尽逐在京山人，尤为快事。年来此辈作奸，妖诳百出，如《逐客鸣冤录》，仅其小者耳。"[7] 此处所云"恩诏"乃是万历二十九年（1601）万历皇帝册封其诸子为王时发布的诏书，其中云：

> 四方无籍棍徒、罢闲官吏、山人游客，潜住京师，出入衙门，拨置指使，及左道邪术，异言异服，扇惑挟诈，是非颠倒，纪纲陵夷，甚为政蠹。今后缉事衙门不时驱逐访拿，若赃证的确者，照奇功事例升赏。[8]

据此条所云，这些在京的山人等出入官府从事各种请托活动，又编造各种政治流言进行煽动、要挟及攻击，已被朝廷视作"政蠹"。而在万历皇帝发布此诏书之前，便已屡屡有官员上疏请求驱逐、惩治北京和地方上的山人。金文京在《明神宗实录》中找到了另外十六条官员上疏及朝廷下旨要求整顿山人的记载，其年代自万历十二年一直延续至万历四十三年，[9] 由此可见进入万历

① 方志远：《"山人"与晚明政局》，《中国社会科学》2010 年第 1 期。
② 参见（梁）萧统编，（唐）李善等注：《六臣注文选》卷四十三《北山移文》，见《景印文渊阁四库丛书》第 1331 册，台北：台湾"商务印书馆"1986 年版，第 172 页。
③ 参见牟发松：《唐代山人考论》，《河北学刊》2011 年第 3 期。
④ （明）沈德符：《万历野获编》卷二十三"恩诏逐山人"条，北京：中华书局 1959 年版，第 584 页。
⑤ 参见方志远：《"山人"与晚明政局》，《中国社会科学》2010 年第 1 期。
⑥ （明）沈德符：《万历野获编》卷二十三"山人愚妄"条，北京：中华书局 1959 年版，第 586 页。
⑦ （明）沈德符：《万历野获编》卷二十三"恩诏逐山人"条，北京：中华书局 1959 年版，第 584 页。
⑧ 《明神宗实录》卷三六四万历二十九年十月己卯，台北："中研院"历史语言研究所 1962 年版，第 6803—6804 页。
⑨ ［日］金文京：《明代万历年间の山人の活动》，第 263—271 页。

之后山人干涉政治的行为愈演愈烈。前述方志远文中列举了万历十九年发生的乐新炉案、万历三十一年爆发的嚰生光案以及天启年间的汪文言案等涉及山人的中央政坛大案，足见山人的政治活动影响之大，以及朝廷整顿山人之命令实际并未能收效。

从前引《万历野获编》以及《列朝诗集》的记载来看，似乎明人眼中最为典型的山人，是那些以诗作交结高官缙绅的人们。《明史·文苑传》中亦专门提及"嘉隆万历年间，布衣山人以诗名者十数"。① 但实际上，如前文中所述，除能诗者之外，各种技术之士均可称山人，而这些人交结权门、干涉政治的做法与那些能诗的山人并无二致，史料中也经常将其与山人并称。如万历二十五年五月，当时负责朝鲜战事的蓟辽总督邢玠向朝廷上疏云："其有兵将造谤，及山人、墨客、星相、罢闲诸人求书引用，靡费钱粮者，乞严行禁缉。"② 又如万历二十六年五月，万历皇帝下旨云："今后敢有恣肆怠玩，及借称山人、墨客、医卜、星术变诈之徒妄言乱政，摇惑人心的，着厂卫、城捕、缉事衙门不时访拿具奏，必罪不宥。"③ 这些记载中均将山人与星象、医卜等方技之士相提并论，可见这些人在干涉政治方面并无什么区别，可以看做是同一类人。晚明山人来源之广，成分之杂，已经到了"无论士、农、工、商，僧、道、医、卜，或者游棍、小唱，及至落职官员、潜逃胥吏、失意军官，凡以游食的方式，滞留在京师、边镇及大都市，周旋于朝野官民之间，以谋求经济利益，就被认为是山人或者是山人行径"④ 的地步。

二、阳明心学的流行与讲学山人的出现

上节中论述了明代山人的来源极为庞杂，而各色山人都有可能凭借交结在任官员而参与到政治中来。从这一标准来看，明代山人群体中除了前述的种种名色外，还应当包括伴随着阳明心学的流行而出现的一类新型人物，即笔者所谓的"讲学山人"。

自王阳明在弘治、正德之际开始授徒讲学以来，其弟子日众，阳明心学的社会影响力不断扩大。嘉靖初王阳明去世之后，学派并未因此而停止，反而规模不断扩大，前后持续达百年以上。王阳明及其弟子的积极活动，使得阳明学派成为一个包括在任离任官员、举人、生员等各个阶层的士人以及平民在内的庞大的讲学网络，各种不同身份、地位的人物通过这个讲学网络得以联系在一起。在这种背景下，笔者所谓的"讲学山人"得以出现。通过讲学活动以及各种形式的思想交流，那些尚未仕官以及已经离任的士人平民得以与在任的各级官员相结识，在关系逐渐密切之后，便可能利用这种通过思想学术而形成的与在任官员之间的私人关系而参与到政治中来。李贽曾云：

---

① 《明史》卷二八八《文苑传四·王穉登传》，北京：中华书局1974年版，第7389页。
② 《明神宗实录》卷三百十万历二十五年五月甲寅，台北："中研院"历史语言研究所1962年版，第5802页。
③ 《明神宗实录》卷三二二万历二十六年五月辛丑，台北："中研院"历史语言研究所1962年版，第5987页。
④ 方志远：《"山人"与晚明政局》，《中国社会科学》2010年第1期。

> 今之所谓圣人者，其与今之所谓山人者一也，特有幸不幸之异耳。幸而能诗，则
> 自称谓曰山人；不幸而不能诗，则辞却山人而以圣人名。幸而能讲良知，则自称曰圣
> 人；不幸而不能讲良知，则谢却圣人而以山人称。①

这段话正可证明，在当时讲学与作诗一样，可以用作干谒官员权贵的一种手段。而且如下文所述，李贽自身在其晚年亦曾凭借讲学形成的网络而牵涉到时政之中。

王阳明自身便曾在诗文作品的正文或落款中多次自称为"阳明山人"。② 据王阳明弟子所作、后收入其文集的王阳明之年谱（以下称《年谱》）记载，王阳明曾于弘治十五年时向朝廷告病归乡，并筑室于其乡里绍兴附近的阳明洞中，自此便开始被学者称作"阳明先生"。③ 而其开始使用"阳明山人"这一别号，也必定是在这一时期以后。王阳明之自称山人，当属铃木正所云之"吏隐"或赵轶峰所说的"标榜超尘脱俗"之行为，然而其同时也并不完全排斥那些"出游无籍"者。在王阳明尚未离世之际，其门下便出现了具有此种背景的人物。据《年谱》记载，嘉靖三年王阳明于绍兴乡居之际，有一名为董沄的弟子拜入其门下：

> 海宁董沄，号萝石，以能诗闻于江湖。年六十八，来游会稽，闻先生讲学，以杖
> 肩其瓢笠诗卷来访，入门长揖上坐。先生异其气貌，礼敬之，与之语连日夜，沄有悟，
> 因何秦强纳拜，先生与之徜徉山水间。……遂自号曰从吾道人，先生为之记。④

据此条所记，董沄本以能诗而闻名于江湖，最初又是持其"诗卷"来拜访已经爵封新建伯、官拜南京兵部尚书的王阳明，这是明人眼中极为典型的山人行径。焦竑所编《国朝献征录》之卷一百六《隐逸》中收有王阳明弟子黄绾所作《萝石翁董沄传》，其中云：

> 萝石翁者，不知为何人也，姓董氏，讳沄，字复宗，萝石其别号也。……初学为
> 诗，不解随俗营生业。……时名能诗者，吴下沈周、关西孙一元、闽中郑善夫，皆与
> 之游。……海宁卫指挥某人，因贫不能赴京袭职，竭所有与之，以速其行。……每闻
> 当世之贤人君子所在，不计寒暑远近，辄投贽纳交。⑤

文中未曾言及董沄曾考中功名以及仕官，而只云其学诗并与诸多名士、官员交往。据黄绾所记，董沄曾交往沈周、孙一元这样的隐逸之士，以及郑善夫、海宁卫某指挥等文武官员，并且频频前去交结"贤人君子"。从此文内容来看，董沄是一个较为典型的布衣山人。其以诗来拜访王阳明之后，即拜入王阳明门下，与阳明讲学论道。虽然此后其与王阳明交往的具体情况不得而知，但

---

① （明）李贽著，张建业、张岱注：《焚书注》卷二《又与焦弱侯》，北京：社会科学文献出版社 2010 年版，第 119 页。

② 笔者在现存王阳明诗文中发现了三处王阳明自称"阳明山人"的事例。参见吴光等编校：《王阳明全集（新编本）》卷二十《回军龙南小憩王石岩双洞绝奇徘徊不忍去因寓以阳明别洞之号兼留此作三首》之第三首、卷二十二《送毛宪副致仕归桐江书院序》以及卷四十二《坠马行》诗卷落款，杭州：浙江古籍出版社 2011 年版，第 788、913、1696 页。

③ 吴光等编校：《王阳明全集（新编本）》卷三十二《年谱一》，杭州：浙江古籍出版社 2011 年版，第 1225、1231 页。

④ 吴光等编校：《王阳明全集（新编本）》卷三十四《年谱三》，杭州：浙江古籍出版社 2011 年版，第 1300 页。

⑤ （明）焦竑编：《焦太史编辑国朝献征录》卷一百六《萝石翁董沄传》，见《四库全书存目丛书》史部第 106 册，济南：齐鲁书社 1996 年版，第 581 页。

由此事例可以看出，王阳明在世之际并不排斥山人，相反还曾经积极地接纳山人进入其门下。

实际上，王阳明尚在江西指挥军事行动之际，便有不少弟子在其幕下活动，为其谋划政治及军事方策。前引方志远文中论此事云："平常时期为讲学之同志，非常时期为谋划之幕士。由师友而幕友，由讲学而讲时事、讲兵事，成为明代政治型山人的生成轨迹。而政治型山人中的帅府山人，也在这里初见端倪。"①据此论，则王阳明开府南赣时入幕之弟子，已可算是一种通过讲学而参与到地方之政事、兵事的山人。然而此种情况乃是随一时兵事之起而发生，亦随兵事之去而终结，仍可算是较为偶然的情况。阳明心学广为流行之后，通过讲学而形成的人际关系日渐成为学派中那些政治地位较低的人物与任官者之间日常联系、交往的纽带，较为典型的讲学山人开始陆续出现，而尤以泰州一派最为显著。

三、泰州学派中的讲学山人

除了上节中提到的董沄之外，王阳明门下还有其他平民弟子，其中最为著名的是后来被视作泰州学派开创者的王艮。王艮之子王襞亦曾学于阳明门下，且与其父一样，终生都只是一名布衣。然而借助学派内的讲学网络，王襞得以平民身份与现任官员交往。比如其年谱中记载：

> （嘉靖）三十五年丙辰，先生四十六岁。……春二月，讲学于闽建宁府，谒紫阳公故庐。时安乐蓉山董公署府事，有一指挥官当问革职，先生触渠弟念及先人勋业之言，嘱公曲全之，彼密贿千金以报。先生曰："予为利来耶？"厉色却之。因自矢曰："山人山居，不欲以垢名玷山场而遗笑山灵。"掩首而去也。②

此条中所云"安乐蓉山董公"乃是王艮的弟子董燧，③当时正任福建建宁知府。王襞当是因其所招，前往建宁讲学，并受一名本当革职的军官之弟的请托，利用其与董燧的私人关系保住了这名军官的官职。在这一事例中，王襞通过讲学活动与地方官员相交结，并借此干涉了地方上的政务。更值得注意的是，在军官之弟提出赠送王襞金钱作为报答之后，王襞明确地称自身为"山居"的"山人"，并为保全山人的名声而严厉拒绝了金钱馈遗。此例中王襞显然是欲坚持山人本来应当具有的高洁品行，但其所云恰恰说明当时像他这样的布衣学者与那些布衣诗人等一样，是以山人自居的。而且其利用讲学网络干涉地方政务的做法，也充分说明了笔者所谓的"讲学山人"在当时是现实存在的。

依笔者所见，阳明学派内部这类讲学山人数量最多、最为活跃的，便是王艮所开创的泰州

---

① 方志远：《"山人"与晚明政局》，《中国社会科学》2010 年第 1 期。

② （明）王襞：《明儒王东厓先生遗集》卷首《年谱纪略》，收入（明）王艮等著，陈祝生等校点：《王心斋全集》，南京：江苏教育出版社 2001 年版，第 207 页。

③ 王艮年谱中云嘉靖十五年"春正月，抚州安乐董燧自金台来学，留三月"。见（明）王艮等著，陈祝生等校点：《王心斋全集》卷三《年谱》，南京：江苏教育出版社 2001 年版，第 74 页。

学派。除王襞之外，两位泰州学派的著名人物颜山农、何心隐也可归入讲学山人之类。王襞终生都在地方上活动，故而其即便干涉政务，也只能止于地方层面。而颜、何两人的幕后政治活动已经触及中央，其中尤以何心隐为著。

颜山农是江西吉安府永新县人，本名颜钧。与王襞一样，颜山农也从未考取功名，终生都只是一名布衣。他年轻时曾在家乡宗族中建立名为"三都萃和会"的组织，宣讲儒家伦理；后又曾在各地以救"心火"为名，以类似民间宗教的手法聚集信徒。[1] 在学术思想上，颜山农曾学于王艮的弟子、官僚士大夫徐樾，又因徐樾的推荐而就学于王艮本人；其弟子中既有像罗汝芳这样的官僚，也有何心隐这样的未曾任官者。

由此可见，颜山农因为进入了阳明学派的讲学圈子，而得以超越自身的社会身份，与众多官僚士大夫阶层的人物相结识和交往。而且其曾经频繁在北京活动，其交往对象包括了朝中的官员甚至是内阁大臣。颜山农最初从学于徐樾便是后者在朝中任官期间。而据其自述，在北京时，颜山农还曾与敖铣、同属阳明学派的赵贞吉等朝中官员交往，又借由这些人的关系而游于内阁首辅夏言之门：

> 钧自独违家乡，奋游四方，必求至人，参裁耿快。游入帝里，忽遇一师，徐卿波石，讳樾，字子直，贵溪人，时为礼部祠郎。当［时］有庶起士赵贞吉，号大洲，内江人。敖铣，号梦坡，高安人。先列游夏座，引农同门，侍师三年。[2]

颜山农还自述后来随弟子罗汝芳入京，适逢信奉阳明心学的首辅徐阶在北京举办大规模的讲会，颜山农被徐阶邀请在会上主讲，还曾与徐阶、罗汝芳、何迁等官僚一起讲学：

> 又被近溪令太湖，入觐。忽遇江东门，苦扳同旱程、叙间阔。钧不忍坚拒，随至北畿。时徐少湖名阶，为辅相，邀钧主会天下来觐官员三百五十员于灵济宫三日。越七日，又邀钧陪赴会试举人七百士，亦洞讲三日。如此际会，两次溢动，湖公喜信，私邀钧与近溪、吉阳尽日倾究。[3]

颜山农利用讲学网络交结朝中官员后从事了哪些幕后活动，现在已无从具考。但值得注意的是，颜山农曾自述其于嘉靖二十三年（1544）在北京组织了包括在朝官员在内的"信从者"共四十七人在一起讲学，而这些官员中包括了邹应龙在内。[4] 如下文所述，邹应龙是后来徐阶打倒严嵩之际，最终上疏并直接导致严嵩倒台的关键人物，因而其在政治上必属于徐阶一派。联系到颜山农所述其与徐阶的关系，以及罗汝芳在政治上亦是徐阶一派，颜山农很有可能与其徒何心隐一样，

---

[1] 关于颜山农生平活动的大概情况，可参看黄宣民先生为《颜钧集》所作的"前言"，见黄宣民点校：《颜钧集》，北京：中国社会科学出版社1996年版。关于其从事民间宗教情况，可参看王汎森：《明代心学家的社会角色——以颜钧的〈急救心火〉为例》，见王汎森：《晚明清初思想十论》，上海：复旦大学出版社2004年版，第1—28页。此外，邓志峰认为颜山农的修行法乃是源于佛教和道教的气功，并认为其思想乃是儒学化的民间宗教。参见邓志峰：《王学与晚明的师道复兴运动》，北京：社会科学文献出版社2004年版，第227—230页。

[2] 黄宣民点校：《颜钧集》卷三《自传》，北京：中国社会科学出版社1996年版，第25页。

[3] 黄宣民点校：《颜钧集》卷三《自传》，北京：中国社会科学出版社1996年版，第26页。

[4] 黄宣民点校：《颜钧集》卷三《自传》，北京：中国社会科学出版社1996年版，第25页。

在徐阶门下参与了某些幕后政治活动，只是其作用不如何心隐那般显著。另外，颜山农还曾因同属泰州一派的官僚士大夫程学颜①之推荐，以"异人知兵法"而被召入在东南平倭的胡宗宪幕下，并声称自己入幕仅七日便"倒溺百千倭寇于海"。②胡宗宪在政治上属于严嵩一派，但其曾从学于阳明学派的著名学者欧阳德，在地方上也曾与阳明学者积极交往并改建王阳明祠，与阳明学派的关系相当密切。③

在幕后政治活动方面比颜山农更为积极、影响更为重大的是其弟子何心隐。何心隐本名梁汝元，江西吉安府永丰县人。嘉靖二十五年（1546）考中举人，此后并未考中进士或仕官。或许是因为乡里地望相近，何心隐师事颜山农，传王艮之学，故而也被视作是泰州学派之一员。据容肇祖先生所考述的何心隐生平，④何心隐曾因得罪家乡县令而被下狱遣戍，后与其师颜山农一样，因程学颜之荐而被召入胡宗宪的幕府，得以免祸。其后何心隐便在南京与程学颜交游，又因程改任太仆寺丞而随之前往北京，聚徒讲学。

何心隐作为讲学山人，在进京之前便已开始在地方上活动。容肇祖先生曾言及何心隐在离开家乡永丰县之前，便曾与当时的永丰县令凌儒相来往。凌儒是泰州人，并曾向朝廷举荐过阳明学派的罗洪先、吴悌等人。⑤何心隐的文集中收录有其与凌儒的往来书信，其中一封题为"修聚和祠上永丰大尹凌梅楼书"，开篇即云"蒙示明哲保身之学"，⑥可以看出凌儒尊信王艮的"明哲保身"论，其即便不属于泰州学派，亦当与泰州派关系较近，而何心隐亦以论学的形式与其交往。另一封何心隐给凌儒的信题为"又上海楼书"，其中云：

> 樵语一轴，虽达鄙情，然实欲父母谋出樊笼而为大道之宗主也。若在樊笼恋恋，纵得以展高才，不过一效忠、立功、耿介之官而已，于大道何补？直需出身以主大道，如孔孟复生于世，则大道有正宗，善人有归宿，身虽不与朝政，自无有不正矣。……如谋出身为隐士，而无补于朝政，是欺君矣。必不敢为父母设此拙谋。……无非欲父

① 参见（清）黄宗羲著，沈芝盈点校：《明儒学案》卷三十二《泰州学案一》，北京：中华书局1985年版，第707页。

② 黄宣民点校：《颜钧集》卷三《自传》，北京：中国社会科学出版社1996年版，第27页。

③ 据胡宗宪之子胡桂奇所著的《胡公行实》所记，胡宗宪在嘉靖十七年考中进士后，曾在北京从学于王阳明弟子邹守益。此外，其在嘉靖三十三年为平定倭寇而赴任浙江巡抚之前，也曾在北京学于王阳明弟子欧阳德。参见（明）胡桂奇：《胡公行实》，见《四库全书存目丛书》史部第83册，济南：齐鲁书社1996年版，第435—436、441页。据王阳明年谱之附录所记，嘉靖三十四年时欧阳德曾命胡宗宪改建祭祀王阳明的杭州天真书院仰止祠。参见吴光等编校：《王阳明全集（新编本）》卷三十五《年谱附录一》，杭州：浙江古籍出版社2011年版，第1360—1361页。吴震先生认为欧阳德已于嘉靖三十三年三月死去，故而不可能参与改建，但笔者认为亦不能排除欧阳德在胡宗宪离京之前便已令其改建的可能性。而如吴震先生所言，胡宗宪除了改建仰止祠之外，还曾在浙江与阳明学派中的人物积极交游，并参与出版《传习录》《阳明先生文录》等书。参见吴震：《明代知识界讲学活动系年》，上海：学林出版社2003年版，第200页注1。除胡宗宪以外，参与改建仰止祠的还有同为严嵩一派的阮鹗，此人也曾在南京国子监从学于欧阳德，并从嘉靖三十二年开始任浙江提学。参见（明）焦竑编：《焦太史编辑国朝献征录》卷六十三《右金都御史函峰阮公鹗墓志铭》，见《四库全书存目丛书》史部第103册，济南：齐鲁书社1996年版，第478页。

④ 容肇祖：《何心隐及其思想》，见容肇祖：《容肇祖集》，济南：齐鲁书社1989年版，第335—388页。

⑤ 《明史》卷二百七《凌儒传》，北京：中华书局1974年版，第5481—5482页。

⑥ 容肇祖整理：《何心隐集》卷四《修聚和祠上永丰大尹凌梅楼书》，北京：中华书局1960年版，第72页。

母出身以主朋友之大道，而继孔子之贤于尧舜者也。尧舜，立政之尽善者也。孔子，

设教之至善，而身不与政者也。不与政而贤于立教。然则出身以继孔子，以主大道之

宗，其与朝政岂小补哉？①

此段文字表面上亦以学为言，其主旨颇为隐晦，但观整体文意，似乎是在想要凌儒弃官，摆脱仕途这一"樊笼"。然而接下来又言并非是要凌儒做隐士，而是要其模仿孔子"主朋友之大道""设教"，如此便能"身虽不与朝政，自无有不正矣"。如此看来，则是想要凌儒弃去官职而专心在讲学圈子中活动，并以此来影响朝政，也就是希望凌儒加入讲学山人的行列。后来凌儒去任，新县令到来，何心隐即写信指责其加赋，并因此而有下狱遣戍之祸，其原因正是像容肇祖先生所指出的那样，在凌儒在任期间"受凌的宽容，上书惯了"，②仍想对地方政治加以干涉。附带一提，凌儒后来并未弃官，而是入朝成为御史，并曾弹劾与徐阶对立的内阁大臣高拱，又在隆庆二年徐阶罢相后被吏部追论罢职，很显然也是徐阶一派的官员。③ 不知其之所以能够入朝，是否依靠了讲学网络的力量，甚至下文所述的何心隐在朝中的人脉发挥了作用也未可知。

来到北京后，何心隐除了程学颜外，还与罗汝芳、耿定向等泰州派官员交往。据耿定向所作《里中三异传》云：

程君北，狂与俱，嘉靖庚申岁也。余时官北台，狂匿程君邸，即同里士绅避不见，间从比部罗汝芳氏游。余故与程、罗两君交善，时相往反，因晤之。聆其言貌，若癫狂，然间出语有中吾里者。④

此外，据容肇祖先生考证，在北京与何心隐关系较好的还有钱同文以及程学颜的弟弟程学博，也都是泰州学派中的人物。⑤ 这一时期何心隐还曾通过耿定向与张居正会面。据耿定向所记：

时张江陵为少司成，予挈之城东僧舍与晤。狂俯首凝睇，目江陵曰："公居大学，知大学道乎？"江陵为勿闻者，游目而摄之曰："尔意时时欲飞，却飞不起也。"江陵别去，狂舍然若丧曰："夫，夫也！吾目所及不多见，异日必当国，杀我者必夫也！"⑥

此段记述透露出何心隐试图以讲论所谓"大学道"来交结张居正，却未能成功，并由此招致张居正的厌恶。邹元标所作何心隐传记中亦云其"与司业江陵张公屡讲不合，遂构衅端"。⑦

耿定向、罗汝芳等人在政治上都是徐阶一派，故而何心隐也顺理成章地在徐阶门下活动。而其幕后政治活动中最引人注目的，便是助徐阶打倒严嵩一事。关于此事，《明儒学案》中记载云：

① 容肇祖整理：《何心隐集》卷四《又上海楼书》，北京：中华书局 1960 年版，第 73—74 页。

② 容肇祖：《何心隐及其思想》，见容肇祖：《容肇祖集》，济南：齐鲁书社 1989 年版，第 344 页。

③ 参见《明史》卷二百七《凌儒传》，北京：中华书局 1974 年版，第 5482 页；还可参见容肇祖：《何心隐及其思想》，容肇祖：《容肇祖集》，济南：齐鲁书社 1989 年版，第 342 页。

④ 傅秋涛点校：《耿定向集》卷十六《里中三异传》，上海：华东师范大学出版社 2015 年版，第 630 页。

⑤ 参见（清）黄宗羲著，沈芝盈点校：《明儒学案》卷三十二《泰州学案一》，第 707 页。

⑥ 傅秋涛点校：《耿定向集》卷十六《里中三异传》，上海：华东师范大学出版社 2015 年版，第 630 页。

⑦ 容肇祖整理：《何心隐集》附录一《梁夫山传》，北京：中华书局 1960 年版，第 121 页。

> 心隐在京师，辟各门会馆，招来四方之士，方技杂流无不从之。是时政由严氏，忠臣坐死者相望，卒莫能动。有蓝道行者，以乩术幸上。心隐授以密计，侦知嵩有揭帖，乩神降语："今日当有一奸臣言事。"上方迟之，而嵩揭至，上由此疑嵩。御史邹应龙因论嵩败之。①

据此处所云，何心隐在北京大力网罗各类"方技杂流"，其中便包括沉迷于道教的嘉靖皇帝所宠信的道士蓝道行。在何心隐的授意之下，蓝道行编造神意，使嘉靖皇帝对严嵩失去信任。御史邹应龙接着上疏弹劾严嵩，终于使得严嵩倒台。耿定向的记载中也提到了此事：

> 无何，程同丞卒于京邸，予有西夏之命，狂移馆别邸。从之游者，诸方技及无赖游食者咸集焉。余频（当为濒）行，谓之曰："子慎所与哉！"应曰："万物皆备于我，我何择也！"寻分宜子为言官论败，或曰狂有力焉。②

此段记载中"从之游者，诸方技及无赖游食者咸集焉"，以及"或曰狂有力焉"等语，正可与《明儒学案》中的记述相印证。而整个策划打倒严嵩的事件，无疑是当时已经入阁的徐阶在幕后主导。《明儒学案》中云"先生之去分宜，诚有功于天下，然纯以机巧用事"，③《万历野获编》中亦云"夏死后十四年，为壬戌岁，严氏败，亦由术士蓝道行扶乩传仙语，称嵩奸而阶忠，上元不诛而待上诛。时皆云徐华亭实使之"④，皆是此点之佐证。《皇明辅世编》中甚至记载蓝道行施计之后即密告徐阶，徐阶恐时间久了之后嘉靖皇帝回心转意，连夜即令邹应龙写好弹劾严嵩的奏疏，并于清晨上之："蓝道行……密以告阶，阶恐稍迟则圣意解，半夜即遣人邀御史邹应龙具疏劾嵩父子，诘朝上之。"⑤ 由此可见，何心隐通过阳明学派的讲学圈子，最终成为内阁大臣徐阶门下的山人，并参与了徐阶一派秘密策划和实施的打倒严嵩的活动。《明儒学案》中所记的何心隐在北京招揽的"方技杂流"，恐怕也大多是与其性质相同的山人之类。首辅大臣的进退竟为何心隐这样的山人所左右，不得不让人感叹晚明山人的能量之大。而何心隐之所以如耿定向所说的那样，在北京遭到大多数官员的忌惮，"即同里绅士避不见"，恐怕也正是因为其所从事的是这种涉及朝中权力核心的幕后政治活动。

四、李贽晚年的政治活动

同样可被视作是讲学山人，同时又与泰州学派有关联的是晚明著名的思想家李贽。尽管吴

---

① （清）黄宗羲著，沈芝盈点校：《明儒学案》卷三十二《泰州学案一》，北京：中华书局1985年版，第704页。
② 傅秋涛点校：《耿定向集》卷十六《里中三异传》，上海：华东师范大学出版社2015年版，第630页。
③ （清）黄宗羲著，沈芝盈点校：《明儒学案》卷三十七《南中王门学案三·文贞徐存斋先生阶》，北京：中华书局1985年版，第617页。
④ （明）沈德符：《万历野获编》卷八"计陷"条，北京：中华书局1965年版，第209—210页。
⑤ （明）唐鹤征撰，（明）陈睿谟评：《皇明辅世编》卷五《徐文贞阶》，见《四库全书存目丛书》史部第98册，济南：齐鲁书社1996年版，第276页。

震先生经考证后认为李贽"对泰州学派并不抱有自觉的认同意识""是一位超出当时任何学派的学无常师而又特立独行的思想家"，①但不可否认的是，李贽对王艮及其传人极为推崇，又与耿定向兄弟、焦竑等泰州学派中的人物过从甚密，故而自黄宗羲在《明儒学案》的《泰州学案》中述及李贽的事迹以来，学者大都将其视作泰州一派的人物。李贽与何心隐一样，都在考中举人之后便科场止步，未曾成为进士。不过与何心隐不同，李贽凭借其举人身份得以入仕，最终仕至云南姚安知府。从姚安离任之后，李贽选择致仕，但并没有就此回乡，而是辗转多地，与各处的士绅官员相交往。在与这些人物的交往过程中，李贽不乏牵涉时政的言论和举动。

据林海权先生所著《李贽年谱考略》②一书中考证，李贽于万历九年（1581）春离开云南，来到耿定向、定理、定力兄弟的乡里湖广黄安县，此时李贽已经55岁。此后李贽与耿定向的关系开始恶化，万历十三年（1585）李贽从黄安徙居临县麻城，一直居住到万历二十八年（1600）底才因受到迫害而最终离开。在黄安、麻城期间，李贽与当地的士绅交往密切，并屡屡出游访友，而外地士人也频频来到其住处拜访或是通过书信与其往来，其中即包括泰州学派的焦竑以及著名的袁宗道、宏道、中道兄弟等人。

李贽在黄安、麻城与耿定向等当地士绅发生过矛盾，由此招致一些人士以李贽招收女弟子等行为成为借口，对其进行了猛烈的排挤和攻击。部分研究认为这起因于和李贽关系密切的麻城官僚士大夫梅国桢与耿定向家族之间的矛盾，而美国学者罗威廉在其所著《红雨》一书中认为这种说法并不确切，但梅国桢与当地其他士绅之间确实存在着错综复杂的纷争，这导致了通过针对李贽来打击梅国桢的行为。③刘东星曾任湖广左布政使，万历十九年至二十年间李贽游武昌，适逢刘东星在任，二人得以相会。会面之后刘东星认为李贽乃是"有道者"，便成为李贽的庇护人，"或迎养别院，或偃息官邸"，并与李贽"朝夕谈吐"。④此后李贽又曾前往刘东星的乡里山西沁水以及其任地济宁等地，投靠刘东星。

梅国桢、刘东星二人在与李贽交往期间都担任高官，而李贽在与这两人以及其他人物的交游过程中也并非只是讲学论道，还时时谈及现实政治问题。万历二十年（1592）宁夏爆发哱拜之乱，随后日本入侵朝鲜，李贽看起来对这两件事极为关心，并曾与刘东星讨论过处置的方策。据李贽自己记述云：

> 刘子明宦楚时，时过余。一日见邸报，东西二边并来报警，余谓子明："二俱报警，孰为稍急？"子明曰："东事似急。"盖习闻向者倭奴海上横行之毒也。余谓："东事尚缓，西正急耳。朝廷设以公任西事，当若何？"子明徐徐言曰："招而抚之是已。"余时嘿然。子明曰："于子若何？"余即曰："剿除之，无俾遗种也。"子明时亦嘿然，

---

① 吴震：《泰州学派研究》，北京：中国人民大学出版社2009年版，第37、38页。
② 参见林海权：《李贽年谱考略》，福州：福建人民出版社1992年版。本文所述李贽行实及诗文年代皆依据此书。
③ 参见［美］罗威廉著，李里峰等译：《红雨：一个中国县域七个世纪的暴力史》，北京：中国人民大学出版社2014年版，第109—112页。
④ （明）李贽、（明）刘东星：《道古录·书道古录首》，见《续修四库全书》第1127册，上海：上海古籍出版社2002年版，第396页。

遂散去。①

据此可知，李贽认为处理哱拜之乱比起应付日本对朝鲜的入侵更为紧要，而在对此事的处理上，刘东星主抚，而李贽主剿。从"朝廷设以公任西事"一语来看，当时李贽或许认为刘东星有可能被朝廷派遣前去处理哱拜之乱，故而才预先为其谋划。而最终刘东星并未被受到朝廷委派，倒是当时任浙江道监察御史的梅国桢举荐李如松为总兵前往宁夏平叛，被朝廷接受，而梅国桢自己亦被任命为监军。李贽得知此消息后"喜见眉睫，走告子明曰：'西方无事矣！客生以侍御监军往矣！'"，②表达出了对梅国桢的信任。后在李如松、梅国桢等人的努力之下，哱拜之乱被顺利平定，但梅国桢却并未得到相应的封赏，李贽为此又为梅国桢的《西征奏议》作跋，即收入《续焚书》的《西征奏议后语》一文，表达自己的愤慨并对梅国桢的功绩加以宣扬。

对于日本入侵朝鲜一事，李贽同样一直在关注。万历二十六年，负责指挥朝鲜战事的杨镐在蔚山之战中败于日军，随后担任赞画朝鲜军前事务的丁应泰上疏弹劾杨镐等在朝将领向朝廷隐瞒败战情况，并与内阁大臣张位、沈一贯"秘书往来，交结欺蔽"。③李贽得知此事后在给焦竑的信中云："丁公此举大快人意！大快生平！亦大有功于朝廷矣。从此大有做省，大有震惧，不敢慢法以自作殃，何可当哉此疏也耶！"④其中表达了对丁应泰的支持和对杨镐、张位、沈一贯等人行为的愤慨。⑤此后不久李贽又在给友人顾养谦的信中谈及朝鲜问题：

> 目今倭奴屯结釜山，自谓十年生聚，十年训练，可以安坐而制朝鲜矣。今者援之，中、边皆空，海陆并运，八年未已。公独鳌钓通海，视等乡邻，不一引手投足，又何其忍耶！非公能忍，世人固已忍舍公也。⑥

李贽曾与顾养谦同在云南为官，二人由此得以相识。朝鲜之役爆发后，顾养谦一度被任命为经略，成为援朝明军在朝鲜的最高负责人。顾养谦在经略任上支持册封丰臣秀吉并允许日本朝贡、以此来换得日本从朝鲜撤兵的讲和方案，为此受到朝中主战派的反对，被迫辞官还乡，从此未再复出。⑦从李贽给顾养谦的信可以看出，在朝鲜战争问题上，他与顾养谦一样支持讲和，认为朝鲜之役旷日持久，对明朝消耗极大，却一直未能用武力将日军驱逐出朝鲜，对明朝来说是得不偿失。信中还对顾养谦被迫辞职还乡感到不平，为其不能在朝鲜问题上发挥手腕感到惋惜。

---

① （明）李贽著，张建业、张岚注：《续焚书注》卷二《西征奏议后语》，北京：社会科学文献出版社 2010 年版，第 203 页。

② （明）李贽著，张建业、张岚注：《续焚书注》卷二《西征奏议后语》，北京：社会科学文献出版社 2010 年版，第 204 页。

③ 《明神宗实录》卷三二三万历二十六年六月丁巳，第 5996 页。

④ （明）李贽著，张建业、张岚注：《续焚书注》卷一《复焦弱侯》，北京：社会科学文献出版社 2010 年版，第 34 页。

⑤ 林海权先生认为李贽厌恶张位尚另有一因，即此前一年焦竑因不为张位所喜而遭到贬官。参见林海权：《李贽年谱考略》，福州：福建人民出版社 1992 年版，第 351 页。

⑥ （明）李贽著，张建业、张岱注：《焚书注》卷二《又书使通州书后》，北京：社会科学文献出版社 2010 年版，第 187 页。

⑦ 参见（清）万斯同：《明史》卷三三二《顾养谦传》第 7 册，上海：上海古籍出版社 2008 年版，第 21 页。

李贽不仅关注哱拜之乱、朝鲜战争等边境的紧急事件，而且似乎也一直密切注视着朝廷内部的动向。万历二十六年，刘东星被朝廷委派总理河漕，负责疏浚黄河和运河的河道。当年第一阶段的工程结束后，刘东星受到嘉奖，被授以工部尚书、右副都御史的官衔，但实际仍在总理河漕任上。① 次年李贽在写给刘东星的《书晋川翁寿卷后》一文中云：

> 公今暂出至淮上，淮上何足烦公耶！……见才尤宜爱惜，而可令公卧理淮上耶？在公虽视中外如一，但居中制外，选贤择才，使布列有位，以辅主安民，则居中为便。吾见公之入矣。入即持此卷以请教当道，今天下多事如此，将何以辅佐圣主，择才图治。当事者皆公信友，吾知公决不难于一言也。②

文中认为以刘东星之才能，比起在地方上处理河漕事宜，更应当入朝辅政。"吾见公之入矣"一语，说明李贽当时认为刘东星入朝甚至是进入内阁的可能性非常高，并期待刘东星入朝之后"选择贤才，使布列有位"。而且李贽很清楚朝中的"当事者"即内阁大臣都是刘东星的"信友"，③ 因此希望刘东星入朝后"持此卷以请教当道"。如此看来，这份现已不存的寿卷中必定有李贽针对朝政提出的某些建议和方策，所谓"请教"云云，其实只是希望刘东星说服内阁大臣接受这些建议而已。而在同年写给刘东星的另一封信中，李贽甚至已在为刘东星谋划入朝之后当如何行动：

> 天下无不可为之时，……但贵如常处之，勿作些见识也。果有大力量，自然默默幹旋，人受其赐而不知。……夫臣子之于君亲，一理也。天下之财皆其财，多用些亦不妨；天下民皆其民，多虐用些亦只得忍受。但有大贤在其间，必有调停之术，不至已甚足矣。只可调停于下，断不可拂逆于上。④

从"天下之财皆其财"等语来看，此文当是针对当时成为朝内纷争焦点的矿监税使一事而发。李贽在文中劝说刘东星入朝后"断不可拂逆于上"，而是应当在万历皇帝与朝臣、百姓之间"默默幹旋"，使用"调停之术"，使矿监税使之害不至于太甚即可，甚至认为天下之财皆是皇帝之财，皇帝"多用些亦不妨"，百姓即便因此受害也"只得忍受"。由此可以看出在这一问题上，李贽与那些与万历皇帝尖锐对立的东林派官员的立场截然不同，而其被视为"异端"并受到攻击，也应当与这种政治立场有着很大的关系。

刘东星后来并未入朝，并且不久便病死在总理河漕任上，使得李贽此次未能对朝政发挥实质性的影响。万历二十九年李贽随官员马经纶来到北京，并于次年受到礼科都给事中张问达疏劾而被捕下狱，最终在狱中自杀。张问达在疏中劾李贽之《藏书》《焚书》等"惑乱人心"，又称其

① 参见《明史》卷二二三《刘东星传》，北京：中华书局 1974 年版，第 5880 页。
② （明）李贽著，张建业、张岱注：《焚书注》卷二《书晋川翁寿卷后》，北京：社会科学文献出版社 2010 年版，第 180 页。
③ 当时的内阁大臣为赵志皋和沈一贯。这两人与刘东星都是隆庆二年进士，是所谓"同年"关系，而且都在考中进士后进入翰林院，故可知李贽所谓"信友"是有根据的，并非泛泛而云。参见张德信：《明代职官年表》，合肥：黄山书社 2009 年版，第 82 页；《明史》卷二一八《沈一贯传》、卷二一九《赵志皋传》、卷二二三《刘东星传》，北京：中华书局 1974 年版，第 5755、5774、5879 页。
④ （明）李贽著，张建业、张岱注：《焚书注》卷二《复晋川翁书》，北京：社会科学文献出版社 2010 年版，第 177—178 页。

在麻城期间"肆行不简"，败坏风俗；万历皇帝的批示中指责李贽"敢倡乱道、惑世诬民"，下令逮捕李贽并将其著作焚毁。[①] 表面看来李贽之被捕下狱是因为其异端思想，但笔者认为，此事亦与李贽与朝政的牵涉有关。

沈德符在《万历野获编》中曾提及李贽下狱自杀之事，称：

> （李贽）壬寅曾抵郊外极乐寺，寻通州马诚所经纶侍御留寓于家。忽蜚语传京师，云卓吾著书丑诋四明相公。四明恨甚，踪迹无所得。礼垣都谏张诚宇明远遂特疏劾之，逮下法司，亦未必欲遽置之死。李愤极自裁。[②]

此条认为李贽到北京后，有流言称其制造言论攻击当时的首辅沈一贯，故而沈一贯一派的张问达才上疏参劾李贽。考虑到李贽之前曾在信中称赞弹劾沈一贯等人的丁应泰，其在政治上很有可能是反对沈一贯的。虽然李贽究竟是否曾写书攻击沈一贯不可确考，但这一条记载透露出李贽很可能卷入了当时朝中反对沈一贯的运动。对于这一点，《万历野获编》中的另一条记载更为详细：

> 黄慎轩晖以官僚在京时，素心好道，与陶石篑辈结净社佛。一时高明士人多趋之，而侧目者亦渐众，尤为当途所深嫉。壬寅之春，礼科都给事张诚宇问达峗疏劾李卓吾，其末段云："近来缙绅士大夫，亦有捧咒念佛，奉僧膜拜，手持数珠以为律戒，室悬妙像以为皈依，不遵孔子家法而溺意禅教者。"盖暗攻黄慎轩及陶石篑诸君也。不十日，而礼卿冯琢庵琦之疏继之，大抵如张都谏之言。上下旨云："览卿等奏，深于世教有裨。仙佛原是异术，宜在山林独修。有好尚者，任解官自便去。勿以儒术并进，以惑人心。"盖又专指黄晖，逐之速去矣。时康御史丕扬亦有疏与冯疏同日上，则单参达观，及朝士附会之非。二疏同时，埙篪相和。张、康承首揆风旨不必言，冯宗伯非附四明者，特好尚与黄偶异耳。黄即移病请急归，再召遂不复出，与陶石篑俱不失学道本相。[③]

依此条所记，当时黄晖、陶望龄等遭到沈一贯忌恨的朝中官员组织结社学佛，故而张问达才借攻击李贽来打击黄、陶等人。如此看来，李贽亦应当参与了这个结社的活动。据何宗美先生考证，此社名为"葡桃社"或"葡萄社"，是黄晖、陶望龄与袁宗道、宏道兄弟等于万历二十七、二十八年间所组织，其成员达数十人，活动内容包括讨论禅、《易》、《庄子》及文学等。[④] 前文中已述及李贽与袁氏兄弟素来交好。而陶望龄是泰州学派中的人物，早在万历十九年李贽身处武昌刘东星处时，便曾写信给刘东星表达对李贽的仰慕之情，[⑤] 此后亦与李贽陆续有书信往来。万历二十五年，在京的袁宗道给身处刘东星乡里沁水的李贽写信云：

> 忽得法语，助我精进不浅。……岂惟学道不可无年！沁水父子日与翁相聚，想得大饶益。焦漪园常相会，但未得商量此事。陶石篑为人绝不俗，且趋向此事极是真切，

① 参见《明神宗实录》卷三六九万历二十九年闰二月乙卯，第6917—6919页。
② （明）沈德符：《万历野获编》卷二十七"二大教主"条，北京：中华书局1959年版，第691页。
③ （明）沈德符：《万历野获编》卷十"黄慎轩之逐"条，北京：中华书局1959年版，第270—271页。
④ （明）何宗美：《公安派结社考论》，重庆：重庆出版社2005年版，第112—152页。
⑤ 林海权：《李贽年谱考略》，福州：福建人民出版社1992年版，第235页。

惜此时归里，我辈失一益友耳！王衷白是一本色学道人，此外又有萧玄圃、黄慎轩、顾开雍诸公，皆可谓素心友。因手教讯及，故云。①

观此信内容，似乎即是在筹备立社事宜，并向李贽进行报告。信中所涉及的人物，即包括了陶望龄、黄晖等人。而"手教讯及"一语，说明李贽从一开始便在关心这一结社的组织，故而其赴京之后参加这一结社的活动，乃是极为自然的。

关于黄晖、陶望龄等人如何会遭到沈一贯的忌恨，亦有部分记载可作为线索。《明儒学案》中云：

> 妖书之役，四明欲以之陷归德、江夏。先生自南中主试至境，造四明之第，责以大义，声色俱厉。又谓朱山阴曰："鱼肉正人，负万世恶名，我宁绍将不得比于人数矣！苟委之不救，陶生愿弃手板拜疏，与之同死。"皆俯首无以应。故沈、郭之得免。②

万历三十一年，围绕所谓明末三案之一的"国本"案、即万历皇帝册立太子一事，在北京出现了题为"续忧危竑议"的来历不明的传单，其中指责阁臣沈一贯、朱赓等人与万历皇帝及其所宠爱的郑贵妃合谋，意图更换太子，废长立幼。沈一贯即以此事为口实，打击其政敌阁臣沈鲤和前礼部尚书郭正域，这便是所谓的妖书案。据上引《明儒学案》之文记载，事发之后陶望龄曾当面严厉指责沈一贯和朱赓。由此看来，陶望龄与沈一贯之间应当存在着政治上的对立，而与其一起组织结社的黄晖乃至李贽等人物都应与陶望龄政治立场类似，故而才会为沈一贯所敌视。而万历三十年李贽遭弹劾一事，真正用意便是要攻击黄晖、陶望龄等人。在张问达弹劾李贽之后不久，御史康丕扬又疏劾在京活动的僧人紫柏达观，其中又牵涉到李贽。劾疏中云：

> 僧达观狡黠善辩，工于笔术，动作大气魄，以动士大夫。……夫尽人咸可说法，何必朝著？深山尽可习静，安用都门？而必恋恋长安、与缙绅日为伍者，何耶？昨逮问李贽，往在留都，曾与此奴并时倡议。而今一经被逮、一在漏网，恐亦无以服贽心者。③

疏中指责达观在京交结官员，"与缙绅日为伍"，且称达观曾在南京与李贽一起讲论。达观即紫柏真可，其入京之后，与郭正域、沈鲤及其一派的官员关系密切，次年妖书案爆发后，达观也被牵连其中，最终下狱而死。关于此事，《万历野获编》中记载云：

> 紫柏老人气盖一世，能于机锋笼罩豪杰，于士大夫中最赏冯开之祭酒、于中甫比部。于即冯礼闱弟子也。紫柏既北游，适有吴江人沈令誉者，亦其高足也，以医游京师且久。值癸卯秋，中甫以故官起家至京，时次揆沈归德为于乡试座师，其时与首揆沈四明正水火，而于师门最厚。时太仓王吏部同伯与于同门，日夕出入次揆之门，四

---

① （明）袁宗道：《白苏斋类集》卷十五《李卓吾》，见《续修四库全书》第1363册，上海：上海古籍出版社2002年版，第353页。
② （清）黄宗羲著，沈芝盈点校：《明儒学案》卷三十六《泰州学案五·文简陶石篑先生望龄》，北京：中华书局1985年版，第868页。
③ 《明神宗实录》卷三七零万历三十年三月乙丑，第6926—6927页。

明已侧目矣。会江夏郭宗伯以楚事劾首揆待命，郭与于同年中莫逆，于之召起，王、
郭俱有力焉，因相与过从无间，首揆益不乐。沈令誉因王、于之交，亦得与郭宗伯往
还，每众中大言以市重。适妖书事起，巡城御史康丕扬捕令誉，搜其寓，尽得紫柏、
王、于二公手书，入呈御览，上始疑臣下与游客交结，并疑江夏矣。……未几，大狱
陡兴，诸公窜逐，紫柏竟罹其祸，真定业难逃哉！①

由此看来，达观及其弟子医人沈令誉等都是借佛法、医术等交结官员而干涉政治的山人之类，在
这一点上李贽亦是其同类。如果真如康丕扬所说，李贽曾在南京与达观交游，那么其入京之后，
通过达观的关系而与沈鲤、郭正域一方有所牵扯，亦并非没有可能。总之李贽之被捕下狱，并非
只是因为其异端思想，更重要的原因是其卷入了首辅沈一贯与对立官员之间的政争。如本文开头
所言，万历二十九年朝廷刚刚发布了驱逐在京山人的诏书，在这种背景下，李贽、达观等公然入
京活动，其处境就更加凶险了。

五、结语

阳明学派的形成不仅仅是思想史上的重要事件，同时也有着深刻的社会和政治影响。其表
现之一，便是学派内部的讲学网络为不同地域、不同地位、不同阶层的人物提供了交流和交往的
平台。在这一背景下，那些平民、下层士人以及已经罢官的人物等得以与现任官员建立起密切的
关系，并进而利用这种关系干涉地方和中央的政治，这便是笔者所谓的"讲学山人"。这些山人
虽然地位不高，但其活动有时却影响重大，甚至会牵涉到最高层面的政治形势。

从以上的论述来看，在阳明门下的各个思想派别之中，讲学山人一类人物数量最多、最为
活跃的当属源自王艮的泰州学派。颜山农、何心隐等当时在政治上影响较大的人物均出于此派，
而李贽亦与这一派关系密切。黄宗羲在《明儒学案》中的《泰州学案》总序中云："泰州之后，
其人多能以赤手搏龙蛇，传至颜山农、何心隐一派，遂复非名教之所能羁络矣。"②所谓"以赤手
搏龙蛇"，不仅是就其思想特征而言，也应当是指像何心隐那样以幕后政治活动打倒当朝首辅严
嵩之类的政治行为。"非名教所能羁络"一语，正表现出了作为正统士大夫的黄宗羲对于这类讲
学山人之幕后政治活动的否定性看法。限于篇幅，本文不能进一步探讨时人对这些讲学山人的看
法，仅通过对一些个例的分析，试图揭示明代讲学山人活动情况之一斑及其出现的背景。不足不
周之处，还望不吝指正。

作者简介：焦堃，武汉大学历史学院副教授，主要研究方向为明代思想史、明代政治史。

---

① （明）沈德符：《万历野获编》卷二十七"紫柏祸本"条，北京：中华书局 1959 年版，第 690—691 页。
② （清）黄宗羲著，沈芝盈点校：《明儒学案》卷三十二《泰州学案一》，北京：中华书局 1985 年版，第 703 页。

王阳明《坠马行》辨伪 *

王学伟

摘要：《坠马行》手迹被认为是出自阳明之手，从清朝至今已有几百年。但王阳明的经历与交游，与手迹诗文内容及手迹跋文并不符合。弘治十二年（1499）八月一日，王阳明奉命在浚县督造王越坟墓，其间游历大伾山，并写诗作赋，诗赋摩崖石刻至今犹在。跋文中的"菊田先生"并不是李士实，而是医官周原己。周原己与李东阳、邵珪是好友，周原己于弘治二年去世，当时名流硕儒多有赋诗哀悼。李士实酷爱桃花，诗集中多有歌咏，自号"桃花巅主人"。关于坠马受伤之事，邵珪与李东阳多有唱和，李士实也赋诗参与。王阳明与李东阳、李士实交谊一般，二李诗文鲜有言及王阳明。

关键词：王阳明；《坠马行》；邵珪；周原己；李士实

文献是进行历史文化研究的基础，没有文献作为支撑，关于历史的一切都几乎不能展开。学术界通过文献梳理或者田野调查，发现了王阳明（1472—1529）的大量佚文，并进行了整理，十分难得。不过佚文也不乏张冠李戴的现象，《坠马行》就是其中的一篇。

一、《坠马行》原文及学界研究状况

对阳明佚文进行整理的几位前辈学者，均将《坠马行》视为阳明手迹，并以此对王阳明进行历史叙事。

《坠马行》是一首长诗，为便于讨论，据书法手迹将全文录出，如下：

> 我昔北关初使归，匹马远随边塞飞。涉危趋险日百里，了无尘土沾人衣。长安城中乃安宅，西街却倒东山屝。疲骡历块误一蹶，啼鸟笑人行不得。伏枕兼旬不下庭，扶携稚子或能行。勘谱寻方于油皮，闲窗药果罗瓶罂。天怜不才与多福，步履已觉今

---

* 本文系国家社科基金西部项目"《王阳明全集》编年校注"（编号：21XZX023）阶段性成果。

全轻。西涯先生真缪爱，感此慰问勤拳情。入门下马坐则坐，往往东来须一过。词林意气薄云汉，高义谁云在曹佐。少顷险夷已秦越，幸尔今非井中堕。细和丁丁《伐木》篇，一杯已属清平贺。拂拭床头古太阿，七星宝拔金盘陀。血诚许国久无恙，定知神物相扶呵。黄金台前秋草深，不须感激荆卿歌。尝闻献纳在文字，我今健笔如挥戈。独惭著作非门户，明时尚阻康庄步。却对骅骝索惆怅，俛首风尘谁复顾？崑仑瑶池事纷纷，善御未应逢造父。物理从来有如此，滥名且任东曹簿。世事纷纷一刍狗，为药及时君莫误。忆昨城东两月前，健马疾驱君亦仆。黄门宅里赴拯时，殿屎共惜无能助。转首黄门大颠蹶，仓皇万里滇南路。幻泡区区何足惊，安得从之黄叔度？佩撷馨香六尺躯，婉娩青阳坐来暮。

该诗后有跋文，内容如下：

> 余坠马几一月，荷菊田先生下问，因道"马讼故事"，尽出倡和奉观，间录此篇教万一，走笔以补笑具，甚幸。□在玉河东第，八月一日书。

钱明先生曾根据蓬累轩编《姚江杂纂》（载《阳明学》第一六二号，大正十二年二月一日刊）录出，并注明文末附有清代学者郑濂按语，其内容为："明季诸人，无一不摹右军，皆为蹊径所拘，独阳明山人之书，脱尽窠臼，天真满洒，掉臂独行，无意求合而无不宛合。此有明第一妙腕，一代伟人。余垂髫时，见魏氏漪园所藏墨迹行书长卷，爱不忍释，以为观止矣。今于海上，忽睹此卷，惊欢欲绝。其笔法有龙飞虎卧之势，以此为得意之书。借观竟日，卷有诸名家考藏印章，是真迹无疑矣。爰志数言于后，以记眼福云尔。"①《坠马行》诗文内容被作为阳明佚文编入《浙江文库》中的《新编本王阳明全集》，也见于《阳明佚文辑考编年》以及《王阳明全集补编》中。在《王阳明年谱长编》中，作者认为王阳明在弘治十二年（1499）七月骑马堕伤，"西涯李东阳多来探望，阳明作《坠马行》唱和"②。

另一种观点认为《坠马行》手迹并非王阳明所作。有研究书法的学者发现此诗作的书法手迹，文中附有书法手迹的图片，该学者认为《坠马行》书法手迹的作者应是明朝的书法家邵珪，而不是王阳明。并认为跋文中的"菊田先生"即当时的医官周庚。该学者还考订出邵珪坠马受伤及《坠马行》书法手迹的具体时间。③ 文献考证翔实，十分可信。

但持前一种观点学者新近出版的《阳明大传——"心"的救赎之路》中，仍然认为王阳明是改动了邵珪的诗作，抒发自己坠马受伤以及仕途不得志的情感。作者在书中写道："阳明上了《陈言边务疏》后，不见朝廷动静。七月，他在一次骑马中堕伤，西涯李东阳、白洲李士实等人多来探望，给他看了他们当年堕马受伤的堕马歌行。阳明也怀着'激愤抗厉之气'作了一首《坠马

---

① 钱明：《王阳明全集未刊散佚诗文汇编及考释》，见氏著：《阳明学的形成与发展》，南京：江苏古籍出版社 2002 年版，第 265—266 页。按：此诗并非王阳明所作，见（明）邵珪：《邵半江诗》卷五，中国国家图书馆藏明正德年间刻本。

② 束景南：《王阳明年谱长编》，上海：上海古籍出版社 2017 年版，第 168—172 页。

③ 参见林霄：《发现邵珪——明成化书家邵珪丛考》，《书法研究》2018 年第 2 期。

行》。……这首悲歌慷慨的《坠马行》，是阳明化取邵珪的《堕马歌》，咏叹了自己在观政工部的卑微处境，有借他人之酒杯浇自己之块垒的用意，强烈反映了他在上《陈言编务疏》后不被朝廷所用的悲慨自悼之情。他感叹'俯首风尘谁复顾'，'善御未应逢造父'，发出了'幻泡区区何足惊，安得从之黄叔度'的呼喊。"① 作者之所以仍然认为钤有"阳明山人"印章的书法手迹《坠马行》是王阳明所作，具体理由有六个方面，简述如下：（1）跋文中"甚幸。□在玉河东第"中模糊不清的"□"字应为"赋"而非"珪"。（2）邵珪《邵半江诗》中所录此诗未见有跋文，断非邵氏手迹。（3）邵珪诗集中题作《堕马歌》而非《坠马行》。（4）李东阳称邵珪作了三首《堕马歌》唱和，手迹中只有一首，与跋文所称"尽出唱和"不符。（5）跋文不似邵珪语气，所谓"马讼故事"，应是久远之事。（6）王阳明书法学怀素，《堕马行》手迹有怀素风格。

　　这些考论，多属推理，并没有确实可信的文献依据，仍有许多值得需要商榷之处。比如，跋文中明说是"尽出唱和奉观"，即将所唱和之诗请"菊田先生"垂览，并不是指"尽录唱和奉观"。下文说"间录此篇教万一"，是指书写了一篇请"菊田先生"赐教，前后并不矛盾。如果是王阳明改动邵珪诗作而成，为何连同跋文也全部照录？王阳明确有改动他人诗歌之举，但是否可以认定此篇也是王阳明改动之作？王阳明称李士实为"菊田先生"，文献依据是什么？这些疑惑若不能解决，判定《坠马行》手迹是出自王阳明，恐难以令人信服。

二、《坠马行》不是王阳明手迹的几个关键证据

　　笔者认为《坠马行》手迹并不是出自阳明之手，主要理由如下：

（一）弘治十二年八月一日，王阳明不在京师，而在浚县游历大伾山，并赋诗

　　弘治十二年八月一日，王阳明这一天游历大伾山，并有赋诗。王阳明《大伾山诗》的内容为："晓披烟雾入青峦，山寺疏钟万木寒。千古河流成沃野，几年沙势自风湍。水穿石甲龙鳞动，日绕峰头佛顶宽。宫阙五云天北极，高秋更上九霄看。"该诗被刻在石碑上，落款为："余姚王守仁，大明弘治己未仲秋朔。""弘治己未仲秋朔"，即弘治十二年

图1　王阳明《大伾山诗》石刻

---

① 束景南：《阳明大传——"心"的救赎之路》，上海：复旦大学出版社 2019 年版，第 133—135 页。

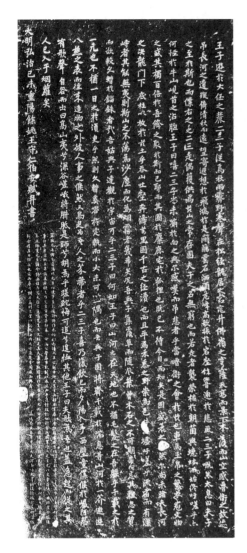

图 2　王阳明《大伾山赋》石刻拓片（局部），贵州修文阳明文献中心杨德俊先生提供

八月一日。《正德大名府志》卷二录有此诗，今大伾山仍有此诗的摩崖石刻（图 1）。

据《阳明先生年谱》记载："十有二年己未，先生二十八岁，在京师。举进士出身。是年春会试。举南宫第二人，赐二甲进士出身第七人，观政工部。""是秋，钦差督造威宁伯王越坟。"① 王越，字世昌，浚县人，景泰二年（1451）进士，历任陕西御史、山东按察使，总制大同及延绥甘宁军务，因功绩卓著，成化十六年（1480）以文臣获封威宁伯，十七年二月加太子太傅。② 弘治十一年十二月一日病逝③，谥号襄敏。王阳明赴浚县时，李堂（1462—1524，字时升，号堇山，浙江鄞县人）有诗相赠，诗中有"去日风露寒，卫水濯烦懊""君惟王事终，我嘱归期早"之句④。王阳明督造王越坟之后还写了《大伾山赋》，落款时间为"大明弘治己未重阳，余姚王守仁伯安赋并书"，今大伾山山顶禹王庙前有《大伾山赋》的摩崖石刻，摩刻时间为嘉靖四十二年（1563）春⑤（图 2）。

（二）"菊田先生"不是李士实，而是周原己

《坠马行》跋文中所谓"菊田先生"并不是李士实，而是医官周原己。周原己，原名"京"，后改为"庚"，"原己"是他的字。周原己与李东阳（1447—1516）、邵珪是好友，多有唱和。李东阳在《周原己席上题十月赏菊卷》中"辟地成田，八世守柴桑之业"一句后注释说："周氏世以菊号，原己号菊田。"⑥ 李东阳明确指明周原己的号是"菊田"。李东阳说周原己"雅喜古文歌诗，而志不离道，思有以进于古"⑦。

周原己于弘治二年去世，李东阳在《祭周原己院判文》称呼周原己为"菊田"："呜呼菊田！

① 吴光、钱明、吴震、姚延福等编校：《王阳明全集》，上海：上海古籍出版社 2014 年版，第 1350 页。
② 参见（清）张廷玉等撰：《明史》卷 107、171，北京：中华书局 1974 年版，第 3258、4570—4577 页。
③ 参见（明）李东阳：《太傅王襄敏公越墓志铭》，见（明）唐锦编纂：《（正德）大名府志》卷十。《天一阁藏明代方志选刊》有影印。
④ （明）李堂：《堇山文集》卷一《赠进士王伯安使大名》，明朝嘉靖年间（1522—1566）刻本，中国国家图书馆有藏。
⑤ 参见《（正德）大名府志》卷二《大伾山赋》。
⑥ （明）李东阳撰，周寅宾、钱振民点校：《李东阳集》，长沙：岳麓书社 2008 年版，第 655 页。
⑦ （明）李东阳撰，周寅宾、钱振民点校：《李东阳集》卷五《周原己字序》，长沙：岳麓书社 2008 年版，第 333 页。

何识予之晚，而别我之遄……呜呼菊田！尚飨。"① 除了李东阳之外，还有不少学者写诗撰文哀悼，另有《祭周原己文》②，王鏊（1450—1524）有诗《哭原己》③，沈周（1427—1509）有诗《挽周原己医判》④，杨循吉（1456—1544）有诗《悼周院判原己》⑤，储巏（1457—1513）撰写《祭周原己文》⑥。

吴宽（1435—1504）为周原己撰写了《南京太医院判周君墓表》（图3），文中称"菊田"为周原己之号。该文对周原己有详细介绍，录出如下：

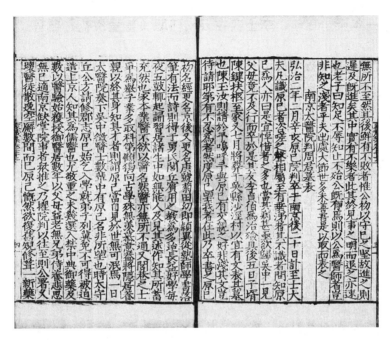

图3 （明）吴宽《匏翁家藏集》卷72《南京太医院判周君墓表》，明正德三年（1508）刻本，中国国家图书馆有藏

弘治二年二月辛亥，原己院判卒于南京后二十日讣至，士大夫凡识原己者，咨嗟之声相属至有垂涕者，其不识者问知原己为人，亦曰是宜悼惜者之多也。……原己初名经，更名京，后又更名庚，号菊田。幼即颖异，从塾师学书，落笔有法，而诗则得于舅氏阊丘宾用之教为多。迨长，益好学，每夜五鼓辄起诵习，居诸生中如无能人，及见其述作，知其所蓄充然也。家本业医，不欲以医名，然医亦无所不通。……一日，太医院奏下吴中，征医士数辈中有原己名，非所望也。……人知其为儒医也，尤敬重之。未几，选入禁中典御药，及数以医验始获授御医。居数年，以父母益老，无兄弟

① （明）李东阳撰，周寅宾、钱振民点校：《李东阳集》卷五，长沙：岳麓书社2008年版，第59—60页。
② （明）吴宽：《匏翁家藏集》卷五十六，明正德三年（1508）刻本，中国国家图书馆有藏。
③ （明）王鏊：《王鏊集》，上海：上海古籍出版社2013年版，第33页。
④ 见（明）沈周：《石田诗选》卷七，见《文渊阁四库全书》集部第1249册，台北：台湾"商务印书馆"1983年版，第677页。
⑤ （明）杨循吉：《松筹堂集》卷二，中国国家图书馆藏抄本。
⑥ （明）储巏：《柴墟文集》卷十，明万历四十二年（1614）刻本，中国国家图书馆有藏。

侍养，悲思无已，适南京缺掌院事者，众推之，乃擢院判以往。……平生动作不苟，虽简札细事，未尝草率，性喜为诗，与知己者酒间赋咏终夕不倦。其摘抉古事叙述人情，平实深秀，语多绝俗。每为词林诸公称赏。①

周原己号"菊田"，是医官，又与李东阳、邵珪多有交游。《坠马行》手迹中所谓"菊田先生"，即是周原己。有学者称"菊田先生"是指李士实，而李士实并无"菊田"之号。

（三）弘治十一年至十三年，李士实在云南任职。喜爱桃花，自号"桃花巅主人"

李士实（1440—1519），字若虚，江西丰城人。成化二年（1466）进士，历刑部主事、员外郎、侍郎、浙江提学副使、广东按察副使、山东左右布政使。弘治十一年（1498）十月二十六日，任云南右副都御史。十二年（1499）己未，任云南巡抚。十三年（1500）九月九日，迁刑部侍郎。正德八年（1513）致仕②。弘治十一年至十三年九月，李士实在云南任职，王阳明于弘治十二年八月初一至九月初九在浚县督造王越墓。

李士实致仕之后家居，被宁王朱宸濠笼络，朱宸濠叛乱被平息后，李士实被俘，《明实录》有传，如下：

（正德十四年七月）士实，南昌人，起进士，历官中外，颇有闻誉，一时名公皆善之。家居，与宸濠亲厚，晚年复起为都御史，濠实主之。未几，复归，踪迹益稔，境中被濠毒虐者，切齿怨士实。濠举逆，尊为国师，资其谋议，且约事成，与养正（按：刘养正）并拜左右丞相爵为公，然士实已龙钟昏眊，无能为。被俘后即死，怨家碎其尸，传首至京，阖门遂无噍类。初，士实翰墨为时所重，号称李白洲者数十年。至是，人皆唾骂，片纸不复见于世矣。

《国朝献征录》有李士实传记，文末有"士实自为墓桃花乡，甚壮，使李东阳志之，竟不得葬矣"之说③。

李士实对桃花情有独钟，在《白洲诗集》中有不少歌咏诗篇，如：

腊桃二首

此处桃花腊色新，半深半浅最撩人。花时不与春相值，只道年年腊是春。

梅花长是领春来，此地桃花却似梅。桃花不识春迟早，暖到枝头花自开。

看　花

芭蕉叶底小桃花，酌酒看花了岁华。花半开时人半醉，不知春色是谁家。④

---

① （明）吴宽《匏翁家藏集》卷七十二，明正德三年（1508）刻本，中国国家图书馆有藏。

② 张德信编著：《明代职官年表》，合肥：黄山书社2009年版，第2629、2631、816页。

③ （明）焦竑：《国朝献征录》卷46《刑侍李士实传》。

④ （明）李士实：《白洲诗集》卷1，见《天津图书馆孤本秘籍丛书》第10册，北京：中华全国图书馆文献缩微复制中心1999年版，第50、64页。

迎春二首

我本平生爱看春，门前忽见土牛新。看春不见春何处，只见看春人看人。

郡里迎春过我家，牙旗双导鼓双挝。茫茫不识春何在，只见人人半鬓花。①

得桃花岭

桃花岭上有桃花，山色分明别一家。片片白云飞不去，吾将此地作生涯。

平生最爱桃花岭，为爱青山与白云。我欲山中结茅屋，山头闲与鹿为群。

野性由来最爱山，好山多在白云间。忽然寻得桃花岭，此地得闲才是闲。②

除了以上几首，还有《桃花岭地理图四首》③等和桃花有关的诗。除桃花外，李士实还有一些歌咏梅花、芍药、李花、蔷薇、海棠等花卉的诗，却不见有咏菊之诗。

一个名为“盛世收藏”的网络上有“罕见的风水秘本《明成化进士若虚李士实秘本》”书影三页，第一页有“桃花巅主人若虚李士实秘本”字样④（图4）。联系前面所引咏桃花诗篇，以及前引“士实自为墓桃花乡”之说，“桃花巅主人”应是李士实的自号。

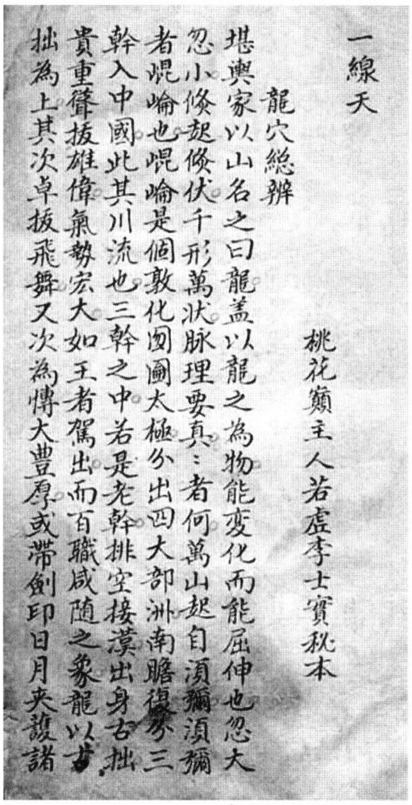
一線天

龍穴総辨

桃花巔主人若虚李士實秘本

堪輿家以山名之曰龍蓋以龍之為物能變化而能屈伸也忽大忽小倏起倏伏千形萬狀脉理要真：者何萬山起自須彌須彌者崑崘也崑崘是個敦化圓圖太極分出四大部洲南贍復[illegible]三幹入中國此其川流也三幹之中若是老幹排空接漠出身古拙貴重聳拔雄偉氣勢宏大如王者駕出而百職咸隨之象龍以古拙為上其次卓拔飛舞又次為傳大豊厚或帶劍印日月夾護諸

图4 （明）李士实《一线天》秘本书影

李东阳称李士实为“李秋官”，与“菊田”雅号并无关联，“秋官”是刑部官员的别称。《周礼·秋官》题解中说：“郑《目录》云：‘象秋所立之官。寇，害也。秋者，遒也，如秋义杀害收聚敛藏于万物也。天子立司寇使掌邦刑，刑者所以驱耻恶，纳人于善道也。’”⑤李东阳也称别的刑部好友为“秋官”，如有诗《遇金德润秋官次李秋官若虚韵，因寄陈武选德修》《得李秋官若虚、屠秋官元勋、邵户部文敬联句见寄，次韵二首》⑥等。可见，“秋官”之称与“菊田”雅号并无关联。

从以上可知，王阳明不具备摹写《坠马行》的时间条件，弘治十二年八月，阳明奉命在浚县督造坟墓，直至这一年的重阳节仍在浚县。“菊田先生”周原已于弘治二年去世；弘治十一年至十三年，李士实在云南任职，他本人钟爱桃花，自号“桃花巅主人”。《坠马行》手迹的作者另有其人。

---

① （明）李士实：《白洲诗集》卷2，见《天津图书馆孤本秘籍丛书》第10册，北京：中华全国图书馆文献缩微复制中心1999年版，第85页。

② （明）李士实：《白洲诗集》卷3，见《天津图书馆孤本秘籍丛书》第10册，北京：中华全国图书馆文献缩微复制中心1999年版，第125页。

③ （明）李士实：《白洲诗集》卷3，见《天津图书馆孤本秘籍丛书》第10册，北京：中华全国图书馆文献缩微复制中心1999年版，第126页。

④ “罕见风水秘本《明成化进士若虚李士实秘本》”，见盛世收藏网，http://bbs.sssc.cn/thread-955738-1-1.html。

⑤ 《周礼注疏》卷三十四《秋官司寇》，见（清）阮元：《十三经注疏》，北京：中华书局1980年版，第867页。

⑥ （明）李东阳撰，周寅宾、钱振民点校：《李东阳集》卷五，长沙：岳麓书社2008年版，第666页。

三、《坠马行》诗歌作者及"坠马"本事

林霄先生在文章中贴出了邵珪《坠马行》手迹及其他手迹的图片，这对于分辨《坠马行》手迹落款极有帮助。《致李东阳诗册》（图6）的署款是"义兴东楼邵珪拜，顿首"，《滕王阁序》（图7）署款最后五字为"东楼邵珪书"，《兰竹石图》（图8）署款最后四字为"东楼邵珪"。这几处的"珪"字与《坠马行》手迹中的"珪"从字形结构到笔势，均是出自一人之手。

图5 《坠马行》手迹（局部），引自林霄：《发现邵珪——明成化书家邵珪丛考》

图6 邵珪《致李东阳诗册》手迹（局部），故宫博物院藏，引自林霄：《发现邵珪——明成化书家邵珪丛考》

图7 邵珪《滕王阁序》手迹（局部），广东省博物馆藏，引自林霄：《发现邵珪——明成化书家邵珪丛考》

图8 邵珪《兰竹石图》手迹，上海博物馆藏，引自林霄：《发现邵珪——明成化书家邵珪丛考》

据《江南通志》记载：邵珪，字文敬，宜兴人，成化五年（1469）进士，曾任严州知府，"性颖拔不群，为诗文有藻思，尝有'半江帆影落尊前'之句，人因号为'半江先生'，兼工小楷草书"①。

---

① （清）赵弘恩等监修，黄之隽等编纂：《江南通志》卷166《文苑传·邵珪》，见《文渊阁四库全书》史部第511册，台北：台湾"商务印书馆"1983年版，第768页。

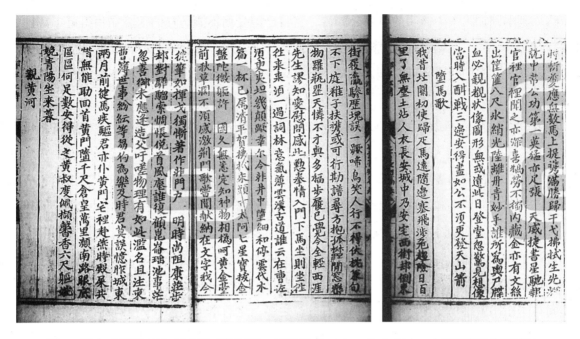

图9　邵珪《邵半江诗》卷之五《堕马歌》，明正德（1506—1521）刻本，中国国家图书馆有藏

邵珪有《邵半江诗》存世，中国国家图书馆有藏，诗集中载有《堕马歌》（图9）《堕马歌二叠》（图10）两首长诗。《堕马歌》与被误认为是王阳明手迹的《坠马行》诗句只有个别之处文字不同。这些不同是作者在诗歌创作上不断炼字炼句造成的差异。如手迹诗句"细和丁丁《伐木》篇"，刻本作"细和《停云》《伐木》篇"，手迹用"丁丁《伐木》"抒发"嘤其鸣矣，求其友声"①

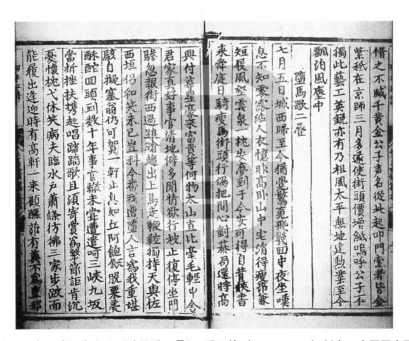

图10　邵珪《邵半江诗》卷之五《堕马歌二叠》，明正德（1506—1521）刻本，中国国家图书馆有藏

---

① 周振甫译注：《诗经译注》，北京：中华书局2010年版，第221页。

的情感，刻本则加入了陶渊明的《停云》诗，把自己因受伤不能访友的困境描写得更丰富且更有层次。《停云》中有"良朋悠邈，搔首延伫""愿言怀人，舟车靡从""安得促席，说彼平生""岂无他人，念子实多""愿言不获，抱恨如何"①等句，这些正可表达邵珪受伤不能访友的心境，也是炼字炼句的明证。

《堕马歌二叠》开头即写明了坠马的具体时间："七月五日城西归，至今犹觉惊魂飞。几回中夜坐叹息，不知零露沾人衣。"这个时间与前面手迹署款为"八月一日"的跋文所说的"余堕马几一月"吻合。"荷菊田先生下问"，是指医官周原己去探望他伤势的恢复情况。"尽出唱和奉观"，是将自己与李东阳的唱和之诗拿出来作为谈资。"间录此篇求教万一"，是誊录了一篇赠予周原己。

邵珪宅居养伤期间，百无聊赖，找来李东阳坠马受伤后所写诗歌进行唱和。李东阳坠马受伤后，写了一首《堕马后柬萧文明给事长句，并呈同游诸君子》赠予诸多好友。李东阳还有《文敬坠马用予韵见遗，再和一首》《文敬携叠韵诗见过，且督再和，去后急就一首》，可见邵珪在宅居期间与李东阳就坠马受伤之事相互唱和有五篇之多。之后李士实也加入了唱和，被李东阳戏谑了一番，李东阳在《若虚诗来欲平马讼五叠韵答若虚并柬文敬佩之》诗中说："五宗白洲不堕马，亦作堕语真多情。"②白洲即李士实。

邵珪于弘治三年（1490）前后去世。吴宽《瓠翁家藏集》载有《邵文敬先生祭文》③（图11），祭文内容为：

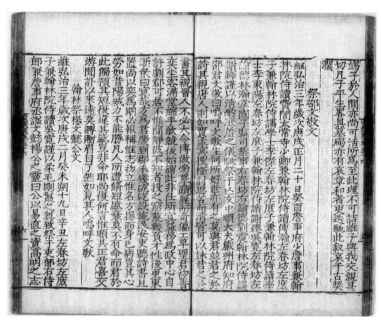

图 11　吴宽《瓠翁家藏集》卷 56《祭邵文敬文》，中国国家图书馆藏

---

① 袁行霈撰：《陶渊明集笺注》，北京：中华书局 2003 年版，第 1 页。

② 见（明）李东阳撰，周寅宾、钱振民点校：《李东阳集》，长沙：岳麓书社 2008 年版，第 200 页。

③ （明）吴宽：《家藏集》卷 56，明正德三年（1508）刻本，中国国家图书馆有藏。

维弘治三年岁次庚戌正月二十日癸酉，詹事府少詹事兼翰林院侍读费闾，太常寺少卿兼翰林院侍读傅瀚，左春坊左竖庶子兼翰林院侍讲学士李杰，左春坊左庶子兼翰林院侍读学士李东阳，左春坊左庶子兼翰林院侍读谢迁、吴宽，左春坊左谕德林瀚掌国子监司业事右春坊右谕德刘震，翰林院侍讲谢铎，谨以清酌庶羞之仪，驰祭于亡友中顺大夫严州府知府邵君文敬曰：

呜呼文敬！生何所好，世亦有之，莫与君并。君之于诗，其视唐人，则如贾、孟，冥搜极讨，思苦而清，皆可以咏。君之于书，其视晋人，不必大令，博仿旁摹，迹丽而奇，偏工草圣。君初善弈，坐客满堂，缩手敢竞，后始谓此，非仕所宜，益务为政。中心自许者，投之穷荒，几负才性。后更东浙，众曰宜哉，方为君庆，到郡未几，矻矻设施，民安吏听。诗书且置，尚以弈为，期必报称，惟志初立，惟名方扬，而身已病，岂其心劳？如昔阳城，力不能胜，凡人所遭，修短盛衰，莫不有命，而君于此，独预其短，复违其盛，岂非命耶？尚复何言，惟顺其正。君喜交游，闻讣以来，远莫赙赠，眉目了然，如见其人。呜呼文敬！

从这篇祭文来看，邵珪对诗歌、书法、弈棋都颇有造诣，在仕途也颇有治绩和声望。

综上，《坠马行》手迹不是出自王阳明之手，而是出自邵珪之手。王阳明于弘治十二年八月奉命在浚县督造坟墓，他游历大伾山，并写诗作赋。《坠马行》跋文中的"菊田先生"是医官周原己，并非是李士实。李士实酷爱桃花，并有多篇歌咏之诗，自号"桃花巅主人"，生前曾自建坟墓于桃林之处。关于"坠马"之事，邵珪与李东阳有多篇诗歌唱和，李士实并参与唱和，并证《坠马行》非出自阳明之手。《李东阳集》中并未见有与王阳明唱和之诗，也未见有书信往来，李士实的《白洲诗集》中也没有与王阳明的唱和之诗，可见王阳明与他们二人的交谊一般，即便王阳明有坠马之伤，也谈不上"多来探望"。

作者简介：王学伟，广西师范大学马克思主义学院副教授，哲学博士，主要研究方向为中国哲学，阳明心学，中国文化与现代化，在《中山大学学报》《中州学刊》《鹅湖》等刊物发表论文20余篇。

近代日本阳明学观的变迁 [*]

——与大盐平八郎评价的关联

[日] 山村奖 / 文　顾嘉晨 / 译

摘要：本文主要探讨了近代日本人对阳明学的理解是如何变化的，以及与大盐平八郎的评价之间有着怎样的联系。同一时期的知识分子们在表现对研修阳明的大盐平八郎理解的同时，也对其行为进行了批判。

在 1910 年的大逆事件发生之后，哲学研究者的井上哲次郎发表了一篇演讲，其中将阳明学与社会运动扯上关联，大谈阳明学的危险性，从而导致人们对阳明学以及大盐平八郎行为的批判变得更加显著。与此相对，在野的民间独立研究者石崎东国主张"阳明主义"，他认为阳明学是一种改革社会的思想。在前人的研究中，我们可以看到，对石崎东国而言，阳明学是一种在萧条时期救济民众的思想。更深入地说，石崎东国认为阳明学是一种促进改革、培养精神的思想。对他而言，大盐平八郎的行为是阳明学修养所产生的结果。

关键词：近代日本；阳明学；大盐平八郎；井上哲次郎；石崎东国

一、明治时代的阳明学理解与大盐平八郎

可以肯定的是，在近代日本，儒学已经显得不如之前那么重要。然而，即使在这种情况下，阳明学却引起了相对较多的关注。但是，显然此时的阳明学也已与先学王阳明一开始建立的思想有所不同。在明治时代之后，人们的关注大多集中在阳明学的内容对同时代而言具有怎样的意义。在这种情况下，被公认为阳明学者的大盐平八郎的评价就显得格外重要。在本文中，笔者将探讨近代日本学者对阳明学的理解所产生的变化过程，以及在这一过程中，又与大盐平八郎的评

---

* 译者按：本文的日文原稿为山村奖《近代日本における陽明学観の変遷——大塩平八郎の評価との関係から》（《日本儒教学会报》第 2 号，日本儒教学会发行，2018 年 1 月，第 153—168 页）译者依照作者意愿对中文译稿进行了部分删改修正。

价如何相关。

井上哲次郎是一位活跃于明治时代至昭和时代的哲学研究者，他在1900年（明治三十三年）出版的《日本阳明学派之哲学》一书中认为，阳明学有助于理解国民道德。[①] 同时，如内村鉴三等明治时代的基督徒也对阳明学有所关心。[②] 内村鉴三选取了到近世为止的五位日本人，并写了评传《有代表性的日本人》。在这本书中，他对西乡隆盛作了如下的描述。

> （西乡隆盛）从小时候起就对王阳明的书感兴趣。在中国思想之中的阳明学，与同样起源于亚洲的最神圣的宗教极其相似。它教导人们保持崇高的良心、深邃的慈爱之心以及严厉的"天"法。我们的主人公之后的著作中都反映了这种影响。西乡著作中可以看见的基督教式的情感，都证明了那位伟大的中国人（王阳明）也抱有这种纯粹的思想。同时也诉说着，将其全盘吸收后，创造出那种实践性格的西乡的伟大。[③]

在这里，内村鉴三写道，阳明学与"同样起源于亚洲的最神圣的宗教"——基督教有着共通点。他解释道，西乡隆盛也是因此而形成了"实践性的性格"。

此外，内村鉴三是这样评价西乡隆盛的：

> 在西乡的一生中有着两个显著的思想。即，（一）统一国家、（二）征服东亚。但这些究竟是从何而来的？如果按照阳明学的思想来进行逻辑推理的话，想要得出这样的结论也并非不可能。因为，与旧政府为了维持统治体制而特别保护的朱子学不同，阳明学的教导更具进步性、积极性，富有可能性。[④]

这篇文章中值得注意的是，其文末与朱子学做对比，并且赞扬了阳明学。内村鉴三认为朱子学是"旧政府"即幕府用来维持统治的思想，而阳明学则是被赋予了与此相对的思想内涵。

内村鉴三认为阳明学对日本制度的变革作出了贡献。并且他觉得朱子学是旧幕藩体制的象征，与此相对，西乡隆盛所学的阳明学则对明治维新作出了贡献。因此，按照内村鉴三的逻辑，阳明学不仅仅是一种反朱子学的思想，更是一种促使旧体制变革，极具意义的思想。井上哲次郎也同时在《日本阳明学派之哲学》一书中提到了西乡隆盛及吉田松阴等人的名字，并阐述了阳明学与维新之间的关系。[⑤]

其实在井上哲次郎与内村鉴三之前，三宅雪岭早已提出过这种维新志士信奉阳明学的见解。三宅雪岭表示，在明治时代最初研究阳明学的著作《王阳明》中已经阐述过了西乡隆盛和高杉晋作修习阳明学。[⑥] 此外，在同一本书中三宅雪岭对于大盐平八郎做了以下的论述：

---

① 参见井上哲次郎：《日本陽明学派之哲学》，東京：冨山房1900年版，"序文"。有关井上的阳明学观，请参照冈田武彦：《日本人と陽明学》见冈田武彦编：《陽明学の世界》，東京：明德出版社1986年版。
② 参见工藤英一：《日本キリスト教社会経済史研究》，東京：教育出版社1980年版，第41—46页。
③ 内村鑑三：《代表的日本人》，鈴木範久译，東京：岩波書店（岩波文庫）1995年版，第18页。
④ 内村鑑三：《代表的日本人》，鈴木範久译，東京：岩波書店（岩波文庫）1995年版，第19页。
⑤ 参见井上哲次郎：《日本陽明学派之哲学》，東京：冨山房1900年版，第535页。
⑥ 三宅雄二郎（雪嶺）：《王陽明》，東京：政教社1893年版，第129—130页。

他是一个自然就擅长社会运动的人，但最后竟然为了运动而死。因此，平八郎即

使人品处于阳明之下，但是在知行合一方面来说却是更进一步。①

三宅雪岭从大盐平八郎的行为中找到了其与社会运动之间的共通点并对此表示了赞扬。在明治时代人们谈论的内容不仅仅局限于维新志士，与大盐平八郎之间的关联其实也有被讨论。比如井上哲次郎也同时考察分析了大盐平八郎与阳明学之间的关系。井上哲次郎很同情并理解大盐平八郎那种试图解救困苦人们的心情。②

将大盐平八郎的救民态度与阳明学结合的观点，最近由荻生茂博作了详细解释。与"国家主义阳明学"的井上哲次郎等人相对，荻生茂博将大盐平八郎视为"个人主义阳明学"的第一人③。荻生茂博所参考的宫城公子的研究，相对于国家的视角，其通过重视个人内面改良的"主观唯心论"来评价大盐平八郎④。

在明治时代井上哲次郎却对大盐平八郎的过激行为进行了批判，甚至将矛头指向了大盐平八郎所信奉的阳明学。井上哲次郎这样写道：

然而，王学的成果并非未包含一视同仁的平等主义之倾向。如藤树（中江藤树）

分明带有平等主义的观念。因此，不是不会产生像中斋（大盐平八郎的号）这样的人，

如同暴举一般自行与社会运动合流。⑤

井上哲次郎引用大盐平八郎的例子，来解释阳明学是一种可能发展成秩序扰乱者的思想。井上哲次郎作为国民道德论的主导者，对社会运动秉持批判态度。他称大盐平八郎扰乱秩序的行为是"暴举"，并视阳明学为此问题的要因。

对阳明学持批判态度的西周也对大盐平八郎有着否定的评价。

良知良能，像这样的学问虽然主要基于心，在于实知，但它并非由五官所产生的

知，仅仅是基于自己所知的善。因此其弊害甚大，我们的大盐平八郎就是受了这种余

波的影响。⑥

在现有的研究中，较少讨论到明治时代学者对阳明学的批判性接受与大盐平八郎之间的关联性。在明治时代，阳明学因为具有反朱子学思想的意义而被接受。但与此同时，也有人主张声称阳明学是一种扰乱秩序的思想。其中一个重要原因无疑是对江户末期造成重大冲击的大盐平八郎的存在。

---

① 三宅雄二郎（雪嶺）：《王陽明》，東京：政教社 1983 年版，"序"第 6 页。
② 参见井上哲次郎：《日本陽明学派之哲学》，東京：冨山房 1900 年版，第 443—444 页。
③ 参见荻生茂博：《近代·アジア·陽明学》，東京：ぺりかん社 2008 年版，第 435 页。
④ 参见宫城公子：《儒教の自己変革と民衆》，《史林》49 卷 6 号，1966 年 11 月，有关大盐的思想在阳明学中的地位，请参照宫城公子：《大塩中斎の思想》（《日本の名著 27 大塩中斎》，第 5—52 页）。
⑤ 井上哲次郎：《日本陽明学派之哲学》，東京：冨山房 1900 年版，第 408 页。
⑥ 西周：《百学連環》，见大久保利謙编：《明治文学全集 3 明治啓蒙思想集》，東京：筑摩書房 1967 年版，第 53—54 页。

二、对阳明学的不认同

人们常说，到了明治时代，儒家思想被认为是一种旧弊的象征。丸山真男对福泽谕吉的评价也是基于福泽否定了儒家思想在近代的价值①。另外，丸山真男认为日本思想的近代性可以追溯到反对朱子学的荻生徂徕等人的思想。②但是近年来不断有人对丸山真男的论点提出了不同的看法，例如儒学的思想积累或许反而促进了近代思想的建构。③或许是由于朱子学被视为近代化的阻碍，被迫担任"反派角色"的反动，有不少讨论聚焦在宋学，尤其是朱子学上。④

与此相对，人们对阳明学的理解至今仍然停留在其抵抗体制派朱子学这一近代意义上。⑤正如我们在上一章所看到的，从幕末到明治时代，吉田松阴和大盐平八郎作为"阳明学者"⑥受到关注的同时，也出现了阳明学对明治维新作出贡献的观点。在这个背景下，朱子学被认为是旧恶的象征。在思考"阳明学"在近代日本思想史上的意义时，应该牢记这种建构其实是明治之后的产物。

作为指导明治维新的思想，阳明学给人的印象普遍良好，但却在明治时代末期迎来了意想不到的转折。1910 年（明治四十三年）5 月宫下太吉等人因计划刺杀天皇并为此制造炸药而遭到逮捕。包括了幸德秋水等多位社会运动人士也在同年 8 月被检举抓获。次年 1 月幸德秋水等十二人因大逆罪而被处决。在所谓的"大逆事件"发生后不久，井上哲次郎在一次支持政府的演讲中，谈到了幸德秋水及其共犯的奥宫健之等人与阳明学思想之间的关系。井上哲次郎的根据是源于幸德秋水的老师中江兆民曾经研习过阳明学，而奥宫健之的父亲奥宫慥斋是一名阳明学者。井上哲次郎同时谈到阳明学与社会运动都很危险⑦，不过井上哲次郎的观点也遭到了那些信奉阳明学人士以及阳明学研究者的非议⑧。

此外，甚至在 1910 年（明治四十三年）井上哲次郎的演讲之前，其实就已经出现了将阳明

---

① 参见丸山眞男著，松沢弘陽编：《福沢諭吉の哲学他六篇》，東京：岩波書店（岩波文庫）2001 年版。
② 参见丸山眞男：《日本政治思想史研究》，東京：東京大学出版会 1952 年版。
③ 参见井上克人：《日本の近代化と宋学的伝統——明治の精神と西田幾多郎—》，见実存思想協会编：《近代日本思想を読み直す実存思想論集 XVII》〈第 2 期 9 号〉，千葉：理想社 2002 年版；宮城公子：《日本の近代化と儒教的主体》，见宮城公子：《幕末期の思想と習俗》，東京：ぺりかん社 2004 年版；渡辺浩《近世日本社会と宋学》（増補新装版），東京：東京大学出版会 2010 年版。
④ 参见小倉紀蔵：《朱子学化する日本近代》，東京：藤原書店 2012 年版；井ノ口哲也：《朱子学と教育勅語》，《中央大学文学部紀要》257 号，2015 年 2 月；井上厚史：《中江兆民と儒教思想——"自由権"の解釈をめぐって》，《北東アジア研究》14・15 号，2008 年 3 月。
⑤ 参见澤井啓一：《土著化する儒教と日本》，《現代思想》42 巻 4 号，2014 年 3 月。
⑥ 参见小島毅：《近代日本の陽明学》，東京：講談社（講談社選書メチエ）2006 年版，第 113 頁；小島毅：《朱子学と陽明学》，東京：筑摩書房（ちくま学芸文庫）2013 年版，第 20 頁；三宅雄二郎（雪嶺）：《王陽明》，東京：政教社 1983 年版，第 129 頁。
⑦ 有关井上的演讲详细，请参照山村奨：《明治期の陽明学理解——社会主義と明治維新との関係から—》，《東洋文化研究》18 号，2016 年 3 月。
⑧ 参见澀澤榮一：《陽明学と身上話》，《陽明学》40 号，1912 年 2 月。

学与此事件相联系并对阳明学加以批判的言论。所以大盐平八郎的行动其实在最初就被视为问题而受到批判。另外，井上哲次郎在帝国大学（现东京大学）的弟子高濑武次郎认为，阳明学不是一种与社会制度相矛盾的思想。① 但是对高濑武次郎这种想拥护阳明学的人而言，身为动乱主谋者的大盐平八郎无疑是个棘手的存在。

在上文有提到，荻生茂博对大盐平八郎给予了积极的评价。除了大盐平八郎之外，荻生茂博还称赞了一位名为石崎东国的人物。石崎东国是一名醉心于大盐平八郎，并在明治时代末期到大正时代尊崇阳明学的在野研究者。在下文中，我们将重点讨论石崎东国对阳明学、大盐平八郎的评价，同时追踪同一时代发生了怎样的变化。

三、石崎东国的阳明学

石崎东国，本名石崎酉之允。根据其自传②，他出生于水户（今茨城县）近郊，之后出入藩校弘道馆学习水户学。在这一时期他早已接触到了阳明学。据其回忆说："在水户藩的政争中，'革命家'的争斗十分激烈，正因为是在这样的地方，王阳明的《出身靖乱录》也作为对水户学有益的著作而被阅读。"③ 石崎东国最终去了大阪，在那里他对劳动问题以及新平民问题产生了兴趣，并以此为契机开始研究大盐平八郎以及日莲。因此他看到阳明与日莲的事业，发觉水户学与阳明学之间的吻合，并且第一次发现会心的学问。④ 很明显，对石崎东国而言，水户学、阳明学以及大盐平八郎的学问这三点是与社会问题密切联系的。

1907 年（明治四十年）石崎东国在大阪成立了"洗心洞学会"。这是一个促进宣扬研究大盐平八郎的团体，两年后该团体与东京的阳明会合并，改名"大阪阳明学会"。1910 年（明治四十三）"大阪阳明学会"出版了自己的杂志《小阳明》（第四期起改名为《阳明》）。随后石崎东国在 1918 年（大正七年）再次成立了专门研究大盐平八郎事迹的"洗心洞文库"，同时将杂志的名称改为《阳明主义》。根据吉田公平的调查，该杂志一直出版到 1925 年（大正十四年），之后貌似是由于石崎东国的健康问题而自然消亡了。⑤ 之后石崎东国于 1931 年（昭和六年）逝世。

1918 年，当石崎东国将他担当主编的杂志《阳明》更名为《阳明主义》时，他在新杂志的第一期上写了一篇题为《阳明主义宣言》的短文。这篇文章的结论如下：

---

① 参见高瀬武次郎：《陽明学の利病》，《陽明学》26 号，1910 年。山村奖：《井上哲次郎と高瀬武次郎の陽明学——近代日本の陽明学における水戸学と大塩平八郎》，《日本研究》56 集，2017 年 10 月。

② 参见石崎東国：《陽明学派之人物》，大阪：前川書店 1912 年版。

③ 石崎東国：《陽明学派之人物》，大阪：前川書店 1912 年版，第 171 页。这里石崎所说的靖乱录是指明末文人冯梦龙所写的《皇明大儒王阳明先生出身靖乱录》。此书在日本也有出版，墨憨子（冯梦龙的号）：《王阳明出身靖乱录》。

④ 参见石崎東国：《陽明学派之人物》，第 175—176 页。

⑤ 参见吉田公平：《石崎東国と大阪陽明学会の創設の頃——大阪における大塩平八郎》，见大塩事件研究会编：《大塩平八郎の総合研究》，大阪：和泉書院 2011 年版，第 293—315 页。

良知之动，诚也、爱也、仁也、推之扩于社会、社会立人道。扩之以充、天地万物一体无不化仁，于人谓之良知，于社会谓之人道，于国家谓之王道。理乃一理天地，道乃一贯古今东西。救人之教，济世之道，只此阳明主义，兹宣言阳明主义。①

这篇文章中也有意识地谈到了国家，但并不像井上哲次郎那样明确。不过，石崎东国那种想通过阳明学谋求社会改良的主张却十分强烈。石崎东国认为第一次世界大战是科学、物质发达之后导致的文明尽头。②他还主张"阳明主义"是相对于"资本主义"而言的：

他们改造这个世界，但不意味着在此之后要成为资本主义世界。他们应该建立在民主的基础上，但却不知如何让人们变得民主。他们厌恶霸王的世界，但其心却成了功利主义的奴隶。另外，简而言之那些对劳动问题狂热的劳动者不就是因为他们自己处于资本主义的情绪中，才去利用了这个机会吗？言谈学者的道德，诉说爱国者的忠君爱国，如果道德从口中消失，忠爱无法扎根于不可阻挡之心中，就永远没有收获结果之时。人类社会的一切改造必须源自人类世界的创造。不靠知行合一便无法获得，这就是我们阳明学被称为改造哲学的原因。③

"阳明主义"一词是由石崎东国所创造的，指的是阳明学作为一种改造社会的哲学。石崎东国希望通过他的"阳明主义"来改善一个由"资本主义"所席卷的社会。石崎东国在此之前就已非常钦佩中江兆民，他将其描述为"为了人道活动至此，不得不说就算在阳明家中这也是罕见的发展"④。石崎东国的这一连串的想法其实显示出他对社会运动的亲近感。

然而，石崎东国并不打算批判体制。石崎东国将他自己所创办的"洗心洞学会"改为"大阪阳明学会"恰恰正是由于"大逆事件"之后大盐平八郎开始成为问题。石崎东国本人说道"当时很多人都说大盐平八郎先生的塾名（洗心洞塾）在明面上不太好，所以我们改成了阳明学会"⑤。可见对社会运动感兴趣的石崎东国肯定对这种争论很敏感。相反，石崎东国却故意试图淡化阳明学与谋反之间的关系。在此基础上，他意识到需要利用阳明学来稳健适度地改善社会问题。

此外，石崎东国在重视大盐平八郎的同时，也写到了大盐平八郎与水户学的藤田东湖之间的共通性。虽然大盐平八郎和藤田东湖是同一时代的人，但其实没有明确记录显示他们之间有特别密切的关系。石崎东国也承认了这一点⑥，然而石崎东国认为其实藤田东湖知道大盐平八郎的名字，然后继续说道。

在东湖的计划中，包括重点建设学校，实行均田法，振肃军备，开拓北海道，修缮神武陵，等等。在那个太平之世，这些改革会被看作是水户家的野心及水户家的谋反，这也表现了这些改革计划是如何耸动震撼了当时天下人的耳目。当东湖相信他自

---

① 石崎東国：《陽明主義宣言》，《陽明主義》新年号（通卷84号），1919年1月。
② 参见石崎東国：《世界戦争の終りを見て——思想の力は武力に勝てり—》，《陽明》83号，1918年12月。
③ 石崎西之允（東国）：《陽明主義の創造観（春季皇霊祭の日）》，《陽明主義》4月号（通卷99号），1920年4月。
④ 石崎東国：《兆民先生十周忌》，《陽明》2卷6号，1911年11月。
⑤ 石崎東国：《陽明学より太虚主義へ。洗心洞後学》，《陽明》5卷3号，1916年4月。
⑥ 参见石崎東国：《陽明学派之人物》，東京：冨山房1900年版，第51页。

己行为的同时，甚至表明了他自己是一个不惜背负野心家、谋反者之名的激烈革命者。

在这方面的性格上，至少东湖和大盐之间存在一些相似之处。①

石崎东国称实施社会改革计划时，行事果断的藤田东湖为"革命家"，并指出其与大盐平八郎之间的共通性。石崎东国觉得藤田东湖果断改革的精神与大盐平八郎有着相似之处，对石崎东国来说，通过阳明学进行社会改革的实践其实就是明治维新。因此，他认为阳明学并非一种批判体制的思想，而是一种建构现行体制的思想。在此方面石崎东国对阳明学的理解与井上哲次郎及内村鉴三等人的理解其实有着颇多共同之处。

石崎东国对吉田松阴思想的起源有着如下描述：

> 他年轻时去了水户，从会泽正志斋那里学习国体论，并从佐久间象山那里学习了阳明学派的经世，从而形成了之后邨塾的学风。其中，松阴尤其折服于象山的经世论，他寻其出处而知晓了阳明学。不但自己爱读《传习录》《洗心洞劄记》甚至还将它们授予学生。东行（高杉晋作的号）更是最推说其学。②

在石崎东国看来，明治维新这场革命源自水户学与阳明学。阳明学影响了维新改革，所以他开始将阳明学视为一种社会改革的思想。石崎东国通过主张阳明学来进行社会改革，这可以说是由于其受到大盐平八郎与水户学的感化，以及受到阳明学引导维新这一明治时代的思潮影响。因此笔者认为通过阳明学来进行社会改革这种想法连贯了明治时代阳明学理解的源流。

此外，这种想法其实也受到了时代的影响。石崎东国积极发表著作的时期恰好也是工业化造成的社会问题开始浮现的时代。实际上，石崎东国也对劳动问题和歧视问题有所关心。前面已经提到，大逆事件之后大盐平八郎被认为极具问题，但与此同时在广大群众之间原本就颇具有人气的大盐平八郎却吸引了大量的关注。1908 年（明治四十一年）年出版的《伟人研究大盐平八郎言行录》一书中，在称大盐平八郎为"阳明学派之徒"③的基础上写道：

> 因此良知与太虚虽异名，毕竟为一物原本并非二物。太虚指的是，灵明不止于些许阴影的心之状态，良知即以所谓的道德意识，代指吾人识别善恶的自然本性。④

良知作为"道德意识"，被归结为判断善恶的精神。作者胜水琼泉着重描写了大盐平八郎救民的行为，认为大盐平八郎的阳明学是"识别善恶"，并与其行为联系起来。

前报纸记者、政治媒体人、众议院议员的中野正刚在大米暴动期间（大正七年/1918 年 8 月）所写的名为《追忆大盐平八郎》⑤文章中，称赞大盐平八郎是为了拯救贫困的人民而战：

> 在全国各地大米的骚动愈发危险之时，不仅仅让人联想到天保八年大阪之变。今日此时却无一人如大盐焉？吾非仰慕乱党之平八郎，只仰慕诚意一彻为了信仰而死之

---

① 石崎東国：《陽明学派之人物》，東京：冨山房 1900 年版，第 55 页。
② 石崎東国：《陽明学派之人物》，東京：冨山房 1900 年版，第 106—107 页。
③ 勝水瓊泉编：《偉人研究大塩平八郎言行録》，東京：内外出版協会 1908 年版，第 148 页。
④ 勝水瓊泉编：《偉人研究大塩平八郎言行録》，第 167 页。
⑤ 参见中野正剛：《魂を吐く》，東京：金星社 1938 年版。

中斋。寻常之时不会企图反乱，论其可否则极其愚蠢。虽作乱犹同胞之救世主，虽为

贼犹国家之守护神者。如大盐中斋，如西乡南州，即是也。①

在上面的文本中，中野正刚并非完全赞同大盐平八郎的行为，而是采取不可因状况而左右论其可否的这种慎重态度。尽管大逆事件的冲击仍然在他的脑海中挥之不去，但中野正刚还是称赞大盐平八郎为"同胞的救世主"，并且祈求一位如同大盐平八郎一样的人物的出现以面对大正时代的社会问题。

石崎东国还在 1920 年（大正九年）出版的《大盐平八郎传》的"自序"的末尾写下了以下的话：

世间米价上涨，粮食短缺，起义蜂起，各地骚乱，京都、大阪逐遭火攻，军队出

动，人心惶惶，门外有频频沙上偶语者，即刻慨然抛笔。②

石崎东国在赞扬大盐平八郎之时，当然确实也意识到他那个时代的大米骚动。石崎东国在《大盐平八郎传》的封面上，甚至把自己称为"洗心洞后学"。这些都表明对石崎东国而言，学习阳明学的目的在于将大盐平八郎的精神继承传给同时代的人。石崎东国通过阳明学进行社会改革的这种观点，也可以说是面对社会的同时，通过阳明学来培养改革精神，即可谓将意识转向内面。

相较石崎东国将大盐平八郎的行为视为阳明学的修养结果而言，与此相对照的文章是森鸥外的小说《大盐平八郎》。这部作品发表于 1914 年（大正三年）1 月。森鸥外在记录该作品执笔背景的其他文章中，谈到大盐平八郎及参与反乱的人时，略带否定地写道"他们还未觉醒。只能盲目地以暴力来反抗富豪和米商。以极端的方式来说，平八郎只是个破坏米店的英雄"③。森鸥外虽然认为大盐平八郎是阳明学者，但是其行为却是与阳明学不同的暴力。④

此外，森鸥外的《大盐平八郎》不仅有阳明学的观点，同时也探讨了其与大逆事件之间的关联。探讨大逆事件影响的论考同样也反映出森鸥外重视大盐平八郎救济贫民的态度。⑤ 这种救济贫民的态度同样被解读为基于森鸥外的阳明学观所产生的。⑥ 然而，这些关于森鸥外给予大盐平八郎肯定评价的讨论，其背面所容易忽视的一点，即森鸥外对大逆事件的暴力行为⑦以及大盐平八郎的行为都持有批判的态度。由于森鸥外将大盐平八郎的行为以及阳明学作区分，所以我们有理由认为森鸥外其实并不认为这些是源自阳明学的。⑧

与森鸥外谴责大盐平八郎的行为不同，石崎东国认为大盐平八郎是通过阳明学来拯救人民。石崎东国、森鸥外的文章都是在大正时代发表的，但当时的知识分子对大盐平八郎的评价却是比较多地站在石崎东国一边。大盐平八郎被认为是民众的救济者，所以大盐平八郎所奉行的阳明学

---

① 中野正剛：《魂を吐く》，東京：金星社 1938 年版，第 91 页。

② 石崎東国：《大塩平八郎伝》自序，東京：大鐙閣 1920 年版，第 8 页。

③ 木下杢太郎编：《鷗外全集》第 15 卷，東京：岩波書店 1973 年版，第 73 页。

④ 参见木下杢太郎编：《鷗外全集》第 15 卷，東京：岩波書店 1973 年版，第 73 页。

⑤ 参见小田切英雄：《近代日本の作家たち》，東京：厚文社 1954 年版；尾形仂：《森鷗外の歴史小説—史料と方法》，東京：筑摩書房 1979 年版；山崎一穎：《森鷗外国家と作家の狭間で》，東京：新日本出版社 2012 年版。

⑥ 参见北川伊男：《森鷗外の〈大塩平八郎〉と陽明学》，《皇学館大学紀要》8 号，1970 年 3 月。

⑦ 参见木下杢太郎编：《鷗外全集》7 卷，東京：岩波書店 1972 年版。

⑧ 详细请见：山村奨：《森鷗外における大逆事件と陽明学——井上哲次郎との比較による—》，《総研大文化科学研究》13 号，2017 年 3 月，第 265—275 页。

也是一种救民的思想。

在近代，通过大盐平八郎，阳明学作为救济民众思想的价值被发掘出来。大盐平八郎的存在对近代日本的阳明学理解有着巨大的影响。然而，石崎东国的思想与其他那些称赞大盐平八郎和阳明学的人物不同。主要有两点理由。

首先石崎东国使用了"阳明宗"一词，并将阳明学视为一种宗教。就笔者所见的范围内，石崎东国在 1914 年使用了"阳明宗"一词，但在四年前就已有证据表明他告诉同志"阳明学非学问，乃宗教"，而且用"阳明信者"来指称高杉晋作等人。[①]

如上所述，石崎东国将他创办的杂志名改为《阳明主义》，并主张"阳明主义"将改革由资本主义所席卷的世界。乍一看，这种观点似乎是遵循将阳明学视为救济民众的思想。实际上，过去的研究就已这样描绘了石崎东国。[②] 所以森田康夫在提到追随大盐平八郎的思想，追求改正社会不平等的人物时，才列举了三宅雪岭和石崎东国。[③]

然而，石崎东国并没有给"阳明宗"及"阳明主义"一个明确的定义，对石崎东国而言阳明学比起改革思想，或许更像一种精神改良法。石崎东国没有提出任何具体的措施，但他相信通过阳明学在世界范围内的传播影响，必将产生一个更好的社会。这种态度也与笔者前面提到的事相一致，即石崎东国以藤田东湖和大盐平八郎为例，将阳明学视为有利于将改革付诸实践态度的思想。尽管大正时代的其他知识分子已经普遍认识到阳明学是一种改革社会的思想，不过，对石崎东国而言，阳明学具有强烈的理想主义色彩，是可以通过锻炼精神从而改变世界。

但是，石崎东国始终认为阳明学与国家体制之间是没有矛盾的：

> 本来，良心无表里，知的即行的，现实即阳明学，阳明学即理想。以物划分内外，依事改变名称。忠君爱国，凡道德之立言、立行、立德，从一发动良知，知行合一之所作。并非为忠君而忠君，为爱国而爱国，为道德而道德。[④]

在以上的文中提到了两点。第一点，"知行合一"是一种强调行动的思想。这与井上哲次郎的想法相同。[⑤] 第二点，如果这是源于阳明学的"良知"和"知行合一"的话，那么忠君爱国和道德就不一定要被否定。石崎东国在阳明学以及当前社会的接触点上，认为是以"国"及体制为志向，作为精神媒介。

如上所述，井上哲次郎和内村鉴三认为幕府末期的志士们也奉行阳明学，领导了明治维新。

---

① 参见石崎東国：《陽明》5 号，1910 年 11 月。
② 参见吉田公平：《石崎東国の中江兆民·ルソー論——〈陽明〉〈陽明主義〉の基調——》，见東洋大学東洋学研究所编：《明治期における近代化と〈東洋的なもの〉》，東京：東洋大学東洋学研究所 2007 年版，第 23—35 页；荻生茂博：《近代·アジア·陽明学》"Ⅲ·アジアの近代と陽明学"。
③ 参见森田康夫：《日本史研究叢刊十九塩平八郎と陽明学》，大阪：和泉書院 2008 年版，第 10 章 "大塩思想の継承者·三宅雪嶺"；《日本史研究叢刊 22 大塩思想の可能性》，大阪：和泉書院 2011 年版，第 2 章 "大塩陽明学の近代思想への可能性"；森田康夫：《日本史研究叢刊 28 大塩思想の射程》，大阪：和泉書院 2014 年版，第 12 章 "石崎東国と大正デモクラシー"。
④ 石崎酉之允（東国）：《吾等の主張は王道に在り》，《陽明主義》10 月号（通卷 93 号），1919 年。
⑤ 参见井上哲次郎：《日本陽明学派之哲学》，東京：富山房 1900 年版，"叙論"第 4 页。

石崎东国虽也站在同样的立场，但石崎东国的阳明学看法更是对明治时代井上哲次郎等人论点的一种延展。① 石崎东国之所以提倡那些与国家体制互不矛盾的改革，可以说是他遵循了明治维新源自阳明学这一说法。如果明治维新的改革是由那些信奉阳明学的志士们所领导的，那么阳明学就不能作为一种批判体制的思想。相反，不如说石崎东国抱有那种将改革精神用于同时代，试图改良社会的强烈想法。所以把大盐平八郎视为社会改革者就是一个非常好的例子。

当前的研究中有着一种强烈的倾向，即把石崎东国的阳明学视为一种改革社会的思想。然而，对石崎东国的阳明学看法更加恰当的表述应该是，它更接近于旨在改良人们的精神修养。石崎东国对阳明学的看法受到了大正时代大盐平八郎被公认为民众的救济者这一事实影响。在这种趋势中，石崎东国得出的结论是，大盐平八郎所信奉的阳明学才是促进改革精神的思想。

四、结论

在近代日本，阳明学作为一种反抗幕府制度的思想而受到人们的青睐。但与此同时由于大盐平八郎暴动的影响，阳明学也被批判为一种扰乱秩序的思想。特别是在 1910 年"大逆事件"发生的前后，世间对阳明学的批判变得尤为激烈。在这样的时代背景下，石崎东国却认为阳明学是一种促进社会改革的思想。

石崎东国的主张主要集中在以下三点：阳明学促进了维新改革；大盐平八郎曾经研习过阳明学；贫富不平等的现象正在逐渐激化为社会问题。换言之，石崎东国对阳明学的理解正是诞生于幕府末期至明治时代的阳明学理解，同时基于这一时期所爆发的社会问题等一系列的背景之下。更准确地来说，石崎东国期待在大正时代也能够出现一位像大盐平八郎那样通过学习阳明学，从而展现社会改革精神的人物。

作者简介：山村奖，日本综合研究大学院大学文化科学研究科国际日本研究专业毕业。历任国际日本文化研究中心研究员，立教大学、昭和药科大学讲师等要职。研究方向为日本阳明学、伦理学。主要著作：《近代日本と変容する陽明学》《〈心身／身心〉と環境の哲学：東アジアの伝統思想を媒介に考える》（伊東貴之編）《〈明治日本と革命中国〉の思想史》（楊際開、伊東貴之編）等。

译者简介：顾嘉晨，男，东京大学人文社会系研究科，日本学术振兴会特别研究员（DC1）。研究方向为东亚思想史、遗民思想。主要论文：《〈船山遗书〉の版本目録についての再考察—日本所蔵资料を手掛かりに》（東京大学《人文 × 社会》第 4 号），《〈孤臣〉—もう一つの王夫之像を読み解く》（東京大学《中国哲学研究》第 32 号），《王夫之の遗民像について》（中国社会文化学会《中国—社会と文化》第 37 号）等。

① 参见石崎東国：《水戸学と陽明学》，《陽明》10 号，1911 年 4 月。

战后日本的陆九渊思想研究 *

——以东洋大学的吉田公平、小路口聪研究为例

陈晓杰

摘要：陆九渊作为后世"心学"的始祖，同时是朱熹的主要论辩对手，在宋明儒学领域占据极其重要的地位。日本在战后曾掀起宋明儒学思想研究的高峰，但中国对于日本学界的相关研究却了解不多，本文即以陆九渊思想研究，尤其是以哲学研究重镇东洋大学的两位中国学专家吉田公平、小路口聪的研究为例进行介绍与分析。前者着重于从思想史比较与总体评价的角度出发，探讨陆九渊的思想地位以及其为何在后世没有得到彰显的原因，后者则更多地从哲学，尤其是现象学的角度，对陆九渊的"即今便是"等核心思想进行了深入的探讨，从而开创了陆九渊研究的新范式。

关键词：陆九渊；日本中国学研究；吉田公平；小路口聪

作为宋明理学史上的重要人物，陆九渊（1139—1191）虽然在后世位列"程朱陆王"的先贤祠（Panthéon），但这其实也是很晚近的事情。在此姑且不论儒学内部的诸多"朱陆之争"，即便是放眼最近几十年的宋明理学研究，我们也会看到，研究者的焦点大多依然集中于朱熹与王阳明，二程方面的研究在数量上次之，陆九渊则最少。究竟为何会产生这样的现象？就笔者所知，中文世界的学者似乎很少有人关注此问题。研究数量固然未必意味着质量的高下，但要在过少的研究中期待有高水平的研究著作，显然多少是勉为其难的。事实上，在日本的中国思想研究领域，也存在着类似的现象，因此笔者在准备起草本文时还是试图确认是否有先行研究，结果当然是无功而返。不过，这当然不意味着日本就没有相应的陆九渊思想研究专著，更不意味着日本的研究没有我们值得学习与借鉴之处。

本文即试图向读者介绍"二战"后日本的陆九渊思想研究，因为时间与篇幅有限，笔者无法在此将全部相关研究都一一介绍，因此会把重点放在先后担任东洋大学中国哲学教研室教授的

* 本文系高校人文社会科学重点研究基地重大项目"阳明心学的历史渊源及其近代转型"（16JJD720014）的阶段性成果。

吉田公平①与小路口聪②所撰写的相关研究之上。选择上述二人作为介绍对象，一方面是由于吉田公平与小路口聪二人并非师承关系，但在研究方法上都吸收与借鉴了西方哲学的诸多观点与理论，研究立场上也偏重于陆王心学一脉，因而具有某种相近性。另一方面，二人都有陆九渊相关的研究著作（吉田公平：《陸象山と王陽明》，研文出版 1990 年版；小路口聪：《"即今自立"の哲学——陸九淵心学再考》，研文出版 2006 年版），这两部也是就笔者所知"二战"之后日本仅有的两部研究陆九渊思想的专著（其余均是单篇论文）。

一、吉田公平的陆九渊研究

《陸象山と王陽明》一书的出版，如吉田公平自己在后记中所言，与已故著名学者荒木见悟③的督促有很大关系，并且吉田本人也曾在九州大学任教，作为荒木见悟的助手而获得后者的颇多指点④。全书以"第一章　性善说与无善无恶说""第二章　陆象山""第三章　王阳明""第四章　性善说之去向"为基本篇章构成，与陆九渊直接相关的第二章的各节标题如下："陆象山研究序说""陆象山的南康访问""南康会见之后陆象山对朱熹的批判""无极、太极之争""正统与异端""朱陆之争的意义"。不难看出，吉田的研究依然遵循了思想史的常规路数，以思想家的生平为时间轴，叙述其思想之遍历，并通过与朱熹的思想比较，阐明陆九渊的思想特质。

不过，本文并不打算平铺直叙地介绍该书的陆九渊部分研究，而是转而介绍吉田在此后发表的一篇论文"陆象山为何没有成为主角"（陸象山はなぜ主役になれなかったか，二松学舍大学《陽明学》，1998 年 3 月），这是因为从该文的视角正可以在一定程度上回答本文开头提出的问题，同时也可以窥见吉田对于陆九渊的整体评价。

---

① 吉田公平，1942 年生，东北大学文学部毕业，1991 年获得文学博士。历任广岛大学文学部教授，东亚大学教授，2013 年退休，任名誉教授。主要著作有《陸象山と王陽明》（研文出版 1990 年版），《日本における陽明学》（ぺリカン社 1999 年版），《中国近世の心学思想》（研文出版 2003 年版），《中江藤树心学派全集》（研文出版 2007 年版）。

② 小路口聪，1958 年生，东洋大学教授，文学博士。主要从事朱子学、陆象山以及阳明学的相关研究。主要著作有《"即今自立"の哲学——陸九淵心学再考》（研文出版 2006 年版），论文有《王龙溪の"根本知"をめぐる考察——あるいは、"生"の哲学としての良知心学》（《阳明学》第 18 号，2006 年）、《"非暴力"主义としての"仁"の思想——朱熹の"生"の哲学再考》（《东洋大学中国哲学文学科纪要》16 号，2008 年）等。

③ 荒木见悟（1917—2017），1959 年获得九州大学文学博士，1968 年开始任九州大学文学部教授。著作颇多，翻译文为中文的目前仅有《仏教と儒教——中国思想を形成するもの》（平乐寺书店 1963 年版、研文出版 1993 年版），其著作《明代思想研究》（创文社 1972 年版）由笔者翻译，将由山东人民出版社在 2020 年出版。

④ 荒木见悟对陆九渊没有专论，但从其著作中零星提到的情况来看，其对陆九渊的评价并不如朱熹与王阳明高。在《佛教与儒教》一书中，荒木对朱熹就站在儒教的立场对抗禅宗所展开的思考与实践给予了充分肯定，这一点在此后逐渐被其偏向于阳明学的立场所取代，以至于博士论文曾经提交给荒木做审查的沟口雄三（在这层意义上，荒木与沟口的关系有些类似于中国古代的"座主"与"门生"），在《中国という视座》（平凡社 1995 年版）中对荒木颇有微词。但即便如此，荒木也并未由此而提高对于通常被视为阳明学"先驱"的陆九渊的评价。吉田公平对陆九渊的总体评价如后文所言，其实也并不高，这与荒木是否有关，也未可知。

该文的结构如下：

一、绪论

二、朱陆之交流

三、陆学之不成立

四、王阳明的陆象山论

五、陆象山的定位

六、陆象山在日本

七、陆象山的真面目

第一、二节并无太多可以关注的地方，让我们直接来看第三节"陆学之不成立"。陆九渊在54岁去世的时候，朱熹是63岁，直到他去世为止的这最后八年中，虽然遭遇了伪学之禁与家庭之不幸，但就学术方面而言可以说是朱子学成熟的时期。与之相对，陆九渊虽然获得了少数同情者，但在其去世之后，就有不少人奔赴朱熹门下。在朱熹晚年的十余年间，门人数量显著增加，而陆九渊门下则后继乏人。

其次，与留下庞大的著述与编著群的朱熹相比，对著书立作并没有太大兴趣的陆九渊未曾留下任何完整的著作。在宋代这样一个可以通过著述传播而迅速扩大影响力的社会，二者之间的差距就被进一步拉大了。

吉田接着写道，如果说上述两点只是历史背景式的说明，那么陆九渊本人的思想规模本来就远不如朱熹本人，他认为这才是主要原因："在发挥其本领的围绕性善说的争论中，陆象山的机锋之锐利，是源于其对本来性善之原理进行纯粹的展开、对人性理解的具有原理性的纯粹与明晰简易的实践论。纯粹性与简易性是原理主义之强项，但这实际上也是硬币的另一面，亦即人性把握的单调性的立论。"（第6页）相反，"在'本来性—现实性'（译者按：此说为荒木见悟《佛教与儒教》提出的核心观点）之间进行思索追求的朱子的理论，对于现实状态具有极其丰富的适用妥当性（中略）或者毋宁说，这是更适合于现实状态的人性论理解与实践论。"（第6—7页）"从综合实力来看，陆象山没有胜算。但是，在构成新儒教原理之核心的性善说中，陆象山正因为是立足于原理主义而展开内在的批判，因此他不可能会成为败者。"（第7页）这句话可以说是吉田对朱陆二人的整体评价。表面上看是折中之论，实则很显然，吉田对陆九渊的评价并不如朱熹高——陆九渊的性善论是"纯粹"但"单调"，朱熹的思想是"复杂"而"丰富"。所谓的"不会成为败者"，只是说朱、陆均站在儒家正统的性善论立场，所以尽管在工夫论与本体论上有诸多差异，却并不影响二人作为同道者而受人尊敬的事实而已。

第四节"王阳明的陆象山论"。在明初朱子学统治学界的异常沉闷的氛围之下，王阳明的登场确实给人耳目一新的感觉。在其影响之下，出现了重新评价陆九渊的风潮，其标志之一就是《陆象山全集》的刊行。但在吉田公平看来，更关键的还是王阳明的《朱子晚年定论》。或许读者会觉得奇怪，因为在《定论》中并未提到陆九渊，但是吉田认为，这正是王阳明的高明之处（"将陆象山从舞台上拉走，让朱子在舞台上演独角戏"，第8页）在此后，主张朱陆早异晚同论的程敏道在《道一编》主张朱熹在晚年对自己之前的看法进行了全面的自我批判，实际上与陆九渊的心学已经达成一致，此基调在此后才得以发展为阳明心学，这其实是"王阳明在《朱子晚年定论》中所蕴含的主张。这里就出现了'陆象山→朱熹→王阳明'（着重号为笔者所加，下同）的心学路线，陆象山由此得到全面的平反与光复"（第8—9页）。这是非常值得玩味的说法。《朱子晚年定论》中是否有朱陆早异晚同的要素，或许还值得商榷，但在"程朱陆王"这一我们今人已经习以为常的说法之中，潜藏的"程、朱理学→陆、王心学"设定，其实未必是当时人们的看法，也未必是历史的现实。单纯从生卒年份而言，朱熹的去世时间确实比陆九渊晚了八年，而王阳明的思想也更多地是与朱熹的对话甚至搏斗，虽然王阳明的思想有诸多对朱子学的纠偏与批判，但其与朱子学的千丝万缕的联系，几乎是无法否认的事实。

吉田还提醒读者：彰显陆学的人们，并非是通过引入陆学来获得批判朱子学的视点，"他们在体验朱子学的过程中，不得不重新出发，独自去探求性善说的原理。在此后，将陆象山视为自己的先驱而进行表彰。"（第9页）亦即是说，陆九渊本人的学说其实并未真正被阳明后学的士人所研究（王阳明本人也是如此），而只是这些学者在回溯性地进行"心学道统"之谱系的构筑过程中，理所当然地将"心学"代表陆九渊放到先贤祠中进行供奉而已，这样的做法当然在历史上也并非是第一次出现，也不会是最后一次。

第五节"陆象山的定位"。在此部分，吉田延续了第三节对陆九渊的思想"纯粹"而"单调"的评价，并认为与之相比，王阳明对朱熹的"持敬说""性即理""知先行后""性善说"等核心主张都提出了其自身的观点（持敬蛇足说、心即理、知行合一、无善无恶说），是将朱子学所构建的体系中的核心观念置换为良知心学的概念，由此完成了心学体系的构筑。以上是通过朱、陆比较与朱、王比较来反观王阳明之所以能够超越陆九渊的地方，吉田认为，陆九渊的"意见"说、"善恶"论等，若他再进一步加深思考，就有发展到"无善无恶"说的可能性，如果将"心即理"放到实践论之下进行讨论，就能成为"知行合一"说。总体来说，吉田认为陆九渊与王阳明"都是以批判朱子学为契机而独立的思想家，但二者的朱子学体验的质的差异，产生了思维体系的密度上的差异"。（第11页）这样的"判教"论说，同样也是把陆九渊放在了王阳明之下，只有王阳明才具备了充分的自觉与相应的能力，从而能够站在与朱子学相同的高度上，成为中国思想史的又一座高峰。

第六节"陆象山在日本"。在本节中，吉田公平首先介绍了李朝朝鲜时候的情况，先于日本而接受朱子学的朝鲜王朝，其对朱子学的"定于一尊"的遵奉要远甚于同时期的中国，在此情况下，陆九渊与王阳明的学说都被定格为"反面教材典型"，任何公开的同情或支持陆王学说的言论，都可能招致横祸。这样的趋势即便在朝鲜王朝覆灭之后也没有改变，时至今日，朱子学依然是韩国儒学的正统（当然在很大程度上是以他们对本国大儒李退溪的崇拜为主），阳明学的研究则相对较少，遑论陆九渊。

明代后期的朱子学护教著作《学蔀通辨》在朝鲜很快得到刊刻，随后在17世纪初传入日本，这恐怕是日本最早接触到的与陆九渊相关的文献。由此而认定陆王心学只是错谬思想的林罗山虽然身为"御用学者"，但因为德川幕府本身并不以儒学为国教或者正统意识形态，因而很快就出现了像中江藤树这样的极度遵奉阳明学的士人。王阳明的主要著作得到刊刻，陆九渊的语录也以《四名公语录》的形式得到出版。但即便如此，中江藤树及其门人获益更多的是王阳明与王龙溪的思想，除了零星的提及之外，可以说整个江户时代都不曾出现过儒者真正严肃地对陆九渊的思想进行研究与体认。

第七节"陆象山的真面目"。在作为总结的最后一节中，吉田一方面认同王阳明对陆九渊的"粗"的评价："陆象山的思想，虽然在其思想表现上有稚拙之处，但他对新儒教的表征之一的性善说的本质进行了深刻的剖析，使人见之如同白日，并以此而对朱子的性善说理解的要害进行了敏锐的批判。"（第15页）另一方面，吉田还认为，王阳明的朱子学批判更多针对的是国教化之后定型僵化的"朱子后学"，而陆九渊的批判则针对朱熹本人，因而其证词是相当宝贵的（第16页）。这样的说法基本也是可信的。当然笔者认为，王阳明在很多情况下看似是在批判朱子学的"流弊"与其"不肖子孙"，实则就是针对朱熹本人的思想，但在对手毕竟是正统国教的情况下，直接的批评想必会引来诸多麻烦，所以才使用策略性的话语罢了。①

虽然仅仅是单篇的论文，但其中包含的内容与信息量并不少。尤其在阳明学兴起之后对陆学的推崇，并非真正意义对陆九渊之学的同情与了解，吉田的上述观点可以说是相当敏锐而具有见地的。但与此同时，就根本而言，文中反复出现的对于陆九渊学问的"纯粹"而"单调"的归纳，以及在朱、陆比较与陆、王比较时所体现出的对陆学本身局限性的评价，都或多或少会让人觉得，虽然文章在整体立论上力求持平公正，但一旦牵涉到对陆九渊思想自身的评判，则更多地站在了同情朱子学的立场上。例如吉田在第五节也说道："此单纯明快性同时也有着弱点：无法充分回应复杂多样的现实性。在确信自己就是正确的场合之下，很容易陷入对他者的激烈批判。"（第10页）

然而，看似简易直接的陆九渊之学问主张，是否真的意味着他就忽视了现实世界的无限复杂多样性？要回答这个问题当然很困难，但同样是以朱、陆比较作为切入点，或许还可以有其他的路径，结论也可能会变得大相径庭。

二、小路口聪的陆九渊思想研究

作为"二战"后日本迄今为止唯一一部真正意义上的陆九渊思想研究专著（因为前述吉田

---

① 《传习录》卷下的一段材料可以作为辅证："薛尚谦、邹谦之、马子辛、王汝止侍坐，因叹先生自征宁藩以来，天下谤议益众，请各言其故（中略）先生曰：'我在南都以前，尚有些子乡愿的意思在。我今信得这良知真是真非，信手行去，更不着些覆藏。我今才做得个狂者的胸次，使天下之人都说我行不掩言也罢。'尚谦出，曰：'信得此过，方是圣人的真血脉。'"事实上即便是在晚年，王阳明在诸多场合下的发言与行动依然是经过深思熟虑而作出，如此才可能在明代的恶劣政治环境中生存下来。对此问题，近年来例如武汉大学历史学院的焦堃教授的博士论文《陽明学と明の政治》曾加以关注，值得参考。

公平的著作只给了陆九渊不到一半的篇幅），小路口聪的《「即今自立」の哲学——陆九渊心学再考》更值得我们关注。首先来看一下该书的结构构成：

序　章　关于"学"的意义
第一部　陆九渊与朱熹
第一章　陆九渊与朱熹
第二章　陆九渊门人群像
第三章　朱熹的曾点观
第二部　陆九渊的朱子学批判
第四章　心病难医
第五章　事实之乐、言语之病
第六章　回响而充溢的声音之力
第三部　"即今自立"的哲学
第七章　陆九渊的"当下便是"是"顿悟"说吗
第八章　陆九渊的性善说再考
第九章　陆九渊的"即今自立"的哲学
终　章　追求真正之"学"

该书的第七章"陆九渊的'当下便是'是'顿悟'说吗"曾由笔者导师吴震先生翻译为中文，刊载在其编纂的《思想与文献——日本学者宋明儒学研究》（华东师范大学出版社 2010 年版），因此本文选取了另一篇具有代表性，并且可以回应上章结尾提出的问题的论文，即第五章"事实之乐、言语之病"。

在文章开头，小路口就引用了陆九渊在与朱熹的无极太极论辩中所说的一段话："古人质实，不尚智巧，言论未详，事实先著（中略）所谓'先知觉后知，先觉觉后觉'者，以其事实觉其事实，故言即其事，事即其言（中略）周道之衰，文貌日胜，事实泯于意见，典训芜于辩说（中略）以子贡之达，又得夫子而师承之，尚不免于'多学而识之'之见（中略）尊兄之才，未知其与子贡如何。今日之病，则有深于子贡者。"（"与朱元晦第二书"，见《陆九渊集》卷二，第 27 页）上述批判都指向一点，即"事"与"言"的乖离，更进一步地说，是"'语言'的记号化所造成的与'事实'的乖离。陆九渊在批判朱子学时常用的关键词'闲言语''闲议论''意见'，都无非是表达由'语言'之记号化所引起的与'事实'乖离的词语。"（第 173—174 页）经书的文字或者说圣人之言，如果没有被作为当下的自己切身的问题来进行把握与体认，则无论怎样进行明晰的讨论，都只是"闲言语"罢了。

陆九渊为何会认为朱熹之病有甚于"多学而识之"的子贡？这就首先要从二人的语言文字观说起。朱熹在《中庸章句》序中写道："及其没而遂失其传焉，则吾道之所寄，不越乎言语文字之间（中略）而微程夫子，则亦莫能因其语而得其心也。"小路口认为，朱熹的上述观点表明，他相信记载圣贤之"言语文字"的经书，才是通达圣贤之"心"的唯一道路。在具体的工夫论上，

"读书"亦即阅读圣贤的言语文字之作业，对朱熹而言是最重要的身心规训的过程："今欲理会这个道理，是天下第一至大至难之事，乃不曾用得句月功夫熟读得一卷书，只是泛然发问，临时凑合（中略）与圣人言语初不相干，是济甚事！今请归家正襟危坐，取大学论语中庸孟子，逐句逐字分晓精切，求圣贤之意，切己体察，著己践履，虚心体究。如是两三年，然后方去寻师证其是非，方有可商量，有可议论，方是'就有道而正焉'者。入道之门，是将自家身己入那道理中去，渐渐相亲，久之与己为一。而今人道理在这里，自家身在外面，全不曾相干涉！"（《朱子语类》卷一二一，第2918页）这正如小路口所言，是将"圣人言语"作为自身的问题，通过主体的阅读（"切记体察"），将此中所蕴含的"道理"（"圣贤之意"）进行内化与道成肉身（第178页）。为什么"圣人之言"会如此重要？就在于语言文字作为所有人都能辨识阅读的工具，是具有客观普遍性的（"圣人之言"尤其如此），通过"读书穷理"之不断摸索与体认的工夫，就能够达到真正意义的公共性与普遍性，因此在朱熹看来，陆九渊的所谓"自信""自得"之学，是充满了恣意与杜撰的主观性，是必须加以批判的（第182—184页）。

那么陆九渊的观点又如何？他在写给詹子南的书信中写道："日享事实之乐，而无暇辨析于言语之间，则后日之明，自足以识言语之病。急于辨析，是学者大病。虽若详明，不知其累我多矣。'石称丈量，径而寡失，铢铢而称，至石必谬，寸寸而度，至丈必差。'（下略）"（《陆九渊集》卷十，第140页）在此陆九渊指出当时的学者并未明白"学"的真正意味，也没有意识到自己已经陷入"言语之病"的窠臼，急于"辨析"便是学者最大的弊病。何谓"辨析"？小路口认为，这就是朱熹的"剖析"之说："大凡理会义理，须先剖析得名义界分各有归著，然后于中自有贯通处。虽曰贯通，而浑然之中所谓粲然者初未尝乱也。"（"答吴晦叔第十书"，《朱文公文集》卷四十二）在陆九渊看来，像朱熹这样通过语言而对对象进行详细明晰的分析，似乎使对象显得清楚可见，实则"语言"从"事实"中抽离出来，进而走向了抽象化、记号化的道路，其结果就是人会为此抽象化的语言体系所束缚，造成本末颠倒的事态（第191页）。在接下来的注释中，小路口试图从哲学层面来加以解释：我们通过语言来认识世界，学习语言，也就是学习"世界分节之方式"（世界の分節の仕方）。但是，"语言的日趋符号化，一方面看起来似乎是精密化，但这并不意味着人类生活或者生存方式整体之中的正确性。因为部分的正确，反而会失去在全体之中的定位。"[中村雄二郎：《劇的言語》（增补版），朝日新闻社1999年版，第12页]陆九渊批评朱熹所用的"支离"，也正是在此意义上。前面所引用的陆九渊的书信中提到"石称丈量"出自《汉书》卷五十一"枚乘传"，意思是对少量对象进行称量，则如此积累到大的数量，必定会产生很大的偏差，引申出去的意思就是过于执着于细节而错失大局。放在陆九渊对朱熹式读书穷理工夫的批评的脉络中，就是"以语言为武器，通过精致的分节，进入'精微'之处，这在细节上或许可以获得详细明晰的认识。但此分节在不断细分的情况下，'语言'也就日渐远离'事实'，失去了纵观全体的视点，与此同时也远离了全体（＝活生生的现实）。"（第195页）

当然，或许会有读者质疑：难道朱熹不会觉察到这种远离"事实"的危险吗？小路口认为，陆九渊所批判的"言语之病"，"语言"本身就具有没有止境的自我增殖的能力。"（译者按：朱熹所作的对经典的）解释，说到底是在'语言'的基础上产生微妙的偏差的差异化的工作（中略）意义产生意义，解释（注）再产生解释（疏）（中略）但是，毋宁是说，'语言'逐渐地从'事实''人情'之现实的'生活世界'中，从'生命'的实感中游离出去。并且最终，也会离开说话人之手，构筑出独立的世界。'传注'这种'迷宫'世界的存在之基盘，可以说正是在'语言'这样一种自身独立存在的系统上。通过对圣贤言语的模仿假借，并加以巧妙的绘事，人们在其中仿佛会看到一个庄严的宇宙（中略）然而，这说到底只是由'语言'所巧妙构筑起来的假象世界。"说到底，这只是一个构造精巧的"疑似现实"。陆九渊认为在这样的语言世界中，是不可能存在真正的"安心"之场的（第 202 页）。上述论述哲学味道很重，我们也完全可以看做是小路口个人的发挥，而并非陆九渊本人所可能意识到的问题了。

在接下来的第四节"'讲学'—'胜心'批判"，小路口进一步介绍了陆九渊对于朱熹的"讲学"方式所导致的学者好胜心的有害之处。陆九渊曾告诫弟子曹立之："若各以言语占道理，其叙述他人处，必如法吏之文致，则只成是必欲其说之胜，非所以求至当也。大抵人之所见所学，固必自以为是，与异己者辨，固当各伸其说（中略）然至其未能尽他人之说，而果于自是，则势必归于欲己说之胜，无复能求其至当矣。"（"与曹立之第二书"，《陆九渊集》卷四，第 40 页）陆九渊指出，语言层面的争论，因为语言的相对性而必然在此世界中无法得到最终的解决（因而无法找到"至当"点），从而沦为各自主张自己的观点的正当性。小路口特别提醒我们注意陆九渊所说的"必如法吏之文致"，在他看来，"'法律'的言辞正是彻底排除第一人称、第二人称的现实，在此基础上构筑的高度抽象的特殊语言①。在此，'事实'世界中的个别性被极力地排除（中略）在这样的世界中，确实通过辩论，或许能够满足'胜心'。在陆九渊看来，今日论'学'者之间在'讲学'现场所做的，正是这样的事态。但是，这样是无法得到真正'安乐'的。得不到'安乐'，'至当'也就不可能。"（第 206—207 页）

在某种程度上可以说，正因为表面上学者是为了求"上进"，并在与同志、师友的切磋琢磨与互相比较中出现"胜心"，所以如果对此没有足够的敏锐，反而会觉得这是好事而茫然无知：

> 伯敏问云："以今年校之去年，殊无寸进。"先生云："如何要长进。若当为有时而不能为，不当为有时而为之，这个却是不长进。不恁地理会，泛然求长进，不过欲己先人，此是胜心。"（《语录》下，第 74 条）

陆九渊所批判的，是学者并非真正致力于求道的"为己之学"。为了在与他人的比较中表现好过对方而获得自我满足感，这终归是"为人之学"。这样的问题，往往更多地表现在意志坚定、天资聪慧的人身上，因为他们更容易在与他人的论辩中获胜，从而满足一己之"胜心"，这样的典型正是朱熹。这一点，早年就与朱熹结交认识的张栻（1133—1180）很早就注意到："虑元晦学行，为人所尊敬，眼前多出己下，平时只是箴规它人，见它人不是，觉己是处多，它人亦惮元晦辩论之劲，排辟之严，纵有所疑，不敢以请（中略）万有一于所偏处，不加省察，则异日流弊，

---

① 小路口所说的"法律"，很可能是近代德国法影响下的大陆法系（日本近代法律体系基本是参照德国而确立）印象对古代的投影。

恐不可免。"（"与朱元晦第十一书"，《南轩集》卷二十，广学社印书馆，第511页）

小路口在该章的最后说道："'道'说到底是'生命'的直接的体验之事实，是在具体的行为之现场、在实践主体面前显现的东西。这是一种生活的直接的喜悦的体验，以及享受'乐'的体验（中略）由于被'文字言语'所占有夺取（中略）'道'被关闭在经书的'文字言语'之中，'知道'就成为了知识人的特权。"（第223页）这也就意味着，不通文字的人们被彻底排除在外，朱子学在根本上是"读书人之学"，是"为新兴士大夫阶层的习性（ethos）辩护的伦理学"（同上）。也正是在这个意义上，我们才能理解陆九渊所说的"若某虽不识一个字，亦须还我堂堂地做个人"。（语录下，第86条）

对于小路口的立论，我们应当如何评价？从前面的介绍不难看出，小路口的论述非常具有哲学思辨的特色，无论是他对于朱熹工夫论的剖析（语言本身不可避免的歪曲性），还是对陆九渊的"事实之乐"的颂扬。当然，由于本章更多地侧重于陆九渊对朱熹的限于语言迷宫而不自知的批判，陆九渊本人的工夫以及其背后所隐含的意义并没有特别得到彰显。但为了分析小路口本人的立场，还是要在此作一点补充。事实上，小路口在该书序章开篇就毫不迟疑地搬出了日本著名现象学研究者鹫田清一的"临床哲学"论，在此后也反复提及。那么何为"临床哲学"？鹫田清一认为："临床，就是在苦难的现场，从那里开始出现疑问（問いを紡きだしていく），这才是从一开始所要寻求的东西。哲学仅仅关注于说（語ること）与分析，对于'听'（聞くこと）的作用则过于缺乏敏感。"小路口就认为，陆九渊在与他人的交谈中，他者正处在这种痛苦的"临床"之现场（心思无法专一、读经典觉得没有长进等"成圣"的烦恼），并向陆九渊敞开心扉，而陆九渊的教学特色，正是要真正身处一个个求学者所面临的具体的"心病"的现场并给予指点（第254页）。这个现场，是一个一旦错过就再也无法重现的"一次性的、无可替代的时间。此即时即刻亦即'即今当下'的'现在'，才是功夫的现场"。（第358页）也正是如此，所以小路口指出，陆九渊虽然也说"理"或"天理"，但这都是"此理"，陆九渊所说的"心"，也是"此心"，陆九渊常说的"即今便是""即今当下"的所谓"即今"，就是"自我"与"他者"（此处小路口原文用的是"物"，但很显然陆九渊的关注对象基本仅限于人，所以用"他者"来描述才是更准确的）的具体的、现实的当下之现场，亦即"临床之现场"（同上）。

由此我们再来看前文吉田公平部分笔者在最后提出的问题：陆九渊的强调"自立""知本"等主张，是否就意味着他无法解决现实世界纷繁多变的问题？朱熹的极其复杂缜密的格物穷理工夫，是否就真的能通向"豁然贯通"的"理一"的世界？在小路口看来，朱熹的工夫虽然看似严谨扎实，并且总是要求人们按照"圣人之言"，亦即经书作为自身模仿的对象与判断标准。但这种对于"语言"的无条件的信任，忽视了语言本身就是对无限多样化的现实世界进行抽离与简化的特征，所以看似在事事物物上都力求"毫发不差"，实则这种追求如果本身是以经书为主的语言文字作为参照的话，那么无论如何其实从一开始就注定了不可能达到事物本身之"理"，而恰恰是会在语言（经书原典以及对其进行注释、疏解）所编织起来的日益精密而复杂的假象世界中无法自拔，而误以为在此闭合的世界中就能够找到真正的"理一"。

陆九渊其实并不反对读书:"(某)何尝不读书来?只是比他人读得别些子。"(《陆九渊集》卷三十五"语录下")这里的能多读出一点"别些子",并非他比别人更能够通过文字训诂、义理考订等方法了解"圣人之言"乃至"圣人之意",而是他即便在读书时也并没有被语言世界所编造出的精美假象所迷惑而深陷其中。在陆九渊看来,语言首先就是有限的,是无法直接与现实一一对应,因而我们是没有办法直接通过语言而把握"事实"的。我们的生活世界必然是处于永远流动而变化的状态,无论运用多么复杂的概念与思辨,其对于现实的描绘与把握都必然是具有滞后性与片面性的。所以,关键就不在于如何从现实世界抽取出来的观念群所构筑的人工大厦中流连忘返,而应当将注意力与精神都全神贯注地放在"当下"这个刹那而转瞬即逝的时刻,放在真正活动而跳跃的我此时此刻的"心"上。

这样一种"陆九渊 = 当下主义"VS."朱熹 = 沉溺于语言假象"的二元对立,平心而论或许有些操之过急。毕竟主张身体力行的朱熹也并非只让人读书,他自己对现实世界的观察非常敏锐,对自身所构筑的理气论世界在解释效力上的有限性,尤其在晚年也有一定的认识。[①]更何况如果要说运用哲学来试图为"朱陆之争"提供新的武器与讨论切入点的话,那么小路口本人也不可能不知道,作为"现代哲学转向"的语言哲学,能够在最近几十年始终占据哲学阵营的核心位置,恰恰是因为当代哲学家大多承认,在"政治的动物"或者"理性的动物"之前,人首先是"会使用语言的动物"——语言使得我们对自身、对世界的思考成为可能,我们根本不可能设想真正摘下"语言"这副"有色眼镜"去直接面对"活生生的世界"。所以如果说朱陆之争对于我们这个时代还有多少启迪意义,那或许是这样的问题:我们究竟应当如何才能做到,从具体而变幻无穷的"现实"之特殊性中抽离与提取出相应的具有普遍性的观念与认识之后,如何不至于迷失在语言的迷宫中?这也正是维特根斯坦在《哲学探究》所说的:"我们踏上了光滑的冰面,没有摩擦,因此在某种意义上条件是理想的,但我们也正因此无法前行。我们要前行,所以我们需要摩擦。回到粗糙的地面上来吧!"

作者简介:陈晓杰,武汉大学哲学学院讲师,日本关西大学东亚文化研究科博士。

---

① 对此,可参看拙稿《论朱熹的"主宰"之天》(《哲学与文化》2018 年 6 月)。

再思李材的心学思想

——兼论其与王阳明思想的联系 *

张慕良　焦　玉

摘要：黄宗羲在《明儒学案》中对李材思想的定位应是我们从事哲学研究的"反思"对象，而非"逻辑起点"。经"反思"后的研究使我们得出：李材强调"学急明宗，不在辩体"正是针对阳明诸弟子的空谈"良知"之病；其专揭"修身为本"则是此病之"药方"，而欲学者回归于实修实行的"实"致良知。所以，李材的学术思考与教学之方是对阳明思想中本有的积极性因素的继承与发扬，此亦说明了阳明学的真精神不在固守"致良知"之"言"。对李材思想的再思考或为梳理阳明心学发展脉络及挖掘阳明文化精神等问题提供思路借鉴。

关键词：李材；致良知；学急明宗，不在辩体；修身为本

当前学界大多认李材为虽学王学但非尊依王学之人，讲他另立"止修"为宗，并兼取朱子之法以"修正"阳明之学，若追溯其源可知，这些观点大体不出《明儒学案》中的判词。我们在此提出：有关李材思想及其与王阳明思想关系的上述观点并不是一种合理的哲学把握方式，对《明儒学案》之观点的"非反思"性认识或使李材思想中所具有的阐释王阳明思想的积极性因素被遮蔽。鉴于此，本文拟着重从学理角度再谈李材的心学思想及其与王阳明思想之间的关系，与此相关的更为翔实的史料性佐证，我们将留于即将出版的《李材年谱》中。

一、"反多一张皇"吗：略析《明儒学案》对李材思想定位的出发点

将李材思想主旨与"止修"联说，大体本于黄宗羲所编的《明儒学案》。作为阐释并总结明代学术发展史一家之言的"子书"，[①] 黄氏理解李材思想的学术立场为何？这一问题可上追至黄

---

*　国家社科基金一般项目"刘宗周大传与年谱长编"（项目号：20BZX079）。

① "子书"的提法参照朱鸿林先生对《明儒学案》一书性质的评价。详见朱鸿林：《〈明儒学案·发凡·自序〉研读》，见《〈明儒学案〉研究及论学杂著》，北京：生活·读书·新知三联书店2016年版，第75—77页。

氏之师刘宗周如何看待"王阳明—邹守益—李材"师承间的思想关系。

刘宗周评价王阳明及其所言"良知"时讲：

> 先生命世人豪……其为廓然圣路无疑。特其急于明道，往往将向上一几，轻于指点，启后学躐等之弊有之。天假之年，尽融其高明卓绝之见而底于实地，安知不更有晚年定论出于其间？

> 先生之言曰："良知即是独知时。"

> 至其（阳明）与朱子抵牾处，总在《大学》一书。朱子之解《大学》也，先格致而后授之以诚意；先生之解《大学》也，即格致为诚意。其于工夫，似有分合之不同，然详二先生所最吃紧处，皆不越慎独一关，则所谓因明至诚，以进于圣人之道，一也。①

由以上文字可以清晰地看出，刘宗周对于王阳明思想的理解与诠释的根本指向为：一是"致良知"非是圣学之"终教"，它需要进一步发展与完善；二是这种发展与完善之最终应归于自己所讲"慎独"之说。正是在这样的前提下，刘宗周对以"独知"讲良知的邹守益自然是要加以推崇。刘宗周评价邹守益之学时讲：

> 东廓以独知为良知，以戒惧慎独为致良知之功。此是师门本旨，而学焉者失之，浸流入猖狂一路。②

> 先生（阳明）门人遍天下，自东廓先生而外，诸君子其最著与？（《师说·王阳明守仁》条）③

刘宗周没有明确点出此"猖狂一路"为何人，但其对李材思想的看法显然是带有此种批评之意的，"文成而后，李先生又自出手眼，谆谆以'止修'二字压倒'良知'，亦自谓考孔、曾，俟后圣，抗颜师席，率天下而从之，与文成同。昔人谓'良知'醒而荡，似不若'止修'二字有根据实也。然亦只是寻将好题目做文章，与坐下无与。吾人若理会坐下，更何'良知''止修'分别之有？先生魄大，以经世为学，酷意学文成，故所至以功名自喜。微叩其归宿，往往落求可、求成一路，何敢望文成后尘！"④

至黄宗羲作《明儒学案》，在三人思想关系的认识上是完全参照其师之说，⑤ 并以"止修"标

---

① 黄宗羲：《明儒学案·师说》，见《明儒学案》（上），北京：中华书局2010年版，第7页。
② 黄宗羲：《明儒学案·师说》，见《明儒学案》（上），北京：中华书局2010年版，第8页。
③ 黄宗羲：《明儒学案·师说》，见《明儒学案》（上），北京：中华书局2010年版，第7页。
④ 黄宗羲：《明儒学案·师说》，见《明儒学案》（上），北京：中华书局2010年版，第13页。
⑤ 刘汋所作《蕺山刘子年谱》记：有明学术庞杂，先生依《名臣言行录》例以次诸儒，有特书者，有附见者，不以成论为然。薛敬轩、陈白沙、罗整庵、王龙溪皆有贬辞，而方文正、吴康斋，人所不属者，先生以正传归之。又常谓羲：阳明之后不失其传者，邹东廓、罗念庵耳。作《有明道统录》。（参见刘汋：《蕺山刘子年谱》，见《刘宗周全集》第6册，杭州：浙江古籍出版社2007年版，第45—46页）此证黄宗羲所受刘宗周之教。黄宗羲在《江右王门学案一》开篇即指出，"姚江之学，惟江右为得其传，东廓、念菴、两峰、双江其选也。……皆能推原阳明未尽之旨。"[黄宗羲：《江右王门学案一》，见《明儒学案》（上），北京：中华书局2010年版，第331页] 此句尤其注意，黄宗羲不仅依其师之意推崇江右之学，并且更进一步强调江右一脉"推原阳明未尽之旨"，其意即是指出，阳明本人思想并未达完善，其江右后学对此有所补救与发展，而最终之完成处却是在其师刘宗周，此可对证于黄宗羲在《姚江学案》中对王阳明思想"后三变"的认识中。按黄宗羲所讲，阳明自

榜李材之学旨：

> 先生初学于邹文庄，学致良知之学。……曰："总是鼠迁穴中，未离窠臼也。"于是拈"止修"两字，以为得孔、曾之真传。
>
> ……其实先生之学，以止为存养，修为省察，不过换一名目，与宋儒大段无异，反多一张皇耳。①

黄宗羲又引许孚远对李材之评价，"见罗谓道心人心，总皆属用，心意与知总非指体。此等立言，不免主张太过。中固是性之至德，舍道心之微，更从何处觅中？善固是道之止宿，离心意与知，却从何处明善？性无内外，心亦无内外，体用何从而分乎？"②并认为许氏之言"深中其病"。

从以上内容中我们可以简要梳理出下述脉络：刘宗周对王阳明"致良知"的理解与诠释是为其自家"慎独"之说作铺垫，其肯定江右王门之学，亦正因邹守益"以独知为良知，以戒惧慎独为致良知之功"，与己"慎独"之意合。所以，曾学于邹守益而又被刘、黄冠以改立"止修"为宗的李材，必然被认为是阳明学脉的"离道者"，此可谓是刘宗周与黄宗羲评价李材思想之"标准"与立场，所以黄宗羲亦不把李材立于江右，而是另立一《止修学案》。黄氏《明儒学案》的分派方式在史学意义上为我们提供了了解明代学术传承史的宝贵文化资源，但这里需要加以"反思"的是：刘、黄二人是以其"一家"所诠释的王阳明思想作为评判其后学的"标准"，他们所理解的王阳明思想是否即是得王阳明思想之"真"？③这种追问并非无根据，试想作为王阳明亲传弟子的王门诸后尚有误解其师之意，晚于王阳明后几十甚至百年而出之刘、黄的评语是否亦会有所偏颇？显然这些都是需要我们再作研究才可得出结论的。本文此处暂不对刘、黄理解王阳明思想的合理与否作展开论述，仅就在上述问题的追问下指出：在刘、黄二人立场下定位的李材应是我们从事思想研究的"反思"对象，而不应是思想研究的"逻辑起点"。

由于上述原因，我们提出应在哲学研究的维度中"再思"李材思想的主旨以及其与阳明思想的联系。在这种"反思"的维度中，我们首先追问的是：尊崇阳明之学之李材，④为何不提"良

龙场一悟后，首以"默坐澄心为学的"，江右以后"专提致良知"，居越以后，"所操益熟，所得益化，时时知是知非，时时无是无非，开口即得本心，更无假借凑泊，如赤日当空而万象毕照"[见黄宗羲：《姚江学案一》，见《明儒学案》（上），北京：中华书局 2010 年版，第 180 页]，此为阳明学成之后的"后三变"。刘述先先生对此指出，"由梨洲的观点看，致良知教不能是终法，而他又不愿意贬抑阳明，故他把致良知教移前，成为学成以后之第二变，……最后的终教自不能在阳明那里找，只能归之于蕺山之教，此所以梨洲必须煞费苦心改写阳明思想前后三变之故。"（刘述先：《论王阳明的最后定见》，见吴光主编：《阳明学综论》，北京：中国人民大学出版社 2009 年版，第 7 页）

① 黄宗羲：《止修学案》，《明儒学案》（上），北京：中华书局 2010 年版，第 667—668 页。
② 黄宗羲：《止修学案》，《明儒学案》（上），北京：中华书局 2010 年版，第 667—668 页。
③ 当然，我们并非欲作"较真儿"的科学性追问，因为刘、黄二人理解王阳明思想这个过程本身是一个哲学诠释学而不是科学诠释学的问题，此处这种追问可看做我们为说明问题而有的一种自觉的片面性。
④ 此处先立此结论，后文中有文字相为证。另，从现存文字所记，难见李材有所谓不尊阳明而"自出手眼"之证，反而是其父子与阳明一脉有着极为密切的关系。《李见罗先生行略》记：邹文庄与襄敏公（李材之父李遂）为莫逆友，公（李材）以犹子及门，文庄喜甚。《丰城县志·列传》记李遂"弱冠从欧阳德学"，《王阳明年谱》又记，"三月，门人李遂建讲舍于衢麓，祀先生。"

知"而专揭"修身为本"？

二、"学急明宗，不在辩体"：李材思想的"靶子"

李材在其论学书中多次强调"学急（贵）明宗，不在辩体"。按其意，"体"即是阳明诸弟子所辩"何谓良知"，而"宗"则为李材所强调孔子求仁，孟子性善，《大学》所讲"壹是皆以修身为本"之一脉，亦是被阳明先生所发明之学宗。

阳明所宗在何？此问题我们在《"信心"与"言心"——思考王、湛之别的一个维度》一文中已做详细论述，[①] 此处只引该文中相关内容作扼要说明：在面对朱子学所留下的"心""理"（"性"）二分之问题时，王阳明所继承的是陆九渊的问题追问，在"既不知尊德性，焉有所谓道问学"[②] 的"心"的哲学立场下对"理"之为理的合理性前提进行认识论层面的追问，而其找到的能够与"明德"之"本体"所直接相联系之处，即在于"良知"。孟子言，"人之所不学而能者，其良能也；所不虑而知者，其良知也。孩提之童无不知爱其亲者；及其长也，无不知敬其兄也。亲亲，仁也；敬长，义也；无他，达之天下也。"（《孟子·尽心上》）此句非以"知""能"定义人性初本之"良"（即"思考"出一个良知、良能作为人性为善的根据），而实乃为与人表达不可言说之人性之"真实"而强为之说，欲人由此而体察人性之本（善）。这一点是被王阳明所理解到的，王阳明《年谱》中记：

> "某于此良知之说，从百死千难中得来，不得已与人一口说尽。只恐学者得之容易，把作一种光景玩弄，不实落用功，负此知耳。"先生自南都以来，凡示学者，皆令存天理去人欲以为本。有问所谓，则令自求之，未尝指天理为何如也。间语友人曰："近欲发挥此，只觉有一言发不出，津津然如含诸口，莫能相度。"久乃曰："近觉得此学更无有他，只是这些子，了此更无余矣。"旁有健羡不已者，则又曰："连这些子亦无放处。"[③]

按阳明所讲"不得已与人一口说尽"，"未尝指天理为何如"，"觉有一言发不出"，"连这些子亦无放处"等语，皆是在思想中保持对于以知识建立"理"学思维方式的拒斥，而要人于实实在在的人行之中来体察"天理"。以"心"统摄"理"的"致良知"之教乃是"朴实"而非"议论"之学，在《道性善编》中，李材对这一"学宗"的理论内涵进行了较为完整的论述。《道性善编》

---

① 参见张慕良：《"信心"与"言心"——思考王、湛之别的一个维度》，《北京师范大学学报（社会科学版）》2020年第3期。

② 语见陆九渊《语录》："朱元晦曾作书与学者云：'陆子静专以尊德性诲人，故游其门者多践履之士，然于道问学处欠了。某教人岂不是道问学处多了些子？故游某之门者践履多不及之。'观此，则是元晦欲去两短，合两长。然吾以为不可，既不知尊德性，焉有所谓道问学？"（陆九渊：《语录上》，见《陆九渊集》，北京：中华书局1980年版，第400页）

③ 王阳明：《年谱二》，见《王阳明全集》（下），上海：上海古籍出版社1992年版，第1279页。

为李材集《孟子》之文并加以注释，借以阐发其思想主旨之作，全篇文字应作一整体来解读。《道性善编》首言：

> 孟子道性善，言必称尧舜。

> 李材注言："孟子与世子岂一言乎？万语千言，约其旨只是道性善。岂独语世子，即全书所道者，皆性善也，此《孟子》宗旨也。他章或言情、或言才、或言知能，知能者才也，皆所以道性善也。学必明宗，要知其旨。"①

李材指出《孟子》一书主旨是讲"性善"，其他章节言情、才、知能都是为说明"性善"。进而，李材区分了孟子所讲"性善"与他人所讲"性善"的不同，如门弟子所记道性善等都是只记其言，不明其理，即只是对"性"的非反思的直接规定。李材强调，"性不可见，言性者，只是言其故而已矣"，②这句话正点明了"性"是那个"莫见莫显"的"隐微"形而上者，此为孟子所追问之"性"，"以故言性，岂独凡（人）言性者，虽圣人之言性也，亦只言其故而已矣。"③这是讲，"性"本身虽不可言说，但性之"故"又是"人"对于形上之"性"把握的不得已手段，然并不可以性之"故"代替"性"本身，"人生而静，以上不容说，才说性便已不是性"④。

沿此思路，李材讲："孟子最雄辩，舍故以言性，恐孟子亦难下口也"，⑤此是说孟子亦不得不通过性之"故"（即通过"性"的对象性彰显）对"性"加以把握，"凡感于情，动于知能之用者，孰非故也，而利不利分矣。利者何？顺也。孟子只在这里讨分晓，就其顺而动者，则知其为性之本色也；非顺而动者，则知其非性之本色也"，⑥虽只能在"故"中，但孟子之思考在于是否依照人的真实本性所发来把握"性"：能够按照人性的真实自然之"状态"而行的为"性"之本真之发，不能按照人性之知的自然"状态"而行的，就不是"性"之真实所发，"非顺而动者"即为"伪"。李材讲，"以故言性，孟子之所以与人同也，以利为本，则孟子之所以与人异也。"⑦与人同处都在"故"，即在"性之动"中把握对人性之知；所不同处，则是是否依照人的本性而行，"利者何？顺也。"孟子之"利"（"顺"）正是本于《中庸》所讲"率性之谓道"之"率"，所以"顺动则皆性之本色矣"。⑧

"性之动"在何处体现？在情。"性不可见，可见者情而已。水寒火热，标本岂容有二，信得情，故信得性，情之可以为善者，性为之也。此吾所以道性善也。"⑨"信得情，故信得性"，由人之感情之"已发"作为考察"性"之"中介"，情善则"性善"。如此，"性善"之问题就不是将"性"作内容规定的本体论问题，而是在性情之间"未发"与"已发"的辩证关系中来认识"性"的认

---

① 李材：《道性善编》，见《见罗先生书》卷二，万历李复阳刻本。
② 李材：《道性善编》，见《见罗先生书》卷二，万历李复阳刻本。
③ 李材：《道性善编》，见《见罗先生书》卷二，万历李复阳刻本。
④ 李材：《道性善编》，见《见罗先生书》卷二，万历李复阳刻本。
⑤ 李材：《道性善编》，见《见罗先生书》卷二，万历李复阳刻本。
⑥ 李材：《道性善编》，见《见罗先生书》卷二，万历李复阳刻本。
⑦ 李材：《道性善编》，见《见罗先生书》卷二，万历李复阳刻本。
⑧ 李材：《道性善编》，见《见罗先生书》卷二，万历李复阳刻本。
⑨ 李材：《道性善编》，见《见罗先生书》卷二，万历李复阳刻本。

识论问题。那么，接下来就需要思考的是："情"何以"善"？李材认为"情善"乃是因"情"是与人之"性"所连接的最真实、直接的表达，"率性而动，皆非所谓外铄我者矣。"① 他引《孟子》中所讲"乍见"一事并注言：

> 如何说入井，如何又说孺子入井，如何又要说是乍见入井？盖入井者，事之最可矜怜者也。孺子，于人最无冤亲者也。而又得于乍见，是又最不容于打点者也。以最无冤亲之人而有入井可怜之事，又忽然得于乍见，不知不觉发出怵惕恻隐，苦口苦心，只要形容一个顺字。如何只要形容这个顺字？盖不顺，则外面的便有打点装饰，不与里面的相为对证矣。此正所谓以故言性也，以利为本也。正孟子道性善之巧机也。而以为道情善者，非也。故下文紧紧点出端字。仁之善具于内，而恻隐之端露于外，义之善具于内，而羞恶之端露于外，礼之善具于内，而辞让之端露于外，智之善具于内，而是非之端露于外。故孟子道恻隐者，欲人信性之本仁；道羞恶者，欲人信性之本义；道辞让者，欲人信性之本礼；道是非者，欲人信性之本智。信得性而后学有归宿。若以谓道情善，直于情上归宗，则有恻隐者，亦容有不恻隐者矣。有羞恶者，亦容有不羞恶者矣。善不善杂出，教人如何驻脚？②

"乍见"之时为何时？"盖入井者，事之最可矜怜者也。孺子，于人最无冤亲者也。而又得于乍见，是又最不容于打点者也。以最无冤亲之人而有入井可怜之事，又忽然得于乍见，不知不觉发出怵惕恻隐"，李材虽极力以语言为之"描写"，其实际是欲人"体悟"那样一个作为占有时间长度又不占时间长度之处，此正是人之情感最真实、最直接的呈现之处，它是无前提的、自明的，李材强调其为"顺"，"乍见"之处即是与"性"最切近之"中节"。所以，"不知不觉发出怵惕恻隐"，正是人之"性"之真实外显。正因此，所谓"仁义礼智"并非外在的对人性之"规定"，而是基于人性作为"类"本性之自然而然的属性而言，"仁义礼智"因此是人人之所同然，此谓"仁，人心也"。所以，"学问之道无他，求其放心而已矣"，"心之官则思，思则得之，不思则不得也。此天之所以与我者，先立乎其大者，其小者不可夺也。"李材注："人生而静，天之性也。感于物而动，性之欲也。物至，知之。然后好恶形焉。好恶无节于内，知诱于外，不能反躬，天理灭矣。此最得古人用思之理，大率为物引者，只是不能反躬。思则得之者，只是不令知诱于外。大者，先立常止也。小者，不能夺此物交之所以不复能牵引也。立字非漫言，确然有个归宿。"③ 此正是言以"心"作为确立"理"之合理性之前提，"心之所同然者，何也？谓理也、义也"④。

接下来，李材又举"夜气"之说，复以性情之已发与未发"辩证性"说明"性善"之意。他讲：

> 孟子百计千方，婉婉转转，只要发明性善，然必竟无方拈掇得出，必竟只是言其故而已矣，以利为本而已矣。乍见怵蹴指点，已劳念之人生，有几个陡然遇着这等光

---

① 李材：《道性善编》，见《见罗先生书》卷二，万历李复阳刻本。
② 李材：《道性善编》，见《见罗先生书》卷二，万历李复阳刻本。
③ 李材：《道性善编》，见《见罗先生书》卷二，万历李复阳刻本。
④ 李材：《道性善编》，见《见罗先生书》卷二，万历李复阳刻本。

景？有几个濒死遇着这个境界？则何处讨恻隐羞恶的本相来？故又就日夜息处点出，平旦时一段气象，其好其恶，坦然一个顺机，是又性善的头面发露处也。情善故才善，性善故情善，乃若其情，则可以为善，真孟子道性善本质也。若不识宗旨，于四端之外又去寻讨一般夜气，岂不支离，岂不重添萦绊。①

进一步，李材区别作为形上之（人"类"之）"性"与"生之谓性"的差别。盖"性者，生之理也。知生之为性，而不知所以生者，非知性者也"。②犬、牛之性，乃亦同是"饥欲食，渴欲饮"之人之自然性，固当为性，但人之性中亦有不同于自然性之性，"凡有知觉运动者，孰非生乎？若不本其生之所由，而惟据其迹之可见，则知礼知义者，固知觉也。而知食知色，亦知觉也。以至于知有食色而不知有礼义，亦知觉也。同一知觉，同一运动，可云何者非生？生既是同，可云何者非性？"③人所区别于"动物"之性处，即在于人之"礼仪"之"命"，所以"君子所性，仁义礼智根于心"。李材注：

> 心者，性之发。灵性者，心之蕴奥。仁义礼智，正所谓性之德也。君子之所性分
> 定者，恃有此而已。根之一字，最宜味。譬之树，枝叶皆可见，惟根不可见。不可见，
> 然所以发荣滋长者，皆根为之也。知根之为义，而性之归趣，可得而识矣。④

"根"字，点出人人心中所同之"理"之存在之客观性，人人皆同此心，所以"大人者，不失其赤子之心者也"，李材注：

> 孟子真善点掇，到此又拈出一个赤子之心，须知赤子之心，从何得来？只为性善
> 之故。人同此善，赤子之心从何得来？只为不虑之故。知赤子之心，自于不虑，而大
> 人所以不失其赤子之心者，其道之端的，可知其来由矣。⑤

其修养工夫，即在"存其心，养气性"。

> 尽其心者，知其性也。知其性则知天矣。存其心，养其性，所以事天也。

> 李材注：存其心，是尽心的工夫。养其性，是知性的工夫。存之又存，以至于无有
> 不存，而心尽矣。心无有不存，而性得其养矣。存养本是一路，要析言之，则养为存
> 之主意，存为养之工夫，此事天之工，而知性知天，自其分内事矣。求放心，即是存
> 之之方。苟得其养，无物不长，即是养之之意。故敢谓，孟子复性之宗，惟在一养。⑥

由此可见，李材在《道性善编》中面对如何把握形上之"性"问题时所表达出的"哲学立场"是生存论的，其基本内容是：以人的真实存在境遇及生存发展的内在矛盾为基础而"反思"对

---

① 李材：《道性善编》，见《见罗先生书》卷二，万历李复阳刻本。此说法可对比王阳明所讲。《传习录》记："良知在夜气发的，方是本体，以其无物欲之杂也。学者要使事物纷扰之时，常如夜气一般，就是通乎昼夜之道而知。"[王阳明：《传习录三》，见《王阳明全集》（上），上海：上海古籍出版社1992年版，第106页]

② 李材：《道性善编》，见《见罗先生书》卷二，万历李复阳刻本。

③ 李材：《道性善编》，见《见罗先生书》卷二，万历李复阳刻本。

④ 李材：《道性善编》，见《见罗先生书》卷二，万历李复阳刻本。

⑤ 李材：《道性善编》，见《见罗先生书》卷二，万历李复阳刻本。

⑥ 李材：《道性善编》，见《见罗先生书》卷二，万历李复阳刻本。

"道""理"的认识，并安放于日用伦常之中对其进行把握。站在人之情感的真实性中，来确立作为"理"之存在的合理性前提，这一立场在根本上所否定的是把"理"作外在化分析的知性思维，这与王阳明所讲"致良知"在立论立场与思维方式上是一致的。如上所讲，能持赤子之心者为"大人"，赤子之心，从何而来？李材讲，"人同此善"，从"不虑"而来。不虑为何？"不虑而知，良知也"，"不虑而能，良能也"。李材解为：

> 孟子认定了性善，故情可谓善。若夫为不善，非才之罪也。孟子认定了情善，故才无不善。只怕人不信得性善，无地归宗，故又以知能之良者表之。知能者，则正所谓才也。知能之良者，则正所谓情之可以为善者也，才之无不善者也。孩提之童，无不知爱其亲者，孰为之也？乃其长也，无不知敬其兄也，又孰为之也？故曰：亲亲，仁也。即所谓恻隐之心，仁之端者是也。性中若无仁，孩提之童如何知爱亲？敬长，义也。即所谓羞恶之心，义之端者是也。性中若无义，孩提之童如何知敬长？达之一字，义尤明白。只是一个顺，所谓火燃泉达，充之足以保四海者，此之谓也。然充者，非是寻取既往之怵惕恻隐来充达者，不是寻取孩提之爱敬来达，信其性之本善，而知所归宗，达其性之本善，而知能之用莫非良矣。①

三、"口说致良知，不曾实致良知"：专揭"修身为本"

李材在《答李时乾》书中讲述其学"致良知"的经历：

> 承教领悉，大率承沿致良知之说，不实致之，而不知良知之未易以致也，不但未易致，且不知良知之未易以知也。良知之说，起自孟子，孟子之言良知，亦不易矣。其指点良知，亦甚劳矣。于孩提之最无知识也，而指其爱亲敬长，于乍见孺子入井之最不容于思虑也，而指其怵惕恻隐。然孟子之所以指此者，何哉？所谓乃若其情，则可以为善矣，乃所谓善也，则孟子本旨也。……仁义理智，非由外铄我也，我固有之也。端者何？则绪之隐于中而见于外者也。所谓孟子道性善者，此也。后儒不识也。不缘知能之良以探性善之固有，乃欲执知能之偶良，据之以为充括之端倪。……故借尝以孩提之爱敬，不可以追，惟乍见之怵惕恻隐不可以扩充者，正为此也。世人之口说致良知，不曾实致良知，若实致良知，则必知良知之未易以致矣。……所以丁巳疑之，曾为知体之说，辛酉悟之，复为性觉之论，丙寅而后，悟之乃渐有知本之疑，壬申而后，又悟之，乃断然有信于知本，而确然无恋于致良知矣。②

由其所述的从"疑之""悟之"至"信于知本"的学术历程可知，李材之所以弃"致良知"教法，正因为世人"口说致良知，不曾实致良知"之病，"若实致良知，必知良知之未易致矣"，所谓"实

---

① 李材：《道性善编》，见《见罗先生书》卷二，万历李复阳刻本。
② 李材：《答李时乾》，见《见罗先生书·书问》，万历李复阳刻本。

致良知"，即是如前所述，在"生命"之真中把握"明德"本体自我之发现之"致良知"，"致良知"中所内含的是集"本体""对本体自觉的认识"及"本体自身的修养工夫"的"三位一体"的有机整体性，① 而以"致"—"良知"二维结构立教，正是阳明弟子病症之所在，即其所批评的，"不缘知能之良以探性善之固有，乃欲执知能之偶良，据之以为充括之端倪。"

因此，在上述对"学急明宗，不在辩体"意旨理解的前提下，我们再来分析李材为何专揭"修身为本"。首先，李材提"修身为本"并非欲"别立题目""多一张皇"，实际是在理解阳明之"宗"的基础之上，而针对世之空言"良知"之病的不得已而为之。在《答徐清甫》书中，李材有言：

> ……发口而独谓：举世信良知，似是故背先儒，欲别立题目耳。不知鄙人盖信致良知之说，比世为最深。……岂得以同然一词者，便谓之是耶？②

其次，李材指出以"知"为本之不合理。詹养澹曾致书为问：

> 昔在会中讲论良知，或指传茶者曰：此亦是良知。或曰：此是知觉之知，又或指灯笼中之光为真知，灯笼外之光为知觉之知者。某公则以独知即良知，某公则以独之一字为良知，不知何者为是？

李材答言：

> 从上立教，未有以知为体者。经书星日炳然，吾敢无征而说此？……窃以为身之主宰为心，心之运用为意，意之分别为知，知之感触为物。分别为知，良知亦是分别。……乃若知本，则存乎心，悟知本焉，至矣。不识知本，致知为复是异、是同、有别、无别？姑以文义裁之：在致知，似以知为体，而在知本，则以知为用。以致知为宗，则所吃紧者，要在求知，以知本为宗，则所吃紧者又当明本矣。兄如肯信此学，直截从止上入窍，本地求讨，无端更叠床上之床，架屋下之屋，则所云笼内之光，笼外之光，知觉之知，德性之知，与夫或以独知为良知，或以独之一字为良知，总属闲谈，俱可暂停高阁。③

此段李材所讲，追问的是一个理解王阳明思想的根本问题："知"能否作为"体"？其所提问之处亦给予我们如下启发与理性的思考：若"知"为体，以"致知"为工夫，此"致知"之要即在求知而无所本（即与"心"及"心"之所发之"意"不合）；若添"知"为"良"，则"良"者为何？若为主观，则落于"情识"与"玄虚"；若为客观，"良知"与"理"，则只是换一"名"而于"实"反无别。所以"知"不能是"体"，"良知"亦不是"知"，而是与"明德"本体最直接相连的"中介"，此谓"尽心知性而知天"。④ 所以，为救王学而提"修身为本"，是面对其时学术之疾的"因

---

① 此"三位一体"的讲法可参见张连良、陈琦：《从〈大学问〉看王阳明"致良知"思想的逻辑结构》，《社会科学战线》2014 年第 6 期。

② 李材：《答徐清甫》，见《见罗先生书·书问》，万历李复阳刻本。

③ 李材：《答詹养澹》，见《见罗先生书·书问》，万历李复阳刻本。

④ 我们在此强调，王阳明未以"良知"为"体"，这诚如李材所言"未有以知为体者"，熊十力先生言"良知是呈现"亦对理解此问题有启发。以"良知"为"体"实乃以"知"的范畴理解"良知"下的观点。上述三条亦可基本对应于此种理解下的三种思路：（一）参刘宗周言，"一反求诸心，而得其所性之觉，曰'良知'。因示

病发药"。李材讲：

> 矧当阳明先生之时，世方汩没沉痼于训诂词章，而莫知所以自反，则致知之提揭也，诚为紧要。今天下之士已无不知学之必求诸其心也，而其所缺者，正惟在于不知身之为本也，此其所以高持意见，流为空疏，甚至恣情狥欲亦弊之所容或有者，则此修身者，岂惟学圣之常法？固即所以为今日学者对治之良剂也，则舍修身之外，将何所本，而又复将何所以用其力也乎？①

"今天下之士已无不知学之必求诸其心也，而其所缺者，正惟在于不知身之为本也"，正是批评空讲"良知"不知"实"修之病。李材又以"止于至善"说明"修身为本"，如其所讲：

> 止以为修，修以为止，原非相背之事。知有修，不知有止，则修将漫而无统；知有止，不知有修，则止将物矣。……诚、正、格、致，贴在止上说是一件，用处又似两般，说是两般，实在又只一件。止修之用妙，而后手势可轻，手势渐轻而后学有得力。②

> 止修非二体，然时局、人情、事务之应感者，有万矣。故有修之之工，然却即是止之之法。故曰：止之所以修之也，修之所以止之也。又曰：大率止为修之主意，修为止之工夫。此其言皆不可不深味也。③

"大率止为修之主意，修为止之工夫"与黄氏所讲"以止为存养，修为省察"不同意，"止修"非二体，修之之工即是止之之法。此"止"乃源自王阳明所解"大人之学又乌在'止至善'？"《大学问》中讲："至善者，明德、亲民之极则也。天命之性，粹然至善，其灵昭不昧者，此其至善之发见，是乃明德之本体，而即所谓良知也。至善之发见，是而是焉，非而非焉，轻重厚薄，随感随应，变动不居，而亦莫不自有天然之中，是乃民彝物则之极，而不容少有议拟增损于其间也。少有拟议增损于其间，则是私意小智，而非至善之谓矣。"④"至善"为"极则"，即"明德""亲民"落于"个体性"之中的那个对于真实存在的最高标准。李材论学书中有言：

> 止至善者，本《大学》立命之宗；修身为本者，则《大学》归止之的。知止至善而不以修身为本，此所以高者入虚无，卑者泥形器，而道术竟为天下裂也。止之则命立，修之则法昭。⑤

人以求端用力之要，曰'致良知'。良知为知，见知不囿于闻见；致良知为行，见行不滞于方隅。即知即行……即体即用，即工夫即本体"[《明儒学案·师说》，见《明儒学案》（上），北京：中华书局2010年版，第6—7页]，黄宗羲言，"盖良知即是未发之中，此知之前更无未发；良知即是中节之和，此知之后更无已发"[《明儒学案·姚江学案一》，见《明儒学案》（上），北京：中华书局2010年版，第180页]；（二）可对应于阳明后学"左派"，如王龙溪所讲"四无"；（三）是湛若水的思考模式，所以湛氏必要言"见得天理乃是良知"（《甘泉文集》卷八）。这三种思路的共同点为必要将"良知"作实体化、内容化理解。
① 李材：《大学古义》，见《见罗先生书》卷一，万历李复阳刻本。
② 李材：《答族弟孟谔》，见《见罗先生书·书问》，万历李复阳刻本。
③ 李材：《答罗汝存》，见《见罗先生书·书问》，万历李复阳刻本。
④ 王阳明：《大学问》，见《王阳明全集》（下），上海：上海古籍出版社1992年版，第969页。
⑤ 李材：《与罗懋琦》，见《见罗先生书·书问》，万历李复阳刻本。

> 子思吃紧提中，必本喜怒哀乐未发，未发非时，予所谓有喜怒有哀乐，必有所以
> 为喜怒哀乐者是也，妙契！祖学心传，秘密正在于此。所谓中也者，天下之大本也，
> 则俨然修身为本之家传也。友朋常语所谓天下本国，国本家，家本身，以此而言修身
> 为本是也，是就经世言也。如上所云，直下归根，以此而言修身为本，是就性命言也。
> 予旧有书曰：明德，亲民，譬如两柱，而止于至善一句，握其枢。平治修齐诚正格致喻
> 如八目，而修身为本一句归其的。[①]

此处应注意，"修"在李材处，不是条目先后之"修身"，而是"实"修之工夫。[②]

四、结语

综上所述可知，李材强调"学急明宗，不在辩体"，其意实在阐发自孔孟以降至阳明的非以
"言"教之学宗；而专揭"修身为本"不提"良知"，则是针对王学后学发展之病的救治之方，这
也正体现了儒家思想的非以"言"教而落于生命本性的实修实行的高明之处，此亦是李材所揭示
出的阳明思想中所本有的积极性意义的内容。同时，对李材心学思想的再思考也说明了这样一个
问题：王学之本质不在立言，王学之真精神亦不在固守"致良知"之师说，这就要求我们应扬弃
那种以谈"良知"即为阳明后学的学术认知与研究方法，此或为梳理阳明心学发展脉络及挖掘阳
明文化精神等问题提供思路上的借鉴。

作者简介：张慕良，吉林大学哲学社会学院副教授，哲学博士，研究方向：宋明理学、西方
汉学；焦玉，吉林大学哲学社会学院哲学系，研究方向：宋明理学、"四书"学。

---

① 李材：《答徐清甫》，见《见罗先生书·书问》，万历李复阳刻本。
② 此问题的详细论述须另起一题，容留来日。简言之，"三纲八目"为朱子所定《大学》，体现的是朱子诠释《大
学》的思维模式，而并不代表所有儒者的诠释方式。

阳明学的经世思想与晚明经济关系的转型

单虹泽

摘要："经世"是儒家思想中的重要观念，其代表了一种积极而彻底的入世精神。阳明学从"致良知"等思想观念出发，将"经世"领会为个体在具体事务上实现自身的实践活动。阳明提出"随才成就"、"各尽其心"，确认了人实现自身的目的性，使传统的"经世"观念得到深化和拓展。这种新的经世精神面向平民阶层，肯定了"百姓日用"在证道过程中的合理性，同时也使经世实践更多地展开于一般民众的生活世界之中。从现实层面看，阳明学通过提出个人实践领域的"异业同道"，将"治生"纳入到"经世"的范畴之内，肯定了商业和商人的社会价值，推动了晚明经济关系由"重农抑商"转型为视工商业为社会经济之重要部分的"工商皆本"。

关键词：王阳明；心学；经世；良知；经济关系

明清思想史领域的研究者往往将中晚明时期的社会形态称为"庶民社会"，以彰显脱序自传统士族社会的新的社会组织形式。"庶民社会"的一项重要特征就是传统知识精英（士）的庶民化，而尤以士人与商人群体的频繁和深入互动为著。一些学者注意到，16 世纪以来的士商互动逐渐成为一股新的社会潮流，并认为儒家的观念和价值也或多或少对经商方式发生了某些规定的作用。这种说法揭示了思想观念等文化因素推动社会经济形态转变的可能性。依此说，明代儒家伦理为商业社会的发展提供了价值观念上的助力，而对于何种文化观念发挥了这一关键性的作用，学界却少有关注。事实上，庶民社会竞富成风现象的背后，是士人在精神层面对商贾的价值认同。这表明商人渔利的行为已经部分地被儒者所理解和接纳，更往往被视为入世实践的重要组成部分。因此，从"入世实践"的角度着眼，或许可以为我们理解中晚明士风裂变下的士商互动提供一些新的思路。

"入世"的说法乃是相对于佛老的"出世""逃世"来讲，其又可概括为"经世"。"经世"代表了一种积极而彻底的入世精神，"从根本旨趣上说，儒学乃经世之学"①。张灏认为，"经"的字

---

① 焦国成：《儒家经世学派考原》，《中州学刊》2014 年第 12 期。

面意义为"治"或"理"，"经世"即为"治世"或"理世"，故儒家主要透过政治实践以表现入世精神，其经世观念反映了政治本位的人生观。① 其实，中国传统思想语境下的入世实践，既包含政治的一面，又包含经济的一面。中国社会经济关系的转型，莫剧于明清之际，其中往往透露出一些儒者对商业文化与商人阶层的新理解，而他们所宗奉的理论学说则多为明代中晚期骤然兴起的阳明学。② 所以，从"经世"观念出发，探讨阳明学在何种意义上对晚明经济关系的转型构成影响，有着较高的学术价值。我们将看到，阳明学使中国思想传统中的经世观念得到深化，更新的经世观念突出了自我实现的个体之维，在士庶平等的语境下展开为"各尽其心"的入世实践。这种观念的转变在一定程度上使晚明的商贾地位获得了前所未有的提升，而这一时期的经济关系也由"重农抑商"逐渐转为"工商皆本"。

一、阳明心学的"经世"思想

"经世"一语，频见古籍，如《庄子·齐物论》所谓"春秋经世，先王之志"。据考察，"经世"概念在中国古代典籍中大致包含三层意蕴：一是时代经历；二是对世事的经历；三是"经理世事"或"经纬世事"，有治理国家之义，与"经济""经世济民"等词义相近。③ 儒道论及"经世"，多取第三层含义，而政治实践意味较为突出。④ 自先秦以降，儒家对经世的重视体现在对现实的外在领域的关注，如"修己以安人，修己以安百姓"（《论语·宪问》），"我欲载之空言，不如见之于行事之深切著明也"（《太史公自序》，见《史记》卷一三〇）。儒家认为，君子应在修养其精神道德的同时，积极关切外在世界。这种从人心的内在领域向外在领域的实现，被视为"忠道"。这表明"内"与"外"的两个领域既有所区分，又相互联系。所以，我们可以将儒家的经世精神理解为积极参与和处理现实事务的一种精神。

到了宋明理学那里，"经世"更多被解释为儒者在现实世界中的政治实践与道德实践，以此应对佛道"出世"观念对政治和伦理秩序的冲击。陆九渊说："儒者虽至于无声、无臭、无方、无体，皆主于经世；释氏虽尽未来际普度之，皆主于出世。"⑤ 以"经世"分判儒家与佛老的界限，代表了宋明儒者的普遍看法。不过，以狄百瑞（W.T.de Bary）为代表的一种说法认为，尽管10—11世纪新儒学肇兴之际即首倡"经世"这一崇高目标，但随着王安石变法的失败，后世儒者在很大程度上将新儒学内倾化为内圣之学。⑥ 这一说法不无根据，面对陈亮提出的"王霸并用"

① 参见张灏：《幽暗意识与民主传统》，北京：新星出版社2010年版，第75页。
② 参见单虹泽：《论阳明心学的劳动观——从明代的商品经济到"万物一体"》，《特区实践与理论》2019年第4期。
③ 参见王宏斌：《关于"经世致用"思潮的几点质疑》，《史学月刊》2005年第7期。
④ 参见何佑森：《清代经世思潮》，《汉学研究》第13卷第1期。
⑤ 陆九渊：《陆九渊集》，钟哲点校，北京：中华书局1980年版，第17页。
⑥ See William Theodore de Bary. A Reappraisal of Neo-Confucianism, Arthur Wright（Ed.）*Studies in Chinese Thought*, Chicago,1953.pp.105-106.

的功利主义论点，朱熹批评道："自家一个身心不知安顿去处，而谈王说霸，将经世事业别作一个伎俩商量讲究，不亦误乎?"① 朱熹的立场代表了当时绝大多数儒者的看法，他们都倾向于将心性修养作为经世的实践起点。然而，朱熹的批评同样说明，真正的儒者当兼顾"内"与"外"两个领域。从这个立场看，"经世事业"不应"别作"，而应与心性工夫合一，故佛老与陈亮等功利派儒者皆有耽于一边之弊。②

尽管阳明在心性论的诸多层面与朱熹存在着差别，但从"经世"的角度看，阳明似乎继承了后者的衣钵，并进一步将心性修养与"经世事业"统一起来。黄宗羲曾以"牛毛茧丝"喻明代心学之精微，而明清鼎革之际的儒者亦多以"谈玄说妙""蹈空凌虚"为亡明理据展开对心学的"清算"。这就给后世研究者留下了阳明学不重实行的印象。学者多认为，自阳明以至王门后学的心性论皆表现出精神世界流于玄虚、空泛的倾向，其所倡导的超越境界往往未能直接与改造世界的现实实践相融合，以致在内向的心性涵养与思辨体验中形成拒斥世俗事务的趋向。实际上，阳明学兼重"内圣"与"外王"两个方面。关于阳明心学在事功一面的取向，阳明高弟王龙溪曾予以说明："儒者之学，务于经世。"③ 又说："学不足以经世，非儒也。"④ 龙溪认为，经世是儒者的本分，那种独善其身的"自了汉"式的儒者是不合格的。晚明大儒施邦曜也关注到阳明学对心性修养与经世事功的融合："少好王守仁之学，以理学、文章、经济三分其书而读之，慕义无穷。"⑤ 这里的"经济"对应的正是阳明学中蕴含的经世思想。此外，张君劢也在其著作《比较中日阳明学》中引日人高濑武次郎语云："大凡阳明学含有二元素，一曰事业的，一曰枯禅的。得枯禅的元素者，可以亡国，得事业元素者，可以兴国。"⑥ 张氏认为，中国得阳明学之枯禅一面，以致士风衰颓，成晚明之败局；日人得其事业一面，遂启维新变革。此说虽尚有商榷之处，但明确揭示了阳明学与经世事业的相关性。

那么，为何阳明学中的经世思想尤为突出？事实上，阳明所处之时代，士人多汲汲于举业功名而不务实行，这被阳明视为士风沦丧的表现。在阳明看来，这些儒者空论心性、知而

① 朱杰人、严佐之、刘永翔主编：《朱子全书》第二十二册，上海：上海古籍出版社；合肥：安徽教育出版社 2002 年版，第 2205 页。
② 朱熹合"内圣""外王"为一的思想得之于二程。如程颐云："君子之道，贵乎有成。有济物之用，而未及乎物，犹无有也。"（《程氏粹言·人物篇》）"济物之用"说的就是"外王"或"经世"的问题，其实现于"内圣"之"道"的推及。至朱熹，这种"合内外之道"的主张得到了进一步深化。如朱熹说："新民必本于明德，而明德所以为新民。"（《朱子语类》卷六十一）又说："熹常谓天下万事有大根本，而每事之中又各有要切处。所谓大根本者，固无出于人主之心术，而所谓要切处者，则必大本既立，然后可推而见也……此古之欲平天下者所以汲汲于正心诚意以立其本也。"（《答张敬夫》，见《朱文公文集》卷二十五）在这里，朱熹认为"经世"与心性修养不仅是贯通的关系，更是本末的关系。他据此批评陈亮失其大本，"浙学有尾无首"（《朱子语类》卷一二四）。"有尾无首"即舍本逐末之义。在朱陈之辩中，朱熹的立场是十分明确的："盖修身事君初非二事，不可作两股看。此是千圣相传正法眼藏。"（《答陈同甫》，见《朱文公文集》卷三十六）依此见得，朱熹的立场是"内圣外王"应当是一个统一的结构，而"外王"（经世）必自"内圣"始。
③ 王畿：《王畿集》，吴震编校整理，南京：凤凰出版社 2007 年版，第 340 页。
④ 王畿：《王畿集》，吴震编校整理，南京：凤凰出版社 2007 年版，第 350 页。
⑤ 张廷玉等撰：《明史》（第二十二册），北京：中华书局 1974 年版，第 6852 页。
⑥ 张君劢：《论王阳明》，江日新译，上海：上海人民出版社 2021 年版，第 209 页。

不行，"茫茫荡荡，悬空去思索，全不肯着实躬行"，落实到现实事务也只是个"揣摸影响"①，以至"渐有轻灭世故，阔略伦物之病"②。所以，阳明在提揭"天理之在人心"的同时，始终强调"吾儒养心，未尝离却事物"③。这里的"事物"既涉及人伦关系的道德之域，也在更广的意义上关联着社会实践的视域。所谓"致吾心之良知于事事物物"④，就是使良知呈现并作用于生活世界，后者具体地展开为通过良知的外化而建立的合乎道德理想的社群结构。对"事物"的重视使阳明学成为一种兼顾"内圣"与"外王"的学问，而心性修养则构成入世实践的基础，无论在家"温清奉养"还是入朝为政，皆要使此心"纯乎天理之极"⑤。基于此，阳明反复强调通过"事上磨炼"来涵养此心，"既有官司之事，便从官司的事上为学，才是真格物"，"薄书讼狱之间，无非实学。若离了事物为学，却是著空"⑥。从这里可以看到，阳明提出经世思想主要是为了对治时儒"专求本心，遂遗物理"之患，并倡导借助具体事务来修养心性，因而阳明学有时被视为一种能够唤起诚心和坚决行动（sincere purpose and firm action）的"行动哲学"⑦。

严复指出，阳明"致良知"等思想反映在"必有事焉"的实地践履之上，"夫阳明之学，主致良知。而以知行合一，必有事焉，为其功夫之节目"⑧。在阳明学的思想框架内，"致良知""知行合一"始终与"事"相关联。"致"字有"力行"之义，"致良知"则体现了知行合一的精神。⑨阳明说："孰无是良知乎？但不能致之耳。《易》谓'知至，至之'，知至者，知也；至之者，致知也。此知行之所以一也。"⑩可见，欲使良知发展到极致，就必须通过"必有事焉"的实践，"致良知便是'必有事'的工夫。此理非惟不可离，实亦不得而离也。无往而非道，无往而非工夫"⑪。良知之"致"包含了两个相互关联的面向：一是对本心的涵养，二是对具体事务的参与。"知"与"行"或者说"正心"与"经世"本质上是统一的，阳明既指出"知而不行，只是未知"⑫，又在论及"薄书讼狱"之时，强调事功与良知的结合。阳明甚至认为，在"知行合一"的架构内，个体的全部思维活动皆可归诸"行"的范畴，"辨既明矣，思既慎矣，问既审矣，学既能矣，又从而不息其功焉，斯之谓笃行。非谓学、问、思、辨之后而始措之于行也"⑬。在这里，"行"构成阳明心学在实践层面的总体目标，从致良知的工夫进路上看，"它以预设的先天良知为出发点，通过后天

① 王守仁：《王阳明全集》，吴光等编校，上海：上海古籍出版社2011年版，第5页。
② 王守仁：《王阳明全集》，吴光等编校，上海：上海古籍出版社2011年版，第1302页。
③ 王守仁：《王阳明全集》，吴光等编校，上海：上海古籍出版社2011年版，第121页。
④ 王守仁：《王阳明全集》，吴光等编校，上海：上海古籍出版社2011年版，第51页。
⑤ 王守仁：《王阳明全集》，吴光等编校，上海：上海古籍出版社2011年版，第4页。
⑥ 王守仁：《王阳明全集》，吴光等编校，上海：上海古籍出版社2011年版，第107—108页。
⑦ 杜维明：《青年王阳明：行动中的儒家思想》，朱志方译，北京：三联书店2013年版，第2页。
⑧ 严复：《严复全集》第7卷，汪征鲁、方宝川、马勇主编，福州：福建教育出版社2014年版，第279页。
⑨ 陈来：《有无之境——王阳明哲学的精神》，北京：人民出版社1991年版，第181页。
⑩ 王守仁：《王阳明全集》，吴光等编校，上海：上海古籍出版社2011年版，第211页。
⑪ 王守仁：《王阳明全集》，吴光等编校，上海：上海古籍出版社2011年版，第139—140页。
⑫ 王守仁：《王阳明全集》，吴光等编校，上海：上海古籍出版社2011年版，第4页。
⑬ 王守仁：《王阳明全集》，吴光等编校，上海：上海古籍出版社2011年版，第51—52页。

的实际践履（行），最后指向明觉形态的良知"①。因此，致良知本质上是良知的内在体认与外在推行之统一，而这种统一的实现路径即为个体的"事上磨炼"。如果说传统的"经世"观念偏于"经国济世"之义，那么阳明学则从更为宽泛的层面将"经世"领会为"经理世事"，即个体对现实事务的关切和参与。

总括来讲，我们可以将阳明学经世思想的特征概括为以下四点。首先，这种经世思想以"事"为实践对象，并将个体对此世的现实责任落实到具体的"事"上。阳明认为"事即道，道即事"②，"道"既表示普遍存在的终极原理，又关乎儒者的道德理想信念；"事"则以个体具体实践的形式展开于特定的历史境域与社会结构。"道"包含了儒者改造现实社会及引导社会朝向理想一面发展的责任，而其每每与"事"相关联，"'道'体现于其中的日用常行，本身即属于广义之'事'，在此意义上，'日用即道'同时表现为'即事而道'，而'道'本身唯有通过'事'而把握"③。在阳明这里，"经世"首先意味着将个体的社会责任付诸于"事"。其次，阳明学的经世思想将良知作为实践的根本准则。良知是实践的道德原则，而经世则是以良知为基础所展开的伦理化的现实活动。对此，阳明评述道："盖良知只是一个天理自然明觉发见处，只是一个真诚恻怛，便是他本体。故致此良知之真诚恻怛以事亲便是孝，致此良知真诚恻怛以从兄便是悌，致此良知之真诚恻怛以事君便是忠。只是一个良知，一个真诚恻怛。"④ 在这里，阳明的经世思想强调了某种实践的"正当性"（legitimacy），即一切实践活动都应当合乎一定的规范和准则。在这个意义上，我们认为良知对于个体的入世实践有着道德担保作用。复次，阳明学的经世思想体现了"事上磨炼"与"心上用功"相结合的特征。阳明认为，经世既要注重具体的实践内容，也要直指本心，在自家心体上用功："孔子气魄极大，凡帝王事业，无不一一理会，也只从那心上来……学者学孔子，不在心上用功，汲汲然去学那气魄，却倒做了。"⑤ 缺少"心上用功"，则所做事业必定缺乏道德的规范性；忽视"事上磨炼"，则心性修养必然导向虚寂一路，与经世无涉，不是真儒事业。所以，阳明学的经世思想强调内在涵养与外在事功的统一。最后，强烈的个体性是阳明学的一大特征，而其同样反映在经世思想之中。阳明反复教人自作主宰，高扬个体意志在实践中的作用，他说："诸君只要常常怀个'遁世无闷，不见是而无闷'之心。依此良知，忍耐做去。不管人非笑，不管人毁谤，不管人荣辱，任他功夫有进有退，我只是这致良知的主宰不息，久久自然有得力处。"⑥ 阳明认为个体意志对实践活动的展开有着至关重要的作用。对个体的自信精神的强调，无疑使阳明的经世思想更侧重主体性在实践中的意义和价值。

历史地看，明代是中央集权的高峰时期，在上层路线壅塞难通的政治形势下，屡遭专制权

---

① 杨国荣：《心学之思：王阳明哲学的阐释》，北京：中国人民大学出版社 2009 年版，第 142 页。
② 王守仁：《王阳明全集》，吴光等编校，上海：上海古籍出版社 2011 年版，第 11 页。
③ 杨国荣：《中国哲学视域中人与世界关系的构建——基于"事"的考察》，《哲学动态》2019 年第 8 期。
④ 王守仁：《王阳明全集》，吴光等编校，上海：上海古籍出版社 2011 年版，第 95—96 页。
⑤ 王守仁：《王阳明全集》，吴光等编校，上海：上海古籍出版社 2011 年版，第 129 页。
⑥ 王守仁：《王阳明全集》，吴光等编校，上海：上海古籍出版社 2011 年版，第 115 页。

力摧残的士人开始将目光转向"个人"，而儒家正是在这一时期实现了个人主义的思想转型。[①]阳明学体现了个体意识的觉醒：在政治危机与社会危机的多重压迫下，个体通过入世实践（"行"）的方式实现了精神的突破。从这一点来看，传统经世观念的内涵在阳明学这里得到了深化和拓展。对于个体而言，"经世"有着与自我实现相关联的多重面向，它"既是一种积极入世的生活态度又是一种人生准则，既是一种政治才能又是一种社会行为，既是政治追求的过程又是理想的境界"。[②]相比于宋学以经世严辨儒佛，阳明的经世思想不仅使自身区别于"是内而非外"的佛老之学，更突出了个体参与世俗事务的必要性。值得注意的是，经世的"个体"不仅包含了精神觉醒的士人，也包含了一般的社会大众。我们将看到，阳明学强烈的个体性使经世精神下沉到平民阶层之中，推动了中晚明"庶民社会"的形成，并在一定程度上扭转了学者士大夫对商贾地位与商业活动的看法。

二、心学向平民阶层的下沉与经世实践的展开

一般认为，阳明的"致良知"学说开启了明代个人主义的实践进路，不唯良知本体具有高度的个体性，而且良知所支撑的现实领域也是属于个体生命的世界。比如，阳明教导弟子要以个人良知作为应事接物的根本准则："尔那一点良知，是尔自家底准则。尔意念着处，他是便知是，非便知非，更瞒他一些不得。"[③]就具体实践进路而言，亦须立足于个体的当下现状："我辈致知，只是各随分限所及。"[④]可知，良知作为普遍的道德人格为个体提供了自我实现的内在动力："缘此两字，人人所自有，故虽至愚下品，一提便省觉。若致其极，虽圣人天地不能无憾，故说此两字，穷劫不能尽。"[⑤]因此，良知以普遍的形式通过个体的实际践履逐渐内化、融合于主体意识，并在践履过程中获得了某种现实性的品格。

可以看到，阳明学与个体自我实现何以可能的问题息息相关，而其所关照的对象兼含士人与社会大众，甚至直接指向后者。清儒焦循尝以"君子之学"与"小人之学"分判朱子学与阳明学，并视"良知"为接引普通民众之核心观念："余谓紫阳之学，所以教天下之君子；阳明之学，所以教天下之小人……良知者，良心之谓也。虽愚不肖，不能读书之人，有以感发之无不动者。"[⑥]焦循在这里点出了阳明学的平民主义色彩，同时也暗示了个人化的良知启发社会大众之可能。

较之程朱理学以谨饬工夫提撕学者之进路，陆王一系儒者向来主张弥合圣凡或贤愚之间的

---

① 参见丁为祥：《从"得君行道"到"觉民行道"——阳明"良知学"对道德理性的落实与推进》，《学术月刊》2017 年第 5 期。
② 杨念群：《"经世"观念史三题》，《文史哲》2019 年第 2 期。
③ 王守仁：《王阳明全集》，吴光等编校，上海：上海古籍出版社 2011 年版，第 105 页。
④ 王守仁：《王阳明全集》，吴光等编校，上海：上海古籍出版社 2011 年版，第 109 页。
⑤ 王守仁：《王阳明全集》，吴光等编校，上海：上海古籍出版社 2011 年版，第 228 页。
⑥ 焦循：《焦循全集》第 12 册，刘建臻整理，扬州：广陵书社 2016 年版，第 5785 页。

罅隙。陆九渊认为，人皆具"本心"，从本质上讲圣凡并无不同，"人皆有是心，心皆具是理，心即理也"①。由此，陆氏反对人们"处己太卑，而视圣人太高"②。阳明继承了陆九渊的圣凡平等观，提出"良知之在人心，无间于圣愚，天下古今之所同也"，③甚至说"须做得个愚夫愚妇，方可与人讲学"④。在阳明看来，一般民众和圣贤在良知的本体层面并无二致，也就是说在精神人格上无高低贵贱之分，只因圣贤能致其良知，而一般民众不能致，故有所谓圣凡之别；若一般民众能够呈现此心，则完全可以根据个人的具体才质来成就自身，"人人自有，个个圆成，便能大以成大，小以成小，不假外慕，无不具足"⑤。所以，阳明一再强调"人要随才成就"⑥，"下至闾井、田野、农、工、商、贾之贱……惟以成其德行为务"⑦。可见，个体走向自我实现的过程包含着自我与外部环境的互动：个体既被动地接受外部环境的规定与塑造，也在一定程度上展现出基于个性发展的自主选择。这种自主选择本质上就是自"致"其"良知"，亦即根据自性发展或培养作为具体存在的"我"，其体现了自我实现过程中的创造性，而在心学语境中则更多地表现为儒者对"百姓日用"的肯定。

王门后学也明确将"百姓日用"领会为致良知的题中应有之义。比如王龙溪说："良知在人，百姓之日用，同于圣人之成能，原不容人加损而后全。"⑧此外，泰州学派尤重启发民众，自王心斋以至罗近溪多以"现成自在""当下即是"标举良知之自然呈现，尝谓"圣人之道，无异于'百姓日用'"⑨。泰州学派的这种接引进路使一般民众能够以更直接的方式体认良知，遂推动心学朝着民间化的方向发展。⑩除了学者士人，不少平民百姓也是泰州学派的成员，包括"牧童樵竖，钓老渔翁，市井少年，公门将健，行商坐贾，织妇耕夫，窃屦名儒，衣冠大盗"⑪，不一而足。总之，王门后学将"致良知"发展为"百姓日用"，使心学思想朝着自然人性和个体价值的方向发展，不断呈现出向着平民阶层下沉的趋势，而儒家的"圣人"人格也趋于平民化、世俗化。⑫

随着心学向平民阶层的下沉，包括公私、义利、理欲在内的传统儒学范畴都发生了转变。绝大多数宋儒对公私问题有着坚定的立场，即秉公而绝私。然而自阳明以良知立教，便在一定

---

① 陆九渊：《陆九渊集》，钟哲点校：北京中华书局 1980 年版，第 149 页。

② 陆九渊：《陆九渊集》，钟哲点校：北京中华书局 1980 年版，第 445 页。

③ 王守仁撰：《王阳明全集》，吴光等编校，上海：上海古籍出版社 2011 年版，第 90 页。

④ 王守仁撰：《王阳明全集》，吴光等编校，上海：上海古籍出版社 2011 年版，第 132 页。

⑤ 王守仁撰：《王阳明全集》，吴光等编校，上海：上海古籍出版社 2011 年版，第 36 页。

⑥ 王守仁撰：《王阳明全集》，吴光等编校，上海：上海古籍出版社 2011 年版，第 24 页。

⑦ 王守仁撰：《王阳明全集》，吴光等编校，上海：上海古籍出版社 2011 年版，第 61 页。

⑧ 黄宗羲：《明儒学案》（上），见吴光主编《黄宗羲全集》第七册，杭州：浙江古籍出版社 2012 年版，第 288 页。

⑨ 王艮撰：《王心斋全集》，陈祝生等校点，南京：江苏教育出版社 2001 年版，第 10 页。

⑩ 对此，钱穆即指出："守仁的良知学，本来可说是一种社会大众的哲学。但真落到社会大众手里，自然和在士大夫阶层中不同。单从这一点上讲，我们却该认泰州一派为王学唯一的真传。"（钱穆：《宋明理学概述》，北京：九州出版社 2010 年版，第 261 页）

⑪ 张建业、张岱注：《焚书注》（一），见《李贽全集注》第一册，北京：社会科学文献出版社 2010 年版，第 340 页。

⑫ 参见刘宗贤：《试论王阳明心学的圣凡平等观》，《哲学研究》1999 年第 11 期。

程度上将"天理"个人化，使儒学朝着个人主义的方向发展了。尽管阳明有时仍循传统儒家之见，主张"胜其私欲""正其私心"，但从心学发展的内在逻辑上看，无论是心斋"身与道原是一件"的"尊身"说，还是李贽所谓"人必有私而后其心乃见，若无私则无心"①，未始不能看作"良知"个人化演进的必然结果。晚明时期，"私"更多被解释为"个体""自我"而非"私欲"，如陈确、顾炎武、黄宗羲等学者都为"私"的合理性作出辩护，"'私'的彰显，也就是要摆脱作为压抑人的欲求和追求自身利益的'公'和'天理'"②。与肯定"私"之价值相关的，是中晚明儒家义利观的微妙变化。从道德层面看，从孔子到阳明都认为"义"与"利"是绝不相容的，而阳明在《拔本塞原论》中尤其痛斥"圣人之学日远日晦，而功利之习愈趋愈下"③。但是在王门后学那里，一种新义利观却逐渐形成，其充分反映在这些学者对"欲望"的肯定上。"理欲"的观念和"公私""义利"紧密结合，而其在明中期之后同样发生了某种转变。如泰州学人何心隐认为，声色之欲出乎且合乎天性，"心不能以无欲也"④，进而提出以"育欲"代替宋明儒者所奉持的"寡欲"工夫。黄宗羲也从人的自然本性层面肯定了功利与欲望的合理性，"有生之初，人各自私也，人各自利也"⑤，"天下虽大，万民虽众，只有'欲''恶'而已"⑥。这些说法普遍基于良知的个体之维，突出了致良知在"百姓日用"层面的展开，随着良知向日用常行的渗入，其超验一面被严重弱化，而更多地体现在民众的日常生活之中。当良知的内容成为百姓的"日用现在"，以"私""利""欲"为价值观念的饮食男女之性也相应地成为人的自然权利。⑦ 由此，民众的日用常行被视为致良知的具体内容，而良知在现实领域的实现和展开，也蕴含了民众参与经世实践之可能。

在"圣凡平等""良知现成"等观念得以流行以及个体欲望被承认的条件下，阳明学更多地将经世思想与民众世俗活动关联起来。从宋明理学的历史演进来看，宋儒多依托内忧外患之时运，欲合君臣之力以燮理天下，故朱熹尝责士人当"从事于惩忿窒欲、迁善改过之事，粹然以醇儒之道自律"⑧，论及"经世"则无不归于"明儒道以尊孔，拨乱世以反治"⑨。这种以"醇儒"为理想人格的实践进路，大都以精神世界中的穷理去欲为导向，将经世范围限定在德性涵养等伦理之维。以此为价值立场，宋儒的工夫取向每每隔绝于现实的认识与实践过程之外，而仅仅以内在的心性涵养与察识为内容，这就导致经世实践难以突破伦理世界所规定的范围。针对理学囿于德性之域而疏离现实活动的趋向，黄宗羲批评说："徒以'生民立极、天地立心、万世开太平'之

① 张建业、张岱注：《藏书注》（三），见《李贽全集注》第六册，北京：社会科学文献出版社 2010 年版，第 526 页。
② 王中江：《明清之际"私"观念的兴起及其社会史关联》，《湖南社会科学》2003 年第 4 期。
③ 王守仁撰：《王阳明全集》，吴光等编校，上海：上海古籍出版社 2011 年版，第 63 页。
④ 黄宗羲：《明儒学案》（上），见吴光主编：《黄宗羲全集》第七册，第 823 页。
⑤ 黄宗羲：《明夷待访录》，见吴光主编：《黄宗羲全集》第一册，杭州：浙江古籍出版社 2012 年版，第 2 页。
⑥ 黄宗羲：《孟子师说》，见吴光主编：《黄宗羲全集》第一册，杭州：浙江古籍出版社 2012 年版，第 92 页。
⑦ 侯外庐主编：《中国思想通史》第四卷下册，北京：人民出版社 1960 年版，第 977—978 页。
⑧ 朱杰人、严佐之、刘永翔主编：《朱子全书》第二十一册，上海：上海古籍出版社；合肥：安徽教育出版社 2002 年版，第 1581 页。
⑨ 钱穆：《朱子新学案》，北京：九州出版社 2011 年版，第 13 页。

阔论钤束天下。一旦有大夫之忧，当报国之日，则蒙然张口，如坐云雾。"[①] 这一批评不为无据，对"醇儒"等理想人格的追求往往导致精神世界流为空泛、抽象之弊，而个体的多方面发展及参与变革现实世界的过程则难以融入其视域。因此，宋儒所论经世的实践主体多面向学者士大夫，而无涉于一般民众。至阳明心学兴起，始将经世实践的范围延伸至平民阶层。阳明学以良知为自我实现之第一原理，其指向个体之维，并在致良知的后天活动中展开为具体的实践形态。与良知蕴含的个体规定及经验向度相应，阳明对自我实现的丰富性亦多有注意。阳明提出"随才成就"，正是对个体决定自身实践进路的承认，而经世的实践向度也因此展开于士庶之间，"虽卖柴人亦是做得，虽公卿大夫以至天子，皆是如此做"[②]。阳明身后的学者更是逐渐将"私""欲"等价值内涵视为个体的本质规定，一方面使良知学朝着唯我论的方向衍化，另一方面使经世与"百姓日用"相结合，"圣人经世，只是家常事"[③]。在这种思潮下，经世依靠着政治、经济等外在因素逸出了儒家固有的思想领域，并反过来推动社会文化意识形态的变迁，而晚明经济关系的转型即得之于此。

三、阳明学对晚明经济关系转型的影响

16 世纪之后，中国社会开始出现了一种新的价值取向，即所谓"藏富于民"。阳明弟子黄绾对这一理念给予了充分的发挥，他说：

> 今之论治者，见民日就贫，海内虚耗，不思其本，皆为巨室大家吞并所致。故欲裁富惠贫，裁贵惠贱，裁大惠小，不知皆为王民，皆当一体视之。在天下惟患其不能富、不能贵、不能大，乌可设意裁之，以为抑强豪、惠小民哉？[④]

在这里，黄绾突出了"富民"在社会结构中的重要性，而这种基调普遍反映在中晚明儒者的著作中。形成这种价值取向的原因无疑是多方面的。有一种观点认为，阳明学给程朱理学的"天理"世界观带来一种深刻的挑战，其体现在观念上的情欲解放以及在此基础上形成的庶民社会对旧的宗法社会秩序的瓦解。[⑤] 这种观点有一定的合理性，我们将看到在阳明学"经世"观念的影响下，晚明的经济关系发生了历史性的重大转型。

中国自古便为一农业国，儒家将农业生产视为立国之本，而对商业等逐利行为持小心提防乃至批判的态度。先秦儒家虽然在一定程度上承认追求物质利益的合理性，但绝大多数时候仍强

---

① 黄宗羲：《赠编修弇玉吴君墓志铭》，见吴光主编：《黄宗羲全集》第十册，杭州：浙江古籍出版社 2012 年版，第 433 页。

② 王守仁撰：《王阳明全集》，吴光主编：《黄宗羲全集》第一册，杭州：浙江古籍出版社 2012 年版，第 137 页。

③ 王艮撰：《王心斋全集》，陈祝生等校点，南京：江苏教育出版社 2001 年版，第 5 页。

④ 黄绾：《黄绾集》，张宏敏编校，上海：上海古籍出版社 2014 年版，第 688 页。

⑤ 参见张志强：《"良知"的发现是具有文明史意义的事件——"晚明"时代、中国的"近代"与阳明学的文化理想》，《文化纵横》2017 年第 4 期。

调重义轻利。孟子所论"王何必曰利，亦有仁义而已"奠定了后世儒家义利观的基调。尽管司马迁提出"君子富，好行其德；小人富，以适其力……人富而仁义附焉"（《货殖列传》，见《史记》卷一二九），但这一说法并未动摇秦汉以来"重农抑商"的制度和观念。两汉之后，"农本商末"的观念逐渐成为中国社会的主流价值取向。直至明初，中国社会仍循重农旧制：

> 明初，沿元之旧，钱法不通而用钞，又禁民间以银交易，宜若不便于民。而洪、永、熙、宣之际，百姓充实，府藏衍溢。盖是时，劝农务垦辟，土无莱芜，人敦本业……故上下交足，军民胥裕。①

可以看到，明初社会仍以务农为"本业"，而白银交易则是被严禁的行为。这种"重农抑商"的现象始终关联着"不患寡而患不均"的政治取向，而传统儒家的义利观无疑为这种政治取向作出了有力的辩护。

然而，到了中晚明时期，上述社会经济结构发生了明显的松动，出现了一些新的变化。其中最重要的变化是，随着国际贸易的发展，明初对白银交易的禁令有所放宽，每年流入中国的白银高达数百万两。这样的繁荣局面自然催生了众多富户。如归有光论江南地区的富庶景象云："俗好婾靡，美衣鲜食，嫁娶葬埋，时节馈遗，饮酒燕会，竭力以饰观美。富家豪民，兼百室之产，役财骄溢。"② 与此同时，商人在中国社会中的地位也得到显著的提高，他们乐此不疲地尝试各种途径来实现从商贾阶层到士绅阶层的转变。③ 可以说，中晚明以来，无论是商业的规模、商业资本的积累，还是商人的活动范围，都大大超越了前代。在这种社会环境下，众多阶层被卷入到白银货币体系中来，新的经济因素不断增长，并在某种程度上突破了传统的中国社会结构与价值观。这一时期，商品经济的强势发展足以使"重农抑商"的传统偏见有所改变，虽然士商之间的紧张关系很难彻底消除，但是"商人本身不再是卑贱的职业"④。总而言之，中国传统社会秩序出现了明显的分化与整合：随着商品经济的发展，商人阶层逐渐兴起并发展壮大，其地位和影响已超越了重农社会所划定的边界，这意味着中晚明社会的经济关系发生了重大转型。

对于这种经济转型，以往研究大致将其成因归结为两个方面：其一是社会生产力发展引起的生产关系的变革；⑤ 其二是明中期海外政策从以政治为重心向以经济为重心的调整。⑥ 这两种说法都有一定道理。在这里，我们尝试提出第三个更内在的因素，即阳明学的经世观念。在日常生活中，商业文化不断地与中国政治传统、士人传统和宗教传统之间相互影响，相互融合。对于明中期的商业文化而言，最直接的影响即来自日渐风行的阳明学。史载阳明学兴起后，"门徒遍天

① 张廷玉等撰：《明史》第七册，北京：中华书局1974年版，第1877页。
② 归有光：《震川先生集》，周本淳校点，上海：上海古籍出版社2007年版，第254页。
③ 参见［加］卜正民：《纵乐的困惑：明代的商业与文化》，方骏等译，桂林：广西师范大学出版社2016年版，第239—242页。
④ ［英］崔瑞德、［美］牟复礼编：《剑桥中国明代史.1368—1644》下卷，杨品泉等译，北京：中国社会科学出版社2006年版，第667—668页。
⑤ 参见傅衣凌：《明清时代商人及商业资本》，北京：人民出版社1956年版，第4页。
⑥ 参见万明：《中国融入世界的步履：明与清前期海外政策比较研究》，北京：社会科学文献出版社2000年版，第463页。

下，流传逾百年，其教大行"，至晚明时期，笃信程朱之学者"无复几人矣"。① 如上所论，阳明学的经世观念无论就其指向的目标而言，抑或从实践的具体过程来看，都呈现出个性化、多元化的特点。嘉靖以后，民间社会的生活风气趋向多样化，随着阳明学逐渐突破程朱学说在伦理同一性和"成己"规定性方面的约束，儒学的注意力越发转向扩大民间社会的话语空间和生存空间，而很多观念也逸出了官方意识形态固有的界限。如此，士绅和平民所拥有的财富资源及其获得这些资源的渠道，便在阳明学营造的公共空间下获得了某种合法性。阳明在一篇为商人方麟撰写的墓表中表达了士庶在私人实践领域"各尽其心"的立场："古者四民异业而同道，其尽心焉，一也。士以修治，农以具养，工以利器，商以通货，各就其资之所近，力之所及者而业焉，以求尽其心。其归要在于有益于生人之道，则一而已……故曰：四民异业而同道。"② 而后，龙溪绍述师说，提出"即业成学"的思想："人人各安其分，即业以成学，不迁业以废学，而道在其中……业者，随吾日用之常以尽其当为之事，所谓素位而行，不愿乎外者也。"③"异业同道"或"即业成学"无疑是对阳明学经世观念的确切表达：良知在赋予个体实践能力以实现自身的同时，也为"经世"的个性化展开提供了前提。它所体现和确认的，是人实现自身的目的性。如此，经商等一系列"藏富于民"的生产实践自然也就被包含在"经世"的范畴之内。

包括阳明在内的很多明儒认为，商人在以自己的方式从事经世实践，而这本身也就是"证道"的过程。从阳明开始，"治生"（即经商）开始被视为一项有意义的事业，"虽治生亦是讲学中事。但不可以之为首务，徒启营利之心。果能于此处调停得心体无累，虽终日做买卖，不害其为圣为贤"。④"心体无累"即良知自作主宰之义，如能在事事物物上致其良知，则"做买卖""治生"也就是"经世"。阳明之后，心斋等泰州学者将"经世"中的个体感性生命的意蕴进一步深化，使"经世"不再仅仅着眼于宏大的治国安邦而忽视社会生活中的个体存在价值，甚至认为"治身"的问题才是社会政治事务的根本。"治身"就是实现自我价值，这是对阳明将致良知作为"经世"之核心概念的继承和发展。从现实形态看，致良知等修养工夫既以超验的本体为对象，又展开为一个具体的过程，其总是在经世的实践进路中获得现实的品格，并扬弃"证道"过程中的空泛性与抽象性。我们认为，如果将"尽心"或"致良知"视为经世的核心精神，那么阳明学实际上肯定了公共事业与自我实现过程的内在联系。

---

① 张廷玉等撰：《明史》第二十四册，北京：中华书局1974年版，第7222页。

② 王守仁撰：《王阳明全集》，吴光主编：《黄宗羲全集》第一册，杭州：浙江古籍出版社2012年版，第1036—1037页。关于这段材料，陈立胜教授认为，墓表的主人公方麟并未有阳明所述"去士而从商"的经历，这篇墓表实则是一"乌龙"之作。阳明当时面对的，是中晚明经济生活的变迁、商业文化氛围的形成对整个社会生活与士人心态产生的强烈冲击，故撰此文以明"讲学"为"治生"之宗旨，其目的在于将新兴的商业文化纳入"生人之道"。这一说法是合理的。然而，我们看到，尽管阳明站在"士"阶层的精英主义立场对纵欲逐利与攀比嫉妒现象作出了强烈批判，他仍从"自我实现"即个人可在各种分工中递相出入的角度肯定了商人的社会价值。这一点是无论方麟是否曾有经商经历都颠扑不破的结论。参见陈立胜：《王阳明"四民异业而同道"新解——兼论〈节庵方公墓表〉问世的一段因缘》，《哲学研究》2021年第3期。

③ 王畿：《王畿集》，吴震编校整理，南京：凤凰出版社2007年版，第172—173页。

④ 王守仁撰：《王阳明全集》，吴光等编校，上海：上海古籍出版社2011年版，第1291页。

综上所述，通过对经世观念的深化，阳明学间接地解构了传统社会"重农抑商"的价值理念，并从文化意识形态、自我实现目标等多个层面论证了工商业者发展个人事业的合法性。当然，并不是说阳明学的经世观念直接催生了晚明经济的新形态，但其作为一种颇具影响力的社会思潮，亦不能不对当时社会经济结构的转型起着某种推动作用。在"致良知"的语境下，"经世"首先意味着个体在多元领域内使自身成为有意义的存在，这些领域涵盖了"治生"等商业活动。因此，中晚明以后的经济转型，可视为阳明学在思想观念层面实现全面革新后社会发展的必然结果。从思想史上看，阳明学的经世精神影响尤著，明清之际的学者特重"经世致用"，此未尝不可视为前者之余波。比如黄宗羲以"行"字释"致良知"，其云："圣人教人只是一个行……先生致之于事物，致字即是行字，以救空空穷理，只在知上讨个分晓之非。"① 黄宗羲还在阳明"异业同道"说的基础上提出"工商皆本"的命题，将工商业完全纳入到社会发展的根本性地位之中，在"本末"层面重新审定了商人的价值地位，使之具有了道德价值的合法性。② 必须看到，阳明学固然有专注心性修养而疏略事功的一面，但作为中晚明经济转型之助力的经世精神同样反映了阳明学的另一种面向，并在舍空谈而趋实践的明清之际逐渐成为更为主导的方面。③

四、余论

学界研究多表明，明代思想界较为突出的现象是心学与经世的分野。④ 然而，我们考察发现，阳明学同样具备经世观念，且相比旧时经世学说有了较大改变。如果说传统的经世观念主要指"经世济民"，而以精英知识分子为主体，那么心学视域下的"经世"更多指的是个人领域内的"自我实现"，其虽有士庶之分，而无贵贱之别。比较地看，阳明学从普遍性的良知概念引出民众"异业同道"的内在逻辑，与韦伯（Max Weber）提出"天职"（calling）观念为近代西方社会的职业精神奠基的进路尤为相似。韦伯指出："人们应该用得自上帝的生存意义，来履行自身在现实生活中所承担的义务和责任……由于处在不同的地位，每个人因此必须得承担起这种地位给他带来的责任。"⑤"天职"即为上帝赋予的个人职责，故世俗社会的各种职业都具有存在的合理性，

---

① 黄宗羲：《明儒学案》（上），见吴光主编：《黄宗羲全集》第七册，杭州：浙江古籍出版社 2018 年版，第 197 页。

② 吴根友：《"工商皆本"与晚明儒家经济哲学的新突破——黄宗羲经济思想现代意义的再诠释》，《杭州师范学院学报（社会科学版）》2006 年第 1 期。

③ 有学者指出，尽管阳明学在政治制度设计层面对儒家思想绝少贡献，但究其基本旨趣，仍未完全脱离儒家将哲学思想与政治问题结合起来的基本思路，所以在明清之际，阳明学往往被称为"有用道学"。事实上，从"有用"方面讲，阳明学对明清之际实学转向的影响不仅仅反映在政治方面，也直接体现在顾炎武等学者对"治生""争讼"等经济活动的积极态度上。（参见朱承：《治心与治世：王阳明哲学的政治向度》，上海：上海人民出版社 2008 年版，第 13 页；周可真：《江南儒学的实学品格——以顾炎武为典型》，《社会科学战线》2020 年第 4 期）

④ 鱼宏亮：《知识与救世：明清之际经世之学研究》，北京：北京大学出版社 2008 年版，第 31 页。

⑤ ［德］马克斯·韦伯：《新教伦理与资本主义精神》，刘作宾译，北京：作家出版社 2017 年版，第 60 页。

每个人应当各司其职以荣耀上帝。这一点类似于阳明所阐发的士庶各尽其心以"益于生人之道"。所不同者，在于韦伯的"天职"观念建立在天国超世的教义上，并以精神出世为归宿；而阳明学的"经世"观念则通过致良知的入世实践来表达。因此，明代的心学并不如学界所理解的那样排斥经世，而是从履行个人职责的维度转化了传统的经世观念。

我们同样看到，经世观念在晚明时代发挥了重要作用，它不仅推动了社会经济关系的转型，更将一种注重实行的精神贯彻到明末儒学之中。梁启超将明清之际的学术思潮概括为"厌倦主观的冥想而倾向于客观的观察"，"排斥理论，提倡实践"。[①] 这一思潮的发生本于明清之际实学对王学末流空谈心性之风的修正，但同样可视为注重个体入世实践的阳明学经世精神在晚明的新发展。[②]

最后，我们也必须认识到，无论是阳明学的经世观念，还是受此观念影响而发生转型的晚明经济关系，都有着内在的局限性。首先，尽管阳明学始终强调经世实践或"事上磨炼"的重要性，但其同样包含了一种专注内心体验而忽略外在事功的趋向。在强调知行合一的立言宗旨时，阳明指出"正要人晓得一念发动处，便即是行了"。[③] 这里的"念"指的是行为动机，而阳明将其等同于行为本身，则表现出以知为行或"销行入知"的倾向。这种倾向难免使人过于注重整饬内心世界而忽视具体实践。王船山对此批评说："以知为行，则以不行为行，而人之伦、物之理，若或见之，不以身心尝试焉。"[④] 王门后学大多流入猖狂一路，以致经世实践难以全面展开，与这种思想趋向不无关系。其次，尽管阳明学对商业文化的影响是显著的，但我们不能忽视明代国家在政策和制度层面对商业的限制作用。不容否认，即便阳明学在明中期之后风行于世，明代的官方意识形态也始终以坚持道德绝对论而反对"逐利"的朱学为主体，因而不会给予民间商业活动更多支持。明代商业贸易既然缺乏必要的制度保障，也就难以形成广泛参与经商的社会力量，其不可能仅仅在观念文化的影响下得到长足发展，相反会在很长一段时间里困处在"前近代"的状态。

作者简介：单虹泽，南开大学哲学院讲师，主要研究方向为宋明理学、比较哲学。

[①] 梁启超：《中国近三百年学术史》，北京：商务印书馆 2011 年版，第 1 页。

[②] 近年来，一些学者开始关注阳明心学的实学特质及其对后世经世实学的影响。李承贵教授指出，阳明心学之为实学，表现为去恶存善、践行伦理、实际事务等多个向度，不过这些"实事"大多属于人伦世界，而无涉于自然世界，因而有着内在的局限性。尽管如此，我们仍可视清代以"主张研究和重视西方科学"为特征的经世实学为阳明心学实学特质的延展与扩充，"吾人目阳明心学为有限之实学，不仅是陈述其客观事实，亦是诉说其希冀"。（参见李承贵：《"诚意"——欣赏与问道阳明心学的津梁》，《浙江社会科学》2016 年第 6 期）

[③] 王守仁：《王阳明全集》，吴光等编校，上海：上海古籍出版社 2011 年版，第 109—110 页。

[④] 王夫之：《尚书引义》，见《船山全书》第二册，长沙：岳麓书社 2011 年版，第 312 页。

许孚远《大学述》思想析论 *

刘丽莎

摘要：《大学述》中，许孚远有意分别了宗旨与工夫。许孚远先主"亲民"后主"新民"，他强调明明德为体，亲民（新民）为用，二者归摄于知止。知止指不容一毫偏倚驳杂的大中至正之道，许孚远反对李材以知止和知本共为《大学》宗旨的"止修"学说，独以知止为宗。工夫主要体现为格物，强调去除物欲昏蔽，使其本来具足之理湛然呈现。格物统摄修身工夫，与克己同工。格物指祛除物欲，从物欲上廓清；克己是气质上消融，二者同求本体无所障蔽。知本是达知止之道，是知止题中之义。

关键词：许孚远；新民；明明德；止至善；格物

许孚远（1535—1604），字孟仲（孟中），号敬庵，今浙江德清人。他上承唐枢，延续甘泉学脉；下启刘宗周，开蕺山学派之源，是明代具枢纽地位的思想家。其著作有《敬和堂集》《大学述》《论语述》《中庸述》《左氏详节》等。明中叶以降，《大学》诠释的风气颇为盛行，学者们通过重新诠释《大学》来建立自己的学术体系或进行义理学说的创新，乃至有"讲学须有宗旨，宗旨源于《大学》"① 之说，许孚远的《大学述》就是在这样一种背景下产生的，而其为学宗旨"克己"也正是他通过诠释《大学》而析出的。可见，《大学述》在许孚远的整个思想体系中有着举足轻重的地位。

《大学述》初成于许孚远任职陕西提学副使期间（万历十四年至万历十七年间，即 1586—1589）②，此版已无从得见。后许孚远于巡监福建期间（万历二十年至万历二十二年间，即 1592—1594）基于初版对《大学述》进行了删改，并于万历二十一年（1593）定稿并刊刻 ③。此

---

* 本文系浙江省社会科学界联合会 2021 年度浙江文化研究工程重点课题"许孚远年谱"（21WH70085-9Z）的阶段性成果。

① 刘勇：《中晚明士人的讲学活动与学派建构——以李材（1529—1607）为中心的研究》，北京：商务印书馆 2015 年版，第 40 页。

② 许孚远在《祭张子荩谕德》中说："余在关中著有《大学述》一编，尝遗书请正子荩。"许孚远：《祭张子荩谕德》，《敬和堂集》卷十二，第 731 页。

③ 《大学述序》载："顷入七闽，得温陵苏子所遗格物之解，若合符契然，后益信人心之所同，然爰取笥中旧著大学述一编复加删改就正有道，以期共为折中阐明圣学于天下……万历癸巳夏五月，后学德清许孚远序。"且后附崇祯十年（1637）手写的刊刻记，言："末附《答问》《支言》《杂著》三种。斯本初行者，故缺焉，他本则

版又分初刊本和完本两种，初刊本包括《大学古本》《大学述》《大学述答问》，完本除以上三部分内容外还包括《答问》《支言》《杂著》。初刊本见于2013年国家图书馆出版的《原国立北平图书馆甲库善本丛书》①，另外，美国国会图书馆藏有包含《大学支言》在内的《大学述》。许孚远晚年退隐居山（浙江湖州），再次修订《大学述》，于万历二十九年（1601）刊刻，此版增加了《大学支言》和《大学考》。此版孤本藏于日本尊经阁文库②。事实上，许孚远一直都在对大学不断进行改订、诠释和出版，比如：在万历二十一年后，刘斯原《大学古今本通考》中就有收录《大学述》节选版③。刘斯原本与万历二十九年版的先后关系难以获得确切的文献证据……但可以确定的是，一定是万历二十一年本后的修订本。而上述提到的三个版本是最具有标志性、改动最大的版本，可以折射出他在关中、闽中、浙中三个不同时期的思想变化。由于初版已佚，故在此我们主要是对万历二十一年版和万历二十九年版进行对比分析，力求呈现出许孚远思想成熟阶段对《大学》的最终诠释和理解。

许孚远在《大学述序》中追溯了《大学》《中庸》的来源和流衍，他认为"孔子祖述尧舜，开示来学，盖无往而非'精一''执中'之传"④，其中"执中"是"说"，是宗旨，指向止于至善；"精一"是"学"，是工夫，指向格物。接下来，我们将从新民、明明德、止于至善展开其宗旨，用格物与克己统括其工夫，论述许孚远的大学观。

一、从"亲民"到"新民"

许孚远在万历二十一年版的《大学述答问》中，开篇即自问自答道：

问"亲民"之"亲"，先儒以为当作"新"，何如？曰：原经文是"亲民"。《书言》：

为全书也。"（许孚远：《大学述》，见《原国立北平图书馆甲库善本丛书》第28册，北京：国家图书馆出版社明万历刻本2013年版，第216页）

① 许孚远：《大学述》，见《原国立北平图书馆甲库善本丛书》第28册，北京：国家图书馆出版社明万历刻本2013年版。

② ［日］锅岛亚朱华指出，现存的《大学述》有三种：第一种，《中国子学名著集成》（萧天石主编，"中国子学名著集成编修基金会"，1978年）《儒家子部》（012），《大学汇函》收录：《大学古本》一卷（明许孚远撰，明万历二十一年序刊本）、《大学述》一卷、《大学述答问》一卷（明许孚远撰，明万历二十一年序刊本），附有万历二十一年序文的《大学述》；第二种，日本内阁文库收录的万历二十二年序刊《敬和堂集》四卷，及日本尊经阁文库收录的万历刊本《敬和堂集》九卷本，附有与第一种同样之万历二十一年序文的《大学述》；第三种，日本尊经阁文库藏万历刻本附万历二十九年序之《大学述》（书名为《大学考大学述同支言中庸述同支言论语述》）。参见［日］锅岛亚朱华：《明儒许敬庵对〈大学〉的解释》，高雄：高雄师范大学经学研究所，2008年11月。

③ 刘斯原编：《许敬庵先生大学解》，《大学古今本通考》卷十一，见《四库全书存目丛书补编》第92册，济南：齐鲁出版社2001年版。根据刘勇《中晚明士人的讲学活动与学派建构——以李材（1529—1607）为中心的研究》（北京：商务印书馆2015年版，第192页）："刘斯原本与二十九年本的先后关系难以获得确切的文献证据……但不管如何，两本皆是二十一年本后的修订本。"

④ 许孚远：《大学述答问》，见《原国立北平图书馆甲库善本丛书》第28册，北京：国家图书馆出版社明万历刻本2013年版，第216页。

"尧亲九族"。《易》言："先王建万国，亲诸侯。"本传："亲贤乐利，如保赤子"，"老老长长幼幼，此谓民之父母"，皆有证于"亲"之义。先儒只因传中所引"新民""新命"二语而并改经文，似属未妥。且"新"对"旧"而言，天下之贤人君子众矣，岂必皆有旧染之污而待上新之耶？作"新民"一语之外更无"新"字证据，当从本文"亲"字为长也。①

许孚远开篇就讨论"新民"与"亲民"问题，可见，"新民"还是"亲民"是许孚远《大学》诠释关注的重要问题之一。以许孚远当时之见：《大学》中的"新民"与"亲民"问题当依据古本作"亲民"解。他列举的理由有两点：其一，从文献考证的方面看，各类经典文献可作为依据，如原经文是"亲民"。《书》中有"尧亲九族"，《易》中有"先王建万国，亲诸侯"，《大学》中本来就有"亲贤乐利，如保赤子"，"老老长长幼幼，此谓民之父母"，故以原经文的"亲民"更为合适，而朱子依据"新民""新命"之语改为"新民"不妥。许孚远之所以从文献上进行考证，与当时阳明推崇《大学》古本之风气和其师门影响有关。自阳明提倡《大学》古本以来，其后学纷纷推崇，刮起了一股以古本反对朱子之改本的学术潮流。许孚远为甘泉后学，甘泉学派创立者湛若水虽与阳明在《大学古本》的具体诠释上有观点不同之处，但在尊崇《大学》古本，反对朱子改"亲民"为"新民"这一立场是相同的。这些影响使得许孚远在最初阐述《大学述》时有着先入为主的思维。其二，从常理来看。"新"对"旧"而言，并非人人都需要新其明德，圣人贤者就没有旧染习弊需要去除，故训"亲"为"新"从此意义上来看便有所不妥。他依据这两点理由，不仅认为"当从本文'亲'字为长也"，而且对此"三十年信之而不疑"②。

在浙中版的《大学述》中，许孚远在"亲民"还是"新民"问题上不仅与上述闽中版的看法判然不同，而且竟然截然相反：

> 亲民之"亲"，先儒以为当作"新"，学者诵习久矣。自王文成先生谓"亲"字义兼教养于大人一体之学为切，余三十年信之而不疑。一夕诵"古之欲明明德于天下"一语，恍然有悟。夫与天下共明其明德，正可谓之新民，不可谓之亲民也。且传中"自新""新民""新命"之云明有证据，而"兴仁""与让""教家""教国"，与"上老老"而"民兴孝悌"等语，皆在明明德一边。盖修己治人本无二致，理固如此，故仍从朱注作新民云。③

许孚远先前之所以在《大学》的"亲民"与"新民"问题上赞同"亲民"说，除了上述闽中版的两点理由外，也与他深信阳明将"亲"解为"教"与"养"两者兼而有之的观点有关。在此，在"亲民"与"新民"问题上他弃"亲民"说而高标"新民"说，在理由上除了故技重施列举"自新""新民""新命"等文献依据外，更主要的是他大悟"古之欲明明德于天下"之语，认

---

① 许孚远：《大学述答问》，见《原国立北平图书馆甲库善本丛书》第 28 册，北京：国家图书馆出版社明万历刻本 2013 年版，第 216 页。
② 许孚远：《大学述支言》，见《大学考述支言中庸述支言论语述》，日本尊经阁文库藏书，万历刊本。
③ 许孚远：《大学述支言》，见《大学考述支言中庸述支言论语述》，日本尊经阁文库藏书，万历刊本。

为人皆可以与天下人共明其明德，修己治人皆在明明德一边，从而形成了他在"亲民"与"新民"问题上持"新民"说这一晚年定论。

以万历二十一年为界，许孚远在《大学》的"亲民"与"新民"问题上形成前后判然有别的看法。于是，有学者将其学说划为朱学，如叶向高称："（许孚远）初慕阳明、念庵，晚乃专契程朱"①，孙矿言："公于阳明极服膺，然所讲者非良知派也。"②刘宗周之子刘汋甚至直接言："（许孚远）学宗紫阳，敦笃真儒也。"③然而，黄宗羲却在《明儒学案》中言，许孚远"信良知，而恶援良知以入佛者"④，将其归在了阳明学派中。由此，便有了许孚远究竟是尊王还是从朱的归属问题的争议。根据《大学述》及《答问》中的论述来看，许孚远先前的确有受阳明的影响，但后来他改"亲民"为"新民"是其读"古之欲明明德于天下"之语的大悟后所得，并非自朱子袭取。

二、"明明德"为体

许孚远在改"亲民"为"新民"之前就曾宣称"大学之道可一言而尽也，由吾身而及家国天下，未有出于明明德者也"。⑤而后，又在诵"古之欲明明德于天下"恍然大悟后一改三十年信而不疑的"亲民"为"新民"。可见，"明明德"既是许孚远改"亲民"为"新民"的关键之所在，更是许孚远大学观的重要思想。

"明德"究系何义？许孚远称："明德者，即所性之德，万理咸备。……明德无有不善。"⑥"性只是一个天命之本体，故为帝则，为明命，为明德，为至善，为中，为仁，种种皆性之别名也。"⑦在许孚远看来，"明德"是天命之本体，人所禀之性，即中即仁，万理咸备，无有不善。也就是说，明德就是性就是本体。无论是万历二十一年还是万历二十九年，许孚远对明德即性即本体的看法都是不变的，也都认为"明明德"就是让人认识到明德亦即性或真心为我所本有，去其物欲之障蔽完复其初。而造成他对"明明德"理解的转变是因为他对"心"的理解发生了变化。

① 叶向高：《嘉议大夫兵部左侍郎赠南京工部尚书许敬庵先生墓志铭》，见《苍霞草全集·苍霞草》卷十六，明刊本。
② 孙矿：《兵部左侍郎赠南京工部尚书许公孚远神道碑》，见《月峰先生居业次编》卷四，明万历四十年吕胤筠刻本，第22页。
③ 刘汋著，吴光主编：《蕺山刘子年谱》，见《刘宗周全集》第六册，杭州：浙江古籍出版社2007年版，第62页。
④ 黄宗羲：《侍郎许敬庵先生孚远》，见《明儒学案》卷四十一，北京：中华书局2018年版，第973页。
⑤ 许孚远：《大学述答问》，见《原国立北平图书馆甲库善本丛书》第28册，北京：国家图书馆出版社明万历刻本2013年版，第220页。
⑥ 许孚远：《大学述答问》，见《原国立北平图书馆甲库善本丛书》第28册，北京：国家图书馆出版社明万历刻本2013年版，第232页。
⑦ 许孚远：《与胡庐山先生论心性书》，见《敬和堂集》卷五，第417页。

许孚远早年从学于甘泉入室弟子唐枢①，唐枢以"讨真心"为宗，认为"真心即是良知"②。许孚远对唐枢的"真心"之旨是赞同的，他称："夫曰真心者，即虞廷之所谓'道心'"，"真心在人，本来具足，万古常然"，"真心元自炯然，不从外得"。③同时，许孚远也赞同"良知"说。当人问及阳明"致良知"之说时，许孚远说："先生当时原有悟处，洞彻性灵，因拈此三字口诀，欲使人人反求而得其本心，一破支离汗漫之习，此有功于后学不小。"④这表明许孚远不仅认为阳明致良知之说有克服朱学支离汗漫之弊的功劳，而且也认同阳明所谓的良知亦即本心。由此我们可以推断，许孚远的"真心"实际上与陆王所谓的本心、良知并无二致，其所谓的"明德"即性即真心即本心即良知即本体。然而，万历十年（1582）前后，许孚远在与胡直、李材进行心性论辩时，提出了"合灵与气"为心之说：

> 大率性之为名，自天之降衷，不杂乎形气者而言。而心之为名，合灵与气而言之者也。性只是一个天命之本体，故为帝则，为明命，为明德，为至善，为中，为仁，种种皆性之别名也。……心者，至虚而灵，天性存焉，然而不免有形气之杂，故虞廷别之曰人心、道心，后儒亦每称曰真心、妄心、公心、私心。其曰道心、真心、公心，则顺性而动者也，心即性也；其曰人心、妄心、私心，则杂乎形气而出者也。心不可谓之性也。⑤

在此许孚远所谓的"合灵与气"之心显然即"天性存焉，然而不免有形气之杂"之心，此心显然也就是"性与气合"之心，毫无疑问，此"性与气合"之心与许孚远一生都始终坚信的即心即性即体之本心或良知判然有别，这样一来，在许孚远的思想中就有了两个不同的心：一个是合性与形气之心，是经验层面的气心；一个是即心即性不杂形气之心，是形而上之心。

依许孚远之见，当人之明德亦即真心被物欲、意见所障蔽，则需"明明德"，以去除物欲、气质之蔽。在万历二十一年时，许孚远认为圣贤本身就是"明德""真心"的化身，本心、良知澄然显露、可以发用流行，自然也就可以辨别诚妄，因此，那时的他说："己不立，非仁。己立而不立人，非仁。己不达，非仁。己达而不达人，非仁。立不独立，达必俱达。仁者所以为天地立心，为生民立命也。故明明德，便要亲民。"⑥在那个阶段，许孚远更强调的是"立不独立，达必俱达"的达人、立人工夫，主"亲民"说。然而，在万历二十一年后，许孚远开始意识到，人之性或心不可能不被习气所障蔽，所有人都是需要做"去蔽"工夫。当"性"被习气所蔽无法彰显呈现，"性"是不起作用之"性"，"心"也就只是经验层面的"气心"，只能靠认知之心来分辨

---

① 嘉靖三十八年（1559），许孚远拜于唐枢之门，时年许孚远25岁，直至万历二年（1574）唐枢去世，许孚远总共受业于唐枢十六年。

② 唐枢：《木钟台初集》，见《真谈》，第482页。

③ 许孚远：《唐一菴先生祠堂记》，见《敬和堂集》卷二，第347—348页。

④ 许孚远：《大学述答问》，见《原国立北平图书馆甲库善本丛书》第28册，北京：国家图书馆出版社明万历刻本2013年版，第235页。

⑤ 许孚远：《与胡庐山先生论心性书》，见《敬和堂集》卷五，第417—418页。

⑥ 许孚远：《原学篇三·其三》，见《敬和堂集》卷十，第700页。

意之"诚"与"妄",才能达到去"妄"存"诚"定静安虑的境界。所以,许孚远说:"明德在人,本同一体,而明明德之教必自君子身之,以先知觉后知,以先觉觉后觉。"①他强调"自君子身之"即君子先己后人地进行言传身教,强调"先知觉""先觉",先己后人地进行言传身教,去除旧染陈蔽,使天下人之明德焕然一新,开始主"新民"说。由此之故,许孚远言:"明明德于家国天下,即所谓'新民'。故明明德之外,无新民也。"②明其本来在我之性体,去除旧染陈蔽,使天下人之明德焕然一新,此即"新民",不明明德,便不可能做到"新民"。

三、"止于至善"为宗

许孚远称:"大学之道,必以明明德为体,以新民为用,而总归于止至善,是之谓体用一源。"③在他看来,明明德与新民是体用的关系,明明德即性即良知故为本体,新民即让天理良知发用流行故为用,体用终究归于止至善一源,二者均是为了达到"止于至善"之境。许孚远以知止为宗的观点涉及与李材"止修"学的互动。李材认为知止与知本共同构成《大学》的宗旨:

> 止为主意,修为工夫。身外无有家国天下,修外无有格致诚正。均平齐治,但一事而不本诸身者,即是五霸功利之学。格致诚正,但一念而不本诸身者,即是佛老虚玄之学。故身即本也,即始也,即所当先者也。知修身为本,即知本也,知止也,知所当先者也。精神凝聚,意端融结,一毫荧惑不及其他,浩然一身,通乎天地万物,直与上下同流,而通体浑然,一至善矣。故止于至善者,命脉也,修身为本者,归宿也。家此齐焉,国此治焉,天下此平焉,所谓笃恭而平,垂衣而理,无为而治者,用此道也。④

止为主意,修为工夫;止为命脉,修为归宿。格致诚正修齐治平都必须落在修身这个实处,否则就会沦为五霸功利之学或佛老虚玄之学。他强调,知止固然重要,但不能离开知本来空谈知止,知止与止修不可离。"止不得者,只是不知本,知修身为本,斯止也。"仅凭"知止"是不能构成《大学》之旨的。所以他声称,只要通过"摄知归止""常止常修",便能使"心常正,意常诚,知常致,而物自格矣",由此,知本、知止兼搭为《大学》宗旨,合称"止修"。

隆庆六年(1572)前后,李材将凝聚了他"止修"思想精华的《大学古义》赠予许孚远。然而,对于书中阐发的"止修"为《大学》要义之说,许孚远却持质疑态度。约十四年后,许孚远也开始对《大学》进行诠释。虽然之后许孚远三易其书,但他对《大学》宗旨的看法始终没有改变。

关中版《大学》已无从得见,但我们可以从万历十五年(1587)许孚远为李材《观我堂摘稿》

---

① 刘斯原:《四库全书存目丛书补编》第 92 册《大学古今本通考》,济南:齐鲁出版社 2001 年版,第 702 页。
② 许孚远:《大学考述支言中庸述支言论语述》,日本尊经阁文库藏书,万历刊本。
③ 许孚远:《大学考述支言中庸述支言论语述》,日本尊经阁文库藏书,万历刊本。
④ 黄宗羲:《中丞李见罗先生材》,见《明儒学案》卷三十一,北京:中华书局 2018 年版,第 682 页。

所作书序中一窥他在关中时的观点：

> "止于至善"四字，则孔子立教尽已包括殆尽，是为圣学不二法门。是故由吾身而推之家国天下，一有遗漏，非其全体；由天下国家而反之吾身，一有倒置，非其真机。究本言之，无声无臭，浑然同源；推用言之，有物有则，毫发不爽。故格致诚正修齐治平，皆所以止乎至善之实事，本末始终，一以贯之者也。于此参究分明，合下知得止于至善，则《大学》之道，枢纽在我。①

许孚远认为，"止于至善"是圣学不二法门，格致诚正修齐治平皆以知止为宗，知止贯穿《大学》的本末始终，知止已含知本之义，无须再将知本单独列出，他反对李材将知本与知止兼搭为《大学》宗旨的观点，直接将知本收摄在了知止中。

万历二十一年版（1593）的《大学述》言：

> 止即主宰，亦即流行；止即入窍，亦即归宿，故知止《大学》之第一义也。②

许孚远并不赞成李材之止于至善为命脉、修身为归宿的观点，而是认为"止"既是主宰也是归宿。知止即《大学》第一要义。此版后附的《大学述答问》曰：

> 问经文所云"知止""知至""知本"同耶？异耶？曰：知止重止，以性体完复而言；知至重知，以灵明彻透而言；知本重本，以精神归一而言。然精神归一，便自灵明透彻；灵明透彻，便自性体完复，各有攸当，初无先后深浅，然而《大学》之功必以知止为要。③

许孚远指出，知止是从恢复性体之本然来讲，知至是从透性的角度来讲，知本是从精神归一来讲，"知止""知至""知本"虽然各有侧重，又互相关联，但《大学》始终都须以"知止"为要。

刘斯原《大学古今本通考》中所收录的《许敬庵先生大学解》载：

> 首列三纲而要之，知止是谓安身立本之宗。中条八目而结之，知本是为执简守约之道，知本必知止善，止则身修。呜呼！此大学之道也。④

知止是安身立本之宗，执简守约之道，统领三纲和八目。知本是知止的题中之义，"止则身修"。

万历二十九年版《大学述》谓：

> 《大学》之道必以明明德为体，以新民为用，而总归于止至善，是之谓体用一原。⑤

明明德为体，新民为用，体用终究归于止至善一源，这才是《大学》之道。

---

① 许孚远：《观我堂摘稿序》，见《敬和堂集》卷一，第 320 页。
② 许孚远：《大学述》，见《原国立北平图书馆甲库善本丛书》第 28 册，北京：国家图书馆出版社明万历刻本 2013 年版，第 221 页。
③ 许孚远：《大学述答问》，见《原国立北平图书馆甲库善本丛书》第 28 册，北京：国家图书馆出版社明万历刻本 2013 年版，第 236 页。
④ 刘斯原编：《许敬庵先生大学解》，《大学古今本通考》卷之十一，见《四库全书存目丛书补编》第 92 册，济南：齐鲁出版社 2001 年版，第 703 页。
⑤ 许孚远：《大学考述支言中庸述支言论语述》，日本尊经阁文库藏书，万历刊本。

可见，在许孚远看来，知本本就是知止题中之义，无须再将其单独列出，李材将知本与知止兼搭为《大学》宗旨的做法是"反费词说"①之举。在许孚远的诠释中，止于至善主要包括三个层面的意思。

第一，明明德是止于至善的题中之义。"念念觉悟，不染尘根，不滞有我，则良知出头，是谓至善。"②许孚远认为，至善即明德，二者"初无深浅分别"，即阳明之良知，许孚远之性体。止于至善其实也就是去除真心之障蔽，使得生而有之的明德（良知、性体、天理）湛然呈现出来，使其廓然无碍。许孚远进一步指出："至善之理，人人具足，求则得之。若到止于至善、致其中和，非尧、舜、文王、孔子之圣，不足以语此。"③至善之体人人具足，明德之真心人人生而有之，但圣贤与普通人的区别，在于能否达到止于至善之境。圣贤达于止于至善之境，而后"以先知觉后知，以先觉觉后觉"④，从而使得天下人之明德均焕然一新，这便是明明德。如何"止"？许孚远提出"明而止之"，即以明明德为路径以达至善之境："至善一毫偏倚驳杂所不能容，……然其要只在明而止之。"⑤他认为："明德无有不善，止于至善乃明明德之极则也。"⑥止于至善不过是明明德做到极致处，是复天性本来之纯粹至善；新民是"与民共明其明德"，是去除天下之人的习心旧弊。

第二，止于至善需要落到实处。许孚远言："知止云者，识其端而止之也，非徒知之，乃实始止之，此定静安虑之所由生也。学必知止，方有机可入定静安虑止之实际也。……止以发虑，虑以证止，故学至于能虑而得矣。"他认为，知止的重点在"止"。止于至善并不是说知道良知之端倪在何处就可以了，而是需要躬行践履地将良知运用到实践中，将明德（性体、良知）真正落到实处，如此才能使良知发用流行，而不是仅仅停留在端倪处。"止即主宰，亦即流行；止即入窍，亦即归宿，故知止《大学》之第一义也。"⑦"止"既指使良知发用流行，也指发用流行终不离良知本体，只有做到了"止"，才能达到定静安虑得的境界，这便是许孚远将止于至善视为《大学》之宗旨的原因。

第三，止于至善强调大中至正之道。"天性在人，中正纯粹，内不偏己，外不偏物，天下为公，万事为经，是谓至善。"⑧许孚远认为，将明明德落在实处的过程中讲究不偏不倚的中正之

---

① 许孚远在与二人共同好友万廷言的书信中谈道："见罗兄……其揭'修身为本'一说，以为圣门宗旨，此亦何疑，但主张太过，反费词说。"许孚远：《简万思默年兄》，见《敬和堂集》卷五，第463页。

② 许孚远：《简张阳和年兄》，见《敬和堂集》卷五，第466页。

③ 许孚远：《大学述答问》，见《原国立北平图书馆甲库善本丛书》第28册，北京：国家图书馆出版社明万历刻本2013年版，第237页。

④ 刘斯原：《四库全书存目丛书补编》第92册《大学古今本通考》，济南：齐鲁出版社2001年版，第702页。

⑤ 许孚远：《大学述答问》，见《原国立北平图书馆甲库善本丛书》第28册，北京：国家图书馆出版社明万历刻本2013年版，第232页。

⑥ 许孚远：《大学述答问》，见《原国立北平图书馆甲库善本丛书》第28册，北京：国家图书馆出版社明万历刻本2013年版，第232页。

⑦ 许孚远：《大学述》，《原国立北平图书馆甲库善本丛书》第28册，北京：国家图书馆出版社明万历刻本2013年版，第221页。

⑧ 许孚远：《大学述》，《原国立北平图书馆甲库善本丛书》第28册，北京：国家图书馆出版社明万历刻本2013年版，第220页。

道。"至善"即大中至正之道，"极即皇建有极之极，盖至善之别名也"①；"止"则是指不偏不倚之道，防止过犹不及。许孚远强调在让性体湛然呈现、流行无碍的同时，也需要防止本体的过度膨胀，如其言："天性本来纯粹至善，学以尽性，为则而无有过，无有不及，所以止之也，不止于是吾心不谦也。"②

许孚远重视躬行实践、强调过犹不及的中正之道，实际是针对心学末流现成良知派之流弊而言的。王畿高扬"四无之说"，把"克己"之"克"释为"能"，"己"释为"由己之己"，确信"己"之圆满自足至善，认为"克己"之"己"应是道德行为的发出者而非被克治的、待完善的对象。③许孚远之时，心学末流已经流弊丛生。承自王畿一脉的心学末流将"现成良知"推向极致，使得"己"过度膨胀自大，从而导致道德修养工夫的消解。许孚远对此批评道："近时学者，多被禅语汩没，因援儒入墨，乱人趋向，其惑已久"④，"我朝王文成先生揭'致良知'三字，直透本心，厥旨弘畅矣。乃其末流侈虚谈而鲜实行，世之君子犹惑焉。"⑤他指出："昔人学问，私之广远，故儒者反而约之于此心，其实要在反约。又须博学详说而得之，非谓直信此心，便可了当是事也。"⑥且认为"'无善无恶心之体'一语，盖指其未发廓然寂然者而言之……合下三言始为无病。今以心意知物俱无善恶可言者，非文成之正传也"。⑦许孚远上述重视躬行、强调中正之道的思想，正是为了修正当时那种消解道德修养工夫、流于空疏的虚谈之弊，以端正学风，挽救王学。

四、格物工夫

如何从明明德到止于至善之境界？许孚远认为应当做格物工夫。八条目中，许孚远对格物尤为看重。他认为，《大学》之教具体体现为"完复在于一念，而廓清在于物欲"，"要于本体上不容有一物遮蔽"，并总结道："故《大学》工夫透底是一格物。"⑧他用格物统摄了《大学》所有的修身工夫。同时，许孚远还指出"自格物之义不明，而孔门之学晦矣"⑨，可见其对格物的重视。

---

① 刘斯原编：《许敬庵先生大学解》，《大学古今本通考》卷之十一，见《四库全书存目丛书补编》第92册，济南：齐鲁出版社2001年版，第704页。

② 刘斯原编：《许敬庵先生大学解》，《大学古今本通考》卷之十一，见《四库全书存目丛书补编》第92册，济南：齐鲁出版社2001年版，第702页。

③ 王畿曰："克是修治之义，克己犹云修己，未可即以己为欲。克己之己，即是由己之己，本非于义。"王畿撰，吴震编校：《格物答问原旨》，《王畿集》卷六，南京：凤凰出版社2007年版，第143页。

④ 许孚远：《简耿楚侗先生》，见《敬和堂集》卷五，第450页。

⑤ 许孚远：《胡子衡齐序》，见《敬和堂集》卷一，第318页。

⑥ 许孚远：《简王东厓丈》，见《敬和堂集》卷五，第479页。

⑦ 黄宗羲：《侍郎许敬庵先生孚远》，见《明儒学案》卷四十一，北京：中华书局2018年版，第973页。

⑧ 许孚远：《大学述序》，见《原国立北平图书馆甲库善本丛书》第28册，北京：国家图书馆出版社明万历刻本2013年版，第215页。

⑨ 许孚远：《大学述序》，见《原国立北平图书馆甲库善本丛书》第28册，北京：国家图书馆出版社明万历刻本2013年版，第215页。

万历二十一年版的《大学述序》末言：

> 及谪居山庐，旋罹先君子大故，兀坐沉思，恍然觉悟，知此心不可着于一物，澄然无物，性体始露，乃知圣门格物之训真为深切而著明。顷入七闽，得温陵苏子所遗格物之解，若合符契然，后益信人心之所同，然爰取笥中旧著《大学述》一编复加删改就正有道，以期共为折衷阐明圣学于天下。①

据此可推测，万历二十一年版的《大学述》与初稿版最大的不同应当就是格物部分。初稿版已无从可得，但我们可通过万历二十一年版及刘斯原版看其对格物思考成熟后的诠释思想。

第一，对"格物"的诠释。在许孚远这里，"格物"所"格"的对象不再是阳明所指向的"心"，而是"物"。他反复强调："人心之知，缘物而起，亦缘物而蔽，故致知只在格物"②，"人心之知，触物而形，因物而察，则无往非格，但看当几何如，学问之功未尝离物，而亦不容逐物"③，"而物之有则原于天性，形形色色各有自然之理，心以此通，意以此准，知以此别，所以欲其格之"④。许孚远认为，物我不离，人心之障蔽均缘于物，故不能离开物而谈"格"，致知只在格物。正是因为如此，格物居《大学》修身工夫之首，言："然则格物居《大学》之始何与？道不离器，而心不离物，不由其器不达其道，不通于物不悦于心，古之所谓学者必有事存焉，则格物先之也。"⑤然而，他所谓的"格物致知"并非朱子的"格物致知"，而是去除"物欲"，因为"物无可格去之理，所可去者私欲耳"⑥，物本身是没有私欲可言的，心之所以有遮蔽，是因为我们对物起了私欲，因此，所"格"的对象当是物欲，而非物。

许孚远曰："所谓'通彻而无隔蔽'者，格之义也。"⑦"格"即"通彻无隔蔽"，格物以求本体无所障蔽，通达无碍。又曰："格即'格其非心'，'惟大人能格君心之非'之格。在《易》曰闲邪、曰洗心，在《论语》曰克己，在《大学》曰格物，一也。格去物累，真性湛然，斩钉截铁，一了百当。"⑧他将"格物"与"闲邪""洗心"并举，又言"格去物累，真性湛然"，可见其"格物"便就是"去物欲"，"格物"之"格"即"去除"之义。这表明许孚远所谓的"格"既不同于阳明释"格"

① 许孚远：《大学述序》，见《原国立北平图书馆甲库善本丛书》第28册，北京：国家图书馆出版社明万历刻本2013年版，第216页。
② 许孚远：《大学述答问》，见《原国立北平图书馆甲库善本丛书》第28册，北京：国家图书馆出版社明万历刻本2013年版，第222页。
③ 刘斯原编：《许敬庵先生大学解》，见《大学古今本通考》卷之十一，见《四库全书存目丛书补编》第92册，济南：齐鲁出版社2001年版，第704页。
④ 刘斯原编：《许敬庵先生大学解》，见《大学古今本通考》卷之十一，见《四库全书存目丛书补编》第92册，济南：齐鲁出版社2001年版，第705页。
⑤ 刘斯原编：《许敬庵先生大学解》，见《大学古今本通考》卷之十一，见《四库全书存目丛书补编》第92册，济南：齐鲁出版社2001年版，第705页。
⑥ 刘斯原编：《许敬庵先生大学解》，见《大学古今本通考》卷之十一，见《四库全书存目丛书补编》第92册，济南：齐鲁出版社2001年版，第705页。
⑦ 刘斯原编：《许敬庵先生大学解》，见《大学古今本通考》卷之十一，见《四库全书存目丛书补编》第92册，济南：齐鲁出版社2001年版，第705页。
⑧ 许孚远：《大学述》，见《原国立北平图书馆甲库善本丛书》第28册，北京：国家图书馆出版社明万历刻本2013年版，第222页。

为"正"之义，也不同于朱子释"格"为"至"之义。许孚远认为，阳明的"正其不正以归于正"之"格物"有"涉于径"之病，朱子的"即物而穷其理"之"格物"则陷"疑于支"之弊。①

许孚远指出"格物二字原有包涵'不尽'一义"，即其所言"常著常察而不达于天性之则者，格之道也"②。许孚远用"不尽"之义强调用功不已，由此统摄了各家各派对"格物"之"格"的理解，称一旦能领悟到此，便可知"格"字之训无论是为"至"还是为"正"，抑或是为"通、感、扞格、格断"，"其义俱存，会而通之，则语默动静、进退周旋，无非格物。以此废彼，俱有未尽，学者得之言诠之外，则圣门格致之学豁然无疑矣"。③

第二，诚意即格物。许孚远对阳明四句教之"为善去恶是格物"语并不赞同，他认为，"为善去恶工夫，格致诚正四字俱有之，格物乃其下手耳"。④ 许孚远提出："《大学》工夫透底是一格物。"⑤格物是修身工夫之着手处，诚意由格物统而一之。格致诚正也不是先后相继的关系，它们实际是同一个工夫。

从"一念发动"的角度看，本心无障蔽即诚意。"诚对妄而言，摄念归真，无容伪妄之杂是谓诚意"，⑥"第观胸中真无纤毫障碍，而天下之善不可入，方为虚己，方为诚意"⑦。换言之，"毋自欺其本心"⑧即诚意。许孚远认为，"人有血气心知，便有声色，种种交害，虽未至日前，而病根常在，所以诚意工夫透底是一格物。"⑨人心之显蔽均缘于物，人生而便有声色之欲，此"病根"一直都在，故格物就是一以贯之的、彻上彻下的工夫，一念发动时便是根，便应该格。从这一方面来看，诚意说到底也是在做格物工夫。因此，许孚远对朱子说的"格物是梦觉关、诚意是善恶关"之语并不赞同，反对将二者作为两种不同工夫："觉便是人，梦便是鬼，岂有两关？"⑩认为，"觉非徒然，知觉而已。必毋自欺，乃为真觉。所以诚意只在致知。"⑪指出诚意和格物其实并非

① 许孚远：《大学述》，见《原国立北平图书馆甲库善本丛书》第28册，北京：国家图书馆出版社明万历刻本2013年版，第215页。

② 刘斯原编：《许敬庵先生大学解》，《大学古今本通考》卷之十一，见《四库全书存目丛书补编》第92册，济南：齐鲁出版社2001年版，第705页。

③ 刘斯原编：《许敬庵先生大学解》，《大学古今本通考》卷之十一，见《四库全书存目丛书补编》第92册，济南：齐鲁出版社2001年版，第704页。

④ 许孚远：《大学述答问》，见《原国立北平图书馆甲库善本丛书》第28册，北京：国家图书馆出版社明万历刻本2013年版，第235页。

⑤ 许孚远：《大学述序》，见《原国立北平图书馆甲库善本丛书》第28册，北京：国家图书馆出版社明万历刻本2013年版，第215页。

⑥ 许孚远：《大学述序》，见《原国立北平图书馆甲库善本丛书》第28册，北京：国家图书馆出版社明万历刻本2013年版，第221页。

⑦ 许孚远：《简徐鲁源年兄》，见《敬和堂集》卷五，第463页。

⑧ 许孚远：《大学述序》，见《原国立北平图书馆甲库善本丛书》第28册，北京：国家图书馆出版社明万历刻本2013年版，第223页。

⑨ 许孚远：《简蔡见麓少宰》，见《敬和堂集》卷四，第400页。

⑩ 许孚远：《大学述答问》，见《原国立北平图书馆甲库善本丛书》第28册，北京：国家图书馆出版社明万历刻本2013年版，第232页。

⑪ 许孚远：《大学述答问》，见《原国立北平图书馆甲库善本丛书》第28册，北京：国家图书馆出版社明万历刻本2013年版，第232页。

两个工夫。除此之外，许孚远还常讲："正心诚意致知格物究竟只是一个工夫"①，"格致诚正与戒惧慎独、克复敬恕，断无殊旨"② 等，其对格物的重视可见一斑，也由此可见许孚远工夫的彻上彻下性。

许孚远还从"精一"的角度来讨论了二者的关系。"曰'然则《大学》所谓格致诚正孰为精而孰为一也？'曰：'当其用力总是精的工夫，及其得力便是一的境界。先儒以格致属知而为精，以诚正属行而为一者，恐非也。'"③ 在许孚远看来，"精"是从工夫层面讲的，"一"则是从本体论上讲的，格致诚正都是修身工夫，为的都是达到"止于至善"的"一"的境界。许孚远反对用知行关系将格致与诚正割裂开来的看法，他认为，知行既然合一，那么"正心、诚意、致知、格物究竟只是一个工夫"④，因为"如明明德，明字即知即行，原无偏属；曰'知止而后有定'，非真止，何以语定？曰'知止而后意诚'，非实至何以语诚？"⑤ 简言之，知行并不是两事，不可割裂开来，故，格致诚正也只是一个工夫，不可分而二之。

第三，格物即克己。许孚远之学"以克己为要"⑥，万历二十一年版《大学述》又言："在《论语》曰克己，在《大学》曰格物，一也。"⑦"己与物对，何得强而同之？"⑧ 许孚远在《大学述答问》中列了"问以克己证格物"条，以专门讨论克己与格物的关系。首先，从心性论看。许孚远的心性观认为，性是"自天之降衷，不杂乎形气者"，是本体；心是"合灵与气而言之者"，"有形气之杂"，此时，"心不可谓之性"。⑨ 当心"至虚而灵"时，"天性存焉"，此时，心即性。故，"能存其心，便能复其性"，强调存至虚而灵之心以复本体之性。⑩ 许孚远认为，性体之蔽有二：一是气质之拘，二是物欲之障。⑪"克己"与"格物"在去除性蔽方面各司其职，"复性之学只在祛蔽。

---

① 许孚远：《大学述答问》，见《原国立北平图书馆甲库善本丛书》第 28 册，北京：国家图书馆出版社明万历刻本 2013 年版，第 233 页。
② 许孚远：《敬和堂集》卷四《简邓定宇少宰》，第 410 页。
③ 许孚远：《大学述答问》，见《原国立北平图书馆甲库善本丛书》第 28 册，北京：国家图书馆出版社明万历刻本 2013 年版，第 233 页。
④ 许孚远：《大学述答问》，见《原国立北平图书馆甲库善本丛书》第 28 册，北京：国家图书馆出版社明万历刻本 2013 年版，第 233 页。
⑤ 许孚远：《大学述答问》，见《原国立北平图书馆甲库善本丛书》第 28 册，北京：国家图书馆出版社明万历刻本 2013 年版，第 233 页。
⑥ 黄宗羲：《侍郎许敬庵先生孚远》，《明儒学案》卷四十一，北京：中华书局 2018 年版，第 973 页。
⑦ 许孚远：《大学述》，见《原国立北平图书馆甲库善本丛书》第 28 册，北京：国家图书馆出版社明万历刻本 2013 年版，第 222 页。
⑧ 许孚远：《大学述答问》，见《原国立北平图书馆甲库善本丛书》第 28 册，北京：国家图书馆出版社明万历刻本 2013 年版，第 233 页。
⑨ 许孚远：《与胡庐山先生论心性书》，见《敬和堂集》卷五，北京：国家图书馆出版社明万历刻本 2013 年版，第 417 页。
⑩ 许孚远：《与胡庐山先生论心性书》，见《敬和堂集》卷五，北京：国家图书馆出版社明万历刻本 2013 年版，第 417 页。
⑪ "人之生也，各有气质，有气质便有物欲。气质与物欲交病，而性为之蔽。"（许孚远：《大学述答问》，见《原国立北平图书馆甲库善本丛书》第 28 册，北京：国家图书馆出版社明万历刻本 2013 年版，第 233 页）

从气质上消融，则曰克己；从物欲上廓清，则曰格物。"① 但这两者实则是一个问题，"两病一痛，治法不异，举此可以该彼"。② 二者虽有粗浅的区别，但都是祛蔽工夫。同时，格去物欲也就是变化气质，也就是克己。从这一方面来看二者是同一的。其次，从博文与约礼的关系看。许孚远言："此身在天地之间，礼仪三百，威仪三千，何莫非文？博文归宿全在约礼。夫子告颜子以'克复'之目，就在视听言动上用功。视听言动所包者博矣，即博即约岂有二耶？"③ 格物致知即博文，克己复礼即约礼。博文与约礼是互相涵括、不二分的，且博文最后也还是归于约礼。格物与克己便也是如此。在许孚远这里，"克"为"胜"义④，"己"指气质之杂，克己即"剥尽形骸之累，独全乎性命之真"⑤ 的工夫，也即存心复性的工夫。《大学述答问》言："克己同于格物，则既闻命矣。"⑥ 足以见之。《大学》格致诚正修身工夫归一于格物，而克己是格物的表现，可见克己工夫在许孚远学术思想中的一以贯之和彻上彻下性。

以修身释格物，是湛若水一直强调的。如其言："《大学古本》好处，全在以修身释格物至致知，使人知所谓格物者，至其理，必身至之，而非见闻想象之粗而已。"⑦ 可见，许孚远以克己释格物除了有纠心学末流虚谈空疏、不重躬行之流弊的现实原因以外，还有承自其师门学风之因。

五、余论

许孚远对宗旨和工夫的关系处理体现在对知止、知至、知本的区分。"知止重止，以性体完复而言；知至重知，以灵明彻透而言；知本重本，以精神归一而言。"⑧ 知止即止于至善，是从存心复性的方面讲的；知至即良知即性体，是从本体廓然无碍的角度讲的；知本即修身为本，是从收敛归根、由性而发、身心合一的角度讲的。知止为《大学》宗旨，统摄为体的明明德与发用的新民；格物为工夫，统摄八目。而修身又被总归在知止中："首列三纲而要之，知止是谓安身立本

---

① 许孚远：《大学述答问》，见《原国立北平图书馆甲库善本丛书》第28册，北京：国家图书馆出版社明万历刻本2013年版，第233页。

② 许孚远：《大学述答问》，见《原国立北平图书馆甲库善本丛书》第28册，北京：国家图书馆出版社明万历刻本2013年版，第233页。

③ 许孚远：《大学述答问》，见《原国立北平图书馆甲库善本丛书》第28册，北京：国家图书馆出版社明万历刻本2013年版，第233页。

④ 许孚远《论语述》言："克者，战而获胜之名。"（许孚远：《大学考述支言中庸述支言论语述》，日本尊经阁文库藏书，万历刊本）

⑤ 许孚远：《答吴川楼太守》，见《敬和堂集》卷三，第369—370页。

⑥ 许孚远：《大学述答问》，见《原国立北平图书馆甲库善本丛书》第28册，北京：国家图书馆出版社明万历刻本2013年版，第233页。

⑦ 湛若水：《大科训规》，《湛若水先生文集》卷6，见《儒藏》精华编第253册，北京：北京大学出版社2009年版，第558页。

⑧ 许孚远：《大学述答问》，见《原国立北平图书馆甲库善本丛书》第28册，北京：国家图书馆出版社明万历刻本2013年版，第236页。

之宗。中条八目而结之，知本是为执简守约之道，知本必知止善，止则身修。"①知止为宗，知本是达知止之道，能做到修身为本便可达止于至善之境，能做到知止便自然是修身，由此便是将知本收摄在了知止之中。许孚远对《大学》诠释之特色，用他自己的话来总结便是："以知止为《大学》第一义，以格物为下手工夫。"②

作者简介：刘丽莎，女，四川达州人，四川大学马克思主义学院助理研究员，四川大学历史文化学院博士后流动站研究员，主要从事宋明理学研究。

基金：四川省博士后创新人才支持项目资助（BX202325）；四川大学专职博士后研发项目"许孝远与阳明后学研究"（1082204112F75）

---

① 刘斯原编：《许敬庵先生大学解》，见《大学古今本通考》卷之十一，见《四库全书存目丛书补编》第92册，济南：齐鲁出版社2001年版，第703页。
② 许孚远：《大学述答问》，见《原国立北平图书馆甲库善本丛书》第28册，北京：国家图书馆出版社明万历刻本2013年版，第238页。

从知行合一到致良知

——兼论陈立胜与耿宁的阳明学诠释之异

郑泽绵

摘要：阳明的致良知学说是他的知行合一说的延续，是对朱子的诚意与自欺难题的最终解决。在处理如何达到诚意、避免自欺的问题时，良知与意的关系问题成为关键。笔者区分了"静态结构模型"与"动态生成模型"。前者从共时性的结构的角度看：良知与意分属于意识结构中的不同层面，因此良知随时能感知"意"的道德属性；后者从历时性的生成的角度看："意"的发用是凭依于良知的能力而起，正如波澜是凭依于水体而起。恶的意念是对良知的本然状态的偏离，因此良知至少可以通过这种偏离状态的不安之感而间接地侦测到不诚与自欺的危险。耿宁借助胡塞尔的自身意识而阐发阳明的"自知"，这属于"静态结构模型"；而陈立胜与牟宗三则侧重于讲良知的震动、逆觉，这属于"动态生成模型"。耿宁与陈立胜之说可并存，我们可以把"静态结构模型"看做良知的"缺省"状态，也就是说，当人处在日常的良好的状态时，良知并没有、也无需动用它的全副的能力，但此时良知默运于心灵活动中，一唤便醒。

关键词：良知；知行合一；朱熹；王阳明；诚意

笔者在《从朱熹的"诚意"难题到王阳明的"知行合一"：重构从理学到心学的哲学史叙事》一文中梳理了阳明如何通过"知行合一"之说，一步步地回应朱子学在诚意与"自欺"问题上对心学的挑战。[①] 这种诠释把朱子晚年修改诚意章注与王阳明早期与中期的学说转变连成一片，形成一个整体的叙事。本文将沿着这一思路，指出王阳明"致良知"是"知行合一"的延续，是对朱子以来的自欺与诚意问题的最终解决。

在现代学者特别是西方学者看来，王阳明的"知行合一"对于"自欺"的回应似乎过于理想化，而朱子在自欺问题上的立场，特别是那句"意不能以自诚"似乎更接近现代人特别是受弗洛伊德等流派影响的人们的立场。设想：如果一个人能完完全全地陷于自欺而不自知，我们

---

① 参见郑泽绵：《从朱熹的"诚意"难题到王阳明的"知行合一"——重构从理学到心学的哲学史叙事》，《哲学动态》2021年第2期。

怎么能够保证自己的信念无误？万一当我们坚信自己的道德信念正确无误的时候，我们的自欺其实已经病入膏肓了呢？这个自欺问题如此激烈地刺激着我们，而我们却不能对此置之不顾。在自然科学中，如果有人问一个科学家：您怎么知道某现象的背后不是鬼怪的存在呢？科学家完全可以置之不顾，因为这个刁难是一种"诉诸未知"的谬误——刁难者只是诉诸还未被证实的东西（鬼怪的存在）作为其理论依据。举证的责任在刁难者身上，而刁难者却逃避了责任，只是盲目进攻。因此科学家完全可以置之不理。与自然科学的事实陈述的领域相反，在道德价值的领域，"我（或我们）是不是心里有'鬼'？"这个问题虽然尖刻、刺耳，却是有意义的问题。我们不能逃避扪心自问的责任，特别是在政治的领域，当一个政治家、一个集体停止了自我反省之时，很可能他的良心彻底封闭而死亡，正如《庄子·齐物论》所描述的，"近死之心，莫使复阳也"，这很可能导致道德狂热和政治狂热。当然，事情得分两面看：一个政治家、将军往往需要表现得信念坚定、百折不回，才拥有领导大众的领袖魅力；过度的自疑恐怕也会导致行动力的缺失：希特勒一般的自信固然很可怕，但哈姆雷特式的优柔寡断、使行动延宕于思辨，也令人扼腕叹息。过度的自疑还可能导致道德"洁癖"，而当这种"洁癖"从自我反省转向苛求他人反省的时候，有可能酝酿成一种"文革"式的"狠斗私字一闪念"一般的狂热。因此，或许对待这个问题我们应该采取亚里士多德式的"中庸"：过度的自信和过度的自疑都是不健康的，最好是持守中道。理论家往往爱走极端，但是在道德实践上的建议其实应该尽量朴素和折中。

不过，如果我们换一个角度，则自欺问题依旧是一个重要的问题：如果我们的问题意识不是：我还不知道什么是善呢，如何可能付诸行动？（正如上一章所论述的，阳明的反驳者们和学生们往往都是由这个出发点去质疑阳明的"知行合一"），如果我们换一个角度：我们承认，我们多多少少在伦理生活的某些方面还是能做到善良的"知行合一"（无自欺）的，尽管不彻底、也不稳固。从这个出发点出发，我们要问的是：我们如何防止我们已有的道德知识受到妄念的侵蚀而最终陷入自欺？相应地，我们如何做到时时刻刻地都敏锐地觉察出妄念、邪念的侵入？如果兑换成阳明学的术语，那就是：良知如何知得"意"之善恶、诚伪？转变成这个角度，那么这个问题对我们就很现实了：想想我们每一年新年立下的誓愿是怎么被意志薄弱摧毁的，就知道这个问题对每个人的迫切性。

这个角度与哈姆雷特式的犹豫不一样。哈姆雷特的犹豫可以被看做现代伦理生活的一种典型样态：本该有的行动被主体性的反思无限地延宕。哈姆雷特虽然身陷于政治历史情境的洪流之中，但他却没有任何固定的角色伦理可依（当杀其父弑其君者成了哈姆雷特的君主和继父时，一切角色设定都紊乱了），他必须不断从实践中回撤到反思的主体性，跳出政治历史的情境，去为自己的道德认知重新寻找奠基。哈姆雷特的处境和延宕便是现代性的命运：在上帝这个确定性的伦理基础不复存在之际，人需要退回到主体性中重新寻找奠基。值得注意的是，按照特里林的看法，西方伦理从莎士比亚开始，忽然增加了一个层面：把真诚（sincerity）看成美德的基本条件。人们开始追问自我的真诚、开始探究自我与社会角色的张力："每个读者在理解《哈姆雷特》时都会认识到，真诚的主题渗透了整个剧本。"①我们不会去追问亚伯拉罕、阿喀琉斯是否真诚，但追问哈姆雷特和少年维特是否真诚，却是有意义的。

笔者从《哈姆雷特》中指出西方思想向主体性内转而带出的关于真诚的问题，这并不是随意对文学作哲学诠释。事实上，《哈姆雷特》这本书与笛卡尔同时诞生于16、17世纪之交。甚至笔者将《哈姆雷特》的犹豫与王阳明的"知行合一"放在一起比较，也不是天方夜谭。因为王阳明只比莎士比亚早出生半个多世纪，可以算是同时代的人；关于王阳明的传记小说文学大概也出现在《哈姆雷特》的年代，因此时间上的对应性是严格的。我们可以说，正好在16、17世纪之交，中、西方思想界同时把伦理精神聚焦于"真诚"。②而两者对该问题的解答又立刻分道扬镳。这一点成为我们从世界哲学史理解王阳明的一个参考坐标。

与哈姆雷特相反，阳明的军事、政治参与的特点是：他从来没有从实践中抽身而出，他的反思是在行动中进行的。这并不是说他完全没有机会、没有想过这么做，例如他在赴龙场的途中，曾经想过从中隐遁江湖，但是由于担心其父受到政治牵连，因此没有归隐。整体上看，阳明的"知行合一"不只是一个道德心理学命题，这其实道出了整个儒家哲学有别于近现代伦理学的基本特征：行动的先在性与伦理思想的情境化。阳明的反思和取舍是在政治历史情境的洪流中感应而发的。这并不是说他只能盲目地被决定；这只是说，他的思想并不成为其行动延宕的借口，他的反思是在与环境交涉中同步进行的，如果活用明儒的用语，那就是："理只是气之理，当于气之转折处观之。"③良知时时刻刻知是知非，每一个是非都不是上升到普遍抽象原则而推演得到的，而是在权衡之下作出的不容已的抉择，每一个抉择都是独一无二的，但都具有示范的意义，④都具有"具体的普遍性"。总之，阳明的角度不是：在"行"之前去拷问"知""狠斗私字一闪念"；而是在不全面的"知行合一"的情况下，如何保持"知"的清明并且防止"自欺"之念。从这个角度看问题，则"自欺"问题不但不会引起实践的延宕或道德"洁癖"，相反，它是一个如何保持身心的整全性和健康的问题。

经过这番澄清之后，下文第一步证明阳明的良知学说是他的"知行合一"学说的延续；第二步说明：对于如何防止自欺的问题，"意"与"良知"的关系成为关键。而在王阳明的思想中，我们可以分析出两个理论模型去解释"意"与"良知"之间的关系，我把它们分别称为静态（结构）模型和动态（生成）模型。学界至今对这两个模型的区别还缺乏理论的自觉。耿宁先生通过唯识学和现象学的角度阐发了良知与意的关系，可以归属于静态模型，这是对阳明学研究的重大

---

① ［美］莱昂内尔·特里林：《诚与真：诺顿讲演集·1969—1970年》，刘佳林译，南京：江苏教育出版社2006年版，第5页。

② 笔者在一篇英文文章曾指出，宋明理学的"诚"包含"真诚"（sincerity）和"意念纯粹"（purity）两个条件。可参考 Zemian Zheng, "An Alternative Way of Confucian Sincerity: Wang Yangming's 'Unity of Knowing and Doing' as a Response to Zhu Xi's Puzzle of Self-Deception," *Philosophy East and West*, 68: 4 (2018), pp. 1345-1368.

③ 罗钦顺：《困知记》续卷上，见《困知记》，北京：中华书局1990年版，第68页。

④ 王庆节提出"示范伦理学"的观点，很值得借鉴。参见王庆节：《道德感动与儒家示范伦理学》，北京：北京大学出版社2016年版。

贡献，但还不是阳明学在这个问题上的全貌。陈立胜教授对此提出了一些商榷意见。本文将用这两种良知与意之关系模型调停耿宁与陈立胜的分歧，使之合归为一。

一、哲学史证据："致良知"学说是"知行合一"学说的延续

笔者曾解释了为何朱子的"自欺"与"诚意"难题是阳明提出"知行合一"学说的隐秘的动力，这一节重点展示哲学史的证据以说明：阳明的"致良知"学说是"知行合一"的延续。理据如下：

（1）阳明曰："若是知行本体，即是良知良能，虽在困勉之人，亦皆可谓之'生知安行'矣。"[1]

（2）阳明曰："良知只是个是非之心，是非只是个好恶，只好恶就尽了是非，只是非就尽了万事万变。"[2] 阳明认为，"好恶"（道德动力的"行"）与"是非"（道德判断的"知"）是一体两面的，统一于"良知"，这一点与阳明论证"知行合一"时用的"如好好色，如恶恶臭"的论证有异曲同工之妙。他说："见好色属知，好好色属行。只见那好色时已自好了，不是见了后又立个心去好。"[3]

（3）阳明的学生陈九川在追溯阳明的思路时，从源初的"诚意"的问题意识，推论出阳明后来提出致良知学说的必要性。他说："近年体验得'明明德'功夫只是'诚意'。自'明明德于天下'，步步推入根源，到'诚意'上再去不得，如何以前又有格致工夫？后又体验，觉得意之诚伪，必先知觉乃可，以颜子'有不善未尝不知，知之未尝复行'为证。"[4] 阳明对他举颜子为例证的说法表示首肯。可以说，"良知"学说是要解决如下问题：为何"诚意"是可能的？人是如何知得"意"的善恶、诚伪的？阳明甚至对颜子推崇备至，他说："孔子无不知而作；颜子有不善，未尝不知：此是圣学真血脉路。"[5]

（4）陈来指出王阳明曾对他的《大学古本序》进行过修改，一开始以"诚意"为"大学之要"，到了后来则将"致（良）知"补进去，把"致（良）知"看成"诚意"的途径。[6]

可见王阳明的"致良知"学说其实是他的"知行合一"学说的一种自然延续，两者都针对诚意如何可能的问题。

① 王守仁：《传习录》卷中，见《王阳明全集》，杭州：浙江古籍出版社 2010 年版，第 75 页。
② 王守仁：《传习录》卷下，见《王阳明全集》，上海：上海古籍出版社 2010 年版，第 121 页。
③ 王守仁：《传习录》卷上，见《王阳明全集》，上海：上海古籍出版社 2010 年版，第 4 页。
④ 王守仁：《传习录》卷下，见《王阳明全集》，上海：上海古籍出版社 2010 年版，第 99—100 页。
⑤ 王守仁：《传习录》卷下，见《王阳明全集》，上海：上海古籍出版社 2010 年版，第 114 页。
⑥ 陈来考证了阳明对《大学古本序》的修改过程。可参见陈来：《有无之境》，北京：北京大学出版社 2006 年版，第 112—115 页。

二、哲学重构：良知与意的静态结构模型与动态生成模型

那么，"良知"概念的引入又如何解决了诚意的问题呢？我们可以从阳明的文献中分析出良知与意的关系的两种模型：在静态模型中，良知直接地觉察到意念的善恶、诚伪；在动态模型中，良知间接地通过觉察到邪念对于"知行合一"的状态的偏离（因而有一种不安的状态，如同水之起波澜），而觉察到陷于自欺的危险。

（一）静态的（结构的）模型："意与良知当分别看"

阳明曰："心之良知是谓圣。"① 良知作为一种先天的道德感知和判断能力，是人人具有的。阳明说："知是心之本体，心自然会知：见父自然知孝，见兄自然知弟，见孺子入井自然知恻隐，此便是良知，不假外求。"② 又如："良知在人，随你如何，不能泯灭，虽盗贼亦自知不当为盗，唤他作贼，他还忸怩。"③ 阳明经常把良知比喻为太阳，虽然太阳偶尔会被浮云遮蔽，但阳光从来不会完全消失。他说："照心固照也，妄心亦照也。"并解释说："'妄心亦照'者，以其本体明觉之自然者，未尝不在于其中，但有所动耳。无所动即照矣。"④ 如果认为"妄心"只有妄而无照的话，那就等于否认了《中庸》所说的"至诚无息"。此处"照"与"至诚"都是对"良知"的描述语。阳明说："无妄无照则不贰，不贰则不息矣。"⑤ 也就是说，良知的照察意念之是非的作用，无论在其理想状态（照心）和不理想状态（妄心）中，都同样起着作用。依照这种见解，阳明的良知学说根本不承认朱子担心的那种绝对的遮蔽和自欺状态的存在，尽管局部的、一定程度的自欺依旧是可能存在的。

良知不仅能觉察到外在的行动的善恶属性，而且也能内在地感知自己的意念的善恶属性。因此良知有能力避免任何"认欲为理"的自欺。阳明说：

> 所云"任情任意，认作良知，及作意为之，不依本来良知，而自谓良知"（案：此问蕴含着对自欺现象的担忧）者，既已察识其病矣。意与良知当分别明白。凡应物起念处，皆谓之意。意则有是有非，能知得意之是与非者，则谓之良知。依得良知，即无有不是矣。所疑拘于体面，格于事势等患，皆是致良知之心未能诚切专一。若能诚切专一，自无此也。⑥

---

① 王守仁：《书魏师孟卷》，见《王阳明全集》，上海：上海古籍出版社 2010 年版，第 297 页；王守仁：《答季明德》，见《王阳明全集》，上海：上海古籍出版社 2010 年版，第 228 页。
② 王守仁：《传习录》卷上，见《王阳明全集》，上海：上海古籍出版社 2010 年版，第 7 页。
③ 王守仁：《传习录》卷下，见《王阳明全集》，上海：上海古籍出版社 2010 年版，第 102 页。
④ 王守仁：《传习录》卷中，见《王阳明全集》，上海：上海古籍出版社 2010 年版，第 71 页。
⑤ 王守仁：《传习录》卷中，见《王阳明全集》，上海：上海古籍出版社 2010 年版，第 71 页。
⑥ 王守仁：《答魏师说》，见《王阳明全集》，上海：上海古籍出版社 2010 年版，第 231—232 页。

这是良知与意的静态结构模型的经典表述。静态模型是指，良知与意属于意识结构的不同层次。"意"就是意念，是经验的意识活动，所有的心之所发，无论善恶，都属于"意"；而"良知"并不是另一个与"意"相对立的经验意识活动，它只是属于意识的内在结构的中更高层的反身意识的一种功能和活动，它所觉察的内容是意念的道德属性。

良知除了能感知到意念的善恶属性之外，还有另一项功能以防范恶念的产生，那就是"戒慎恐惧"的警觉的能力，阳明说："能戒慎恐惧者是良知也。"① 良知的价值感知的能力与戒慎恐惧的能力两者相匹配，才是构成了完整的静态结构模型。关于"戒慎恐惧"，详见笔者的拙文《从王阳明的戒慎恐惧工夫看良知学的形成》。②

（二）动态的（生成的）模型："意之本体便是知"

在上文第一节中，我们已经介绍了王阳明学说从"知行合一"过渡到"致良知"的轨迹。通过这个思想发展的线索，我们便可以试着从王阳明所说的"好好色、恶恶臭"的"知行合一"中抽绎出良知与意的动态生成模型。从"好好色、恶恶臭"的例子中可以看出：衡量一个人的真诚与否的一个征兆是：在真诚的状态中，一个人做事不会有再三思考、不会勉强着意去做事，这是自欺状态所不具备的。而这种"知行本体"的本然状态恰好就是良知的本体状态，在其中认知与情感没有任何分裂。而私意、恶念等其实只是这种无分的理想状态的一种偏离的表现，正如波浪虽然偏离了水的宁静状态，但毕竟凭依于水体而起。而正是因为意念是凭依于良知而起，因此良知可以透过这种生成的联系，而间接地体察到其道德属性。例如，当一个人由于习俗、气质的遮蔽而不能清楚地明白是非的时候，他至少可以从内心中的不安和分裂中，间接地知晓自己所处的状态是不理想的状态（甚至有可能是自欺的状态）。这与上文所说的"静态结构模型"不一样，在静态模型中，良知直接知善知恶；而在"动态生成模型"中，我们暂时先退让一步：即使我们有时不能清晰地知善知恶，但至少从不安与分裂中可以得到间接的暗示。

尽管关于动态生成模型的水波之喻在中国哲学中很常见，如《大乘起信论》、朱子和熊十力都曾用过；但要证成阳明也有相似的见解，却有难度，因为阳明较少用水波之喻。不过，我们从阳明对心、意、知、物这一组用语的定义中可以看出，他确实认为："意"凭依于"良知"而起。其中的最关键是："意之本体便是知"一句当如何解释？且看最初出现在《传习录》卷上的定义：

> 身之主宰便是心；心之所发便是意；意之本体便是知；意之所在便是物。如意在于事亲，即事亲便是一物；意在于事君，即事君便是一物；意在于仁民爱物，即仁民爱物便是一物；意在于视听言动，即视听言动便是一物。所以某说无心外之理，无心外之物。③

① 王守仁：《传习录》卷中，见《王阳明全集》，上海：上海古籍出版社 2010 年版，第 71 页。
② 参见郑泽绵：《从王阳明的戒慎恐惧工夫看良知学的形成》，《人文论丛》2017 年第 2 期。
③ 王守仁：《传习录》卷上，见《王阳明全集》，上海：上海古籍出版社 2010 年版，第 6 页。

在阳明提出致良知之后，他把这一组基本定义进一步精确化。从中可以看出："意之本体便是知"的"知"是指"良知"，这里的"本体"不是指"本质、存在根据"。有时"意之本体"又作"意之体"。阳明的《大学古本傍释》的海涵本与百陵学山本都有"知者意之体，物者意之用"一句。顾东桥给阳明的书信中提及此句，故阳明详细解释说：

> 《答顾东桥书》：心者身之主也，而心之虚灵明觉，即所谓本然良知也。<u>其虚灵明觉之良知应感而动者，谓之意；有知而后有意，无知则无意矣。知非意之体乎？</u>意之所用，必有其物，物即事也，如意用于事亲，即事亲为一物；……凡意之所在，无有无物者，有是意，即有是物，无是意，即无是物。物非意之用乎？①

这句"虚灵明觉之良知应感而动者，谓之意"成为我们解通"本体"二字含义的关键。由此看来，"本体/体"与"用"的关系应当是同一结构中不同元素之间的关系，而不是本体论意义上的存在本体与现象功用的关系。我们可以作如下类比：如果说整个军队是一个大写的"身"的话，那么，"心"可类比于一位将军（军队之主宰）；"意"可以类比于将军的"想要向士兵发号一个命令"这个意图；"知"可类比于将军的职能；"物"则是这个将军所意指的那个发出命令的行动。那么，"意之本体便是知"的意思是，将军（"心"）之所以想发令、能发令（"意"），都是因为这个将军有这个能力和权限（"良知"）。即使将军做了坏决定、下了坏命令（即恶意、恶事/物），也是凭借他的能力和权限而生发的，但是恶意和恶事长久以往会导致身心（军队和将军）的毁灭。所以，虽然恶念所凭依的本来是善的能力，但是对它的运用的偏离也不可不防。从这个类比中，我们可以得到一个推论：恶是善的本然状态的偏离。如果这个推论得到证实，则可以反过来印证这个类比的正确性。阳明说："'妄心亦照'者，以其本体明觉之自然者，未尝不在于其中，但有所动耳。无所动即照矣。"②已经明确地表达了这一点。"妄心"只是良知的偏离，其就其本体而言，依旧是"照"。因此，我们也可以说，静态结构模型之所以能成立，其原因必须在动态生成模型中才能得到充分解释。事实上，"恶是心的本然状态的偏离"的说法切合"意是心之所发"这个朱子、阳明的通释。因为"发"呼应的是《中庸》的"已发""未发"：未发是"在中""不偏不倚"的状态，而"已发"则必须做到"无过无不及"。两方面都是以"中""正"为善，以偏离为恶。偏离会导致自我毁灭，而自我毁灭的力量其实恰好来自自身。《中庸》说："栽者培之，倾者覆之。"树木如果不<u>直立</u>的话，长着长着自己就倒了，成长的力量反倒导致了覆灭。同样的道理，"意"是心之所发，其实是凭借心和良知的力量而生长，但关键是要"格"之"正"之，

---

① 阳明多次运用了这一组定义，例如：
《答罗整庵少宰书》："理一而已。以其理之凝聚而言，则谓之性；以其凝聚之主宰而言，则谓之心；以其主宰之发动而言，则谓之意；以其发动之明觉而言，则谓之知；以其明觉之感应而言，则谓之物。"
《传习录》卷下："但指其充塞处言之谓之身，指其主宰处言之谓之心，指心之发动处谓之意，指意之灵明处谓之知，指意之涉着处谓之物：只是一件。意未有悬空的，必着事物。"
两则材料分别见王守仁：《传习录》卷中、下，见《王阳明全集》，杭州：浙江古籍出版社2010年版，第83、100页。
② 王守仁：《传习录》卷中，见《王阳明全集》，上海：上海古籍出版社2010年版，第71页。

使之保持良知的方向。这种见解与孟子性善论相匹配：既然人已经禀赋了充足的善的能力，那么最重要的不过是顺势而为，如孟子所说的"禹之行水也，行其所无事也"（《孟子·离娄下》）。程颢曰："天下善恶皆天理，谓之恶者非本恶，但或过或不及便如此。"[1] 又曰："人生气禀，理有善恶，然不是性中元有此两物相对而生也。"[2] 正是因为恶只是善的本然状态的偏离，因此阳明说"善恶只是一物"：

> 问："先生尝谓'善恶只是一物'。善恶两端，如冰炭相反，如何谓只一物？"先生曰："至善者，心之本体。本体上才过当些子，便是恶了。不是有一个善，却又有一个恶来相对也。故善恶只是一物。"直因闻先生之说，则知程子所谓"善固性也，恶亦不可不谓之性"。又曰："善恶皆天理。谓之恶者本非恶，但于本性上过与不及之间耳。"其说皆无可疑。[3]

与此相应，我们可以说，意念之所以会成为"恶"，其实只是心所发的意念偏离了良知的本然的方向。而正是因为良知与意念之间的这种动态生成的关系，所以在意念偏离良知而为恶的时候，人至少可以从一些内在的不安之中侦测到不诚、妄念与自欺的潜在危险。这个"良知"不是一个冷静的、善恶中性的观察者，而是一个有方向性的不断生长之物，如水之必就下，树木之向阳一样。正因如此，当阳明被问到"予未有知也，何以能行乎？"（很显然，这反映的是朱子的思路：先知后行，以防自欺），阳明直截了当地回应说：

> 是非之心，知也，人皆有之。子无患其无知，惟患不肯知耳；无患其知之未至，惟患不致其知耳。……知犹水也，人心之无不知，犹水之无不就下也，决而行之，无有不就下者。决而行之者，致知之谓也。此吾所谓知行合一者也。吾子疑吾言乎？夫道一而已矣。[4]

将良知比作水，说明良知是有动力、有方向的。如果把水推向山坡，偏离了它的方向，那么水反倒积蓄了更大的向下的动能，酝酿着内在的不安。我们可以借用黄勇的说法：这个"知"是"动力之知"，它本身就带有为善的动力，而不只是"关于道德的知识"（如命题式的知识：知道我应该如何）。[5] 明末大儒刘宗周为了纠正阳明后学（特别是王畿）之偏，用指南针的类比说明人的道德心灵的先天的方向性，虽然他说的是："意""先天地"必向善，他把"意"的先天性地位抬高到近乎阳明的"良知"，其用语与阳明很不同，但这个方向性动力的类比也适合阳明。阳明说："若是知行本体，即是良知良能，虽在困勉之人，亦皆可谓之'生知安行'矣。"[6] 可见在偏离了良知本体状态的不理想的情境中，良知并没有丧失，它的方向性的动能依旧存在。

---

① 程颢、程颐：《二程遗书》，卷二上，见《二程集》，北京：中华书局1981年版，第14页。
② 程颢、程颐：《二程遗书》，卷二上，见《二程集》，北京：中华书局1981年版，第10页。
③ 王守仁：《传习录》卷下，见《王阳明全集》，上海：上海古籍出版社2010年版，第106—107页。
④ 王守仁：《书朱守谐卷》，见《王阳明全集》，上海：上海古籍出版社2010年版，第294页。
⑤ 参见黄勇：《论王阳明的良知概念：命题性知识，能力之知，抑或动力之知？》，《学术月刊》2016年第1期。
⑥ 王守仁：《传习录》卷中，见《王阳明全集》，上海：上海古籍出版社2010年版，第75页。

三、以两种模型调停耿宁与陈立胜之争

耿宁借助现象学和唯识学，着重诠释阳明的"独知""自知"，这是对阳明学诠释的重要贡献：他认为，良知的这种能力对应的是唯识学所讲的"自证分"或胡塞尔现象学中所说的"自身意识"。胡塞尔指出，意识的一个本质特征是，它不但意识到某事，而且每个意识活动本身也被意识到，或者说，被内在地感知到。① 换言之，"自身意识"不是一个独立的意识，而是一种"伴随"的意识，与具体的意识内容同步发生。这种"自身意识"不是反思意识，因为反思意识是对先行出现了的意识活动的内容所进行的回忆、表象与反思。但"自身意识"与经验的意识内容是同步的。耿宁认为，胡塞尔的这种"自身意识"就相当于阳明的良知如下功能："凡意念之发，吾心之良知无有不自知者。"②

陈立胜高度肯定了耿宁这个诠释对于阳明学研究的贡献："耿宁将良知之自知视为'自身意识'无疑是'挑明'了阳明工夫论中对意念生活省察的这种未曾言明但却蕴含的'同步性''当下性'特征。"③ 但陈立胜也同时指出了一点不足：

> 布伦塔诺与胡塞尔的内知觉、自身意识只是一种价值中立的意识，它跟实践活动、道德评价之间并无必然的关系。而无论是朱子抑或阳明所描述的对意念的省察现象都具有强烈的道德意义、工夫实践意义。耿宁反复指出："王阳明的'良知'，也就是自知，不只是一种纯理论、纯知识方面的自知，而是一种意志、实践方面的自知（自觉）"，是"对意念之道德品格的意识"，因而包含着对于这个意志的价值判断。正是在这个意义上，耿宁将良知称为"道德自身意识"，即"对本己意向中的伦理价值的直接意识"。毫无疑问，这是对现象学自身意识理论的重大修正。这种修正的幅度是如此之大，以至于让人怀疑它究竟还是不是一种自身意识现象。④

陈立胜质疑：阳明的良知并非一种"伴随"的、"依附"的意识：如果只是一个伴随的意识，那么当我起一念想要偷书时，我只会意识到我发了此念，不会增加意识的内容（就也是说，不会对此念本身的道德属性有什么觉察或评价），更不可能去厌恶此念。而这就不同于良知的"知善知恶"和"好善恶恶"了，因为后者不但增加了意识的内容（知善知恶中的善恶判断），而且产生一种要消灭恶念的"不安的意识"（"好善恶恶"的动力）。陈立胜的批评非常敏锐。他接着引用牟宗

---

① 参考 [瑞士] 耿宁：《心的现象：耿宁心性现象学研究文集》，倪梁康、张庆熊、王庆节译，北京：商务印书馆2012 年版，第 127 页。

② 王守仁：《传习录》卷中，见《王阳明全集》，上海：上海古籍出版社 2010 年版、浙江古籍出版社 2010 年版，第 78—79 页。

③ 关于耿宁借用胡塞尔思想而对阳明"自知"学说的诠释，可参考陈立胜的总结。参见陈立胜：《"以心求心""自身意识"与"反身的逆觉体证"——对宋明理学通向"真己"之路的哲学反思》，《哲学研究》2019 年第 1 期。

④ 陈立胜：《"以心求心""自身意识"与"反身的逆觉体证"——对宋明理学通向"真己"之路的哲学反思》，《哲学研究》2019 年第 1 期。

三的"逆觉"与"反身软圆之自知"去解释阳明的良知学说。这段话生动地描述了良知冲破物欲陷溺而"逆觉"自身的独特现象，是良知最真切的表现：

> 此警觉不是本心以外之异质的物事，乃即是此本心之提起来而觉其自己。故即在此"提起来而觉其自己"中醒悟其利欲之私、感性之杂，总之所谓随躯壳起念，乃根本的堕落、陷溺、逐物之歧出，而非其本心、非其真正之自己、真正之原初之心愿。此种醒悟亦是其本心所透示之痛切之感，亦可以说是本心之惊蛰、震动所振起之波浪。由其所振起之波浪反而肯认其自己、操存其自己，亦即自觉其自己，使其自己归于其正位以呈现其主宰之用，此即是"求其放心"，使放失之心复位。……此种觉悟亦名曰逆觉。逆觉者即逆其汩没陷溺之流而警觉也。警觉是本心自己之震动。本心一有震动即示有一种内在不容已之力量突出来而违反那汩没陷溺之流而想将之挽回来，故警觉即曰逆觉。①

其实，胡塞尔—耿宁之说对应的是本文所说的静态结构模型，而牟宗三—陈立胜之说对应的是本文所指出的动态生成模型。两者在阳明文献中皆有依据，可以并存。上文人物众多，观点纷呈。为避免混乱，先概述我们的观点之同异如下：（1）良知与意的静态结构模型是符合阳明的一些关键的表述的：良知与意确实属于意识活动的结构的不同层面。这一点，笔者与耿宁、陈立胜观点皆一致。（2）对于良知这一层的功能而言，笔者赞同陈立胜引用牟宗三而对耿宁的纠正，认为良知并不是一个价值中立的、伴随的"内意识"，而是通过良心的自我觉醒所掀起的波澜而反向地"逆觉"、肯认其自身。（3）笔者认为，如果说明清楚，其实耿宁的诠释依旧有效，甚至还能帮我们解通阳明很多其他的文本。

我在 2018 年发表的英文文章"An Alternative Way of Confucian Sincerity: Wang Yangming's 'Unity of Knowing and Doing' as a Response to Zhu Xi's Puzzle of Self-Deception"（《对儒家"诚意"的另辟蹊径：王阳明的"知行合一"作为对朱子的自欺难题的回应》）② 中已经区分了静态结构模型与动态生成模型。只有结合这两种模型，才能完整地解释阳明思想中良知与意的关系问题。当时提出这两个模型时，还没有胡塞尔—耿宁与牟宗三—陈立胜的两种诠释路线之争。在这里，我们恰好可以运用这两个模型，调停二者之分歧如下：耿宁借助胡塞尔的"自身意识"而建立的良知学诠释，属于静态结构模型；而陈立胜所赞赏的牟宗三的"本心之惊蛰、震动"等说法，则属于动态生成模型。胡塞尔—耿宁的静态结构模型在牟宗三—陈立胜的动态生成模型的批评下，似乎岌岌可危。其实两者其实可以并存。只需要做一点补充说明：

陈立胜所指出的胡塞尔—耿宁诠释的问题在于：伴随意识并不增加道德价值判断的内容，因此不符合王阳明所说的良知。我们不妨这么说：良知的这种"伴随"的"自知"能力是它能知道意念的善恶的前提条件。所以，耿宁的诠释至少抓住了良知之所以能发挥作用的一个基本能力，尽管还不是全副能力。与此相对，牟宗三与陈立胜所强调的良知的震动其实只是一个良知最充分

---

① 牟宗三：《从陆象山到刘蕺山》，见《牟宗三先生全集》8，台北：联经出版事业公司 2003 年版，第 137—139 页。

② 初稿完成于 2015 年，在 2016 年报告于新加坡南洋理工大学哲学系，在 2018 年刊于 *Philosophy East and West*（《东西方哲学》）第 4 期。

发挥的瞬间，但并不是良知的日常的默认状态。耿宁的伴随的"自知"能力可以类比于计算机的"缺省"（default）状态，即默认状态，如果没有特殊地要求调整的话，就任其依照此默认状态去运行。

事实上，伴随的"自知"才是良知在日常生活中最常见的状态。我们日常生活中很多习惯其实已经是好的了，例如此刻我们在安安静静地读书，这种情况下，良知只是安安静静地伴随着我们的意念活动。阳明乃至从陆九渊开始的整个心学传统，都指点学生说："女（通'汝'）耳自聪、目自明，事父自能孝……"①，"心自然会知，见父自然知孝……"②，以发明其本心。《明儒学案》说阳明的学生、泰州学派的王艮："唯先生于眉睫之间省觉人最多，谓百姓日用即道。虽僮仆往来动作处，指其不假安排者以示之，闻者爽然。"③ 王艮后学罗汝芳则提出"捧茶童子是道"，因为"童子过许多门限阶级，不曾打破一个茶瓯"，何尝没有戒慎恐惧？④ 这都是在指点良知在"缺省"模式之中的这种"伴随"的"自知"能力。可以说，在日常生活中指点良知在"缺省"状态下最自然而省力的样子，这是整个心学传统最经典的教学法。与此相比，牟宗三所描述的良知震动的现象，那种随着恶念、羞愧、懊悔等负面情感而生发出震动、逆觉的情形，只是一时的表现，它突破了"缺省"状态而调动了良知的埋藏已久的全副能力，所以呈现得最为真切。但如果切换成朱子学的视角，我们或许可以反问：既然良知良能未尝丧失，平时默默涵养即可，何必待大病初瘥时，方顿悟良知？良知在普通状态下，大致都处在"百姓日用而不知"的状态，而王阳明乃至整个心学的讲学和指点人心的方法大多不是指点此"逆觉""震动"，而是指其良知尚存、默运于日用常行者，以使听者戚戚然有所悟。这才是阳明教学的常态。所以牟宗三先生的说法固然在理论上很精彩，确实符合孟子讲恻隐之心的那种方式：通过一个极端鲜明的事例以最饱满的方式呈现一个现象。然而，从实践上或从指点学生的教法上看，反而落于后者。不如阳明之指点人心那般简易、真切。当然，这绝不是说牟宗三先生之说缺乏文本依据。只是说，耿宁之说与牟先生之说可以并存，各得一部分阳明之意。两者一隐一显、一久一暂。隐、久者只是显、暂者之"缺省"状态。

这个"缺省"状态的说法可以在阳明文献中找到依据。最形象的说法是：良知的"缺省"状态犹如睡觉的人处在"一唤便醒"的状态。阳明说："人心自是不息，虽在睡梦，此心亦是流动。如天地之化，本无一息之停。"黄以方在阳明此语的启发后曰："所谓有知觉者，只是有此理，不曾着在事物，故还是静。然瞌睡也有知觉，故能做梦，故一唤便醒。槁木死灰，无知觉，便不醒矣。"⑤ 又如，阳明说："人若知这良知诀窍，随他多少邪思枉念，这里一觉，都自消融。"⑥ 也是说

① 陆九渊：《象山语录》上，见《陆九渊集》，北京：中华书局1980年版，第399页。
② 王守仁：《传习录》卷上，见《王阳明全集》，上海：上海古籍出版社2010年版，第7页。
③ 黄宗羲：《明儒学案》（一），见《黄宗羲全集》第7册，杭州：浙江古籍出版社1992年版，卷32，第830页。
④ 黄宗羲：《明儒学案》（二），见《黄宗羲全集》第8册，杭州：浙江古籍出版社1992年版，卷34，第16页。
⑤ 陈荣捷编：《传习录拾遗》，见王守仁：《王阳明全集》，上海：上海古籍出版社2010年版，第1551—1552页。虽然他在这里讨论的是程颐的"静中须有知觉"，但阳明所理解的"知觉"却是"良知"（"良知是天理之昭明灵觉处"这一层面的"觉"）。
⑥ 王守仁：《传习录》卷下，见《王阳明全集》，上海：上海古籍出版社2010年版，第102页。

这种由睡至醒、由"缺省"到"全副打开"的转变。关于"缺省"状态还有两段经典表述，联系到《中庸》的"戒慎恐惧"于"不睹不闻"：

> 问："通乎昼夜之道而知。"先生曰："良知原是知昼知夜的。"又问："一人睡熟时，良知亦不知了。"曰："不知何以一叫便应？"曰："良知常知，如何有睡熟时？"曰："向晦宴息，此亦造化常理。夜来天地混沌，形色俱泯，人亦耳目无所睹闻，众窍俱翕，此即良知收敛凝一时。"①

> 一友举"佛家以手指显出，问曰：'众曾见否？'众曰：'见之。'复以手指人袖，问曰：'众还见否？'众曰：'不见。'佛说还未见性。"此义未明。先生曰："手指有见有不见，尔之见性常在。人之心神只在有睹有闻上驰骛，不在不睹不闻上着实用功。盖不睹不闻是良知本体。戒慎恐惧是致良知的工夫。学者时时刻刻常睹其所不睹，常闻其所不闻，工夫方有个实落处。久久成熟后，则不须着力，不待防检，而真性自不息矣。岂以在外者之闻见为累哉？"②

可见良知也可以进入"缺省"状态，甚至"待机休眠"状态。有了"缺省"状态这个解释，我们可以这样调停耿宁与陈立胜的分歧：陈立胜非常睿智地提出：当我发现偷书的念头时，良知的作用不能只是仅仅伴随地"知道我有想偷书的念头"，而应当还有其他的作用：知其为恶念并且厌恶此念。如果我们替耿宁解释的话，我们可以说，我们大多数时候良知都处在"缺省"或"待机"状态，在这种状态下，良知只是"伴随"的"自知"，但到了需要好善恶恶时，良知自然会醒觉而调动更多的功能。这个"缺省"的说法有一个好处：我们甚至可以把胡塞尔式的那种宁静的、善恶中性的认知状态（以及相应的中性的"自身意识"状态）看作良知的一种"缺省"模式。也就是说，人的意识本来都是有价值意识参与的，甚至在科学的认知、在宁静的哲学反思活动中，都有价值意识参与。只不过在这些追求"客观性"的活动中，良知自我限制而看起来像沉睡了而已。其实耿宁在《中国哲学向胡塞尔现象学之三问》一文中已经在探索一种可能性："意识"与"道德意识"其实是统一的。他向胡塞尔追问："对一切意向行为的道德中立的直接意识（consciousness）是否只是道德意识（Gewissen）的一个点状的、非独立的成分或抽象角度呢？"③诚然，正如陈立胜指出的：耿宁对胡塞尔学说的修正幅度很大，不过，这个修正幅度看来还是可以应对陈立胜所举的"偷书"的例子的挑战的。笔者提出：耿宁所说的伴随的"自知"是良知"缺省"状态，一方面调停了双方，另一方面解通了王阳明关于"不睹不闻""一叫便应"等经典而费解的说法，可谓一举多得。

---

① 王守仁：《传习录》卷下，见《王阳明全集》，上海：上海古籍出版社 2010 年版，第 106 页。
② 王守仁：《传习录》卷下，见《王阳明全集》，上海：上海古籍出版社 2010 年版，第 134 页。
③ ［瑞士］耿宁：《心的现象：耿宁心性现象学研究文集》，倪梁康、张庆熊、王庆节译，北京：商务印书馆 2012 年版，第 464 页。

四、结论

至此，我们可以清楚地看到：（1）阳明的"致良知"可以理解为对朱子的诚意与自欺难题的进一步的解答，它是"知行合一"的延续。（2）在处理如何达到诚意、避免自欺的问题上，良知与意的关系问题成为关键。笔者就此区分出"静态结构模型"与"动态生成模型"。前者是指从共时性的结构的角度看，良知与意分属于意识结构中的不同层面，因此良知时时刻刻能感知"意"的道德属性；后者是指从历时性的生成的角度看，"意"的发用是凭依于良知的能力而起，正如波澜是凭依于水体而起。恶的意念是对良知的本然状态的偏离，因此良知至少可以通过这个偏离状态的不安之感而间接地侦测到不诚与自欺的危险。（3）耿宁借助胡塞尔的自身意识而阐发阳明的"自知"，这属于"静态结构模型"；而陈立胜与牟宗三则侧重于讲良知的震动、逆觉，这属于"动态生成模型"。为了调停耿宁与陈立胜的分歧，笔者认为，可以把"静态结构模型"看作良知的"缺省"状态，也就是说，当人处在日常的良好的状态时，良知并没有也无需动用它的全副的能力，但此时良知默运于一切心灵活动中，一唤便醒，或者借用耿宁对胡塞尔的质问：或许有道德属性的"良心"（conscience/Gewissen）比道德中性的"意识"（consciousness/Bewusstsein）更为本源，而在科学认知的领域中意识的那种冷静的表现只不过是"良心"之自限于"缺省"状态以保证科学研究的客观性而已。

作者简介：郑泽绵，香港中文大学哲学系副教授。武汉大学本科、硕士，香港中文大学哲学系博士。曾在柏林自由大学哲学系从事博士后研究（2012—2014），曾任武汉大学哲学学院副教授（2015—2019）、曾于加州大学伯克利分校做访问学者（2018）。

学贯四部，功在八方，分庭王学

——湛若水先生学行及影响

张丰乾

摘要： 湛若水甘泉先生作为一代大儒，在立言、立德、立功诸方面均有卓越建树。他恪守白沙之学，又能专心向学，深造自得，不乐仕进。奉母之命，乃入南京国子监，参加会试，被考官激赏。他在担任翰林院编修期间，王阳明正在吏部讲学，两人互相应和。而在丁忧期，间则庐墓三年，其孝如此。他在西樵山筑舍讲学的时候，先要求学子们研习礼仪，然后听讲。入朝以后，专门上疏给嘉靖皇帝，急切建议"亲贤远奸，穷理讲学"。他的学术作品独特而丰富，包括《心性图说》《格物通》《修复古易经传训测》《甘泉明论》《问辨录》，总共数百卷之多，而关于"礼"的著作如《二礼经传测》尤多。根据《明史·艺文志》等处的著录，涉及经、史、子集四部。他历南京吏、礼、兵三部尚书，在具体政事上，也建树颇多。以九十高龄辞世，殊可赞叹。研究甘泉先生的生平思想，需要结合史传、地方志及碑刻等多种资料，进一步彰显他的卓越贡献，进一步挖掘当时的制度架构、学术生态和礼仪风俗，辨析当时及后世对他的偏见，从而为继往开来提供可靠助益。

关键词： 湛若水；四部；学行；礼学；王湛异同

广州增城湛若水先生墓

2019 年 11 月 22 日，笔者在增城参加湛若水思想研讨会，提交了本文的初稿，得遇湛氏众多宗亲并一同拜谒湛若水先生墓，墓地在丛林之中，保存完好，但可惜没有拜谒仪式；且墓地周围、林中小路及周边垃圾遍布，不忍卒睹。遂在返程时捡拾垃圾，不一会儿，有三四位同行师友一并加入，并寻得一个黑色的大塑料袋，至马路边上时，所捡垃圾竟装满袋子，感慨系之，以"随手捡些垃圾"为题发微朋友圈作纪念，引得众多师友共鸣。时至今日，希望那里的环境整洁了，礼仪完备了吧！

近年"阳明学"研究大热，而对与阳明先生同时代的湛若水甘泉先生的研究也有实质性的进展，如黎业明先生的《湛若水年谱》（上海古籍出版社 2009 年版），甘泉先生桑梓各位贤达的系列研究，等等。在此基础上，对于湛若水甘泉先生的生平事迹及王湛异同还有进一步钩沉的必要。

一、出类拔萃

《明史》所载湛若水本传言简意赅，可以从多方面解读。

（一）向学白沙，不好功名

> 湛若水，字元明，[1] 增城人。[2] 弘治五年举于乡，[3] 从陈献章游，不乐仕进。

"从游"是与老师朝夕相处，耳濡目染的传统求学方式。陈献章（白沙先生）被称誉为"学术醇正，称为大贤，宜以非常之礼起之，或俾参大政，或任经筵，以养君德"。湛若水则于弘治七年（1494），29 岁时，往学于江门，陈白沙先生语之曰："此学非全放下，终难凑泊。"遂焚原给会试部檄。[4] 白沙先生当时讲学，令时人折服："给事中贺钦听其议论，即日抗疏解官，执弟子礼事献章。献章既归，四方来学者日进。"（《明史·儒林列传》）

湛若水受陈白沙影响至深，以至于他参加会试的卷子被考官认定为只有白沙弟子才能写成这样。而他参加会试的原因则是接受了母亲的命令，可见其孝心。

（二）奉母之命，出类拔萃

> 母命之出，乃入南京国子监。十八年会试，学士张元祯、杨廷和为考官，抚其卷

---

[1] 先生湛氏，讳若水，字元明。初名露，字民泽，避祖讳改名为雨，后定今名。因居广东增城之甘泉都，学者称为甘泉先生。（参见黎业明：《湛若水年谱》，上海：上海古籍出版社 2009 年版，第 1 页）

[2] 增城，今广州市增城区，甘泉先生出生地为今增城区新塘镇，有湛甘泉文化促进会，近年多次举办甘泉文化节，汇编有《湛甘泉文化研究系列》。

[3] 弘治五年，1492 年，明孝宗在位。

[4] 黎业明：《湛若水年谱》，上海：上海古籍出版社 2010 年版，第 12 页。

曰："非白沙之徒不能为此。"置第二。赐进士，选庶吉士，授翰林院编修。①

湛若水的仕途开端就比较顺利，但他还是看重讲学研讨，与王阳明互相应和，而与王阳明不同的，则是对于"礼"的严格遵守和优先实践。

（三）应和守仁，习礼为先

> 时王守仁在吏部讲学，若水与相应和。寻丁母忧，庐墓三年。筑西樵讲舍，士子来学者，先令习礼，然后听讲。

他在墓室边上盖房子为母亲守墓三年，可谓慎终如始。而白沙先生去世以后，他"为之制斩衰之服，庐墓三年不入室，如丧父然"。② 其守礼如此。此后，他在西樵山筑室讲学，对于前来求学的年轻人，首先命令他们熟习礼仪，然后再听讲，可见他首先看重行为的规范得体与诚恳。阳明后学翘楚罗洪先在给湛若水所撰的墓表中有更具体的描述：

> 白沙终，先生曰："道义之师，成我者与生我者等。"为之制斩衰之服，庐墓三年不入室，如丧父然。其精诚意气凝聚于师弟之间，视孔门之筑室反场、独居三年者为何如耶？
>
> 及感母夫人与佥宪徐公絃强之出仕，先生北上，见祭酒枫山（张）[章] 公懋，试以《睟面盎背论》，③ 即以魁天下奇之。会试，学士东白张公 [元] 祯得《中者，天下之大本论》读之，④ 叹曰："真儒复出矣！"真名第二。廷试，入翰林。
>
> 会阳明先生讲于金台，⑤ 论"学者须先识仁，仁者浑然与天地万物为一体"。⑥ 阳明先生叹曰："予求友于天下，三十年来未见此人。"其叙别先生曰："颜子没而圣人之学亡。曾子唯一贯之旨传之孟轲，又千余年而周、程续。自后言益详，道益晦；析理益精，学益支离无本。夫求以自得而后可以言学。甘泉之学，务求自得者也，世未之能知，然则甘泉非圣人之徒欤？"渭崖先生疏于朝，⑦ 以先生为孔孟绝学自期待。非其表表于朋友中乎？
>
> 太夫人卒于京师，先生奉枢南归，过大庾岭，恐震惊，扶灵车，而山行数十里，

---

① 弘治十八年（1505）乙丑，会试第一名董玘，廷试一甲为榜眼；二名湛若水，三名崔铣，俱改庶吉士；四名谢丕，一甲探花；五名安磐亦入庶常馆。（《万历野获编》卷十六）

② 黎业明：《湛若水年谱》，上海：上海古籍出版社 2009 年版，第 19 页。

③ 孟子曰："广土众民，君子欲之，所乐不存焉。中天下而立，定四海之民，君子乐之，所性不存焉。君子所性，虽大行不加焉，虽穷居不损焉，分定故也。君子所性，仁义礼智根于心。其生色也，睟然见于面，盎于背，施于四体，四体不言而喻。"（《孟子·尽心上》）

④ 中也者，天下之大本也；和也者，天下之达道也。致中和，天地位焉，万物育焉。（《礼记·中庸》）

⑤ 金台，古燕都北京。

⑥ 自"格物""致知"至"平天下"，只是一个"明明德"。虽"亲民"，亦"明德"事也。"明德"是此心之德，即是仁。"仁者以天地万物为一体"，使有一物失所，便是吾仁有未尽处。（《传习录》上）"学者须先识仁。仁者，浑然与物同体。"（《二程集·遗书》卷二上）

⑦ 渭崖先生，霍韬（1487—1540），字渭先，号兀崖，南海县石头乡（现属广东省佛山市石湾区澜石镇）人。

暮卧于旅次。葬于荷塘，先生庐墓，朝夕号泣，禽鸟为之喧噪，助其悲哀。时方冬，有笋生于庐墓外，有五色瓜生于墓新土上，一本数蔓，九实连蒂，其孝感之可表如此。

　　服阕，上疏养病，许之。筑室于西樵山大科峰下，① 日与泉石猿鹤优游，非问学之士不接，安闲恬淡，若将终身，其韬晦之可表如此。②

罗洪先追述了湛若水为陈白沙按照最隆重的斩衰制穿戴丧服并且庐墓三年，湛若水的理由是道义上的老师，成就了他的生命，与生他的父亲一样，这可以说是尊崇到无以复加了；也说明湛若水对于礼制的实践是全心全意的。子贡也曾为孔子庐墓六年，但子贡本人在学术思想上独立的贡献不多，而湛若水则是尊崇师说而又能成一家之言，这是特别值得注意的。湛若水守孝结束，准备出仕之时，所参加的测试皆出类拔萃，被誉为"真儒复出"。他在和王阳明会面之后，王阳明也赞叹他是三十年来未见遇到过的志同道合的朋友，并认为他是周敦颐和二程之后传圣人之学的道统弘扬者，还把湛若水的学术方法概括为"务求自得"，进而感慨世人对于湛若水的学术思想理解不够。当时影响也很大，并官居要职的学者霍韬上书赞许湛若水继承了孔孟的绝学。

　　而母亲在燕京去世之后，湛若水护持灵柩一路南归，精心安葬，并庐墓恸哭，引发了周边动植物一系列的"反响"。此后，他以养病为由拒绝再做官，而在西樵山讲学，只和问道求学之士来往，始终保持"安闲恬淡"。但湛若水的"安闲恬淡"并非独善其身，而是以学问为乐，并且对于天下太平的理想念念不忘。

（四）反复上疏，阐明圣学

　　嘉靖初，入朝，上《经筵讲学疏》，谓圣学以求仁为要。已复上疏言："陛下初政，渐不克终。左右近侍争以声色异教蛊惑上心。大臣林俊、孙交等不得守法，多自引去，可为寒心。亟请亲贤远奸，穷理讲学，以隆太平之业。"又疏言日讲不宜停止，报闻。明年进侍读，复疏言："一二年间，天变地震，山崩川涌，人饥相食，殆无虚月。夫圣人不以屯否之时而后视贤之训，明医不以深锢之疾而废元气之剂，宜博求修明先王之道者，日侍文华，以裨圣学。"

回顾湛若水的仕宦生涯，也始终保持学者本色，敦促皇帝探究义理根本，听取儒者讲学。明世宗嘉靖初年（1522），他入朝之后，多次上疏，强调圣明之学的要害在于追求仁爱，他提醒嘉靖帝防备小人佞臣，不要冷落贤能之士，尤其一再指出经筵日讲的传统不应停止，以穷尽道理。后来在陪同嘉靖读书时又警示他从天灾人祸中汲取教训，依据圣贤教训，从元本上下功夫，广泛征选能够修行明了先王之道的人才每天都在文华殿备询。他的这些建议，是典型的"以道事君"。

---

① 大科峰为西樵山主峰，有唐以来，特别是明代，峰下建书院讲学者络绎不绝，最知名者有湛甘泉、方献夫、霍韬、陈白沙、李子长、朱次琦、康有为、林则徐、梁启超等。参见任建敏、温春来：《西樵山与岭南理学的传承》，广东人民出版社 2017 年版。

② 黎业明：《湛若水年谱》，上海：上海古籍出版社 2009 年版，第 382 页。

（五）主政拜官，著述讲习

> 已，迁南京国子监祭酒，作《心性图说》以教士。拜礼部侍郎。仿《大学衍义补》，作《格物通》，上于朝。

《大学衍义补》是丘浚所作，湛若水的仿其体例作《格物通》，说明他博采众长，于经典注释中发明新见。嘉靖二十三年（1544）八月，时年79岁的湛若水乘船经清远往游南岳衡山，途中在船上作《与薛中离论古太极图》《与叔辉、仲通、自正诸同志论图书》。到衡山后，在文定书院等处讲学会饮，随后建甘泉精舍，后称为甘泉书院（衡岳居）。[①]

《明史·艺文志》所著录的湛若水著作包括：

> 湛若水《修复古易经传训测》十卷
>
> 湛若水《甘泉明论》十卷、《遵道录》十卷、《问辨录》六卷
>
> 湛若水《甘泉前后集》一百卷

《四库全书》收录其《二礼经传测》六十八卷（原任工部侍郎李友棠家藏本），馆臣论曰：

> 明湛若水撰。若水字元明，增城人。弘治乙丑进士，历官南京吏、礼、兵三部尚书。事迹具《明史·儒林传》。是编从孔子"曲礼三千，经礼三百"之说，故曰"二礼"。以《戴记》《曲礼》附以《少仪》为《曲礼》上经三卷，以《仪礼》为下经十七卷，《冠义》等十六篇为《仪礼正传》十六卷，《王制》等二十三篇为《二礼杂传通传》二十三卷，又别分小戴《郊特牲》等五篇与大戴《公符》等四篇为《仪礼逸经传》。每节各为章旨，标目殊伤烦碎，所注亦皆空谈。（《四库全书总目提要卷二十五·经部二十五》）

黎业明撰《湛若水年谱》征引书目中属湛若水著作的有14种，可见其著述之宏富。《四库全书总目提要》所言"标目殊伤烦碎，所注亦皆空谈"恐怕是出于四库馆臣的偏见。

（六）位高权重，功多寿昌

如前文所述，湛若水精力极其充沛，老当益壮，而他一生的大传奇就是屡任要职而以高龄辞世：

> 历南京吏、礼、兵三部尚书。南京欲尚侈靡，为定丧葬之制颁行之。老，请致仕。

年九十五卒。（《明史·卷二百八十三·列传第一百七十一》）

难能可贵的是，他在南京主政时从丧葬制度入手，抑制奢靡之风。

综上所述，无论是求学、为官，还是讲学、守礼，包括长寿，湛若水都是出类拔萃，乃至古今无两的。

---

① 黎业明：《湛若水年谱》。上海：上海古籍出版社2010年版，第288—289页。

二、损益礼仪

除了执掌国子监以外，湛若水还担任过礼部尚书，在任上也是积极有为，他的倡议及影响对于了解古代祭祀制度的演变有重要意义。

（一）建议重建太庙，补造明朝历代帝王神主牌

嘉靖十三年，南京太庙灾。礼部尚书湛若水请权将南京太庙香火并于南京奉先殿，**重建太庙，补造列圣神主**。帝召尚书言与群臣集议。言会大学士张孚敬等言："国有二庙，自汉惠始。神有二主，自齐桓始。周之三都庙，乃迁国立庙，去国载主，非二庙二主也。子孙之身乃祖宗所依，圣子神孙既亲奉祀事于此，则祖宗神灵自当陟降于此。今日正当专定庙议，一以此地为根本。南京原有奉先殿，其朝夕香火，当合并供奉如常。太庙遗址当仿古坛壝遗意，高筑墙垣，谨司启闭，以致尊严之意。"从之。（《明史·礼志五·宗庙之制》）

（二）对"祥瑞"的反馈

唐有白兔御史之诮，① 盖以不得爪践民园也。若真有其事，无如嘉靖十一年四川巡按御史宋沧，获白兔于梁山县以献，礼部请贺，上辞以菲薄不敢当，再请乃许，以献于太庙世庙，呈于两宫太后前。百官表贺，于是吏部尚书汪鋐、侍讲学士葵昂献诗，礼部尚书夏言、少詹事张瀚、翰林学士席春、祭酒林文俊、编修张家献颂，**礼部侍郎湛若水献演雅**，侍讲学士廖道南、侍读学士吴惠、王教、修撰姚涞献赋，修撰伦以训献歌，上皆优诏褒答。惟侍讲学士郭维藩以献赋忤旨，诘责革职闲住。（《万历野获编补遗》卷三）

（三）建书院祭祀献章

若水生平所至，必建书院以祀献章。

以今日之常识，或对祥瑞之说持批判态度，但在古代社会，对于祥瑞的报告及解读，是政教大

---

① 王弘义，冀州衡水人，以飞变擢游击将军，再迁左台侍御史，与来俊臣竞惨刻。暑月系囚，别为狭室，积蒿施毡罽其上，俄而死；已自诬，乃舍佗狱。每移檄州县，所至震慑。弘义辄诧曰："我文檄如狼毒、野葛矣！"始贱时，求傍舍瓜不与，乃腾文言园有白兔，县为集众捕逐，畦蔬无遗。内史李昭德曰："昔闻苍鹰狱吏，今见白兔御史。"（《新唐书·酷吏传·王弘义》）

事。"白兔御史"之典故是对酷吏王弘义的讽刺，沈德符于《万历野获编补遗》中以此与湛若水等人对于被视为"祥瑞"的白兔的反响作类比，其实是有失公允的。因为没有任何文献可以证明湛若水有"酷吏"之言行。至于"白兔"缘何被视为祥瑞，则需另文专论。

三、育人交友

湛若水声望较著而身处枢机，又勤于讲学，其弟子及友人中不乏佼佼者：

湛氏门人最著者，永丰吕怀、德安何迁、婺源洪垣、归安唐枢。怀之言变化气质，迁之言知止，枢之言求真心，大约出入王、湛两家之间，而别为一义。垣则主于调停两家，而互救其失。皆不尽守师说也。怀，字汝德，南京太仆少卿。迁，字益之，南京刑部侍郎。垣，字峻之，温州府知府。枢，刑部主事，疏论李福达事，罢归，自有传。

（《明史·卷二百八十三·列传第一百七十一》）

臧应奎，字贤徵，长兴人。正德十二年进士。授南京车驾主事。进贡中官索舟逾额，力裁损之。中官遣卒哗于部，叱左右执之，遁去。父所生母卒，法不得承重，执私丧三年。入为礼部主事，未几杖死。应奎受业湛若水之门，以圣贤自期。尝过文庙，慨然谓其友曰"吾辈殁，亦当俎豆其间"，其立志如此。

（《明史·卷一百九十二·列传第八十》）

（唐）枢少学于湛若水，深造实践。又留心经世略，九边及越、蜀、滇、黔险阻厄塞，无不亲历。蹑屩茹草，至老不衰。

（《明史·卷二百六列传第九十四》）

钱薇，字懋垣，海盐人。嘉靖十一年进士。受业湛若水。官行人，泊然自守。与同年生蒋信辈朝夕问学。

（《明史·卷二百八·列传第九十六》）

洪垣，字峻之，婺源人。嘉靖十一年进士。礼部侍郎湛若水讲学京师，垣受业其门。

（《明史·卷二百八·列传第九十六》）

庞嵩，字振卿，南海人。嘉靖十三年举于乡。讲业罗浮山，从游者云集。……早游王守仁门，淹通《五经》。集诸生新泉书院，相与讲习。岁时单骑行县，以壶浆自随。京府佐贰鲜有举其职者，至嵩以善政特闻。府官在六年京察例，而复与外察。嵩谓非体，疏请止之，遂为永制。迁南京刑部员外郎，进郎中。撰《原刑》《司刑》《祥刑》《明刑》四篇，曰《刑曹志》，时议称之。迁云南曲靖知府，亦有政声。中察典，以老罢，而年仅五十。复从湛若水游，久之卒。应天、曲靖皆祠之名宦，葛仙乡专祠祀之。

（《明史·卷二百八十一·列传第一百六十九》）

（吕）柟受业渭南薛敬之，接河东薛瑄之传，学以穷理实践为主。**官南都，与湛若水、邹守益共主讲席。**仕三十余年，家无长物，终身未尝有惰容。时天下言学者，不归王守仁，则归湛若水，独守程、朱不变者，惟柟与罗钦顺云。

（《明史·卷二百八十二列传第一百七十》）

何瑭，字粹夫，武陟人。年七岁，见家有佛像，抗言请去之。十九读许衡、薛瑄遗书，辄欣然忘寝食。弘治十五年成进士，选庶吉士。阁试《克己复礼为仁论》，有曰："仁者，人也。礼则人之元气而已，则见侵于风寒暑湿者也。人能无为邪气所胜，则元所复，元年复而其人成矣。"宿学咸推服焉。刘瑾窃政，一日赠翰林川扇，有入而拜见者。瑭时官修撰，独长揖。瑾怒，不以赠。受赠者复拜谢，瑭正色曰："何仆仆也！"瑾大怒，诘其姓名。瑭直应曰："修撰何瑭。"知必不为瑾所容，乃累疏致仕。后瑾诛，复官。以经筵触忌讳，谪开州同知。修黄陵冈堤成，擢东昌府同知，乞归。嘉靖初，起山西提学副使，以父忧不赴。服阕，起提学浙江。敦本尚实，士气丕变。未几，晋南京太常少卿。**与湛若水等修明古太学之法，学者翕然宗之。**历工、户、礼三部侍郎，晋南京右都御史，未几致仕。

（《明史·卷二百八十二·列传第一百七十》）

黄省曾，字勉之。举乡试。从王守仁、**湛若水游**，又学诗于李梦阳。所著有《五岳山人集》。子姬水，字淳父，有文名，学书于祝允明。

（《明史·卷二百八十七·列传第一百七十五》）

汝楠，字子木。儿时随父南京，**听祭酒湛若水讲学，辄有解悟。**年十八，成嘉靖十一年进士，授行人。从王慎中、唐顺之及叔嗣辈学为诗。寻进刑部员外郎，徙南京刑部。善皇甫涝兄弟，尚书顾璘引为忘年友。廷议改归德州为府，擢汝楠知其府事。以母忧归，聚诸生石鼓书院，与说经。治民有惠政，既去，士民祠祀之。历官江西左、右布政使，擢右副都御史，巡抚河南。召为兵部右侍郎，从诸大僚祝釐西宫，世宗望见其貌寝，改南京工部右侍郎，未几卒。

汝楠始好为诗，有重名。中年好经学，及官江西，与邹守一、罗洪先游，学益进，然诗由此不工去。

（《明史·卷二百八十七·列传第一百七十五》）

《说经札记》·八卷（浙江巡抚采进本）

明蔡汝楠撰。汝楠字子木，号白石，德清人。嘉靖壬辰进士，官至南京工部侍郎。《明史·文苑传》附见《高叔嗣传》中。是编《说易》《说书》《说诗》《说春秋》《说礼记》《说论语》《说学庸》《说孟子》各为一卷，末附《太极问答》数则。史称汝楠以忧归，聚诸生石鼓书院，讲求经义。此书即是时作也。**汝楠少尝从湛若水游，**晚更友邹守益、罗洪先，其学皆本于良知，欲以治经为治心之功，故所说多如语录，罕博考之功云。

（《四库全书总目·卷三十四·经部三十四》）

（娄谅）门人夏尚朴，字敦夫，广信永丰人。正德初，会试赴京。见刘瑾乱政，慨然叹曰："时事如此，尚可干进乎？"不试而归。六年成进士，授南京礼部主事。岁饥，条上救荒数事。再迁惠州知府，投劾归。嘉靖初，起山东提学副使。**擢南京太仆少卿，与魏校、湛若水辈日相讲习**。言官劾大学士桂萼，语连尚朴。吏部尚书方献夫白其无私，寻引疾归。早年师谅，传主敬之学，常言"才提起，便是天理。才放下，便是人欲"。魏校亟称之。所著有《中庸语》《东岩文集》。

（《明史·卷二百八十七·列传第一百七十五》）

《淡滨集》·十卷、《附录》·二卷（直隶总督采进本）

明蔡暖撰。暖有《淡滨语录》，已著录。是集为其门人李登云等所编，凡文六卷，诗四卷，铭赞之类附于诗末；附录二卷，则其朋友赠答与门人称颂之作也。**暖早师真定张璁，入仕后师朝邑韩邦奇、增城湛若水**。平居务讲学，立朝务气节，文章盖非所长云。

这些名列史书的俊彦，分布在四面八方，或在学术上各有所见，或有成圣贤之志，或在事功上颇有建树，都是受到湛若水的影响，同时也向其他重要学者请教，而湛若水可谓"来者不拒"，可见其心胸之开阔。

四、王、湛之学的分与合

湛若水在90岁高龄，还能去南京游历，经过江西的时候，王阳明的高足邹守益告诫同门给予他充分的尊重而不要轻易论辩。湛若水开始时和王阳明一同讲学，且都被视为"心学"的巨擘，但二人的学术宗旨各有不同，分歧日益扩大，以至于互相批评，而成两大门派，但双方在礼仪上还是彼此尊重，论学不辍。

年九十，犹为南京之游。过江西，安福邹守益，守仁弟子也，戒其同志曰：甘泉先生来，吾辈当宪老而不乞言，慎毋轻有所论辩。**若水初与守仁同讲学，后各立宗旨，守仁以"致良知"为宗，若水以"随处体验天理"为宗**。守仁言若水之学为求之于外，若水亦谓守仁格物之说不可信者四。又曰："阳明与吾言心不同。阳明所谓心，指方寸而言。吾之所谓心者，体万物而不遗者也，故以吾之说为外。"一时学者遂分王、湛之学。

（《明史·卷二百八十三列传第一百七十一》）

（邹守益）闻守仁卒，为位哭，服心丧，日与吕楠、湛若水、钱德洪、王畿、薛侃辈论学。

（《明史·卷二百八十三列传第一百七十一》）

蒋信，字卿实，常德人。年十四，居丧毁瘠。与同郡冀元亨善，王守仁谪龙场，过其地，偕元亨事焉。嘉靖初，贡入京师，复师湛若水。若水为南祭酒，门下士多分教。至十一年，举进士，累官四川水利佥事。却播州土官贿，置妖道士于法。迁贵州提学副使。建书院二，廪群髦士其中。龙场故有守仁祠，为置祠田。坐擅离职守，除名。信初从守仁游时，未以良知教。后从若水游最久，学得之湛氏为多。信践履笃实，不事虚谈。湖南学者宗其教，称之曰正学先生。卒年七十九。

时宜兴周冲，字道通，亦游王、湛之门。由举人授高安训导，至唐府纪善。尝曰："湛之体认天理，即王之致良知也。"与信集师说为《新泉问辨录》。两家门人各相非笑，冲为疏通其旨焉。

（《明史·卷二百八十三·列传第一百七十一》）

两大门派的思想主张也在互相渗透。以笔者愚见，"致良知"未必只是"内向"，"随处体认天理"也未必只是"外求"。"各相非笑"其实大可不必，根据各自的根性和偏好择善而从即可，融会贯通最好。

五、遭遇的诽谤及礼遇

任何一位大思想家，无论是在世，还是身后，所遭遇的诽谤与礼遇都是交织并行，湛若水也不例外。1532 年，嘉靖皇帝在位时，出现了彗星，御史冯恩上书指责湛若水聚拢徒众讲学，平素的行为与人心不合，是无用的"道学"：

（嘉靖）十一年冬，彗星见，诏求直言。恩以"天道远，人道迩"，乃备指大臣邪正，谓：

大学士李时小心谦抑，解棼拨乱非其所长。翟銮附势持禄，惟事模棱。户部尚书许赞谨厚和易，虽乏剸断，不经之费必无。礼部尚书夏言，多蓄之学，不羁之才，驾驭任之，庶几救时宰相。兵部尚书王宪刚直不屈，通达有为。刑部尚书王时中进退昧几，委靡不振。工部尚书赵璜廉介自持，制节谨度。吏部尚书左侍郎周用才学有余，直谅不足。右侍郎许诰讲论便捷，学术迂邪。**礼部左侍郎湛若水聚徒讲学，素行未合人心。**右侍郎顾鼎臣警悟疏通，不局偏长，器足任重。兵部左侍郎钱如京安静有操守。右侍郎黄宗时虽擅文学，因人成事。刑部左侍郎闻渊存心正大，处事精详，可寄以股肱。右侍郎朱廷声笃实不浮，谦约有守。工部左侍郎黎奭滑稽浅近，才亦有为。右侍郎林〈木昂〉才器可取，通达不执。而极论大学士张孚敬、方献夫，右都御史汪鋐三人之奸。

（《明史·卷二百九·列传第九十七》）

世宗所任用者，皆锐意功名之士。而高自标榜，互树声援者，即疑其人主争衡。如嘉靖壬辰年御史冯恩论彗星，而及吏部侍郎湛若水，谓素行不合人心，乃无用道学。恩虽用他语得罪，而此言则不以为非。至丁未年，御史游居敬又论南太宰湛若水学术偏陂，志行邪伪，乞斥之，并毁所创书院。上虽留若水，而书院则立命拆去矣。比湛殁请恤，上怒叱其伪学盗名，不许。因以逐太宰欧阳必进，其憎之如此。至辛未年九庙焚，给事戚贤等因灾陈言，且荐郎中王畿当亟用。上曰："畿伪学小人，乃擅荐植党，命谪之外。"湛、王俱当世名流，乃皆以伪学见斥。至于聂双江道学重望，徐文贞力荐居本兵，上以巽懦偾事逐之，徐不敢救。比世宗上宾，文贞柄国，湛、聂俱得恩赠加等。湛补谥文简，聂补谥贞襄。

湛文简之学，以"随处体认天理"为宗，而不免失之迂腐。如劝世宗求嗣，必收敛精神。上曰："既欲朕收敛，则不必如此烦渎。"其时即已厌之矣。

（《万历野获编》卷二）

桂、方诸臣，附和大礼，以博官爵，非为势利所逼耶？乃当时世宗圣制一篇，其略云："今世衰道微，人欲炽盛，彼之附和者，师生兄弟亦有不同，少师杨一清为乔宇之师，一旦被势利之逼，则师之言不从矣。桂华为少保萼之兄，则弟不亲矣；**湛若水为尚书方献夫之友，则友而疏矣**。势利夺人之速，可为世戒。"杨一清代为桂辨云："乔宇不听臣言，若水背献夫，诚然。若桂华能持正论，未可尽非。"上曰："朕叹兄弟殊途，吁嗟之余，抑扬不平，依卿言将原稿改之。"

（《万历野获编》卷二十五）

他被御史游居敬指责为学术偏颇狭隘，志向和行为奸邪虚伪，更被嘉靖皇帝公开厌弃，以至于被斥责为以虚伪之学欺世盗名，所创立的书院被勒令拆除。至于湛若水去世之后所获得的谥号"文简"，可以理解为他在学术和事功上的贡献终究不可磨灭。

六、遗迹：《心性图说》及《甘泉湛先生心性图》碑等

湛若水后人，增城学者湛柏欣介绍：

蒋信是湛若水的学生，作有《甘泉精舍记》。1935年，创办于长沙的湖南私立岳云中学，向衡山县财政、教育两局租得甘泉书院遗址，建岳云中学南岳分校。20世纪80年代，学校将其加以修葺，辟为"岳云校友楼"，并重修"甘泉亭"，内置湛若水门人詹濂所作甘泉石像碑石，像上刻有《心性图说》全文。[①]

另据报道，在河北宁晋发现了《甘泉湛先生心性图》碑，建立于明嘉靖年间：

石碑出土于该县凤凰镇书院村一施工现场，青石板材质，高251厘米、宽96厘米、厚36厘米，雕刻精细，保存完好。碑文为小篆，刻有《甘泉湛先生心性图》，共计536个字。根据碑文可知，此碑乃明代御史、宁晋县著名教育家蔡瑷（1496—1572）为传承其师湛甘泉思想而立于洨滨书院。[②]

---

① 湛柏欣：《大心学——解读湛若水的〈心性图说〉》，http://www.zhanganquan.com/newsShow.asp?dataID=3322。

② 《宁晋出土明代大儒湛甘泉心学石碑》，河北新闻网讯（记者龚正龙，见习记者张宇昊）http://hebei.hebnews.cn/2019-07/10/content_7431896.htm。

心性图说及甘泉先生像

何以根通过实地考察，还介绍了《新建洨滨蔡先生祠堂》碑：

> 该碑勒石于明嘉靖三十九年（1560）距今 456 年。由前监察御史江陵陈大宾撰文，蔡御史出生书丹，碑身高 320 厘米，宽 130 厘米，厚 36 厘米，重约 15 吨。碑阳面为"新建洨滨蔡先生祠堂记"，全文 700 余字，每字约 3 厘米见方，碑文简约记述了蔡瑷先生的功德和建生祠的原因；碑阴面为新建祠堂规模和捐资者姓名。紧挨碑亭向西延伸，是古碑廊，碑群从唐代开始涉及六朝，计有古碑八十余通，其中收存蔡瑷碑 19 通，有赞赏蔡瑷之品德、之精神、之文章、之书法的碑刻，特别是这些留存 400 多年的碑刻中，详尽地记录了蔡瑷如何师从湛甘泉先生，如何弘扬湛甘泉思想以及师生之间相互来往书信、记文诗词的珍贵内容。

另外还有《洨滨书院记》碑、《寄蔡侍御书》碑等其他石碑。[1] 可见，甘泉的学问影响遍及南北，深受推崇。

研究甘泉先生的生平思想，需要结合史传、地方志及碑刻等多种资料，进一步彰显他的卓越贡献，进一步挖掘当时的制度架构、学术生态和礼仪风俗，从而为继往开来提供可靠助益。笔者管中窥豹，意欲"知人论世"，而未必解辞达意，错漏失误之处，敬请方家不吝赐正！

作者简介：张丰乾，1973 年生，甘肃古浪人，哲学博士，教授，哈佛—燕京学社访问学者。现任西安外事学院七方教育研究院副院长、国学系主任。教研方向为古典哲学与通识教育。

---

[1] 何以根：《甘泉门生宁晋蔡瑷》，http://www.zhanganquan.com/newsShow.asp?dataID=2766。

良知与自知

——再论耿宁的良知诠释

王林伟

摘要：汉学家耿宁以自知来诠释王阳明的良知概念，为学人领会良知带入了新的维度。然而，这种诠释并不能完全相应于阳明的良知学说。通过对耿宁之诠释的阐述和批导，以呈现和自知的交织为线索，本文从先验义、本质义、统体义、历程义四个维度展示了良知说的基本意蕴，耿宁的良知诠释据此即可得到某种恰当的定位与评判。

关键词：良知；自知；耿宁

一、引言：良知的领会问题

自孔子拈出"求仁"之后，道德理性的阐扬便成为儒家学说的核心内容。在王阳明的致良知教中，这种道德理性发挥到了极致。正因如此，王阳明称致良知为圣门的"正法眼藏"①。阳明之后，有关良知的言说遍于天下，然诸家解说纷纭不一、争论不休。② 这种情形延续至今，对此我们只需提及现代学术史上的一段公案：熊十力与冯友兰的良知诠释之争。③ 良知是假设还是呈现，这对现代新儒学的发展来说是个生死问题。事实上，良知呈现说是港台新儒家思想的基本出发点，道德形上学即奠基在此之上。④ 但此说并未解决所有问题，毋宁说它带出了更多问题：如果良知是呈现，它是如何给予自身的？这种给予性是单纯的抑或是复多的？如果这种给予性是复多的，那么它们相互之间关系如何？其间的统一性又是如何达成的？这些发问将我们导向更为迫

---

① 王守仁：《文录二·与杨仕鸣辛巳》，见《王阳明全集》卷五，吴光等编校，上海：上海古籍出版社 2010 年版，第 207 页。年谱二中亦有类似说法。

② 对此，我们可以参考学界有关阳明后学之发展与流变的研究，因成果很多，此处不具列。对良知现成派与归寂派之争的诸多阐发之作可为此作注脚。事实上，耿宁的《人生第一等事》对此也有深入的探讨。

③ 参见牟宗三：《五十自述》，见《牟宗三先生全集》卷 32，台北：联经出版社 2003 年版，第 78 页。

④ 参见牟宗三：《心体与性体》，见《牟宗三先生全集》卷 5，台北：联经出版社 2003 年版，综论第三章第一节"论道德理性三义"对此有详细发挥，"良知呈现"作为"截断众流"第一关是道德形而上学的基础。

切的任务：如何切近地领会良知？

良知的领会问题甚至引发了汉学家们的关注，此中耿宁（Iso Kern）的相关诠释颇有意趣。① 经由现象学的澄清，他认为王阳明的良知具备三重基本义涵：（1）向善的秉性或能力（此为阳明的早期良知概念，承自孟子的四端之说）；（2）对本己意向之伦理价值的直接意识；（3）始终完善的良知本体（后两者皆阳明晚期的良知概念）。② 其中，第二义即耿宁所谓的自知：亦即良知作为自身意识当下所具有的是是非非之能。并且他视此第二义为阳明心学的特色所在。③ 然而，可以追问的是：从自知的角度是否真能帮助我们更为切近地领会良知呢？只有在对耿宁的思路作出考察并将其与阳明思想的实情加以融会之后，我们才能对此问题给出明确的答案。

需要预先说明的是：在此下的讨论中，呈现和自知将成为探索良知问题的两条主导线索。这两者之间存在着某种交互依赖性：一方面，人心若无自知能力，又何以知某物在自身之中呈现？另一方面，若无某物的具体呈现，自知又能知个什么，又能从何处落实其知？在致良知的工夫论说中，这种交互依赖特征所具有的关键意义将得到进一步的凸显。遵循此上思理，本文将首先考察耿宁以自知释良知的具体思路，其次将回到阳明自身的思想境域来对其加以融汰，从而更为切近地彰显良知的真实义涵。

二、自知与良知：双向格义抑或对话

首先来看耿宁从自知的角度对良知所做的诠释。耿宁的自知概念有两个基本的义理源头：现象学和唯识学。自前者而言，它来源于布伦塔诺的内知觉、胡塞尔的原意识以及萨特的前反思意识等思想。他们认为：每一个意识活动都不仅意识到它的对象，它同时还以非对象化、前反思的方式意识到自身。这种对自身的意识被称为自身意识，亦即所谓的自知。根据现象学的描述，这种自身意识具有如下特征：（1）它是任何意识活动的必然组成部分（或者如康德所言，我思必然伴随着我的任一表象活动），它绝不是某种后来附加之物。（2）它是某种中性之物，其功用特征体现为意识到任何种类之意识活动的当下存在：某个意识活动在当下得到了执行。在此之外，它不再与该意识活动有任何形式或内容上的瓜葛。它仿佛是一个漠然、超然、不参与却又始终当下在场的冷静观察者。它就好像完全透明的光，时时照耀着事物的呈现、变

---

① 参见耿宁：《心的现象》（北京：商务印书馆 2012 年版）、《人生第一等事》（北京：商务印书馆 2014 年版）等著作。耿宁以现象学的视野和精神为本，力图以王阳明作为切入口来发掘心学传统的独特价值。其研究深入而细密，引发了国内学界的关注。有关对耿宁之良知诠释的集中讨论，请参见《哲学分析》第五卷第四期的相关专题。在此之外还有不少散论，本文即意在以这些讨论为基础对耿宁的良知诠释再做检讨。

② 参见耿宁：《人生第一等事》，倪梁康译，北京：商务印书馆 2014 年版，第 344 页。根据耿宁的阐述，这三个良知概念分别相应于心理—素质、道德—批判、宗教—神性这三个层次，具体参见该书第 273 页。

③ 参见耿宁：《心的现象》，倪梁康编，倪梁康等译，北京：商务印书馆 2012 年版，第 169 页。

换，而其自身却始终不变。这种自知概念是依据内在心理学、意识哲学的立场而来的：它是经过反思这种思维模式过滤后的心灵功能图像。自后者而言，它来源于唯识宗的自证分学说。唯识宗认为：任何意识活动都必然包含以下几个组成部分，亦即见分、相分和自证分（此是三分说，若更立证自证分便为四分说）；此中，前两者又以自证分为其体。其相缘关系如下：见分缘相分，自证分则缘见分（并止步于自证以免无穷后退之过，或更立证自证分以与自证分互缘）。耿宁认为：唯识宗的见分（能）和相分（所）相当于现象学中的意识活动和意识对象，而自证分则相当于自身意识亦即自知。现象学与唯识学的相通源于它们共同看到了意识活动的基本结构。

以此自知概念为参照，耿宁带入了阳明的良知概念并将两者加以比较。依据其对良知的领会，他认为两者至少具有如下共同点：（1）二者同为现量：它们都指向始终当下在场的自身意识；（2）二者同为所有意识活动之体：它们支撑并贯穿所有的意识活动类型；（3）两者在结构上也具有类似之处：在三分说中，见分缘相分、自证分缘见分（或者说：意识活动指向对象、自身意识前反思地意识到意识活动自身）；在阳明的心—知—意—物结构中，意（意念作为心之作用）指向事物（意之所在为物）、良知则缘意（知意之是非）。这些共同点为我们从自知角度切入良知概念提供了基础。尽管如此，耿宁也明确地指出：两者之间还存在着相异之处。由此我们需要对自知概念作出相应的修改：（1）良知和实践行为（行）之间具有某种必然的关联，它是对实践行为的自知（道德意识），因而不是现象学意义上对所有意识活动类型无差别的自身意识；（2）良知关涉对实践行为或意念的道德评价，它具有原初的辨别是非的功能（道德判断），因而不是中性、冷漠的自身意识；（3）良知虽然知是知非，但其自身却是无是无非、纯然至善的，其本体自然如此（道德本体），因而不只是作为纯净透明之光的自身意识。①

经过如上的双向格义之后，耿宁得出如下结论：虽然需要对传统的自知概念做些修改，但"王阳明的'良知'还是我们心上最根本的、直接的、各类意识活动所必然具有的自知"。他还特别指出："良知之不可排除的中心（即本质），并不是是非，不是道德判断，而是自知。"② 正因为如此，他将第二义的良知（对本己意向之伦理价值的直接意识）视为阳明良知学说的核心所在。毫无疑问，经过修正后的自知概念可以从某些方面深化我们对良知的领会。但是此处依然需要进一步追问：它们相应地穷尽了良知概念的所有本质意涵吗？我们在这里所涉及的是否只是两个概念之间的相互格义？抑或我们需要更为深入地进入事情本身，以便让活的义理为自身代言，从而让格义成为真正意义上的对话？第三节的探索将循此追问而展开。

---

① 如朱刚所指出的，此处第二、第三两个修改所蕴含的理解之间存在着某种冲突。[参见朱刚：《"自知"与"良知"：现象学与中国哲学的相互发明》，《中山大学学报（社科版）》2015年第6期] 但经过重新解释，这种冲突时可以消除的（良知时时知是知非，又时时无是无非）。

② 耿宁：《心的现象》，倪梁康编，倪梁康等译，北京：商务印书馆2012年版，第132页。

三、回到王阳明：致良知作为一贯之道

只有回到阳明思想的整体并进而直面良知自身的真切呈现，以上从自知等角度作出的诠释才能获得其准确定位。事实上，阳明偶尔也会谈及良知的自知特征，但他更侧重其独知性。自知与独知的比照，将指引我们走上某条通达良知概念的道路：亦即从德性工夫论入手来对其加以领会。在此工夫论视野中，我们将进而揭示良知本体的先验维度以及狭义和广义的良知概念。以此良知概念的多重维度（共时性特征）为基础，我们将进一步展示良知成长的历时性特征。将此一纵一横加以统会，我们就赢得了良知概念的整体意涵。我们因此也就能对耿宁的良知诠释做相应的检讨和判定。下文即循此理路分小节论述。

（一）阳明思想视野中的自知与独知

如上所述，自知已出现在阳明的良知话语当中。那么，阳明思想视野中的自知具有何种意涵？我们结合其具体论述对此略加阐明。阳明曾说："只此自知之明便是良知"[1]"思之是非邪正，良知无有不自知者[2]"。据此而言，自知在阳明那里至少包含两个层面的意涵：前者指向对自身德性状态的觉知，后者则指向对意念（思虑）之是非的觉知。要而言之，两者都指明了良知所具有的明觉照察功能（凸显了良知所具有的当下知觉特征），而后者的意涵更与耿宁的良知第二义直接相通。这表明：自知在阳明那里的确具有某种重要意义，而耿宁的自知诠释也切中了某个要害。

但是我们也发现，与自知相近的独知话语在阳明那里出现频率更高，其意涵也更为深入。阳明经常从独知的角度来揭示良知的意涵，其诗有云："良知即是独知时，此知之外更无知"[3]，"无声无臭独知时，此是乾坤万有基"[4]。这就清楚地表明：在阳明这里，独知概念更加切近于良知概念。独者，独一无二之谓，它指明了某种持守于自身之中的根源性存在。它似乎每时每刻都孕育着新的意义，它似乎是无有止息的创造性：所以阳明称赞它是一切知的根源、是乾坤万有的基源。

在此之外，阳明更有"谨独""慎独"之论。他曾说："谨独即是致良知[5]""只是一个工夫，无事时固是独知，有事时亦是独知……此独知处便是诚的萌芽，此处不论善念恶念，更无虚假，一是百是，一错百错，正是王霸、义利、诚伪、善恶界头……真是莫见莫隐，无时无处，无始无

---

① 王守仁：《文录二·与王公弼乙酉》，见《王阳明全集》卷五，上海：上海古籍出版社 2010 年版，第 221 页。

② 王守仁：《传习录中·答欧阳崇一》，见《王阳明全集》卷二，上海：上海古籍出版社 2010 年版，第 81 页。

③ 王守仁：《外集二·答人问良知二首》，见《王阳明全集》卷二十，上海：上海古籍出版社 2010 年版，第 871 页。

④ 王守仁：《外集二·咏良知四首示诸生》，见《王阳明全集》卷二十，上海：上海古籍出版社 2010 年版，第 870 页。

⑤ 王守仁：《文录二·与黄勉之二甲申》，见《王阳明全集》卷五，上海：上海古籍出版社 2010 年版，第 217 页。

终，只是此个工夫。"① 很显然，谨独或慎独就是阳明所谓的致良知工夫，后来刘宗周的独体说与此一脉相承。这就更为彰显了独知与良知的相通乃至相同性。这似乎表明：从独知的角度可以更为切近地领会良知。

以上对自知和独知的比照，可以凸显耿宁之良知诠释的优点与不足。从意识哲学或意识结构意义下的自知角度来切入良知，的确能在某个意义上加深对良知的领会。但这种诠释未能充分注意到良知概念运作于其间的真实语境：道德实践的德性工夫论及其所蕴含的本体论。相较于自知概念，独知似乎更能揭示出这种语境。论述至今，我们依然面临着如下的任务：如何真切地赢得切入良知领会问题的通道？通道自然非一，但我们需要找到一条坦途。事实上，此上比照已然为我们作出了指引：在探求良知概念时，我们当从德性工夫论入手，而非仅仅从思辨哲学着手。于此，本文开头所提及的呈现说赢得其用武之地：良知呈现属于逆觉体证，此正是德性工夫的下手处。我们需要做的是：对此呈现做更为深入、系统的展现。另外，正如此前已经强调过的，自知说与呈现说并不冲突，两者正需相互为用。接下来我们就结合此两者来展示良知呈现所具有的多重维度。

（二）依其呈现来展示良知的多重维度

自呈现的角度而言，良知具有多重维度的特征。简要而言，阳明的良知至少具有以下四重意蕴：先验义（或存在论维度）、首出或本质义、广义或统体义、历程义。前三义是对良知的共时性分析，而第四义则是对良知的历时性分析。在第四义中，前三义以动态综合、融会的方式得到统一。只有结合这四重意蕴，我们才能把握良知的整体意涵。以下本文就结合具体论述对此加以阐明。它将表明：我们对良知意涵的多重维度展现，在阳明的论述中均有其相应论据。

自终极领会而言，阳明将良知视为心之本体。此良知本体恒常不变、真实无妄。故阳明有云："良知者，心之本体，即前所谓恒照者也。心之本体，无起无不起……虽有时而或放，其实体未尝不在也，存之而已耳；虽有时而或蔽，其体实未尝不明也，察之而已耳。"② 此即表明：心之本体无所谓起不起，即使放其心、蔽其明，该本体依然在运作、依然有其明，我们要做的只是去存养和省察。阳明又云："盖良知之在人心，亘万古，塞宇宙，而无不同。不虑而知，恒易以知险；不学而能，恒简以知阻。先天而天不违，天且不违，而况于人乎？况于鬼神乎？"③ 这就是说：良知本体是超越时空（亘万古、塞宇宙）的普遍、恒常之物，它具有不虑而知、不学而能的简易特征，它是地地道道的先天之物。以上两条引文足以表明：阳明视良知本体为一切心灵活动及万物呈现的根基、根源。用现代哲学语言来说，良知本体是先验的，亦即它总已在任何心灵活

---

① 王守仁：《传习录上》，见《王阳明全集》卷一，上海：上海古籍出版社 2010 年版，第 39—40 页。
② 王守仁：《传习录中·答陆原静书》，见《王阳明全集》卷二，上海：上海古籍出版社 2010 年版，第 69 页。
③ 王守仁：《传习录中·答欧阳崇一》，见《王阳明全集》卷二，上海：上海古籍出版社 2010 年版，第 83 页。

动之先展开了自身。它是一切经验的基底，是所有德性与工夫的根源。良知本体是地地道道的超越者，此即为良知之先验义。

领会其先验特征之后，我们还需要对良知本体的意涵继续加以规定。致良知是作为内圣之学、成德之教而提出的，但良知本体的何种意涵开放了圣德成就的可能性？很显然，仅仅论及其先验特征是不够的。但此上对先验义的阐明实际上已触及此问题：良知本体具有不虑而知、不学而能的特征，此知能即是圣功之本。只是对此先天的知能，我们需要做更深入的展示和规定。阳明学重头脑、重立言宗旨，对良知的领会也要从头脑、宗旨处入手。这就是说，我们要把握好良知的首出义或本质义。阳明本人对此实已有所说明，其文有云："良知只是个是非之心，是非之心只是个好恶；只好恶就尽了是非，只是非就尽了万事万变。"①在阳明看来，良知的基本功用包含是非、好恶两个方面；此中后者更为根本，盖是非源于好恶。以现代术语言之，此处的是非之心即指心灵的道德判断能力，而好恶之心则指道德情感能力。这种见解在阳明的如下论述中得到更进一步的证明："良知只是一个天理自然明觉发见处，只是一个真诚恻怛，便是他本体。"②这里的"明觉发见"即相应于是非之心，而真诚恻怛则相应于好恶之心，阳明且将此两者视为良知的本体。我们可从智体、仁体来对此意涵加以规定：知是知非（是非之心、明觉发见）相应于纯智（智体），是是非非（好恶、真诚恻怛）相应于纯情（仁体）。仁义礼为是，不仁不义无礼为非；好仁恶不仁、好义恶不义、好礼恶无礼即为是是非非。良知本体的根本构成要素即在此纯智与纯情的密合无间。此纯智、纯情才是良知之本质所在，此两者不可偏废，甚至纯情或真诚恻怛更有其紧要性。③此纯仁纯智之密体即为良知之本质义。

在阐明良知的本质意涵之后，我们继续追问：本质义虽然彰显了道德实践的本体，但良知本体是否只在此道德理性的维度上运作呢？纯仁纯智之密体是否穷尽了良知本体的所有意涵？抑或它只是彰显了狭义的良知，与此相对更有广义的良知统体？阳明的答案是肯定的：良知具有更宽泛的意涵。阳明对良知与见闻、七情之关系的探讨正可为此作注脚。关于良知与见闻，阳明有云："良知不由见闻而有，而见闻莫非良知之用，故良知不滞于见闻，而亦不离于见闻。"④此处的见闻可以总括源于知觉运动的日常经验知识。阳明认为：经验知识也属于良知的发用，虽然良知的发用不局限于此经验知识之中。这就是说：良知本体既涵括经验知识又超越之。良知与七情的关系亦复如是："良知虽不滞于喜、怒、忧、惧，而喜、怒、忧、惧亦不外于良知也。"⑤喜怒忧惧即七情之谓，良知本体既涵括它们又超越它们。自此见闻、七情扩展开去，一切心灵活动俱为良知之发用。故阳明又有云："盖日用之间，见闻酬酢，虽千头万绪，莫非良知之发用流行，

---

① 王守仁：《传习录下》，见《王阳明全集》卷三，上海：上海古籍出版社2010年版，第126页。
② 王守仁：《传习录中·答聂文蔚二》，见《王阳明全集》卷二，上海：上海古籍出版社2010年版，第95页。
③ 陈立胜亦曾指出："阳明之良知概念实是一'仁且智'或'仁智互摄交融'之概念。"（陈立胜：《在现象学意义上如何理解"良知"》，《哲学分析》2014年第4期），与本文的诠释正可相通。不过本文是从良知之本质意涵而论，则陈氏则并未特别点明这个层次。
④ 王守仁：《传习录中·答欧阳崇一》，见《王阳明全集》卷二，上海：上海古籍出版社2010年版，第80页。
⑤ 王守仁：《传习录中·答陆原静书》，见《王阳明全集》卷二，上海：上海古籍出版社2010年版，第73页。

除却见闻酬酢，亦无良知可致矣"①，"圣人只是顺其良知之发用，天地万物，俱在我良知的发用流行中"②。这两句引文明显表示：良知不仅与见闻、七情相融，实则更统摄所有心灵活动于自身之中。③ 此即为广义之良知或良知之统体义：虚明灵觉之统体。此义实与上述先验义相通：正是因为良知本体是先验的，所以它才能统摄最广泛意义上的经验，亦即统摄所有的心灵活动。自先验义至统体义是称体起用，而自统体义至先验义则是摄用归体。与此相应，良知之本质义则凸显了道德理性的主导义，但道德实践的本体工夫仍不外此体用关系。

然而，此上三义仍未穷尽良知的所有意涵。更确切地说：它们更多地展现了良知本体的先天维度，对后天人为的维度尚未明加展示。只有在实践工夫中，该维度才会真切地浮现自身。它涉及道德实践的意志与自觉问题，正是此间的差异才导致了人格形态上的最终差异。后天人为的维度虽然要在先天基础上展开自身，但前者才是真正要做修养工夫的地方。所以阳明特别捏出致良知：致字恰恰彰显了工夫的维度。只有在致良知的不尽途程中，良知才能彰显其全部意涵。在此致良知之教中，阳明特别重视立志和事上磨炼二义。《传习录》有云："我此论学是无中生有的工夫，诸公须要信得及只是立志"④，"大抵吾人为学紧要大头脑，只是立志，所谓困忘之病，亦只是志欠真切。"⑤ 阳明于此将立志视为其学问的根本和头脑。工夫的秘诀就在于紧紧把握此头脑："持志如心痛，一心在痛上，岂有工夫说闲话、管闲事。"⑥ 而此立志的真切内容即是存天理："只念念要存天理，即是立志。"⑦ 圣人的境界也只是对此内容的落实："'从心所欲不逾矩'，只是志到熟处。"⑧ 要而言之，立志彰明了生命的觉醒，它要求从盲目、流俗的生活中超拔出来，蕲向更高的生命理想。关于事上磨炼之义，阳明有云："人须在事上磨，方能立得住；方能'静亦定、动亦定'。"⑨ "人须在事上磨炼做功夫乃有益。"⑩ 若从致良知的角度来说，事上磨炼就是就着实事做为善去恶的工夫："致知在实事上格。如意在于为善，便就这件事上去为；意在于去恶，便就这件事上去不为。"⑪ 如果说立志是对日常生活的超拔，那么事上磨炼便是重返日常生活以落实此志。前者为生命理想的提升，后者则是生命价值的扎根；两者交互为功以抵于下学上达的化境。此即为良知之历程义。

统合此上四义，我们就能赢得良知的整体意涵。此中，先天维度与后天维度的交涵互摄特征

① 王守仁：《传习录中·答欧阳崇一》，见《王阳明全集》卷二，上海：上海古籍出版社 2010 年版，第 81 页。
② 王守仁：《传习录下》，见《王阳明全集》卷三，上海：上海古籍出版社 2010 年版，第 121 页。
③ 林月惠以"不离不杂"来描述良知与见闻等其他活动的关系（参见林月惠：《阳明与阳明后学的"良知"概念》，《哲学分析》2014 年第 4 期），与本文的说法可以互通：自不杂的角度而言，良知之本质义得到凸显；自不离的角度而言，良知之统体义得到凸显。
④ 王守仁：《传习录上》，见《王阳明全集》卷一，上海：上海古籍出版社 2010 年版，第 37 页。
⑤ 王守仁：《传习录中》，见《王阳明全集》卷二，上海：上海古籍出版社 2010 年版，第 65 页。
⑥ 王守仁：《传习录上》，见《王阳明全集》卷一，上海：上海古籍出版社 2010 年版，第 15 页。
⑦ 王守仁：《传习录上》，见《王阳明全集》卷一，上海：上海古籍出版社 2010 年版，第 13 页。
⑧ 王守仁：《传习录上》，见《王阳明全集》卷一，上海：上海古籍出版社 2010 年版，第 22 页。
⑨ 王守仁：《传习录上》，见《王阳明全集》卷一，上海：上海古籍出版社 2010 年版，第 14 页。
⑩ 王守仁：《传习录下》，见《王阳明全集》卷三，上海：上海古籍出版社 2010 年版，第 104 页。
⑪ 王守仁：《传习录下》，见《王阳明全集》卷三，上海：上海古籍出版社 2010 年版，第 136 页。

正可彰明良知本体和致良知工夫的源本融会。它所彰明的正是天人合一或天道性命相贯通的基本格局。在此格局中：先天维度（生生不息的天植灵根）原是人人具有的，差别只在后天维度的呈现与工夫上。道德实践的意志和自觉问题于此凸显其重要性，道德人格的差异即存于此间。简言之，这种人格差异有三种基本形态：不自觉、自觉、超自觉。不自觉是指虽然偶尔也有本性的流露，但随即就被等流而下的习气覆盖，以至于连孟子所说的仅存之夜气也无法得到保障，此为常人之境。自觉是指有所立志并持续不断地做致良知的真切工夫，此为学者或贤人之境。超自觉是指工夫纯化以达于至诚无息、天理流行之境，此为圣人之境。良知的整体意涵即在此先天呈现与后天自觉的统合之中。而本文开头依良知呈现说所提出的给予性问题于此亦觅得起相应的回答。

（三）对耿宁之良知诠释的总检讨

赢得此上的领会之后，我们现在对耿宁的良知诠释展开全方位的检讨。（1）首先来看第一义——良知作为向善的秉性：耿宁将此秉性理解为"直接源于本体的善"的"自发的情感萌动"，其基本意涵源自孟子的四端之心。耿宁又将此向善秉性置于跟私意同等的层面之上，从而引出意念之道德品格（善恶）的区分问题。但正如李明辉所言，要高看此作为向善之秉性的四端，它们本身就已经是良知的原初呈现。① 它们自身已经是德性，虽然未必是完善状态。② 事实上，此向善之秉性为狭义的良知所涵摄：是非之心彰显着智体（纯智），恻隐、羞恶、恭敬之心则彰显着仁体（纯情）。此纯智纯情之密体即是孟子良知良能之本体，它展现了道德之判断原则与践履原则在本源上的统一。它们就是所谓的"见在良知"，致良知的工夫只能从此入手推拓开去。所以此向善之秉性应归入良知的本质意涵内。（2）其次考察其第二义——良知作为自知：此上意念之道德品格的区分问题引导耿宁确立了作为自知的良知义，此为其独标之新义。耿宁汲取现象学、唯识学的洞见为我们理解良知提供了新的角度，此点需加以肯认。它关涉到致良知工夫的依据、入手处：若无对本己意向之伦理价值的直接意识，道德修养将失去其可能性。但是我们也要指出：自知义虽然特为关注了价值判断的源头，却忽视了价值自身的根源。换句话说，它突出了智体或是非之心的作用，但未能对仁体加以相应的重视。此仁智相合的密体才是一切价值以及价值判断的源头，同时此密体也是道德实践的终极动力所在。故而我们仍需将此义统会在狭义的良知意涵当中。（3）最后来看其第三义——良知作为始终完善的本体：耿宁亦称之为本原知识的本己本质或本己实在。对此义的确切描述如下："这种'本原知识'始终是清澈的（显明、透彻、认识的：明），而且始终已经是完善的，它不产生，也不变化，而且它是所有意向作用的起源，也

---

① 李明辉：《耿宁对王阳明良知说的诠释》，《哲学分析》2014 年第 4 期。

② 李明辉认为：良知的一端呈现与全体呈现，只有量的区别，无质的区别，故而四端之心的呈现已经是德性的完善状态。此说法可上下其讲：自四端之心自身而言，作为见在良知，它是纯然善的；自德性主体而言，此四端之心的呈现却很可能只是昙花一现，如王船山所言的梏亡之仅存，绝非完善状态。实际上，阳明后学关于见在良知的探讨就蕴含此问题在内，与良知之历程义亦密切相关。

是作为'心（精神）'的作用对象之总合的世界的起源。"① 这就是说：良知本体是超越的存在；一方面，它是完全透明、纯然至善的；另一方面，它又是所有意识活动和意识对象的根源。根据此上的分析，这正是对良知之先验义及统体义的展示，或者用牟宗三的话来说，是对良知之绝对普遍性的展示。②

根据此上的检讨，有必要对耿宁的良知诠释做新的统合：（1）如林月惠所言，早期良知概念和后期良知概念并非独立的两义，这两义之间也不存在所谓的歧义性③。事实上，后一义是对第一义的深化，并且特为凸显了反求诸己的维度。该维度在阳明对自知、独知的强调中凸显自身，与阳明心外无物、心外无理的思想亦相为应和。然而何以要凸显此自知、独知的维度？这就要从德性工夫论的角度来切入：阳明早年以诚意为工夫关键，但意何以能诚？追问下去，工夫的立足点必然只能落实在此自知、独知之上，而这恰恰又是良知本体作为智体本来就具有的功效。这就要求我们深化第一义（即用明体）并将其视为良知所具有的本质意涵，并进而由此涵盖第二义，盖此第二义只是在德性工夫的背景中凸显第一义中的智体所具有的觉照功能。（2）耿宁的良知第三义应予以保留，但应从先验义和统体义的角度进一步加以澄清。自先验义而言，良知本体是所有意识活动和意识对象的根源，类似于胡塞尔的先验意识；自统体义而言，则需要区分狭义良知及其他意识活动（如见闻、七情），它们之间的关系是不离不杂的关系。先验义纯就良知作为本体而言，统体义则兼就良知之发用而言。（3）历程义的缺失：耿宁对阳明良知意涵的诠释忽视了良知成长的历程特征。事实上，只有结合良知的历程义，其他三义才能得到真切的领会。正是因为这种忽视，他才面临着三个良知概念如何统一的问题。根据本文的阐释，这种统一可从体用角度加以解决：自狭义的良知概念而言，纯仁纯智是体（此即是知行的本体），四端之心则是此体之发用（此即是良知良能之呈现），这是直接的体用关系，耿宁的前两义良知由此得以统一；自广义的良知概念而言，虚灵明觉之心体是体，狭义良知之呈现及见闻、七情等皆其用，此中狭义良知与见闻是间接体用关系，由此则耿宁的第三义良知可以成立并可进而涵盖前两义的良知概念。第一层体用彰显道德理性之本质，第二层体用则彰显道德的形而上学。在致良知的工夫历程中，这两个层次融合为一。由此上展示可知：从自知的角度切入良知，虽然揭示了良知的某些面向，但并未切中其全部要害。更为重要的是，自知并非良知的本质所在，它本身受到良知本体和德性工夫的双重限定。但耿宁的自知诠释及其良知三义说确能深化学界对良知之整体意涵的认识，且其研究之踏实细密令吾辈颇觉汗颜。他山之石，尚且可以攻玉，此类深入的思想会通工作岂又能无回响？

---

① 耿宁：《人生第一等事》，倪梁康译，北京：商务印书馆 2014 年版，第 271 页。

② 牟宗三：《从陆象山到刘山》，见《牟宗三先生全集》卷 5，台北：联经出版社 2003 年版，第 184 页。

③ 林月惠对《大学古本序》之修改（三易其稿）所做的考察，为此提供了清晰的说明。具体论述请参见林月惠：《阳明与阳明后学的"良知"概念》，《哲学分析》2014 年第 4 期。事实上，耿宁自己对此也有所意识："两个良知概念有着内在的关联""早期的良知概念可以被看成是后期的良知概念的本体论前提"（耿宁：《心的现象》，倪梁康编，倪梁康等译，北京：商务印书馆 2012 年版，第 186 页）。虽然如此，他还是坚持后期良知概念的枢纽地位。

四、余论

作为成德之教，王阳明的致良知说具有鲜明的实践特征和道德指向，它是对道德理性和实践智慧的高度阐扬。置于儒学思想史中而言：一方面，它是对先秦儒学之本质内容的继承与发扬；另一方面，它又开启了现代新儒家的道德形而上学。所以从良知入手来把握儒家思想尤其是心学的大动脉，正可谓是握其枢机、直探骊珠。耿宁选择良知来切入中国思想的脉络，由此成其为上选。然而要经由异域的眼光（如现象学、唯识学）来透视此思想的性格，这绝不是可以一蹴而就的事情，其间包含着思想探索的酸甜苦辣。现象学和唯识学作为耿宁透视阳明思想的眼镜，如我们上文分析所展示的，并不是那么地上手、顺适。然而其细密的分析仍提供了新的角度和可能性，从而在真正意义上丰富了我们对良知意涵的领会。它表明：只要我们能真的回到事情本身，遵从事情本身的引导，那么富有成效的对话总是有可能的。以此精神为本，我们欢迎异域的眼光，我们不惧撕裂和冲击，因为只有在此之后才会有思想的新生。

只要有化腐朽为神奇的功底，撕裂和冲击也能产生积极的作用。以现象学、唯识学的视野来诠释良知，的确令我们有些扞格之感。然而其间正孕育着思想的新方向：扞格即表明不同思想架构的冲突，而此冲突又指明了新的思想融合任务与方向。据此扞格，我们可以追问：在阳明那里，良知作为头脑统摄了所有的心灵活动，但这是否就意味着其他的心灵活动没有其自身的特性呢？成德之教规定了阳明思想的基本运行方向，但德性在确立自身的同时，是否就穷尽了心灵活动的所有成就呢？这里面其实有很多问题值得探讨。例如：良知说涉及见闻之知，但阳明那里并无真正的认识论或知识问题（而这恰是胡塞尔现象学的核心关注），两者之关系该如何处理？又，阳明基本没有涉及审美问题，但依其思路，该问题又该如何处理呢？再者，关于政治秩序问题，阳明有所谓"四民异业而同道"之说，唐君毅且谓其有现代及超现代意义[①]，但这种说法真的能应对现代政治与社会生活吗？诸如此类的问题要求学者作更为深入的思考，而对这些问题的回答也决定了儒家思想的未来生命。

作者简介：王林伟，江西安福人，哲学博士，武汉大学中国传统文化研究中心副教授。

---

① 唐君毅：《中国哲学原论·原教篇》，北京：中国社会科学出版社 2006 年版，第 183 页。

身心之学与默会体认[*]

——王阳明良知学的默会维度考察

李洪卫

摘要：王阳明是把孔子的为己之学强调得最为充分的儒家哲学家。朱子传承二程思想，也提出圣人之学就是为己之学，是向内的不是向外的，但是他倡导读书涵养，而王阳明强调君子之学是心学，重在身心涵养和变化气质，强调精神流贯，志气通达。王阳明认为，如果偏重于文字有可能失掉涵养的方向和精髓。王阳明强调道不可言，须默会体认，学者为学要诚诸其身，教授学生涵养重在超越名言与随机点化，在这一方面，王阳明的思路有接近道家与禅宗之处，但是他还是从儒学成就君子而言的。从儒学之涵养工夫角度看，朱子思想和阳明思想可以相资为用。

关键词：身心；君子之学；文字牵制；默识体认

儒学之道为求圣贤之事，又谓之"为己之学"。这个"为己"就是"成己"，但是是道德上的成己而不是在世俗功业上的成己。宋儒中不要说周敦颐有隐逸之风，即二程和朱子也都从道学或圣学角度反对功利虚名的学问，即坚决反对把学道当成个人发达的敲门砖，二程尤其是反对士人对科举功名的向往，认为这是对孔门圣学的玷污。伊川有言："或谓科举事业夺人之功，是不然。且一月之中，以十日为举业，余日足可为学。然人不志此，必志于彼。故科举之事，不患妨功，惟患夺志。"（《程氏外书》卷十一）[①] 宋明儒者尤其是理学、心学家们多不喜举业，但是，这是社会现实，他们也不得不接受。他们虽不喜，但是，当有人以此为借口说妨碍求道问学的时候，程颐认为，这是不必要的，故有上述语言。其中最核心的是说：不患妨功，惟患夺志。科举不妨事，但是有一点是，科举本身可能夺人志向、志趣，这才是最危险的。所谓夺人志向就是使人丧失求道、求为圣人的理想信念或价值追求，在二程以及朱子看来都是非常危险的。朱子说："义理人心之所同然，人去讲求，却易为力。举业乃分外事，倒是难做。可惜举业坏了多少人！"（《朱子语类》卷十三）[②] 从二程到朱子都传承并弘扬了周敦颐"道学"的理念，传承为圣为贤的思想，

---

* 本文系河北省社会科学基金项目"良知学与当代人格教育"（HB19ZX008）成果。

① 程颢、程颐：《二程集》，北京：中华书局1981年版，第416页。

② 朱熹：《朱子语类》（一），北京：中华书局1986年版，第243页。

这就是宋明道学的基本精神。朱子弘扬了二程的思想，强调超越科举事业，走内圣之路，但是他开辟了读书与涵养合一的道路，这是后来为阳明所不取的，阳明在这一点上认为朱子将圣学的修养方式有割裂之嫌，从而再三强调回到身心这个修养的基点上来。

一、为己之学与身心

王阳明是把孔子的为己之学强调得最为充分的儒家哲学家，因为这合乎他自己向内求理的基本理念和法则，他说："君子学以为己。未尝虞人之欺己也，恒不自欺其良知而已。"①"问：'一日克己复礼，天下归仁'，朱子作效验说，如何？先生曰：'圣贤只是为己之学，重功夫不重效验。'"②又有"君子学以为己"③在强调为己上宋明儒家的态度基本上是一致的，但是在实现的路径上有所不同，尤其是在与朱子的思想的对比中更有明显的差异，当然，首先需要明确的是，二者在为圣之学的确认上没有分歧，这一点也是朱子思想的核心。

朱子传承二程思想，也提出圣人之学就是为己之学，是向内的不是向外的。向内的学问就是做人的学问，就是求仁的学问。学问的方向只有两途：仁和不仁，求仁得仁，求不仁当然得不仁。求仁的学问在现实世界中就是做人伦事业，落实"孝悌忠信"，切己反身，见于日用，因此，他又说："学，大抵只是分别个善恶而去就之尔。"④"学无浅深，并要辨义利"，"看道理，须要就那个大处看。须要前面开阔，不要就那壁角里去。而今须要天理人欲，义利公私，分别得明白。"（《朱子语类》卷十三）⑤这种求德性与德行的学问是内圣之学、君子之学，同时它又被称作"为己之学"。

所谓"为己之学"出自孔子《论语·子路》：子曰：古之学者为己，今之学者为人。朱子的注解引用了二程的话："为己，欲得之于己也；为人，欲见知于人也。"又引二程："古之学者为己，其终至于成物。今之学者为人，其终至于丧己。"⑥我们目前看到的二程对此论述最精到而又见诸文献的是这样一段话，是伊川的语录："学也者，使人求于内也。不求于内而求于外，非圣人之学也。何谓不求于内而求于外，以文为主者是也。学也者，使人求于本也。不求于本而求于末，非圣人之学也。何谓不求于本而求于末？考详略，采同异者是也。是二者皆无益于身，君子弗学。"（伊川先生语十一）⑦伊川这段话明确地指出，圣人之学是向内之学，向内之学就是求得之于己的学问，而不是求外之学问，即以文为主的学问。以文为主的学问是舍本逐末的学问，不是

---

① 王守仁：《答欧阳崇一》，见《王阳明全集》，吴光等编校，上海：上海古籍出版社 1992 年版，第 74 页。
② 王守仁：《传习录下》，见《王阳明全集》，吴光等编校，上海：上海古籍出版社 1992 年版，第 110 页。
③ 王守仁：《与黄勉之（甲申）》，见《王阳明全集》，吴光等编校，上海：上海古籍出版社 1992 年版，第 192 页。
④ 朱熹：《朱子语类》（一），北京：中华书局 1986 年版，第 229 页。
⑤ 朱熹：《朱子语类》（一），北京：中华书局 1986 年版，第 227 页。
⑥ 朱熹：《四书章句集注》，北京：中华书局 1983 年版，第 155 页。
⑦ 程颢、程颐：《二程集》，北京：中华书局 1981 年版，第 319 页。

圣人之学。但是，朱子的思想在这里又与二程拉开了一定差距。

朱子的学说谈到为圣必涉及读书，他把读书作为为圣的必要路径，因此在他的概念区分里，首先分开的是读书和科举两件事，读书可以学做圣人，但是科举只是个人功名的获取：

> 士人先要分别科举与读书两件，孰轻孰重。若读书上有七分志，科举上有三分，犹自可；若科举七分，读书三分，将来必被他胜却，况此志全是科举！所以到老全使不着，盖不关为己也。圣人教人，只是为己。（《朱子语类》卷第十三）①
>
> 或以不安科举之业请教。曰："'道二：仁与不仁而已。'二者不能两立。知其所不安，则反其所不安，以就吾安尔。圣贤千言万语，只是教人做人而已。前日科举之习，盖未尝不谈孝弟忠信，但用之非尔。若举而反之于身，见于日用，则安矣。"（《朱子语类》卷第十三）②

从此可以看到，朱子的学问进路同样也是教人做人，但是他的方法与象山、阳明不同的是，他重视从读书进入。朱子当然有"涵养须用敬，进学在致知"的二元路径，但是他的读书是这二者合一的法门，也就是说，从个人生命修养的角度，除了"用敬"的工夫，读书也是修养的途径，他的读书是涵养的一个重要组成部分，读书也要反求诸己、切身体会，在书中体味古人境界，这是朱子的思想秘钥，第一，读书要专一："读书须将心贴在书册上，逐句逐字，各有着落，方始好商量。大凡学者须是收拾此心，令专静纯一，日用动静间都无驰走散乱，方始看得文字精审。"（《朱子语类》卷十一）③"学者读书，多缘心不在，故不见道理。圣贤言语本自分晓，只略略加意，自见得。若是专心，岂有不见！"（《朱子语类》卷十一）④ 第二，读书的时候，要虚心，同时要敛身正坐，切己反省，这就是工夫了："学者读书，须要敛身正坐，缓视微吟，虚心涵泳，切己省一"作"体察"。又云："读一句书，须体察这一句，我将来甚处用得。"又云："文字是底固当看，不是底也当看；精底固当看，粗底也当看。""读书须是虚心切己。虚心，方能得圣贤意；切己，则圣贤之言不为虚说。"（《朱子语类》卷十一）⑤ 朱子以读书作为致知的方法，也作为涵养的方法，这是朱子最得意的治学心得之一，但是在当时已经引发了他与象山兄弟之间的争论，朱子这套工夫为阳明所不取。

阳明直上明道，取明道最核心的一句话作为他和弟子的座右铭：

> 明道先生曰："人于外物奉身者，事事要好，只有自家一个身与心却不要好。苟得外物好时，却不知道自家身与心已自先不好了也。"⑥"右程、李二先生之言，予尝书之座右，南濠诸君每过辄诵其言之善，持此纸索予书，予不能书，然有志身心之学，此

---

① 朱熹：《朱子语类》（一），北京：中华书局 1986 年版，第 243 页。
② 朱熹：《朱子语类》（一），北京：中华书局 1986 年版，第 243—244 页。
③ 朱熹：《朱子语类》（一），北京：中华书局 1986 年版，第 177 页。
④ 朱熹：《朱子语类》（一），北京：中华书局 1986 年版，第 177 页。
⑤ 朱熹：《朱子语类》（一），北京：中华书局 1986 年版，第 179 页。
⑥ 王守仁：《书明道延平语》，见《王阳明全集》，上海：上海古籍出版社 1992 年版，第 1184 页。

为朋友者所大愿也，敢不承命！阳明山人王守仁书。"①

阳明对明道该语深自有得，体会尤深，这个体会一个是自己切己受用，是身心生命得以新生的根本方法，没有别的方法；同时，阳明也在周围之人群中痛感各色人等追逐功名利禄或治学问等等不一而足，或者是打着为圣为贤的旗号追逐外物，远离自己生命和身心，最终背离儒门内圣的根本宗旨，但是大多数人还不自知，还以为阳明的学术是离经叛道，所以，他在教导学生的时候，耳提面命的就是这一个落脚点。所谓"致良知"是他的根本宗旨，而致良知所指向的就是人的身心本身，或者换句话说求在个人的"变化气质"，这也就是身心之学：

> 夫君子之学，求以变化其气质焉尔。气质之难变者，以客气之为患，而不能以屈下于人，遂至自是自欺，饰非长敖，卒归于凶顽鄙倍。故凡世之为子而不能孝，为弟而不能敬，为臣而不能忠者，其始皆起于不能屈下，而客气之为患耳。②

> 仲用识高而气豪，既举进士，锐然有志天下之务。一旦责其志曰："呜呼！予乃太早。乌有己之弗治而能治人者！"于是专心为己之学，深思其气质之偏，而病其言之易也，以"默"名庵，过予而请其方。予亦天下之多言人也，岂足以知默之道！然予尝自验之，气浮则多言，志轻则多言。气浮者耀于外，志轻者放其中。予请诵古之训而仲用自取之。③

身心之学具体而言即变化气质，虽然阳明在这里与董沄和梁仲用说了两种类型的弊端，其实质为一，即"气浮"，气浮是浮，志不立外在表现也是气机轻浮而不深沉，即志气之间不能配合，志不定而气轻；所谓"客气"我们在第一章中已经有所论列，也就是私欲客气的问题，实质就是道德主体不能确立的问题，而所谓道德主体不能确立，从个人身心方面来看，就是气质没有得到改造，也还是志气的问题，心胸体量没有展开，气机拥蔽堵塞狭窄，等等，这就是身心问题、气质问题，正是阳明所提出的需要直面的问题。君子之学、圣人之学往往被抬得太高、太远，在阳明看来其实就是身心变化、气质变化的问题，但是这种变化需要一个道德的或精神的支点，即良知作为统帅引领，即立志，然后身心统合可以逐渐实现。阳明认为，读书、做学问与德性涵养还不是一回事，甚至有时候正相反对，这也是他在知行学说中比较关心的问题。

二、文字牵制与身心探究的障碍

阳明作为所谓陆王学派的两个主要人物之一，在对待"尊德性"与"道问学"的对立统一问题上自然是象山的观点，虽然他曾经说象山学问略粗，但是从学问的简易直接层面说，二人是一个观点：象山曾经在鹅湖聚会上与他的兄长诗词酬唱中指摘朱子"易简功夫终久大，支离事业

---

① 王守仁：《书明道延平语》，见《王阳明全集》，上海：上海古籍出版社 1992 年版，第 1184 页。
② 王守仁：《从吾道人记》，见《王阳明全集》，上海：上海古籍出版社 1992 年版，第 249 页。
③ 王守仁：《梁仲用默斋说（辛未）》，见《王阳明全集》，上海：上海古籍出版社 1992 年版，第 258 页。

竟浮沉"(《象山集·鹅湖和教授兄韵》)①。这句话的蕴含源于《易·系辞上》:"乾以易知,坤以简能。易则易知,简则易从。易知则有亲,易从则有功。有亲则可久,有功则可大。可久则贤人之德,可大则贤人之业。易简而天下之理得矣,天下之理得而成位乎其中矣。"从易简工夫来说,核心是"易知则有亲,易从则有功"。容易知、容易学就容易成就圣贤人格,这是儒学的核心命题。换句话说,这是宋儒在方法论上的差异和分歧。阳明在后来也提出"影响尚疑朱仲晦,支离羞作郑康成。铿然舍瑟春风里,点也虽狂得我情"(《月夜二首》)② 其内涵与陆象山如出一辙,都是抨击朱子从读书做学问中得道的门径。

朱子也的确是沿着这条他自己认为稳当、妥帖的道路前行的,他认为,象山是一个险途,而曾点则"只是吃了一个馒头尖",因此,读书与切己体会是问道的根本路径,甚至于主张精读、成诵然后含玩而成自己的修养:"学者观书,先须读得正文,记得注解,成诵精熟。注中训释文意、事物、名义,发明经指,相穿纽处,一一认得,如自己作出来底一般,方能玩味反覆,向上有透处。若不如此,只是虚设议论,如举业一般,非为己之学也。"(《朱子语类》卷十一) ③

> 为学须是先立大本。其初甚约,中间一节甚广大,到末梢又约。孟子曰:"博学而详说之,将以反说约也。"故必先观《论》《孟》《大学》《中庸》,以考圣贤之意;读史,以考存亡治乱之迹;读诸子百家,以见其驳杂之病。其节目自有次序,不可逾越。近日学者多喜从约,而不于博求之。不知不求于博,何以考其约!如某人好约,今只做得一僧,了得一身。又有专于博上求之,而不反其约,今日考一制度,明日又考一制度,空于用处作工夫,其病又甚于约而不博者。要之,均是无益。(《朱子语类》卷十一) ④

朱子认为,为学的大本是"约—博—约"这样一个进路,开始之"约"其实是简单而粗糙,最后的"约"才是精髓。但是这中间的一个"博"是不能够省略的,这才是为学的中心环节,脱离或省略这个中心环节,就无法找到"约"的门径。因为在朱子看来,所谓孔子"博之以文,约之以礼"正是个人涵养与社会教化的正途,舍此无他。如果只好"约",那就不是儒家,只是一个出家的和尚,这是朱子看待这个问题的焦点之处。因为,在儒家成为圣贤的这个问题上,他是将内圣外王作为一个整体来看的,所以所谓"考究制度"等的名文度数也是他思考的主要范围之一。朱子的圣人是世俗社会的圣人,不是超然物外的圣人,因此,在他那里的圣贤就是治国理政之贤者和能者,而这些内容都在他们的语录或文字里面,不去求索,就不知其意,也不知他们做人做事的方法,因此,必须读书而且要精读、熟读并加以体会:

> 凡读书,须有次序。且如一章三句,先理会上一句,待通透;次理会第二句,第三句,待分晓;然后将全章反覆细绎玩味。如未通透,却看前辈讲解,更第二番读过。须见得身分上有长进处,方为有益。如《语》《孟》二书,若便恁地读过,只一二日可了。

① 陆九渊:《陆九渊集》,北京:中华书局1980年版,第301页。
② 王守仁:《王阳明全集》,上海:上海古籍出版社1992年版,第787页。
③ 朱熹:《朱子语类》(一),北京:中华书局1986年版,第191页。
④ 朱熹:《朱子语类》(一),北京:中华书局1986年版,第188页。

若要将来做切己事玩味体察，一日多看得数段，或一两段耳。（《朱子语类》卷十一）①

或问读书工夫。曰："这事如今似难说。如世上一等人说道不须就书册上理会，此固是不得。然一向只就书册上理会，不曾体认着自家身己，也不济事。如说仁义礼智，曾认得自家如何是仁？自家如何是义？如何是礼？如何是智？须是着身己体认得。如读'学而时习之'，自家曾如何学？自家曾如何习？'不亦说乎'！曾见得如何是说？须恁地认，始得。若只逐段解过去，解得了便休，也不济事。如世上一等说话，谓不消得读书，不消理会，别自有个觉处，有个悟处，这个是不得。若只恁地读书，只恁地理会，又何益！"（《朱子语类》卷十一）②

上面朱子强调了两点：第一，书中所记载正是古人的思想和修养工夫，不读书不可能另有学习的门径，他坚决反对所谓自己学习的说法，认为学做人必须从学古人思想开始，从读古圣贤论说开始，没有自己能够自修成才的，显然，在这一点上，朱子就与象山、阳明拉开了较大的距离；第二，朱子读书也不是一味地死读书，而是强调时时处处反身到自己的行为和为人处世上中来，将读书和做人的日常活动统一起来，从这一点上，朱子的说法是有道理的，所以，他也同时强调切己体认，提起此心：

学须做自家底看，便见切己。今人读书，只要科举用；已及第，则为杂文用；其高者，则为古文用，皆做外面看。（《朱子语类》卷十一）

人之为学固是欲得之于心，体之于身。但不读书，则不知心之所得者何事。

人常读书，庶几可以管摄此心，使之常存。横渠有言："书所以维持此心。一时放下，则一时德性有懈。其何可废！"

初学于敬不能无间断，只是才觉间断，便提起此心。只是觉处，便是接续。某要得人只就读书上体认义理。日间常读书，则此心不走作；或只去事物中羁，则此心易得汩没。知得如此，便就读书上体认义理，便可唤转来。（《朱子语类》卷十一）

朱子认为，人如果不读书，只是做事，很容易被事务性的琐碎所缠绕、将人心汩没，失去方向，而读书使人能够定向，使心"不走作"、不迷失，即便迷失了，从"读书上体认义理，便可唤转来"，阳明对此完全不认同。阳明认为，读书反而是令人迷失方向的一个重要方面。

圣人既没，心学晦而人伪行，功利、训诂、记诵辞章之徒纷沓而起，支离决裂，岁盛月新，相沿相袭，各是其非，人心日炽而不复知有道心之微。间有觉其纰缪而略知反本求源者，则又哄然指为禅学而群訾之。呜呼！心学何由而复明乎！③

问："看书不能明如何？"先生曰："此只是在文义上穿求，故不明如此。又不如为旧时学问，他到看得多解得去。只是他为学虽极解得明晓，亦终身无得。须于心体上用功，凡明不得，行不去，须反在自心上体当即可通。盖《四书》《五经》不过说这心体，

①　朱熹：《朱子语类》（一），北京：中华书局 1986 年版，第 189 页。
②　朱熹：《朱子语类》（一），北京：中华书局 1986 年版，第 182 页。
③　王守仁：《重修山阴县学记（乙酉）》，见《王阳明全集》，上海：上海古籍出版社 1992 年版，第 257 页。

这心体即所谓道。心体明即是道明，更无二：此是为学头脑处。"①

阳明认为，儒家圣人之学是心学，所谓心学就是身心之学，就是变化气质的学问，就是调整自己身心领悟大道的学问，但是这个学问不在书本之中。心学面对的对手有功利之徒、训诂之徒和记诵辞章之徒，显然这些人的目的不在于个人身心有所得，而是关注是否有利于外在的利益、名声等。阳明明里暗里指责朱子将儒家的身心之学引导到读书做学问的门径上去，是误入歧途。在阳明看来，读书做学问需要讲求文字，通晓其中的字词句意，但是，这个学问上的探究与身心没有关系，正如前文所提到的，阳明批评朱子只有用一个"敬"字才能把关切联系到个人身心上来，所谓"进学在致知"的路径和人的生命涵养之间存在着断裂。圣人的学问就是返归自己心体的学问，不返归自己心体就走向了逐外、逐物的误区：

> 一日，先生喟然发叹。九川问曰："先生何叹也？"曰："此理简易明白若此，乃一经沉埋数百年。"九川曰："亦为宋儒从知解上入，认识神为性体，故闻见日益，障道日深耳。今先生拈出良知二字，此古今人人真面目，更复奚疑？"先生曰："然！譬之人有冒别姓坟墓为祖墓者，何以为辨？只得开圹，将子孙滴血，真伪无可逃矣。我此良知二字，实千古圣贤相传一点骨血也。"②

阳明与陈九川对话之中互相感慨，感叹儒家的身心之学已经晦暗不明几百年了，显然这是在批评宋儒尤其是朱子的儒学导向。九川提出"宋儒从知解上入，认识神为性体"，得到阳明的肯认。所谓"认识神为性体"不过就是将认知、知解和我们今天在哲学、心理学等学科所说的"理智"与人的"道德理性"或"本心"混淆起来，将道德学问与知识学问混同起来，即所谓的"闻见之知"与"德性之知"之间的混淆、混乱问题。而所谓"闻见日益，障道日深"，就是知解堵塞了人的反求诸己、回归本心的路径。儒家心学将圣人之学、君子之学当作身心之学和体悟之学，与道家体认道体、禅宗领悟世界"真意"有近似之处："大道不称，大辩不言"（《庄子·齐物论》）。"天地有大美而不言，四时有明法而不议，万物有成理而不说。"（《庄子·知北游》）。庄子："世之所贵者，书也。书不过语，语有贵也。语之所贵者，意也。意有所随，意之所随者，不可以言传也。"（《庄子·天道》）"筌者所以在鱼，得鱼而忘筌。蹄者所以在兔，得兔而忘蹄。言者所以在意，得意而忘言。"（《庄子·外物》）这里涉及文字只能记载说话人的文意，但是并不能真正传达文意，读书记诵可以记住书中的思想，但是不一定明白其中的思想，可能在思想上明白了，但是在身心上并不能得到转化，这个所谓的转化，即心知其意，而这个"心"不是思想，而是"身心"之体，是体知、体悟。宋代禅师大珠慧海有一段对话反映了这个意思：

> 僧曰："何故不许诵经，唤作客语？"师（慧海）曰："如鹦鹉只学人言，不得人意。经传佛意，不得佛意，而但诵，是学语人，所以不许。"曰："不可离文字语言，别有意耶？"师曰："汝如是说，亦是学语。"曰："同是语言，何偏不许？"师曰："汝今谛听，

---

① 王守仁：《传习录上》，见《王阳明全集》，上海：上海古籍出版社 1992 年版，第 14—15 页。
② 王守仁：《传习录拾遗》，见《王阳明全集》，上海：上海古籍出版社 1992 年版，第 1179 页。

经有明文，我所说者，义语非文；众生说者，文语非义；得意者越于浮言，悟理者超于
文字，法过言语文字，何向数句中求；是以发菩提者，得意而忘言，悟理而遗教，亦犹
得鱼忘筌，得兔忘蹄也。"①

大珠慧海认为诵经就是鹦鹉学舌，并不知道其中的深意，真正觉悟者（发菩提者）得意忘言，悟
理遗教，即真正通透把握教义的精髓，但是不是字面上的理解，而是身心上的体会，所以最终会
丢掉经卷。因为对经卷的记诵变成了记忆和技艺，变成了一种知解和理智、智力上的"工夫"，
但不是身心变化，而且这种记诵越多越背离经的本身，因为它本身是希望通过经卷实现身心修养
的，而不是记诵它，所以阳明认为，"是故闻日博而心日外，识益广而伪益增，涉猎考究之愈详
而所以缘饰其奸者愈深以甚。"②"学问最怕有意见的人，只患闻见不多。良知闻见益多，覆蔽益
重。反不曾读书的人，更容易与他说得。"③阳明在回答王天宇提出朱先生所谓的"穷理而后意诚"
的见解时就直言不讳地指出："后世学者，附会《补传》而不深究于经旨，牵制于文义而不体认
于身心，是以往往失之支离而卒无所得，恐非执经而不考传之过也。"④"执经而不考传"就是拘
泥于文字而不探究古圣贤思想及其身心修养的真谛而造成的结果。王阳明在《答顾东桥书》之《拔
本塞源论》中于此有详细的论述：

唐、虞、三代之世，教者惟以此为教，而学者惟以此为学。当是之时，人无异见，
家无异习，安此者谓之圣，勉此者谓之贤，而背此者虽其启明如朱亦谓之不肖。下至
闾井、田野、农、工、商、贾之贱，莫不皆有是学，而惟以成其德行为务。何者？无
有闻见之杂，记诵之烦，辞章之靡滥，功利之驰逐，而但使之孝其亲，弟其长，信其
朋友，以复其心体之同然。⑤

盖其心学纯明，而有以全其万物一体之仁，故其精神流贯，志气通达，而无有乎
人己之分，物我之间。譬之一人之身，目视、耳听、手持、足行，以济一身之用。目
不耻其无聪，而耳之所涉，目必营焉；足不耻其无执，而手之所探，足必前焉；盖其元
气充周，血脉条畅，是以痒疴呼吸，感触神应，有不言而喻之妙。此圣人之学所以至
易至简，易知易从，学易能而才易成者，正以大端惟在复心体之同然，而知识技能非
所与论也。⑥

于是乎有训诂之学，而传之以为名；有记诵之学，而言之以为博；有词章之学，而
侈之以为丽。若是者纷纷籍籍，群起角立于天下，又不知其几家，万径千蹊，莫知所
适。世之学者，如入百戏之场，欢谑跳踉，骋奇斗巧，献笑争妍者，四面而竞出，前
瞻后盼，应接不遑，而耳目眩瞀，精神恍惑，日夜遨游淹息其间，如病狂丧心之人，

---

① 《大珠禅师语录》卷下，见《中国佛教思想资料选编》（第 2 卷第 4 册），北京：中华书局 1983 年版，第 200 页。
② 王守仁：《书王天宇卷（甲戌）》，见《王阳明全集》，上海：上海古籍出版社 1992 年版，第 271 页。
③ 王守仁：《传习录拾遗》，见《王阳明全集》，上海：上海古籍出版社 1992 年版，第 1172 页。
④ 王守仁：《答王天宇（甲戌）》，见《王阳明全集》，上海：上海古籍出版社 1992 年版，第 163 页。
⑤ 王守仁：《答顾东桥书》，见《王阳明全集》，上海：上海古籍出版社 1992 年版，第 54 页。
⑥ 王守仁：《答顾东桥书》，见《王阳明全集》，上海：上海古籍出版社 1992 年版，第 55 页。

莫自知其家业之所归。①

阳明在这里直接将身心修养与记诵知识对立起来，认为后者只是炫人耳目的工具，不具有道德涵养的意义，而心学的特质在于个人的身心"精神流贯，志气通达"，最终达到万物一体的境界，辞章记诵、知识记载最终变为一种为了欲望的满足和张扬的手段而已，这就是向外逐物的学问了："孔孟之学，惟务求仁，盖精一之传也。而当时之弊，固已有外求之者，故子贡致疑于多学而识，而以博施济众为仁。夫子告之以一贯，而教以能近取譬，盖使之求诸其心也。"②"颜子没而圣人之学亡。曾子唯一贯之旨传之孟轲，终又二千余年而周、程续。自是而后，言益详，道益晦；析理益精，学益支离无本，而事于外者益繁以难。"③所以，阳明最终把圣人之学看做是身心涵养和切己体会、体察的学问，但是它不像朱子那样通过读书后的体会，而是生命本身的直接体会、体察与在世事中磨炼的体会、体察，最终达到一种一体的自证。

三、默而识之的体知：体会、体察、体悟、体证与随机点化

（一）道不可言与默识体认

儒家学习做人的学问，有的时候称作"道"，如孔子"朝闻道，夕死可矣"，或"圣人之道"，如周敦颐"圣人之道，仁义中正而已矣"；或称作"学"，亦如周敦颐"志伊尹之所志，学颜子之所学"（《通书》）大体以求道或为学相标榜。但是，一般来说，儒家的道在常人看来就是"内圣外王"之道、之学，是世俗生活中我们随时随地可以认知、理解和把握的，无非做道德行为、做圣贤事业，而所谓圣贤事业也就是儒家的事功，治国平天下的功业而已。但是，从思孟以降的儒家心学，将他们所理解的内圣之学加诸了天道、天理的色泽，即《中庸》之"天命之谓性，率性之谓道"、《孟子》"尽其心则知其性，知其性则知天矣"等。在这"知天""同天"的境界中，已经超越了我们平常所理解的儒家的事功行为，带有圣学的特殊性，即生命的体认品格，这在孟子、明道、象山和阳明以及阳明弟子之中十分常见。它是由个体倾注于身心之学以后所发生的气质变化带来的整个身心的改变，达成了一种生命境界状态，如前文所述的那些，诸如"未发之中"等，而"未发之中不可言"就成了一种心学身心体悟的一种重要的标志。当然，这不意味着我们平常所理解的神秘主义，而是一种身心气质转变后每个人都可以达到的一种状态，但是，这种状态是只有个人转变以后才能体会得到，因此是波兰尼所谓的"个体知识"（pensonal knowledge），而不是"常识"（common sense），这一点也构成儒家心学一系与理学家之间的重大理论和实践分歧，所以，心学很容易被指斥为禅，如陆象山、杨慈湖和王阳明以及王龙溪等。但是，我们必须

---

① 王守仁：《答顾东桥书》，见《王阳明全集》，上海：上海古籍出版社 1992 年版，第 55—56 页。
② 王守仁：《象山文集序（庚辰）》，见《王阳明全集》，上海：上海古籍出版社 1992 年版，第 245 页。
③ 王守仁：《别湛甘泉序（壬申）》，见《王阳明全集》，上海：上海古籍出版社 1992 年版，第 230 页。

要说的是，这两者之间的确存在着一些共同之处，这正是无论人类的个体知识还是普遍知识所具有的知识的共性特质，即便在部分人那里的神秘主义，其实是能够找到重复性的实践或实验的，但是，它之所以被称作神秘主义，正是因为这些经验虽然是可以经验的，但不是为我们感官所能随处把捉的，它作为个体生命的身心体验，是个人自己的，无法为别人分享，这正是这个经验的神秘之处，这在道家与禅宗里面则比比皆是：

> 如人以手指月示人，彼人因指，当应看月。若复观指，以为月体；此人岂唯亡失月轮，亦亡其指，何以故？以所标指，为明月故。岂唯亡指，亦复不识明之与暗，何以故？即以指体，为月明性，明、暗二性，无所了故。汝亦如是！（《楞严经》卷二）

这就是最著名的“以手指月”的公案，常与此相类比的是庄子之中的“得兔忘蹄，得鱼忘筌”的说法。这两个类型形似的表述要说明的只是一个问题的两个方面：第一，大道不可言，一切言诠都落入第二义，即非月本身，而是手指；第二，手指的功能也无法完全取代，以手指月的“手指”的功能即某种因机相应的“指示”是学人悟道的重要契机，它需要一定的点化、指示作为一种反求诸己的路标而存在。在阳明这里，从“道”本身也是不可说的：

> 辰阳刘观时学于潘子，既有见矣，复学于阳明子。尝自言曰：“吾名观时，观必有所见，而吾犹懵懵无睹也。”扁其居曰“见斋”，以自励。问于阳明子曰：“道有可见乎？”曰：“有，有而未尝有也。”曰：“然则无可见乎？”曰：“无，无而未尝无也。”曰：“然则何以为见乎？”曰：“见而未尝见也。”观时曰：“弟子之惑滋甚矣。夫子则明言以教我乎？”阳明子曰：“道不可言也，强为之言而益晦；道无可见也，妄为之见而益远。”①
>
> 刘观时问：“未发之中是如何？”先生曰：“汝但戒慎不睹，恐惧不闻，养得此心纯是天理，便自然见。”观时请略示气象。先生曰：“哑子吃苦瓜，与你说不得。你要知此苦，还须你自吃。”时曰仁在傍，曰：“如此才是真知，即是行矣。”一时在座诸友皆有省。②
>
> “澄于中字之义尚未明”曰：“此须自心体认出来，非言语所能喻。中只是天理。”③

阳明这个说法在儒家并不是孤立的，在明道那里已经有类似的表述：“先生尝语王介甫曰：‘公之谈道，正如说十三级塔上相轮，对望而谈曰，相轮者如此如此，极是分明。如某则戆直，不能如此，直入塔中，上寻相论，辛勤登攀，逦迤而上，直至十三级时，虽犹未见轮，能如公之言，然某却实在塔中，去相轮渐近，要之须可以至也。至相轮中坐时，依旧见公对塔谈说此相轮如此如此。’介甫只是说道，云我知有个道，如此如此。只他说道时，已与道离。他不知道，只说道时，便不是道也。”④ 程明道说他和王安石说塔（作论道的比喻）的不同在于，他自己是直入塔中，看到塔的分明，而王安石只是远远对着塔在那里谈天说地地谈论塔是究竟如何，我已经坐

① 王守仁：《见斋说》（乙亥），见《王阳明全集》，上海：上海古籍出版社 1992 年版，第 262 页。
② 王守仁：《传习录上》，见《王阳明全集》，上海：上海古籍出版社 1992 年版，第 37 页。
③ 王守仁：《传习录上》，见《王阳明全集》，上海：上海古籍出版社 1992 年版，第 23 页。
④ 程颢、程颐：《二程集》，北京：中华书局 1981 年版，第 5—6 页。

在塔中了，他还在塔外逡巡张望不已。从体道的角度说，"介甫只是说道，云我知有个道，如此如此。只他说道时，已与道离。他不知道，只说道时，便不是道也。"王安石说我知道有个道，但是道是什么，其实并不知道，而且，越说距离道越远。程颢这里尤其是最后一句说得分明：只他说道时，已与道离。他不知道，只说道时，便不是道也。王安石说道，就已经表示他真的不知"道"，而他仅仅在那里说"道"，那就不是"道"。那么，为什么程颢认为，王安石真不知"道"呢？如果用程颢的话就是他没有进到"道"里面去，若用阳明的话就是"望道而不见道"（文王"望道而不见"之说），也就是没有"体道"，没有"诚诸其身"，即没有在自己身心上体会有得，而只是耳闻口说而已：

> 问："道一而已。古人论道往往不同，求之亦有要乎？"先生曰："道无方体，不可执着。却拘滞于文义上求道，远矣。如今人只说天，其实何尝见天？谓日月风雷即天，不可；谓人物草木不是天，亦不可。道即是天，若识得时，何莫而非道？人但各以其一隅之见认定，以为道止如此，所以不同。若解向里寻求，见得自己心体，即无时无处不是此道。亘古亘今，无终无始，更有甚同异？心即道，道即天，知心则知道、知天。"又曰："诸君要实见此道，须从自己心上体认，不假外求始得。"①

阳明在回复罗钦顺的信中也说道："夫道必体而后见，非已见道而后加体道之功也；道必学而后明，非外讲学而复有所谓明道之事也。然世之讲学者有二，有讲之以身心者，有讲之以口耳者。讲之以口耳，揣摸测度，求之影响者也。讲之以身心，行著习察，实有诸己者也。知此，则知孔门之学矣。"②"自己心上体认"就是"讲之以身心，行著习察，实有诸己者也"，阳明又把它称作"默而成之"："说之言曰：'学于古训乃有获。'夫谓学于古训者，非谓其通于文辞，讲说于口耳之间，义袭而取诸其外也。获也者，得之于心之谓，非外铄也。必如古训，而学其所学焉，诚诸其身，所谓'默而成之'，'不言而信'，乃为有得也。"③"大抵此学之不明，皆由吾人入耳出口，未尝诚诸其心身。譬之谈饮说食，何由得见醉饱之实乎？"④

（二）诚诸其身、超越名言与随机点化

按照阳明所言，孔门之学就是身心之学，就是要诚诸其身方可，而诚诸其身的结果就是"默而成之"。默而成之的意思是自己体会，同时难以用言语传递，这是身心之学的另一个特征。阳明于此用了一个佛教用语："第一义"，良知显于身心是第一义，第一义不可说：

> 一友问："读书不记得如何？"先生曰："只**要晓得**，如何要记得？要晓得已是落第二义了，只要明得自家本体。若徒要记得，便不晓得；若徒要晓得，便明不得自家的

---

① 王守仁：《传习录上》，见《王阳明全集》，上海：上海古籍出版社 1992 年版，第 21 页。
② 王守仁：《答罗整庵少宰书》，见《王阳明全集》，上海：上海古籍出版社 1992 年版，第 75 页。
③ 王守仁：《与唐虞佐侍御（辛巳）》，见《王阳明全集》，上海：上海古籍出版社 1992 年版，第 183 页。
④ 王守仁：《与席元山（辛巳）》，见《王阳明全集》，上海：上海古籍出版社 1992 年版，第 180 页。

本体。"①

  沿途意思如何？得无亦有走作否？数年切磋，只得立志辩义利。若于此未有得力处，却是平日所讲尽成虚语，平日所见皆非实得，不可以不猛省也！经一蹶者长一智，今日之失，未必不为后日之得，**但已落第二义。须从第一义上着力，一真一切真**。若这些子既是，更无讨不是处矣。②

"第一义"源于佛教术语，又称"第一义谛"或者叫"真谛"与入世法所谓"俗谛"相对照，《楞伽经》卷二："第一义者，圣智自觉所得，非言说妄想觉境界。"佛言："一切诸法皆是虚假，随其灭处，是名为实，是名实相，是名法界，名毕竟智，名第一义谛，名第一义空。"（《大般涅槃经·卷第四十》）第一义的含义就是我们通常说的真理的意思了，但是说是真理可能还不确切，这里的意思是"实相"，是世界的真实的"面貌本身"，而第一义谛只是"是名实相，是名法界，名毕竟智，名第一义谛，名第一义空。"也就是说，它也是一个假借，换句话说，真理或世界之真实的实相不可说。冯友兰先生曾经在《新知言》里指出："第一义不可说，因第一义所拟说者，都在'攀援之外，绝心之域'（僧肇语）。"③佛性作为一个最终靠体悟才能获得的智慧无法通过知解或者判断或者逻辑来把握，也是不可说的，按《古尊宿语录》："如云说佛性有，则增益谤；说佛性无，则损减谤；说佛性亦有亦无，则相违谤；说佛性非有非无，则戏论谤；始欲不说，众生无解脱之期；始欲说之，众生又随语生解，益少损多。故云：'我宁不说法，疾入于涅槃。'"④阳明认为，良知只是像一个禅宗的话头一样，或者是禅师的拂尘，只是给众人一个提示，最终是要个人的体悟才能获得对它的把握的：

  一友问功夫不切。先生曰："学问功夫，我已曾一句道尽，如何今日转说转远，都不著根？"对曰："致良知盖闻教矣，然亦须讲明。"先生曰："既知致良知，又何可讲明？良知本是明白，实落用功便是。不肯用功，只在语言上转说转糊涂。"曰："正求讲明致之之功。"先生曰："此亦须你自家求，我亦无别法可道。昔有禅师，人来问法，只把尘尾提起。一日，其徒将尘尾藏过，试他如何设法，禅师寻尘尾不见，又只空手提起。我这个良知就是设法的尘尾，舍了这个，有何可提得？"少间，又一友请问功夫切要。先生旁顾曰："我尘尾安在？"一时在坐者皆跃然。⑤

阳明在这里明确指出，良知或致良知就是一个话头，给大家一个提示、方便，告诉你一个方向，最终还需要大家自己用功，做身心上修养的工夫。最后阳明强调说，良知不过是一个提示，可以有，也可以没有，但是必须要有的是个人的用功和最终的修养境界。由此，我们可以看到阳明类似于禅师点化教人的方式，这个方式反过来又告诉我们，良知学是心学，是身心涵养之学，是实

---

① 王守仁：《传习录下》，见《王阳明全集》，上海：上海古籍出版社1992年版，第103页。

② 王守仁：《寄薛尚谦（戊寅）》，见《王阳明全集》，上海：上海古籍出版社1992年版，第170页。

③ 冯友兰：《贞元六书》，上海：华东师范大学出版社1996年版，第816页。

④ 赜藏主编：《古尊宿语录》，萧萐父等点校，北京：中华书局1994年版，第14页。

⑤ 王守仁：《传习录下》，见《王阳明全集》，上海：上海古籍出版社1992年版，第109页。

地用功的学问，不是知识，不是书本的记诵讲读。它的一个特征是可以通过提示的方式，使人觉知、反省和反求诸己，或者甚至类似于禅宗"扫相"：

> 《答原静书》出，读者皆喜。澄善问，师善答，得闻所未闻。师曰："原静所问，只是知解上转，不得已与之逐节分疏。若信得良知，只在良知上用工，虽千经万典，无不吻合，异端曲学，一勘尽破矣。何必如此节节分解？佛家有扑人逐块之喻，见块扑人，则得人矣，见块逐块，于块奚得哉？"在座诸友闻之，惕然皆有惺悟。此学贵反求，非知解可入也。①

阳明在这里讲了一个狂狗扑块还是扑人的典故，目的在于告诉他的弟子和学人，陆原静所问虽然都是具体问题，但是都是在意识层面和理智层面兜圈子，是思考问题，而不是身心体证。所谓圣人之学就是良知之学，良知之学就是身心之学，而身心之学的特征就是实实在在地在自己身心、心地上为善去恶地做功夫。如果最终有一天良知全幅呈现，所谓的经文格言无不吻合，因为那都是圣人的生命教诲、经验之谈，而不是文字的说教。佛家提出的狮子咬人与狂狗扑块的案例，说明如前所述的"以手指月"是见指还是见月的问题，扑人就是直指人心的实际工夫，而被文字所牵引，那就成了狂狗扑块失去了最终的目标，这个典故来自佛教几种典籍，如《五灯会元》中记叙禅师大珠慧海与经师法明之间的对话：

> 律师法明谓师曰："禅师家，多落空。"师曰："却是座主家落空。"明大惊曰："何得落空？"师曰："经论是纸墨文字，纸墨文字者，俱是空设，于声上建立名句等法，无非是空。座主执滞教体，岂不落空？"明曰："禅师落空否？"师曰："不落空。"明曰："何得却不落空？"师曰："文字等皆从智慧而生，大用现前，那得落空！"明曰："故知一法不达，不名悉达。"师曰："律师不唯落空，兼乃错会名言。"明作色曰："何处是错处？"师曰："未辨华竺之音，如何讲说？"明曰："请禅师指出错处！"师曰："岂不知悉达是梵语邪？"明虽省过，而心犹愤然。② 又曰："夫经律论是佛语，读诵依教奉行，何故不见性？"师曰："如狂狗趁块，师子咬人。经律论是性用，读诵者是性法。"③

经师认为禅师落空，禅师认为经师落空，那么，禅师为什么认为自己不落空呢？他回答的是："文字等皆从智慧而生，大用现前，那得落空！"经卷、经文只是佛祖智慧的记录而已，不是生命体悟本身，文字代替不了生命或智慧的显现，而所谓智慧的显现就是"大用现前"，可以为我直截了当地受用，但是纸上的经文不能直接受用。所谓性论与性法就是它是论性的，像明道告诫王安石一样，那是在记录、叙述或谈论或论说人性、佛性，而不是佛性本身。佛性或圣人之性体是生命活泼泼的展现，不是一种书本知识，所以，阳明还曾举过一个例子：

---

① 王守仁：《传习录中》，见《王阳明全集》，上海：上海古籍出版社1992年版，第70—71页。
② 梵语具云："萨婆曷剌他悉陀。"中国翻云"一切义成。"旧云"悉达多"，犹是讹略梵语也。
③ 普济：《五灯会元》（上），苏渊雷点校，北京：中华书局1984年版，第155—156页。另，《景德传灯录·王敬初常侍》："供养主才坐，问曰：'昨日米和尚有什么言句，便不得见？'王公曰：'师子咬人，韩卢逐块。'米师窃闻此语，即省前谬。"

又曰："此道至简至易的，亦至精至微的。孔子曰：'其如示诸掌乎！'且人于掌，何日不见？及至问他掌中多少文理，却便不知。即如我良知二字，一讲便明，谁不知得？若欲的见良知，却谁能见得？"问曰："此知恐是无方体的，最难捉摸。"先生曰："良知即是易，其为道也屡迁，变动不居，周流六虚，上下无常，刚柔相易，不可为典要，惟变所适。此知如何捉摸得？见得透时便是圣人。"①

阳明所谓简易就是良知之学方法直接而不曲折反复，但是又不是粗糙含糊的，而是精微细致的。这个精微细致不是看不见摸不着，而是无往而不在，不是一个具体事物的呈现那样可以把捉的，这才是良知的发用，因此越这样，越就难以用言语表述清楚，而需要指示、点化、譬喻等方式提醒、会意等：

黄以方问："先生格致之说，随时格物以致其知，则知是一节之知，非全体之知也。何以到得溥博如天，渊泉如渊地位？"②

乃指天以示之曰："比如面前见天，是昭昭之天；四外见天，也只是昭昭之天。只为许多房子墙壁遮蔽，便不见天之全体。若撤去房子墙壁，总是一个天矣。不可道眼前天是昭昭之天，外面又不是昭昭之天也。于此便见一节之知，即全体之知；全体之知，即一节之知：总是一个本体。"③

阳明不仅教人在德性涵养上用功，而且最终希望学者们透过良知的体认对"世界"本身、本原有一个真正的把握，《中庸》所谓"溥博如天，渊泉如渊"正是个人修养达到一定境界之后对世界之广邈浩瀚、寂寥深邃和心境的博大的一种描述，而这种境界的获得在阳明看来是致良知可得的，但是，正如庄子所谓的"道无所不在"，天地境界不是某种具体的景象，而是个人身心气质的最终的变化。这种境界就像"天"一样，它被从一个孔看见或者被从一个洞看见，或者毫无遮拦地被看到，又有区别，又没有区别，天还是那个天，但是对个体来说，他的身心境界不同，认识则不同，这才是最根本的。阳明在下面一个点化中所举与此相类似，都是要说明天地只是如此，道体不受任何空间、时间的束缚或许限制，直到认识这一点才是见道：

樾方自白鹿洞打坐，有禅定意。先生目而得之，令举似。曰："不是。"已而稍变前语，又曰："不是。"已而更端，先生曰："近之矣。此体岂有方所？譬之此烛，光无不在。不可以烛上为光。"因指舟中曰："此亦是光，此亦是光。"直指出舟外水面曰："此亦是光。"樾领谢而别。④

阳明一方面教人做"致良知"的工夫，并进而提示宇宙本体的奥妙，但是，这个认识不是我们日常所理解的知识，而是体证、体察、体会和体悟，但是体证原则上是无法用言语传达的，所以有时候需要用指示、比喻等方法给学人一个把鼻，使之有所着手处，阳明教学方法和技巧的运

① 王守仁：《传习录下》，见《王阳明全集》，上海：上海古籍出版社1992年版，第125页。
② 王守仁：《传习录下》，见《王阳明全集》，上海：上海古籍出版社1992年版，第95—96页。
③ 王守仁：《传习录下》，见《王阳明全集》，上海：上海古籍出版社1992年版，第96页。
④ 王守仁：《传习录拾遗》，见《王阳明全集》，上海：上海古籍出版社1992年版，第1182页。

用有些和禅宗类似，而"在禅宗看来，对学人的提问，不能正面回答，但也不能随便回答，而要根据学人根基的深浅而采取不同的施教方式，即所谓'路逢剑客须呈剑，不是诗人莫献诗'，这就叫'应机接化'或'应机勘辨'。"① 这就是良知的"体知"，可以意会不可以言传，是身心生命之学的特质之所在。

从修养进路看，朱子读书涵养的方式较稳妥，但也可能无法实现张载所提倡的"变化气质"或者不那么彻底，阳明的方式专注于个人身心上的体认、体察，重在良知在身心转化过程中的发明，原则上是没有问题的，即阳明晚年"四句教"所言，能够彻上彻下涵摄所有人，但是也需要在应用中注意认现成为良知的问题。从对宋明儒学整体考察的维度看，在个体身心修养方面阳明之学与朱子之学可以互相发明，相资为用。而且他虽然借鉴或吸收了一些道家或禅宗的用语，但是这只是儒家"变化气质"成就"德性之知"共同的要求，没有脱离孔子以降为作君子的本怀。

作者简介：李洪卫，哲学博士，河北省社会科学院哲学研究所研究员。

---

① 萧萐父、吕有祥：《古尊宿语录》"前言"，见赜藏主编：《古尊宿语录》，萧萐父、吕有祥点校，北京：中华书局1994年版，第24页。

王阳明"致良知"哲学思想的功夫指点

李海岭

摘要：良知即心体，是阳明学问的核心，也是阳明一生实践经历所得。此心体是人生命的主宰，至简至易，至精至微，人人本具，然非人人皆见，故众人欲见自性良知心体，须做致良知的功夫。阳明致良知的功夫指点，三根普被，因病与药，故学人不可拘泥于文字言说，须反向自身自心上来，方得真实受用。致得良知，即为圣人，圣人的境界是"万物一体之仁"，然而，一体之仁并非悬空于人伦家国之上，而是与众生生命的安顿与国家命运相关联。

关键词：王阳明；致良知；良知；功夫

良知学说是阳明自家经历所得，阳明心学又被称为生命的学问，阳明曾说："某于此良知之说，从百死千难中得来。"[1] 为致得良知，阳明用生命作代价，可见此功夫之不易。又说："良知之外，别无知矣。"[2]"吾平生讲学，只是'致良知'三字"[3]，致良知是其一生讲学的宗旨。在阳明看来，致得良知即为圣人，"此'致知'二字，真是个千古圣传之秘，见到这里，'百世以俟圣人而不惑'！"[4] 千古圣贤代代相传的大秘密就是"致知"二字，"故'致良知'是学问大头脑，是圣人教人第一义。"[5] 蔡仁厚先生曾如此概括"致良知"，指出致良知不是一句言谈，亦不是一种论说，而是真真切切的道德实践工夫，这种道德实践的目的是"立己立人""成己成物"，所以阳明的良知之学是成德之教，是圣贤学问。这套学问源远流长，而包含的义理亦极为渊深宏博，发展到阳明的良知之学，更达于精微透彻的境地。[6]

本文在明确阳明良知义旨的基础上，阐述阳明致良知的工夫指点和致得良知后的圣人境界，希望能引起学人对良知切己的重视，从而能够躬身实践致良知功夫，以期能致得自家良知心体、于圣贤学问中得真实受用。

---

① 王守仁：《王阳明全集》卷三十四《年谱二》，上海：上海古籍出版社 2012 年版，第 1412 页。
② 王守仁：《王阳明全集》卷二《语录二》，上海：上海古籍出版社 2012 年版，第 80 页。
③ 王守仁：《王阳明全集》卷二十六《续编一》，上海：上海古籍出版社 2012 年版，第 1091 页。
④ 王守仁：《王阳明全集》卷三《语录三》，上海：上海古籍出版社 2012 年版，第 106 页。
⑤ 王守仁：《王阳明全集》卷二《语录二》，上海：上海古籍出版社 2012 年版，第 80 页。
⑥ 参见蔡仁厚：《王阳明哲学》，北京：九州出版社 2013 年版，"自序"。

一、良知的义旨

良知一名，本于孟子。

> 孟子曰：人之所不学而能者，其良能也；所不虑而知者，其良知也。孩提之童，无不知爱其亲者；及其长也，无不知敬其兄也。亲亲，仁也；敬长，义也；无他，达之天下也。①

孩提之童皆知爱其父母，年长之后皆知敬其兄长，此知即“不虑而知”的良知心体；爱亲、敬长，即“不学而能”的良能，是良知心体之功用；仁、义即良知心体发用于日常之名，其主宰在心，孟子又提出“仁义礼智根于心”。② 仁、义、礼、智皆出自本心，只是因心体作用对象不同而异名，心统性情，因其情之所发而心性之本来状态可得发见。孟子虽将良知、良能并称，但其良知概念含摄良能，这在阳明知行合一的良知说中有更明白直接的体现。

阳明用心诠释良知，暂且不说世人对心的认识与体会是否与阳明心学相契合，单从字面上来看，心更容易使人有亲切感，尤其对认为人人腔子里都有心脏的世人来讲。但阳明先生讲的良知心体并不是世人所说的生物学意义上的心脏，他说：“心不是一块血肉”，③ 而是身体之主宰、是超越“躯壳之己”的“真己”。找回“真己”，致得良知，明见自家心性，这不仅仅是阳明心学的核心问题，更是一切圣贤学问的宗旨。圣人著书立说无不是要指示人见自家良知心体，阳明说：“人心天理浑然，圣贤笔之书，如写真传神，不过示人以形状大略，使之因此而讨求其真耳。”④ 在阳明看来，即使是圣贤之笔写真传神也只能示人以形状大略，不能写其真。故欲见自家良知心体须做真实切己的体认功夫。如欲晓梨子的味道，只需亲自尝尝便知。

对于良知心体的“样貌”，阳明先生也做了明白简易的开示。阳明早年读到“惟天下至圣，为能聪明睿智”一语，认为圣人的聪明睿智太玄妙，其境界普通人很难达到。然而，在其悟得“圣人之道，吾性自足”后，才体会到原来圣人的聪明睿智是人人自有的，阳明说：“耳原是聪，目原是明，心思原是睿智，圣人只是一能之尔。能处正是良知，众人不能，只是个不致知。”⑤ 耳自聪，目自明，心思自是睿智，圣人只是“一能之尔”，这一“能”处即是良知，而众人不能，故不能致得良知，这就是圣凡之别。这一“能”字，阳明点出了圣贤学问的精髓。又说：“心不是一块血肉，凡知觉处便是心，如耳目之知视听，手足之知痛痒，此知觉便是心也。”⑥ 耳目知道视听，手足知道痛痒，这个知视听、知痛痒的“知”处即是良知心体。这一“知”，同上一“能”，

---

① 朱熹：《四书章句集注》《孟子·尽心章句上》，北京：中华书局 2008 年版，第 353 页。
② 朱熹：《四书章句集注》《孟子·尽心章句上》，北京：中华书局 2008 年版，第 355 页。
③ 王守仁：《王阳明全集》卷三《语录三》，上海：上海古籍出版社 2012 年版，第 138 页。
④ 王守仁：《王阳明全集》卷一《语录一》，上海：上海古籍出版社 2012 年版，第 13 页。
⑤ 王守仁：《王阳明全集》卷三《语录三》，上海：上海古籍出版社 2012 年版，第 124 页。
⑥ 王守仁：《王阳明全集》卷三《语录三》，上海：上海古籍出版社 2012 年版，第 138 页。

均指人人本具的良知心体，亦是圣贤学问代代相传的真血脉。阳明先生的开示有禅家直指人心之风格，研究王学之人若能于此向自己身心体会，这或许是一个契入之机。除了直指，阳明在讲学中对良知心体的特征、功用有"写真传神"的描述。

阳明说："这良知人人皆有，圣人只是保全，无些障蔽"，① 众人"只是障蔽多，然本体之知自难泯息"，② 此良知心体，人人本具，凡圣只是此一心，众人因私欲而障碍遮蔽了真心的显现，然而此心之觉性灵知不会因此而泯息，即使众人做克己的致良知功夫也是凭借此心，故"天机不息"。此天机只是一"能"处，能知是非。孟子讲："是非之心，智之端也。"③ 朱子解释"是非"二字为"是"即知其善而以为是也；"非"即知其恶而以为非也。阳明用孟子讲的"是非之心"来解读良知，同时也吸取了朱子的思想。阳明说："良知只是个是非之心。是非只是个好恶。只好恶就尽了是非，只是非就尽了万事万变"。④ 世间万物，千变万化，无不是要于自心上正其不正以归于正，是其是而非其非。良知本身知善恶、知是非，其落实到事物之中方显出事物的是非，因此阳明将良知称为"胸中圣人"，不可瞒得，更不可欺得，于日常行为中实实在在循着它做去，存善去恶，如此而已，一切事物无不合乎中道。因此，良知是判断一切是非善恶的标准，是行为的准则，也是试金石和指南针。

良知也是造化的精灵，能够"生天生地，成鬼成帝"，"天没有我的灵明，谁去仰他高？地没有我的灵明，谁去俯他深？鬼神没有我的灵明，谁去辩他吉凶灾祥？天地鬼神万物离却我的灵明，便没有天地鬼神万物了。"⑤ 当然，良知对于天地万物的造化，并非是实体性的"创生"，而只是一种"开显"。⑥ 这种开显体现在良知与天地万物感应之机上。阳明云："你只在感应之几上看，岂但禽兽草木，虽天地也与我同体的，鬼神也与我同体的。"⑦ 人心与物同体，天地间只是一个灵明。这个灵明是人人本具的觉性灵知，正是这一点灵明的感应之机，遂有天地万物的生生不息。这一开显体现在此心虚灵不昧、恒照万物。此恒照源于良知心体"皭如明镜，略无纤翳"，随缘照物而无有一丝留染，"情顺万物而无情"是也。《金刚经》讲"应无所住而生其心"，阳明说："明镜之应物，妍者妍，媸者媸，一照而皆真，即是生其心处。妍者妍，媸者媸，一过而不留，即是无所住处。"⑧ 心体无来去，恒存常照。妍的还它妍，媸的还它媸，自身无有丝毫的挂碍。此心体妙用无穷。孔子叹"逝者如斯夫"，即是对自家心性活泼泼的妙用发出的赞叹。阳明先生说："此是学问极至处，圣人也只是如此。"⑨

---

① 王守仁：《王阳明全集》卷三《语录三》，上海：上海古籍出版社 2012 年版，第 108 页。
② 王守仁：《王阳明全集》卷三《语录三》，上海：上海古籍出版社 2012 年版，第 108 页。
③ 朱熹：《四书章句集注》《孟子·公孙丑上》，北京：中华书局 2008 年版，第 238 页。
④ 王守仁：《王阳明全集》卷三《语录三》，上海：上海古籍出版社 2012 年版，第 126 页。
⑤ 王守仁：《王阳明全集》卷三《语录三》，上海：上海古籍出版社 2012 年版，第 141 页。
⑥ 龚晓康：《"此心光明"：王阳明的生死觉化与良知体证》，《中国哲学史》2020 年第 3 期。
⑦ 王守仁：《王阳明全集》卷三《语录三》，上海：上海古籍出版社 2012 年版，第 141 页。
⑧ 王守仁：《王阳明全集》卷二《语录二》，上海：上海古籍出版社 2012 年版，第 79 页。
⑨ 王守仁：《王阳明全集》卷三《语录三》，上海：上海古籍出版社 2012 年版，第 117 页。

二、致良知的功夫指点

不经一番寒彻骨，哪得梅花扑鼻香。阳明从小希圣慕贤且立志做圣贤，在其生命实践过程中，从溺于辞章、取竹格理、出入老释、居夷处困至龙场悟道，几经颠簸于百死千难中始得入圣贤之门，致得自性良知。此良知说亦经过多番较量，方用来教化世人，"医经折肱，方能察人病理"①，可见阳明教授学问的良苦用心。

良知人人皆具，阳明云："夫良知即是道，良知之在人心，不但圣贤，虽常人亦无不如此。"② 圣凡之别，在于"圣人致知之功至诚无息，其良知之体皦如明镜，略无纤翳"，③ 而"众人自孩提之童，莫不完具此，只是障蔽多"，④ 故众人的良知只是为物欲障蔽，欲恢复良知心体的觉性灵知，需格去物欲牵蔽，做致良知的功夫。

如何致得良知？在阳明看来，先要立志，"务要立个必为圣人之心，时时刻刻，须是一棒一条痕，一掴一掌血"，⑤ 如此"方能听吾说话句句得力"。⑥ 佛家讲成佛须发大愿力，发勇猛精进心，这是成佛的资粮。成贤成圣亦须如此。阳明云："若茫茫荡荡度日，譬如一块死肉，打也不知痛痒，恐终不济事。回家只寻得旧时伎俩而已，岂不惜哉！"⑦ 在阳明看来，在浑浑噩噩中度日，把圣贤学问当做一种无关痛痒的言语，听过后自己还是老样子，不知切实在自家心体上用功，世间之憾事莫过于此！而世间人之所以有如此"困忘"之病，只是"志欠真切""学问不得长进"，亦是"未立志"。关于立志，阳明说"只念念要存天理""能不忘乎此，久则自然心中凝聚，犹道家所谓结圣胎也。此天理之念常存，驯至于美大圣神，亦只从此一念存养扩充去耳。"⑧ 立志是成圣成贤的首要资粮，在具体方法上，阳明也有随缘开示。

静坐克己。阳明虽圣贤大儒，但其悟道因缘与早期出入佛老的真实体验不无关系，所谓"二氏之用，皆我之用"。因此，阳明接引初学者，常用静坐收敛的功夫，教其息下思虑。待心意稍定时，教人省察克治之功夫，关于此，阳明有详细开示：

> 省察克治之功则无时而可间，如去盗贼，须有个扫除廓清之意。无事时，将好色、好货、好名等私欲逐一追究搜寻出来，定要拔去病根，永不复起，方始为快。常如猫之捕鼠，一眼看着，一耳听着，才有一念萌动，即与克去，斩钉截铁，不可姑容与他方便，不可窝藏，不可放他出路，方是真实用功，方能扫除廓清。⑨

---

① 王守仁：《王阳明全集》卷三《语录三》，上海：上海古籍出版社 2012 年版，第 119 页。
② 王守仁：《王阳明全集》卷二《语录二》，上海：上海古籍出版社 2012 年版，第 78 页。
③ 王守仁：《王阳明全集》卷二《语录二》，上海：上海古籍出版社 2012 年版，第 79 页。
④ 王守仁：《王阳明全集》卷三《语录三》，上海：上海古籍出版社 2012 年版，第 108 页。
⑤ 王守仁：《王阳明全集》卷三《语录三》，上海：上海古籍出版社 2012 年版，第 140 页。
⑥ 王守仁：《王阳明全集》卷三《语录三》，上海：上海古籍出版社 2012 年版，第 140 页。
⑦ 王守仁：《王阳明全集》卷三《语录三》，上海：上海古籍出版社 2012 年版，第 140 页。
⑧ 王守仁：《王阳明全集》卷一《语录一》，上海：上海古籍出版社 2012 年版，第 13 页。
⑨ 王守仁：《王阳明全集》卷一《语录一》，上海：上海古籍出版社 2012 年版，第 18 页。

省察克治之功不可间断，与日常中观照自己的烦恼习气，如看盗贼、猫捕鼠，一旦有妄想、执着、颠倒等习气萌动，立刻觉知、觉破，如此，虚灵不昧的良知心体当下显现。故，与静坐中须用克己功夫，破除潜藏习气。"若不用克己工夫，终日只是说话而已，天理终不自现，私欲亦终不自现。"① 另，致良知须在实地处用功，须在事上磨炼。阳明自己正是这样的修学经历，其自谓在军旅酬酢、呼吸存亡之际，"只从一念入微处，自照自察，一些着不得防检，一毫容不得放纵，勿欺勿忘，触机神应，乃是良知妙用，以顺万物之自然，而我无与焉。"② 有学人于静坐时，刻意求屏息念虑，阳明开示道："念不可息，只是要正，因良知心体的觉性灵知是活泼泼的，妙用无穷，'此是天机不息处'。"③ 由此看来，阳明讲学，偏重实行，其心学并未堕入断灭，而是能于形下世界活泼起用，此心即体即用，体用不二。

诚意致知。阳明说"先儒解格物为格天下之物，天下之物如何格得？"④ 一草一木都有各自的理，即使格出所有草木的理，如何能够诚得自家心意？在对先儒的格物说提出质疑后，阳明先生解释"格"为"正"义，"物"作"事"义。心是身体的主宰，大学中的"修身"就在于"体当自家心体"，所以"修身"即是"正心"。心之本体是至善的，于至善之本体上做功夫则无有下手处，然而心之发动处则不能无不善，就发动处着力便是诚意的功夫。"如一念发在好善上，便实实落落去好善；一念发在恶恶上，便实实落落去恶恶。"⑤ 此意之所发则无不诚，心之本体亦归于正。然诚意之本，在于致知。所谓"人虽不知，而己所独知"者，此正是自性良知处。诚意功夫，与"必有事焉"上着实依照良知做去，"如意在于为善，便就这件事去为；意在于去恶，便就在这件事上去不为。"⑥ 如此，则良知无私欲遮蔽，意之所发处无有不诚。

知行合一。有世人于《中庸》中言"博学之"，又说个"笃行之"有疑，错解知行为两件；或于《周易》中"学以聚之"，又言"仁以行之"，有不解。阳明先生回答：学，是事事上学存此天理；行，是"此心不息"处。良知即是一能觉处，此觉无时无刻不在作用，不曾有停息之时，"笃行""仁以行之"说的就是这个觉知的妙用。阳明说："我今说个知行合一，正要人晓得一念发动处，便即是行了。"⑦ 又说："圣学只一个工夫，知行不可分作两事。"⑧ 关于知行合一，牟宗三先生曾如此概括："知行合一者，心之灵觉天理与身之行为历程圆融而无间以成斯全体透明而无隐曲之天理流行也。此直而无曲、圆而无缺、盈而无虚之教也。"⑨

人人本具的良知是虚灵不昧的，虽有生而知之、学而知之或困而知之，但此三类人良知本

---

① 王守仁：《王阳明全集》卷一《语录一》，上海：上海古籍出版社2012年版，第23页。

② 王守仁：《王阳明全集》卷四十一《序说·序跋》，上海：上海古籍出版社2012年版，第1775页。

③ 王守仁：《王阳明全集》卷三《语录三》，上海：上海古籍出版社2012年版，第104页。

④ 王守仁：《王阳明全集》卷三《语录三》，上海：上海古籍出版社2012年版，第135页。

⑤ 王守仁：《王阳明全集》卷三《语录三》，上海：上海古籍出版社2012年版，第135页。

⑥ 王守仁：《王阳明全集》卷三《语录三》，上海：上海古籍出版社2012年版，第136页。

⑦ 王守仁：《王阳明全集》卷三《语录三》，上海：上海古籍出版社2012年版，第109—110页。

⑧ 王守仁：《王阳明全集》卷一《语录一》，上海：上海古籍出版社2012年版，第15页。

⑨ 牟宗三：《王阳明致良知教》，台北：文物供应社1954年版，第32页。本书已收录在《牟宗三全集》第8册中，本文所引用文字在《全集》中的页码与原书一致。

性不二，只是在致得良知上用功浅深有所不同而已。佛家讲根器，针对不同根器的人，在致良知的方法上，阳明也是因材施教。举尽孝一事为例，"良知原是精精明明的"，^①生知安行的人只需安住自性良知去实落尽孝；而学知利行之人，须时时自省觉知，时刻提醒自己尽孝务要依此良知进行；至于困知勉行的人，因其自性良知为习气所遮蔽，须做人一己百、人十己千的功夫，格去心上的私欲，见得自性良知，方能依此良知来尽孝。然而，在阳明看来，圣人虽然是生知安行，仍须做困知勉行的功夫，如理思维，精勤修习。困知勉行的人，更须付出加倍于他人的功夫，不放逸懈怠，方不负此一活泼泼的生命。故，致良知功夫急不得，朴实用功，于自心精勤修习，自会透彻。

戒"傲"、有勇、务精思。阳明说"傲"是人人容易犯的一个大毛病，"傲"即有我，破除"傲"的习气，要无我，这也是佛家讲的破我执，这是修行过程中最难破的。阳明说："……诸君常要体此人心本是天然之理，精精明明，无纤介染著，只是一无我而已；胸中切不可有，有即傲也。古先圣人许多好处，也只是无我而已，无我自能谦。谦者众善之基，傲者众恶之魁。"^②阳明所谓的"无我"，并非是没有一个我，而是心不被这个所谓的躯壳之我束缚。人心无所执着，自然无所挂碍，若能破除我执，则此心回归天然之理，清净灵明，无有染着。破除我执、人欲，于难鏖处需要有勇士的精神，否则就会于欲望之海中流浪生死，阳明说："须是勇。用功久，自有勇。"^③致良知之功不是一蹴而就，见得一点消息不等于达到至善的圆满境界，须时刻于自心上做切磋琢磨精思功夫，阳明说"良知愈思愈精明，若不精思，漫然随事应去，良知便粗了"。^④孔子"远虑"只是要存这天理。天理在人心，亘古亘今，无有终始；天理即是良知，千思万虑，只是要致良知。周公"夜以继日"，只是"戒慎不睹、恐惧不闻"的功夫。由此看来，功夫不是一蹴而就，欲成就大圆满的至善境界，这或许需要一生的时间躬身实践，精进不辍。

总而言之，阳明致良知的功夫指点，是因病与药，正如佛家讲，因人有八万四千烦恼，故佛有八万四千法门。烦恼无尽，药方也无尽。阳明先生的功夫指点亦是如此，思虑烦乱时开静坐收敛之方，悬空静守时用省察克己之药，与至善之体不知如何用功时，须于诚意处着手；只知不行或只行不知时说个知行合一，于生知、学知、困知三类人中因材施教；还须戒"傲"、有勇、务精思。由此看来，致良知的功夫是实实在在的，一点都虚不得。致良知思想是阳明一生学问的总结，致良知的过程是阳明探求圣贤之迫切心情的真实写照，为此他曾经付出生命的代价。为将自己悟得的良知传授给后人，阳明也是用心良苦。阳明多次强调良知不是光景更不是一种论说，是真切的生命的学问，假不来的，否则就是害人真性命。此处笔者并无危言耸听之意，只是深切感受到学问的尊严与人生践履的不易。熊十力先生常说："为人不易，为学实难。"这是体验有得的真切语，也是深知甘苦的老实话。阳明一生的经历也是这八个字的例证。

---

① 王守仁：《王阳明全集》卷三《语录三》，上海：上海古籍出版社 2012 年版，第 126 页。
② 王守仁：《王阳明全集》卷三《语录三》，上海：上海古籍出版社 2012 年版，第 142 页。
③ 王守仁：《王阳明全集》卷三《语录三》，上海：上海古籍出版社 2012 年版，第 107 页。
④ 王守仁：《王阳明全集》卷三《语录三》，上海：上海古籍出版社 2012 年版，第 125 页。

三、致良知的思想境界

良知心体，至简至易，至精至微。孔子曰："其如示诸掌乎！"致得自家良知，如见自家手掌，手掌无有片刻不见，然而手掌的纹理却不是每个人都知道的。良知亦如是，一讲都知道，但真正能见到自家良知心体的，又有几人？良知难见、难致在于良知无有方体，无有状貌，眼见不得、手抓不得，感官感受不得，但它却又是感官的支配者、主宰者，阳明说："良知即是《易》，'其为道也屡迁，变动不居，周流六虚，上下无常，刚柔相易，不可为典要，惟变所适'。此知如何捉摸得？见得透时便是圣人。"① 见得良知透彻，便是圣人。

致得良知，"天君泰然，百体从令。"身常安稳心恒喜乐，此乃天地间至乐，阳明说："人若复得他完完全全，无少亏欠，自不觉手舞足蹈，不知天地间更有何乐可代。"② 这是致得良知之乐，是圣人境界之乐，在阳明看来，圣人是"以天地万物为一体者也，其视天下犹一家，中国犹一人焉"。③ 这是阳明一直希求的圣人境界，也是阳明在悟得"圣人之道，吾性自足"之后的深化。"故夫为大人之学者，亦惟去其私欲之蔽，以自明其明德，复其天地万物一体之本然而已耳。"④ 复得万物一体之本然，须格去私欲之蔽以明其明德。依照阳明，《大学》中"明德"即良知心体，"亲民"是明德的流行发用，就是在"明明德"之后，所做的利益世道人心的事业，佛家称为入世，或叫倒驾慈航。阳明在《大学问》中讲："明明德者，立其天地万物一体之体也。亲民者，达其天地万物一体之用也。故明明德必在于亲民，而亲民乃所以明其德也。"⑤ 用以体成，体以用显，即体即用，体用一如，最终止于至善。至善是明德、亲民的极则，是佛家讲的最后的大圆满境界。于如此境界之中，天人合一，万物一体。由此看来，阳明心学并非单纯的心性思辨，而是具有强烈的实践品格；阳明自身更非一味自求解脱，而是自利利他、与众生及国家命运相关联。

阳明在《答聂文蔚》书中提到每想到百姓深陷明专制统治的水火之中不能自拔而深感悲戚、痛心。因此不顾自身之安危四处不间断地讲学，教百姓以良知之学，以拯救百姓于水火之中，他说："仆诚赖天之灵，偶有见于良知之学，以为必由此而后天下可得而治。"⑥ 不料世人在听到阳明良知之学时不以为是，大都嘲笑并且排斥阳明之学，认为阳明是丧心病狂之人。阳明视天下之人心皆吾之心，天下之人有丧心病狂者，自己也终不可避免。能免去丧心之患的关键是明良知之学于天下。阳明赞叹孔子之天地万物一体之仁心，虽说"何敢以夫子之道为己任？"⑦ 然亦是以夫子之精神来鼓舞有志气之士扶持匡翼，共明良知之学以天下。此处足见阳明一片圣贤苦心。

---

① 王守仁：《王阳明全集》卷三《语录三》，上海：上海古籍出版社 2012 年版，第 142 页。
② 王守仁：《王阳明全集》卷三《语录三》，上海：上海古籍出版社 2012 年版，第 119 页。
③ 王守仁：《王阳明全集》卷二十六《续编一》，上海：上海古籍出版社 2012 年版，第 1066 页。
④ 王守仁：《王阳明全集》卷二十六《续编一》，上海：上海古籍出版社 2012 年版，第 1066—1067 页。
⑤ 王守仁：《王阳明全集》卷二十六《续编一》，上海：上海古籍出版社 2012 年版，第 1067 页。
⑥ 王守仁：《王阳明全集》卷二《语录二》，上海：上海古籍出版社 2012 年版，第 90 页。
⑦ 王守仁：《王阳明全集》卷二《语录二》，上海：上海古籍出版社 2012 年版，第 92 页。

阳明号召天下豪杰之士共同将良知之学昭明天下，使天下之人识得自家良知且能够致得良知，相安相养，以此良知之明照彻私利之暗，以此良知之灵洗去讥谗妒忌的恶习，能够堂堂正正做人，从而实现天下大同的终极目标。正如张横渠所说，是要"为天地立心、为生民立命，为往圣继绝学，为万世开太平"。

阳明57岁时，七月，平定思田之乱而积劳成疾，上疏告归，十一月二十五日，在归途中卒于江西南安。临终前门人问遗言，阳明曰："此心光明，亦复何言！"这是其坦荡性情的真实写照、一生光明学行的真切表白，更是对良知心体的直接开示！胡秋原先生评价其真诚恻怛，光明俊伟，诚不愧为"阳明"二字。阳明忧虑百姓之圣贤苦心是真性情，其拯救时弊之举也是真事业。致良知是真正的圣贤学问，是真切的生命的学问，是真学问。

作者简介：李海岭，武汉大学哲学学院，研究方向为阳明学、佛教哲学。

方以智对晚明清初学风的批判

——以《易余》为中心

高海波

摘要：从晚明一直到清初，伴随着商品经济的繁荣，出现了风俗陵夷、道德堕落的现象。与此相伴，儒佛二教都出现了"玄虚"之病。在阳明后学左派中，四无说大行其道，消解了阳明学的道德内涵，与禅学合流；在佛学内部，也出现了强调顿悟、不立文字、鄙弃经教的风潮。方以智在《易余》中对当时的世风和学风进行了猛烈的批判：他认为当时的世风已经到了廉耻丧尽的地步，根本原因是由当时虚无、混沌、高妙的学风造成的。阳明学的"现成良知"说、"无善无恶"说及禅宗中过分强调顿悟而轻修学的思想即是其具体表现。儒佛两家的这种学风导致了伦理秩序的虚无、社会秩序的失范以及佛教的衰落。方以智强调"格致交践""阳统阴阳""善统善恶"，重视礼乐，主张好学知耻、经世致用，在体用关系上强调体用交互、其"一在二中"等思想都与对晚明清初的学风与世风的矫正有关。

关键词：晚明清初；学风；世风；方以智；虚无

从晚明一直到清初，伴随着商品经济的繁荣，出现了风俗陵夷、道德堕落的现象。与此相伴，儒佛二教都出现了"玄虚"之病。在阳明后学左派中，四无说大行其道，消解了阳明学的道德内涵，与禅学合流；在佛学内部，也出现了强调顿悟、不立文字、鄙弃经教的风潮。方以智在《易余》一书中对当时的世风和学风进行了猛烈的批判，了解这一点，有助于我们深入把握方以智的思想。

一、晚明清初的世风、学风

晚明清初在中国历史上可谓一大变局，商品经济的繁荣，伴随着社会风气的败坏。沈越的《皇明嘉隆两朝闻见纪》卷六说："嘉靖以来，浮华渐盛，竞相夸诩。"[①] 林兆恩《三教开迷归正演

---

① 沈越撰：《皇明嘉隆两朝闻见纪》，明万历二十七年（1599）沈朝阳等刻本。

义》第五十七回中描写奸商道："米中添糠放水，绸绫喷湿着饧（形），贩宝石的珷玞类玉，鱼目混珠，何物无假。"① 何淡所撰《李克嗣墓志铭》赞曰："前数十年，士大夫多以富为讳，争自洒濯，以免公议。今闻人仕，众必问曰：好衙门否？闻人退，众必问曰：有收拾否？且耀金珠，广田斋，以骄里闾者，世不以为过，亦风气使然。"② 由此也导致了民众道德失范，风俗陵夷。"风会之趋也，人情之返也，始未尝不朴茂，而后渐以漓，其变犹江河，其流殆益甚焉。大都薄骨肉而重交游，厌老成而尚轻锐。以宴游为佳致，以饮博为本业。家无担石而饮食服御拟于巨室，囊若垂罄而典妻鬻子以佞佛进香，甚则遗骸未收，即树方畚叠鼓，崇朝云集，噫，何以哉？德化陵迟，民风不竞。"③

在思想界中，则伴随阳明学的兴起和传播，讲学运动风起云涌，出现了三教合流的现象，正统的朱子学甚至儒学都受到了极大的冲击。陆世仪在《高、顾两公语录大旨》中说：

> 至正嘉时，湛甘泉、王阳明诸先生出，而书院生徒乃遍天下。盖讲学于斯为烂漫矣。而阳明良知之学为尤盛。龙溪、心斋诸公继之渐流渐失，迄于隆万，此时天下几无日不讲学，无人不讲学，三教合一之说，昌言无忌，而学脉之瞀乱于斯为极。不惟诎紫阳，几祧孔孟。吁！亦可畏哉！④

在阳明学传播过程中，浙中的王龙溪、泰州的王心斋二人曾起了重大作用，但也带来了很大流弊，有将阳明学禅学化的倾向。黄宗羲说："阳明先生之学，有泰州、龙溪而风行天下，亦因泰州、龙溪而渐失其传。泰州、龙溪时时不满其师说，益启瞿昙之秘而归之师，盖跻阳明而为禅矣。"⑤ 龙溪、泰州二派强调"现成良知"及不学不虑的"赤子之心"，有重本体、轻工夫的倾向。

由于二派有些后学缺乏艰苦的致良知工夫，所以出现了将良知学"玄虚化""情识化"的倾向，刘宗周曾批评说："今天下争言良知也，及其弊也，猖狂者参之以情识，而一是皆良；超洁者荡之以玄虚，而夷良于贼，亦是用知之过也。"⑥ 也就是说，二派对良知学的发展日益呈现出去道德化甚至非道德化的倾向，良知的道德内涵被削弱，或将情欲混入其中。所以刘宗周曾批评道："而后之言良知者，或指理为障，几欲求心于理之外矣。夫既求心于理之外，则现成活变之弊，亦将何所不至？"⑦ 冈田武彦也说："现成派主张当下现成，尊奉心之自然，无视工夫，知解任情，终而导致蔑视道德、淆乱纲纪的恶果。现成思想不仅存在于儒学，而且流行于禅学，因两者合为一体而越发猖狂。"⑧ 尤其是浙中王龙溪滥觞的"四无说"在中晚明流弊尤甚，"无善无恶"之说如水益深，如火益热，正迎合了晚明的情欲解放运动，故受到晚明清初正统思想家的广泛批评。顾

---

① 林兆恩：《三教开迷归正演义》，上海：上海古籍出版社"古本小说集成"影印白门万卷楼刊本 1994 年版。
② 焦竑：《玉堂丛语》，转引自赵吉士：《焚麈寄》卷六，见《寄园寄所寄》，合肥：黄山书社 2008 年版。
③ 明万历《顺天府志》，见《四库全书存目丛书续编》史部第 208 册，济南：齐鲁书社 1996 年版。
④ 《陆桴亭先生文集》卷一，唐受祺辑：《陆桴亭先生遗书》，清光绪二十六年刊本。
⑤ 黄宗羲著，沈芝盈点校：《明儒学案》（修订本）卷三十二，《泰州学案》一，北京：中华书局 2008 年版，第 703 页。
⑥ 《证学杂解》，吴光、戴琏璋主编：《刘宗周全集》，第二册，杭州：浙江古籍出版社 2007 年版，第 278 页。
⑦ 刘宗周：《刘宗周全集》第四册，第 31 页。
⑧ 冈田武彦著，见吴光、钱明、屠承先译：《王阳明与明末儒学》，上海：上海古籍出版社 2000 年版，第 11 页。

宪成说：

> 佛学三藏十二部，五千四百八十卷，一言以蔽之曰："无善无恶。"……辨四字于佛氏易，辨四字于阳明难。在佛自立空宗，在吾儒则阴坏实教也。……王塘南曰："心意知物，皆无善无恶。使学者以虚见为实悟，必依凭此语，如服鸩毒，未有不杀人者。"海内有号为超悟，而竟以破戒负不韪之名，正以中此毒而然也。①

宪成之弟也痛切言之："朱子尝曰：'孟子一生，费尽心力，只破得枉尺直寻四字。今日讲学家，只成就枉尺直寻四字。'愚亦曰：孟子一生，费尽心力，只破得无善无恶四字。今日讲学家，只成就无善无恶四字。"②"无善无恶本病，只是一个空字，末病只是一个混字。故始也，见为无一之可有；究也，且无一不可有。始也等善于恶，究也且混恶于善，其至善也，乃其所以为至恶也。"③ 总之，晚明清初的诸多思想家都视"无善无恶"说为洪水猛兽，对其大加挞伐，认为它应该为当时的道德失范负责。在这种情况下，中晚明兴起了一个阳明学修正的运动。嵇文甫先生对此有一个很好的概括：

> 大概阳明以后，王学向左右两方分途发展。左派一直流而为狂禅派，右派则演变而为一种修正派。综观当时王学修正运动的发展，约略可分为三个阶段：最初右派学者如双江、念庵，归寂主静，以挽救左派猖狂之病，其重工夫，主收敛，虽开后来修正论的端绪，但大体上仍依傍阳明，未曾明白自立一理论体系，这算是第一阶段；及见罗出来，双提"止修"两字，以代替良知口诀，"修"以矫空想本体之病，"止"以矫在"枝叶"上在"念起念灭"上用功之病，机杼一新，确立了修正派的理论骨干，这算是第二个阶段；但见罗这种两头并举办法，虽然道破了修正派理论的实质而未免帮凑，有欠浑融，故自顾高诸子以降，迭加润色，至蕺山修正派的理论才融成一片了，这算是第三个阶段。蕺山所谓"独"，相当于见罗所谓"止"，而其"慎独"的工夫，亦正类乎见罗所谓"修"。但见罗须两头兼顾，而蕺山则单提直入，一了百当，这是他进步的地方。④

这一修正运动有以下两个主要特点：第一，重视工夫修证，反对空谈本体，主张下学上达。第二，强调性善，重视儒学的严肃的道德内涵，以此来批评"无善无恶"说。有关其具体情况，学界多有相关论述，这里不再赘述。

在佛教方面，佛门中人也认为佛法进入了末法时代：

> 法当末运，魔风炽盛，人多懈怠，乐于放逸。营世禄，则百难而不厌；修正道，则三拜而犹烦。⑤

---

① 黄宗羲：《明儒学案·东林学案》，北京：中华书局 2008 年版，第 1396 页。
② 黄宗羲：《明儒学案·东林学案》，北京：中华书局 2008 年版，第 1471 页。
③ 黄宗羲：《明儒学案·东林学案》，北京：中华书局 2008 年版，第 1471 页。
④ 嵇文甫：《晚明思想史论》民国丛书第二编，上海：上海书店（据开明书店 1941 年版影印），第 74 页。
⑤ 《永觉元贤禅师广录》卷一〇，见《卍续藏经》第 72 册，No.1437。

湛然圆澄（1561—1626）在《慨古录》中对当时丛林的乱象说得更为痛切：

> 古之考试为僧，尚不能免其一二漏网，今之概无凭据，则漫不可究。故或为打劫事露而为僧者，或牢狱脱逃而为僧者，或悖逆父母而为僧者，或妻子斗气而为僧者，或负债无还而为僧者，或衣食所窘而为僧者。或妻为僧而夫戴发者，或夫为僧而妻戴发者，谓之双修；或夫妻皆削发而共住庵庙，称为住持者；或男女路遇而同住者；以至奸盗诈伪，技艺百工，皆有僧在焉。如此之辈，既不经于学问，则礼义廉耻，皆不之顾，惟于人前，装假善知识，说大妄语。① （《慨古录》，见《续藏经》第114册）

在义理上，则是"祖师禅"大盛，"如来禅"衰落，"语上而遗下"，机械变诈，无所不用其极，黄宗羲认为其害远过于洪水猛兽：

> 先生（赵大洲）谓"禅不足以害人"者，亦自有说："朱子云：'佛学至禅学大坏。'盖至于今，禅学至棒喝而又大坏。棒喝因付嘱源流，而又大坏。就禅教中分之为两：曰如来禅，曰祖师禅。如来禅者，先儒所谓语上而遗下，弥近理而大乱真者是也。祖师禅者，纵横掉阖，纯以机法小慧牢笼出没其间，不啻远理而失真矣。今之为释氏者，中分天下之人，非祖师禅勿贵，递相嘱咐，聚群不逞之徒，教之以机械变诈，皇皇求利，其害宁止于洪水猛兽哉！故吾见今之学禅而有得者，求一朴实自好之士而无有。假使达摩复来，必当折棒噤口，涂抹源流，而后佛道可兴。"②

此时的参禅者多鄙视经教，主张不立文字，顿悟成佛，反对渐修。莲池袾宏对此提出了严厉的批评，主张教悟合一，参禅必须读经，否则就是"邪因"、"邪解"、邪路。

> 有自负参禅者，辄云达磨不立文字，见性则休；有自负念佛者，辄云止贵直下有人，何必经典。此二辈人有真得而作是语者，不必论；亦有实无所得而漫言之者，大多不通教理而护惜其短者也。予一生崇尚念佛，然勤勤恳恳劝人看教。何以故？念佛之说，何自来乎？非全口所宣，明载简册，今日众生，何由而知十万亿刹之外有阿弥陀也？其参禅者，借口教外别传，不知离教而参，是邪因也；离教而悟，是邪解也。饶汝参而得悟，必须以教印证；不与教合，悉邪也。是故学儒者，必以六经四子为权衡；学佛者，必以三藏十二部为模。③

憨山德清也说：

> 佛祖一心，**教禅一致**，宗门教外别传，非离心外别有一法可传，教只是要人离却语言文字，单悟言外之旨耳，**今禅宗人动即呵教，不知教诠一心，乃禅之本也**。但佛说一心，就迷悟两路说透。宗门直指一心，不属迷悟，要人悟透，其实究竟无二。④ 近世大夫，多尚口耳。恣谈悟，都尊参禅为向上事，薄净土而不修，以致吾徒好名之辈，

---

① 《慨古录》，见《卍续藏经》，北京：中华书局2008年版，第114册。
② 《明儒学案》卷三十三，《泰州学案二》，北京：中华书局2008年版，第748页。
③ 《竹窗随笔·经教》，见《大藏经补编》第23册。
④ 《示径山堂主幻有海禅人》，《憨山老人梦游集》卷六，见《卍续藏经》第127册。

多习古德现成语句，以资口舌便利。以此相尚，遂到法门日衰。不但实行全无，且**谤大乘经典为文字**，**不许亲近**，世无明眼知识，莫能回其狂澜，大可惧也。**大都不深于教乘**，不知吾佛度众生方便多门归源无二之旨耳。世人但知祖师门下，以悟为主。悟本心意，要出生死。念佛岂不是出生死法耶？①

通过这些批评，可以看出，在晚明的佛教界也存在重顿悟、轻渐修，不立文字而轻视读经的现象。故莲池祩宏、憨山德清等人对此多有批评，提倡"禅教一致""禅净一致"，重新提倡读佛经，以此来修正佛教界的"狂禅"现象，试图重新复兴佛学。

可以说，在晚明清初的思想界中，左派王学与禅学都出现了重本体轻工夫、重顿悟忽渐修的倾向，表现出"玄虚而荡""情识而肆"的特点。由此，也出现了相应的修正运动。嵇文甫在《晚明思想史》中总结说："由上数章所述，可以看出来晚明思想界有几个明显的趋势：其一，从悟到修，这表现于东林各派的王学修正运动，以及云栖憨山的戒律，特唱净土。"②方以智生于晚明清初，对这一时代的世风与学风有着相似的感受，他在《易余》中反复对当时学风进行批判，并试图从理论上给出自己的解决办法。

二、方以智对当时世风、学风的批判

在《易余·孝觉》中，方以智对当时礼俗败坏、人心偷薄、苟慕富贵、伦理失范的现象进行了痛切的陈述：

世禄鲜礼，习俗成风。父以富贵慕其子，子以富贵慕其父。王霸不免投耒沮怍，右军犹曰"良由汝等不及坦之"，何怪搏街者之慨贫穷不子、妻不下纴哉！

高门大闾，后未有笑拙者；牛眠致富，骨且与陆生之宝剑同谋矣。**亲戚朋友皆以富贵为善继述，妻妾仆御皆以寒暄为大愧耻**。市怒室色，涂附相煎；**赏盗富淫，肘履互慨**。不得不以贪残偿其堂构之慕，以危亡偿其箕裘之名。③

在《充类》篇中，方以智也批评当时"风俗挺㨃，侮善荣恶，朱草伤飚，而市媾凭摇"④，可谓善恶颠倒，廉耻尽丧。方以智对此只能深表叹息："可太息者，称之曰善人也，衔为辱之，谓之某某恶人也，心窃喜之。人心遂至此乎？"⑤"周末至今，邪异之浸淫，要未有甚于此时此几者矣。"⑥方以智认为当时已经快到了同类相食、"禽兽之不如"的地步："骄长壮儿之荡，以速驰声。鄙圣贤，以惊乱百姓之耳目；开别格，以左袒狂饮之锋。于是攫狲陷于豺狼，恣睢敢于禽兽，殆

---

① 《示西印净公专修净土》，《憨山老人梦游集》卷八，见《卐续藏经》第 127 册。

② 嵇文甫：《晚明思想史》，上海：上海书店（据开明书店 1941 年影印），第 115 页。

③ 方以智：《易余》，张昭炜整理，上海：上海古籍出版社 2018 年版，第 148 页。

④ 方以智：《易余》，张昭炜整理，上海：上海古籍出版社 2018 年版，第 104 页。

⑤ 方以智：《易余》，张昭炜整理，上海：上海古籍出版社 2018 年版，第 179 页。

⑥ 方以智：《易余》，张昭炜整理，上海：上海古籍出版社 2018 年版，第 90 页。

禽兽之不如矣。以禽兽犹不立此高言以纵毒也，不许野老之忧长彗而谈飞霜耶？天崩矣。"①长此下去，宇宙即将毁灭（"天崩矣"），根本原因就在于学术之不正，立言之过高，由此生心害政，流毒无穷。在《三冒五衍》中，方以智说：

> 执玄者痛厌槎桠，凡遇名字，一切芟夷，以自愉快，则匿于伪墨而已矣；簾窥影事者则匿于电拂而已矣。故无理无事之病较执理执事之病，悍格更甚。即吞一昆（引者按，当为"混"）仑之如如太极，乃髑髅耳。岂惟无用？将使天下后世不敢以正论折生心害政之诐遁。且曰不作世谛，正以疑人。彼畏学好高之人情，乐得互相恮恩以自为地。而原原本本之实学，既为放旷者之所鄙，又为守礼之拘科所麾。②

也就是说，当时的学风有一种喜虚无、浑沦、圆融而恶分别的倾向。由于厌恶分别，所以无视甚至抹杀一切现实的名相，以图自便，用虚伪无知来掩饰自己。或者对本体只有朦胧的认识，用当下即是的顿悟来掩藏自己。总的来说，这些人都"故弄玄虚"，将世间的一切理事皆化为虚无，比之于拘执于理事而不知变通的人，为害更甚。他们执着于一个浑沦不分、不能不动的太极作为最高本体，实际上是他们所说的太极是一个没有生命的骷髅，不但没有用处，执此教人，还会生心害政，使得后世不敢批评他们的偏颇逃遁之学，正学则遭排拒。在方以智看来，畏惧艰苦为学、好高骛远是人情之当然，因此他们乐于相互恮恩，自以为是。而真正的实学，则遭到放旷者、拘礼者所鄙弃。在《一有无》中，方以智也批评道：

> 矜高者闻此全未全本之说，喜匿于恢诡濛颂，偏而执之，则忌分别名实之昭苏比然矣。……彼知人之厌苛细而乐易直，故专以偏上为药引，为激药，即为平药而已矣。根山泽，荟蔚参天，是以穴爪牙而裂焚之，固一时之快哉！……不栽培其生以使民安生，而徒以生即无生雄其簧巧，夺无民之常膳，以供挂树之神钱乎？民不能以有即无之倏忽平其心，而先以有即无之宕佚肆其袄矣。圣人未尝不以此几致知，而未尝急口也。岂非急口鬻高，反足乱世之教耶？③

方以智认为，片面强调浑沦玄虚的本体而忌讳分别，正是适应了一般人厌恶细碎繁琐而喜欢简易直截的心理，所以用偏于形上本体的说法作为药引，作为激发之药，将一切形而下的分别一起扫荡，固然能够给人以鼓舞，但也弊病甚深。因为他们不考虑民众形而下的生命安顿，片面强调无的一面，民众并不能通过这种"有即无"的理论平息其贪生畏死之心，反而先会借此自我放纵。所以圣人虽然排斥这种方法，但是对此颇抱警惕，不急于宣传这种方法，认为急于故作高深，反而会扰乱世教。

在《易余·小引》中，方以智也开宗明义，点出自己所批评所针对的对象：

> 天下衢室，自有适得其当当，岂在长抱屠剿无民之酷案，贪误髁纵脱之羽旋，藏身电激，以专门稗贩黄叶乎？诡随旁睨，肆其残逞，箠挞天地，鞭笞帝王，遂令风竿

---

① 方以智：《易余》，张昭炜整理，上海：上海古籍出版社 2018 年版，第 185 页。
② 方以智：《易余》，张昭炜整理，上海：上海古籍出版社 2018 年版，第 28 页。
③ 方以智：《易余》，张昭炜整理，上海：上海古籍出版社 2018 年版，第 70 页。

相沿，悍然不顾，以善为讳，以恶为荣，毋乃假平泯以率兽食人乎？①

由于追求玄虚的本体，故扫尽世间一切工夫理事，随波逐流、毫无是非分别，以当下顿悟为工夫。其结果可能是否定世间一切伦理价值、政治秩序，甚至借口泯除一切分别、一切平等，颠倒是非，最终归于"率兽食人"。可见，当时的这种玄虚放荡的学风在现实中有极大的危害，其直接的结果是伦理价值与社会政治秩序的虚无化，甚至是价值秩序的颠覆。方以智认为，泛滥于晚明的"四无说"，尤其是"无善无恶"说，由于偏重于无的方面，容易将人引向善恶平等、是非不分的境地。

> 四无之不可专标以教世，断断然矣。又解之曰：何得以辟为供乎？朱子忧高明之乱真，高、顾、邹、冯极愿分之，《宗一圣论》再三申之，盖为此也。愚叹之曰：……以充类周内酷人，以纵脱苟勉自慰，预防人之正论，而先以一篑塞之，将得计耶？吾惜承四无之响者已不知所以言四无之故矣。有知四无即四有者乎？知之矣，则何如标四有即四无，犹不悖直日之天地乎？②

方以智指出，四无说可能会带来真妄不分的价值观混乱，东林诸人高攀龙、顾宪成、邹元标、冯从吾等人继承了朱子学严肃的道德立场，所以要汲汲于真妄之辨，批评四无说的危害。方以智的外祖父吴应宾在《宗一圣论》中反复申论，也是出于对这种状况的忧虑。方以智认为，有些人会将四无说推到极端，消解一切善恶真妄之别，为自我放纵寻找借口，又借此堵塞君子的批评。这不禁让我们想起了前文中所引用的顾允成对此的批评，即无善无恶说，首先直接的结果会空掉"为善"的价值，其次则会混恶于善，导致真妄不分，善恶不辨，为恣情纵欲提供辩护。方以智认为，四无说的本意是要凸显超于相对的善恶的绝对至善，但由于一般人并不能了解其背后的用意，过分强调了"有即无"，从而倒向虚无的一面，对此，他认为不如强调"四无即四有"，反而可以对治这种玄虚的倾向，突出形上本体不离形而下作用，肯定善的终极存在价值。

> 谓之无善恶，可言可也，善知之至矣。不垢不净，净之至也；不落凡圣，圣之至矣；不落阴阳，阳之统矣。然圣人不锐标此极则者，教民因善，因其可行而教之，听其日用不知而由之。徒以无可言者，发急矜高，纵人惑乱，岂足训哉？③

也就是说，无善无恶说从理论上并没有问题，只不过圣人出于教化的考虑，并不急于宣传这种玄虚高妙的理论，以扰乱世教，教民困惑而放纵解脱。可见，方以智对无善无恶说的流弊有深刻的警惕。

对于当时流行的"现成"说，方以智也进行了批评，且进行了转化：

> 盖天地之经义，皆先天之所以然寓于不得不然者，于穆不已，布于行曜，岁时明法，亘古不移，彝之则之，伦之常之，此正所谓一切现成者也。人反以经义为蛇足，而以淫杀为现成，岂不冤枉天地乎？天地时生一明经义、救淫杀之圣人，此天地所以

---

① 方以智：《易余》，张昭炜整理，上海：上海古籍出版社 2018 年版，第 2 页。
② 方以智：《易余》，张昭炜整理，上海：上海古籍出版社 2018 年版，第 177 页。
③ 方以智：《易余》，张昭炜整理，上海：上海古籍出版社 2018 年版，第 116 页。

享现成之福也。①

方以智认为阳明学现成良知派所强调的"一切现成"理论，因为肯定当下一切都可以是出于良知，一切的都是道的体现，充类至尽，则会流为"以淫杀为现成"，放纵自己的感性情欲，危害他人和社会。这样实际上是误解了"一切现成"的说法。方以智认为，自然的运转有其规律、秩序，日用伦物有其不变的法则，这些都是"一切现成"的，应该从这一意义上来理解"一切现成"，而不是当下善恶不分，一切皆肯定。

方以智身在佛门，对当时禅学的流变及其弊端也有非常清楚的认知：

> 惟其夺下情见，权立顿宗，媮快吹毛迅利，何有轨则。永明作《宗镜》时，已叹人废学诃修，只要门风紧峭，但重遮诠，不达圆常。何况今日以为专门名家耶？《肇论》曰：以无所得为方便。今贪此无事人，仍是出世半边，仍是执一护痛。②

> 今之死浸者，乃苦总杀之药语也；纵荡者，乃误恃总赦之快语者也；真概者，亦偏真者也。③

> 今之坑阱贤路，专以崩雷掣电作巫觋牛鸣，炼人于暴虎冯河，眩其迅峭，能超生死者，皆弃灰刑，传之不敢问者也。然宁欲以迅峭争高而辱詈贤者，使万世藉口粪其中和修身之教哉？④

> 嵩少特为福田之陋，薪经纶之镂影，以壁雪扫之时也。五宗设显以守其法，日卓月辈，标无门之专科时也。然而谲权已甚，必待其人，圣僄有差，醍醐成毒，其可以化痞之唉而焚《素问》乎？⑤

在方以智看来，禅宗顿悟的方法，最初的目的是要消除人的世俗"情见"，因此其方法直截迅利，令人当下悟道，但实际上却无"轨则"可循。永明禅师作《宗镜录》时，已经指出其流弊有"废学诃修"的倾向。这种方法只重遮诠，虽然雷厉风行，但因偏重否定的"总杀"一面，不能统世、出世而为一，"仍是出世半边"，可能流为枯禅。与"总杀"相反，最终也会倒向另外一个极端，即"总赦"，即一切皆肯定，无学无修，放纵无碍，甚至呵佛骂祖，否定圣贤，最终流毒社会，使得世人鄙弃修身淑世的中和之教。

与阳明学与禅学这种重本体轻工夫、重顿悟忽渐修的倾向相应，学界也普遍强调不思不虑，"诃学废修"。

> 又料天下后世无不溺情，无奈理何，垢秽自报，孤陋自汗，乃为之驾起庇于天道本然，何苦好学为？市语即文章矣，何苦好修为？⑥

> 当士曰：太穀不通者，道非其道，而为已甚之酷命所惑者也。……太放不顺者，多

---

① 方以智：《易余》，张昭炜整理，上海：上海古籍出版社 2018 年版，第 173 页。
② 方以智：《易余》，张昭炜整理，上海：上海古籍出版社 2018 年版，第 34 页。
③ 方以智：《易余》，张昭炜整理，上海：上海古籍出版社 2018 年版，第 35 页。
④ 方以智：《易余》，张昭炜整理，上海：上海古籍出版社 2018 年版，第 133 页。
⑤ 方以智：《易余》，张昭炜整理，上海：上海古籍出版社 2018 年版，第 85—86 页。
⑥ 方以智：《易余》，张昭炜整理，上海：上海古籍出版社 2018 年版，第 52 页。

方进出而贪其受用，遂而不顾帝王、不顾后世，此以无所得之麻沸为常飧者也。原于厌学，不知时义，故执一也。①

景逸先生曰：今论患执，执善则拘，执无则荡。荡之于拘，倍蓰无算。有回荡者、宜荡者、孤荡者、豺荡者，皆时义之不彰，而偏高似是之尊专门授以利器也。先禁鄙天下之学问，以易受其所愚。……淫涸免于色，而且色乎缮身者，以为矫伪矣；娄秽勉于噆，而且可以噆高洁者，为枉受黥劓矣。逞其大雄，黠能钳众，诃修讪学，足以巧媚世人。②

因为很多人倡导无思无虑，且厌恶修为，轻视学问，故而固执一端而不能适应时义。且可以用此愚人自便，"巧媚世人"，以此排斥修身者、高洁自号者，故其弊不可胜言。方以智在《绝待并贯待》一篇中，特意编了一个寓言来表达自己的看法：有一个"不虑父"，有三个儿子，一个贤，一个不肖，还有一个是聋子。"不虑父"因听信了"隐公""荡公"的建议，辞去了贤子的老师"理师"，最后导致长子废学在家，困郁无告；不肖子整日游惰，后因犯法而被捕；而聋子则日日责求衣食于父，无父子兄弟之伦，终于导致其家败亡。当然，最后又因为重新重学而家道复振。在故事中，方以智借这位"不虑父"的口说道："吾恃不虑而不学，又听不待教之说，一以任之，误岂小哉。"③方以智用这个寓言来讽刺强调不学不虑、排斥学问可能带来的后果。

实际上，因为厌学、讪学而轻视经义，在方以智看来是"儒佛同慨"：

印度之藏，内外五明；大智之规，后通语典。但恋遮遣，偏畏多闻，正属背觉合尘，遗金拾砾，悟同未悟之茗荈，永明、石门，何尝不早忧此耶？若正襟儒者鄙唾六经，六经一贱，则守臆藐视之，无忌惮者群起矣。今日久舞狻猊狃侮之戏，痛厌六瑟。六瑟之堂，若不注信述好学之真我，专袭"六经注我"之抗说，乃瓜坑砥柱也。④

方以智认为，蔑弃经义，不会对大道有真正的觉悟；鄙弃六经，也会使得无所忌惮的小人大量出现，实会对社会的核心价值造成毁灭性的打击。所以"六经注我"的说法，实际上会瓦解社会的中流砥柱，故不可以为训。

三、小结

可以看出，从晚明一直到清初，儒佛二教都出现了"玄虚"之病，究其原因则是因为过于重视形上本体，忽视真切的修为工夫，轻视学问，蔑弃经义。其病在于过高，过空，过玄，过虚。儒佛二家对不学不虑的本体的强调，因重视体悟而强调经典的相对价值，这些在历史上都曾

---

① 方以智：《易余》，张昭炜整理，上海：上海古籍出版社 2018 年版，第 88 页。
② 方以智：《易余》，张昭炜整理，上海：上海古籍出版社 2018 年版，第 89—90 页。
③ 方以智：《易余》，张昭炜整理，上海：上海古籍出版社 2018 年版，第 117—119 页。
④ 方以智：《易余》，张昭炜整理，上海：上海古籍出版社 2018 年版，第 137—138 页。

经起到正面的作用，但却因药发病，导致两家学人好高骛远，由此带来了很多负面的效应。因为对于无的过分强调，导致伦理秩序的虚无化，善恶平等，真妄不分，甚至有人以此为借口，恣情纵欲，大开方便之门，导致社会秩序失范，难怪方以智发出"天崩矣"的沉痛感叹。敢问路在何方？方以智在《新火》篇中说："天下病实，救之以虚，天下病虚，救之以实。"① 执太极之空笼，真第一障也。② 他后来经常使用"实学"的字眼，就是针对晚明清初学风中的虚病而提倡一种经世致用之学。方以智"体为用本，用为体本"的体用交互的思想就表现出重用的倾向。他"一在二中"一分为三的方法论，也与其将体重新置于用中的思想密切相关。他在《易余·小引》中说："不以有用之用废无用之用余，岂以无用之用废有用之余耶？"③ 他对礼乐的强调，对好学知耻的强调，以及其"格致交践""阳统阴阳""善统善恶"等思想都与此有关。借用方以智在《绝待》中的话说："故以贯待醒之，不须弃足下之土石，乘千里马，寻远山之青又青也。"④

作者简介：高海波，男，1976 年，江苏东海人，哲学博士，清华大学哲学系副教授。主要研究先秦哲学、宋明理学、近现代中国哲学。工作单位：清华大学哲学系。

---

① 方以智：《易余》，张昭炜整理，上海：上海古籍出版社 2018 年版，第 139 页。
② 方以智：《易余》，张昭炜整理，上海：上海古籍出版社 2018 年版，第 66 页。
③ 方以智：《易余》，张昭炜整理，上海：上海古籍出版社 2018 年版，第 1 页。
④ 方以智：《易余》，张昭炜整理，上海：上海古籍出版社 2018 年版，第 8 页。

钱德洪对于佛教思想的
运用及其遗留的理论问题

李明书

摘要：钱德洪（钱绪山）曾运用佛教思想的"因缘"概念和若干譬喻以阐述儒家思想，在吸收融通之后进行反思，进而呈现出其如何取材于佛教，以强化儒家思想的理论重点。钱德洪批判佛教的相关文献共有十二笔，因其文献的稀缺，而难以展开全面而完整的论述。然而，这样的局限，却可更为清楚地看出钱德洪反对佛教观点的要旨，以及可延伸思考的观点。

关键词：钱德洪；辟佛；反佛道；阳明学

钱德洪在明代儒学当中，因为流传的著作较少，所以有系统的哲学研究也不如王阳明、王畿来得丰富。但若仅就既有的文献，事实上还有许多可供开发的空间。近来如陈复（陈正凡）、刘蓉蓉等学者，从钱德洪的生死观、生命教育切入研究，对其生命经验与理论上的契合程度，具有一定的启发性意义。除此之外，笔者观察到其论述中，关于反佛教的论述，更有相当的开展空间，可作为对于佛教基本道理的反思，以及如何将反思的结果，吸纳到儒学内部而应用。因此，本文将从其反佛道的十二笔文献中，抽绎出关于佛教的部分，聚焦探究钱德洪的反思，所涉及的理论建构，以及未尽之处，或可作为未来明代儒学与佛教对话的理论研究方向，而不仅是思想史或哲学史的梳理而已。

一、前言

钱德洪（初名宽，字德洪，后改字洪甫，号绪山，1496—1574）为阳明后学著名的心学家之一，与王畿（字汝中，号龙溪，1498—1583）并列为王阳明（名守仁，字伯安，1472—1529）的两大弟子，在明代思想史上皆占有重要的地位。然而，钱德洪的文献多已亡佚，仅存的部分篇幅不多。在极其有限的文献中，要看出钱德洪思想的高度，及其理论建构的完整性，确实较为困难。① 因此，钱德洪在思想史上的价值，往往藉由历史的记载而凸显，例如从其编辑王阳明年谱、整理王阳明文献——编辑《阳明文录》、《文录续编》与《传习续录》，② 为《传习录》作序跋、弘扬阳明学等，皆可看出其重要的价值，钟彩钧、钱明、吴震等学者，在这方面皆有厚实的研究成果与评述。③ 不同学者的评述，对于钱德洪的价值，甚至有着截然不同的差异，钟彩钧却认为"绪山的颖悟不及龙溪，对阳明学说没有进一步的发展"④，吴震则认为"绪山关于'无善无恶'的看法与阳明、龙溪的见解有许多相似点，同时又有不少独到之处"⑤，在理论上既有王畿的境界之处，在工夫上又有王畿所未能企及的基础之处。从钟彩钧到吴震，可以看出在钱德洪的思想研究上，有一定程度的差异与突破，这或许也显示出关于钱德洪的研究还有空间与弹性。

相较于王阳明与王畿的研究，钱德洪的研究较为贫乏，就其理论特色而言，可以理解何以钟彩钧会有上述的说法，理由在于钱德洪大致还是依循着王阳明的系统，在不更动王阳明"四句教"的基础之下，展开自身的体悟与论述，而与王畿的"四无"之说形成不同立场的论述。⑥ 至于两者之间的立场是否对立，抑或只是程度、境界的差异，不同的研究有各自的评断，本文不拟讨论这个争议，而是从当前研究钱德洪的成果来看，除了思想史与文献学的研究之外，对于其理

---

① 整理钱德洪文献稍有成果的几位学者，皆曾指出这个困难，例如：钱明在《徐爱　钱德洪　董沄集》的编校说明与《关于钱德洪的文献学调查与研究》中皆有相同的说法，兹引后者说明，如其所言："在阳明后学中，又数钱德洪的研究最为棘手，这主要是由于缺乏第一手文献资料所致。无论是其次子钱应乐编的《绪山会语》25卷，还是其弟子徐用检编的《绪山先生遗训》或后学王朝式（字金如，山阴人）与绪山裔孙集生摘编的《钱绪山先生要语》，以及乾隆《余姚志》所记的《绪山语录》一卷，今俱已失传。"（钱明：《关于钱德洪的文献学调查与研究》，《中国文哲研究通讯》2008 年第 3 期；钱明：《徐爱　钱德洪　董沄集》，南京：凤凰出版社 2007 年版，第 13 页）钟彩钧："绪山与龙溪并列为阳明门下两大弟子，但今日对绪山的研究却远不及龙溪，除了绪山的颖悟不及龙溪，对阳明学说没有进一步的发展之外，更重要的原因是绪山的著作并未流传。"（钟彩钧：《钱绪山及其整理阳明文献的贡献》，《中国文哲研究通讯》1998 年第 3 期）杨正显说："在钱德洪部分，虽说学界已有不少辑佚成果与研究，但是仍不足以描绘出其思想全貌。"（杨正显：《王阳明佚诗文辑释——附徐爱、钱德洪佚诗文辑录》，《中国文哲研究通讯》2011 年第 4 期）

② 关于钱德洪整理王阳明文献的贡献，完整的研究，见钟彩钧：《钱绪山及其整理阳明文献的贡献》，《中国文哲研究通讯》1998 年第 3 期；钱明：《关于钱德洪的文献学调查与研究》，《中国文哲研究通讯》2008 年第 3 期。

③ 依据《余姚县志》的记载，陆世仪（1611—1672）即给予钱德洪极高的评价曰："姚江弟子吾必以绪山为巨擘，其序《传习录》曰：'吾师以致知之旨开示来学者，躬修默悟，不敢以知解承，而惟以实体得。今师亡未及三纪，而格言微旨日以沦晦，起非吾党身践之不力而多言有以病之耶？'此盖为龙溪而发，救正王学末流之功甚大。绪山当日虽以天泉之会压于龙溪，然不负阳明者绪山也，终背阳明之教者龙溪也。"（钱明：《徐爱　钱德洪　董沄集》，南京：凤凰出版社 2007 年版，第 422 页）

④ 钟彩钧：《钱绪山及其整理阳明文献的贡献》，《中国文哲研究通讯》1998 年第 8 卷第 3 期，第 70 页。

⑤ 吴震：《阳明后学研究》，上海：上海人民出版社 2003 年版，第 126 页。

⑥ 在钱德洪理论的研究中，着重于"四句教"与"四有四无"的比较，仍是占了大宗，有的论述着重于王阳明、王畿与钱德洪的比较，有的则是附录于思想史中，交代这两种学说在阳明后学的流传上，着有怎样的发展与变化。相关的研究，参见于化民：《明中晚期理学的对峙与合流》，台北：文津出版社 1993 年版，第 67—70 页；张学智：《明代哲学史》，北京：北京大学出版社 2000 年版，第 140—145 页；彭国翔：《良知学的展开——王龙溪与中晚明的阳明学》，北京：三联书店 2005 年版，第 354—359 页；高玮谦：《〈明儒学案·浙中王门学案〉中钱绪山与王龙溪思想之述评》，《鹅湖学志》2001 年第 27 期；钱明：《浙中王学的兴衰——以钱德洪、王畿关系为主线》，《教育文化论坛》2010 年第 2 期；尉利工：《论王畿与钱德洪对王阳明"四句教"的不同诠释路径》，《安徽教育学院学报》2006 年第 5 期。

论的讨论，似乎受到文献的局限而难以进一步发展。在这样的限制之下，有些学者别开生面，发现钱德洪的生平背景与其硕果仅存的著作似有着密不可分的连接。当然，许多思想家的著作皆与其生平密切相关，而钱德洪之所以值得被强调的理由，在于其对于生死的经历与体悟之深，远超出一般人，例如其下狱、濒死的体验、对于阳明之学的投入与热衷，甚至曾有过超越现实的神秘经验等，凡此种种，皆形成钱德洪独特的生命经验，而这样的生命经验，不仅提供一个明代儒学家的著作素材，甚至可以作为今人面临生死时重要的学习对象。陈复（原名陈正凡）与刘蓉蓉等学者，挖掘到这些的材料，从生死学的研究进路着手，深刻地剖析钱德洪的生命历程，活化历史与经典诠释的内涵，进而形成与生死学、心理学对话的桥梁。① 这也说明，钱德洪还有研究的空间，只是依据的方法与进路不同，而产生出不同的成果。

如前所述，在文献极其有限的条件下，对于钱德洪的研究能够产生如此的成果，足见钱德洪的研究价值并未因这有限的条件而受到打击，反而因此而看出有关钱德洪的材料中，其他的思想家所未能呈现的特色。在这样的背景下，笔者试图回过头去检视钱德洪的著作，是否还能够就其著作本身，挖掘可以研究的议题。结果发现其中与佛教对话的文献中，钱德洪善于运用佛教思想，回应佛教理论的基础问题。如此不仅可以呈现钱德洪的理论深度之外，也可从宋明儒学家自身的文献，建构出回应佛教的论述。下一节将摘录钱德洪的十二笔涉及佛教的文献，并进行基本的分类与整理，再提出理论的内容。

二、钱德洪与佛教相关的文献

一般而言，在宋明儒学家的文献中，涉及佛教与道家的论述，通常是批评多，而认同少。有时则在语言形式上采用，但藉由根本立场或核心关怀的分判，仍是不向佛、道倾斜。从宋明儒学家批判佛、道的文献中可以发现，往往有将佛、道视为一体的情形，甚至认为佛、道思想的问题大抵相同，连带着一起批判。钱德洪虽有较具针对性的言论，但上述的情形也间或出现，故以下先将其所有与佛、道思想相关的文献列出，再逐渐聚焦在佛教思想的讨论与运用。

1.《语录二二》：佛家设法，常教屏息诸缘。吾谓汝说，学者志道，果肯屏息诸缘，此心全体已是炯然。吾人自性自明，只因诸缘积习流注，覆盖本来真面目，不得发见流行。当下屏息诸缘，此便是回天续命的手段，更有何法可得？②

2.《语录五一》：宏甫：顺而能达，帝王之政；逆而能忍，老庄之术。才识相配，必本

---

① 相关的研究，参见陈正凡：《钱绪山心学的生命教育：死亡经验对其思想的反省与启发》，《本土心理学研究》2010 年第 34 期；陈复：《濒临死亡产生的彻念：钱绪山对生命意义的阐释与实践》，《生死学研究》2012 年第 13 期；陈复：《徐横山的爱与死：王阳明与钱绪山对其生命的恒常临在》，《生命教育研究》2012 年第 2 期；刘蓉蓉：《明代心学家钱绪山的生死智慧》，《湖南科技学院学报》2015 年第 3 期。
② 钱明：《徐爱　钱德洪　董沄集》，南京：凤凰出版社 2007 年版，第 125 页。

领宏深。精魄有用，用不敢尽，安重已不亏疏其气，非的然以为美，遂厉而致之也。①

3.《语录五五》：师门尝以虚寂之旨立教，闻者哄然指为佛学。公曰："变动周流，须以适变；无思无为，寂以通感，大易之训也。自圣学衰而微言绝，学者执于典要，泥于思为，变动通感之旨遂亡。彼佛氏者乘其衰而入，即（就着）吾儒之精髓，用之以主持世教。……"②

4.《语录九二》：先生（阳明）起行征思、田，德洪与汝中追送严滩，汝中举佛家实相幻想之说。先生曰："有心俱是实，无心俱是幻；无心俱是实，有心俱是幻。"汝中曰："有心俱是实，无心俱是幻，是本体上说工夫；无心俱是实，有心俱是幻，是工夫上说本体。"先生然其言。洪于是时尚未了达，数年用功，始信本体工夫合一。但先生是时因问偶谈，若吾儒指点人处，不必借此立言耳。③

5.《修复慈湖书院记》：其始未悟也，求心之体不得，闻象山举扇讼，豁然有觉，曰：此心之体，至止静而至变化，至明达而至自然。故循其自然，视自能明，听自能聪，言自能义，动自能和，事亲自能孝，事君自能忠，不识不知，而帝则自察者，心之体也。惟起乎意，便涉安排，故视横意则昏，听横意则塞，言横意则殆，动横意则乖，将迎固必私智纷错，而帝则日漓者，失其体也。故先生教人尝约"不起意"，又曰"心之精神是谓圣"。谓心之精神凝聚则明，而分散则昏病起意也。先生（杨慈湖）赋质英粹，其平生不濡世纷，不染习陋，故一触其机，能洞彻心源如此。但其教人，已如此入，亦即如此示人。盖直指本心而欲超顿以入。根性利者则能亲体承接，若江河之沛浃；其次资悟不齐，则阶级悬隔矣，闻其说而不入，往往疑其或近于禅。夫禅之说与先生之书具在，其私己同物之心，区然辨也。乃惟圣门详于下学而不竟其说，就人所至以俟其字画，故人人乐得所趋。而先生爱人过切，立言过尽，荣或有之，然谓其学非性情（儒）而疑訾之，则吾性昭然，断断乎不可诬也。④

6.《二贤书院记》：（程）端蒙既荐名于朝，司文衡者，举王、苏、程之学策事，以阴诋晦翁，诸生骇愕阁笔，端蒙独奋策正言，谓："绍孔、孟之传，辟异端，息邪说，以宏先圣之道者，程学也。若夫王氏，学杂佛老，坏人心术。苏氏立朝，节气可观，特学术未纯，不免出入战国之遗智。"⑤

7.《刻文录叙说》：先生（阳明）之学凡三变，其为教也亦三变：少之时，驰骋于辞章，已而出入二氏（佛老），继乃居夷处困，豁然有得于圣贤之旨，是三变而至道

---

① 钱明：《徐爱　钱德洪　董沄集》，南京：凤凰出版社2007年版，第131页。依据钱明的考证认为，文中的"宏甫"可能是"洪甫"的讹误，也可能确实是李贽（1527—1602）的字，故应存疑。参阅钱明：《徐爱　钱德洪　董沄集》，南京：凤凰出版社2007年版，第149页。

② 钱明：《徐爱　钱德洪　董沄集》，南京：凤凰出版社2007年版，第132页。

③ 钱明：《徐爱　钱德洪　董沄集》，南京：凤凰出版社2007年版，第146页。

④ 钱明：《徐爱　钱德洪　董沄集》，南京：凤凰出版社2007年版，第171—172页。

⑤ 钱明：《徐爱　钱德洪　董沄集》，南京：凤凰出版社2007年版，第173—174页。

也。……当今天下士，方驰骛于辞章，先生（阳明）少年亦尝没溺于是矣。卒乃自悔，惕然有志于身心之学；学未归一，出入于二氏者又几年矣。卒乃自悔，省然独得于圣贤之旨。①

8.《阳明先生年谱序》：佛、老出，穷索圣人之隐微以全生，而不知养乎中者遗乎外也。②

9.《〈传习录〉中跋》：师（阳明）曰："……若信得良知，只在良知上用工，虽千经万典，无不吻合，异端曲学，一勘尽破矣，何必如此节节分解？佛家有扑人逐块之喻，见块扑人，则得人矣，见块逐块，于块奚得哉？"……此学贵反求，非知解可入也。③

10.《〈大学问〉序跋》：学者稍见本体，即好为径超顿悟之说，无复有省身克己之功。谓"一见本体，超圣可以跂足"，视师门诚意格物、为善去恶之旨，皆相鄙以为二义。简略事为，言行无顾，甚者荡灭礼教，犹自以为得圣门之最上乘。噫，亦已过矣！自便径约，而不知已沦入佛氏寂灭之教，莫之觉也。④

11.《答论年谱书·七》：师（阳明）门之学，未有究极根柢者。苟能一路精透，始信圣人之道至广大，至精微，儒、佛、老、庄更无剩语矣。⑤

12.《答论年谱书·十》：先师（阳明）始学，求之宋儒不得入，因学养生，而沉酣于二氏（佛老），恍若得所入焉。至龙场，再经忧患，而始豁然大悟"良知"之旨。自是出与学者言，皆发"诚意""格物"之教。病学者未易得所入也，每谈二氏（佛老），犹若津津有味。盖将假前日之所入，以为学者入门路径。辛巳以后，经宁藩之变，则独信"良知"，单头直入，虽百家异术，无不具足。⑥

从以上征引的文献中，整理出几个思想要点。

其一，钱德洪虽常把佛道并列，合称为"二氏""佛老"，然而，着力较多的是在于和佛教的交会与批判，在理论上与道家鲜有对话。

其二，钱德洪在批判佛道时，往往是针对思想或理论上的特点，而非情绪的攻击或立场的分判。批判的内容较倾向是将佛道的学习视为儒家成圣的过程，可以藉由反省学习佛道的经历，转向儒家发展，例如1.《语录二二》、7.《刻文录叙说》、8.《阳明先生年谱序》与12.《答论年谱书·十》；或是将学习佛道视为学习儒家的过程，而往圣学提升，例如11.《答论年谱书·七》。⑦

---

① 钱明：《徐爱　钱德洪　董沄集》，南京：凤凰出版社2007年版，第184—189页。
② 钱明：《徐爱　钱德洪　董沄集》，南京：凤凰出版社2007年版，第190—191页。
③ 钱明：《徐爱　钱德洪　董沄集》，南京：凤凰出版社2007年版，第195页。
④ 钱明：《徐爱　钱德洪　董沄集》，南京：凤凰出版社2007年版，第198—199页。
⑤ 钱明：《徐爱　钱德洪　董沄集》，南京：凤凰出版社2007年版，第211—212页。
⑥ 钱明：《徐爱　钱德洪　董沄集》，南京：凤凰出版社2007年版，第214—215页。
⑦ 钱德洪对于佛道最为严厉的批评，是在6.《二贤书院记》引用程端蒙（1143—1191）的话，说"若夫王氏，学杂佛老，坏人心术"，然而这并非钱德洪本人的意思，其在记述的过程，也并未支持这个主张。至于钱德洪在叙述王阳明的学思历程时，也仅提及王阳明曾学佛老二氏，也许是因为不够究竟，于是转而弘扬儒门圣学，但钱德洪对此仍未多加批判。

其三，钱德洪承继王阳明的学说，运用佛教语言与论述形式的情况也偶有所见，从4.《语录九二》与9.《〈传习录〉中跋》可以明显地看出。

先从4.《语录九二》来看，语录中藉由王阳明与王畿的对答，以实相幻想（相）之说讨论有心与无心的实与幻。① 本文暂不对于深入解读这段文字的义理，而是要指出，虽然这段文字是钱德洪纪录王阳明与王畿的对话，并非钱德洪本人的言论，但钱德洪表示："洪于是时尚未了达，数年用功，始信本体工夫合一"，表示其同意王阳明的主张与王畿的解释。更进一步，钱德洪基本上同意两人的观点，只是质疑是否须借此论述的形式才能呈现儒家思想，所以说"若吾儒指点人处，不必借此立言耳"。此中也遗留了一个问题，就是钱德洪并未进一步提出应如何论述，始能既不以佛教的语言形式，又可彰显儒家的特色。是故或许可以理解为，钱德洪即便认为可以不借助佛教的语言形式来论述儒家的道理，然而这却是在反思了佛教的语言形式之后，才提出的见解。即便从其他的文献看来，钱德洪诸多论述确实不太有佛道文字的影子，但这可见出其对于佛道思想与语言的熟悉度。

接着分析9.《〈传习录〉中跋》。此文亦是出自王阳明的话，王阳明引用佛教"扑人逐块"的譬喻，说明为学应从良知着手，不应计较在支微末节上，以免舍本逐末。"人"喻指全体、全面的根源、良知，"块"则有土块、泥土之义，喻片面、局部的细节。② 此语虽非出自钱德洪，但其对于这段话表示赞同，表示即便是引用自佛教的譬喻，却不妨碍儒家道理的宣说。相较于4.《语录九二》，钱德洪在《〈传习录〉中跋》中对于这段话语的意见全无批评之意，直接认同这样的引用，适合用于儒家义理的阐述。当然，我们仍然可以对于钱德洪是否认同这样的语言形式持保留意见，毕竟这是征引王阳明的言论，而不是钱德洪自己的语言。然而，无论如何，钱德洪对于佛教语言的熟悉，以及试图借此提出在思想或语言上的应对，是明确可以看出的，待下文针对1.《语录二二》深入论述时，更可明显地看出。

从以上的整理，以及（三）所分析的两则佛教譬喻之例，可以初步看出钱德洪并非不理性

① 王阳明所引的"实相"之说，可能与《金刚般若波罗蜜经》相关，经曰："若复有人得闻是经，信心清净，则生实相，当知是人成就第一希有功德。世尊！是实相者，则是非相，是故如来说名实相。"（CBETA，T. 8，no. 235，p. 750a）历来对于这段话的解释有多种，本文主要着重于钱德洪对于佛教语言的运用，暂不对于各种说法逐一比较与分析。于此提出吴震之说作为参考，吴震认为王阳明是刻意藉由虚实对比，而呈现心体良知可容摄虚实二义，其言："在'严滩问答'中，阳明指出'有心俱是实，无心俱是幻。无心俱是实，有心俱是幻。'表面看来，前一句（有＝实，无＝幻）是正说，后一句（无＝实，有＝幻）是反说，然而细按其意，不难发现阳明的真意在于后一句。有就是有（实），无就是无（幻），这有点像逻辑学上的同义反复，说的既是常识，但说了又好像等于没说。重要的是要认识到：心体良知实是有无相即、虚实一体的存在，用阳明这里所说的话来表述，就是：无即是有（实），有即是无（幻）。"（吴震：《阳明后学研究》，上海：上海人民出版社2003年版，第121页）

② "扑人逐块"之喻在佛经中至少有二例：《大般涅槃经》："一切凡夫惟观于果，不观因缘，如犬逐块，不逐于人。"（CBETA，T. 12，no. 374，p. 516b）《大般若波罗蜜多经》："邪见外道为求解脱，但欲断死不知断生，若法不生即无有灭。譬如有人块掷师子，师子逐人而块自息，菩萨亦尔，但断其生而死自灭；犬唯逐块不知逐人，块终不息，外道亦尔，不知断生终不离死。菩萨如是行深般若波罗蜜多，善知因缘诸法生灭。"（CBETA，T. 7，no. 220，p. 939a）

地批判佛教，而是在道理上进行思辨，甚至不讳言地认同王阳明所引用的佛教譬喻。在其他的例子之中，尚可看到钱德洪对于佛教有些意见性的批评，而非道理的论陈，①但我们或有理由相信，那是在消化了佛教道理之后，所提出的言论。下一节就从笔者认为钱德洪对于佛教思想运用中，最具有代表性的一段文字，指出其中所展示的理论深度。

三、钱德洪运用佛教思想的理论展开

笔者以为，钱德洪反佛道文献中较具有理论深度的仅有一笔，虽是如此，但与佛教基础理论相关，如果分析得当，相当于对于儒佛思想的基础与根源性的理论反省。为便于论述与对照之故，再次征引如下：

《语录二二》：佛家设法，常教屏息诸缘。吾谓汝说，学者志道，果肯屏息诸缘，此心全体已是炯然。吾人自性自明，只因诸缘积习流注，覆盖本来真面目，不得发见流行。当下屏息诸缘，此便是回天续命的手段，更有何法可得？

这段文字初步看来，是钱德洪对于佛教因缘的反思。"因缘"（Skt.: *hetupratyaya*; cause or causation）的"因"（Skt.: *hetu*; primary cause），意指主因，亦即一件事情、现象的产生或出现，其背后推动的主要原因；"缘"（Skt.: *pratyaya*; secondary cause, or causes），指助缘，或称之为次要原因，指的是一件事情、现象的产生或出现，相较于主因而言，较不重要，或者影响力较小的推动因素。因缘除了可泛指一切的原因之外，如果以一期生命为主轴，对于佛教而言，生命从出生到死亡最主要的十二的个原因，就是所谓的"十二因缘"（Skt.: *dvādaśāvgapratītya-samutpāda*）。

佛教的"因缘"观最早可以四《阿含经》②为文本依据。四《阿含经》一般被视为原始佛教，或称教解脱道的经典，主要在讲述如何从生死轮回、"十二因缘"③中解脱而出，从此不再受生轮回于生死的苦海。不再轮回受生，即相当于将轮回的因缘断除，连带地断除一切的烦恼。钱绪山在一则语录中，即充分表现出其对于佛教道理的理解之深，认知到佛教的这个教法，自有其道

---

① 例如：2.《语录五五》、8.《阳明先生年谱序》与10.《〈大学问〉序跋》。

② 四《阿含经》分别为：后秦·佛陀耶舍（*Buddhayaśas*）、竺佛念译，《长阿含经》（Skt.: *Dīrghāgama*; Pāli: *Dīgha-nikāya*），CBETA, T. 1, no. 1；东晋·瞿昙僧伽提婆（*Gautama Saṅghadeva*）译，《中阿含经》（Skt.: *Madhyamāgama*; Pāli: *Majjhima-nikāya*），CBETA, T.1, no. 26；刘宋·求那跋陀罗（*Guṇabhadra*）译，《杂阿含经》（Skt.: *Saṃyuktāgama*; Pāli: *Saṃyutta-nikāya*），CBETA, T. 2, no. 99；东晋·瞿昙僧伽提婆（*Gautama Saṅghadeva*）译，《增壹阿含经》（Skt.: *Ekottarikāgama*; Pāli: *Aṅguttara-nikāya*），CBETA, T.2, no. 105。

③ "十二因缘"指的是一期生命从出生到死亡的经历，依佛教而言，可以分成"无明"（Skt.: *avidyā*; Pāli: *avijjā*; ignorance）、"行"（Skt.: *sajskāra*）、"识"（Skt.: *vijñāna*）、"名色"（Skt.: *nāma-rūpa*）、"六入处"（Skt.: *sadāyatana*）、"触"（Skt.: *sparśa*）、"受"（Skt.: *vedanā*）、"爱"（Skt.: *trsnā*）、"取"（Skt.: *upādāna*）、"有"（Skt.: *bhava*）、"生"（Skt.: *jāti*）、"老·死"（Skt.: *jarā-maraṇa*）等十二个部分，例如："世尊告诸比丘：'……彼优婆塞于后夜时端坐思惟，系念在前，于十二因缘逆、顺观察，所谓是事有故是事有，是事起故是事起，谓缘无明行，缘行识，缘识名色，缘名色六入处，缘六入处触，缘触受，缘受爱，缘爱取，缘取有，缘有生，缘生老，死，忧，悲，恼苦，如是纯大苦聚集……'"（《杂阿含经·第590经》，pp. 156c-157a）

理，而非仅如一般认为的佛教只是在谈空、寂灭、神秘经验而已。立基于此，钱德洪始能在儒家的立场下，借用佛教"屏息诸缘"之说，指出如果（儒家）学者能够采取同样的方法，将任何会造成心体污染的因缘断除，则心体纯然至善的一面，即可显现出来。这样的论述，不仅不会使钱德洪的思想向佛教倾斜，甚至可以凸显钱绪山对于佛教的了解，以至于能够借用这样的说法。尤其烦恼痛苦这一类事情，本是不分任何学说皆应对治、断除的对象。钱德洪此举，是藉由形式上的运用，建构起儒佛两家思想交流的平台。

钱德洪对佛教的理论，并未直指因缘法是错误的。如果钱德洪对于佛教不能认同，则不应有这样的论述出现，这就更显示出钱德洪认同佛教是可以学习或了解的，只是不够探个究竟而已。事实上，如果仅就儒家的体系而言，儒家本是不需要藉由因缘法的知识或理论系统就能达到圣人的境界，钱绪山在此承认了因缘，不仅仅是与佛教呼应而已，更可能是承认了佛教所说的因缘，是具有普遍意义的，也因此，因缘并不是佛教所独有的，儒家同样可以藉由谈因缘而修成儒家的最高境界，而这最高境界如果是在因缘这个普遍的基础上建立出来，则也是具有普遍的意义，可以涵盖所有的系统，而不仅只是一套与佛教有别的系统而已，这也呼应到《答论年谱书·七》所说：

> 师（阳明）门之学，未有究极根柢者。苟能一路精透，始信圣人之道至广大，至精微，儒、佛、老、庄更无剩语矣。

由此看来，钱德洪对阳明学极为推崇，在义理的深度与实践的境界上，皆超越台面上的其他儒家学说。钱德洪认为一旦能够透彻地了解王阳明的学问，则儒、佛、道三家之学，就没有什么遗漏而难解的。当最后将三家思想并陈时，除了弘扬阳明之学外，另可看出钱德洪对于佛道思想的态度，如果佛道思想能够用以促进阳明之学的发展，对于钱德洪而言，即可以被接受。至于可被接受的部分，则不外乎语言文字上的使用，以及借由反思，或与佛教思想对话，以凸显出儒家思想的特色。

四、结论：钱德洪所遗留的理论问题

本文从钱德洪反佛道的文献，整理出十二笔材料，进行分析与分类之后，发现钱德洪在语言形式上，采用佛教的概念与譬喻；在思想上，借由"因缘"的讨论，将因缘收摄于阳明学的思想体系中。在钱德洪稀少的文献中，我们可以借由基础理论的深化，解读出文献中的哲学意涵，或可使宋明儒学的研究，不囿于文本多寡的限制。当然，若其他宋明儒学家的著作丰富，论述本身明显可看出其架构与系统性，则可直接分析其理论内容；若是如钱德洪一般的情形，则把握住关键、基础而又重大的概念，同样可以展开其理论中折叠的维度。

虽是如此，佛教"因缘"所能承担的理论维度不仅于此，即便看出了钱德洪了解因缘的意义，我们仍可以去追问的是，钱德洪承认了因缘法，对于其思想体系或儒家思想而言，有什么理论上的意义与价值？从"屏息诸缘"这个行为本身来看，是工夫的一种表现，而这个工夫的表现，我们可宽泛地从形上学、知识论与伦理学三个理论面向来看：

首先是形上学，如果钱德洪承认佛教的因缘观，连带地承认佛教因缘观所指称的人、理性的起源，与儒家的一世观有着截然不同的差别。佛教是在承认生生世世的轮回之下，也就是一个人的因缘不能从此世起算，而是要从前无数世去观察，当看到长久轮回的痛苦后，再教人当下"屏息诸缘"而不再轮回。儒家并无前世今生的解释，相当于承认因缘是有起点的，如果承认人有起点，又宣称"屏息诸缘"，则可能流为不出生即可成圣的谬论？这毕竟与佛教从生命长期的痛苦切入有所不同，钱德洪或儒家则可能需要进一步解释痛苦或恶的由来，才能在承认因缘观的前提下，又能使儒家的理论更为完备。

其次是知识论，一旦钱德洪认同因缘观，则因缘观究竟为儒家工夫论什么养分？或者说认知到因缘，对于儒家的工夫论而言有什么影响？是知识上的丰富，抑或是认知本身即是一种工夫，如佛教的顺逆观因缘之方法？这一点目前就钱绪山的简短文献中难以看出，但可进一步强化，或者挖掘其他思想家的文献，以作更为详细的讨论。

最后则是伦理学，因缘法所涉及的伦理与道德判断，在许多层面超出一般的认知。举例而言，如果承认因缘法，一部分相当于承认人不是主体、没有主体性。常见的人格同一性问题，佛教即认为人随时在变动，没有一个固定不变的全体或部分，则人格同一性衍生的谁应该承担责任的问题，同样地在佛教中也往往不得而解。然而，这显然不会是儒家所认同的。因此，儒家如何既承认因缘，又保有主体性，及其衍生的伦理问题，也许能为钱绪山进一步建立，或从其他思想家的文献予以回应。

综上所述，藉由钱德洪与佛教思想之间的交会，除了再挖掘出宋明儒学的研究方向之外，也从钱德洪未能全面回答的问题中，遗留下可供后续讨论的空间，期能以儒学的立场，与其他理论体系进行对话与激荡。

作者简介：李明书，浙江大学哲学系特聘研究员，台湾大学哲学博士、博士后研究员，现任《鹅湖月刊》常务编辑委员、中国辩证唯物主义研究会社会认识论专业委员会理事。主要研究方向为中国哲学、应用伦理学、性别研究。著有《论心之所向——〈论语〉与〈杂阿含经〉比较研究》《神秀禅师——北宗禅之祖》《六祖惠能——禅源曹溪》《从〈论语〉与〈杂阿含经〉看感官欲望》等著作，已发表论文四十余篇。

论贡安国的良知学

李 想

摘要：贡安国为邹守益、欧阳德与王畿的弟子，其学体现出融合的特质。他认为良知有虚明的特性，不可将良知与知识、情欲相混淆，它具有超越性；性体良知无分于内外动静，而戒惧慎独为良知的自觉与警醒，即本体与功夫也相即不离；在体用合一的基础上，他也彰显良知的头脑地位，这与王畿之学相近。贡安国既注重悟，也讲求渐修，呈现出顿悟渐修的特质，并且以戒惧慎独与诚意为彻上彻下功夫，显然他又继承了江右王学的精神。贡安国注重经典文献的独立价值，提出"得于心"与"得于言"两项标准，力图消弭良知与经典之间的张力，亦欲借助经典来发明与传播阳明学。

关键词：贡安国；功从悟入；戒惧慎独；顿悟渐修；经典文献

贡安国（1505—1577），字玄略，号受轩，明宣城县人，为南中王门的代表人物之一①。他先后问学于邹守益、欧阳德与王畿等，学问渊源在江右与浙中王门。阳明后学中，往往出现转易多师的现象，这既将阳明学的分化推向深入，也开启了在分化的基础上重新综合的方向，贡安国便是此潮流的参与者。然而，邹守益对他著述的方式又有所不满，甚至批评，这意味着贡安国对经典文献有其独特的关怀，即更注重经典的独立价值。在良知学演进的环节或视野中，贡安国之学具有的融合阳明后学与重视经典的特质，也就有其不可低估的思想史意义。

一、贡安国的生平与著述

关于贡安国的年岁，梅守德曾称："吾友贡玄略氏悬弧之辰在春孟月，盖于是年七袠高矣⋯⋯余不敏后先生五岁生。"②梅守德"以正德庚午六月初五日巳时生"③，正德庚午为正德五年，

---

① 参见黄宗羲：《明儒学案》，北京：中华书局 2008 年版，第 578—579 页。

② 梅守德：《无为漫草》，见《明代诗文集珍本丛刊》第 69 册，北京：国家图书馆出版社 2019 年版，第 92—95 页。

③ 梅鼎祚：《鹿裘石室集》，见《续修四库全书·集部·别集类》第 1379 册，上海：上海古籍出版社 2002 年版，第 382 页。

则贡安国生于弘治十八年（1505）。万历五年，沈懋学赴京赶考，中进士后接到贡安国的讣告："春来别师门，遥挂澄江席。召对偶遭时，谬厕金门藉……方迎季子暨，遂易曾参簀。闻讣疑复惊，怅望文星圻。"① 故贡安国卒于万历五年（1577），享年 73 岁。

贡安国科举不顺，迫于生活的压力，一度以授徒为生。虽然如此，他却毅然以圣学自任，既承贡氏家学，又广益多师。嘉靖三年（1524），邹守益因参与大礼议之争，被贬为广德州判官，乃在此建复初书院，学者翕然宗之。贡安国便赴广德州从学于邹守益，如邹守益所回忆的："嘉靖初，益判广德，与诸生切磋斯学，宣州戚生衮、贡生安国，首学于复初。"② 贡安国问学于邹守益之后，又在南京结识欧阳德，嘉靖十一年（1532）六月，欧阳德升任南京国子司业，在南雍讲授良知之学，戚衮与贡安国亦率先师从之，欧阳德追忆道："予官金陵，唯补之与玄略首来讲学，既而沈思畏、张士仪诸子相率继至，乃今倡和成风。"③ 戚衮于"嘉靖壬辰，以选贡入监"④，故与戚衮同时的贡安国也当为嘉靖十一年从学。嘉靖十四年（1535），王畿出为南方职，倡学于东南，贡安国与其乡人亦来问学，所谓"嘉靖乙未，予为南职方，因偕玄略、周顺之、沈思畏、梅纯甫辈受业于予"⑤。所以，贡安国先接受邹守益与欧阳德的江右王学，后又进一步承受了王畿之学，这是贡安国主要的师承渊源。此后，贡安国还得识钱德洪与罗洪先等人，如他参与江西的青原会，讲会后与钱德洪、王畿与罗洪先等一起泛游⑥。

嘉靖三十五年（1556），贡安国以明经出仕，任永丰训导。周怡写诗送别："一峰万仞高在仰，千顷双江波正扬。况是平生师友地，此行好学教人方。"⑦ 周怡勉励贡安国以永丰的罗伦（号一峰）与聂豹（号双江）为榜样，并珍惜与江右师友切磋的机会。贡安国任教永丰时，确与聂豹等人有深切的交往，而聂豹也对他教授的经历有所记述："邑博玄略贡子司永丰训仅三年，强半署洞学，主同仁之教十三，咸奉两台暨督学之聘，荐保频仍，奖借不容口……司举措之权者，执是以镜，超而迁之大学，非过也。乃循资转学谕，得湖口。"⑧ 贡安国任永丰训导的三年时间中，一半在署教白鹿洞书院，虽蜚声远播，但限于资历，升为湖口教谕。贡安国任职湖口教谕后，又转任麻城教谕。他在麻城时，"横经楚水，雅思翩翩。口碑诵德，荐剡征贤。视篆未几，利兴弊革。境转弦歌，荫垂棠泽"⑨，可知他不仅讲论不辍，还曾署理县事，表明他亦有行政的才能。此后，贡安国当因政绩优等，得以升任国子助教，所谓"移麻城，升太学，

① 沈懋学：《郊居遗稿》，见《明别集丛刊》第 3 辑第 79 册，合肥：黄山书社 2016 年版，第 520 页。
② 邹守益：《水西精舍记》，见《泾县志·嘉庆》，合肥：黄山书社 2008 年版，第 357 页。
③ 欧阳德：《欧阳德集》，南京：凤凰出版社 2007 年版，第 761 页。
④ 王畿：《王畿集》，南京：凤凰出版社 2007 年版，第 622 页。
⑤ 王畿：《王畿集》，南京：凤凰出版社 2007 年版，第 621 页。
⑥ 罗洪先：《罗洪先集》，南京：凤凰出版社 2007 年版，第 65 页。
⑦ 周怡：《周恭节公集》，见《明别集丛刊》第 2 辑第 67 册，合肥：黄山书社 2016 年版，第 255 页。
⑧ 聂豹：《双江聂先生文集》，见《儒藏·精华编·集部》第二五八册，北京：北京大学出版社 2016 年版，第 399—400 页。
⑨ 沈懋学：《郊居遗稿》，见《明别集丛刊》第 3 辑第 79 册，合肥：黄山书社 2016 年版，第 658 页。

成造居多"①也。

贡安国最后由国子助教任东平州知州，《泰安府志》载："贡安国，宁国人，岁贡生。由国子助教知东平，崇尚正学，留心教化，孝子贞妇悉被旌表。兴举废坠，悯恤鳏寡。未及期月，以不阿上官，改任。"②贡安国保持一贯的以学为政的作风，兴学广教。他在东平知州任上未及一年，便因不阿上官离任。府志载贡安国的后继者为许应逵，而"许应逵，浙江嘉兴人，隆庆二年知东平"③，故贡安国当在隆庆元年（1567）任东平州知州，这也可证诸他曾在隆庆元年刊刻张养浩的《三事忠告》。从嘉靖三十八年至隆庆元年的9年间，贡安国连任四职，当是每三年一任后便被擢升。在东平的时日虽短，贡安国却非常得人，如"故吏吏予乡，语次先生，辄咨嗟，或涕颐下，先生之政感人若是"④。贡安国由此离开仕途，开启了乡居讲学生涯。

归乡后，贡安国往来水西与志学书院之间，并与梅守德、沈宠共同主教志学书院，被时人称为"志学三先生"⑤，其学也备受推重："吾党之士，借以蓍龟。敬业辨志，剖析渊微。予惭不类，叨从兹会。蓬麻是依，砭箴勿讳。"⑥此外，贡安国还与乡人结社讲学，梅守德曾记载："与乡先生贡受轩、崔石墩诸同志，结松隐讲会，究姚江良知之学。"⑦"松隐讲会"当是更为小型的阳明讲会。作为宁国府阳明学的主要提倡者，贡安国的弟子众多，如沈宠、查铎、杜质、郭忠信等皆为其学生。

在著述方面，聂豹曾提到："贾谊明申、韩，识者少之；董子度越诸子，亦惟明道、正谊数语。揆之以《学规》《会语》诸篇，其中于道也，孰深乎？"⑧《学规》《会语》⑨是目前可知的贡安国最早的作品。《宣城事函》称："贡安国，翰林湖涯公长子。有《启蒙》《规条》二书开示后学……倡学四十年，语多不传，门人有私录一二者，先生见之，自题曰《学觉窥班》。"⑩《规条》很可能便是《学规》，此处也指出他另有《启蒙》《学觉窥班》二书。此外，贡安国辑有《水西精舍志》四卷⑪，还先后参与编纂嘉靖和万历《宁国府志》。今惟两种方志存全貌，《水西精舍志》仅存节略后的贡安国的单篇记文。在地方志、家谱与明人文集中，存有贡安国的零散诗文，而《学觉窥

① 汪尚宁：《学觉窥班序》，见《宁国府志》卷十二，陈俊修，梅守德、贡安国纂，万历五年（1577）刻本。
② 颜希深修，成城等纂：《泰安府志》卷十五，乾隆二十五年（1760）刻本。
③ 颜希深修，成城等纂：《泰安府志》卷十五，乾隆二十五年（1760）刻本。
④ 汪尚宁：《学觉窥班序》，见《（万历）宁国府志》卷十二。
⑤ 梅鼎祚：《鹿裘石室集》，见《续修四库全书·集部·别集类》第1379册，上海：上海古籍出版社2002年版，第381页。
⑥ 梅守德：《无文漫草》，见《明代诗文集珍本丛刊》第69册，北京：国家图书馆出版社2019年版，第308页。
⑦ 梅守德：《无文漫草》，见《明代诗文集珍本丛刊》第69册，北京：国家图书馆出版社2019年版，第239页。
⑧ 聂豹：《双江聂先生文集》，见《儒藏·精华编·集部》第二五八册，北京：北京大学出版社2016年版，第400页。
⑨ 《湖口县志》载："《文会堂语录》，教谕贡安国著。"殷礼、张兴言修，周谟等纂：《湖口县志》卷九上，同治十三年（1874）年刻本。按：文会堂在白鹿洞书院，则《会语》可能便是在白鹿洞讲学的语录。
⑩ 梅鼎祚等辑：《宛雅全编》，合肥：黄山书社2018年版，第333页。
⑪ 《宁国府志》载："《水西精舍志》四卷，贡安国辑。"［陈俊修，梅守德、贡安国纂：《（万历）宁国府志》卷十二］

班》中的一些语录，因为人引用，得以留存下来。

二、贡安国的顿悟渐修之学

贡安国笃志好学，"及闻文成公良知之教，知圣人可学而至也，遂屏去旧好，毅然立必为之志，聚精会神者垂四十余年"①，可见他受到邹守益、欧阳德和王畿等的启发后，对阳明学用力之深，可谓生死以之。贡安国可能曾有过一段习静的经历，如"静中见天真，反视窥霂珀"②所述，但这似乎并未成为他为学的主要方式。

（一）贵悟

至于贡安国的思想旨趣，梅守德与查铎均有所论及："一方先觉，群彦陶甄。斯文己任，孔颜是师。精思默契，念兹释兹。性宗直悟，闻见匪资。源泉混混，普厥德施。"③"功从悟入，动率性灵，盖有独得其深者。"④梅守德与查铎虽然皆提及贡安国之学贵"悟"的特质，但二人言说的角度并不相同：查铎从入学或功夫论的角度言悟，而梅守德则表明所悟的内容。梅守德所称的"性宗直悟"有着特殊的内涵，如查铎在《学觉窥班序》中所称："所至发挥性灵，则透入心髓，而朋类咸兴。"⑤贡安国所悟的"性宗"，实际上就是"动率性灵"之"性灵"，他亦称此为"虚明"⑥，亦即良知之别名。贡安国以性灵或虚明来说良知，显然有见于良知既纯然至善，又有灵动之义。

"性宗直悟，闻见匪资"还表明，贡安国所悟的良知实不同于"闻见"或知识，可以说，良知与知识之辨是贡安国所强调的良知的特质之一。这不仅是梅守德对贡安国为学特质的看法，查铎亦以此来说明："自此学不明，世之学者往往舍其灵性而求之于外，汩没于见闻，帮补于知识，自以为学在是矣，不知于吾之灵性邈无相涉，是逐末而忘本也，此《学觉窥班》之所由名也……此盖不离伦物，直透灵根，而知识见闻一无所与，吾师之所谓学觉者可知矣。"⑦可见贡安国区分性灵与见闻知识，认为二者有内外本末之别，所以要"直透灵根"，而知识见闻无关乎对灵根的悟入。与此相关，贡安国也称："洞见此心之体，原无一物，始知古人无欲下落。"⑧贡安国强调良知并非一物，不可夹杂知识情欲，它为"无欲"之体。换言之，他认为无欲之体超越而翻在知

---

① 查铎：《毅斋查先生阐道集》，见《明别集丛刊》第 3 辑第 71 册，合肥：黄山书社 2016 年版，第 637 页。

② 沈懋学：《郊居遗稿》，见《明别集丛刊》第 3 辑第 79 册，合肥：黄山书社 2016 年版，第 520 页。

③ 梅守德：《无为漫草》，见《明代诗文集珍本丛刊》第 69 册，北京：国家图书馆出版社 2019 年版，第 308 页。

④ 查铎：《毅斋查先生阐道集》，见《明别集丛刊》第 3 辑第 71 册，合肥：黄山书社 2016 年版，第 637 页。

⑤ 查铎：《毅斋查先生阐道集》，见《明别集丛刊》第 3 辑第 71 册，合肥：黄山书社 2016 年版，第 637 页。

⑥ 贡安国称："良知虚明如天。"（王畿：《王畿集》，南京：凤凰出版社 2007 年版，第 580 页）

⑦ 查铎：《毅斋查先生阐道集》，见《明别集丛刊》第 3 辑第 71 册，合肥：黄山书社 2016 年版，第 571 页。

⑧ 查铎：《毅斋查先生阐道集》，见《明别集丛刊》第 3 辑第 71 册，合肥：黄山书社 2016 年版，第 638 页。

识欲望的上一层，不可将知识与欲望混同于良知。

（二）合一性

不同于对良知与知识之内外本末的辨别，贡安国并不认同良知有内外动静之分，即"不离伦物，直透灵根"之意，他对心物关系的看法为："告子之学，是后世禅定之宗。'不得于言，勿求于心'，是外境使不入。'不得于心，勿求于气'，是内境使不出。不出不入，心常定，故能先孟子不动心。但非见性之学，所以有'不得于言''不得于心'之境。"[①] 在他看来，告子无论是外境不入，还是内境不出，皆割裂了心物合一的关系，才会有"不得于言""不得于心"的弊病。故贡安国强调心物合一，良知无分于内外，故不可把捉此心，强分内外。同样，"终日应感，不动一念，即是立命功夫"[②]，则此心虽应感无穷，但却不曾为外物所迁，即"不动一念"，可知贡安国亦强调心体良知无分于动静。这也就是他的"不离伦物"之意，既要在事上磨炼，又能不为外物所迁动，则良知既有超越性，同时又不离日常伦物。

这种"无分"不仅体现于本体论上心物之间的合一，也表现于功夫论上。与告子的内外把捉相反，贡安国对良知及本体功夫的看法为："性、道、教，皆天也。以其隐微，故曰不睹不闻；以其无对，故曰独；以其未发，谓之中；以其中节，谓之和。其实一也。戒惧慎独，全其天而已。良知虚明如天，故曰知崇；致知功夫笃厚如地，故曰礼卑。寂灭之学无意，虚无之学无情，圣人之学在诚意。诚意者，真情也。"[③] 贡安国将"不睹不闻""独""中""和"皆看做对良知某一侧面的描述，如中和只是就良知的中和动静而言，故戒慎恐惧与慎独、中与和并无前后之分。戒惧慎独的本质则是无对之体或独知的自觉与警醒，不受然者，不过是要保持良知固有的善性而已，这也是诚意的具体内涵。贡安国以"智崇礼卑"来论述本体功夫，认为二者亦如天地一般相即不离、相互交融。由此，贡安国批评佛老的"寂灭""虚无"，前者无意，后者无情，皆不能如诚意之有情有义。

（三）顿悟渐修

贡安国对合一性的理解，还表明他较为注重悟与修之间的合一，如贡安国对为学功夫的论述：

> 只知及之，亦未易承当。这知一及，便是已见道了，非是寻常见闻知识推测影响，便可谓之及。只知及之，仁不能守，却是造不深、蓄不固、居不安，故知及后不得托大张皇，更要涵濡酝酿，韬光敛华，氤氲混沌，含不息之真，久之方能缉熙。非于知

① 沈守正：《四书说丛》，见《四库存目丛书·经部》第 163 册，济南：齐鲁书社 1997 年版，第 553 页。
② 查铎：《毅斋查先生阐道集》，见《明别集丛刊》第 3 辑第 71 册，合肥：黄山书社 2016 年版，第 638 页。
③ 王畿：《王畿集》，南京：凤凰出版社 2007 年版，第 580 页。

及之外另有仁守工夫，只灵明处不息便是。至于仁能守了，若无庄礼，却是涵养尚欠充实，气习尚未脱化净尽，不可以言盛德之至，所以流行处尚欠赫喧，未能动容周旋中礼，故仁守后，亦不得托大张皇，更须瞬有存，息有养，洗心退藏于密，斋戒神明其德，到得溥博渊泉而时出之，便是德盛礼恭，声为律而身为度矣。非于仁守之外，另有庄礼工夫，只明体不息处充实光辉便是。①

贡安国将"知及"理解为"见道"，此可说为悟，也就是确立良知的自觉与主宰，但此种确立与自觉的现实化并非一蹴而就的，需要配合仁守与庄礼等修的工大。"涵濡酝酿，韬光敛华"与"洗心退藏于密，斋戒神明其德"，皆强调涵养保任、收敛归根，贡安国指出它们皆为良知自觉的工夫，并"非于知及之外另有仁守功夫"，亦"非于仁守之外另有庄礼工夫"，这反映出贡安国对工夫的独特理解，即它们皆出于良知的自觉，内在本质上相同，且为自然而然地发动。所以，贡安国虽然强调"性宗直悟"，但又强调工夫的持续涵养，以充尽良知全体之量。同时，不断保任的功夫，又出自良知的自觉，则良知与工夫便呈现为不断地交织与相互促进的过程。故而，贡安国乃强调顿悟渐修的为学方式。由此而言，沈懋学以"良知悟纱诠，玄语嗟陈迹。大道合形神，功行尤铢积"②来概述贡安国之学，是有道理的，即贡安国不仅注重良知之悟，以它贯通于形神，体现出合一性，而且强调良知需要"铢积"的工夫来涵养保任。

（四）良知的头脑地位

贡安国虽然注重心体良知无分于内外动静的合一性，但他也强调"只觳得一点灵明"③，即从心物关系的角度说明处事接物依凭"一点灵明"，也就是"动率性灵"之意，则心物固然合一，但主脑毕竟在此"灵明"。同时，他也主张"功夫从应感用易混，多不得力，须从寂上用"④"颜子不违如愚是在微处酝酿，亦足以发是微之显"⑤，这便是从功夫论的角度来说明用功之所，即不可逐于应感，要知得动而无动，而在良知或"微处"用功，故良知虽然无分于动静，但不可舍却良知的头脑，逐于应感。这种对逐于外物的警惕，还表现于贡安国对乡愿的评论："乡愿所以见绝于圣门，只为他媚世一念重，一生精神心思只陪奉世界。纵做到无非无刺，其病痛愈深，于自己性命全无干涉，且包藏秽恶，盗名欺世，故曰德之贼。若是真为性命汉，精神只向里面打叠，何暇去照管外人。"⑥贡安国指出乡愿的本性为逐物，不反身向里，实无涉于身心性命，若真为性命，必然除去英华，精神收摄，自无暇照管外人。这里的"只向里面打叠"，便是要在微处用功

① 王肯堂：《论语义府》，见《四库存目丛书·经部》第161册，济南：齐鲁书社1997年版，第737—738页。
② 沈懋学：《郊居遗稿》，见《明别集丛刊》第3辑第79册，合肥：黄山书社2016年版，第520页。
③ 梅守德：《无为漫草》，见《明代诗文集珍本丛刊》第69册，北京：国家图书馆出版社2019年版，第572页。
④ 查铎：《毅斋先生阐道集》，见《明别集丛刊》第3辑第71册，合肥：黄山书社2016年版，第556—557页。
⑤ 王栋：《王一菴先生遗集》，见《明别集丛刊》第2辑第17册，合肥：黄山书社2016年版，第596页。
⑥ 陆陇其：《四书讲义困勉录》，见《影印文渊阁四库全书》第二〇九册，台北：台湾"商务印书馆"1986年版，第832页。

之意，亦即收敛归根，保任良知。这也是他对"退藏于密、道心之微、知微之显、指点微体，独
惓惓焉"①的原因。

贡安国贵悟的为学方式、注重良知之虚明的特质及其视良知超越于知识情欲之上的观点，
还有对良知头脑的强调，显然受到王畿之学的深刻影响，因为"东廓对良知的界定绝无'无善无
恶''不学不虑''虚寂'等具有佛老色彩的、偏于'无滞'境界的字眼"②。然而，他也强调不可
须臾缺乏工夫及其对戒惧诚意的看法，无疑又继承了邹守益与欧阳德等的为学之道。在生活中，
他尤其注重致良知的工夫，如沈懋学所称："濂洛穷源，上通洙泗。先觉是师，良知自致。时绎
新功，日思微义。似兰斯馨，如利斯嗜。处士横议，竟尚玄虚。爰端型轨，尺步绳趋。"③贡安国
在家谱中更是罗列出众多的"规范"，正与他的"尺步绳趋"一致。实际上，贡安国也以其学的
严毅著称，如时人将余珊与他并称时论述道："公与贡受轩安国同为东郭先生高足弟子，或以贡
拟正叔，公拟伯淳。"④可知贡安国之学使人联想到程颐的严肃性。

三、良知与经典之关系

阳明龙场之悟时，曾以所得证之六经，而有《五经臆说》之作，然此书并未传世，盖有阳
明的"不得已"之意在焉！阳明虽然也借助于《孟子》与《大学》等经典来立论，但他强调要以
良知的是非为是非，一定程度上无疑有消解经典的权威之意。阳明的著名弟子中，除较早期的蔡
宗兖、季本、黄绾与马明衡等，鲜有诠释经典的专著，中后期的弟子尤其如此，这不能不说是受
到阳明的影响。贡安国虽深契于良知学，但对引证经典以证其学又情有独钟，以致受到邹守益的
批评："若言语讲说，终是鼓人意兴，毕竟脚跟未踏实地。况于分门立条，取古人议论，分裂相
从？此正后来类书积弊。纵未能扫荡，忍助之乎……吾子直以己意与后俊辈开说，一洗支离破碎
之痼，不必掇拾经传以就吾行列。"⑤邹守益认为依持良知，充尽其学，自有笃实光辉之时，而以
"言语讲说"鼓动意兴，终是流于口耳，异于真修实践。因而，邹守益批评贡安国依照不同的主
题分门别类地来引证经说，犹如制作类书，不仅割裂经典，亦有支离破碎之病，故不必如此"掇
拾经传"。这里的"掇拾经传"以证己说，实际上就是贡安国著述的形式，这反映出贡安国对良
知与经典之间关系的独特关怀。

邹守益的批评并未打消贡安国注重经说的心意，这不仅反映于他著述的《学规》等为人所重，
而且他也曾直接论述良知与经典之间的关系：

① 查铎：《毅斋查先生阐道集》，见《明别集丛刊》第 3 辑第 71 册，合肥：黄山书社 2016 年版，第 571 页。
② 张卫红：《由凡至圣：阳明心学工夫散论》，北京：生活·读书·新知三联书店 2016 年版，第 237 页。
③ 沈懋学：《郊居遗稿》，见《明别集丛刊》第 3 辑第 79 册，合肥：黄山书社 2016 年版，第 658 页。
④ 栗可仕修，王命新纂：《万历汶上县志》卷五，康熙五十六年（1717）重刊本。
⑤ 邹守益：《邹守益集》，南京：凤凰出版社 2007 年版，第 637 页。

> 五经四书，洋洋圣谟，凡以明道也。道在则言忘矣，然珠柜□箱，未可废也。故道得之于心，□之古训，上也。因言触机，觉后扣释，次也。无预于己，发挥潜义而训诂之，亦以为卫道，汉儒是也，抑末矣。无得于心，又无得于其义，口耳焉以为利禄阶，今时举业是也，失之则既远乎！①

在他看来，四书五经为明道之作，若能得道则可以忘言，这也就是得意忘言之意。然而，贡安国同时以"柜""箱"承载"珠"譬喻言与道的关系，以为前者"未可废也"，明确提出不可废弃承载大道的四书五经，无疑重新确立了经典的价值与意义。得道忘言虽然凸显出道的优先性，但又难免有割裂道与言之意，尚有执着对待，所以，贡安国提出得道后不必忘言，似蕴含着事事无碍之意。故贡安国以"得于心"与"得于言"（"得于义"）两项标准，来划分学问的等级：最理想的当然是既有得于心，又有得于义，则得道不必排斥载道之言，反而可将之作为证道之资；其次，因言触机，有所启悟后，再叩问于经典；若无关于身心性命，只以发挥经典之意来卫道，这是末一等，即汉儒的工作；若无得于心，又无得于义，只为了利禄，就是当时学习举业的功利之学。这就将"得于言"作为一项独立的标准来审视学问，甚至以能够认识经义来辨别儒者，此固然有消解道与言的紧张关系之意，但也难免使人要追问"得于心"与"得于言"究竟为何种关系，若将"得于言"作为独立的标准，亦将有启心外之理的嫌疑。

贡安国所持良知与经典之间并行不悖的观点，才可以解释他何以坚持用"掇拾经传"的形式来著述，其目的正在于既"得于心"，又"得于言"，所以，邹守益的批评并未能使贡安国改变其做法。相反，贡安国的观点得到了其学生杜质的回应，杜质辑录有《明儒经翼》，贡安国为其作序称："吾友杜质氏，壮年从学，五十有闻，可忘言矣。独念圣谟久湮，而吾明儒独契于千古者，难令散见湮郁，于是采辑成编，其意使人知吾儒之学本明诸心而实□承古训，吾儒之心本明诸道而实功神圣经，且有本之言，与汉唐诸家留情笺注者别。"②贡安国认为杜质学道有得，已可忘言，但又悯圣学久失，惟明儒有所独得，乃采辑明儒之说，来使人知晓良知学并非师心自用，实可证诸古训，与经典相合，故二者当并行不悖，相互促进。甚至，王畿在为杜氏作序时也承认"治经由三益"，即"有触发之意""有栽培之义""有印证之义"③，不过他亦强调"而其机，存乎一念之微……而不流于虚与支之失"④，既不陷入汉儒的沉溺训诂而不得其义，也不似佛学仅直指人心而鄙弃文字，也对得意忘言有所反思。实际上，言一定程度上代表着文化传统，若过于强调得意忘言，很可能会使历史文化意识淡薄，从而空守心性，这是贡安国等人所警惕的。

贡安国对良知与经典的看法，回应了人们指责良知学悖于经典的批评。自从阳明提出良知学后，一直受到别人以经典来质疑其说的困惑，如顾东桥以四书五经之说来质疑，罗钦顺以朱子之说来辩驳，阳明对此虽然也有辩解，但终究也被逼到不得不提出以良知之是非来衡量孔孟、

---

① 贡安国：《明儒经翼序》，见《（万历）宁国府志》卷三。
② 贡安国：《明儒经翼序》，见《（万历）宁国府志》卷三。
③ 王畿：《王畿集》，南京：凤凰出版社 2007 年版，第 421 页。
④ 王畿：《王畿集》，南京：凤凰出版社 2007 年版，第 421 页。

朱子的是非。随着阳明之学的逐渐确立，需要进一步消弭良知与经典之间的紧张性，并借助于经典诠释来传播阳明学，阳明学内部也酝酿起一股回归经典的态势，如阳明的弟子季本、马明衡与后学万廷言等皆曾分别注解一部或多部经书。实际上，阳明学的兴起一直伴随着经典的重新诠释，《大学问》原来名《大学或问》，本就是借助于诠释《大学》以传播其学之作，而阳明学的进一步展开，也必然要更为深入与系统地处理良知与经典之间的关系，故贡安国确立"得于心"与"得于言"的标准，乃是对"得意忘言"的补充与推进，力图破除良知与经典之间可能存在的张力。

四、结语

贡安国较早接触到阳明的不同弟子，得以出入江右与浙中之学。他为学注重悟得良知，然而相较于龙溪对无的偏爱①，贡安国又充分吸收邹守益等人的观点，从而以"智崇礼卑"来论本体与功夫的相即不离，并重视戒惧诚意之学，这反映出他并未如龙溪走得那么远，即过于强调良知之无的向度与功夫，而力图协调有与无之间的合一关系。他对"诚意"的理解，也使人感到他对判致知（先天正心）与后天诚意之分为第一义与第二义功夫的龙溪之学是否那么认同，或者说，贡安国虽然认同龙溪对于悟的强调，但他并未完全认同龙溪对致知与诚意的分判，至少他不能认同诚意功夫仅仅为第二义的功夫。他对"指点微体"的重视，表明他也追求第一义功夫，不过是以戒惧与诚意为彻上彻下的功夫，即回到阳明学的观点。阳明的二传弟子皆会遇到何者为阳明真意的困惑：面对阳明弟子之间不同方向的诠释，二传弟子总要有其抉择，或偏向一人，或综合会通，贡安国便是后者。这就使得他从阳明一传弟子的分化中，重新走向合，也就自觉与不自觉间在一个更高层面上"重返阳明"，出现学术史上的"返祖现象"。若将贡安国放在龙溪后学的脉络中来看，其学也表现出自身的独特取向，即着力在悟与无的基础上更为注重与融合修养功夫，此正是"龙溪之后……得江右为之救正"②的具体体现。此外，贡安国对良知与经典之间关系的看法，表明他欲沟通良知与经典，以更好地发明与传播阳明学，合乎阳明学进一步发展的潮流与精神。

作者简介：李想，安徽大学哲学学院，主要从事阳明后学研究。

---

① 彭国翔指出王畿之学："即使在上面试图平衡有无的叙述中，我们依然可以感受到一种对'无'的偏好。"（彭国翔：《良知学的展开：王龙溪与中晚明的阳明学》，北京：生活·读书·新知三联书店2015年版，第41页）
② 黄宗羲：《明儒学案》，北京：中华书局2008年版，第703页。

刘蕺山论恶之来源新解

魏思远

摘要：在宋明理学家中，刘蕺山对恶之来源的照察之深可谓先儒所未及。蕺山并不满足于以"心有所向"论恶之来源，在《人谱》中，他提出了"妄"作为恶之来源。"妄"源于气的形而下的限制，是人心发用时失亡、陷溺的可能性。"妄"的三个特征：一是"妄"依附于心体；二是"妄"并非实存的恶；三是"妄"并没有形而上的根据。前两个特征使"妄"区别于"心有所向"，第三个特征则说明了"妄"并非必然要成为现实，即便成为现实的恶，也是可以消除的。蕺山对"妄"的论说在一定程度上可以与康德的根本恶学说相通，"妄"来源于人的有限性，同时又是人自由选择的结果，因此，人必须为道德上的恶负起责任。

关键词：刘蕺山；恶之来源；《人谱》；妄；根本恶

作为宋明理学殿军的刘蕺山，可谓宋明理学讨论恶的问题的总结者和集大成者，学界要研究恶的问题绕不开刘蕺山，要讨论刘蕺山关于恶的看法则必定绕不开《人谱》。在《人谱》中，蕺山对恶的问题进行了细致入微的剖析，并明确将"妄"作为恶之来源，有鉴于此，学界在讨论刘蕺山关于恶的论述时，一般是围绕着作为恶之来源的"妄"来展开，并且基本上都是将"妄"解释为"心有所向"，例如何俊即认为"妄"是一种隐性的精神状态，"性质上是与善的心性本体相对立的非天然的人心有所向，而心有所向便是欲，妄就是人欲的萌发"[1]。李明辉认为"妄起于念，念起于识心；盖识心以缘物为性，而念亦因物之牵引而起……虽曰妄起于念，然念非过恶之真正根源，其真正的根源仍在于心"[2]，二人大体上皆是将"妄"解释为"心"对其本然状态的偏离（即"心有所向"）。如此解"妄"的话，蕺山对恶之来源的解释就与阳明的"有善有恶意之动"别无二致，这样是否符合蕺山之原意呢？笔者认为这实际上是对蕺山所说之"妄"的误解，也可以说是在很大程度上抹杀了蕺山对恶之议题的理论贡献。

---

[1] 何俊、尹晓宁：《刘宗周与蕺山学派》，北京：中国人民大学出版社 2009 年版，第 131 页。

[2] 李明辉：《刘蕺山论恶之根源》，《刘蕺山学术思想论集》，台北：文哲研究所 1998 年版，第 124 页。

一、"妄"的特征

在《人谱》中，蕺山对过（恶）① 进行了细致入微的剖析，并将过（恶）区分为六类：微过、隐过、显过、大过、丛过、成过，前五过具有层层递进的因果关系，微过最为根本，是所有过（恶）最原初的起点，刘蕺山在《人谱·纪过格》中明确指出"妄"就是一切过（恶）的起源——微过：

> 妄（独而离其天者是。）以上一过，实函后来种种诸过，而藏在未起念以前，仿佛不可名状，故曰"微"。原从无过中看出过来者。"妄"字最难解，直是无病痛可指。如人元气偶虚耳，然百邪从此易入。人犯此者，便一生受亏，无药可疗，最可畏也。程子曰："无妄之谓诚"诚尚在无妄之后。诚与伪对，妄乃生伪也。妄无面目，只在一点浮气所中，如履霜之象，微乎微乎。②

"妄"是一切过（恶）的源头，"藏在未起念以前"，在"心"应事接物的已发状态之前就已经存在③，而且"妄"是"从无过中看出过来者"，意指"妄"并不像种种显性的过（恶）一样具有现实性，其本身并不能被称为恶。"诚与伪对，妄乃生伪也"，"诚"是指心体真实无妄的发用流行，而"妄"不但在未起念以前，更在"诚"之前，即是说"妄"在心体的如实发用之前就已经存在；"心有所向"是对心体的背离（即"伪"），恰恰出现在心体发用的环节，而只能与"诚"相对。因此，"妄"并非因"心"的发用而有，其显然比处于已发环节的"心有所向"更为根本，又如何可以说蕺山所说的"妄"就是指"心有所向"的状态？"伪"与"诚"对，"妄"则与"真"相对，刘蕺山曾说：

> 妄者，真之似者也。古人恶似而非，似者，非之微者也。道心惟微，妄即依焉，依真而立，即托真而行。官骸性命之地，犹是人也，而生意有弗贯焉者。是人非人之间，不可方物，强名之曰妄。有妄心，斯有妄形，因有妄解识，妄名理，妄言说，妄事功，以此造成妄世界，一切妄也，则亦谓之妄人已矣。④

"真"是指"道心"，即是人之本心。"妄"作为"真之似者"，似真而非真，说明"妄"虽与"真"相似，却并不属于心体的本质内容，但因为"道心惟微"，在"官骸性命之地"，"真"与"妄"所争不过毫厘，人心对本然善性的把握稍有不慎就会出现偏差，"妄"则"依真而立，即托真而

---

① 蕺山所关注的大多为道德之恶，与道德之恶相对的则是自然之恶。道德之恶是从道德角度而言的恶，而自然之恶则是指天然的缺陷之类，譬如残疾之类，自然之恶与道德之恶的差别归根究底在于恶之中有没有"心"的参与（即有无人的意识在其中起作用）。由人之意识选择所导致的恶为道德之恶，与人之意识无关的恶则是自然之恶。如此，恶之问题便可归结为"心"的问题（下文若无特别说明，所论者皆为道德之恶）。
② 刘蕺山：《纪过格》，见《刘宗周全集》第 3 册，杭州：浙江古籍出版社 2012 年版，第 8—9 页。
③ 心固然无未发之时，此处说"已发状态之前"是指在此心的发用中指出"寂然不动"之体。蕺山说"妄"在心体发用之前是逻辑上的在先，而非时间上的在先。
④ 刘蕺山：《证学杂解》，见《刘宗周全集》第 3 册，杭州：浙江古籍出版社 2012 年版，第 233—234 页。

行"，同时也说明了"妄"并不能够离开心体而独立自存，只能假托于心体的发用流行造成"心有所向"，使原本至善的心体沦为"妄心"。"妄心"（即"心有所向"）已经是实存的过，而"妄"则无形相，故蕺山曰"是人非人之间，不可方物"，"妄"无病痛可指，而"妄心"已成为真正的病痛，因此"妄"绝不能等同于"心有所向"。

通过上文的分析，我们可以得出蕺山所论"妄"的三个特征：一是"妄"必须依附于心体的，比"心有所向"更为根本；二是"妄"并非现实的过（恶）；三是"妄"并非心体的本质内容，亦即没有形而上的根据。

二、"妄"源于人的有限性

（一）气的局限性

蕺山之前的理学家们谈论恶的问题，或将恶之来源归结于气质，或将恶之来源归结于"心有所向"。但从未有理学家从心体上讨论恶之来源，唯蕺山认为作为恶之来源的"妄"实是从心体而来。众所周知，人性本善是宋明理学家们的共识，蕺山作为宋明理学之殿军，断然不会违背性善的本旨，那他又如何能够将"妄"归结到心体上呢？蕺山认为："有是气，方有是理；无是气，则理于何丽？但既有是理，则此理尊而无上，遂足以为气之主宰，气若其所从出者，非理能生气也。"[1]理只是气之理，是气在周流常运过程中的一点主宰，并不在气之先，也不在气之外。性与气的关系亦是如此，蕺山说："须知性只是气质之性，而义理者气质之本然，乃所以为性也。"[2]"夫性，因心而名者也。盈天地间一性也，而在人则专以心言。性者，心之性也。心之所同然者，理也。生而有此理谓之性，非性为心之理也。"[3]气的形上意义即是性、理，气的形下意义则是形（即感性），性与气绝非两物。蕺山的理气为一、性气为一并不是下坠式的，而是将气上提至超越层而对其进行肯定，使其具有形上的意义而非消解性、理的形上意义。[4]因此，蕺山的心体是被上提至超越层的气，也就是他所说的"元气"。"元气"兼具形上形下，由于"妄"并没有形上的根据，所以"妄"只能来自形下的成分。如蕺山言：

> 天命流行，物与无妄，人得之以为心，是谓本心。何过之有？惟是气机乘除之际，有不能无过不及之差者。有过而后有不及，虽不及，亦过也。过也，而妄乘之，为厥心病矣。[5]

---

① 刘蕺山：《学言中》，见《刘宗周全集》第3册，杭州：浙江古籍出版社2012年版，第369页。

② 刘蕺山：《中庸首章说》，见《刘宗周全集》第3册，杭州：浙江古籍出版社2012年版，第271页。

③ 黄宗羲：《明儒学案·蕺山学案》，北京：中华书局2008年版，第1565—1566页。

④ 有关刘蕺山理气合一、性气合一的上提式论述可参见庄耀郎：《刘蕺山的气论》，见《刘蕺山学术思想论集》，台北：文哲研究所1998年版，第19—33页。

⑤ 刘蕺山：《改过说》，见《刘宗周全集》第3册，杭州：浙江古籍出版社2012年版，第15页。

刘蕺山在这里指出"气机乘除之际"必定会出现"过或不及"的差错。蕺山主张理气为一，气的周流运转即是"天命流行"，本是纯善无恶的，但纵使是超越的"元气"只要流行便是属于形而下的一个现实，就必然会出现"过或不及"的差错。蕺山并不认为"气机乘除"之际"过或不及"的差错就是过（恶）的来源，它只是人在应事接物的过程中难免会出现的类似于气血翻涌的状态，这个"过或不及"的差错没有人的意志在其中起作用，并不具有任何道德的意义。"过或不及"的差错并不是"妄"形成的原因，仅仅是为提供了一个"妄"可乘的机缘或机会，"妄"才是种种过（恶）的源头，蕺山的气是超越的"元气"，但此"元气"依旧是一形而下的现实，因此气在周流运转的过程中就必然伴随着"妄"。前面引文中提到"官骸性命之地，犹是人也，而生意有弗贯焉者"，这个"生意有弗贯"就是恶的产生。"生意"即是心性本体的流行，是贯通形上形下的，只就其形上的意义来讲，是纯粹至善的，没有丝毫"妄"的地位，只有从形下的意义上讲，"生意弗贯"的"贯"其实就是形下之始，此"生意"只有在形下的意义上讲，方有"弗贯"的可能。形下即是此心性本体在经验世界中的展开表现而具有形相，从而"囿于形"，如蕺山言：

> 此良知之蕴也。然不能不囿于气血之中，而其为几希呈露，有时而亏欠焉，是以君子贵学也。[1]

> 人生而有气质之病也，奚若？曰：气本于天，亲上者也。故或失之浮，浮之变为轻，为薄，为虚夸……为远人而禽。质本乎地，亲下者也。故或失之粗，粗之变为重，为浊，为险……为远人而禽，亦各从其类也。夫人也，而乃禽乃兽，抑岂天地之初乎？流失之势，积渐然也。故曰："性相近也，习相远也。"又曰："或相什百，或相千万，或相倍蓰而无算者，不能尽其才者也。"然则气质何病？人自病之耳。既病矣，伊何治之？浮者治之以沉，粗者治之以细，更须事事与之对治过。用此工夫既久，便见得此心从气质托体，实有不囿于气质者。[2]

"囿于气血之中"即是"囿于形"，是落于形而下（或形体）的限制中，这个限制是必然的，是气所具有的必然的限制，也就是牟宗三在《中国哲学十九讲》中所说的形而下的、感性的限制，也是气的限制，它是人的生命本身的问题。[3]人正由于气才得以有形体，同时也必然受到气的限制，这个限制使人必然要作为一个有限的存在，从始至终伴随着形体的限制，受到感性的影响。因此，气的限制具有其形而上的必然性，这个形而上的必然性使"妄"具有了形而上的意义（"妄"只有形而上的意义，但并没有形而上的根据）。气的限制也可以说是人的局限性，"妄"正是来源于此局限性。

所谓气质的局限性，也就是气质的特殊性。"气本于天""质本乎地"，气与质有着各自不同的局限，每个个体也由于各自所禀受气质分数的不同而千差万别。这气质的局限性、特殊性就

---

① 黄宗羲：《明儒学案·蕺山学案》，北京：中华书局 2008 年版，第 1567 页。

② 刘蕺山：《证学杂解》，见《刘宗周全集》第 3 册，杭州：浙江古籍出版社 2012 年版，第 242—243 页。

③ 牟宗三：《中国哲学十九讲》，台北：台湾学生书局 1997 年版，第 7 页。

是理表现的通孔，没有这个通孔，理就无法表现①，但理要表现，就必须受到有限的通孔的限制。同理，人要表现性、理就必须通过心（"形而下者谓之心"②），但性、理必然要受到此心作为有限之存在的限制，在这个意义上，"妄"就是这个限制。心从几微之地发用流行至日用百行，"妄"亦从几微之地伴随至日用百行；人心贯穿人生之始终，"妄"亦随之贯穿人之始终。蕺山虽然将气质的局限性作为恶之来源——"妄"，但正如他自己所说"然则气质何病？人自病之耳"，"妄"并不必然地将人导向恶的事实，其本身并不能够算是罪恶（"原从无过中看出过来"），只是过（恶）产生的先决条件。从这意义上说，"妄"可谓人生之"隐痛"。心能主动地表现理可谓体现了人的尊贵，而"妄"伴随人心之始终则可以说是人与生俱来的悲壮！

（二）"妄"是人心之危

蕺山拈出"妄"作为恶之来源，此创见并非无根之木、无源之流，通过蕺山对心体的理解，亦可以看出蕺山之"妄"实有所本。蕺山曾说：

> 人心，言人之心也；道心，言心之道也，心之所以为心也。可存可亡，故曰危；几希神妙，故曰微。惟精，以言乎其明也；惟一，以言乎其诚也，皆所谓惟微也。明亦可暗，诚亦可二三，所谓危也。二者皆以本体言，非以工夫言也。③

> 心者凡圣之合也，而终不能无真妄之殊，则或存或亡之辨耳，存则圣，亡则狂……④

"人心惟危，道心惟微"是宋明儒者经常引用的一句话，出自《尚书·大禹谟》，一般认为"人心惟危"是现实中人心的发用多有不善，因此指出人心之危，多从强调工夫的角度出发，而蕺山于此却作新解，认为"人心惟危"是就本体而言，非以工夫而言。蕺山认为心作为形而下者，并没有一个纯粹独立的形上存在作为其本体，盈天地间的只是此一心、亦即一气，因此，蕺山的心作为本体是"凡圣之合"，"乃形之最易溺处，在方寸隐微中，故曰'人心惟危，道心惟微'"⑤。心作为形而下者，始终伴随着感性的限制，因此有了向"或存""或亡"的两种方向发展的可能。心，就其本然状态来说是纯然善的，人只要保存此心不失就可以为善；但此时心也同时伴随着失亡的危险，就像光明存在之时，黑暗便作为可能性伴随其中，蕺山言："人心自真而之妄，非有妄也，但自明而之暗耳。暗则成妄，如魑魅不能昼见"⑥，人心本来只是一个真心，并非有一个实存的"妄"与"真"相对立，此时"妄"作为潜在的可能性，因此不能称其为"有"，而是只有人自己放失了真心，"妄"才能成为现实的过（恶）。蕺山之所以说"危"（即"妄"）是"以本体

---

① 此义参见牟宗三：《中国哲学十九讲》，台北：台湾学生书局1997年版，第10页。
② 刘蕺山：《学言上》，见《刘宗周全集》第3册，杭州：浙江古籍出版社2012年版，第351页。
③ 刘蕺山：《学言下》，见《刘宗周全集》第3册，杭州：浙江古籍出版社2012年版，第425页。
④ 刘蕺山：《证学杂解》，见《刘宗周全集》第3册，杭州：浙江古籍出版社2012年版，第236页。
⑤ 刘蕺山：《与以建二》，见《刘宗周全集》第5册，杭州：浙江古籍出版社2012年版，第266页。
⑥ 刘蕺山：《改过说》，见《刘宗周全集》第3册，杭州：浙江古籍出版社2012年版，第16页。

言"，就在于"妄"是从心的有限性而来，而有限性心作为形而下者所无可逃避的，因此是无法根除的。蕺山言："故学在去蔽，不必除妄"①，工夫只在于扫除对本心的遮蔽，"妄"则作为一种本源性的"过"，是无法根除的。"妄"的无法根除要求工夫的不可间断性，徐波即指出"在本体工夫一元的框架下，有善无恶的本体实是工夫之本体，亦即工夫之最终归宿；而有恶无善的工夫是本体之工夫，亦即本体之必然堕落。这实际上再一次说明了在蕺山那里，恶与善同样有着形上意义上的本源依据。"②"本体之必然堕落"并非指恶的出现有其形上的必然性，而是说本体堕落的可能（"妄"）是必然存在的，恶的产生终归是偶然的，毋宁说在蕺山那里，"妄"与善同样有着本源的意义。

蕺山通过"妄"解释了恶之所以会产生的源头，从而引出了此"妄"的不可根除性，亦从"妄"的不可根除性保证了工夫的必要性与不可间断性。工夫存在的必要性并非因为种种恶的事实存在，而是因为人之生命本身具有不可根除的局限性，正如蕺山所言："学者未历过上五条公案，通身都是罪过。即已历过上五条公案，通身仍是罪过"③。"妄"既伴随人生命之始终，工夫亦需伴随人生命之始终。

三、"几善恶"与根本恶

牟宗三对蕺山以"妄"论恶之来源评价甚高，他指出：

> 此中言微过之妄最为深透，盖与独体并行……盖即"同体无明"也。诚与妄对，一真便是诚体，一虚欠便是妄根浮气。其旨深矣。诚体深至何处，妄浮随之；诚体达至极限，妄浮随之。诚体本是终极的，妄浮随之为终极。④

关于"妄"的本源性，纵向来看，"妄"伴随人生命之始终；横向来看，"妄"与独体并行（在蕺山，独体亦是气），从独体几微之地达至日用百行之间，无处不是气之流行，无处不存在着气的限制。独体之寂然不动，"妄"即作为人之"隐痛"，藏而不发，独体之感而遂通至生活中细微的日用常行，"妄"亦作为随时可能发不中节的危险，隐伏其中。作为有限的人在心体展开的各个环节直到表现于日用百行都有着沦于恶的可能，哪怕是独体的几微之地，"妄"亦随。如蕺山对"几"的疏解：

> 几者动之微，吉之先见者也。曰动之微则动而无动可知，曰先见则不著于吉凶可知，曰吉之先见，则不沦于凶可知。此诚意真注疏也。周子曰，几善恶，正所谓指心而言也。⑤

---

① 刘蕺山：《改过说》，见《刘宗周全集》第 3 册，杭州：浙江古籍出版社 2012 年版，第 16 页。
② 徐波：《从"恶之来源"看蕺山学在宋明理学中的定位》，《中国哲学史》2020 年第 4 期。
③ 刘蕺山：《证人要旨》，见《刘宗周全集》第 3 册，杭州：浙江古籍出版社 2012 年版，第 8 页。
④ 牟宗三：《从陆象山到刘蕺山》，台北：台湾学生书局 1979 年版，第 371 页。
⑤ 刘蕺山：《学言中》，见《刘宗周全集》第 3 册，杭州：浙江古籍出版社 2012 年版，第 352 页。

濂溪曰几善恶，故阳明亦曰有善有恶，濂溪曰动而未形有无之间者几也，阳明亦曰意之动。然两贤之言相似，而实不同。盖先儒以有无之间言几，后儒以有而已形言几也。曰善恶言有自善而之恶之势，后儒则平分善恶而已。或曰意非几也，则几又宿在何处？意非几也，独非几乎？①

戴山解"几"与先儒不同，阳明释"几"为"意之动"，戴山则认为"几"正指心（即意、独），正相当于阳明所说的良知。戴山言"几善恶"，认为"几"（亦即心）有"自善而之恶之势"，此义对于阳明的良知来说是不可理喻的。阳明的良知即是心，是不为经验世界所限制的超越之本心，可以说是一无限的存在，自然不具有任何形而下的限制，每个人的良知皆是与圣人同的；在戴山则不同，前文提到戴山所言之心是兼备理气的，故其言"心者凡圣之合也"，"圣"是从纯粹超越的性、理的角度讲，"凡"则是指心属于形而下的成分，"凡"对于"圣"而言是有限的，相对虚妄的。正因为戴山对心的独特理解，他才能说心有"自善而之恶之势"（以下简称"恶之势"）；阳明则由于其心是"不囿于形"的无限之良知，所以阳明解"几善恶"时必须在"有而已形"之时加入习心才能解释恶何以会出现。戴山在心"动而未形有无之间"言"恶之势"，"几"是天命之性在心中呈露的端倪，显然还没有掺入经验的成分，因此"善恶"并非指善恶念头的萌发，而是说心体在发用时有沦于过（恶）的可能，高海波即指出："'几'本来是善的，不过其中包含从善变恶的趋势，即包含这种可能性。"②从善变恶的可能性并非要必然地产生恶，"妄"仅是虚指，恶的产生终究要由人来负责。人要为道德之恶负责，就必须关涉着自由来讲，人必须有自由方能为自己的行为负责。人的自由从意志自由而来，意志的自由就在于它能不受自然法则的制约而使道德法则自发地起作用，意志的自由决定了人的自由，人因此具有了选择摆脱自然法则的规定而实现道德自律的能力。如戴山所言："几本善，而善中有恶，言仁义非出于中正，即是几之恶"③，仁义作为道德法则是不受自然法则制约而自发地起作用的，因此感性的偏好不会也没有能力使仁义"非出于中正"，同样道德法则本身也不会要求仁义"非出于中正"，仁义"不中正"的原因只能系于道德主体的选择，故戴山说是"几之恶"。

戴山对于"妄"的理解，与康德的"根本恶"学说在一定程度上可以相通。在《单纯理性限度内的宗教》一书中，康德提出了人性中有趋恶的倾向，道德之恶是由于人颠倒了出自道德法则的动机与非道德动机的主从关系，而趋恶倾向就是人采纳这种"颠倒"的准则的主观依据。他将这种倾向分为三个不同的层次：本性的脆弱、心灵的不纯正和人心的颠倒或恶劣。④康德在第三个层次上谈"根本恶"，并不代表前两个层次不重要，康德认为"人心的颠倒"正是产生自人的本性的脆弱，即在遵循自己认定的原则时不够坚定；而且与不纯正性相结合，未能将道德动机与非道德动机区分开来。最后，仅仅把行动上与道德法则相符合认为是道德上的善，这种思维方

① 刘戴山：《学言下》，见《刘宗周全集》第3册，杭州：浙江古籍出版社2012年版，第401页。
② 高海波：《慎独与诚意——刘戴山哲学思想研究》，北京：三联书店2016年版，第402页。
③ 刘戴山：《学言下》，见《刘宗周全集》第3册，杭州：浙江古籍出版社2012年版，第401页。
④ 参见［德］康德：《单纯理性限度内的宗教》，李秋零译，北京：商务印书馆2017年版，第24—25页。

式本身就已经可以被称作人的心灵的一种根本性的颠倒。① 正如蕺山所言：

> 人心，一气而已矣。而枢纽至微，才入粗一二，则枢纽之地霍然散矣。散则浮，有浮气，因有浮质；有浮质，因有浮性；有浮性，因有浮想。为此四浮，合成妄根；为此一妄，种成万恶。②

人在将感性动机纳入自己的准则之时（"才入粗一二"），作为道德法则的"枢纽之地"的纯粹性就霍然散去，形成浮气、浮质、浮性、浮想，合成妄根；此"四浮"者正是蕺山所说的此心囿于气质者。这些感性动机是气所必然具有的，它使人作为有限的理性存在者，区别于完全的理性存在者（不受感性影响），因此，人的自由是特别的，人不可避免地受到感性的影响③，而总是要把出自感性的动机纳入到自己的准则之中，在遵循道德法则时又是软弱的，蕺山言："妄根所中曰'惑'，为利、为名、为生死"④，利、名、生死是可谓人欲之大者，它们可统归于康德所说的自爱原则之下，与康德一样，蕺山虽然看到了欲对于人的影响之深，但也同样认识到欲并非导致恶的根源，如其言："生机之自然而不容已者，欲也。欲而纵，过也；甚焉，恶也"⑤，利、名、生死等出自自爱原则的欲望本身是人生命不容已的需求，并非导致恶的根源，只有在人对此三者的过分追求中，也就是人在采纳准则的时候将出于三者的动机置于道德动机之上，即"欲而纵"，过（恶）才会产生。"妄"便是作为此"欲而纵"的可能性而被蕺山提出。趋恶倾向由人的自由而产生，人的自由相比于神圣意志的自由似乎要承担更大的"风险"，但此心虽然"从气质托体，实有不囿于气质者"，人的自由依然有着绝对的自主性⑥，趋恶倾向最终不能推诿于外，只能是人类自己所招致的，康德认为就人心灵的颠倒来说，这一趋恶倾向是有意，可谓之自欺。蕺山则言："人心自妄根受病以来，自微而着，益增泄漏，遂受之以欺。欺与慊对，言亏欠也"⑦，人心有好善恶恶之意，即是道德法则，人要为善便依此好善恶恶之意为之便是，否则"才举一念"便已是对自身所本具的道德法则的信不及，故蕺山说："故欺曰自欺，慊曰自慊。自之为言，由也；自之为言，独也。"⑧ 蕺山就心作为形而下者来说其有"自善而之恶之势"，此"恶之势"尽管是因有限性而有，却不能完全推诿于有限性（或感性），心作为有限的形而下者，其"好善恶恶"能力的自主自发性却是无限的，过或恶的产生仍然是人心的选择。蕺山论"妄"与康德的趋恶倾向由有限

---

① 参见［德］康德：《单纯理性限度内的宗教》，李秋零译，北京：商务印书馆 2017 年版，第 35 页。
② 刘蕺山：《学言下》，见《刘宗周全集》第 3 册，杭州：浙江古籍出版社 2012 年版，第 392 页。
③ 康德并不认为感性的禀赋是恶的，感性禀赋就其不与道德法则冲突，且能够促使人们遵从道德法则而言反而是善的。蕺山也认为欲是"生机之自然不容已者"，只有人纵欲，将感性动机置于道德动机之先时，恶才会产生。
④ 刘蕺山：《纪过格》，见《刘宗周全集》第 3 册，杭州：浙江古籍出版社 2012 年版，第 9 页。
⑤ 刘蕺山：《原心》，见《刘宗周全集》第 3 册，杭州：浙江古籍出版社 2012 年版，第 251 页。
⑥ 感性动机并不能强行规定人去做什么，只有人将感性动机纳入自己的准则，并将其作为道德动机的先决条件时，道德之恶才会产生，因此，趋恶倾向虽然是由有限的任性所导致的，但任性的自由能力却是无限的。就自主自发性能力方面，人的任性的自由与神圣意志的自由是没有什么分别的；两者的区别只在于选择，神圣意志由于不受感性的影响，其选择只能是一，人的任性必然要受到感性的影响，因而其选择是多。
⑦ 黄宗羲：《明儒学案·蕺山学案》，北京：中华书局 2008 年版，第 1568 页。
⑧ 黄宗羲：《明儒学案·蕺山学案》，北京：中华书局 2008 年版，第 1531 页。

的任性所招致有着一定程度上的相通之处，二者相资或能更好地理解蕺山论"妄"的意义。

四、结语

刘蕺山将"妄"作为恶之来源，并不像阳明一样从"意之动"谈恶，而是将恶之来源的问题溯源至心体来讨论。在蕺山，心是作为一个形下世界的现实而存在，因此，心体就必然地伴随着属于形下的感性的限制，也就是说，心体虽然是纯粹至善的超越之心，但同时又是一有限的存在。作为有限之存在，心必然要受到形体的局限（因此，蕺山说"不能不囿于气血之中"），使心之发用有偏离天命之性的可能。这个可能性就是"妄"，它并非由后天积习而成；"妄"依托于心体，其不可根除的性质来源于感性的必然存在，并正如牟宗三所说"这是人生命本身的问题"。"妄"作为恶之来源，虽然从心体而来，却并不影响蕺山的性善立场，因为"妄"乃是一种"无过之过"，并不具有现实性，它还没有涉及行动，哪怕是心理上的行动（"藏在未起念以前"），从这里亦可以看出"妄"作为蕺山关于恶之来源问题的创见，完全有别于"心有所向"。"妄"只是一种隐性的"过"，它没有形上的根据就意味着："妄"并非必然地要发展成为现实的过（恶），它只是人心失亡、陷溺的可能性或危险。我们不能因为人心可能会犯下罪恶而认为其具有恶的成分，正如我们不能因为一个人有可能犯罪而判定他有罪。"妄"成为过（恶）实属偶然，正如康德所强调："人性之恶不能从其种属概念推出来，这种'恶'对于道德主体而言是偶然的，只是由于道德之恶存在的事实，我们必须在主观方面将人性之恶视为必然的。"[1] 蕺山亦有言："论本体，决其有善无恶；论工夫，则先事后得，无善有恶可也"[2]，两家之说在一定程度上可以相资为用，但仍需注意，蕺山认为天命之性（即道德法则）可以通过我们的道德禀赋压倒感性动机而不容已地作用于我们的思维甚至行动（怵惕恻隐之心），我们亦可以通过此怵惕恻隐之心而体知到道德法则的纯粹性（尽心知性），并时时照察心中不善的端倪，康德则并不认为作为有限的存在者的人能拥有这些能力。

"妄"来源于人作为有限存在的自由，是人自己招致的。善的心性本体的时时呈现保证了迁善改过的工夫是有根之木，"妄"的存在则使人要时时警惕恶的萌发，时时慎独，保证工夫的不可间断。人虽然作为天地之心，可以参赞天地化育，但同时亦要承担沦于过（恶）的风险，故而蕺山言"尧、舜不废兢业"[3]。

作者简介：魏思远，武汉大学哲学学院。

---

① 李明辉：《康德伦理学与孟子道德思考之重建》，台北：文哲研究所 2004 年版，第 145 页。
② 刘蕺山：《与履思九》，见《刘宗周全集》第 5 册，杭州：浙江古籍出版社 2012 年版，第 284 页。
③ 刘蕺山：《证人要旨》，见《刘宗周全集》第 3 册，杭州：浙江古籍出版社 2012 年版，第 8 页。

熊十力体用论的思想要义与思辨困境

蔡祥元

摘要：熊十力借助佛学的思想方法，参鉴西方哲学，重建了中国儒学的本体论。其"体用不二"的哲学主张，相比佛学的"心境不二"、程朱理学的"体用一源"和阳明心学的"即体即用"，既有继承也有批评。通过比较它与后三者的思想关系，可以更好彰显熊十力本人的思想贡献。相关讨论表明，他体用说的主要突破在于以"翕辟成变"说丰富了儒学心性之体的内涵。但是由于其思想方法的限制，他的突破并未解决传统儒学现代转型的问题困境。

关键词：体用不二；心境不二；体用一源；即体即用；翕辟成变

熊十力的体用论可以说是在传统哲学（包括佛学）理路中重构道统思想的最新也可以说是最后的尝试。牟宗三与唐君毅在这方面虽有推进，但他们跟西方哲学有更多的对话与互动，思想建构方面已经超出了传统中国哲学的理路。熊十力对西方哲学虽有所回应，但其思路整体而言还是传统的。他相比宋明理学的主要贡献在于将佛学的思辨性理路跟儒学的思想传统进行对接，在一定程度上丰富了儒学道体说的内涵。熊十力本人对佛法的研究是从唯识论入手的，这使得他与佛学的对话有可能比宋儒更为深入。熊十力体用观的提出还有一个重要的外部契机，也就是应对西学带来的世界观（包括科学、哲学、宗教等方面）的挑战。[①] 考虑到其体用说的提出有佛学和儒学的背景，同时也包含对西方本体论的回应，为此，我们简要对比它跟后三者的关系来突显其思想要义，然后看他是否推进了儒学的思想视域，以及能否真正应对西学的挑战。

一、对中西本体论与认识论差异的辨析

熊十力 1923 年开始在北京大学讲授新唯识论，这一年学界科学与玄学（传统哲学或形而上

[①] 熊十力："唯自海通以来，中国受西洋势力的震撼，中学精义随其末流之弊，以俱被摧残，如蒜精之美，不幸随其臭气而为人所唾弃。因是惶惧，而殚精竭虑以从事于东方哲学之发挥。《新唯识论》所由作也。"（熊十力：《十力语要》，长沙：岳麓书社 2011 年版，第 62 页）

学）之争正好拉开帷幕。这两派的论争并不复杂，基本上对应于西方哲学实证主义思潮兴起之时科学与形而上学之争。科学派包括丁文江、王星拱、胡适等学者，基本接受实证主义的基本态度，认为我们的认知只能停留在世界的物质现象层面，反对在物质现象背后去设定或寻求形而上的本体。反之，玄学派或形而上学派有张君劢等学者，他们要捍卫传统哲学的价值，主张在物质现象背后还有形而上的本体，它超出科学的把握。

这个论争构成熊十力重构儒学本体论的重要思想契机，也是我们理解其体用不二说的时代背景。西学的引入，包括科学、哲学与宗教，从各个层面对中国学人提出了挑战，这构成熊十力思想创建的重要动因。"唯自海通以来，中国受西洋势力的震撼，中学精意随其末流之弊，以俱被摧残，如蒜精之美，不幸随其臭气而为人所唾弃。因是惶惧，而殚精竭虑以从事于东方哲学之发挥。《新唯识论》所由作也。"① 在熊十力看来，西学哲学传统中的本体与现象的关系不圆融，体用论的提出就是要纠正这方面的偏颇。

> 根据其论述，西方本体论有两个重要缺陷。一个是体用隔绝为二。"宗教家说上帝造世界，而以上帝为超越于世界之上，即能造与所造为二；哲学家谈实体与现象，往往有说成二界之嫌，其失同为宗教。"② 另一个是与生命的隔膜，无论唯心、唯物，在熊十力看来，都错失了真正的变化之原，让宇宙成为空洞的无生命之物："西洋唯心唯物，其短长兹不及论，非心非物，不穷变化之原，余尤恶其矫乱。如今人罗素辈之关系论，则宇宙便空洞无生命，尽管精于解析，究是肤浅之论。于人生论方面，以天人不二为究竟。天者，本体之目，非谓有拟人之神帝。西哲对此问题，殊不可解决，宗教，则上帝与人毕竟隔截，科哲诸学毕竟视吾人在大自然中渺如太仓一粒。"③

不仅如此，熊十力还进一步指出西方本体论背后的思想方法问题。一方面，西方哲学的本体论都是通过"思辨"，通过层层推论建构出来的，如此建构出来的"本体"终究是一种臆想。"又复应知，西洋谈本体者，每以思辨之术层层推究，推至最后，始有唯一实在或名之以第一因，其为臆猜甚显然。"④ 另一方面，他也注意到西方哲学传统中对形而上学建构的批判思潮，它们则反过来否决了人类理智可以把握本体，悬置我们对本体的思考，更有甚者，则进一步否认本体的存在。⑤

他把西方哲学的思辨方法称为量智或理智，相应地，把中国哲学传统中从人的心性中直接体察本体的思想方法称为性智。西方哲人以理智的方法向往推求本体，建构诸种本体论，都是盲人摸象，没有看到本体就在人的心性之中，反身而求，才能洞察本体。"哲学家谈本体者，大抵把本体当做是离吾心而外在的物事，只凭理智作用向外界去寻求，哲学家都不外此做法，遂致各以思考去勾画一种本体，纷纷不一其说，如彼一元二元多元种种之论，犹如群盲摸象，各自以为

---

① 熊十力：《十力语要》卷一，长沙：岳麓书社 2011 年版，第 62 页。
② 熊十力：《十力语要》，长沙：岳麓书社 2011 年版，第 38 页。
③ 熊十力：《新唯识论》，北京：中国人民大学出版社 2006 年版，第 16 页。
④ 熊十力：《新唯识论》，北京：中国人民大学出版社 2006 年版，第 16 页。
⑤ 参见熊十力：《新唯识论》，北京：中国人民大学出版社 2006 年版，第 16—17 页。

得象之真而实都一无是处。更有否认本体专讲知识论者，此种主张可谓脱离哲学之立场。……世学迷谬丛生，正如前所未有道在迩而求诸远，事在易而求诸难，根本不悟万有本原与吾人真性元非有二，遂至妄臆宇宙本体为离自心而外在，故乃凭量智以向外求索。"①

这里所暗示的通过理性推求而设立的本原之说应当取自康德对西方传统本体论的批判，而否认本体的知识论主张应当来自当代实证主义思潮。由此不难看出，熊十力重建儒学本体论的时候吸取了西方哲学的本体论思想及其批判性思维，并通过此种对比来凸显儒学本体论思想的独特之处，并推进西方哲学的问题，希望以此实现某种中国哲学的现代化转型。我们先看一下他的"体用不二"的思想要义，然后考察他所重建的本体论是否真的能够化解本体论建构的困境。

二、"体用不二"对佛学与理学的继承与批评

熊十力"体用不二"说中的"体"就是本体，"用"是宇宙万象，用现在的话说也就是现象，体用不二说的就是本体直接在现象中呈现出来，本体不离现象。但是，这里的难题在于它并不意味着体就是用，抹去体用的差别。这种做法会沦为现象主义、实证主义，从而导致丧失本体。熊十力诉诸水波喻来展示它们既不二、又不一的特征：众沤（"用"）就是大海水（"体"）的表现样态，大海水并不在众沤之外存在。这个比喻在熊十力论述体用关系的时候一再出现，是展示和领会其体用关系的不二法门：

> 至理无从直接示人，空宗遮诠固是一种法门，若夫即用显体，犹不失为善巧。夫用者体之类，譬如众沤是大海水之显，体者用之体，譬如大海水即遍与众沤为体，非超脱于众沤之外而独在。……此谓即体即用、即用即体，此谓体用不二。②

为了更好理解它的要义，我们简要对比一下它与佛学的"境不离心"、程朱理学的"体用一源"以及阳明心学的"即体即用"的思想关系。

先看与佛学的"境不离心"的思想关系。"体用不二"这个用语本身出自佛典，"从本体起迹用，从迹用归本体。体用不二，本迹非殊。"③熊十力本人也一再指出的，其思想的洞见首先源自佛法的启发，并由之而悟得大易的思想大义。④他在《体用论》中还明确指出，空有二宗是其思想的入手处。⑤《新唯识论》语体本第一章指出，此书的宗旨在于表明宇宙本体不是外在于心而独自存在的外在境界。这一"境不离心"的观点正是唯识学的基本主张。熊十力也表示，在"境不离心"的主张方面，他与旧唯识学基本上是一致的。在这个意义上，"境不离心"同时也具构成了"体用不二"的

① 熊十力：《新唯识论》，北京：中国人民大学出版社 2006 年版，第 25 页。
② 熊十力：《新唯识论》，北京：中国人民大学出版社 2006 年版，第 58 页。
③ 李淼编著：《中国禅宗大全》，吉林：长春出版社 1991 年版，第 94 页。
④ 熊十力：《新唯识论》，北京：中国人民大学出版社 2006 年版，第 4 页。
⑤ 熊十力：《体用论》，北京：中国人民大学出版社 2006 年版，第 8 页。

一个思想立足点。在破外境独存方面上，熊十力基本吸取了旧唯识学的思路。虽然如此，旨趣上也有所不同。首先，旧唯识学以"境"为"识"所变现，最终的立足点在"识"，熊十力的新本体论不同。它在破除境不离心以后，主张境与心乃是不可分之整体。其次，旧唯识学在破除境的独立存在之后，却允诺有识或心的独立存在。在熊十力看来，这就是唯识学的错误所在。① 熊十力依据大乘空宗的思路进一步破除妄心或妄识的自性，也即破心灵现象的实体性。② 可见，熊十力的体用不二说跟佛教空有二宗都有密切关系。它一方面借助小乘佛教破外境，表明外境不离心而独在；另一方面又借助人乘空宗思想破小乘的有宗的识执或心执，以此证成心物皆无自性，皆不可执。但是，熊氏并不满足于空宗的最终立场。空宗破法相之后区分了真如界和法相界，前者不生不灭，后者生生灭灭。在熊十力看来，这种做法还是潜在地会导致另一层面的体用二分。③ 熊十力由此转向易学，实现了从"观空"到"观有"的转变。如果说有宗所执可以称为"小有"的话，那么，我们可以说《大易》之"有"乃是"大有"。因此，熊十力最后又借助《大易》的思想反转空宗之失——因滞或执于空而导致生灭界与无生灭界或真如界的两分——以此来进一步彰显实体不离生灭界、不离现象界而独在，体在大用之中，大用即本体之流行。"《大般若》观空，甚深复甚深，空得彻底。《大易》观有，甚深复甚深，有极其妙。《易》有《观卦》和《大有卦》。《观卦》言观生，生生不竭，所以为大有。"④

那么，他如何实现从"观空"向"观有"的转变？这种转换能否成功呢？这些问题的回答涉及他对宋明理学的续接与改造。在建构其体用说的时候，熊十力还批判性地吸取了宋明理学的基本思想。伊川的"体用一源"构成"体用不二"另一个思想渊源。⑤ 程朱对《易传》体用说的提炼与改造，目的是借助《周易》的本体论思想来辩护天理的存在，以应对来自佛学的本体论思想的挑战。他们在改造易学的时候已经对佛学的上述弊病作出了类似评判。他们立足理学的基本立场，对佛理提出两个方面的指责：一方面，用儒家天理的实在性来驳斥佛理的空幻。在宋儒看来，人伦皆有其"不得已"，人伦之不得已便是人性、人道之所在，并不是空幻的。山河大地背后同样也有易道支撑，不只是幻象。⑥ 另一方面，他们在学理上指责佛理上下隔绝，"本末间断"。⑦ 张载也用"体用殊绝"直接批评佛老的上述困境。⑧

---

① 熊十力："旧师不以妄心为空，其谬误不待言。"（熊十力：《新唯识论》，北京：中国人民大学出版社 2006 年版，第 44 页）

② 熊十力：《新唯识论》，北京：中国人民大学出版社 2006 年版，第 55 页。

③ 熊十力：《新唯识论》，北京：中国人民大学出版社 2006 年版，第 29 页。

④ 熊十力：《体用论》，北京：中国人民大学出版社 2006 年版，第 8 页。

⑤ 程颢、程颐：《二程集》，王孝鱼点校，北京：中华书局 2004 年版，第 689 页。

⑥ 程颢、程颐："如说妄息幻为不好底性，则请别寻一个好底性来，换了此不好底性。著道即性也。若道外寻性，性外寻道，便不是圣贤论天德。……禅家总是强生事，至如山河大地之说，是他山河大地，又干你何事？"（《二程遗书》卷一）

⑦ 程颢、程颐："唯务上达而无下学，然则其上达处，岂有是也？元不相连属，但有间断，非道也。"（《二程遗书》卷十三）

⑧ 张载："若谓虚能生气，则虚无穷，气有限，体用殊绝，入老氏有生于无自然之论，不识有无混一之常；若谓万象为太虚中所见之物，则物与虚不相资，形自形，性自性，形性、天人不相待而有，陷于浮屠以山河大地为见病之说"。（《正蒙·太和》）

由此可见，熊十力的"体用不二"在贬斥佛理、归本大易方面与程朱理学的"体用一源"具有某种平行关系。如果仅仅停留在这两个批判上——归为空寂和体用断为两截——那么，熊十力的体用说相比于宋明理学的视域，就没有太多推进。在正面的思想内涵上，熊十力对程朱理学的"体用一源"观并不满意。我们注意到，熊十力在建构其"体用不二"思想体系的时候，从未正面论及"体用一源"。① 在熊十力看来，程朱理学在天人关系上承接了汉儒的失误，没有真正实现天人一贯，而是隔为两截。② 正如陈来所指出的，程朱的体用虽然一源，但是两者是一种"不离不杂"的关系，一方面体不离用，另一方面体也不杂于用，它有其独立于"用"的"抽象性"。③ 借着陈来的分析，我们可以说，熊十力正是要在抽象的两截方面克服程朱理学中理气二分的思想困境。

三、"体用不二"与阳明心学的"即体即用"

与对待程朱理学的态度不同，熊十力对阳明心学的立场表达了公开的认可与吸收。熊十力自述自己从佛学出发归本儒学，而他心目中阳明心学才是儒学正宗。④ 在《新论》中，也多处表明其学归于"本心"。他在不少地方直接援引阳明心学的"即体即用"之论来佐证、阐发他本人的思想。比如，他在阐述境心关系的时候，利用了阳明"心外无物"的观点来表明境心是不可分的完整体。⑤ 针对他批评印度佛学"离用言体"，他转述阳明"即体而言用在体"来表明和支撑自己的思想立场。⑥ 在《体用论》中，熊十力更是一再把阳明的"即体即用、即用即体"作为其"体用不二"的思想切入点，直言阳明的"即体而言用在体，即用而言体在用"是"证真之谈"。⑦

熊十力跟心学的思想继承关系，也为学界所公认。陈来、郭齐勇、杨国荣等学者都明确将熊十力归属于心学传统。陈来将熊十力的体用说确定为一种心本实体论，以此表明它跟阳明心学传承关系。⑧ 杨国荣认为在体用、心物关系上，熊十力更接近于阳明心学而不是佛学。⑨

---

① 在其后来的语要中，对它有一个间接评论，他针对尚秉和对伊川易学的批评，作了如下辩护："伊川不知象而说易，固下于辅嗣，然不能谓其于孔门之大义无实得处。如其说体用不二、显微无间，尚君诘象，何曾外得此理？昔儒有言，伊川一部《易传》，是他平生践履。此语万不可忽。诘象虽不必名，岂尽损其价值？亭林所以推崇，不为无见。"（《十力语要》卷一，长沙：岳麓书社 2011 年版，第 73 页）从这个辩护来看，熊十力似乎只把伊川的"体用不二"解读为辞象关系，而非宇宙论、本体论方面的阐发。

② 熊十力：《新唯识论》，北京：中国人民大学出版社 2006 年版，第 16 页。

③ 陈来："按照程朱理学，虽然体用一源，体不离用，但体与用、太极与阴阳是'不离不杂'的关系。程颐、朱熹讲的体用一源，虽然也肯定在用中，体不离用，但体是存藏于用之中的、与用不离不杂的一种抽象实体。"（陈来：《熊十力哲学的体用论》，《哲学研究》1986 年第 1 期）

④ 熊十力：《十力语要》卷二，长沙：岳麓书社 2011 年版，第 201 页。

⑤ 熊十力：《新唯识论》，北京：中国人民大学出版社 2006 年版，第 42 页。

⑥ 熊十力：《新唯识论》，北京：中国人民大学出版社 2006 年版，第 43—44 页。

⑦ 熊十力：《体用论》，北京：中国人民大学出版社 2006 年版，第 9 页。

⑧ 陈来：《中国近现代哲学的心本实体论》，《船山学刊》2016 年第 3 期。

⑨ 杨国荣：《王学通论——从王阳明到熊十力》，上海：华东师范大学出版社 2003 年版，第 223 页。

虽然如此，相对于心学的"即体即用"，熊十力的"体用不二"同样有其独特之处。从熊十力的论述上来看，"体用不二"强调体用的圆融，这一点与阳明心学无异。但是，熊十力在肯定、借鉴阳明心学的同时，也曾一同批评心学具有佛老之过。① 他还进一步指出，其过在于在体用关系上其重心在"体"，于用之挺立方面不足，② 由此我们可以说，虽然双方都讲体用相即不离，但是在阳明那里，重心在"体"，"即用而言用在体"，而熊十力则更为注重"用"，"即用而言体在用"。因此，"即用显体"构成熊十力"体用不二"说的基本旨趣。杨国荣据此指出，熊十力这一思想重心的改变相较于传统儒学的有一个"历史的进步"，因为对"用"的肯定，也即对现象界的肯定，就可能为科学知识提供立足点，从而为沟通玄学与科学提供可能。③ 熊十力也确实看到了科学注重物质实在的一面。④ 相比阳明心学，"体用不二"有意凸显"用"的价值，是可以理解的。

除了重心的差别以外，在体用关系上，熊十力相比阳明心学也有所推进。在《体用论》中，熊十力针对"即体即用、即用即体"的理解提出了一个问题，这里的"体"和"用"该如何理解，它们如何相即，这是一般人难以明确把握的。

> 《姚江学案》中有"即体即用、即用即体"二语。向见聪明人皆自以为易解，吾知其必不解。因诘之问："体用二名，随处通用。此处说体用，以何名体？以何名用？上语两'即'，下语两'即'，是重叠言之欤？抑上下各有意义欤？"⑤

"体用如何相即"这个问题当然只是借阳明的话引入问题，但同时也可以构成他对阳明心学的某种批评。也就是说，阳明虽然提出了"即体即用"，但对于体用如何相即，阳明只有一些指点，没有完全展开。对于"心物如何相即"，阳明的论述主要有以下两方面。

一是"先生游南镇"的那段对话：

> 先生游南镇，一友指岩中花树问曰："天下无心外之物；如此花树在深山中自开自落，于我心亦何相关？"先生曰："你未看此花时，此花与汝心同归于寂；你来看此花时，则此花颜色一时明白起来。便知此花不在你的心外。"⑥

> 这是对"心物相即"的一个生动展示。但是就此段对话而论，其中如何相即的道理却没有得到明示。对比佛学"心境不二"的论证，王阳明这里不过是回应了境的呈现离不开心，但是，这并没有回应物是否有独立于心的存在，因为物的存在并不直接

---

① 熊十力："宋、明诸儒染于道与禅，其过同二氏也。"（熊十力：《体用论》，北京：中国人民大学出版社 2006 年版，第 136 页）

② 熊十力："然明知蔓延之过而不避者，诚以前贤养心之学只知有事于心而无事于物，遂至失于心物浑沦为一之本然。用失而体自废，终非立本之道也。"（熊十力：《体用论》，北京：中国人民大学出版社 2006 年版，第 136—137 页）

③ 杨国荣：《王学通论——从王阳明到熊十力》，上海：华东师范大学出版社 2003 年版，第 224 页。

④ 熊十力："科学肯定物质为实在，其研究的对象是大自然，唯用纯客观的方法，即以主观从属于客观。此与日损之学信任内心炯然大明、感物斯通者，乃极相反。……故其知识精严、细密、分明，得物理之实然。……此科学所以为日益之学也。"（熊十力：《体用论》，北京：中国人民大学出版社 2006 年版，第 139—140 页）

⑤ 熊十力：《体用论》，北京：中国人民大学出版社 2006 年版，第 9 页。

⑥ 王阳明撰，邓艾民注：《传习录注疏》，上海：上海古籍出版社 2015 年版，第 231 页。

等同于物的显现。虽然境的呈现离不开心，但是，境的呈现的多样性该如何说明？没有外因的存在，如何说明我去山中看到是"花"而不是"树"，亦为何是"树"而不是"草"，等等。王明明在这里并未继续追问。这个例子对"心外无物"的论证是不彻底的。在这方面，熊十力借唯识学反对心外有独立实境的论证要细致得多。主张心外有独立实境的，大致有两方面理由：一是"应用不无计"，一是"极微计"。"应用不无计"是说在日常生活中跟外境或外物打交道，形形色色的外境不能全是空幻的。"极微计"是"应用不无计"的一种独特情况，它说的是物质宇宙界由离心而独在的极微物存在，类似于近代科学所谓的电子、原子。熊十力借唯识学的思路对此两种主张分别进行了辨析与驳斥。①

二是阳明也有其自己的进一步考量。下面这段话可以视作上述对话的展开：

> 又曰："目无体，以万物之色为体；耳无体，以万物之声为体；鼻无体，以万物之臭为体；口无体，以万物之味为体；心无体，以天地万物感应之是非为体。"（《传习录下》）②

这段话思想性很强，显示了阳明的洞见。它表明，阳明的"心外无物"不是感觉主义那种传统唯心论主张。这里暗含着将物的存在跟心的认知关联起来的思想视角。跟海德格尔的存在论颇有相通之处，也即，物的"存在"离不开我们对它的领会。但是，这个道理在阳明这里依然是隐含着的，并且，心之为体只是"是非"之体，"心无体，以天地万物感应之是非为体"，这并不直接构成万物存在之"本体"。是非之体关涉的道德形而上学，跟存在之体并不直接等同，它们之间是何种关系，极为复杂。列维纳斯通过跟海德格尔的存在论思想展开批判性对话，把伦理学作为第一哲学，为我们将儒家伦理学挺立为第一哲学提供一种思想视野。针对心物关系，阳明本人确实提供了一套身、心、意、知、物一贯的思想构架。③但是对于它们相互之间的关联，阳明只是给出了一些指点，并未完全展开，在这方面不如佛学尤其唯识学有关分析来得缜密。这需要我们吸取阳明的洞见，对存在问题、认识活动、伦理价值等进行批判性的反思与重构，才能作出真正回应。④

总的来说，相对佛学对境心关系的论述，阳明的洞见虽深刻，但展示得还嫌简略。由此我们也可以理解，熊十力也同样批评了明儒没有抓住佛法的得失处。虽然宋明儒都抨击佛法，但他们对佛法的批评停留在立场上，都没有在佛理展开的细节上充分吸取其洞见，从而多有误解。⑤

---

① 熊十力：《新唯识论》，北京：中国人民大学出版社 2006 年版，第 29—43 页。

② 王阳明撰，邓艾民注：《传习录注疏》，上海：上海古籍出版社 2015 年版，第 231 页。

③ "故无心则无身，无身则无心。但指其充塞处言之，谓之身；指其主宰处言之，谓之心；指心之发动处，谓之意；指意之灵明处，谓之知；指意之涉著处，谓之物，只是一件。"（王阳明撰，邓艾民注：《传习录注疏》，上海：上海古籍出版社 2015 年版，第 180 页）

④ 阳明这里的思想洞见，笔者会在后续文章中专题展开讨论。

⑤ "宋、明诸老先生孤据其所涉于禅宗者以攻佛法，卒于禅学多误诋，于佛法得失处殊不相干……"（熊十力：《新唯识论》，北京：中国人民大学出版社 2006 年版，第 4—5 页）

他还指出，其中一个重要误解就是以"知觉运动之灵"来解读心，没有看到，禅宗工夫也有保持"本心"的一面。[①]正如我们前面所讲的，熊十力的"体用不二"充分借鉴并利用了空有二宗的义理。正是对佛理的吸收，使得熊十力在体用关系上比阳明心学作了学理上更为细腻的阐发。相比阳明心学，熊十力体用论更大的突破还在于对心性之体本身的形上建构。这就是他的"翕辟成变"说。如贺麟所指出的，不讲"翕辟"之用，其"本心"之体就会落空。[②]"体用不二"对佛学以及对宋明理学视域的超出，集中体现在"翕辟成变"的思想上。

四、体用论的内核："翕辟成变"

如果说"体用不二"是其思想标签的话，那么，"翕辟成变"则是其体用说的思想核心。熊十力本人直言，"翕辟成变"是其宇宙论方面的"枢要"。[③]"体用不二"的基本要义就是大用即本体流行，而翕辟说正是对此本体流行的思想实情的进一步阐发。正是通过翕辟之论，熊十力的"体用不二"才能推进唯识学的境心之辩，不仅如此，在他看来，这还能避免西方哲学心物二元的对立的困境：

> 《新论》以翕辟义，破旧师聚集名心之说，而于西洋哲家唯心唯物之论，亦不蹈其蹊径。心物本相对得名。顺俗则心物两皆成立，证真则境空而心亦俱空。其所以顺俗而两皆可成者，则依翕辟而假说为心为物云耳。翕辟便是本体之流行，这个流行的作用不是孤立的，所以一翕一辟。[④]

> 是故翕辟之论出，而色心之执始空。[⑤]

他自述其哲学思想"归本大易"。"归本"直接表现在他对"翕辟"的重新诠释上。"翕""辟"二字出自《易传》，用来描述坤的运作。"夫坤，其静也翕，其动也辟，是以广生焉。"（《系辞上》）熊十力把它提取出来，作为本体的功用。根据熊十力，实体"变动不居""恒转不已"。此"恒转"在流变过程中会表现出两个不同的势用：一方面是摄聚，通过摄聚，"恒转"显现出物相的一面，由此挺立物质世界，这就是"翕"；另一方面就是"辟"，它表现为"翕聚"的反作用，"恒转"并不会因为"翕聚"而停止其为恒转，随着翕聚或物化之势用一同出现的还有"辟"的势用，一种反—物化的势用。"翕""辟"这两个势用是实体恒转的两个面向，是其自性显现。[⑥]

---

① "理学家皆诋禅宗以知觉运动之灵为心，宋明儒不持此等见解以攻禅者，确极少。此实谬论。"（熊十力：《新唯识论》，北京：中国人民大学出版社 2006 年版，第 178 页）
② 参见贺麟：《当代中国哲学》，胜利出版公司 1947 年版。转引自郭齐勇：《熊十力思想研究》，天津：天津人民出版社 1993 年版，第 53 页。
③ 熊十力：《新唯识论》，北京：中国人民大学出版社 2006 年版，第 16 页。
④ 熊十力：《十力语要》卷一，长沙：岳麓书社 2011 年版，第 39—40 页。
⑤ 熊十力：《十力语要》卷一，长沙：岳麓书社 2011 年版，第 26 页。
⑥ 参见熊十力：《新唯识论》，北京：中国人民大学出版社 2006 年版，第 66—67 页。

翕、辟的势用对应于物、心两个方向。在熊十力看来，以翕辟解说心物，一方面能避免心物二元对立（因为它们同一实体的两种功用，也就不存在两个独立实体的困境）；另一方面还能避免现象与本体的二元对立（因为现象不外心物，而心行、物行都是本体流行的表现形式，本体不是在心行、物行之外别有自体）。①

翕、辟虽然是实体两种不同方向上的势用，但并非并列的关系。"辟"可以说是更为本质性的"用"，它体现的是本体的"自性"，所以熊十力称之为"称体起用"。②为了表明宇宙万物都是由"心"所主宰的，熊十力还借助翕辟说对自然现象作了系统的解说，给出了一个基于翕辟的"自然演变论"。在他看来，宇宙有一个从质碍层到生机体层（又分为植物机体层、动物机体层、人类机体层）演变过程。这个演变过程是以"辟"为主导进行的。在质碍层那里以潜存的方式存在，随着事物的演进，到人类这里"辟"的势用达到极端。所以，他称"辟"为"宇宙大心"，这就是人的"本心"。③

因此，熊十力"体用不二"的哲学思想最终还是归本于心，表面上立足易学，但其思想旨归乃是阳明心学。相比阳明心学，它增加或突出了心学的宇宙论维度，尤其是立足翕辟成变对现象世界（包括心物）的建构展开了进一步描述。在这描述的过程中，在一定程度上吸取并对话了西方哲学的心物观。

五、体用论的思辨困境

整体而言，熊十力的"体用说"意在融合儒与佛、中与西的思想视域，接续并推进阳明心学的思想传统。由于他的思想主要借助佛理展开的，而西学的素养有限，这使得他对儒学的现代化阐释依然不够"现代"，无法摆脱传统形而上学思辨的困境。对该体系的思辨性困境，当代学者已有不少认识和批评。

第一个问题是其本心的建构依然是一种传统哲学的概念思辨，无法摆脱"先验理念"的思想困境。我们前面指出，熊十力批判西方哲学通过"思辨"建构本体，有失于盲人摸象。但是，他本人的本体论建构并未真正摆脱思辨。比如它有关实体的论证。我们面对一个流变的世界，这是没有问题的，但是我们何以知道这流变现象的背后有一个"实体"？熊十力的论证思路是，变化不可能凭空而来，所以需要设定一个作为能变的实体。"余以为宇宙实体不妨假说为能变。云何知有实体？以万变不是从无中生有故。无不能生有，理定不成故。"④熊十力没有意识到，无不能生有，这是一个理智推论，这跟亚里士多德设定运动需要动力因，并且进一步设定不动的推动者

---

① 参见熊十力：《新唯识论》，北京：中国人民大学出版社 2006 年版，第 68 页。
② 参见熊十力：《新唯识论》，北京：中国人民大学出版社 2006 年版，第 68—69 页。
③ 参见熊十力：《新唯识论》，北京：中国人民大学出版社 2006 年版，第 70—72 页。
④ 熊十力：《体用论》，北京：中国人民大学出版社 2006 年版，第 12 页。

作为第一因，如出一辙。他对本体做了如下四个方面的规定："一、本体是万理之原，万德之端，万化之始。二、本体即无对即有对，即有对即无对。三、本体是无始无终。四、本体显为无穷无尽的大用，应说是变易的。然大用流行毕竟不曾改易其本体固有生生、健动，乃至种种德性，应说是不变易的。"① 这种做法，不过是对"本体"概念的界定，而不是对本体存在的论证。我们可以把上帝界定为"全知全能"，但这不是对其存在的证明。其建构的实体总体而言只是一种概念思辨的实体。如杨国荣所指出的，熊十力体用说本质上仍然是在物质实体或物质现象之外去虚构一个"超自然的本体"，从而整体上是一种玄学的立场，不能够真正重建体与用、本体与现象的统一。② 郭齐勇注意到，熊十力为了实现体用的圆融不二，总是从两方面立论，导致"摄用归体"与"摄体归用"的矛盾。③ 并且，熊十力经常用同一种范型来肯定和否定同一个主张。④ 郭齐勇的这些分析生动彰显了熊十力在展示体用关系时陷入的康德式二律背反，也即，对先验理念的思考可以得出肯定和否定两种矛盾的结论。这也回过头来确证熊十力对本体的思考乃是一种玄学的思辨。正是这个思辨性特征，决定了他不能真正推进问题。

第二个问题是缺少对宇宙本体论与道德形上学的分疏。没有这方面的分疏，就会像郭齐勇所批判的，陷入"立'体'与开'用'两不足"的困境。他就"体"的方面来说，他希望建构包容一切的本体宇宙论，这导致他不能在道德形而上学的建构上有真正的推进。他既没有吸取西学最新的道德哲学思想，也没有去分疏宋明理学的道德形而上学，更遑论去推进它。就"用"的方面来说，由于他真正立足的是阳明心学，所以也不能真正对西方具有科学精神的知识论问题作出正面回应。⑤ 虽然我们可以说，宇宙本体论与道德本体的合一是传统儒家哲学的基本特点，但是，这不意味着我们不需要对它们进行概念的分疏。没有这种分疏，会导致我们无法突显本体问题与道德问题的思想要义，也就无法真正跟西方哲学展开对话。

事实上，熊十力体用论的思辨性困境和思想盲点其实已经隐含"水波喻"之中了。从开始建构一直到后期对其体系的"修补"，熊十力始终没有离开过水波喻。在他看来，这是对"体用不二"说的一个生动展示。熊十力本人没有注意到，这个比喻在展示其思想要义的同时，也预示了其内在的困境。陈来曾指出过这个比喻的问题，因为众沤只涉及表层的大海水，深层的大海水并不具有水波的形式，这就无法显示出实体能够"完全"变成功用的理路。在他看来，熊十力文本中出现的"冰水喻"其实更能展示即体即用的思想。⑥ 也就是说，以冰喻体，以水喻用，在体用关系上比水波喻更紧凑。但是"冰水喻"也有不足，它不能显示"体"的变动不居。在我看来，

---

① 熊十力：《体用论》，北京：中国人民大学出版社 2006 年版，第 13 页。
② 杨国荣：《王学通论——从王阳明到熊十力》，上海：华东师范大学出版社 2003 年版，第 226—227 页。
③ 郭齐勇："熊先生为了贯彻他的圆融不二的体用论哲学体系，总是从两面立论。一方面摄用归体，另一方面原体显用；一方面遣相证性，另一方面会性入相。"（郭齐勇：《熊十力思想研究》，天津：天津人民出版社 1993 年版，第 87 页）
④ 参见郭齐勇：《熊十力思想研究》，天津：天津人民出版社 1993 年版，第 95 页。
⑤ 参见郭齐勇：《熊十力思想研究》，天津：天津人民出版社 1993 年版，第 99—100 页。
⑥ 参见陈来：《熊十力哲学的体用论》，《哲学研究》1986 年第 1 期。

水波喻还有更严重的问题，熊十力没有注意到，水和波之间有一种质料与形式的区别。形式之间的差异并不能通过质料或载体来说明。沙漠的沙丘可以呈现出千奇百态，但是沙丘的形态及其变化，并不是沙子导致的。用木头可以做桌子、做椅子，我们不能说桌子和椅子都是木头做的，所以它们是同一种东西。同样水波会表现为"形状"，但是这些形状的差异及其变化并不能通过水来说明。波的形成还需要其他的"原因"，比如风、月球的引力等。

熊十力可能也隐约感觉到这个比喻的不足，后来强调指出这是一个比喻，不得已而为之。[①]既然是比喻，概念的指称上有些出入也是可以理解的。真正的两难是学理上的。熊十力为了避免佛老乃至宋明儒对现象认识的不足——这是体用不二说的立足点——需要肯定"用"也即现象的价值。但是，一旦挺立现象的积极价值，就需要肯定现象有其自身的规律和认识方法，也就是要认可科学的地位。在这方面，他试图通过佛教的"轨持"来说明科学知识何以可能。科学认识的是现象世界的"规则"，而现象世界是一种"俗谛"，因此，科学规律（"物则"）只有杂俗谛层面才能成立，从"真谛"的视角看，这些"物则"也就不存在了。[②]表面上看，这是通过佛教的轨持义给予科学以立足之地，但其结果还是否定了科学认知的价值，否定了现象的实在性。这就又滑向了他所批判的佛学以及宋明儒学的"摄用归体"，不能真正挺立现象世界的实在性。另一方面，如果保留现象世界的实在性，则会导致现象界跟本体界一分为二，不能实现"体用不二"，又会返回到他自己所批评的体用分为二截。

体用关系的困境会进一步涉及心物关系。熊十力虽然反对西方心物二元说，但是他的翕辟说依然在精神与物质二分的构架下展开的，不过换了个说法而已。在斯宾诺莎那里，精神和物质是同一个实体的两种不同属性，对于熊十力，它们是同一实体的两种不同"功用"。双方的思想架构是差不多的。由于"体用不二"涉及心物关系、涉及本体与现象的根本问题，不经历认识论的批判与重构，对它们的思考多半会陷入传统形而上学概念思辨的困境之中。

熊十力本人已经注意到了本体与现象应该有不同的认识方式，[③]他还特别指出，儒家的心性之"体"不同于西方哲学的"理念"，[④]而他有关体认与思辨、量智与性智的区分，也已经为此问题的回答作出了初步的勾勒。但是，他有关性智的考察，基本上停留在传统哲学的视野之中。他指出本体需要通过体证、体认，不能以概念思辨的方式来把握。这一区分不过把佛学"一心开二

---

① 熊十力："夫体用难言，强以喻明，或喻如波与水。波相幻生幻灭，而举波是水，非异水而有别波之自体，非如稻异谷子而别有自体故，此略可喻用。"（熊十力：《十力语要》卷一，长沙：岳麓书社 2011 年版）

② 熊十力："吾人的知识所以能与科学所由成立，实以物具有轨持二义故。今云一切物才生即灭、都不暂住，是则一切物根本不曾任持自体，易言之即根本无物存在。物已不存，自无轨范可求，诚如此，知识将不可能，科学亦无安足处，此说何可通云？汝所见及斯，颇有意义，惜未观其通也。佛氏说凡物以轨持二义者，此依俗谛，不怀世间相耳。惟有凡物刹刹相似随转，假定一切物为实有，乃可进而寻求物则，（物所具有之法则或公律等，曰物则。）科学亦此志也。（佛于俗谛，言物必任自体，是假定物之存在；言物有轨范，即当用客观的方法以究物理，科学根据不外于此。）若乃推入真谛，本无如俗所执实物。"（熊十力：《新唯识论》，北京：中国人民大学出版社 2006 年版，第 80 页）

③ 熊十力：《新唯识论》，北京：中国人民大学出版社 2006 年版，第 80 页。

④ 熊十力：《十力语要》，长沙：岳麓书社 2011 年版，第 251 页。

门"的思想方法用到了儒学传统之中。[①] 他没有对这一区分的合理性本身进行反思，换言之，这一思路直接赋予人心除了能够把握现象世界以外，还有一个能够通达本体界的视野。后一个"通道"，我们知道，正是康德所拒斥的。把这种可能性作为出发点接收下来，也就经不起现代理性的反思。另外，他也没有注意到，这一区分本身跟他的本体论之间存在着内在的张力。按熊十力的区分，性智用于把握本体，量智用来把握现象（"用"层面的物象），"体"与"用"如果"不二"的话，这就意味着，性智与量智所把握到的东西本质上也是"不二"的，这就潜在地导致哲学真理跟科学真理也应该是"不二"的。换言之，熊十力的本体论建构跟他的认识论批判之间也是难以圆融的。

因此，要拓展对"体认观"的理解，要深化对儒学形上本体的领会，需要我们去对话并吸取西方哲学认识论的思想成果。在这方面，牟宗三相对来说走得更远。牟宗三续接了康德的哲学视野，通过"认识论的批判"提出了"内在超越"的思想，在实体论建构方面相比熊十力有一个新的推进。

作者简介：蔡祥元，男，1975 年生，浙江衢州人，北京大学哲学博士，中山大学哲学系（珠海）教授。研究方向：中西哲学比较，现象学，解释学，解构主义，维特根斯坦哲学。

---

① 参考郭齐勇：《熊十力思想研究》，天津：天津人民出版社 1993 年版，第 128—132 页。

熊十力体用哲学体系建构过程中的"即用显体"概念

桑　雨

摘要：在熊十力的宇宙本体论哲学中，"即用显体"是一个非常重要的概念，体现了他对体用关系的理解。然而，熊氏对这个概念的诠释并不是固定不变的，而是随着其体用思想的发展而发展的。尤其是，在 20 世纪 20 年代初至 30 年代中期，也就是他的体用哲学体系的建立和形成时期，这一概念含义的变化和发展反映了他从"体用相离"或"有体无用"到"体用不二"，以及他逐渐脱离印度唯识佛学，向汉传佛教和儒学靠近的思想历程，因此在其体用哲学体系的建构过程中扮演了一个重要的角色。

关键词：熊十力；体用；即用显体；概念阐释

熊十力（1885—1968）是 20 世纪中国最有影响力的哲学家之一，也是新儒家的奠基人之一。他的宇宙本体论以传统中国哲学中的"体用"概念为核心。总体来说，"体"指的是宇宙的本体，是事物固有的本质；"用"指的是现象世界，是事物的外在表现。在熊氏的体用思想中，"即用显体"是一个极为重要的概念，直接表达了他对体用关系的理解。值得注意的是，这个概念的含义并不是固定的，而是随着熊氏体用思想的发展而逐渐变化的。通常一个概念含义的变化有两个维度：指示物的变化和语义的变化。① 虽然熊十力持续使用"体"和"用"这两个字来指代宇宙本体和现象世界，然而他对本体是什么、现象是什么这两个问题的理解却一直在改变。而且，虽然"显"字在字义上一直是显示、表现的意思，但是如何通过用来显现体——这个字义背后所隐含的意思——却一直在改变。对"即用显体"含义变化的阐明有助于我们更加精确地领会熊氏宇宙本体论哲学的整体发展。然而遗憾的是，尽管这个概念受到一些研究熊十力思想的学者们的关注，② 但是其含义的变化发展却常常被忽略。

---

① 关于这两个维度，可参看 Joshua Glasgow, "Conceptual Revolution", in *Shifting Concepts: The Philosophy and Psychology of Conceptual Variability*, eds. Teresa Marques and Åsa Wikforss, New York: Oxford University Press, 2020, p. 149。

② 例如，景海峰在书中专门探讨了这个概念。参见景海峰：《熊十力哲学研究》，北京：北京大学出版社 2010 年版，第 180—182 页。

熊十力的体用哲学体系萌芽于 20 世纪 20 年代初，经过大约十年的发展，于 30 年代初初步形成，并在之后的几年中得到巩固与加强。[①] 本文专注于熊十力在这一时期对"即用显体"的理解和诠释，并根据这一概念在此时期含义的变化发展而将其划分为三个阶段：20 世纪 20 年代初、20 年代中期、20 年代末至 30 年代中期。本文采用文本分析和阐释学等研究方法，来探讨熊十力在每一阶段认为本体是什么、现象是什么、通过用来显现体如何得以实现，借此展示"即用显体"这个概念在其体用哲学体系建构过程中是怎样成熟起来的。而反过来说，对此概念的含义在这一时期变化发展的讨论也可以使我们更好地理解熊十力体用哲学体系的形成过程。

一、20 世纪 20 年代初期："即用显体"概念的初步提出

20 世纪 20 年代初期，熊十力的体用思想主要体现在他于 1923 年出版的《唯识学概论》中。[②] 据熊氏所述，这部著作起草于 1921 年，那时他正在南京支那内学院跟随佛学大师欧阳竟无（1871—1943）学习"无著—世亲—护法—玄奘—窥基"一系的唯识佛学。[③] 那么很自然地，这部关于唯识学的著作必然就与他当时所学习的内容交织在一起了。然而，虽然这部著作为护法—玄奘一系的唯识思想提供了一份忠实而准确的诠释，但熊氏在这部著作中的体用观点也恰恰体现在他对一些唯识概念和理论的诠释上。

在《唯识学概论》（1923）中，熊十力用"识"（vijñāna）这个概念来代表现象世界，也就是本体的功用。他主要是通过阐释唯识哲学中的"识转变（pariṇāma）"理论来实现这一点的。这个理论提出，我们的心识转变为见分（darśanbhāga）和相分（nimittabhāga）这两个部分，见分即是能缘 / 感知者，是认识的主体；相分则是所缘 / 被感知者，是认识的对象。基于玄奘（602—664）在《成唯识论》中对识的这两个方面的解释，[④] 熊十力论证了认识主体和认识对象都不在心识之外这一观点。[⑤] 由于我们的识所感知的各种各样的事物构成了与认识主体相对的我们所以为的"外在世界"，而认识主体又正是现象世界的另一部分，熊氏实际上将整个现象世界都包含在了识的界域之内。

与此同时，熊氏用佛教中的"真如"（tathatā）这个概念来表示识（或识所代表的现象宇宙）

---

① 关于熊十力体用哲学体系的形成过程，详见 SANG Yu, *Xiong Shili's Understanding of Reality and Function, 1920-1937*, Boston: Brill, 2020。

② 熊十力在 1926 年也曾出版过一部名为《唯识学概论》的著作。为避免混淆，本文将会把他于 1923 年出版的《唯识学概论》称为"《唯识学概论》（1923）"，而将他于 1926 年出版的同名著作称为"《唯识学概论》（1926）"。

③ 参见熊十力：《新唯识论》（文言文本，1932 年），见《熊十力全集》第二卷，武汉：湖北教育出版社 2001 年版，第 9 页。

④ 关于这些解释，可参看 Tao Jiang, *Contexts and Dialogue: Yogācāra Buddhism and Modern Psychology on the Subliminal Mind*, Honolulu: University of Hawaii Press, 2006, pp. 52-53。

⑤ 参见熊十力：《唯识学概论》（1923 年），见《熊十力全集》第一卷，武汉：湖北教育出版社 2001 年版，第 61—62、137 页。

的本体："识之实性，（性者体也。）字曰真如，说真如不离识。"① 在1937年出版的《佛家名相通释》中，熊氏曾明确表明，佛教文本中的"实性"与"东方玄学"中的"本体"或"体用之体"含义相同。② 既然识的界域等同于现象世界，那么真如——作为识的实性——实际上指的便是整个现象领域的本体。

从上文中我们也可以看到，熊十力认为真如是识的实性，因此不离识。关于这一点，他在《唯识学概论》（1923）中又进一步解释说："不异故不离，谓即用显体。"③ 熊氏在这里的意思是说，由于真如（体）是识（用）的实性，因此二者并非截然二物，而是一个事物的两个方面。既然不是二物，那么它们自然是不能分离的。在这个意义上，体可以即用以显。然而，关键问题在于，作为功用的识（或识所转变而成的现象世界）如何显示或表现作为其本体的真如呢？

既然熊十力在《唯识学概论》（1923）中的体用观是以唯识学为基础的，那么若想真正理解"即用显体"在这一著作中的含义，我们首先需要探讨唯识学中的真如与包括心识在内的有为法（saṃskṛta-dharmāḥ）之间的关系。根据唯识佛学，事物的存在具有三个属性："遍计所执性"（parikalpita-svabhāva），即现象世界中的那些事物的假名，是我们对那些事物的概念化，也是我们错误地认为成真实的，但实际上却是虚构出来的东西；依他起性（paratantra-svabhāva），即有为法（saṃskṛta-dharmāḥ）依靠因缘而生这个性质；圆成实性（pariniṣpanna-svabhāva），即真如，是唯一真实的存在。④ 关于真如与诸有为法之间的关系，有两种基本理解：（1）真如是事物的依他起性被我们领会时的那种境界；（2）真如是一切存在潜在的基础，只能通过摈弃和超越事物的遍计所执性和依他起性才能悟入。⑤ 这表明，真如是一种客观存在的性质或"真理"，⑥ 是一种认知对象，本身并不具有活动能力。的确，在唯识学中，真如是不能有任何活动的无为法（asaṃskṛta-dharma）：它既不能引起有为法的产生，也不能被有为法所引起。由此，尽管真如是识——或者说是识所转变而成的现象世界——的本体和实性，但是真如并不能把自己展现为识或各种现象，与识／现象的产生也没有任何关系。⑦

熊十力在《唯识学概论》（1923）中遵循了上述唯识思想，将真如直接称作"无为法"。⑧ 因此，

① 熊十力：《唯识学概论》（1923），见《熊十力全集》第一卷，武汉：湖北教育出版社2001年版，第49页。
② 参见熊十力：《佛家名相通释》（1923），见《熊十力全集》第一卷，武汉：湖北教育出版社2001年版，第370页。
③ 熊十力：《唯识学概论》（1923），见《熊十力全集》第一卷，武汉：湖北教育出版社2001年版，第49页。
④ 关于唯识学中的"三性"（tri-svabhāva）理论，可参看于凌波：《唯识三论今诠》，台北：东大图书公司2008年版，第233—237页。
⑤ 参见 Alan Sponberg, "The *Trisvabhāva* Doctrine in India & China: A Study of Three Exegetical Models", *Bulletin of Institute of Buddhist Cultural Studies*, Kyoto: Ryukoku University, 1983, No. 21, pp. 100-102。
⑥ 根据吴汝钧的解释，"真如"是对梵文 tathatā 的翻译，可以被解释为"如性"或"如实性"。大体上说，它可以被理解为"真理"，尽管不同的佛教学派对什么是真如有着不同的理解。见吴汝钧：《唯识现象学：世亲与护法》，台北：台湾学生书局2002年版，第212、237—238页。
⑦ 在唯识学中，现象世界的产生与阿赖耶识（ālayavijñāna）有关，而与真如无关。
⑧ 例如，熊十力：《唯识学概论》（1923），见《熊十力全集》第一卷，武汉：湖北教育出版社2001年版，第50页。而且，在《佛家名相通释》中，熊氏也提到，诸法的实体，即所谓的"真如"，又名"无为法"，"真如"与"无为法"实为同一物。见熊十力：《佛家名相通释》，第354、430—432页。

他在这部著作中所谓"即用显体"中的"显"并不是说体（即真如）自身展现为用（即识／现象世界），因此我们可以通过用来认知它。恰恰相反，他进一步强调说，识其实是为了驳斥现象世界真实存在这种主张而在俗谛（saṃvṛti-satya）的层面上建立起来的假说（upacāra）；在真谛（paramārtha-satya）的层面上，"以识为实存"的观点亦不能成立。① 这意味着识仅仅是被临时建立起来作为揭示终极真相的一种"方便"（upāya）。那么熊氏所说的"即用显体"意思就应该是：通过对识的临时建立，我们可以反驳现象有自性（svabhāva）这个主张，而在领悟到现象世界中的一切事物都并非真实存在之后，甚至领悟到就连识也不是真实存在之后，真如才可以显现出来。在这个意义上，通过用来显现体就只是种遮诠而非表诠了。② 这种思想与佛教中的中观学派所提出的真谛和俗谛之间的关系有着相似之处。中观学派——尤其是其中的应成派（Prāsaṅgika）——认为，在真谛和俗谛之间存在着一条不可逾越的鸿沟，俗谛掩盖了真谛，而且俗谛是与虚假和错觉联系在一起的。因此，为了揭示真谛，俗谛必须最终被遣除。③ 最重要的是，从上文中的分析可以看出，熊十力在20世纪20年代初所提出的"即用显体"实际上意思是"遣用证体"，也意味着"有体无用"。

值得一提的是，熊十力在这一时期的体用观很有可能是受到了他的老师欧阳竟无的影响。在欧阳竟无于1922年所作的系列讲座《唯识抉择谈》中，就已经提到：

> 性相二宗俱谈空义，但性宗之谈系以遮为表，相宗之谈系即用显体。……相宗谈空所谓即用显体者，此盖于能安立言诠之处（即相）直以表为表也；故曰无能取所取而有二取之无。（此即显空以无性为性。）④

这里的"相宗"（也称为"法相宗"）指的是唯识学派中以"三性"（tri-svabhāva）和"五法"——即相（nimitta）、名（nāma）、分别（saṃkalpa）、正智（samyag-jñāna）、真如——为基础来阐发义理的思想系统。⑤ 引文中的"空"（śūnyatā）相当于唯识佛学中的"真如"，这两个概念指示

---

① 参见熊十力：《唯识学概论》（1923），见《熊十力全集》第一卷，武汉：湖北教育出版社2001年版，第50页。

② "表诠"是一种通过直接描述某个事物的属性来解释那个事物的表述。与此相反，"遮诠"是一种通过排除那个事物所不具有的属性来间接地揭示事物真相的表述。有关"表诠"和"遮诠"，尤其是熊十力的理解，可参看郭齐勇：《论熊十力的"境论"与"量论"》，见《熊十力全集》附卷（下），武汉：湖北教育出版社2001年版，第1147—1148页。

③ 参见 Peter N. Gregory, *Tsung-mi and the Sinification of Buddhism*, Princeton: Princeton University Press, 1991, pp. 103-104.

④ 欧阳竟无：《唯识抉择谈》，见《欧阳渐选集》，新店：弥勒出版社1984年版，第306—307页。

⑤ 在中国历史上，"法相"（dharma-lakṣaṇa）与"唯识"（vijñaptimatra）指的原本都是印度传来的瑜伽行派（Yogācāra）。唐代以后，"法相"开始用来指代玄奘一系的慈恩宗，并一直流传下来。［参见 John Makeham (trans. and annot.), *New Treatise on the Uniqueness of Consciousness*, New Haven & London: Yale University Press, 2015, p. xii］然而，欧阳竟无主张"法相"和"唯识"分宗，认为前者指的是以五法三性学说构成的思想系统，而后者指的是侧重研究诸种法相中依他起一相的宗派。（参见程恭让：《抉择于真伪之间——欧阳竟无佛学思想探微》，上海：华东师范大学出版社2000年版，第11页）关于欧阳竟无对"法相宗"和"唯识宗"的区分，亦可参看张志强：《朱陆·孔佛·现代思想——佛学与晚明以来中国思想的现代转换》，北京：中国社会科学出版社2012年版，第183—266页；Eyal Aviv, "Ouyang Jingwu: From Yogācāra Scholasticism to Soteriology", in *Transforming Consciousness: Yogācāra Thought in Modern China*, ed. John Makeham, New York: Oxford University Press, 2014, pp. 297-303.

的都是宇宙本体。通过提出相宗谈论本体是"即用显体"，欧阳竟无旨在表达："能取"（grāhaka）和"所取"（grāhya）——即作为能缘的心识和作为所缘的认识对象——都没有自性这一情况直接揭示了本体。换句话说，"二取"无自性即是本体。这表明，本体与现象是非一非异的，因此体才能够即用以显。这与熊十力在《唯识学概论》（1923）中对即用显体的理解有着相似之处。然而，欧阳认为相宗的即用显体是"以表为表"，这与熊氏以"即用显体"为遮诠并不相同。[①]

二、20 世纪 20 年代中期："即用显体"含义的改变

在《唯识学概论》（1923）出版之后，熊十力很快就修改了他在其中的体用观点，这主要体现在他于 20 年代中期创作的两部专著中：1926 年出版的同名著作《唯识学概论》以及创作于 1926 至 1927 年间的《唯识论》。[②] 虽然熊氏在《唯识学概论》（1926）中也阐释了"即用显体"，但是由于这个概念在此著作中的含义与在《唯识学概论》（1923）中并无实质上的不同，因此便不再在本文中进行讨论。下文将会把重点放在他在《唯识论》中对"即用显体"的理解和诠释上。

尽管《唯识论》的篇幅很短，但却可以说标志着熊十力的思想从"遣用证体"和"有体无用"转向了"体用不二"。在这部著作中，熊氏的体用观在很大程度上已经脱离了唯识佛学：他不再将无为的真如当做是现象宇宙的本体，而是将本体称为"恒转"，通过吸收易学思想，将其描述为一个不间断的舍故创新的过程，或者也可以说是一个瞬时转变（即生灭）的连续体，并且在它生生不息的过程中展现出虚幻的宇宙万象。同时，他将现象界中的色法和心法——即物质现象和精神现象——描述为基于恒转的屈伸两种动势而建立起来的假说。鉴于一屈一伸即是变，整个现象世界都无实物，只是转变而已。[③]

与熊十力体用不二的观点相一致，"即用显体"在《唯识论》中与在《唯识学概论》（1923）中的含义也是大不相同。在《唯识论》中，熊氏仍然认为用是一种假有施设，然而与在《唯识学概论》（1923）中不同的是，这种假有施设已经不仅仅是为了遮拨妄执，而且体用之间也并非像唯识学中的真如与识／现象宇宙之间那般没有实质性的联系。恰恰相反，这种对用的施设建立在体的基础之上：

> 夫言即用显体者，固云体用自别，但用不离体，乃即用而显体。不知体上固无

---

① 其实，熊十力在稍后出版的《唯识学概论》（1926）中曾针对欧阳竟无所说的"以表为表"作出过批评，这里不再多谈。可参看拙著 *Xiong Shili's Understanding of Reality and Function*, 1920-1937, pp. 154-157。

② 虽然一些学者把《唯识论》的出版时间定于 1930 年，但是这部著作可被论证创作于 1926—1927 年，出版时间也尚有争议。具体可参看李清良、郭胜男：《熊十力〈唯识论〉撰作时间考辨》，《中国文化研究》2009 年夏之卷，第 38—44 页。

③ 参见熊十力：《唯识论》，见《熊十力全集》第一卷，武汉：湖北教育出版社 2001 年版，第 530 页。实际上，熊十力《唯识学概论》（1926）中就已经提出他的"转变"理论，只是那时恒转作为本体仅存在于俗谛的层面上；从真谛的角度来看，真如才是本体。[详见桑雨：《从〈唯识学概论〉（1926）到〈唯识论〉——熊十力体用哲学体系建构过程中的一个重要思想转变》，《中国哲学史》2021 年第 2 期]

> 可建立，又安有别用可建立乎？设计有别用可建立者，则用已与体对，谈用何足显
> 体？……窃以为有宗显体，不妨於无可建立而假有施设，即依体上故说为用，而无别
> 于体之用。①

从上述引文我们可以看出，熊十力认为提出"即用显体"的人对这个命题的理解其实是有问题的，这个问题主要在于他们将用置于一个与体相异的位置上。他所说的"言即用显体者"明显指的是唯识学派，也就是引文中所说的有宗，而他所批评的"体用自别"也与唯识学中对真如和现象关系的理解相一致。这即是说，在唯识学中，虽然真如是一切现象的实性，但是真如和现象之间实则并无实质上的关联：真如独立于现象世界而存在，而现象的产生亦不以真如为基础。实际上，熊氏的批评主要是针对印度唯识大师护法（Dharmapāla，公元6世纪）而发的。据熊氏所言，护法认为体用皆实，以用对体立。因此，在护法的分析中，体用彼此之间并无明显的关联。② 在熊氏看来，如果真的存在一个不同于体的用，那么这个用必然有自己存在的基础，而这个基础却并不是体，也因此与体处于一个相对的位置上。这样，就不可能通过用来显现体。

因此，熊十力在《唯识论》中对"即用显体"的诠释必然包含两个方面：（1）用不是真实的；（2）用基于体而存在，因此与体无异。上述引文中的最后一句阐明了这两点。这与他将色法和心法（用）理解为基于恒转（体）的屈伸两种动势建立起来的假说相符合：由于现象界中的诸有为法只是假说，因此它们都不是真实存在；由于色法和心法是基于恒转的两种动势建立起来的假有施设，因此它们与恒转在存在论的层面上并无不同。也正因为如此，体才得以通过用来显现。

在讨论即用显体之后的"附识"中，熊十力进一步解释了上述引文中他所谓的"依体上故说为用"以及为什么体能够即用以显：

> 吾用字系体之形容词，乃即于体而假说为用，形容其非顽空，即以表示转变。而
> 对彼执有实色实心者，正为遮遣，亦隐令彼悟非顽空。夫悟非顽空，则仍不妨随俗假
> 诠心色。而遮执实心实色，则诸行之相既空，将其于体也，自不难喻。③

这段文字表明，对于熊十力来说，用指的并不是一个实际存在物，而只是在名义上建立起来以承担两种角色：第一，证明体并非"顽空"；第二，遮拨实法存在，并以此来揭示本体。然而，由于在这段文字及其上下文中缺少进一步的阐述，熊氏对用如何履行这两个角色的解释还不够清楚和具体。

尽管如此，熊十力在《唯识论》中对体用的整体理解暗示了一种可能性。这即是说，既然在这部著作中，他将现象世界的本体形容为一个生灭转变的连续体，那么上述引文便可以诠释为：虽然现象世界并不是真实的，但是由于它是基于本体的两种动势所作出的假说，因此与本体并非二物，那么我们依然可以在名义上把它作为用来讨论。既然体有它的用——尽管这个用没有自

---

① 熊十力：《唯识论》，见《熊十力全集》第一卷，武汉：湖北教育出版社2001年版，第527—528页。
② 参见熊十力：《唯识论》，见《熊十力全集》第一卷，武汉：湖北教育出版社2001年版，第528页。
③ 熊十力：《唯识论》，见《熊十力全集》第一卷，武汉：湖北教育出版社2001年版，第529页。

性，只是刹那的生灭转变——那么体当然就不能说为"顽空"。[1] 另一方面，既然现象世界的本体是恒转——这即是说，世间诸法才生即灭——那么其实从未有任何色法或心法曾真实存在过。当我们领悟到现象世界的空无，从而停止对万有的执取，到那时，用熊十力自己的话来说，"冥然所遇即真矣，寂然本体呈露矣"。[2]

如前文所述，在《唯识学概论》（1923）中，"即用显体"的意思其实是遣用证体，是一种遮诠，而"体"和"用"指的是真如和识／现象。然而在《唯识论》中，当诠释"即用显体"时，"体"和"用"的指示物则变为恒转和屈伸／现象，而熊十力此时竭力将体与用相关联。虽然他依然认为用的建立是一种假有施设，但是他把这一点进一步解释为"依体上故说为用，而无别於体之用"，也正因为如此，体才得以通过用来显现。然而，熊十力此时对用如何显现体的解释还比较模糊，这要等到他的体用思想在 20 世纪 20 年代末至 30 年代中期得到进一步发展后才清晰起来。无论如何，在《唯识论》中，熊氏在本体和现象世界之间建立起了一种密切的联系，这部著作也因此成为他"体用不二"哲学体系建构过程中的关键一步。

三、20 世纪 20 年代末至 30 年代中期："即用显体"概念的发展和完善

在《唯识论》的基础上，熊十力在 20 世纪 20 年代末至 30 年代中期继续发展他的体用哲学。他新的体用思想反映在这一时期的很多作品中，其中 1932 年出版的《新唯识论》无疑是最重要的一部。[3] 这部著作充分阐述了他在这一阶段对体用的理解，可以说标志着他成熟的体用哲学体系的建立。

在《新唯识论》（1932）中，熊十力将本体与我们的心等同起来。然而，这里的"心"指的并不是"取境之识"。对于他来说，取境之识是"妄识"，而作为本体的心则是"真心"，是妄识存在的基础。只有真心才是宇宙本体，而妄识则是它的用。[4] 他认为，心同时具有动静这两种特性。动指的是，心并非是固定的事物，而仅仅是无穷的变化；静指的是，尽管心变化不穷，这些变化却有着不可改变的规则。此心流行不息，却又湛寂不乱，因此即动即静，即静即动。[5] 熊氏对真心和妄识的区分以及将心分成动静两面的观点显然与《大乘起信论》中"一心二门"的思想有着千丝万缕的联系。与心具有动静两面的观点相一致，熊氏认为本体同时具有变易和不易这两

---

[1] 熊十力在稍后的著作中也曾提及："体之为义，以有用故，若无作用，即是顽空，如何名体？"（熊十力：《十力论学语辑略》，见《熊十力全集》第二卷，武汉：湖北教育出版社 2001 年版，第 254 页）

[2] 熊十力：《唯识论》，见《熊十力全集》第一卷，武汉：湖北教育出版社 2001 年版，第 543 页。

[3] 熊十力在 1944 年出版了《新唯识论》的语体文修改版。为了与之区分，本文将会把熊氏于 1932 年出版的《新唯识论》称为"《新唯识论》（1932）"。

[4] 参见熊十力：《新唯识论》（文言文本，1932 年），第 10—11 页。

[5] 参见熊十力：《尊闻录》，见《熊十力全集》第一卷，武汉：湖北教育出版社 2001 年版，第 612—613 页；熊十力：《新唯识论》（文言文本，1932 年），见《熊十力全集》第二卷，武汉：湖北教育出版社 2001 年版，第 11 页。

种特性：变易是从本体显现为虚幻的现象这个角度来说的，指的是现象世界中诸有为法的生灭变动；不易是从本体固有不变的本性来说的，指的是本体自身。换句话说，尽管本体表面上是变易的，他的本性却是不变的，没有任何活动。[①]这个观点很有可能是受到了马一浮（1883—1967）"变中见常"思想的影响。[②]

最重要的是，无论是心的"即动即静"，还是体的"即变易即不易"，都表达了熊十力"即用即体"的观点。如下文所示，"即用即体"是熊氏在20世纪20年代末至30年代中期所提出的一个重要概念，反映了他对体用关系理解的发展，并为他提出"即用显体"奠定了一个理论基础。除了"即用即体"和"即用显体"之外，熊氏在这一时期对体用关系的理解还体现在他的"体一用殊"思想上，而这一思想则可认为是他对"即用显体"的进一步解释。因此，为了阐明熊氏在这一时期对"即用显体"的理解，下文也会讨论他的即用即体和体一用殊思想。

（一）即用即体

在熊十力的思想中，"即用即体"这个概念并不像字面意思那样意味着用和体是完全相同的，而是说因为用/现象活动没有自性，仅仅是体的虚幻显现，所以它和本体从存在论的角度来说没有区别。熊氏在他于1933年发表的《破〈破新唯识论〉》中清晰地揭示了这一点：

> 体不可直揭，而从其流行强为拟似。（拟似犹言形容。）顽空不可谓体，故必有用，假说流行。（流行即是用之代词。）流行即体，元非异体有别实物。（流行者即是本体之流行，故不可说其异于体而别有实物，若认流行为有实物者，便与体对待而成二片矣，此不应理。）流者不流之流，万有波腾而常寂；行者不行之行，众相森罗而皆空。故乃即用即体，即转变即不变，以此假说功能为本体。[③]

根据此段落，本体是超越概念化的，因此无法通过言语表达来直接揭示。然而，鉴于体必然表现为用——也就是引文中所说的"流行"——否则它就是顽空，我们不妨尝试着从用/流行的角度来描述它。这也是为什么熊十力将本体称为"功能"（"恒转"的异名）的原因：功能/恒转正是他从现象诸法生灭相续（用/流行）的角度所提出的概念。熊氏从用的一面来描述体的根本原因，是他相信后者可以显明前者：尽管各种各样的现象看起来是流行的，但它们实际上没有自性，并不是真实的，而在这些虚幻的现象表面掩盖之下的真实事物则是那个恒常的、寂静的本体。用John Makeham 的话来说，"非实有的现象层面的生灭变动是以它们无差别的本性为存在基础的，而这个本性自身则是不生不灭不变不动的"。[④]正是在这个意义上，熊十力才提出"即用即体，

---

① 参见熊十力：《新唯识论》（文言文本，1932年），见《熊十力全集》第二卷，武汉：湖北教育出版社2001年版，第22、69—70页。

② 参见李清良：《论马一浮对熊十力〈新唯识论〉之影响》，见《台湾东亚文明研究学刊》2010年第1期。

③ 熊十力：《破〈破新唯识论〉》，见《熊十力全集》第二卷，武汉：湖北教育出版社2001年版，第172页。

④ John Makeham, "Xiong Shili's Critique of Yogācāra Thought in the Context of His Constructive Philosophy", in *Transforming Consciousness*, p. 268.

即转变即不变"。

为了进一步说明即用即体，熊十力借用了佛教中大海水和波浪的比喻。他把体比作水（或者说是水不变的自性），把用比作波浪。对于他来说，水幻现波相，然而其本性（即水自身）却是恒常不变的。虽然波相幻生幻灭，但举波是水，并无他物。换句话说，依于水波相才可幻现；并非波异于水而别有自体。通过这个比喻，熊氏表达了这样一个观点：用依靠体而产生，由于用没有自性，它与体并无不同。他清楚地表明，正是由于这一点，他才提出"即用即体"。[①] 水波喻在汉传佛教的文本中被广泛用来解释本体与现象之间的关系，其中《大乘起信论》尤为显著。通过指出大海水因风而波动，然而水非动性，若风止灭，动相则灭，湿性不坏，《起信论》表达了这样一个观点：尽管众生的自性清净心（真如 / 本体）可以被无明所扰，由此产生生灭心（现象活动），但是它的本性不变。若无明灭，生灭相续的现象活动亦会湮灭。[②] 如吴汝钧所指出的那样，大海和波浪的比喻也经常出现在华严宗的一些著作中，被用来解释理和事——也就是本体和现象——之间的关系，例如在杜顺（557—640）的《华严五教止观》、法藏（643—712）的《华严经义海百门》以及澄观（738—839）的《华严法界玄镜》中都有所提及。[③] 熊十力用水波喻来阐明他对本体与现象不二的理解，看起来与《起信论》及华严等汉传佛教的思想有着某种联系。

再者，熊十力还将他的即用即体观与"二谛"理论相结合。据他所述，现象世界中的事物是基于俗谛而在名义上所进行的施设；在真谛的层面上，现界诸相皆无自体，现前莫非真体澄然。[④] 如 John Makeham 所指明的那样，这里熊十力看起来似乎是在证实中观宗真谛和俗谛本质上等同于彼此的命题，然而事实上，熊氏意欲将本体这个概念设置成为一个表面之下的基点（underlying "locus"），此基点则构成了现象（俗谛）的存有论基础；与此相反，纯粹的中观宗思想决不会将"空"（真谛）作为现象的基础，因为在它看来，"空"并不是一个真实的事物，而仅仅意味着现象世界中的一切事物都是依赖众缘而产生的，因此都是缺乏自性的。[⑤] 实际上，熊十力对二谛的以上理解看起来与法藏用二谛来阐明"如来藏缘起"的做法更为相近。法藏认为，从俗谛的角度来说，如来藏 / 真如随缘产生现象；从真谛的角度，如来藏 / 真如自性清净，即是本体。[⑥] 通过阐释二谛，法藏所要表达的是：现象和本体实为从不同角度看待的同一物，而后者是前者不变的本性。这显然与熊十力借用二谛来阐明即用即体的观点类似。

无论是吸收华严宗还是《大乘起信论》中的思想，熊十力旨在说明，用与体在本体论的层

① 熊十力：《十力论学语辑略》，见《熊十力全集》第二卷，武汉：湖北教育出版社 2001 年版，第 260 页。

② 参见高振农：《大乘起信论校释》，北京：中华书局 1992 年版，第 36 页。

③ Ng Yu-kwan, "Xiong Shili's Metaphysical Theory about the Non-separability of Substance and Function", in *New Confucianism: A Critical Examination*, ed. John Makeham, New York: Palgrave Macmillan, 2003, p. 245, note 13. 关于华严宗对水波喻应用的详细介绍，亦可参看 Brook Ziporyn, *Beyond Oneness and Difference: Li 理 and Coherence in Chinese Buddhist Thought and Its Antecedents*, Albany: State University of New York Press, 2013, pp. 235—241.

④ 参见熊十力：《新唯识论》（文言文本，1932 年），见《熊十力全集》第二卷，武汉：湖北教育出版社 2001 年版，第 55、70—71 页。

⑤ 参见 Makeham, "Xiong Shili's Critique of Yogācāra Thought in the Context of His Constructive Philosophy", p. 269.

⑥ 参见 Gregory, *Tsung-mi and the Sinification of Buddhism*, p. 158。

面并无不同。然而，他依然强调了二者的区别："不可认取流行以为体，唯于流行中识主宰，方是识体。"① 这即是说，流行（即用）不可等同于体，因为前者仅是虚幻呈现，而后者才是真实本性。② 也正因为这样，如下文所示，即用显体才成为必要和可能。

（二）即用显体

"即用显体"是熊十力基于"即用即体"而阐发的，可以说是"即用即体"的目标和延续。在 20 世纪 20 年代末至 30 年代中期，熊氏数次强调，他的主要目的就是显体。③ 对于他来说，既然体不可被思虑或言说，那么我们只能在它的流行之处下功夫，假设言诠，通过它的功用来彰显它。④ 而正是由于用是体的呈现，却又不完全等同于体，二者不一不异，不相分离，即用显体才既有必要又有可能实现。基于这种观点，熊氏把"即用显体"定义为：

> 盖流行非即是体，而体要非超越流行幻相之外而别为独存之死体。……体必有用，亦定不离用。定不离用者，即定不离流行故。定不离流行，故乃于流行中识体，是谓"即用显体"。⑤

如上，现象活动——或者说用，也就是体的流行——不应被等同于体：现象是虚幻的，因此是空无的，然而体却是真实的，不可能是空无的。但是，由于体将自身展现为虚幻的现象，亦因此不离现象，所以它才能够从现象中被识别。这即是熊十力所理解的"即用显体"的意思。

那么，我们应该如何通过用来显现体呢？熊十力认为，现象世界的产生其实是由于我们妄识的作用，是我们在意想计度之中所执着的心相，形成于我们的概念化。这即是说，现象是被错误地认作真实存在的事物，然而实际上它们仅仅是虚妄的构想，因此缺乏固有的本性。基于这种理解，他提出，我们只有在摆脱妄念并遣除一切所执的情况下，方乃"于万象见真实，于形色识天性，于器得道，于物游玄"。⑥ 在 1933 年出版的《破〈破新唯识论〉》中，熊氏清晰地说明：

> 所谓现象界者，元依大用流行而施设如是假名。易言之，万有现象即依流行中的虚伪相貌而假名之耳，元非有如世俗所执宇宙或实物事可名为现象界。（"元非"一气贯下读之。）盖乃荡除一切所执，（现象界即妄计所执。）而观于流行，乃即用以识体，

---

① 熊十力：《破〈破新唯识论〉》，见《熊十力全集》第二卷，武汉：湖北教育出版社 2001 年版，第 184 页。
② 关于这一点，亦见熊十力：《十力论学语辑略》，见《熊十力全集》第二卷，武汉：湖北教育出版社 2001 年版，第 255—256 页。
③ 例如，熊十力：《尊闻录》，第 568 页；《新唯识论》（文言文本，1932 年），见《熊十力全集》第二卷，武汉：湖北教育出版社 2001 年版，第 55 页；《十力论学语辑略》，见《熊十力全集》第二卷，武汉：湖北教育出版社 2001 年版，第 256 页。
④ 参见熊十力：《十力论学语辑略》，见《熊十力全集》第二卷，武汉：湖北教育出版社 2001 年版，第 255—256 页。
⑤ 熊十力：《十力论学语辑略》，见《熊十力全集》第二卷，武汉：湖北教育出版社 2001 年版，第 256 页。
⑥ 熊十力：《十力论学语辑略》，见《熊十力全集》第二卷，武汉：湖北教育出版社 2001 年版，第 231—232、252—253 页。

亦不于流行之外觅体。①

从熊十力的角度来看，我们受到现象界中的事物的阻碍而无法识别本体，然而这些事物并非是真实的，而是基于我们对本体的流行／用所产生的错觉，而在名义上所进行的施设。只有荡除这些错觉，我们才能认识到整个现象宇宙只有不间断的转变（即生灭），而这种转变的本体实际上是恒常的。这即是熊氏所谓的"即用显体"或"即用识体"。我们可以借助于唯识学中常用的绳索和蛇的比喻来理解熊氏的观点：我们错误地将一个绳索（比喻本体）当成是一条蛇（比喻现象）。然而当我们意识到这个错误的时候，我们就再也不会把"这条蛇"看作是蛇，而是很自然地把它看作绳索。

反过来说，通过用来识别体也会使我们认识到，所谓的现象世界缺乏自性，并非真实存在。这就如同：当我们将绳索如实看做绳索的时候，我们就会意识到，我们之前所以为的"蛇"并不是真实的。而到那时，我们就会领悟，世界万象皆为本体。关于这一点，熊十力在《新唯识论》（1932）中说：

> 吾宗千言万语，不外方便显体。（显者，显明之也。本体难设言诠，故须方便。）见到体时便无现界。即如凡情执有山河大地等相，智者了知此等相都无自性，即是皆空。如实义者，森罗万象，无非清净本然，（即于万象之上而一一皆见其是清净本然，却非谓万象浑然成一合相，始名清净本然。此处切勿误会。清净本然者，本体之代语。）实未曾有如世间情见所执山河大地等相可得故。②

当我们泯除了将现象世界中的事物当作真实存在的妄执，我们就会从这些虚幻的事物中识别本体，而后就会理解，整个现象领域其实只有本体。正如熊氏在《新唯识论》（1932）中所说："会得时，于万象皆见为真如，于流行便识得主宰，于发用自不失静止。"③

正是由于熊氏将体与心联系了起来，将本体等同于本心，而将现象等同于妄识的作用，如何通过用来显现体这个问题才得到了很好的解释。这即是说，既然妄识是以本心为基础而虚妄存在的，那么我们只要去除我们的妄识，所呈露出来的自然就是我们的本心。与《唯识论》中对"即用显体"模糊的解释相比，熊十力在20世纪20年代末至30年代中期这一阶段对此概念的诠释有了很大程度上的发展。

（三）体一用殊

在这一阶段，熊十力即用显体的观点还通过他"体一用殊"的构思而得到进一步的阐释和

---

① 熊十力：《破〈破新唯识论〉》，见《熊十力全集》第二卷，武汉：湖北教育出版社2001年版，第185页。

② 熊十力：《新唯识论》（文言文本，1932年），见《熊十力全集》第二卷，武汉：湖北教育出版社2001年版，第55页。

③ 熊十力：《新唯识论》（文言文本，1932年），见《熊十力全集》第二卷，武汉：湖北教育出版社2001年版，第70页。

完善。这个构思包含两个论点：（1）单一无差别的本体展现为纷繁的万象，现象世界中的每一个事物都是依靠本体而成为其自身，同时也表现了整个本体。（2）虽然一切人和物有着各种不同的形式，但是由于在存在论上它们与本体都无不同，因此它们实际上浑然一体，交遍无碍。① 关于这两点，前者是后者的前提和基础，后者是前者的必然结果。

熊十力对以上两个论点分别作出阐述和强调。关于第一点，他说：

> 大哉功能，遍为万物实体！极言其灿著，一华一法界，一叶一如来。（法界，实体之异名。如来，本佛号之一，此则以目实体。）……秋毫待之成体，以莫不各足。（无有一物得遗功能以成体者，虽秋毫且然，况其他乎？秋毫举体即功能，则秋毫非不足，他物可知已。盖泯一切物相而克指其体，则同即一大功能而无不足也。）②

这段文字清晰地表明，体弥漫渗入整个现象世界，现象世界中的任何事物——不论多么微小，哪怕如一簇纤细的秋毫——都表现了完整的本体；而并非是说体分割为无数个组成部分，每一部分成为现象世界中单个事物的本体，只有万物相加在一起才能够表现整个的本体。由此，"即用显体"的含义得到了进一步的阐明。熊十力把体用的这层关系称为"变"（即现象世界中诸有为法虚幻的瞬时生灭相续）的"圆满义"。③

关于上述第二个论点，熊十力进一步解释说：

> 神变莫测，物万不齐。不齐而齐，以各如其所如。因说万法皆如，彼此俱得，封畛奚施？……极物之繁，同处各遍，非如多马，一处不容，乃若众灯，交光相网。④

说万物不齐是因为它们有着不同的存在形式和特性；说万物不齐而齐是因为它们中的任何一个事物都无异于它们共同的真如本体。通过借用庄子《齐物论》中的观点，熊十力所表达的是：正是由于任何一个事物都是本体的完整显现，因此它们虽然看起来有所不同，实则在存在论的层面上等同于彼此，可以互相涵容。在这个意义上，万物实为一体，并不会因形质不同而被离隔开。熊氏把万物之间的这种关系称为"变"的"交遍义"。此义可以说是"即用显体"含义的延伸。

我们可以看出，熊十力的以上两个论点彼此密切相连，正如他自己强调说："一显全体起用，用成万殊，而各称体，一一具足。一显用成万殊，而重重无碍，故一真法界，非一合相。二义相关，不堪省略。"⑤ 很明显，这里的前一个"一"指的是"圆满义"，后一个"一"指的是"交遍义"。另外，如前所述，"圆满义"是"交遍义"的前提，基于这个前提后者才会是合理的。关于此逻辑，熊十力说："一人一物之心即是天地万物之心，非形质所能隔别，故恒互相贯通。……华严

---

① 参见熊十力：《尊闻录》，见《熊十力全集》第一卷，武汉：湖北教育出版社 2001 年版，第 570—571 页。

② 熊十力：《新唯识论》（文言文本，1932 年），见《熊十力全集》第二卷，武汉：湖北教育出版社 2001 年版，第 49—50 页。

③ 熊十力：《新唯识论》（文言文本，1932 年），见《熊十力全集》第二卷，武汉：湖北教育出版社 2001 年版，第 49 页。

④ 熊十力：《新唯识论》（文言文本，1932 年），见《熊十力全集》第二卷，武汉：湖北教育出版社 2001 年版，第 50 页。

⑤ 熊十力：《十力论学语辑略》，见《熊十力全集》第二卷，武汉：湖北教育出版社 2001 年版，第 271—272 页。

'一多相即，重重无尽'，理趣深玄。"① 这里的"心"指的就是本体。这里同时点明，熊十力体一用殊的观点吸收了华严宗的学说。的确如此，"圆满义"吸收的显然是华严"理事无碍"的思想，而"交遍义"吸取的则是"事事无碍"的思想。正是基于这些思想，熊氏进一步阐明并完善了自己的即用显体观。

四、结语

本文将熊十力在 20 世纪 20 年代初至 30 年代中期——也就是他的体用哲学体系形成和建立时期——对"即用显体"概念的理解和诠释划分为三个阶段。在 20 年代初期阶段，熊氏将真如当作体，识当作用。他认为体是唯一真实的存在，而用只是在名义上临时建立起来的概念，目的是遮拨现象实有的观点，从而使体得以揭示和显现。除此之外，他并没有在体用之间建立任何实质性的联系。如此，在熊氏的思想中其实是"有体无用"的，而他所谓的"即用显体"也只是"遣用证体"。在 20 年代中期撰作的《唯识论》中，熊氏将体描述为一个生灭转变的连续体，而用则是基于体的动势建立起来的假说。在解释"即用显体"时，虽然他依然认为用是为了遮拨妄执而进行的假有施设，但是他主张，对用的施设必须建立在体的基础之上，因此二者在本体论的层面并无不同。这样即用显体才真正成为可能：当有为法的性相被遣除之后，本体自然就会显现。然而当时他并没有详细阐述这个观点。到了 20 年代末至 30 年代中期这一阶段，熊十力将本体与我们的心联系在一起，而他的即用显体观也在很大程度上得到了发展和完善。通过对"即用即体"和"即用显体"概念的详尽解释，以及对"体一用殊"思想的阐发，他清楚地表述了一个观点：用是本体（即本心）在我们妄识的作用下所显现出的虚幻性相。当我们去除执着现象活动为实有的妄识之后，呈现在我们面前的世界便不再是虚妄的生灭变动，而是本体。而且他所说的"即用显体"并非是指现象世界中的所有事物叠加在一起才能够完整地表现本体，而是说每个单一的事物都是整个本体的显现。在此基础上，世间万物实为一体，相容无碍。

如 Teresa Marques 和 Åsa Wikforss 所指出的那样，概念在人类的认知行为中占据中心地位。无论是思维表述，还是归纳推理，都离不开对概念的使用。正因为如此，对概念的学习和研究才能够在哲学领域形成一个至关重要的派别。② 然而一个哲学家对某个概念的理解和使用可能会随着他思想或生活环境的变化而发生改变。因此，对于一些哲学概念，我们不应该用固定的眼光去看待它们，而应当从发展的角度去理解它们的含义，否则便容易产生误解。熊十力思想中的"即用显体"概念便是一个例子。由本文可见，这一概念在 20 世纪 20 年代初至 30 年代中期的变化

---

① 熊十力：《新唯识论》（文言文本，1932 年），见《熊十力全集》第二卷，武汉：湖北教育出版社 2001 年版，第 81 页。

② Teresa Marques and Åsa Wikforss,"Introduction", in *Shifting Concepts*, p. 1.

和发展直接反映了熊氏从"体用相离"或"有体无用"到"体用不二"，以及他逐渐脱离印度唯识佛学，向汉传佛教和儒学靠近的思想历程，因此在其体用哲学体系的建构过程中扮演了一个重要的角色。

作者简介：桑雨，女，出生于 1985 年，河北省石家庄市人。获澳大利亚国立大学博士学位，主要研究方向为中国哲学和思想史，中国社会科学院哲学研究所博士后，现任教于悉尼大学语言文化学院中国研究系。

"量论"心学的知识论

——依"量智"对熊十力体用论思想之阐释

张睿明

摘要：本文以"量论"心学的知识论阐明如何由识的了别成物这一认识心作用（"量智"）即用显体地显出本体生生的大用流行，以此揭橥熊十力的体用论。即阐明：（1）积起宇宙的"小一"这一本体收凝对碍的性向为何现起于意识底"忆持"；（2）意识如何以其综合建立起物相并从中抽象出"范畴"；（3）为何将"范畴"归在意识这一主观方面，并可以将之由经验提升至康德式的先验范畴；（4）悬置"境的本相"，以消除识上所现相与"境的本相"之间的不相应所造成的不可知论与二元论，就此贯彻摄境归识的"唯识"论；（5）即感识与意识的认识心作用如何显有本体成物之发用流行。

关键词：体；识；心；相；用

熊十力的体用论建立在他转化唯识学所成就的"量论"心学的知识论之上。在《新唯识论（语体文本）》中，熊十力对"量论"的立论内容作出了说明：

> 原本拟为二部：曰《境论》，曰《量论》。（《量论》，相当俗云知识论或认识论。量者，知之异名。）①

"量论"的核心内容熊十力在其"境论"的体用论中围绕着认识心作用（"量智"）所展开的论述已得到陈述。但是他所论述的"量论"知识论的问题在何处，使他欲著出"量论"却未能？更且，如何解决这些问题，以能凭借"量智"的认识心作用圆成其体用论？对此二问题的解答构成本文论述的主题。

一、即用显体的宇宙论

熊十力体用论的特征在"体用不二"下得到表达，即"用"而显出自己的本体被称为"恒转"。

---

① 萧萐父主编：《熊十力全集·第三卷·新唯识论（语体文本）》，武汉：湖北教育出版社2001年版，第6页。

熊十力讲：

> 恒转是至无而善动的。（无者，无形，非空无也。善者，赞词，乃形容动之微妙。）其动也，是相续不已的。相续者，谓前一动方灭，后一动即生，如电之一闪一闪，无有断绝，是名相续，非以前动延至后时名相续也。不已者，恒相续故，说为不已。……这种不已之动，自不是单纯的势用。每一动，恒是有一种摄聚的，（摄者收摄，聚者凝聚。）如果绝没有摄聚的一方面，那就是浮游无据了。所以，动的势用起时，即有一种摄聚。这个摄聚的势用，是积极的收凝。因此，不期然而然地成为无量的形向。形向者，形质的之初凝而至微细者也。以其本非具有形质的东西，但有成为形质的倾向而已，故以形向名之。物质宇宙，由此建立。①

积极收凝的"摄聚"是至无的本体所以能够成就物质宇宙的功能性条件。物质宇宙正是由本体摄聚之动而来的"无量的形向"所积集成就。由此就有本体恒转之动发用为宇宙生生不息的大用流行。熊十力讲：

> 知用，便了大用之行，其凝以成多，即所谓小一者，是乃至神极妙，生而不有，（才起即灭，刹刹皆尔，不暂住故。）应而无物。（应者，顺应。凝者，翕也。翕以为大用健辟之具，故望辟而为顺应。然其翕也，只是一种极凝的势用，刹刹诈现而已，本来无有实物。）②

在"知用"中见体，是即凝者之"翕"与开发健动之"辟"的势用以显体，但同时也是称体而起用。熊十力讲：

> 精神要显发他自己，他就必须分化。而分化又必须构成一切物，他才散著于一切物，而有其各别的据点，否则无以遂其分化了。③

分化构成一切物，即指大用流行中"翕"的收凝的势用。翕的收凝的势用又被说为动圈："这种动圈的形成，就因为翕的势用，是尽量收凝。我们可以把每个收凝的动势，均当作一单位。"④这样的每一单位被命名为"小一"。

"小一"是建立物质宇宙的基本单位，其特征是"刹那刹那。生灭灭生，流行迅疾，势用难思，……千条万绪，极其众多的，无量无边的"。⑤"流行迅疾"所显示出来的小一动变的本性是出于："每一小一，为凝与健（即翕与辟）相涵具有的一单位。"⑥

熊十力讲："小一相摩荡，而成各个系。系与系相摩荡而成各个系群，于是显为万物。"⑦摩

---

① 萧萐父主编：《熊十力全集·第三卷·新唯识论（语体文本）》，武汉：湖北教育出版社 2001 年版，第 98—99 页。
② 萧萐父主编：《熊十力全集·第三卷·新唯识论（语体文本）》，武汉：湖北教育出版社 2001 年版，第 302 页。
③ 萧萐父主编：《熊十力全集·第三卷·新唯识论（语体文本）》，武汉：湖北教育出版社 2001 年版，第 112 页。
④ 萧萐父主编：《熊十力全集·第三卷·新唯识论（语体文本）》，武汉：湖北教育出版社 2001 年版，第 287 页。
⑤ 萧萐父主编：《熊十力全集·第三卷·新唯识论（语体文本）》，武汉：湖北教育出版社 2001 年版，第 290 页。
⑥ 萧萐父主编：《熊十力全集·第三卷·新唯识论（语体文本）》，武汉：湖北教育出版社 2001 年版，第 304 页。
⑦ 萧萐父主编：《熊十力全集·第三卷·新唯识论（语体文本）》，武汉：湖北教育出版社 2001 年版，第 308 页。

是小一彼此相比合的、聚合的作用，荡是小一彼此相乖违的、分离的作用。① 熊十力讲：

> 系与系合，说名系群。二个系以上相比合之系群，渐有迹象，而或不显著。（迹象，亦省云象。积微而显，故成象。……）及大多数的系群相比合，则象乃粗显。如吾当前书案，即由许许多多的系群，互相摩而成象，乃名以书案也。日星大地，靡不如是。及吾形躯，亦复如是。故知万物，非离小一有别自体。②

但是小一是动变的，它们如何能够有如实在且持存的原子一般相比合地建立起来物质宇宙？

二、摄境归识而成用

由小一相比合所成的世间万物，有它们根源于熊十力所顺承的唯识学而来的"唯识"性。熊十力讲：

> 有宗谈唯识，不许有离识独在的世界。……每一众生身中皆具有八个识。此八个识，前五皆是向外追求，其所追求之境物，乃是五识各各自所变现。如眼识变似色境，耳识变似声境，鼻识变似香境，（香与恶臭，通名为香。）舌识变似味境，身识变似所触境是也。变似之言，简异世俗执有离心独在之境，谓诸识所缘境，皆识自变似之，非是离心别有实境也。第六意识，能与五识同时变似色声香味触境，复能独起思构，（五识不起时，意识独起。）变似独影境。独影境者，谓所变境非如色声香味触等有实质故。如思维一切义理时，意中亦变似所思之相，此相无质，名独影。第七末那识，唯内缘赖耶为自我，（阿赖耶识，省云赖耶。）不外缘故。五识及意识变似色声等境时，即视为外物而追求之不已，故云外缘。末那唯内执有自我，非外缘也。第八赖耶识，其所缘境则有三：曰"种子"，此非赖耶之所变，但是其所藏而已；曰"根身"，眼耳鼻舌身五根，总名根身，赖耶即执持此以为自体；曰"器界"，相当于俗云自然界或物质宇宙。根与器，皆赖耶之所变现，非离识而独在也。（根器不离第八识故。）③

熊十力将于此所述的唯识学中"识"的意义归入他的体用论中作出理解。熊十力讲："他们所谓识，或一切生灭的法，便是我所谓流行不息的千差万别的用。"④ 但同时，世间万物也不离识独在，熊十力讲："一切境或物，皆摄属于一切识，故一言乎识，便已包含境或物在内，

---

① 参见萧萐父主编：《熊十力全集·第三卷·新唯识论（语体文本）》，武汉：湖北教育出版社 2001 年版，第 306 页。

② 萧萐父主编：《熊十力全集·第三卷·新唯识论（语体文本）》，武汉：湖北教育出版社 2001 年版，第 307 页。

③ 萧萐父主编：《熊十力全集·第三卷·新唯识论（语体文本）》，武汉：湖北教育出版社 2001 年版，第 469—470 页。

④ 萧萐父主编：《熊十力全集·第三卷·新唯识论（语体文本）》，武汉：湖北教育出版社 2001 年版，第 81 页。

非但为与境物对待之名而已"。① 在此摄境归识的基础上熊十力转识成用，把"识，或一切生灭的法"直截视为一、一都是本体底显发而不容已。作为本体显发出来的功用，知"识"用就能够见体。

那么，同为本体发用的"小一"在本体"积极的收凝"处如何摄属于识呢？熊十力讲：

> 眼等识现量证境时，于境不执为外，以无计度分别故。后时意识起［意识继感识而起，忆持前物②］，虚妄分别，乃执有外境（着重号为笔者所加，下文同此），故色等觉，唯在意识。觉（意识分别。）与正见，（感识现量。）二时不俱，则此觉时，能见（感识现量。）已入过去。③

"小一"既然是一"单位"，就不是无分别。眼等识既然无计度分别地知境，此境中就不会现有"小一"，否则就是有分别。分别起于后时意识对眼等感识所知境的忆持：意识继感识而起，通过忆持感识了知的境，就现起因对境的执持而显出实在性的"色等觉"。忆持作用得到的色等觉被意识执持趣取地了别为"外"。意识进一步综合色等觉，就有个别的物相现起。现起的个别物相与当下感识所了知、没有内外分别的境之间的区分，显示出物相（"外境"）持存的、超离在感识之外的实在性。这种实在性表现出收凝的、对碍的性向；这种性向，即由作为"翕"之凝势的动圈"小一"得到传达。④

心（感识与意识）的了境具有如下的特性，熊十力讲：

> 心于境起了知时，便有同化于境的倾向，所以必现似境之相。这个相，又好像是对于所知境的一种记号，如了知白时必现似白相。他所了知的是这样的一个白，不是旁的。所以心上现似白的相，就是对于白有了知的一种记号。准此而谈，心的现相，是知的作用自然会有的，无可非毁的。但是，心上才现似境的相，便很容易赋予境以实在性，并且很似有封畛的。换句话说，我们知的作用，就把所了的境当作离心独在的东西来看。⑤

熊十力在这里讲到的"心"的意义有两层。第一层意义的心是知境的本心。本心于所知境不起执着，即对识所了的相生而不执有，为而不执恃；感识于此恒为意识底先导，而对反于"同化于境的倾向"，故此恒显有感识率引开发中意识知境底创进不息。第二层意义的心是执持所知境（相）使境沉锢的妄心，是染习的积聚体。因为妄心执持境，不再有对感识冥证的归复，境就从大化洪流中沉降下来，而不再显有本心知境当中心所现相的生生不息。

境底意义也有两层。第一层意义的境是本心所知中生化流行的境，是心—境性之本体境。第二层意义的境是认识心执持分别下显有实在性的境（相）；当它被看做离心底创化而独在的东

① 萧萐父主编：《熊十力全集·第三卷·新唯识论（语体文本）》，武汉：湖北教育出版社2001年版，第469页。
② 萧萐父主编：《熊十力全集·第三卷·新唯识论（语体文本）》，武汉：湖北教育出版社2001年版，第313页。
③ 萧萐父主编：《熊十力全集·第二卷·新唯识论（文言文本）》，武汉：湖北教育出版社2001年版，第16页。
④ "小一"虽然显出熊十力对萨婆多师"极微"的沿用，并有原子论化的趋向，但在意识忆持而现起觉相的语境下，"小一"即显为这种忆持所表显出的"收凝、对碍"而成物的性向。
⑤ 萧萐父主编：《熊十力全集·第三卷·新唯识论（语体文本）》，武汉：湖北教育出版社2001年版，第33页。

西时，就成为沉锢的妄境；但是在本心底率引开发中，认识心从对所了境（相）的执持中超脱出来，源源不绝的所了相与相应的认识心就成为本体凭借以显现自己的大用流行。

但是，当熊十力提出"心于境起了知……现似境之相"时，会发生一种歧义：心所"于"的境指示出来一个心所了知的相（心上所现相）要能去符合之的"境"。这个"境"超离在心之外，是"现似境之相"的心须要去把握、认识的对象。这一层歧义在熊十力讲"五识上所现似境的相，每不能与境的本相完全相肖"①时，就更为显明了。这造成熊十力知识论中摄境归心，但是境又超越在心外的这样一种创进生生的本心与静态超越的"境的本相"相叠的二元论。

另一方面，熊十力所讲"五识上所现似境的相"与眼等感识"无计度分别"的了境也不一致。因为一旦眼等感识创起了境的活动从无计度分别转为执取分别出某个是这样而不是旁的觉相，比如非白或者非非白等，眼等感识的活动就已经从体神居灵的冥证境界中堕落下来，落入著相的牵系中。因此，如果说是五识上现有分别的相，那么这种分别相应当被理解为是由随继眼等感识而起的意识的忆持作用所执取分别出来，即，现有分别相的"五识"，是对五俱意识②的称呼。所以熊十力在讲眼等"前五皆是向外追求"③时，眼、耳、鼻、舌、身这前五识已经不是感识，而是五俱意识。

三、根身与习气

熊十力将唯识学中诸种生现行、现行复熏种，以及诸种自类相续诠解为本体之发用，并由此承转摄藏一切种的阿赖耶识而建立起其体用论。

熊十力既认为阿赖耶识是执持五根以为自体，他就此将"根"诠解为本体显发自身的资具。借根显发出来的本体的作用即五识知境的活动。因为知境的五识与境已经有对待，所以五识应指五俱意识。与五俱意识相随属的"根"在熊十力的思想体系中为此是具有特别意义的名词。熊十力讲：

> 根者，乃生命力所自构之资具，而藉之以发现自力。……因为欲达其目的，遂形成了这种机括。……根力（具云根的力用。）潜运眼处，能发视识，说为眼根。（眼谓肉眼，发者发现。见色之识，名为视识。此识只依根发现，而非根之副产物。……）根力潜运耳处，能发闻识，说为耳根。（耳谓肉耳。闻声之识，名为闻识。……）乃至潜运身处，能发触识，说为身根。（身，谓肉体和神经系。……）④

① 萧萐父主编：《熊十力全集·第三卷·新唯识论（语体文本）》，武汉：湖北教育出版社2001年版，第32页。
② 本文中将五俱意识与五后意识统称为"五俱意识"。
③ 萧萐父主编：《熊十力全集·第三卷·新唯识论（语体文本）》，武汉：湖北教育出版社2001年版，第469页。
④ 萧萐父主编：《熊十力全集·第三卷·新唯识论（语体文本）》，武汉：湖北教育出版社2001年版，第386—387页。

"生命力"是本体显示出来的自性，也代称本体。透显于根处的"生命力"就是"根力"。五（俱意）识知境，即是本体借根的作用。

虽然根作为欲显示生命力的健进所构成的机括，"不即是肉眼等"，[1] 但是它因为与意识相随属，著系于意识底忆持，故此表现出滞锢性。这种滞锢性在心之力用发用于根以了别境时表现出来，而与知境本心的虚灵无碍相背反：

> 心之力用之发乎根也，根即假之，以自成其灵明。这种灵明，恒与其无待之本然，不必相似，而每习与物化。习者，犹云常常如此为之，谓其惯习于物化而不知反也。由此遂有习气等流。言等流者，根之灵明，现起趣境，以习与物化时，即此刹那顷，便造成了一种惯性。……成功一种势力叫做习气。这个习气，不会无端消灭，但也不是恒常坚住的支持下去，却是习气的自身刹那刹那前灭后生，相续流转下去。因此说为等流。等者，相似义，谓后起续前，决定似前。相似而流，故名等流。即此习气随逐根身，（……习气恒随逐根身而不相舍离。）还复乘机跃现。故根趣境时，虽假心之力用，而自逞其灵明，以追攀前境。（追者追求，攀者攀援。前境者，具云常前之境。凡言境者，不限于有形质的物事，只为心之所追攀者，通得境名。他处仿此。）然其时必有染习突跃，以与根之灵明相挟同流，叶合若一。[2]

习气是由意识的忆持执持而相续流转下来。意识对其执持下的了境加以综合、抽象地建构，这种建构活动的主观方面的结果由习气显示出来。这种习气形成了随逐着根身的习心。熊十力讲：

> 夫习气千条万绪，储积而不散，繁赜而不乱。其现起则名以心所，其潜藏亦可谓之种子。……即此无量种子，各有恒性，（染种不遇对治，即不断绝。故有恒性。）各有缘用，（缘者思量义。种子就是个有思量的东西，不同无思虑的物质。但思量的相貌极微细耳。）又各以气类相从，（如染净异类。……）以功用相需，而形成许多不同之联系，更互相依持，自不期而具有统一之形式。（即具有统一之形式，便知是全体的。）[3]

因为建立物质宇宙的"小一"是由意识的忆持作用而有，为此，物质宇宙的结构融贯性就应是由意识综合、抽象地建构得来，并与作为主观方面之认识活动的结果的经验内容的结构融贯性相应。这种习气性经验内容的结构"不期"而具有统一的形式，显示出意识底综合的建构行为并不处在任何某种被意识到的形式的规定之下（比如胡塞尔底艾多斯），或者某种被意识到的形式理念的范导之下（比如康德底先验统觉）。

---

① 萧萐父主编：《熊十力全集·第三卷·新唯识论（语体文本）》，武汉：湖北教育出版社 2001 年版，第 387 页。
② 萧萐父主编：《熊十力全集·第三卷·新唯识论（语体文本）》，武汉：湖北教育出版社 2001 年版，第 388 页。
③ 参见萧萐父主编：《熊十力全集·第三卷·新唯识论（语体文本）》，武汉：湖北教育出版社 2001 年版，第 433 页。

四、时间相与空间相

虽然经验内容的结构融贯性是不期而然地无意识而有，但是这种融贯的统一性形式必须达于意识才可以被有意识地应用于了别境而有"科学的知识"（"比量"[①]）。

对如何可以应用形式以了别境的探讨首先见于熊十力对伴随小一何以会有时间相与空间相的阐明。熊十力讲：

> 此小一虽是每刹那顷，才生即灭，但刹刹续生，（刹那省云刹。）即刹刹皆有所据。刹刹相续，是时相；刹刹有所据，是空相。[②]

这种空相与时相，是出于意识底忆持、综合以及抽象的认识作用所得到的客观方面的结果。熊十力讲：

> 意识继感识而起，忆持前物，（前物者，为前念感识中所得一切物。）加以抉别，（抉者抉择，别者拣别。）遂于识上现似物相及空时相。如此，惯习之久，遂构成抽象的概念。（谓空时。）这种概念，不自觉的推出去，把空时当作了客观的实有，就是绝对的空间，绝对的时间。[③]

基于忆持，意识首先于所忆持的内容中抉别出诸如是这样而不是别的"白"的觉相，并对所抉别的诸分别的觉相加以综合而呈现出某一个别的物相及与该物相相随属的个别的空间相，并于随之相继综合而起的一系列物相之延续性中得到时间相；经过"惯习之久"，意识就得以从所经历的诸个别空时相中得到一种作为其共相的"抽象的相"，[④] 此即从经验中得来的、具有经验性特征的空间与时间"概念"。

熊十力讲："空相和时相，都缘在日常经验里，执有外境而始现的，并非不待经验的。"[⑤] 这里所执有的外境，即指意识通过忆持与综合所建构起来的诸个别物相的综合体。现起的诸个别物相脱离出感识的冥证境界，一方面对待于主观方面随逐根身之习心所形成的小我，被称为在小我之"外"的境；另一方面相应于意识执境（相）外驰而不返，当物相被当作离心独在的东西来看，吾人就迷失了反求自识万物不在心外的本心，物相就此显示为被"推出去"的外在客观的实有。

就空相与时相底存在不能离开心的主观的一方，熊十力讲：

> 整个的空间，与不断之流的绝对时间，只是主观方面意识因历物之久，乃依个别的空时相，而构成一抽象的概念已耳。……感识毕竟是证会，而不起分别，即不起物相与空时等相。……唯在意识中，乃行一切分别。今依意识而言，则空时相特别显著。

① 萧萐父主编：《熊十力全集·第六卷·原儒》，武汉：湖北教育出版社2001年版，第315页。
② 萧萐父主编：《熊十力全集·第三卷·新唯识论（语体文本）》，武汉：湖北教育出版社2001年版，第295页。
③ 萧萐父主编：《熊十力全集·第三卷·新唯识论（语体文本）》，武汉：湖北教育出版社2001年版，第313—314页。
④ 萧萐父主编：《熊十力全集·第三卷·新唯识论（语体文本）》，武汉：湖北教育出版社2001年版，第30页。
⑤ 萧萐父主编：《熊十力全集·第三卷·新唯识论（语体文本）》，武汉：湖北教育出版社2001年版，第48页。

（此中所谓空时相，宛然是绝对的空间和绝对的时间了。）唯然，故能利用空时，以规定一切物。易言之，即置一切物于空时两大格式中，于是明理辨物之功能以彰。①

"空间"与"时间"作为"概念"是意识从所经历的、诸个别的空时相中由抽象得到，意识于是能够"利用空时，以规定一切物"，而不是相反地被物所规定；尽管如此，意识自身应当已经具有空时以"行一切分别"，而不是于"历物"中才习得空时。因为，空时"概念"是意识从所忆念的诸个别的空时相中由抽象得到，而诸个别的空时相却随属于由意识综合诸如"白"等诸分别的觉相而相继地得到的一个物相系列，那么，这种由意识的综合所形塑②出来的、随属于一个物相系列的诸个别的空时相就不应是脱离意识而自在，而应是被意识所给予的。除非在不起分别的感识证会中的"有"已然具有了先于意识之形塑的、自在的空时相，并能够以某种方式规定意识③而为意识④所有。熊十力对此却也有陈述：

> 空时，本缘物上具有此形式。意识作用依之，得有空时相起。（即构成空时的概念。）然意识因有空时相故，乃反以规定感识中未经分别之各物，而条析之，综理之，使证会中之物，成为客观的。⑤

空时概念既然是意识依物上所具有的空时相所建立，那么"感识中未经分别之各物"所指示的就应当是离意识独在的、塑形着意识的认识形式的"物"之在其自己。但是，与空时相彼此相随属的、识上所显的物相系列如果是由相续继起的意识综合其忆持所得的色等觉方才显现出来，那么离意识的形塑就不应该有物相及与一物相系列相随属的"个别的空时相"；即"物上具有"的空时相这一形式应该是意识在综合诸分别的色等觉相以形塑出一物相系列时所赋予物的。这在熊十力讲"试就瓶来说，看着他，只是白的，并没有整个的瓶；触着他，只是坚的，也没有整个的瓶。我们的意识，综合坚和白等形相，名为整个的瓶"⑥时得到显明。⑦

相反，如果不是意识凭借自身所具有的形式来统一地综合相续继起之五（俱意）识所了别的各各分别的觉相从而显示有与一物相系列相随属的空时相，而是认为空时是物之在其自己所本有的形式，那么在熊十力讲：

> 在感识中于所冥证的一切事物，本不作外界想，不作固定的物来想。此种境界，

---

① 萧萐父主编：《熊十力全集·第三卷·新唯识论（语体文本）》，武汉：湖北教育出版社 2001 年版，第 311—313 页。

② 参海德格尔：《海德格尔文集·宗教生活现象学》，欧东明，张振华译，北京：商务印书馆 2018 年版，第 14 页。

③ 这里指第六意识（有间断）。

④ 这里指末那。为末那所有的"自在的空时相"应指阿赖耶识受熏所持的名言种子；当其现起，即牵引意识作意地了境，从而现起相应现象。

⑤ 萧萐父主编：《熊十力全集·第三卷·新唯识论（语体文本）》，武汉：湖北教育出版社 2001 年版，第 313 页。

⑥ 萧萐父主编：《熊十力全集·第三卷·新唯识论（语体文本）》，武汉：湖北教育出版社 2001 年版，第 26 页。

⑦ "眼识变似色境"，"色"指显色与形色；但在意识"综合坚和白等形相"而得到物相时，"色"仅指显色，如"白"等质料，形色（形式）被归为意识在综合"白"等诸显色时加于其上的空间相。意识并综合其他觉相，如坚等，即得到如瓶的物相。（参见世亲菩萨造论，圆晖法师著疏，智敏上师集注：《俱舍论颂疏集注》，上海：上海古籍出版社 2014 年版，第 67 页）

难以形容。但以其泊然绝虑，无物为碍，或可以"体神居灵"四字拟议之。乃卒经过意识作用而成为客观的者，则正赖有绝对的空时观念，直将感识中亲证之有，（感识所冥证者，只是有，而不曾作物想。）籍入两大格式（空时。）之内。……科学知识于此始有可能。①

感识所冥证的、不作固定的物来想的"有"就不应当显出无物为碍的生生变化的体性。因为空时作为恒常的形式，不应当是变化的；如果它们是变化的，就不会显示出恒常性。而当感识中"所冥证的一切事物"不被作为固定的"物"来想，那么这些"只是有"的不固定的"物"如何可以有恒常的空时形式呢？因此，"物上"的空时形式如果不是由意识所赋予，即作为名言种子牵引意识作意地了境而现起具有相应空时相的现象（Phänomene），而是作为物之在其自己的形式，那么不作固定的物来想的物之在其自己就会消解否定它所具有的恒常的形式。

又且，若于感识冥证的冲虚境界安立具有恒常时空形式的物之在其自己，则不但背反于冥证中的体神居灵，被一静态的形式拖住，而且所施设的物之在其自己，其自身也会成为认识的不可知的对象，因为，在其自己之物"境的本相"与所认识之物"识上所现相"之间隔着一程无限遥远的距离：

> 至于五识上所现似境的相，每不能与境的本相完全相肖。大概由五识所凭藉底官能和五识所了的境，以及二者间的关系，如距离和光线等等说不尽的关系，都有影响于五识了境时所现的相，而令这个相和境的本相不能全肖的。②

即使我们顺承熊十力，认为感识冥证的境界是物之在其自己的境界，也就是说，在感识中冥证之"物"（"有"）只是没有作为对象呈现出来；但是，当尝试将感识冥证的"物"客观化地描述出来时，这已经不是感识底工作，而是意识的工作。意识忆持感识所了知的境，这时感识所了知的境已经当念迁灭，所以感识冥证的境界并不能被意识达到。通过意识描述出来的境为此应当是主观地被建构起来，且是对应于意识这一主观方面的客观方面。因为感识不起分别，所以感识并不对冥证境作出任何描述，而只是于杳杳冥冥中体证恍兮惚兮的"有"。只是在意识的描述中才显现出具分别相的世间万物。所以，当熊十力讲："事物无恒，随其所呈现，而莫不有则"，③ 我们若在此探究无恒的事物为何会呈现为"有则"，着眼点就不落在"事物"这一方面，而是落在事物如何得到呈现这一方面。

熊十力强调在知用中见体，为此是落在知解：于认识心建立世间万物的作用上如何见出生生的本体。"在知用中见体"纵然始于体证不起分别的感识冥证的境界，但是却并不耽于这个不起分别的境界，而是进行于意识由其了别作用而收凝地成物，但是又有对感识冥证的归复，于是不离感识冥证所开敞出的物之不已地被创起的源头，从而显见出成物不息、虚灵无碍的本心识体。

---

① 萧萐父主编：《熊十力全集·第三卷·新唯识论（语体文本）》，武汉：湖北教育出版社 2001 年版，第 314 页。
② 萧萐父主编：《熊十力全集·第三卷·新唯识论（语体文本）》，武汉：湖北教育出版社 2001 年版，第 32 页。
③ 萧萐父主编：《熊十力全集·第三卷·新唯识论（语体文本）》，武汉：湖北教育出版社 2001 年版，第 328 页。

五、范畴

作为识上所现似的相，熊十力以对待"空时观念"的同样办法来理解和施设范畴。表面上看，熊十力所讲的"范畴"与康德所讲的"范畴"是同一个"范畴"，因为它们在认识中发挥着同样的作用。康德讲：

> 范畴只是这样一种知性的规则，这种知性的全部能力在于思维，即在于把在直观中以别的方式给予它的那个杂多的综合带到统觉的统一上来的行动，因而这种知性单凭自己不认识任何东西，而只是对知识的材料、对必须由客体给予它的直观加以联结和整理而已。①

但是在康德这里，范畴是先验的，即抽象掉了杂多在一个经验性直观中被给予的方式，范畴因此并不是从经验中得来。但是在熊十力的理解中，范畴是由意识通过综合与抽象而"历物之久"地、经验地建立起来，因此不是先验的。

因为建立范畴要经过"历物"，熊十力就此认为范畴"只是物所具有的若干基则，为一切科学知识所发见之法则或律则之所待以成立，实即吾人对于物的知识之所由可能之客观基础"。②熊十力为此区分自己的"范畴"与康德的"范畴"，强调范畴不仅是主观的经验建构亦且是超越的客观存在，而不是先验的主观存在，即范畴并不是主体的先天（a priori）认识形式。熊十力讲：

> 吾以为范畴，亦不能纯属主观，亦当兼属客观。（此中客观，即俗所谓外界的事物。……与康德所用客观一词的意义，不必全符。）③

主观，是熊十力所讲的"思维方面"，④即与所缘境相对待的能缘心这一方面。⑤能缘心一方面是本心借根知境的功能作用，同时也参综着习心对本心知境的影响。熊十力讲："心缘物时，（缘者，攀缘及思虑等义。）物之轨则，顿现于心。"⑥伴随有轨则现起于心的这种心的"缘物"、思维作用是出于名言种子牵引下意识作意地综合与抽象；否则心以其忆持、综合所缘的个别物相就不会被抽象地综合到物之轨则下，并且抽象地作为与先前所缘之某系列物相所表现之"物"相同一的"物"或者同类的"物"得到再认，⑦由此使该所缘物相在其被综合入的轨则之下得到思维裁制；而相

---

① 康德：《纯粹理性批判》，邓晓芒译，杨祖陶校，北京：人民出版社 2004 年版，第 97 页。
② 萧萐父主编：《熊十力全集·第三卷·新唯识论（语体文本）》，武汉：湖北教育出版社 2001 年版，第 309 页。
③ 萧萐父主编：《熊十力全集·第三卷·新唯识论（语体文本）》，武汉：湖北教育出版社 2001 年版，第 310 页。
④ 萧萐父主编：《熊十力全集·第三卷·新唯识论（语体文本）》，武汉：湖北教育出版社 2001 年版，第 310 页。
⑤ 见萧萐父主编：《熊十力全集·第三卷·新唯识论（语体文本）》，武汉：湖北教育出版社 2001 年版，第 61 页。
⑥ 萧萐父主编：《熊十力全集·第三卷·新唯识论（语体文本）》，武汉：湖北教育出版社 2001 年版，第 328 页。
⑦ 物（象）在熊十力这里是从某一物相系列中被经验地抽象出来的共相。但是物象并不本质地区别于物相，而是同样地生生变动地显现于经验中。然而，如果经验中的物相是呈现着超验物，并因而实现着某一种本质发生论，那么超验物就会向认识展开其超验的恒常结构（真理的观念体系）；物相此时不是被纳入经验地被抽象出来、作为共相的物象之下得到把握（裁制），而是作为纯粹观念的要素而意指着本质真理。[参见埃德蒙德·胡塞尔：《逻辑研究（修订本）第二卷·第一部分》，乌尔苏拉·潘策尔编，倪梁康译，上海：上海译文出版社

反地，只会有离系于物之轨则的个别的相。

称感识中亲证的"有"经过意识作用而成为客观的个别的"物"（相），并使个别的物相受到物之轨则（范畴）的规定，显明范畴作为所熏而成的习心了别知境时所实现出来的对本心知境的影响。熊十力讲：

> 物上具有种种轨范和形式或法则，是名范畴。此其属客观方面者也。心缘物时，（缘者，攀缘及思虑等义。）物之轨则，顿现于心。而心即立时予以制造，是名裁制。此裁制，即物上范畴经过心思的营造而出之者也。……但在主观方面，范畴乃成为活活的、有用的、并且变为离事物而独立的东西，可以把感识中未经分别的事物呼唤出来，使之客观化，而予以控制。此知识所由可能。①

"客观方面"的"物"是指心所了别的个别的物相。因为此物相不是感识现量所亲证，而是经意识忆持、综合而起的物相，所以此种物上具有的"范畴"，一方面不同于无主客之分的感识冥证中的"有"，另一方面也区别于从经验中抽象得来、牵引意识了境的、在主观方面的"范畴"（习心），从而被称为"客观"。所以客观的物上范畴与主观范畴底区分，在熊十力这里是个别物相的形式与意识历物地抽象出来的、作为共相的、"绝对的"形式之区分。所以在熊十力的思想体系中范畴无论是主观还是客观，都应最终摄属于心："心是了别的方面，境是被了别的方面，境必待心而始呈现。"②

故此，当熊十力讲："由空时不单从主观的一方现起故，故说诸小一系群，各具有此等形式。（空时。）而各个小一系群相互间又别自形成各个空时系列。"③这里小一系群的现起，不但不能离开心的了别这一意识作用，而且是意识作用的客观结果。同时，与小一系群相对应的主观的一方，就表现为随逐着根身的习气。习气在熊十力底思想体系中又被称为"妄执的心"，④"妄"强调习气的后起性。这种后起性未透显出辟之升进开发，故而不能与体神居灵的真理相应："盖意识分别作用，将感识所冥证之有，令其固定化。此时，便从体神居灵的境界中坠落下来。"⑤

因为"所谓定律、公则，毕竟是依想和寻伺等，对于境物的一种抽象与选择作用而安立的。若离想等，则境上有此定律公则与否，要不可知。"⑥所以熊十力最终证明出来的是心—境一体的唯心性："唯者，殊特义，非唯独义。心是能了别境的，力用殊特，故于心而说唯。"⑦

2006年版，第116页] 在熊十力这里，物相／象的生生变动并不是一种本质的发生学；识变地现相／象并没有任何本质为所现的物相／象奠基，而是六识功能成相／象的作用表现，是即生生变动的物相／象之"用"呈显超越于任何本质规定的生化流行的本体。

① 萧萐父主编：《熊十力全集·第三卷·新唯识论（语体文本）》，武汉：湖北教育出版社2001年版，第328页。
② 萧萐父主编：《熊十力全集·第三卷·新唯识论（语体文本）》，武汉：湖北教育出版社2001年版，第43页。
③ 萧萐父主编：《熊十力全集·第三卷·新唯识论（语体文本）》，武汉：湖北教育出版社2001年版，第313页。
④ 萧萐父主编：《熊十力全集·第三卷·新唯识论（语体文本）》，武汉：湖北教育出版社2001年版，第25页。
⑤ 萧萐父主编：《熊十力全集·第三卷·新唯识论（语体文本）》，武汉：湖北教育出版社2001年版，第314页。
⑥ 萧萐父主编：《熊十力全集·第三卷·新唯识论（语体文本）》，武汉：湖北教育出版社2001年版，第45页。
⑦ 萧萐父主编：《熊十力全集·第三卷·新唯识论（语体文本）》，武汉：湖北教育出版社2001年版，第43页。

熊十力所要贯彻的是本体恒转生化的思想，因此熊十力讲："一切物本非实有"，① 有者，唯本体之流行。而依本体流行之生化，则"事物无定实，（不固定，不实在。）即属于事物之法则，亦无定实。事物唯变所适，即属于事物之法则，亦唯变所适。"② 因此范畴毕竟是"依物假立"，③并不可以在本体上施设范畴；就此而言，也不能把为五（俱意）识与意识所不能达到的"境的本相"这一超越的物之在其自己安立在本体上。

同时，因为五识与意识达不到"境的本相"，所以"范畴"若被归为"境的本相"的形式，就会导致不可知论。这使熊十力的"境的本相"有若康德底"物自体"。但是不同于熊十力，康德并不臆设境的本相或者物自体有何种形式，而是把对知识的探讨完全限制在显象界（Erscheinungen），从而获得关于显象界的确定的知识。这是康德在关涉超出显象界而不可在经验中得到描述的物自体时，仍然能够建立起知识的原因。也就是说，在这种情况下，唯有将"范畴"归于构造成相（象）的意识方面，知识方才可能。

尽管熊十力反对康德，认为范畴"不能纯属主观，亦当兼属客观"，④ 并且断言"本论的体系和根本主张，原来与康德异轨，故谈及范畴，亦不必有合于康德"。⑤ 但是"境的本相"既然不能为五（俱意）识与意识所达到，熊十力的认识心所现相终究不能与康德二致，而毕竟也完全是显象界的，而不是物之在其自己之"物自体"界的。而如果要使知识在显象界成立，在范畴的归属方面，熊十力与康德毕竟也应该一致：范畴是主体（没有间断的意识）的认识形式。然而，要彻底贯彻认识心（感识与意识）成物下有即用而显体的本体之恒转生化，仅有先验逻辑的"范畴"所成就的静态的存在论⑥还不足够，还需要将静态的存在论作为存在者收摄于"备万理、涵万德、肇万化"⑦ 的本体之生生发用中而流转起来。

熊十力虽然没有完成一种依托于"量论"心学的知识论、把诸存在者摄归于本心之发用的体用论，但是一种可以涵融海德格尔存在主义思想于中的体用论已经由他向我们昭示出来：这一体用论成就存在者而没有存在者之自我执恃（我执），由是而能涵容一切存在者于本体生生的大力当中，以即诸存在者流转生灭之用而显恒转之本体。熊十力以其特别的三个"范畴"对这一本体作出了描述：

一、数量。吾国先哲谈数理，以为数立于无，（无者虚无。但非无有之谓。）不倚于物。故尝以一来表示道体。（道体即本体。）……言此一为万变之所由。故万变中自有贞固之德，而不忧夫变之或穷，以一故也。……故知数量一范畴，于本体流行上应

---

① 萧萐父主编：《熊十力全集·第三卷·新唯识论（语体文本）》，武汉：湖北教育出版社 2001 年版，第 329 页。

② 萧萐父主编：《熊十力全集·第三卷·新唯识论（语体文本）》，武汉：湖北教育出版社 2001 年版，第 327—328 页。

③ 萧萐父主编：《熊十力全集·第三卷·新唯识论（语体文本）》，武汉：湖北教育出版社 2001 年版，第 329 页。

④ 萧萐父主编：《熊十力全集·第三卷·新唯识论（语体文本）》，武汉：湖北教育出版社 2001 年版，第 310 页。

⑤ 萧萐父主编：《熊十力全集·第三卷·新唯识论（语体文本）》，武汉：湖北教育出版社 2001 年版，第 325 页。

⑥ 区分于熊十力的"本体论"，本文将 Ontologie 译为"存在论"。

⑦ 萧萐父主编：《熊十力全集·第三卷·新唯识论（语体文本）》，武汉：湖北教育出版社 2001 年版，第 94 页。

说为有。

二、同异。依本体流行而言，翕辟相反，故异之一范畴，是其所有。翕以显辟，辟以运翕，反而相成，归于和同，故同之一范畴，是其所有。

三、有无。绝待故，真实故，圆满故，成大用故，应说为有。清净湛然，（湛然者，形容其冲寂及深远与无相等等义。）远离妄识所计种种戏论相故，应说为无。故有无二范畴，是本体或本体之流行上所具有的。①

依本体作为万变之所由的"一"，立数量；依本体流行显现为成物之翕、与运化之辟两种相反相成的动势，立同异；依本体成大用流行之"有"，而远离妄识所计执的种种沉锢象之"无"，立有无。这是熊十力所成之大用流行、即用显体的体用论的特色。立足于这一体用论，从之返本而求趣开出涵容存在主义之"用"，正是熊十力为成就一依托于"量论"心学知识论的体用论所指明的方向。

作者简介：张睿明，女，1984 年生，籍贯：河南省许昌市，博士，副教授，中国哲学专业，研究方向为：新儒家、康德哲学、现象学，工作单位：兰州大学哲学社会学院。

---

① 萧萐父主编：《熊十力全集·第三卷·新唯识论（语体文本）》，武汉：湖北教育出版社 2001 年版，第 329—330 页。

心与理一如何可能？

——梳理与重构唐君毅的朱子、阳明融合论

刘乐恒

摘要： 本文梳理和重构了唐君毅的朱子、阳明会通论。首先，唐君毅将理学之理界定为性理，并指出达到"心与理一"是朱、陆、王各派的共识。其次，围绕如何实然心与理一，朱、陆、王三家有不同的工夫论。在说明朱、陆二派的工夫论可以互补的基础上，唐君毅强调阳明的工夫论，通过两方面的步骤，实现了"以朱子转进朱子"。第一步是阳明对朱子格物致知之论的超化。阳明先以"事"说"物"，避免了向外求理，其后将致知之知，上提为天理良知，以统摄致知、诚意、格物。第二步是阳明通过致良知之义以转进朱子的已发未发之分。阳明将知善知恶之知与好善恶恶之意摄入良知之体，避免了已发与未发的割裂；同时他之将知上提为本心良知，使朱子"心虚理实"的区分得到超越。通过上述两步，阳明的工夫论更充分地落实心与理一。但是，唐君毅通过充分的理据指出，阳明之说是朱子理学中本已蕴含的，阳明只不过是对朱子的未发之义，推至究竟而已，因此阳明学实际上是朱子学的转进。最后，本文指出，唐君毅的朱、王融合论是与他的"感通形上学"的哲学系统相表里的。

关键词： 性理；格物；心与理一；良知

作为第二代现代新儒家的领军人物，唐君毅（1909—1978）不但有自己系统的哲学思想，而且对中西哲学史都有深度的研探。他的哲学与哲学史研究，则又构成了相互促进的关系。而在宋明理学的研究方面，唐君毅也有深度的洞见和卓越的贡献，并与牟宗三的宋明理学研究及其观点构成对比。近年来，唐君毅的宋明理学研究，特别是其朱陆异同论，逐渐受到了学界的关注。[①] 不过，就目前的研究来说，学界对于唐君毅相关的问题意识与内在理据，尚有继续梳理与讨论的

[①] 最近的研究大概有乐爱国：《牟宗三、唐君毅对朱陆异同的不同阐释与学术冲突》，《上海师范大学学报（哲学社会科学版）》2018 年第 2 期；林维杰：《当代新儒家的"朱陆异同"论及其诠释学意涵》，《中国哲学与文化》第 11 辑，2014 年 5 月；李玮皓：《论牟宗三与唐君毅对王阳明良知学诠释视域之异同》，《南昌大学学报（人文社会科学版）》2019 年第 5 期；张倩：《朱陆之通邮：唐君毅对阳明思想的诠释与发展》，《贵州学院学报（社会科学版）》2018 年第 4 期；김혜수, *The Ethical Characteristics of TANG Junyi's Understanding the Zhuxi's Philosophy*, Yang-Ming Studies（阳明学），2017（48）：223-252；等等。

空间，这是本文的缘起。本文将以"心与理一如何可能"为问题线索，梳理与重构唐君毅的朱子阳明融合论。

一、"心与理一"的基本意义

唐君毅将宋明理学之理界定为"性理"，学界对此有较广泛的接受度。在《中国哲学原论·导论篇》中，唐氏将性理界定为"当然之理"，而性理作为当然之理，其最恰当的表达，乃是程朱所说的"性即理"。这里的"性"，可以通过孔子的"仁"来说之。宋明理学家认为，仁性之为理，是人之所当有的一种心境，此心境当如此、该如此，故为当然之理。同时，仁之性作为理，是一种内在的呼唤，此呼唤即一种直接命我、令我要存此仁、行此仁的实际作用。因此，性理作为当然之理，是一种"实理"。性即理、当然之理与形上实理诸义，共同构成了性理的核心意义。唐君毅说：

> 我觉此当仁之理时，此理即能命我去行此仁存此仁，我亦愿去行此仁存此仁。则此天理兼对我显为天命，而为对我有实作用之理。依朱子说，即能生气之理。……从现实存在上看，除非我是圣人，此理恒只是对我显为一当然之理，而对我之存心与行为有所命，为我之行为存心之一内在趋向。此理是在逐渐实现之历程中，而未完全实现者。故此理本身，总是有超现实之意义者，亦总是形而上者。①

在此基础上，我们可以问一个问题：唐君毅以性即理之说，作为揭示性理之义的集中表述。不过，按照一般的理解，性即理是程朱理学而非陆王心学的观点，与性即理之说不同，陆王提出的是心即理之说。据此，这两种说法及其各自背后的义理，是否有冲突？同时，程朱的性即理之说，既然可被视作对于性理的最合适的表述，这是否意味着，程朱理学较之陆王心学，更能体认出性理的义涵？对于这两个问题，唐君毅都是否定的。在他看来，陆王的心即理之说，乃揭示出当然之性理内在于自我的本心。本心的发动，即是当然之理的发动。但此当然之理的所在即是自我心中之性的所在这一性即理之含义，虽然在"心即理"一语中未显出，但在义理上，此语实亦包含了此义，并更有所推进。唐君毅说：

> 此外象山言心即理，亦决非直谓心即名理或物理，空理，礼仪之文理之谓，而是直谓各种当然之恻隐、辞让、羞恶、是非之理，皆内在于"宇宙即吾心"之本心之谓。阳明以良知即天理，乃谓良知之好善恶恶、是是非非，即是人心中之天理之流行。更不是说的外物之物理、文理，亦非只是论名理、物理或空理。是皆显而易见者也。②

可见，唐君毅认为，陆王的心即理之说，仍是以性即理、当然之理、形上实理之义，作为其所说的理的基本意义的，所以心即理之理，说的仍是性理，只不过心即理之说更强调本心之发

---

① 唐君毅：《中国哲学原论·导论篇》，见《唐君毅全集》第 17 卷，北京：九州出版社 2016 年版，第 43—44 页。
② 唐君毅：《中国哲学原论·导论篇》，见《唐君毅全集》第 17 卷，北京：九州出版社 2016 年版，第 41 页。

动，即是天理或性理之所在罢了。因此，在唐君毅，无论理学中各派如何论说理的义涵与意义，其所说之理，皆体现为性理。要不然，此派思想是否理学思想，是要被质疑的。

但是，问题在于，既然理学各派所说之理皆是性理，但为何会有这么多理学的派别，以及这么繁多而复杂的争论？这就引出了"心"的论题。性理既然是当然之理，即是命我令我以此为当然而自我保有之、践行之的理性原则，而我之所以能够真正地以此为当然，有赖于自我当身、投身于此理，并与此理相融为一，使得此理全体即是我之理。若非如此，则此当然之理便不那么当然，而此理便不能得到肯认与落实。所以，自我能全体通达、涵摄此理，才能肯认此理为当然之理，为性理。而自我凭什么肯认此理？当凭心。心的意义，能够涵盖性、情等的意义，但性、情等的意义，不能涵盖心的意义。这原因在于，心一方面兼容了性向与情感，另一方面其自身有涵摄性与自觉性。所谓涵摄性，是说心有虚明灵觉的状态，可以自由通达各种理；所谓自觉性，是说心本着其虚明灵觉的状态，对理对物，有所感知，并作出判断。因此，心能否完全涵盖与把握理，也即与理为一，是很关键的问题，同时关乎儒家的立己、成德之教能否保证与落实。在先秦儒家中，孔子虽然尚未形成心性论，但他明显是以心说仁的；孟子则虽然未形成其关于"理"的系统论说，但其尽心知性之论，则揭示出自我的成德，与心的操持与心性的存养，有着内在的关联性。而到了宋明理学，各派对于心、性、理、气，都有专门而系统的论述，因此"心与理合"或"心与理一"如何真正可能并真正落实，成为诸家所明确讨论的问题。

在唐君毅看来，宋明理学中的周、程、朱、陆、王诸儒，都能够自觉到，只有由内达外地自尽其心，使之与理为一，成德之事才有真实可能。而这种路径，体现为道德的自律而非他律。只不过，对于如何达到心与理一，各家的心性工夫及其视野，实有同有异。① 这当中，尤以陆、朱、王三家最为显著。陆象山是就心之发用的合理之处，自觉到此为本心，并指证本心之发动，即是天理之发动，由此而确立其心即理之说。朱子则承二程之说，从内外两方面用力。"内"，是通过主敬涵养工夫，让心保持其虚明灵觉的状态；"外"，是通过格物之理，以确认心之具此理，以为心之体与性。王阳明则承朱子之说，以致良知义，将朱子的内与外之分打通，转入更为精微之境。在唐君毅看来，这三家的争辩，首要地是工夫论上的争辩。② 而他们的工夫论虽不尽相同，但皆指向了心与理一的理想境。

当然，我们或许会说，既然唐君毅认为朱陆王的差异主要是工夫论上的差异，而非根本的义理上的差异，而即使其有义理上的差异，也是其因工夫论而带出来的，但这里面的说服力不一定是充分的。因为工夫（心）与本体（理）本是相关的，工夫的差异，大可是根本义理的差异所致。牟宗三就据此认定伊川、朱子的心性修养工夫，及与此相关的心、性、情、理、气之论，皆是一糅合而成的体系，其内在的义理是不融贯的，因此其最终导向理气二分、心性情三分，而成

① 参见唐君毅：《中国哲学原论·原教篇》，见《唐君毅全集》第 22 卷，北京：九州出版社 2016 年版，第 254—255 页。

② 参见唐君毅：《中国哲学原论·原教篇》，见《唐君毅全集》第 22 卷，北京：九州出版社 2016 年版，第 159 页。

为他律道德。对于牟宗三的这个观点，唐君毅并不以为然。[1] 他的理由在于，从朱、陆而到王，我们可以看到宋明理学的工夫论不断转进，而愈转愈精，愈进愈深。而这种转进，并不意味它是根本义理上的改变。而它之所以并非根本义理上的改变，是因为我们看不出不同的工夫及其背后的义理，有着不可化约的冲突；恰恰相反，我们看到的是在理学演进的先后过程中，朱陆之学与王学的工夫及其背后的义理，在协调性地而非冲突性地深化与转进。而其中的一些似乎有根本义理上的冲突的问题，都可以通过相应而平情的解释，而得到化解。

二、象山与朱子实现"心与理一"的工夫

在唐君毅看来，宋明理学中，程朱与陆王确可分为两派，因为性即理、心统性情等说，可以归为朱子学的，而非陆王学的；而心即理等说，则可以归为陆王学的，而非朱子学的。不过，他又认为，两派之分，当然是有道理的，但我们对此不能过分强调，而将问题笼统化。他指出，按照通常的理解，陆、朱、王三家，或朱与陆王二派，乃形成了对垒性的楚河汉界式的关系，但其实这不特别合乎理学思想演进的脉络。他强调，阳明之学承接了朱子学的义理规模与问题意识，但同时力求疏导朱子之所未能善解的问题，最终接通陆象山的心即理之义。据此，朱子理学与阳明心学不见得有不可化约的冲突，反而朱、王两家构成了义理上的转进性关系。[2] 因此朱、陆、王之学的实际图景，并非两军对垒，而是三角形的关系；在这个关系格局中，王学始于王而终于陆，成为朱陆之学的"通邮"。[3]

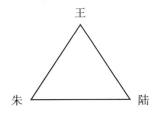

唐君毅用"通邮"这一词以论王之于朱、陆的关系，这意味着他认为三家共同致力于实现"心与理一"的理想性状态，三家的工夫论及其背后的义理，是可以互补的。当然，这需要我们先对三家的工夫论，作出平情而深入的钩探。而唐君毅对三家之说也的确作出了原创、精彩的阐发。

首先是陆象山的工夫论。我们知道，象山之学有两大主张，一是"心即理"，一是"发明本心"（或"先立其大者"）。唐君毅指出，要理解这两个主张的实际意义，实非容易。他认为，象

---

[1] 参见唐君毅在1972年的日记中写道："……阅宗三《心体性体》书，其书乃一家言，与宋明儒者之本旨或不相应。"唐君毅：《日记》，见《唐君毅全集》第33卷，北京：九州出版社2016年版，第219页。

[2] 唐君毅的这一理解，后来也被许多学者所承认，如刘述先也作出相关的梳理。参见刘述先：《论阳明哲学之朱子思想的渊源》，见刘述先：《朱子哲学思想的发展与完成》，台北：台湾学生书局1995年版，第566—598页。

[3] 参见唐君毅：《中国哲学原论·原教篇》，见《唐君毅全集》第22卷，北京：九州出版社2016年版，第160、229、403页。

山心即理之义，并非意在通过一本心之理或良知之理，以超越于古今四海及一切义理之上，并笼统一切理。这样一种理解其实只是一种想象，而非亲切地体认。象山言心即理的真实用意，是要实现心与理一。我们往往认为象山不如程朱之能正视在现实生活中，人心及其发用之有其不合理者，但事实上，象山心即理之论，揭示了道德的心（即心即理之心）与道德的理（即心即理之理）实为俱发俱现者。此心与理俱发俱现之义，是自我在道德的心发用的当下，就能够直下体认得到的。自我若体认得到此义，便能当下形成一种对于此理的自主、自信、自立。这一念之自主、自信、自立，是保任心与理一的源泉，也是作圣之功。其云：

> 陆王之所以必重说此心即理，则以人果知得：此道德的理之即在此心之发用中，即同时可知得，人之所以化除其不合理之心情、意念、行为之"能"，亦在此心中。更可由此以知得，此心自亦有"能化除此一切不合理者"之理之性。……此即谓人不知心即理，必以行为之表面合理为自足，而不更问其发此行为之内在的心情意念之是否合理，即不能求其内在的心情意念之合理，而不免于伪；亦不能知吾人之心，原有"能自己化除其内在的心情意念之不合理者"之理之性，而自做实现此理此性之心上工夫也。[①]

经唐君毅的阐发，陆象山心即理之说，并非"狂禅"，而是一种指向对于此理的自主、自信、自立的心性工夫或心性提撕，由此，自我能真实地确认与保任心与理一之境。为了深化他的这一洞见，唐君毅还辨析了象山的"心同理同"之说。他指出，一切圣贤之所以为心同理同者，并非是说一切圣贤的心的内容和理的内容，是一模一样的。这种理解不能让人有深切的下手工夫。他认为，象山心同理同之论，是要揭出古今圣贤所见之理，虽有不同，但其各自皆有见于理本身，而其心则皆是合理、即理、与理为一之心；同时，象山心同理同之说，说的虽然是圣贤，但因为人皆有心有理，所以一般人皆可因知一切圣贤之心同理同，从而自信自立，自识本心，识得圣贤面目，成就作圣之功。唐氏另指出，从这一意义看下去，陆象山便不重视学圣贤之知与能，才与力，这都是不重要、不关键之处，甚至可能对一般人的学圣之事，构成妨碍。学圣的关键，乃是学其心之所在即理之所在，而这一义理，则又是人人有份的，而非圣人的专利，因此，要能识得圣人，就需要先识得自己，也即体认出自己之本心之所发，即是天理之所发。因此，陆象山之教趋向简易。[②]

对于象山之教，唐君毅更精彩的阐发在于其对"发明本心"的说明。在他看来，心即理之说虽然蕴含如何实现心与理一的工夫，但此说尚不如发明本心之为深切。心即理之说，可以让人对此理有一自主、自信、自立，但此自主、自信、自立，当有待于自我之能"发明本心"，才成为真实无妄的自主、自信、自立。因此，发明本心是充实心即理之义，并达到心与理一的核心性工夫。唐氏指出，发明本心之说蕴含着正反两面的工夫。正面的工夫，是指本心要自潜能中实现出来，从而自信自立，这与孟子扩充四端的工夫论，是一脉相承的。但是，象山与孟子另有不同

---

① 唐君毅：《中国哲学原论·原教篇》，见《唐君毅全集》第22卷，北京：九州出版社2016年版，第171—172页。

② 参见唐君毅：《中国哲学原论·原教篇》，见《唐君毅全集》第22卷，北京：九州出版社2016年版，第167—188页。

之处，此即在于其说蕴含着一反面的工夫。象山认为，在现实中，自我或本心往往会被私欲、意见、习气等所障蔽，这些障蔽会将人套住。而自我如果要堂堂正正做一个人，乃势必正视私欲、意见、习气的障蔽，同时亦自觉自信到本心、本心之确能透露。这样，一方是难以透脱的障蔽，另一方则是对于本心的自信自立，两者便势必形成紧张性的对峙关系。而此自信自立之自我，则必然要求本心要发明透露出来，这就使得本心之发明透露，成为一"自其障蔽中超拔而出之工夫"，"此一超拔之工夫，乃一强度的越过障蔽之工夫。越不过，即再落入罗网"①。因此，本心之发明与否，乃是一生死关头。所以，唐君毅指出，象山发明本心的工夫，是正面的扶持、保养的工夫，与反面的催抑、摒挫的工夫的结合。自我通过本心之发明，而自立其心志；通过本心对障蔽之超拔，而辨别公与私、义与利，从而自去自病，自廓其蔽，剥落障蔽，昭露本心。②

据此，唐君毅另指出，朱子对象山之学的一些批评，其实是不恰当的，特别是他将象山之学视为禅，更是误解。他指出，象山的言说方式，固然与禅宗有相类之处，但其工夫论的方向，是儒家意义上的心与理一，是成德而立己，这肯定与禅宗大异其趣。不过，从象山的一边看，象山反过来批评朱子不能见道、明道，则又是不恰当的。固然，朱子之学特别重视圣人之知与能，重视通过读书、格物以积累知识，这在无疑开启了后世的经史考证之学；但是，朱子之所以重视读书、格物等事，是要通过学圣贤，而归于躬行，使自我的生命充实成为本真的德性之生命，最终达至心与理一之境。不过，以心与理一为志向是一回事，能否真正实现之则是另一回事。陆王当然知道朱子要通过格物等工夫，以求达至心与理一，但朱子能否真能落实此义，陆王不但是有疑问的，而且是否定的。那么，如果要为朱子申辩，当然就要看看其心性工夫论的内容中，有无与"心与理一"之境有冲突处。据此，唐君毅对朱子的工夫论，作出了系统的辨析。在他看来，陆学的发明本心工夫，有"知心即理"与"超拔障蔽"两端，朱学也有"格物致知"与"主敬涵养"两端，这是朱陆之共异于阳明"知行合一"之为一条鞭者。因此，要弄清楚朱子的工夫论，就需要将格物与主敬两方面的工夫，都理解透彻。

首先，唐君毅指出，朱子之所以强调格物，是为了"即物穷理"。他认为，朱子说"穷理"而不说"穷道"，是有原因的。因为道较宽泛，表示普遍的原则；而理之义则较细，可指特殊而具体的应感应物之道。在日常生活中，人往往能知普遍之道，却不一定能知具体之理。③因此，穷理之事，是人在现实生活中自然就会有的事。另外，对于"穷理"之"理"的义涵，唐君毅顺着朱子的"当然之则"与"所以然之故"之说，总结认为穷理之义，即是"知当然之则之所以然之故"，也即知当然者之所以为当然之理由。这里，当然之为真正的当然，是需要在具体特殊的实然之事中，研究实然之所以然，并由此明确所以应此实然之当然之理，然后才能落实的。总言之，即物穷理义，就是知物之实然之理，与我们如何应对此理的当然之理。这样一来，格物的

---

① 唐君毅：《中国哲学原论·原教篇》，见《唐君毅全集》第22卷，北京：九州出版社2016年版，第189页。
② 参见唐君毅：《中国哲学原论·原教篇》，见《唐君毅全集》第22卷，北京：九州出版社2016年版，第188—195页。
③ 参见唐君毅：《中国哲学原论·导论篇》，见《唐君毅全集》第17卷，北京：九州出版社2016年版，第259页。

工夫，就是当然之性理不断地被充实与确认的过程。其云：

> ……吾人欲求知此善道或当然之理时，必需先知众物之实然与其所以然之理，便恒须经一复杂之思虑历程。……于是人必缘其所已知者，进而深思熟虑，得其表如是，里亦如是，粗如是，精亦如是，足以通贯众物之表里精粗之"物之实然与其所以然之理"，与吾之"所以应物之当然之理"或"堪止之善道"；而后吾人之尽忠尽孝之心，乃得循此理此道，以由内而彻外，由体而呈用，而有其具体特殊之至善之表现，以成吾人之忠孝之德。[①]

唐氏同时指出，对于以明性理为其立志之方向的人，广义的格物穷理工夫是不可或缺的。这是因为，人在现实生活中，"惟于理有未穷，故其知有不尽也"[②]。当我们感到理有未穷时，此未穷之理，属于超越而尚未内在化之理；而当我们既格此物、既穷此理之后，此已穷之理，则属于既超越而又内在化之理。据此，则当我们未穷此理之前，此理因为尚未被内在化，因此似乎是在我心之"外"的。但是，此所谓"外"，并不是说此理在实际上不能内在于我心，只是一在外之理，而是说这是只超越而尚未内在化之理；换言之，此理乃是"有待内在化"之理。而这一"有待"，可通过格物穷理的过程，而超化之，使之成为真正的内在。[③]因此，唐君毅有理由认为，朱子格物之论，并非如陆王所批评的"求理于外"的告子式的义外之说。恰恰相反，格物的过程，是一个直接而非间接的充实当然之性理于自我心中的过程。换言之，格物工夫就是求直接达至心与理一的工夫，因为在朱子格物致说中，自我所穷之理，必定会成为心中所内具之理。

唐氏另指出，朱子以格物穷理为直接的心与理一的工夫，而不是以之为求理于外的工夫，也可以从朱子对于格物的范围（或当格之物的限度）的表述中，确认出来。他指出，朱子明确否定不体究自心之理，而徒欲泛观物理的做法，认为这是游骑无归。而正因为格物工夫指向了心与理一这一理想境，因此朱子的格物工夫乃有远近、内外之辨。朱子重在格内心之物，认为格外面之物，宜占所格之物的三四分，格里面之物，则宜占六七分。同时，唐君毅总结指出，在格外物并穷其理的时候，朱子强调如下三方面：首先，心向于外物；其次，知此物之理，同时也在我的心知之中；最后，确认自我之心体有一"知此理"之用，从而知心体具理以为其性。所以，朱子的格物说乃是一合内外之道。因此朱子是决不肯接受陆王"以理为外"的批评的。

不过，唐君毅注意到，陆王之所以要指责朱子求理于外，其更深一层的意义，乃在于其质疑性理之发明，是否一定要连于对物之理的穷格。换言之，就是此理是否兼可、兼应说为物之理？人若不即物穷理，是否也能显出此心之性理？对此问题，唐君毅站在了朱子的一边，认为朱子格物穷理之意义，非陆王之能真理解。他认为，朱子重视穷格万物之理，固然是重视万物之形色。穷理虽然关键，但若无万物及其形色，则理难以自隐而显，而呈现于自我的心中。而这个说

---

① 唐君毅：《中国哲学原论·导论篇》，见《唐君毅全集》第 17 卷，北京：九州出版社 2016 年版，第 260—261 页。

② 参见朱熹：《大学章句》，见《四书章句集注》，北京：中华书局 1983 年版，第 7 页。

③ 参见唐君毅：《中国哲学原论·导论篇》，见《唐君毅全集》第 17 卷，北京：九州出版社 2016 年版，第 261—262 页。

法，并不意味着理是在外的，或理根源于外物，而是说，某种形色与其相对应之理，是同时展现出来的。以事父孝、事兄弟为例。根据朱子的意思，我们不能说孝与弟之理，乃存在于父、兄的形色之身体上，而应该说，孝弟之理原本是在我心中的，但是此理乃必有待于父兄的形色之身体在此世间，同时我在生活中与此形色之身体有所互动，然后方得以显朗出来。简言之，孝弟之为理，乃有待于父兄之为物而后显，无此父兄之物，为我们之所念、所感、所知，就不会有孝弟之理的显朗。据此，唐君毅指出，我们就不能说，此孝弟之理，仅仅是关联于我的心的。若引申朱子格物之义，则可以说，我们对于当然之理之知，固可与对实然之事、实然之理之知，相依而并展，而不宜截然分别。据此，他还指出，朱子的格物致知之说，实可视作心性、德性工夫之始。这是因为，我们在与人、物或种种形色相交接的时候，必然会形成应对之道，而这应对之道，就会有正与不正之别。种种物或形色，虽然是在外的，但明理之事、理之显朗之事，则完完全全是在内的。因此，唐君毅对陆王批评朱子"求理于外"之说，作出了反批评。①

唐君毅又指出，陆王可以进一步质疑朱子的问题是：人的性德工夫，往往不与人对物的实然之理的见闻之知相关联；同时，陆王也是见到了人所格之物，可以无定限，人若无定限地形成见闻之知，就容易丧失德性之知，这倒不如通过直接发明本心的工夫，来得果断。唐君毅认为，陆王之此意，也未必为朱子之所反对者，但这是从已经成为圣人的意义上说的境界，而非学者份上之事。在学者份上说，其工夫乃是在不断成就其德性的历程中进行的；而在这过程中，我们不能说，一定要拒绝见闻和与物交接，才能知性明理。在唐君毅，人确实不能离开对于"物之实然之理之知"的增益，来说"对当然之理之知与行"的增益，因此我们并不能离开格物致知之事，来说此心的内在的性理，能否自己呈显在自我的知行之中。他认为，这是朱子格物致知说的永恒意义。②

除了格物致知或即物穷理的工夫外，朱子另有主敬涵养的工夫。朱子之所以有这两端的工夫，是与其将心分为已发与未发这两种状态相对应的。在唐君毅看来，格物致知、即物穷理的工夫，虽然直接指向心与理一，但因其尚未正面关注心之自身，因此从心的角度看，这应是心性工夫中比较表面而且最粗的一层。而由格物穷理，使得此理呈现于心，并由此省察我之心，能否实实在在地通于此理，而是其所当是，非其所当非，好其所当好，恶其所当恶。而这一省察的工夫，是与诚意相关联的；我心中之意不诚，则不能省察所发之意念为当之与否。从这个意义上说，诚意或省察之事，则又较格物工夫为深为细，因为它更为内在，更与心"接近"。不过，诚意、省察之事是与心之已发相关联的，而尚未通至心之未发。对于心之未发的状态，朱子则有主敬涵养的工夫以保任之。主敬涵养，就是要通过心之主一、专一的作用，以保任心的虚灵明觉的状态，这是心与理一的根本保证。否则，散心观理，则理不能通透呈现于心中。因此，主敬涵养

① 参见唐君毅：《中国哲学原论·原教篇》，见《唐君毅全集》第 22 卷，北京：九州出版社 2016 年版，第 216—219 页。
② 参见唐君毅：《中国哲学原论·原教篇》，见《唐君毅全集》，第 22 卷，北京：九州出版社 2016 年版，第 219—221 页。

的工夫，最为深密。① 唐氏另指出，对于未发时之主敬涵养工夫，以及已发后的省察之事，朱子都有具体辨析。在未发前的涵养状态中，朱子强调"己所不知"的戒慎恐惧之意；而在意念之已发之际，朱子强调"己所独知"的谨独之事。谨独也即是谨己之所独知。他认为朱子的谨独，是在意念方发之几上下工夫，这远较一般的省察，在意念或行为已成之后再加以反省，更能深造隐微。而通过戒惧与谨独之功，朱子的涵养与省察工夫，乃得以真正落实。②

综上，唐君毅对朱子的心性工夫论，概括如下："盖循朱子之教，以主敬涵养正心之事，养其内以立本，以致知格物，开其外以达末；此乃一内外夹持之功。于此正心与致知格物中间一段之诚意之功，纯由此内外之夹持而后致。故若人之意自不诚，物欲夹杂于此心之中间之一段之意中，则内外夹持之工夫难就。"③ 表示如下：

未发	诚意	已发
主敬涵养		格物致知

综上所述，经过唐君毅的诠释，朱、陆二家工夫论已呈现出互补而非对立之势。经过他的阐发，象山的心即理、发明本心之说，与朱子的即物穷理、主敬涵养之论，是协调的而非冲突的，因为两者都真实地走向了心与理一之境。只不过，两者达至心与理一的工夫的进向，各有侧重而已。象山工夫论之要义，在于让人"知其自己之所知于内"，以成其"所已知者之相续者"；④朱子工夫论之关键，则在于就我们的心对于外物的见闻，而知此物的实然之理，同时由知此物的实然之理，而使得我因应接此理而生出的超越的当然之理，自隐而显地充实于自我内在的心中，而成为既超越而又内在者，换言之，就是求诸外以明诸内，而非求理于外。据此，在唐看来，朱、陆之说实可构成一相通之回环，一内一外，内外互动。当然，两者也有各自需要化解的难处。在象山一边，习气如何彻底去除，是一个难题；而在朱子一边，如何避免工夫之过于拘谨，则是其自身所要面对而他家可以超越的难题。

三、"格物致知"与"心与理一"

在唐君毅看来，朱子理学之后，之所以又形成了阳明学派，这意味着朱子学的工夫论及其背后的义理，在达至心与理一的路上，遇到了某种困难。但这些困难，并不意味着朱子学与阳明学是对垒、冲突的两派，而是说，朱子学演进到一定的程度，其自身有所梗塞，而此梗塞，则被

---

① 参见唐君毅：《中国哲学原论·原教篇》，见《唐君毅全集》，第 22 卷，北京：九州出版社 2016 年版，第 243—244 页。

② 参见唐君毅：《中国哲学原论·原教篇》，见《唐君毅全集》，第 22 卷，北京：九州出版社 2016 年版，第 249—250 页。

③ 唐君毅：《中国哲学原论·原教篇》，见《唐君毅全集》，第 22 卷，北京：九州出版社 2016 年版，第 273 页。

④ 唐君毅：《中国哲学原论·原教篇》，见《唐君毅全集》，第 22 卷，北京：九州出版社 2016 年版，第 225 页。

阳明所打通。这有如水之流至阻塞处，洄转难出，而有人将此处的石头移开，则水将继续盈科而后进。据此，唐君毅用了较多的篇幅，论述阳明之学实可视作朱子学的转进。而此自朱子学所转进出来的阳明学，一方面可以被视作朱子学的伸展，另一方面又以新的朱子学形态接通了象山学，因此唐君毅确信阳明乃是朱、陆之通邮。

按照唐君毅的理解，从朱子的格物致知，再到阳明的致良知，这当中可分"格物"与"致知"二义说之。首先，论格物之义。我们知道，阳明以事释物。在阳明，亲非一物，我之事亲这一整个行为，方称为一物；兄非一物，我之敬兄这一整个行为，方称为一物。而在这一整个行为当中，自我心中的意向或意念最为关键。我心中意在何处、何人，则此处、此人，以及我之所意，合而为一事、一物。这是阳明格物说的突出观点。不过，唐君毅指出，阳明以物为事，本是朱子之说所原具之义，只不过阳明将之凸显出来而已。在唐看来，朱子的即物穷理之说，指的本就是心知与物相接，然后知物之理、穷物之理。因此，心知之即物，其本身就可结为一事。不过，朱子在这一义上，并没有这么强调。而同时，阳明之所以强调物为事，其用意显然是要将自我对于理的探索，完全统摄在自我主体的心与意之中，以避免"向外求理"的问题。这样一来，格物就只是自格自我心中之意念，或意念所交接的事中之物、事中之事，而无需溢乎其外了。同样地，朱子的即物穷理，也因为阳明以物为事，而被凸显为一整个连贯的事，而这也是朱子学的义理中所蕴含的，只是被转了一转而已。唐君毅云：

> 在朱子所谓"知理"之事中，此知属于心，此理则兼属于外在之物、与内在之心，而亦为此心之性。故人之往知物理，即所以内知其心之性。然其中之心与理或性之义，又有所不同。因心可只是在内，性理则兼属内与外故。然克就此理为心所知，即此心之性显于知而言，此心与性理，固合为一体。阳明即缘此以说，吾人之心由即物穷理而知理时，此"知理"乃整个之一事；而此所知之理，则为此所知之一面，或即此知之内容。于是所谓即物穷理以知理之事，即唯是"此心之自呈现其性理于其知"，以成此整个之"知理"之事，而别无其他矣。此亦由朱子之义，一转而可得者也。①

这段话说到了由朱子学转至阳明学的细微差异，这种细微差异，后来演成了两种路向。如果我们用能、所二义来说的话，则朱子重视的是从能入所，而又摄所归能，而阳明则进一步凸显摄所归能之义，并更强调能之摄所的一面。由此，则在格物之义上，从朱子到阳明，实具有连续性。因此在唐看来，阳明乃是以朱子转进朱子。

其次，论致知及与之相关联的诚意、正心等义。唐氏指出，自我由格物，而心中能知应此物的当然之理；而继致知之后的下一步工夫，乃在诚意，诚意即是将自己所知之理，贯彻在是其所当是、非其所当非、善其所当善、恶其所当恶之中，并由此透彻地落实在行事之中，使得知与行，成为连贯一体之事。因此，在唐看来，朱子也是要落实知行合一之境的，我们确实看不出在朱子处，知与行是断裂的，因为心中既知当然之理，此心自然地会本此当然之理，以知意念的是

---

① 唐君毅：《中国哲学原论·原教篇》，见《唐君毅全集》第22卷，北京：九州出版社2016年版，第238—239页。

非善恶。不过，朱子因为析义较细，所以他倾向于分别地说致知和诚意两者，但这让王阳明感到朱子在工夫上难以连贯。但事实上，朱子并没有这种不连贯，只不过不善体会的人，容易将之分为二事而已。唐君毅指出，为了超化这个"问题"，王阳明便要将朱子将知是知非之致知，与好善恶恶之诚意，分说为二事的取向，合而为一件事。对此，阳明的做法，是在朱子的格局的基础上，将"致知"的"致"，一气贯下去，连通"知诚意"之"知"，从而将诚意之事，全体摄入致知之事中。所以，阳明便说，良知不但能知是知非，且亦能好善恶恶，所谓良知之是非"只是个好恶"①也。这样一来，诚意即成为致知的内容。

唐君毅的上述梳理，是要指出在致知之义上，阳明不外乎是将朱子以致知为前、诚意为后的格局，举前以摄后，以知贯意，摄意归知，仅此而已。不过，这一个转进，虽然是朱子学中原所涵具的，但却由阳明所凸显出来。这一凸显，并不是朱子所在意或所自觉的。而经过阳明对朱子的转进，朱子的格物、致知、诚意三事平行的格局，被调整与转换了，此即转成以致知涵摄格物、诚意，使致知成为诚意之本，格物成为致知之实。对此，唐君毅总结为这是将致知之义"上提"，而成为一致良知之教。② 由此，格物、致知、诚意三事，在阳明处只是一事。阳明认为，他的致良知为教，可以避免朱子"求理在外""心理二分"的问题，因为吾心之良知本即是当然之天理；吾心推致此知善知恶之良知，而好善恶恶，这就是诚意；而本于好善恶恶，而自然地去为善去恶，此即正其意念之不正，使之归于正，这就是格物。从这个意义上说，心与理肯定是相融为一的。阳明的这一进路，为唐君毅所理解与肯定，只不过他同时指出，朱子也是要通过格物、致知、诚意之事，以达至心与理一的，而阳明对朱子的超越，只不过是"更上一层楼"罢了。

朱子	格物	致知	诚意
阳明	致知—诚意—格物		

在唐君毅看来，从"格物致知"到"致良知"，一方面可以说是阳明以朱子转进朱子，另一方面也可以说，这是阳明补足了朱子所未完足的一环，这有助于我们更充分体认与实现心与理一之境。唐君毅总结道：

> 阳明之说不同于朱子者，则在朱子之格物穷理，皆由人之知其所不知者，以开出；而阳明之致良知，则由人之知其所已知者，以开出。……此即朱子、阳明之格物致知之教，各有千秋，而实未尝相犯。至二家之心与理，是否合一之争，则虽牵涉较多，然亦非必势同水火。盖循阳明之言，以知吾人之良知之天理，以致此知，则此中之天理，皆呈现于心之天理，心与理自当合一。而自朱子以求知未知之理为格物而言，则此中之理既初未被知而呈现，即初为超越，则心与理自初非合一，此亦非阳明之所得而否认。唯依朱子言，心与理之初非合一者，既可由格物，而使理呈于心，以使心理

---

① 王守仁：《传习录》，卷 3，见《王阳明全集》，上海：上海古籍出版社 2012 年版，第 126 页。

② 唐君毅：《中国哲学原论·原教篇》，见《唐君毅全集》，第 22 卷，北京：九州出版社 2016 年版，第 277 页。

合一；则初非合一，亦无碍于其自始具有一超越的合一。①

这段话揭示出朱、王融合的可能性及其内在义理。在唐看来，两者的融合乃是互补性的融合。据此，我们即可知朱子正视的是现实生活中，人之心之不能知理的一面，因此朱子重视"格物"；而阳明正视的是人心之知理之本身，也即人心之知理之知，就已经体现为心与理一之境，只有我们先体认和把握此知天理之知，才不会受到现实中人之心不能与理为一的状态的摇动，而走向支离，因此阳明重视"致知"。不过，我之所以能够确认到我心中本有天理良知，在很大程度和意义上，乃有赖于我之"格物"之功；而我之所以要格物，最终不也是要达至心与理本一的本源之境吗？这一本源之境，不正是天理良知吗？因此，朱子与阳明的格物致知说，正好构成了一个互补的回环。

四、"已发未发"与"心与理一"

前文提到，唐君毅认为在朱子理学中，格物致知尚是较粗的工夫，如果要更深入的工夫，必须由已发而转入未发。因此，在朱子理学处，要真正实现心与理一，仍别有事在，这就涉及心之"已发未发"的问题。而在阳明的一边来说，阳明虽然已经将致知之知上提，以天理良知统摄一切义理，但因为其致良知之教乃是从朱子学中转出、翻出者，所以他同样需要消化朱子学中的已发未发的问题，方得以使其致良知之说更完整一贯，同时亦使其工夫论更深入地落实心与理一之境。唐君毅对于这个问题，也有深入的探究。

我们知道，朱子工夫论的总纲，是主敬涵养与格物致知并行互动，而其背后的义理结构，则是将心分为已发之情与未发之性，而心则贯通、统合、主宰性与情，故心统性情。唐君毅指出，象山的心即理之学，明显与朱子异撰，但阳明的致良知之学，则是直接自朱子的已发未发、心统性情的脉络中转出、翻出，而确认出其自己的心与理一的工夫，并最终连通象山。那么，这里要问，既然朱子的已发未发等说，能够向着落实心与理一而趋，为何还需要王阳明对之作出转进？这是否意味着朱子的相关理路，是有问题的？在唐君毅看来，朱子往往侧重在分别说，先分别，而后合一；而阳明则将朱子之所分别者，复打并归一，以保证其为必然之一，而不是偶然之一。而阳明的这个做法，亦不外乎是将朱子的理路中所本有，或可有而实尚未有的内容，挑明并凸显出来而已。可以说，在唐看来，朱子的已发未发、心统性情之论，乃真实地向着落实心与理一的方向而趋，但是这个方向，因其工夫论的格局以及背后的义理的限制，而略有所"梗塞"。而这些"梗塞"，并不意味着朱子不能达至心与理一，或与心与理一之境冲突，而是意味着它需要被转进与超化。

那么，唐君毅所认为的朱子之"梗塞"何在呢？这当中有两个议题。第一，朱子因为严判

---

① 唐君毅：《中国哲学原论·导论篇》，见《唐君毅全集》，第 17 卷，北京：九州出版社 2016 年版，第 269—270 页。

心之已发与心之未发的区分，导致难题。第二，朱子对于统合已发未发、性与情的"心"的意义，尚未能完全通透。

首先，是朱子严判已发与未发的问题。我们知道，朱子以主敬涵养的工夫，对治未发；又以省察与格物致知，对治已发。换言之，就是以主敬为致中明体的工夫，使得原来就具于心的超越而内在的性理，得到呈现；以省察、格物为致和达用的工夫，也即通过穷物之理，而发明、充实内在的性理；这两面工夫，最终合内外、致中和，充分达至心与理一之境。唐君毅认为，阳明对于朱子的这些义理，都顺承下来，但都将之统摄在致良知一义之下。换言之，朱子是分开说，阳明则是合一说。在朱子处，属已发一边的格物致知、省察诚意，与属于未发一边的主敬涵养，是内在相连而又各有攸属、并有先后次第的关系。今先就已发一边的格物致知、省察诚意而论。唐君毅强调，朱子以先致知而后诚意，致知为正面的知，而意之不善则为后起之事，而正面之知，如何能必然地有对治、转化反面的不善之意的意义，则朱子难以善答。唐君毅说明如下：

> 依朱子之意，克就人对天理之知而言，此仍纯是一正面之知，如前所说。唯以人无不缘其物欲气禀之杂而起之不善之意念，方有为此正面者之反面者。更在此反面者为此心之所知，此心继显其对此天理之知之时，而后此心之天理，方显其"一面反其反面者，一面自归于正"之一"反反以成正，而好善恶恶之用"。则此天理如未尝遇此缘气禀物欲之杂，而起之不善意念，此天理亦即可无此反反以成正之用或表现。由是而此用或表现，即为自天理之体上看来，乃可有可无者。此用或此表现，对此天理之体之自身，亦即可说为一"偶然有"之事，非一"必然有"之事，亦即是在天理之体上无有，而只在其用上有者矣。然在阳明，则其良知天理之表现为是是非非、好善恶恶之用时，良知天理之体，即已表现其用。①

在朱子处，因格物致知所充实出来的心之对于天理之知，为何、如何必能具有管摄与对治意之不诚的作用？对于这个问题，唐君毅认为朱子尚未能提供理据作保证。相对之下，阳明则能善导这一问题。在唐看来，天理良知之知善知恶，其本身即兼而表现为好善恶恶，而此好善恶恶，则又兼而表现为为善去恶，良知、诚意、格物一气贯下，这是阳明学的根本要义。而这之所以可能，则在于阳明将知上提，将之确认为天理良知。这上提的意义，是阳明将知善知恶之知，与好善恶恶之意，这正反两面之用，摄入天理良知之体中。而朱子则未能注意及此。当然，我们会问：天理良知作为体，凭何能有知善知恶与好善恶恶这正反两面之用？唐君毅认为，这是因为阳明确认出天理良知是即体即用，即寂即感者。一方面，良知在显为用时，良知乃为知善知恶、好善恶恶、知是知非、好善恶非者；另一方面，良知在未显为用时，良知乃是无善无恶、无是可是、无非可非之心体。唐君毅说：

> 此中所谓良知天理于体上之"原有一是是非非之用，虽未显为一般之是是非非之用而亦自在"之一义，诚有难于了解之处。然实亦不难。此中关键，唯在知此是是非

---

① 唐君毅：《中国哲学原论·原教篇》，见《唐君毅全集》第22卷，北京：九州出版社2016年版，第246页。

非之用，尽可无是之可是，亦无非之可非，而唯是一"能是是非非"之义理之呈显；并知此呈显，便是此义理之用；而此义理之呈显，亦复即呈显于"是是而终无是可是，非非而终无非可非"之中，便一切皆不难解。①

唐君毅的这一疏导，有助于我们理解到，朱子的致知之知，乃是一用，而阳明将知上提之后，此知乃为兼体用者。这能够保证致知与诚意，是必然地关联在一起的。这是朱子所未能注意到的地方，而被阳明所补足与转进。

唐氏指出，阳明除了在已发的一边，以致良知之义，而将朱子的格物致知与省察诚意打并归一外，也将朱子严分已发与未发之工夫，摄归于天理良知之境中。前文已述，在未发前的涵养状态中，朱子强调"己所不知"的戒慎恐惧之意；而在意念之已发之际，朱子强调"己所独知"的谨独之事。阳明对这一区分，也并不反对。但是，阳明既将致知之义上提，则他更进一步点出，己所不知之未发与己所独知之方发，皆同为良知之所知。此中关键，亦全在此良知之知，已被上提，而与未发之不知和方发之独知，并不在同一层面上。故天理良知，能有自知其未发之知，因此阳明常说良知即是未发之中。这样就可以避免朱子因严辨已发与未发，而难以彻底将已发与未发之二工夫融通为一的问题。②

按照唐君毅的意思，朱子严分已发与未发，或区分致知、诚意、涵养三事之做法，都被阳明的致良知之工夫所统摄起来。此中，工夫已经不再严分先后了，不同的工夫只是良知本体的自存自用而已。由此，则良知之已发即在其未发之中，良知之未发亦在其已发之中，即体而言用在体，即用而言体在用，即寂即感，即感即寂。这样的一种工夫，必能保证心与理一。因为此理即是天理良知，而此心亦是良知之为本心，而其工夫，即全是作为本心、天理之良知的自存、自用、自省、自觉。以此对照朱子的已发未发的工夫及其背后的义理，则阳明确能在落实心与理一的问题上，有所转进。不过，我们若从阳明而看回朱子，朱子在工夫上分已发与未发，分先致知后诚意等先后次第，是否就意味着他确如阳明所言，不能达至心与理一，甚至导致心理为二呢？依唐君毅之意，我们实不能如此说。因为朱子所区分出来的不同的心性工夫，虽各有攸属，但亦是相依为用的，只不过朱子尚未能重视进一步将心上提至本心、将知上提至天理良知，并以此在上一层面之心或知的意义，打通、统摄在下一层面的各种工夫而已。从这意义上看，朱子并没有走向心理为二，而是通过阳明致良知之说，其义理中所蕴含的心与理一的理据，被进一步揭示与落实而已。

其次，是朱子对于统合已发未发、性与情的"心"的义涵及其意义的问题。唐君毅指出，朱子论心，往往是从其宇宙论中说下来的，也即先说天道、天理，后说人心。朱子特别重视太极之义，以太极为天理之全。而太极作为天理之全，能显现于无尽的气化流行中，而成就出天命流行的生物之过程。而天命流行而生物，可说为天地生物之心，或者天地之心，但是，天地之生物，只是一理之直接呈显在气化流行之中，这个过程没有思虑安排的作用，因此，此天地之心，又可

---

① 唐君毅：《中国哲学原论·原教篇》，见《唐君毅全集》第 22 卷，北京：九州出版社 2016 年版，第 247 页。
② 参见唐君毅：《中国哲学原论·原教篇》，见《唐君毅全集》第 22 卷，北京：九州出版社 2016 年版，第 251 页。

说为一无心之心。然而，天地无心，而人心则有安排思虑。人之心的意义，是人能自觉地通过心的作用，将理实现出来，也即人心能自觉地实现理于气。唐君毅认为，朱子就是在这个意义上，将人心界定为统摄理与气的概念。具体地说，就是心一方面内具理，而成为心之性，而另一方面则能表现此理于气之中，以应万事万物，此即成为心之情。因此，心在朱子处，是一个统摄性的概念，它能统摄内具之性理与应物之情。同时，在朱子处，心又有虚与灵，或寂与感二义。因为心有虚与无形的一面，因此其能寂然不动，而内具理；同时，心又有灵的一面，因此其能感而遂通，而使理表现于气。据此，则心统性情，心该理气，心有寂感，心通已发未发。① 唐君毅的概述，应是符合朱子对于心的界定的，这没有什么值得争议之处。

唐君毅对朱子之心的讨论，最可注意者，是他对朱子以心为"气之灵"或"气之精爽"的理解。心是一统摄性的概念，这是朱子论心的基本观点，而朱子论心的另一观点，则是心是气之灵。因为人心是气之灵，所以其能动能静，能寂能感，而显理于心。不过，这里我们要问，心既然是统摄理与气的概念，为何朱子要以气的一面来界定心，说之为气之灵或气之精爽，而不以理的一面来界定心呢？这当中，除了有理学史的原因，唐君毅认为还有朱子理学的视野的原因：

> 其所以重心与气之关系，而忽心与理之关系，则关键在其言天之生物虽以理为主，而言人物之受生，则以气为主。天之生物，乃理先气后，而理行于气中，此天理流行于气，是为天道。而人物之受生，则是缘此天理之流行于气，或缘此天道，而后"气以成形而理亦赋焉。"（《中庸注》）即吾人之生乃先由天以禀得此气，而后可言理具于其中，以为其性。……人必存在而后有心，以自觉其具此理，故心必依于人之存在而说，而后于人之有气而说，故只有说心为气之灵。②

唐君毅对于朱子说心为何偏重气的一边的这一观点，颇具启发性。另外，我们知道，唐君毅认为朱子以气言心，是有问题的；但这是唐君毅的其中一方面的观点，而其另一方面的观点，则要指出，朱子以气言心的进路，可以通过朱子自己的宇宙论、心性论系统，而被转换。换言之，朱子以气言心之论，可说，也可不说。之所以说可说，是因为（如上文所述）从宇宙论的观点看下来，人之心表现为气、气之灵、气之精爽，是没有什么问题的。但是，我们也可以不从宇宙论的观点自上而下地看心，而直接从朱子的心性论系统，而看此心。而这种"内看""内观"自心的进路，使得以气言心的意义，并非为必然者。唐君毅的理据如下：

> ……然在朱子思想，则其于心性论上虽亦有此一内观，而未能充其义，以统其宇宙论之外观；乃或反而以宇宙论上之外观所成之心为气之灵之说，混淆于其心性论上之内观初所见之心，乃以"理为所觉"，为"理之所会之地"，其"自理说心之义"，遂不能更循此内观，深入向上，以与陆王同归矣。然此亦非朱子全无此内观之说之谓。故吾人今如克就朱子之在心性论上所有之内观而说，则固可不说心为气之灵、气之精爽，

---

① 唐君毅：《中国哲学原论·原性篇》，见《唐君毅全集》第18卷，北京：九州出版社2016年版，第309—312页。

② 唐君毅：《中国哲学原论·导论篇》，见《唐君毅全集》第17卷，北京：九州出版社2016年版，第396—397页。

而只须说"心为内具理而通于理,更表现之于外,以通于气"而已足。①

这段话是唐君毅欲融合朱、王的关键性理据。简言之,其理据即在于将宇宙论的外观,转而为心性论的内观,而这由外而转内,亦只不过是"一转之差"而已。同时,这内观之义,亦是朱子理学中所原有者,只不过因为朱子将外观而混入其内观之中,使得其纯内观之说,不得显发而已。当然,我们会进一步问:这种"混"是否就是朱子理学本身的义理结构所造成的?同时,朱子区分已发未发,区别性与情,然后再以心统之,这种工夫脉络或义理结构,不可以就是限制朱子上提此心的原因吗?如果是这样的话,我们凭何说这种"一转之差",是以朱子转朱子,而非实质性的转折,即由朱子系统转至别的系统?对于这个问题,唐君毅的回应是,在朱子的心统性情、该已发未发的脉络中,心之作为自觉统之摄之之能,其本身就意味着,心可以是而且应该是超越气并在气之上一层的与理俱生并现的本心。而这一"转",就是朱子理学内部的原来就可以转出来的,因此此转,可被视为以朱子转朱子,即朱子学内部之转进。其云:

> 心之主宰运用,乃在对气之有无之主宰,理之偏全之运用上见之。故"心本应为居气之上一层次,以承上之理,而实现之于下之气"之一转换开阖之枢纽。亦唯如此,然后可言心之为主性情、统性情、或率性以生情者。此则观朱子之言心之主宰运用,固明涵具此义。由此而言心,虽不必即引至陆王之心即理之义,然亦不必涵心只是一气之灵之说,而见此心之固有其独立意义在也。②

朱子理学有无"本心"的意义,是理学研究中的重要问题。在这里,唐君毅是从朱子心性论的义理结构出发,得出朱子理学之"心",可走向陆王所强调的超越之心与超越之理俱呈俱现的本心。但是,鉴于朱子理学亦并未强调本心,所以唐君毅得出两点结论:第一,朱子理学之心,有机会与陆王的本心、心即理之义对接,其理据在朱子理学内部;第二,虽然朱子理学之心,不必引至陆王的心即理之义,但因为其心有对于理、气的主宰运用义,因此我们至少可以确认出,在朱子理学中,心、性、情三者虽各有攸属,但此三者是相依为用的关系;同时,心与理虽不同,但并非割裂。笔者认为,这是唐君毅的朱子、阳明融合论最关键的观点。③

当然,唐君毅也承认,受制于其心统性情、已发未发的义理结构,以及其以气之灵说心的取向,朱子理学虽然决非心理二分,但在达至心与理一的意义上,尚有未尽之蕴。这里面的问题,仍然在朱子对于心的论说上。在唐看来,朱子的心,乃是一虚灵不昧的能觉,而这一能觉之自身,乃为变动不居者,它是没有一定的内容的。而它之能有内容,则是在它与物交接、感通而有所发用,并由此所表现出来的性理上说。而相对于心之无一定的内容,理则是有一定的内容的。因此,在朱子处,无一定内容的"虚心",与有一定内容的"实理",如何相融为一,则是难题。同时,与此相关,我们可以转而再问一个与前一问题相近的问题:在朱子处,当心发用时,心能表能现出性理来,但当心未发用时,心之作为虚明灵觉本身,岂不只是一虚明灵

① 唐君毅:《中国哲学原论・原性篇》,见《唐君毅全集》第 18 卷,北京:九州出版社 2016 年版,第 312—313 页。
② 唐君毅:《中国哲学原论・原性篇》,见《唐君毅全集》第 18 卷,北京:九州出版社 2016 年版,第 313 页。
③ 唐君毅:《中国哲学原论・导论篇》,见《唐君毅全集》第 17 卷,北京:九州出版社 2016 年版,第 393—401 页。

觉而已？这时候心与理的必然、内在的关联性，究属何在？唐君毅认为，朱子对此确未能善答之。

唐氏指出，对于心与理的虚与实之辨的问题，阳明可以疏导，象山则未能善答。象山之所以未能善答，是因为他仅从心对物之感通发用处，指证理之随心而发。但是，象山未能说明，虚明灵觉之心（注：心是一虚明灵觉，这并非象山所重之义）在其未发之前，其与理的实际关系究是如何。这当然是象山不重视心之已发未发的问题所致。而真能重视这一问题，同时又能真正疏导朱子的困难者，非阳明莫属。唐氏指出，这当中的关键，是阳明在朱子心论的基础上，推进了两步：第一，将虚明灵觉的气之灵的心，上提为天理良知或本心良知；第二，揭示出良知之心，是即虚即实之心。第一步我们已经知道，而他所说的第二步，需要在这里作一梳理。

唐君毅所说的良知之即虚即实，强调的是"即"字。这是说，良知之心在发用时，天理现于心之发用中，而有其一定的内容；但是，这一似为"实"的发用，其本身即本为虚灵不昧之虚寂而已。换言之，良知之心，乃是时时实、时时虚、实而未尝不虚、虚而未尝无实者，乃是时时是是非非，而又时时无是可是、无非可非者。良知之心之所以能够如此，皆因阳明将知之义上提，使之成为涵摄已发未发、虚与实、体与用的本心所致。唐君毅云：

> 其时时实，即时时有此理流行于此明觉之中；其时时虚，即此流行之理既显，而若自隐，以退藏于密。由此而即在此虚灵明觉对事物，无所发用，如镜之无物可照时，此虚灵明觉，亦通体全是理。人若果能知其实之未尝不虚，即能知其虚之未尝不实。知其发散时，未尝不收敛，即知其收敛时，未尝不发散。由此而吾人可说此虚灵明觉之具理，非只是以此理为其内容，而是此虚灵明觉之发散或收敛、虚或实上，即和盘托出此理。此中其发散、其收敛，或其虚、其实之本身，即是理。[①]

唐君毅指出，在此良知之即虚即实的意义下，天理乃是一面表现，一面退藏，一面发散，一面收敛，一面虚，一面实者。心是活物，理也是活物，心变动不居，理亦变动不居。这种心与理俱起俱寂、即实即虚的状态，不但疏导了心与理之虚实关系问题，亦超化了朱子以心为能觉、理为所觉的观点。因为在良知之即虚即实、即寂即感、即已发即未发的本真状态中，能与所是合一的，心固然是能觉，而此心即理，故此心之理亦是能觉。这样看下去，心与理实在原则上必然为一。工夫切实，则此原则性的必然合一，即被实现出来，成为现实上的合一。唐君毅认为，从这意义上说，阳明的良知之即虚即实义，之所以落实朱子的"心具众理"之义，而使之与"心与理一"之境完全接通。此即是说，心在其未发之时，心之具理乃是理摄于心之虚灵之中，而理自身亦被虚灵化的"具"，也即心虚而理亦虚的"具"。这时候，理之定常义，消融于心之虚灵义之中。而心在其已发之际，理之定常义，与心之发用之能，在心之虚灵化中，并呈并现，此时，心之具理的"具"，也即心实而理亦实的"具"。这时候，理之定常义，显现在心之发动义之中。[②]

---

① 唐君毅：《中国哲学原论·原教篇》，见《唐君毅全集》第 22 卷，北京：九州出版社 2016 年版，第 257 页。

② 参见唐君毅：《中国哲学原论·原教篇》，见《唐君毅全集》第 22 卷，北京：九州出版社 2016 年版，第 260—261 页。

据此，唐氏认为，"阳明之合心与理之言，亦正所以成就朱子之说者矣。"①

唐君毅指出，阳明的良知之即虚即实之义，真正转进并成就了朱子的"心具众理"之说，并最终在义理上，疏通了朱子在"心与理一"上的困难，使儒家的自我成德之旨得到进一步落实。据此，唐君毅认为整个阳明学与阳明后学，可被视作朱子学在明代的发展。而这一发展，则可被理解为朱学与陆学之通邮。在他看来，阳明学让朱子学接通了心与理一、心即理之论，而心即理乃是陆学的核心。

五、总结与讨论

本文致力于梳理和重构唐君毅的朱子、阳明会通论。首先，本文指出，唐君毅将宋明理学之理界定为性理。性理之理，体现为当然之理。二程"性即理"之说，能够揭示性理的义涵与意义。另外，唐氏指出，心与性理的关系问题，是宋明理学的重要问题，而实现"心与理一"是理学各派的共识，因为自我能否实现心与理一，关系到儒家的成德之义能否落实。围绕心与理一的论题，朱、陆、王三派都有所阐明。

其次，在唐君毅，围绕实现心与理一，朱子、象山、阳明三家各有其心性工夫论。宋明理学各派的思想取向的差异，乃是工夫论上的差异。以此为视野，他认为朱、陆、王构成了回环关系，三家思想各自独立，又彼此沟通。象山实现心与理一的工夫，是"心即理"与"发明本心"。唐君毅对"发明本心"的阐发值得重视。他认为发明本心有"知心即理"与"超拔障蔽"正反两面工夫。除象山外，朱子也有"格物致知"与"主敬涵养"两端工夫。唐君毅指出，朱子的格物论是要通过格物穷理的过程，将超越而尚未内在化的理，充实为既超越而又内在的理，因此朱子格物论并非陆王所批评的求理于外。恰恰相反，格物的过程是一直接的充实当然之性理于自我心中的过程。同时，唐君毅指出，朱子强调心之已发与未发的区别，格物属已发一边，而对应未发一边，朱子则有主敬涵养的工夫。而沟通格物与主敬二工夫者，则为诚意。经过唐君毅的阐发，朱子与象山的工夫论构成了内外协调的回环，共同充实心与理一之义。唐君毅的这一工作，为其朱子、阳明融合论，确立基础。

再次，唐君毅指出，阳明学是从朱子学而非象山学中转出来的。阳明学之所以能建立起来，是因为朱子学实现心与理一的工夫，遇到了困难，而阳明则能以朱子摄朱子的方式超化这些困难，因此在某种意义上说，阳明学是朱子学的转进。阳明的致良知之说对朱子学的转进是全面的。比较首要的一点，是阳明对朱子格物致知之论的超化。唐认为，在格物一义上，阳明以动态性的事或意来说物，以求避免朱子"向外求理"的问题；而在致知一义上，朱子分致知与诚意为二事，而阳明则将致知之知上提，使之成为本心良知或天理良知，保证了致知、诚意、格物之一

---

① 唐君毅：《中国哲学原论·原教篇》，见《唐君毅全集》第22卷，北京：九州出版社2016年版，第261页。

贯，由此确认心与理之为一。唐君毅指出，阳明的这些做法，不外乎是以朱子转进朱子。例如，以事说物，是朱子之说中所本有的；而阳明将良知上提，也不外乎是将朱子以致知为前、诚意为后的格局，举前以摄后。不过，这虽然是朱子学中原来涵具的，但却由阳明所凸显出来。这是唐君毅所理解的阳明转进朱子的第一步。

最后，在唐君毅，阳明转进朱子的第二步，是他继续通过致良知义，转进朱子的已发未发之分。朱子区分心之已发与未发，心之性与情，引致两个难题，使其不能通透落实心与理一。第一，在朱子处，属已发一边的格物致知、省察诚意，与属于未发一边的主敬涵养，是内在相连而又各有攸属、并有其先后次第的关系。朱子以先致知而后诚意，致知为正面之知，而意之不善则为后起者，正面之知，如何必然地有对治、转化反面的不善之意的意义，则朱子难以善答。而阳明则将知上提，将知善知恶之知与好善恶恶之意这正反两面之用摄入良知之体中。据此，朱子严分已发工夫与未发工夫，或对致知、诚意、涵养三事之区分，都被致良知所统摄起来了，工夫已经不再严分先后了，不同的工夫只是良知之体的自存自用而已。由此，良知之已发即在其未发之中，良知之未发亦在其已发之中，即体即用，即寂即感。这样肯定能够保证心与理一。第二，关于朱子理学中统已发未发之"心"的问题。唐氏指出，朱子以气之灵说心，是基于其宇宙论进路而得到的判断。但是，这只是外观此心所成之结论，朱子并未完全就其心性论的脉络，以内观此心。若内观此心，则气之灵之说，实可不必立。同时，在朱子处，心是能自觉统摄理与气之能，这意味着，心可以是而且应该是超越气、并在气之上一层面的与理俱生并现的"本心"。由此义，朱子理学可以接通陆王。另外，关于朱子之心论，唐君毅指出，在朱子处，心是无一定内容的虚灵明觉，而理则有一定的内容，无一定内容的"虚"之心如何能与有一定内容的"实"之理必然合一，是一个问题。而阳明则一方面将虚明灵觉的气之灵的心，上提为天理良知或本心良知，另一方面则揭示出良知之心，是即虚即实之心，从而超化了朱子理学中的张力，更充分落实心与理一。

以上内容是我们以"心与理一"为线索，来看唐君毅的朱子、阳明融合论。在这里，我们还需要去看看，融合朱王或朱陆王之后，唐君毅是否形成了一个既包含朱、陆、王，同时又能超越任何一家的格局？笔者认为，唐君毅确曾措意于此，但其思路尚未系统而明确。在这里，笔者通过几个大方面，对唐君毅思想中的相关思路，化隐为显，并作简述。

第一，在心与理的关系问题上，唐君毅试图融合"心理为二"与"心与理一"两种视角，认为这两者不但没有冲突，且可相互为用。朱子之所以严分性与情、理与气、已发与未发，是因为朱子正视现实之心往往与超越的性理，有一差距乃至鸿沟，因此强调通过主敬涵养与格物致知的工夫，使得超越的性理不断化为既超越而又内在的性理，以求达至心与理一。但是，心理合一何以可能这一问题，仍需要我们思考到心与理在体上本来就合一这一地步，方为究竟，而这正是陆王心即理之说所强调的。陆王揭示出自我若能自觉到此心与此理是俱起俱发的关系，便能确证心与理在本原上为合一者。如果说，在现实上，心与理不一，属于下一层面之义的话，那么，在本原上，心与理之本一，则属上一层面之义。层分上下，则无根本冲突；义兼理气，则可相互为用。唐君毅说：

> 朱子之言工夫，既归在教学者之由二而成非二，则此心体上之心理合一之义，即正所以完成朱子之言工夫之教者也。然此中若先无学者所见之"二"，即无使二成不二或合一之工夫，亦无言此体上之合一之必要，此体上之合一，亦无意义。由是而学者所当信之体上之合一，即又正建基于学者于现成当下之境上，所见之"二者之原未尝合一"上。则此"合一"与"不合一"二义，乃属于上下层而俱成。故性理之幽微而深隐，与当下现成之心，若不合一，而超越于其上，此学者之所必当先有以自知者也。①

心理为二与心理为一分属上下二层，而这上下二层之所以能相互为用的依据，则在于这二层，同是一心之不同方面的体现。因此，在唐君毅看来，若我们单单偏重于其中的一方，而忽略乃至排斥另一方，则反不如视此两方为相互为用的关系，才能全得此心之蕴。所以，同一个人，其实可以在某一时，自见其过，自觉到自己的现实的心，与超越的理之间，存在着阻隔与鸿沟，而在另一时，则自觉到自己的一念道德心、性情心之发动，未尝不即是天理之流行。由此，我们就既能正视心在现实中的不如理的德之未成的情况，又能自信自立，并以此自信自立为源泉，切实助成自己转不德为有德。故唐君毅谓"是即朱子之后不能无陆王，亦犹陆王之先未可无朱子，而其所言之义，固原有相辅为用者在也"②。

第二，在围绕落实心与理一的工夫论上，唐君毅也认为朱、陆、王三家，也应相依为用，以最终成就出一个整体性的心性工夫。这个整体性的心性工夫，也体现出心或心性的不同进向。在唐君毅看来，朱子严分已发未发，引致其工夫是内外挟持的工夫。内，指正心涵养；外，指致知格物；而使得内外通贯者，则是诚意。但若意不诚，则工夫不达，心与理一之境便不能充实。据此，阳明有致良知之教，对治意不诚的问题。因为阳明将知上提，以摄意之事，则可保证意之诚，由此便能涵摄朱子内外挟持的工夫。但是，若人心志未开，本源不清，则致良知的工夫，便缺乏真实动力，这就需要象山发明本心之工夫，因此象山之功，实不可忽。③上述内容，是唐君毅融合三家之实现心与理一的工夫论，而自成一整体格局的大致总结。事实上，他并没有就此而发展出一套自己的工夫论，而只是提示出，这三家的工夫论各有其独立的意义，同时亦从各自的角度与进路，扩展了对于心性的体验，它们并自然地形成一工夫论之次第。

第三，上述两点内容，只是初步，唐君毅所以要融合朱王，是与他的宋明理学研究，以及他的新儒家哲学系统，相互协调与印证的。在唐君毅，北宋的周、张、程诸子之义理，汇至朱子，由是朱子尚保留北宋诸子以气说心的一维。不过，朱子以心为气之灵，可以往"气"上走，也可以往"灵"上走。而陆王则在"灵"的意义上，更进一步，确见心有能超越于气之义。由此义，陆王便既非从气上说心，亦非从心的体用、动静上说心，而是直接从心与理在本原上便即相通为一的意义上说心，推进和充实了心与理一之义，将朱子在心理关系上的未尽之蕴，说到究竟处。

① 唐君毅：《中国哲学原论·原教篇》，见《唐君毅全集》第 22 卷，北京：九州出版社 2016 年版，第 401—402 页。
② 唐君毅：《中国哲学原论·原教篇》，见《唐君毅全集》第 22 卷，北京：九州出版社 2016 年版，第 402 页。
③ 唐君毅：《中国哲学原论·原教篇》，见《唐君毅全集》第 22 卷，北京：九州出版社 2016 年版，第 274—275 页。

特别是王学，以朱子转进朱子，可以说是朱子学在明代的一个发展。而阳明后学诸家，也有与朱子理学相类者，如"归寂"一派，必先言归寂的工夫，这就意味着其体会到我们当下现成的心，不即是天理良知的昭露，也即尚不是一心理合一之心，这与朱子的取向是一致的；而更后来的刘蕺山，重视静敛、静存的工夫，也与朱子存养心体之旨相通。只不过，无论阳明后学的哪一派，兼及后来的蕺山一脉，其义理都是建立在确信此心之体即是心理合一的良知之体的基础上的。所以，在唐君毅看来，明代的阳明学，乃是沿着朱子学的精神而走的。

在阳明之后的儒者中，唐君毅最推崇刘蕺山，他认为蕺山最能于本心、心体上，洞见到浑穆之情之意。而这是较阳明与阳明后学更进一步之处。阳明致良知之说，也重视意与意念，但蕺山能进而就"体天地万物为一心"的形上心体，以说纯意、纯情、纯气之维，由此，则心为天心，知为天知，意为天意，情为天情，气为天气，可谓圆融。不过，在唐君毅，蕺山之学尚可更进一解，也即蕺山之天意、天情一方面可以扩展出形上的愿欲与才能，使之成为天愿、天欲、天才、天能；另一方面其天意、天情之说，可以重新汇入孔孟重性情的仁心感通之教。[①] 据此，唐君毅乃从周、张、程，再至朱子、象山、阳明，再至阳明后学与蕺山，一路看下来，而见到其围绕心与理一的问题，诸儒自然地形成一个辗转深入、趋于圆融的演进脉络，而这一演进脉络，最终经蕺山的天意、天情之论，而汇入了儒家原初的性情之教中。而"性情"一义，则正是唐君毅哲学的核心。在他的哲学中，"性情"，"感通"与"仁"，这三者是相通的。唐君毅新儒家哲学（笔者称之为感通形上学）的出发点与终极处，乃始于性情而归于性情。正因为他认为一切哲学、一切形上学始于并终于性情之仁、性情之感通，因此唐君毅对于宋明理学的各派，必然要观其会通，然后使之摄归于性情之仁，而此性情之仁，其实只是一心灵之感通而已，此外别无他事。据此可以说，唐君毅的朱王融合论，最终乃涵摄于其性情形上学或感通形上学之中，而与其性情形上学或感通形上学互相充实。

有了前文的梳理与重构，在这里笔者总结出唐氏的朱王融合论在哲学思想史上的位置与意义。

首先，唐君毅的朱子阳明融合论，或朱陆王融合论，展示出目前来说最为系统深入的朱陆或朱王会通论。从朱子、象山的时代开始，思想界就已经探讨朱陆异同的问题了。而实际上，朱陆异同的问题也是朱、陆本人所提出的。这一问题经过王阳明的参与，成为宋明理学的主要问题线索之一。不过，思想界对于这一问题的处理，或站在程朱一边，以涵摄陆王；或站在陆王一边，以超化程朱；也有跳出两边，试图通过更广阔的视野，以兼摄两者的，但因为其视野并不特别清晰，或其自身的思想取向并不特别明确，因此其会通朱陆或朱王的力度、深度与合理度，尚有充实的空间。而唐君毅则能在内、外两方面，都有比较明确的视野与观点，以通观理学的演进脉络。外的一面，指的是他能跳出理学的视野，而定位理学自身的义理。如他以性理、当然之理界定宋明理学之理，使之区别于其他理；同时又指出各派性理之学，大抵都是围绕如何达至心与

[①] 　唐君毅：《中国哲学原论·原教篇》，见《唐君毅全集》第 22 卷，北京：九州出版社 2016 年版，第 406—409 页。

理一之境而展开其思想的，因此朱陆王各派的差异，主要是工夫论上的差异，而非实质性的义理上的冲突。内的一面，指的是唐君毅将程、朱、陆、王的思想演进，视作心性工夫论上不断深化与完善的过程，因此一些包括朱、陆、王本人都可能会误解的争辩，在唐君毅合内外的视野中，得到了疏通。

其次，唐君毅的朱子、阳明融合论，和牟宗三的严判朱子、阳明之别的论断，恰好构成了两种对立的解释模式。与唐君毅一样，牟宗三的宋明理学研究，也有一个整体性的视野，同时他亦能通过内与外两个视角，疏导宋明理学的演进脉络。有意思的是，牟宗三所导出的结论与观点与唐君毅恰恰相反。牟氏将理学分为伊川朱子系、象山阳明系与五峰蕺山系三系，认为后二系都能发明儒家的道德形上学，是孔孟之学和儒家心性论的嫡传，而伊川朱子系，则导向了理气二分、心理为二、心性情三分的格局。牟宗三认为，伊川朱子的理，是"只存有而不活动"的理；而其所说的心，亦只是实然的心气之心，因此其最终只成就得一个"心静理明"的横向、顺取的状态，而非心与理一、本心即理的纵向、逆觉的体证。因此，伊川、朱子一系，虽似以心与理一为追求，但最终导向心理为二。据此，牟宗三认为伊川朱子系绝非理学之正宗、孔孟之嫡传，而是"别子为宗"。这与唐君毅以心与理一的线索，融合程、朱、陆、王、刘的基本观点，大异其趣。

在笔者看来，唐君毅的解释较牟宗三合理。唐君毅与牟宗三一样，承认朱子理学内部存在某种困难，阳明学继朱子学而起，而通过致良知之义超化了这些困难。但是，唐、牟观点的不同之处，在于断定阳明学对于朱子学，是"转折"还是"转进"。若是转折，则朱子学与阳明学在义理上，是异质的，冲突的；若是转进，则朱子学与阳明学在义理上，是可通的，协调的。牟宗三主转折论，而唐君毅则主转进论。笔者认为，唐君毅通过义理上的疏导，一方面呈现出阳明之说与朱子之说，乃位于义理上的不同层面，并无在同一层面之冲突的可能；另一方面则揭示出阳明之说，在某种意义上也是朱子理学中所本来蕴含的义理，只是朱子不重视或未能自觉到而已，而阳明则能自此着眼，引申朱子理学的未尽之义，转进至本心、心与理一之境。唐君毅的这一理解，更为平情。

作者简介：刘乐恒，男，1981 年生，广东东莞人，哲学博士，现为武汉大学哲学学院副教授，主要研究方向为心性哲学、现代新儒学。

论唐君毅判释天台与华严之圆教的进路 *

——"中道智观"与"法界缘起"

杨 勇

摘要：唐君毅佛学研究中一大亮点，是通过分析天台和华严圆教的问题，阐明了华严圆教为高的断定。之前学术界，过于偏重于从儒家先验道德理性的角度，对之作单一判断。本文认为，固然道德理性是唐氏理论的基本取向，但以"中道智观"和"法界缘起"而论，方是分析天台、华严圆教时所显的独特进路，正因此创造性的诠释才可证明华严为圆教的判断。这一进路的揭示，实则为理解唐君毅之中国哲学立场的佛学研究，提供了有益的启发。

关键词：唐君毅；圆教；智观；缘起

　　唐君毅的佛学研究，最明显的标志，莫过于将华严哲学判为圆教，[①]并且在建构心灵境界时，吸收华严的若干观念而促成其纵横宏大的哲学体系。以往的研究，集中在以唐氏本人儒学本位的立场和价值来看待佛学研究的问题。但是，这样做的结果是，过于侧重儒学评价对佛学的影响，而忽视了其从佛教内部看待自身问题发展的内在理路和视角。所以，我们将选择唐君毅天台、华严判教的研究，阐述其佛学研究的重要侧面和特色，并回应在其整体理论框架下的选择。

　　按照唐君毅的认知，华严宗是高于天台宗的圆教，是具合理性的。对于这一判断，学界作出了不同的评价，此处不再赘述，只将代表观点略为陈述：有人以为从唐君毅人文文化的总体观价值设定，可看出其必归于华严圆教的理论诉求。[②] 有学者认为唐君毅的华严研究与心灵境界的互建，带来了华严圆教为高的判断。[③] 还有不少学者，强调从唐君毅的道德主体之儒家立场看待

---

* 本文为国家社科基金阶段性研究成果，"20 世纪新儒家代表人物佛学思想研究"（19BZX073）。

① 圆教之圆，本是天台智者大师对圆教的定义，包括八个内容，即"一教圆，二理圆，三智圆，四断圆，五行圆，六位圆，七因圆，八果圆"。此种判定，深刻影响了中国佛教研究的基本走向。（参见智顗：《四教义》，见《大正新修大藏经》卷46，第 722 页中）

② 张云江严格按照《中国哲学原论（原道篇）》的阐述方式，完整地还原了唐君毅对于佛学如何被整体观构建为人文文化的一部分问题，并进行了充分说明，同时也证明了华严圆教为高的理路。与本文的研究多有契合之处。但他似乎没有明确在天台、华严判教中智观对于判教的基础研究意义。（详见张云江：《唐君毅佛教哲学思想研究》，北京：高等教育出版社 2018 年版）

③ 李玉芳、张云江：《论唐君毅"心灵九境"思想中的华严宗哲学》，《宗教学研究》2012 年第 3 期。

华严哲学的圆融，这也是一个主流的观点。①

虽然唐君毅的判教研究很大程度上，具有强烈的个性，但并非完全脱离历史的佛学思想，反而在其探索中，寻到了某些有价值的思考。本文认为唐氏关注"中道智观"和"法界缘起"，是看待圆教较为独特的视角。

在佛学发展史上，判教思想是一个极具中国思维特色的哲学形态，是佛教不同宗派根据各自理论立场而形成的、对佛教义理之圆满程度的判断。判教的出现，一定程度上标志着中国佛教有别于印度佛教的思想特质，并呈现出明显中国化的表象。在判教系统中，最具代表性的当属天台宗和华严宗。虽然华严判教受到天台判教的启发和影响，但基于华严教义上的判教理路却又是独特的。这一独特性，站在唐君毅的理论框架下，无疑是中国传统思想的根本宗旨在华严哲学中的呈现。故而，尽管佛学史上，天台与华严孰高孰低，谁圆谁偏各有争执，可是，唐君毅却以中国思想逻辑发展的取向，认为就判教而言，华严判教为高、为圆，并表现出华严哲学既继承了之前佛教的精粹，又开启了作为具有鲜明中国化创造的禅宗思想。

一、天台判教与圆融智观

唐君毅认为，天台宗的成就，"一表现于其判教，一表现于其言止观。"②（笔者案：事实上，唐氏看到的"止观"，就是以智的方式进行止观，故而我们将之称为"智观"。）

天台判教，是智者大师综合前代的一个重要理论创造，以化仪、化法来分出佛教经典的高度，以及佛教修行者所证果位的差异。简单来看，两种四教的意义分别如下：化仪四教，是顿、渐、秘密、不定。③ 化法四教，即藏、通、别、圆。藏教，是以生灭四谛为中心，以灭道为目的的经教，以阿含系列为教法。通教，是以无生四谛，体悟法空为中心，贯通声闻、独觉、菩萨三乘的共法，以方等、般若为教化经典。别教，是以无量四谛为核心，果位殊胜于藏、通二教的别位，以《维摩经》《楞伽经》等为旨的。圆教，则是无作四谛为根本，诸法圆满具足，不思议境界，

---

① 徐嘉、周尧等学者，均是从儒学问题来反观唐君毅的佛学研究，似乎从较强的意义上强调儒学理想主义和道德哲学的价值取向来规范其佛学研究，这样一定程度遮蔽了唐氏从佛学内部探寻佛学自身学术发展的特质。徐嘉：《现代新儒家与佛学》，宗教文化出版社 2007 年版；周尧：《唐君毅华严哲学研究》，陕西师范大学硕士学位论文，2016 年。

② 唐君毅：《中国哲学原论》（原道篇），台北：台湾学生书局 1986 年版，第 274 页。

③ "初言顿者，从部得名即华严也"，"机不经历故名为顿"；"次从鹿苑至于般若名为渐教，法华涅槃非顿渐摄，开前顿渐归会佛乘"；"同听异闻互不相知名秘密教"；"同听异闻彼彼相知名不定教。"（灌顶：《天台八教大意》，见《大正新修大藏经》卷 46，第 769 页上）顿教，是《华严经》为代表，佛陀说法，不论众生根基或者讲法时机，而是一时普遍，直道诸法真相，听法众生多有不解。渐教，是佛陀为不解华严教义而次第开解诸法实相，是以《阿含经》、般若类经典为代表。秘密教，是佛在弘扬诸法实相时各自自知，而无相互知会，以证听闻佛法者所领悟佛法的独特性的。不定教，则是闻佛说法而根性不同，听闻佛法而或顿得，或者渐得，以证佛所说法，具有不思议的作用。

唯上上根人可得，以《法华经》《涅槃经》等为宗经。①

倘若依智者所言天台八教的意义，实远胜上文所举，但是唐君毅的关注点是有所选择的，即是智慧形式如何贯通的问题，或说心、佛、众生怎样在智慧的层面实现通达。所以，化法四教是判教讨论的重点。

（一）权实与二谛之智

唐君毅认为，智者从权实、本迹来说明智慧的层次。智者云："如来本地久已证得一切权实。"② 权，就是方便权宜之教，实，则是诸法实相之教。本，是佛教化众生的本然夙愿和功德，迹，是佛为了教化众生而设立的各种权宜。本和实，直接指向诸佛和诸法的本质，权和迹是此一本质的外显和运用。权实和本迹回应了法华成为圆教的原因，并启发了天台圆智的表达方式。站在法华圆教的立场，佛所证的智慧，先天自行拥有，所以教化众生，一方面是从自身智慧之中开显出来，并根据不同众生根性做出方便的说法、垂迹；另一方面，佛依不同方式、依不同根性而教化，必然引导众生回向佛智。故而，法华圆教就是本迹、权实之不二的状态，是开权显实、会三归一的不可思议境界。站在圆教的背景之下，佛智、众生智二而一、一而二，贯通而相即不离。

那么，如何理解佛智与众生智，可以同时作为两端而不碍地体现在圆教之中呢？唐君毅认为，是由于中道智慧的呈现方式。也就是智者提出的七重二谛之说，并因此而实现空假中三谛圆融的智慧境界：

> 一者，实有为俗，实有灭为真。二者，幻有为俗，即幻有空为真。三者，幻有为俗，即幻有空不空共为真。四者，幻有为俗，幻有即空不空，一切法趣空不空为真。五者，幻有幻有即空皆名为俗，不有不空为真。六者，幻有幻有即空皆名为俗，不有不空一切法趣不有不空为真。七者，幻有幻有即空皆为俗，一切法趣有趣空趣不有不空为真。③

第一重是藏教，以真谛和俗谛为实有；第二重是通教，幻有之相为俗，幻有之空性为真谛；第三重是别教，幻有之相为俗谛，真谛是幻有之中涵着空性和空性所依托的幻有之相；第四重是圆教，幻有之相为俗谛，真谛是幻有之中涵着空性和空性所依托的幻有之相，以及宇宙一切现象都呈现出幻有与空性的关系，此处的真谛已经从单纯的智慧，上升到存在论的领域；第五重是通教二谛合于别教，俗谛为幻有之相和幻相之空性，真谛是幻有不空、幻有不真有；第六重是通教二谛合于圆教，俗谛是幻有之相和幻有之空性，真谛是幻有不空、幻有不真有，乃至宇宙一切现象都不空、不有；第七重是别教二谛同于圆教，俗谛是幻有之相与幻有之空性，真谛是宇宙一切现象之在表象的层面会显现为有，但同时本性上有呈现为空，在本性上呈现为无实体性、无自性

---

① 参见智顗：《四教义》，见《大正新修大藏经》卷46，第721页上—中。
② 智顗：《妙法莲华经文句》，见《大正新修大藏经》卷34，第40页上。
③ 智顗：《妙法莲华经玄义》，见《大正新修大藏经》卷33，第702页下。

的空性，但同时在表象的层面又呈现出显现的状态。

唐君毅认为七重二谛之说，是智慧境界展开的一个历程，是中道的开显，空假中三谛逐渐圆融的过程。"在此四教中，无此中者，是藏教；只有依此中者，是通教之不同别圆者；只说但中者，是别教；说不但中者，是圆教。通教之通于别者，即兼说不但中之通教。通教别教之兼说不但中者，即兼通圆教之通教与别教。"[①]他总结智者的观点后意识到：藏教只有空、有两边，没有中道；纯粹通教，只重视中道，称为"单中"；别教，虽有中道、也有空有二边，但没有在空有相即的条件下呈现中道，所以只是"但中"；圆教，则是在任何条件下都保持空有相即，不废两边的中道，故而是"不但中"。除此之外，通教可以通于别教、可以通于圆教，别教可以同于圆教，则可通之通教和可通之别教，就都包含着"不但中"的中道，只是它们都是一种过程性的"不但中"，自身之内本然还具有"单中"，或"但中"。

（二）四种四谛与四教的建立

根据七重二谛的标准，真正能够达到三谛圆融的只有法华圆教，而其他三教的智慧正应对着圆满佛智的流露或垂迹。故而，以智慧的形式来看，藏教是生灭四谛、通教是无生四谛、别教是无量四谛、圆教是无作四谛。这四个判断本是智者对四教的说明。但是唐君毅更做了新的阐述，他认为：

藏教的生灭四谛，是源于生活的真实感触，是"纯自吾人之生命生活上说"，"乃连于生命生活之存在具体概念，非用以说客观境物之有无"。[②]故而藏教，以世间烦恼、惑、业为苦集因，以析出苦集为目的，修证对应的实在灭道之果，藏教执着世间和出世间为实有。通教，是"以世间出世间之因缘法，皆幻有假有，皆无实而真空。而此真空，有原即依此幻有假有而说，故亦即此幻有假有之法所内涵之一意义"。[③]这里体现出通教以及更高的别教智慧的特点均建立在"体法真空"上，而它是与藏教"析法真空"的最关键区别。在唐君毅看来，"今吾人亦可说析法真空，乃是俗有真空做一前一后之纵观，而般若通教之体法真空，则不自前后作纵观；而是当下之法，作有内达外，而加以澈入之深观。"[④]唐氏以为，藏教析出世间、趋向涅槃，故而需要一种先观苦集，再观灭道的认识和修行的次第，但通教的般若智慧，却当下领悟世间、出世间以及修行，都是当体即空的，所以体现了对诸法的当下彻悟，而不需要次第过程，这也是通教高于藏教的关键部分。

别教，"当即指由通教之观幻有，至知佛性有，为别教义也"，[⑤]"能知此中谛，以知此佛

---

① 唐君毅：《中国哲学原论》（原道篇），台北：台湾学生书局1986年版，第154页。
② 唐君毅：《中国哲学原论》（原道篇），台北：台湾学生书局1986年版，第159页。
③ 唐君毅：《中国哲学原论》（原道篇），台北：台湾学生书局1986年版，第162页。
④ 唐君毅：《中国哲学原论》（原道篇），台北：台湾学生书局1986年版，第163页。
⑤ 唐君毅：《中国哲学原论》（原道篇），台北：台湾学生书局1986年版，第166页。

性，即别教之异于通藏二教之根本义"，① 但别教"无论此中之因果为横列纵次，皆有互相隔别之义。而别教之言性修因果，则正不出此纵横之义。"② 唐君毅认为，别教最重大的进步是从空有的智观，而深达佛性的问题，由此智观也扩张到宇宙一切现象，在万相中呈现出"无量四谛"的宏大观照，但从认知和修证上看，都是次第渐进的。之所以如此，他提出了三个理解角度。

第一，智观何以过渡到佛性？这是因为观照空有之性，此性被反思而被意识到众生性即空有之性。再进一步，众生性包含着两层，一者是能观的对象，此对象即以法性本然的方式被观照到，二者是能观之性，就是佛性，而佛性本然地必须是法性，因众生性也是诸法之性，其本然之性就是法性。经过此智观的觉照，佛性、法性都因众生心的能动而被揭示出来。不过，要注意的是，法性、佛性是空有不二的诸法实相，所以恰恰体现出不二的中道谛。故而，唐君毅强调，智者判断别教之下以中道谛作为佛性、法性，从而也突破了通教只有智观的片面。第二，中道谛如何可以成佛？唐氏认为，这是一个追溯成佛的形而上学思考。中道谛是不二的实相，它由众生的觉悟而被观照到。但是众生浅层的、可认识的生活世界，由于无明遮蔽而无法直接显现，所以要通过中道谛—佛性—觉照来挖掘出在浅层之下的深层世界，这一深层世界，恰恰是众生心性本然的智之状态，因它就是法性、佛性本身。所以，当这层关系能够被完全开解，必须有中道谛的智的保证，如此，别教将众生心、佛性、万法都放在了可以贯通的可能性之中，更近于通教单一的客观观照。第三，别教之缺陷就在于其次第、渐进。别教已经分别出三因佛性，即般若之智、解脱之果、法身之德，但是别教的修行仍然要从浅层的意识开始破除各种无明，在达到深层的无明，开掘出深层无明的另一面，清净真实的本然佛性，如此体现一种因果修行上的渐次，相对于圆教而言仍然是不圆的。

圆教，"在直观中道、佛性，以直破无明，而无二智障，以使三智于一心中得。此直观中道、佛性，以破无明，则赖于对无明的与佛性或法性二者，有一'在当前工夫中之双照双观'。此乃前三教所无。此双照双遮，乃直接破无明，亦直接先佛性、法性，故其道最高最深，亦至近至切"。③ 唐君毅以为，智者定义的圆教，仍然不脱离般若与佛性的范畴，甚至是以智观来呈现圆教的特点。为此，必须从三个方面说明圆教。

首先，圆教之下无明和法性的统一。无明有三种，一种是尘沙无明，这是假有妄执的无明，一种是见惑无明，此是真空所破的对象，最后的是无明惑，这是中道所破的内容。圆教所破的无明，是破空、破假而又不执着两边所得的智果，而处于破空、破假、但又不执着二边而处于中道的智慧状态。唐君毅指出无明的本质就是对空、假、中的执着，一旦破除则空、假、中三谛的真实即当下显现。所以，无明和法性不是两个，而是一体之两面，二者相即不离。其次，一心的含具与辩证。智者云："凡心一念即皆具十法界，一一界悉有烦恼性相恶业性相苦道性相。若有无

---

① 唐君毅：《中国哲学原论》（原道篇），台北：台湾学生书局1986年版，第168页。
② 唐君毅：《中国哲学原论》（原道篇），台北：台湾学生书局1986年版，第172页。
③ 唐君毅：《中国哲学原论》（原道篇），台北：台湾学生书局1986年版，第178页。

明烦恼性相，即是智慧观照性相。何者？以迷明故起无明，若解无明即是于明。"①诸法的空有不二之真谛，本然如其所是地在那里，它之所以会出现无明，是众生之心的遮蔽，而众生心作为万相之一，就与诸法的实相是一致的。有此前提的确立，则众生的一念心，与无穷刹那刹那念、无量众生的无限之念相通，与三千大千世界相通，这样众生一念心在本性上，必然含具着三千大千世界之性。所以，一念即无明法性。最后，一念正观为圆观。唐氏强调一念正观，就是观假、观空和观中道，三谛顿时、三观直透，如此智观不经历任何过程，而是"顿得""顿悟"。此"顿"的根据就在于一念之中有法性之明。就是说，一念是心的一种能动性，若心以法性心起观，实则是法性之本然的清净、明觉来发起观照，如此法性之明就能直透无明。法性之明的提出，将一念心分成上下两个层次。上层就是法性之明，下层则是法性之明所观照的对象，即无明与法性的结合。如果纯粹从下层看，则无明是假有、法性是真空，必然出现两边，以及两边之智，但是以法性之明来觉照，则它就是中道谛对无明与法性不偏不倚。按照这样的理路，则一念正观，就是法性之明，而法性之明所体现出来的观法即是圆观。诚如，别教中已经提及法性、佛性的所指是一致的，但修行上是渐次的。圆教则是一时顿起、一时顿得的修证实践，直接地证悟到心、佛、众生三无差别的不思议境地。圆教所起的圆观之智慧，即无作四谛。

二、华严判教与圆融法界

唐君毅指出，华严的成就，"一表现于其判教，一表现于其言法界观"。②这是依据法藏的理论对华严宗的整体判断。从思想史的角度说，法藏哲学的容纳度更广，除了天台判教的启发之外，般若、唯识、起信等思想都被继承和融合，而在判教的方法上，般若智慧的阐发推到了新的高度，并呈现出华严哲学独特的法界缘起观。虽然唐氏仍然关注智慧、佛性的理路阐述华严圆教之义，但认为法藏提出的缘起无碍之新义，并将其作为圆教的宗旨，则相较于天台圆教显得更为高绝。

法藏提出五种判教次第，并配之以十宗，五教是立意于解脱教化判定，十宗是以诸法实相的真谛阐发为指要。

"一小乘教，二大乘始教，三终教，四顿教，五圆教。"③唐氏强调，如果从心识开启的智观境界说，小乘教只能以六识所得为智慧，大乘始教的唯识学，借阿赖耶识而求智慧，大乘终教以如来藏为智慧所依，顿教则一真心觉悟，圆教是性海圆明、法界无碍。

十宗，分别是"一我法俱有宗""二法有我无宗""三法无去来宗""四现通假实宗""五俗妄真实宗""六诸法但名宗""七一切法皆空宗""八真德不空宗""九相想俱绝宗""十圆明具德

---

① 智顗：《妙法莲华经玄义》，见《大正新修大藏经》卷33，第743页下。

② 唐君毅：《中国哲学原论》（原道篇），台北：台湾学生书局1986年版，第274页。

③ 法藏：《华严探玄记》，见《大正新修大藏经》卷35，第115页下。

宗"。① 唐氏指出，如果从诸法实相开显的程度看，十宗的前六宗都是小乘教，它们逐渐减损妄执为真的内容，而趋向于对空的揭发。第七宗显现一切空，第八宗从空过渡到不空的真实德性，第九宗超绝一切思维的境界，第十宗则圆满具足全体一切实相。

唐君毅认为，法藏从五教修道和十宗现理的两面，对佛教作了整体判断，而这一过程就是充满着辩证—整合—超绝—圆满的特点。小乘教或前六宗，由有而趋空，大乘始教中的般若直说空性，这是小乘与大乘的一层"辩证"；大乘始教进到大乘终教而论如来藏，这是大乘教内部的一层"辩证"，但始教之空和终教之有，"综合"成一真性真德真心；但大乘始教和终教都是言教之渐，进入到顿教之绝言之顿，渐到顿，言教到绝言是一层"辩证"而"超绝"；绝言之顿教，到最后一个圆教达到圆明无碍，圆教中空有、真俗、一多、性智圆满具足，这就是华严义海最终的"完满"。唐氏对法藏判教内在逻辑的梳理，创造性地给出了如何看待华严圆教被其认为是高于天台圆教的一个重要思路。

（一）"绝中"的圆智

"绝中"的智慧，唐君毅以为在华严圆教层次上，是对华严缘起意义领悟的圆智。其特点就是进入绝中的境界，保持矛盾存在而又依据矛盾自身消解矛盾，从而实现相夺相即的智观。

唐君毅指出绝中之智，是法藏融合般若和唯识而新出的智慧形式。般若云空假中三谛，唯识言三无性，即遍计所执性、依他起性、圆成实性。二者结合之后，法藏将问题集中到了"缘起"的问题上，并由此烘托出相违相待的绝中智慧。其中，以五重二谛为中心，② 可较清晰地揭示出智观进展到圆教阶段的历程和特质。

> 一、谓彼非有，则是非不有，以此无二，为幻有故。……由此无二不堕一边，故名中道。此是俗谛中道。二、真中非空，则是非不空，以此无二为真空，双离二边，名为中道。此是真谛中道。三、幻中非有，则真中非不空义，幻中非不有，则是真中非空义，以并无二故，由此无二，与前无二复无二故，是故二谛俱融，不堕一边，名为中道。此是二谛中道。四、幻中非有，与真中非空，融无二故，名为中道。此是非有非空之中道。……五、幻中非不有，则是真中非不空，此非非有非非无之中道，谓绝中之中也，是故二谛镕融，妙绝中边，是其意也。③

第一重，是俗谛中道。是偏于幻有，它同时具有空性之非有和幻性之非不有两面，而成为中道。第二重，是真谛中道。是偏于真空，它同时具有非空相之空性的非空和空性依幻有表象而

---

① 法藏：《华严一乘教义分齐章》，见《大正新修大藏经》卷45，第482页上。

② 法藏本意是："一约依他起性，明二谛中道。二约余二性。三通约三性。"（法藏：《十二门论宗致义记》，见《大正新修大藏经》卷42，第215页下）第一部分是将依他起性的中道观，第二部分是遍计所执性和圆成实性的中道观，最后的第三部分是通说三性的中道观。各种原因，此处不再赘言。这里的五重二谛说，被唐君毅作为突出绝中之智的依托，故而我们也以此作为二谛中道分析的切口。

③ 法藏：《十二门论宗致义记》，见《大正新修大藏经》卷42，第215页下。

显现的非不空。第三重，是二谛中道。幻有之非有，即真空之非不空；幻有之非不有，即真空之非空。第四重，非有非空中道。唐君毅以为这就相当于智者七重二谛中的最高层"圆中"或"不但中"的智慧，即幻有之非有与真空之非空。

第五重，是绝中之中道。即幻有之非不有，与真空之非不空，二者表现出非非有与非非空的不二，融二谛，妙中道。这是法藏最高的一层智慧。为何是最高的？从结构上看，幻有、真空的四种"非"的排列都已经完成；从说法上看，偏幻、偏空、偏中、偏非中，层层深化，如果要不偏，则必须有一个新的角度。唐君毅意在指出，对于法藏而言，前面四重二谛都是可思维的，但是"绝中"却是重新回到了"此先所直下认取之真空幻有之各二义，其二义之不二"之中道意义。① 所以，"绝中"的智慧，是一种经历了肯定、否定之可思议之后，超越思议范围，而进入到智之直观的智慧，实现了不偏、周遍的圆妙妙境。

对于第五重二谛的绝中之智，唐君毅给出了高度评价，认为这体现了法藏极高的创造性。绝中，体现了相违、相破的对立两端，实现相顺而圆融的思维，"依绝对矛盾而形成绝对一致。此绝对矛盾之所以形成绝对一致者，在此绝对矛盾，即是矛盾两端之互相破斥，而互相澈入，而此端将彼端所有夺尽，以成为此端；彼端亦将此端夺尽。此即无异彼此易位，而更无可夺，即成其相与而极相顺"。② 唐氏的意思，是说矛盾运动的要素，所谓互夺，就是矛盾双方，通过斗争而拥有了对方全部属性，所谓澈入，是双方斗争转化之后，原有的矛盾体，彼此成为对方。形式上新的矛盾体替代了原来的旧矛盾体，但新矛盾体中仍然包含原有的矛盾体的关系。如果站在绝对意义上，旧矛盾体是绝对矛盾，新的矛盾体则是绝对一致。按照这样的理解，唐君毅方认为法藏的绝中智慧，对应于天台智者而言，更为高超和圆满。

虽然绝中智慧是最高的，但是孕育于其中的相违、相破、相多、相顺等含义，却不离于宇宙万法。而万法之幻有、假有，实则承载着万法的一多、生灭等问题，或者说是缘起之理的问题。此一问题意识的目的，旨在通过智观来看待缘起，为更后面的法界缘起附以基石。

（二）真如缘起的圆融无碍

缘起之义，也可称为缘生之义，是佛教最具有特色的理论之一。唐君毅更以之作为华严圆教理论重要环节，但他认为法藏讨论缘起，并非像般若学的一般经验层面讨论，而是关注到缘起道理的理性反思。唐氏指出，"法藏之言心真如之随缘，而能自表现，亦正透过其对唯识宗所言之因缘关系与种子义之分析，进而重加解释以形成。此亦正是法藏对法学之一真正的贡献之所在也。"③ 也就是，结合唯识种子六义的缘起无碍和归于真心如来藏的佛性，进行融合的阐述。

法藏对唯识学种子的改造，实则是真心和缘起的贯通，以此解决心、境无碍之可能。唐君

---

① 唐君毅：《中国哲学原论》（原道篇），台北：台湾学生书局 1986 年版，第 287 页。
② 唐君毅：《中国哲学原论》（原道篇），台北：台湾学生书局 1986 年版，第 291 页。
③ 唐君毅：《中国哲学原论》（原道篇），台北：台湾学生书局 1986 年版，第 298 页。

毅认为，法藏对唯识学的重视，莫过于三性说如何体现绝中的二谛，这一层思考上文已阐述过，另一个就是对种子说如何体现出缘起之理的关注。唯识学以阿赖耶识为种子的载体，种子有善、恶、无记属性，众生成佛的真正根基是纯粹善的无漏种，转化为其他种子，阿赖耶识也随着而转化为纯然的善。唐氏强调，阿赖耶识中的无漏种，在属性上与其他染、无记等种子并不相关，所以无漏种变成了"凝然真如"，它是隔绝的、无缘起意义的，这也恰恰是法藏发现和给予批判的。

唐君毅据法藏总结为三对范畴之下对唯识旧义的改造。即空有、有力无力、待缘不待缘。唯识旧义的六义，是刹那灭、果具有、待众缘、性决定、引自果、恒随转①。以三对范畴配六义的话，就会形成这样的关联：（1）"刹那灭"。种子无自性，是空；种子的现行（即种子从潜在转变为现实的表象），这是假有；现行的显现源自于种子自身的力量，故是有力；种子是刹那灭，是自灭，不需要他者的力量，故为不待缘。（2）"果具有"。"种子—现行"本然就是一对因果，虽然种子刹那生灭，现行也刹那生灭，但这正好说明，种子之空性决定现行之空性，种子对现行就是空、有力、待缘。（3）"待众缘"。种子是空性，种子没有真性，不能自己生成现行或果法，故而体现出空、无力、待缘。（4）"性决定"。种子虽无真性，但不同种子有所差异，从可以引生性质相同的果而言，就是空、有力，不待缘。（5）"引自果"。种子的果，必须各种条件具足才能产生，这是假有、有力、待缘。（6）"恒随转"。唯识旧义，指的是八个转识与境界永恒互动，则二者必然互有条件，故是有力、待缘。

从种子的因缘之义，唐君毅揭示出法藏的理论目的在于，给出平铺开来的缘起之理：空有是从本质与现象上说，有力无力是从作用上说，待缘不待缘是从条件上说。这一多面、多层的缘起，从客观上揭示了诸法"相即""相入"的无碍之缘起，从主观上则逼显出能观的如来藏、心真如。

唐君毅以为心真如、如来藏在《大乘起信论》中是一致的，它们代表了心的真义。依法藏的态度，无漏种的"凝然真如"是不可取的。经过对种子的三对新范畴反思后，唯识学中纯粹作为载体的阿赖耶识，就转变为"心"；种子和现行，变成了本觉、始觉、不觉等概念，而它们同样具备空有、有力无力、待缘无待缘的特点。心的真性或空性，就成为内在的能力，或者叫做"本觉"，心被遮蔽后又被开启，就是"始觉"，而心被遮蔽的情况下，是"不觉"。本觉始觉处于相对的关系之中，如果是从本觉之能而说，则本觉对始觉是空而有力、无待，如果站在始觉之能而论，则始觉对本觉是假有而有力、有待。按照这一思路，还可说明觉与不觉的关系。由此，唐氏主张这一转化的宗旨是：心是空有不二的圆融无碍，成佛之资的心真如和如来藏，是处于大缘起无碍的法界之中，本然无碍。

（三）无碍的法界缘起

法界无碍缘起，是华严宗人的标志性理论。华严判教中，唯有最后的圆顿之教，才能彻底

---

① 参见印护法等造，玄奘等编译：《成唯识论》，见《大正新修大藏经》卷31，第9页中下。

揭示此道理。唐君毅说道，"相通、相即、相顺、相与之外，更见其亦有'绝对相反、而相矛盾、或相违、以更相夺'之义"，①就是为了多层面地破除执着两边的困难，并体现智观历程从可思议到不可思议境界的提升，在不可思议境中蕴含缘起之客观理论的"无碍"与智观之能观的"无碍"，并以圆顿之教的方式，彰显出一大缘起无碍之真理。具体而言，唐氏关注到从十玄门与六相的角度进行阐述：

所谓十玄门，是"一同时具足相应门，二广狭自在无碍门，三一多相容不同门，四诸法相即自在门，五隐密显了俱成门，六微细相容安立门，七因陀罗网法界门，八托事显法生解门，九十世隔法异成门，十主伴圆明具德门。然此十门同一缘起无碍圆融。随有一门即具一切"。②这是从时空、一多、同异、隐显、粗细、偏圆等十个方面，立体描述了的法界缘起的诸种样态。十玄门对法界缘起可说是敷开而论其广大无边。相较而言，六相则更为集中从大类及其关系来阐述大缘起的意义。

六相，即总相、别相、同相、异相、成相、坏相。③总相是涵盖法界大全的一切性相；别相是只说特殊性之多，不言普遍性之一；同相，是特殊性必然都具有在大全之下的共性；异相，是特殊性之彼此差别之性；成相，是在各种缘起条件具足之下而成一大缘起之相；坏相，是各个特殊各自保有各自的属性，在没有条件的情况下，无法形成大缘起之相。唐君毅点出，六相既可被分开观照缘起法，但与此同时六相彼此也是相摄、相入的，比如，合起来观照六相，就是总相；别相与总相合观，就是同相；别相自存，彼此观为异相；别相合成总相，这时别相对于合成后的总相，总之别相，合观为成相；别相自存，而总相不再存在，则别相或总相，便成为坏相。事实上，十玄和六相的说法，就是为了突出一多相摄入的不可思议之法界观，正是这一法界观，体现出无碍的华严义海之圆融。正如，唐君毅总结地，华严宗的圆顿法门，"其要唯在知此一摄一切，一切摄一之法界缘起；而更修法界观，以成其高明广大之心之深信"，由此而成就"一超思议之圆顿工夫，则一也"。④此处所谓的一，是唯一、独一的意思，亦说明其高绝之处也。

三、余论

诚如上文所述，唐君毅对天台、华严判教时，是从中道智观和法界缘起来讨论的。天台圆教的设定是以七重二谛的不断深化，揭示出四教的层次，以"不但中"为圆教终极的标的；对华严圆教的分析，虽然强调五重二谛的思想，但透过"绝中"之智，目的在于揭示大法界缘起的圆融无碍，并以之作为华严圆教的表征。虽然以智而观是二者同行之方法，但对于天台而言，智观

---

① 唐君毅：《中国哲学原论》（原道篇），台北：台湾学生书局1986年版，第319页。
② 法藏：《华严探玄记》，见《大正新修大藏经》卷35，第123页中。
③ 参见法藏：《华严探玄记》，见《大正新修大藏经》卷35，第148页下。
④ 唐君毅：《中国哲学原论》（原道篇），台北：台湾学生书局1986年版，第338—339页。

贯穿、推进四教的次第和偏圆的进步，对于华严而论，智观尽管效用如斯，却能推出无碍缘起之义，此法界无碍提供了宇宙万法与真善之一心完全达到贯通的可能性，并确保住以至善的理想来统摄宇宙万象。如此看来，天台智观下的圆教主要系于认识之观法，而华严无碍缘起则更进至存在之本质。比较天台、华严判教的不同，唐君毅并没有完全按照历史上的宗派之争来回溯，而是根据他对中国佛学必然融汇到中国主体思想，这一大前提的设定下，形成了自身的判断，也因此而呈现出两家判教的不同，以及华严较天台更高超、更加圆融。

唐君毅说，"故依吾人之意，以观天台宗之教理，仍未必能替华严之教理。此种大问题，仍在华严之法界观之致广大极高明之价值，毕竟是否能与天台之止观之尽精微而道中庸之价值相比。吾意如依哲学与审美之观点看，则华严之通透而上达，盖非天台所及；若自学圣成佛之工夫看，则华严之教，又似不如天台之切挚而敬策。然自人之求直契佛所自证境之目标看，则徒观佛所证之境界之相摄相入，又不如直由一念灵知，以顿悟己心即佛心，更不重视教理之权说者之直接。然此后者则尤为禅宗所擅长。华严宗与禅宗的相接，而真正之禅者，则又尽看视作华严之法界观之工夫。"①

华严是广大而高明，天台是精微而中庸，这是二者之特点。虽然华严可直接上达真心，但在工夫方面，相较于天台智观成佛的次第，却颇有不及，这是华严学的缺憾。然而，唐君毅却认为华严上达真心，是推进到更高一层的理论水平，甚至其法界观也变相的体现在根基于真心的禅宗之中。所以，唐氏从宗派发展看，华严相较于天台是更加圆满的，但从真心的角度看，它必然要过渡到的禅宗。

唐君毅从佛教精神发展角度，给出了佛教最后汇入中国思想的历程，而在最高的立足点则是真心的提挈。之所以是真心，就在于真心之诸理具足，是成佛成圣的基础。如果再回到唐氏认定的成圣之基础来看，人心自备的理性之先验道德，乃是其整个理解佛教的根基和终极。正如其所说，"当下一念之自反自觉，即超凡入圣之路"，而此自反自觉之心，即是一种具有道德先验能力的本心，对此本心之展示为中国哲学精神，亦是"中国哲学之骨髓所在"。②

作者简介：杨勇（1975—　），哲学博士，教授，云南大学哲学系。

---

① 唐君毅：《中国哲学原论》（原性篇），北京：中国社会科学出版社 2005 年版，第 181 页。
② 唐君毅：《道德自我之建立》，桂林：广西师范大学出版社 2005 年版，第 13 页。

二谛论与现代新儒家融摄科学知识的理路探析 *

黄　敏

摘要：二谛论是佛教中观思想的重要组成部分，其既强调胜义性空的第一义，又肯定了世俗谛的价值，这一真俗不二，俗能证真的思维方式对现代新儒家颇具启发意义。一方面，现代新儒家通过二谛论将科学知识格义为俗谛，确立了科学知识的世间法地位。另一方面，通过二谛过渡到对唯识三性说的强调，说明科学知识不仅为世间法，而且出于识心之执的遍计性。这也是熊十力、牟宗三等人最后导俗谛入于真谛，将科学化为"无而能有"的一种权变，以此说明儒学与科学知识不冲突，从而开出容纳科学知识地位的新外王学，这也反映出科学观念传入近代中国的曲折经历。然而，科学知识的真理性问题依然未能圆满解决，反映出哲学与科学、宗教真理与世间真理的分野。

关键词：二谛；科学知识；俗谛；遍计所执性；真理

五四运动以来，民主与科学的口号深入人心，伴随着对赛先生的热议，时人对传统文化之反省批判亦进入新阶段。将中西之争视为古今之争、新旧之别者不乏其人。然而，在科学口号深入人心的同时，反思科学、质疑科学万能的声音亦出现。梁启超率先在《欧游心影录》中反思了西方科学过度发达之后带来的"唯物的机械的人生观"[①]之弊病。按照胡适的说法："自从中国讲变法维新以来，没有一个自命为新人物的人敢公然毁谤'科学'的。直到民国八九年间梁任公先生发表他的《欧游心影录》，'科学'方才在中国文字里正式受了'破产'的宣告。"[②]顺着反思科学弊病这一思路，人们在批判传统文化的同时亦找到了传统文化不可取代之处，此为后来科学与人生观之争埋下伏笔。科玄论战中，张君劢谓"科学决不能支配人生"[③]，由此肯定玄学（或曰哲学、形而上学）[④]的地位。若承认玄学有科学无法取代的应当价值，则传统文化在现代文明中

---

* 本文系国家社科基金项目"现代新儒家知识论思想研究"（编号 21BZX075）的研究成果。

① 梁启超：《梁启超全集》第十卷，北京：中国人民大学出版社 2018 年版，第 63 页。
② 张君劢、胡适等：《科学与人生观》，北京：中国致公出版社 2009 年版，"序"第 6—7 页。
③ 张君劢、胡适等：《科学与人生观》，北京：中国致公出版社 2009 年版，第 47 页。
④ 按：张君劢语。参见张君劢、胡适等：《科学与人生观》，北京：中国致公出版社 2009 年版，第 47 页。

亦应占一席之地。顺承张君劢的这一思路，现代新儒家受到极大启发，为现代新儒家坚守哲学阵地，以诠释传统儒学，回应西学为己任开拓方向，由此找到了传统儒学在未来文化发展中的一席之地。

然而，将儒学作为一门学问看待，亦需要面对时人对传统文化中缺乏科学精神的种种指责。此内因外缘虽不必由儒学背负，却是儒学面向现代转型过程中难以回避的问题。现代新儒家在建立儒学本体论之始，便力图处理好哲学与科学的关系，自觉将科学容纳到传统儒学中，完成传统儒学涵化科学、融摄西学的理论准备，以此表明儒学与近代科学精神并不冲突，更为儒学转向现代文明铺垫基石。

在此过程中，现代新儒家对科学的态度，即是一种格义的态度，这反映在他们借助佛教的二谛等观念，力图将科学容纳到儒学系统中。以佛学格义科学，即把佛学作为理解和融摄科学的津梁，扩大传统儒学的话语体系，力图在反传统中维护传统，以期返本开新。当然，在异质文化的传播和接受过程中，格义似乎无法避免。对现代新儒家而言，佛学既为传统中的非正统因子，也是强有力的拟配外书的工具，把佛教的中观思维、唯识学观念引入对科学的解释中，则科学知识安立在儒学系统中亦无不可。这里以现代新儒家中的几位代表人物为例，以此说明在面对近代西方民主、科学观念的冲击下，他们如何积极以佛学格义科学，特别是以佛教二谛论作为融摄科学知识的基本理路，从而开出新外王的尝试，由此反映出科学观念在近代中国传播过程中的曲折经历。

一、科学之地位——真俗不二

所谓科学者，依严复、王国维等西方文化早期引介者所言，乃格致之科，science 之谓，一方面指自然科学，另一方面又涉及严密的智识理论系统。以 science 来说，科学意味着西方先进的生产技术和探究自然界客观知识的成就，当人们以赛先生作为近代中国所必需时，赛先生实际上主要意指的是以自然科学为纲的客观知识体系。从科玄论战中暴露的科学与人生观之异可知，科学与人生观问题乃分属不同领域，两种不同类型的知识系统。那么，把自然科学容纳到被视为玄学的传统文化主流之中，当然颇为不易。现代新儒家在面对这一难题时，以佛学格义科学，首先便想到佛教中观的二谛思维，确立科学知识为俗谛，这是纳科学知识于儒学的认知转化上的第一步。

本来，二谛论是佛教中用以诠释世间与出世间法而形成的理论模式。《阿含经》里已出现二谛一语，但意义尚未申明。"'二谛'之说，盛行于般若中观，部派佛教也使用这对范畴，不清楚孰先孰后，不过两者的内涵完全不同则非常明显。"①龙树菩萨特别开显出中道义的二谛观，使二

---

① 杜继文：《汉译佛教经典哲学》上卷，南京：江苏人民出版社 2008 年版，第 604 页。

谛作为中观重要思想影响后世，则毋庸置疑。《中论·观四谛品》谓："诸佛依二谛，为众生说法：一以世俗谛，二第一义谛。若人不能知，分别于二谛，则于深佛法，不知真实义。"①依青目解释，二谛的设立即是为了表明空义。一切诸法性空，因世间颠倒而以为实，所以有世俗谛，同时，圣人能如实分别此虚妄法，知空性，此为第一义谛。这样，既成立性空作为胜义谛，也确保了世俗所见的世间法存在，即俗谛。也因缘起故不无，所以龙树明确表示二谛不相离，"若不依俗谛，不得第一义；不得第一义，则不得涅槃"②。第一义谛有赖于言说，言说则为世俗，若不依世俗，第一义又如何施设，可见在语言系统中，第一义谛乃有赖世俗谛的彰显方圆满，即显示出缘起不碍性空，性空必缘起的中道思想。在缘起的意义上肯定世间法的存在，才是对其性空胜义的观照，才能理解真正的空。空并非虚无、什么都没有，空也并不独立于缘起世界之外，缘起性空犹如一体两面，呈现出真谛与俗谛的相互依存关系。

作为佛教中观思想重要组成部分的二谛论，其一方面强调胜义性空的第一义，另一方面肯定了世俗谛的价值，这一真俗不二，俗能证真的思维方式对现代新儒家颇具启发意义。因二谛思维提供了一种能化解神圣与世俗、超越与现实之间的矛盾的解释模式。作为近现代的"文化保守主义"者，现代新儒家面临的一个共同的难题是：既不能否定当时已经日渐深入人心的西方科学，又要论证"科学"本身的有限性和局限性。因为，在他们心目中，东方文化中固有的超越性与超验性，是高于西方建立于科学理性上的一般认识论的。对于如何解决这一问题，中观学的二谛说，正好为他们提供了一个颇有说服力的理论模型。总体而言，他们将西方科学理性看做因应世俗世界的"世间法"，也就是对世间法因缘而起的世俗谛。顺着真不离俗、俗能证真的思路，他们在确立儒家心性哲学过程中找到了化解神圣与世俗、超越与现实之间矛盾的方法。

就关注中印西文化比较的梁漱溟而言，他通过确立唯识学的方法为形而上学认识方法，以此论证形而上学的科学性。梁漱溟认为，"东方之学不是求客观规律之学，而是主观方面向内自求了解之学，不是改造世界的学问，而是改造自己生命的学问。"③东方儒释道三家之学，都是要使生命成为智慧的生命，"而非智慧为役于生命，初不以知识为尚，故语焉不详。其剖析以详言之者独佛家唯识宗耳"④。他指出，佛法之精神根本在唯识学的认识论上。梁漱溟对知识的分类亦出于佛法的立场，即分为世间知识与出世间知识两类。而出世间知识，才是生命之知，关涉生命之真，这样一来，真理即是一种生命真理、价值真理，而不是事实真理。这与耶稣所言的"我就是道路、真理、生命"（《约翰福音》14：6）乃可对应。所谓唯识，不是唯心，而是从瑜伽功夫实践中深入人心以达宇宙一体之大生命，唯心所造即"一切唯生命之所造之义"⑤。所以，佛位现量的真知完全是亲证所得，非论证的结果，这就无对错可言，乃成无对之绝对。如此一来，由佛

---

① 《大正藏》第 30 册，第 1564 经，第 32 页。
② 《大正藏》第 30 册，第 1564 经，第 33 页。
③ 梁漱溟：《思索领悟辑录》，见《梁漱溟全集》第八卷，济南：山东人民出版社 2005 年版，第 32 页。
④ 梁漱溟：《人心与人生》，见《梁漱溟全集》第三卷，济南：山东人民出版社 2005 年版，第 673 页。
⑤ 梁漱溟：《人心与人生》，见《梁漱溟全集》第三卷，济南：山东人民出版社 2005 年版，第 721 页。

位才能获得真知，此真知又谓亲证，则在真理问题上难免有陷入独断论之嫌。

同样出于对哲学与科学分野的自觉，熊十力则力主儒学心性本体论立场，但在以哲学阐释、涵化科学这一点上，他和梁先生可谓异曲同工。熊十力较早注意到二谛论的这一特殊思维。他认为，真谛即相应于形而上学："佛家谈真谛，亦名第一义谛，亦名胜义谛，即就形而上言之也。易曰'形而上者谓之道'，西洋本体论，今译为形而上学，皆相当于佛氏所云第一义谛。"[1] 那么，真谛在此即有真理之意味，与哲学本体论呼应，将佛教的第一义空之理转化为形而上之理，则佛教之真实便过渡到哲学之真。俗谛，"即所谓世间极成是也。如科学上假定物质宇宙为实有，即与俗谛义相当。易曰'形而下者谓之器'，此亦属俗谛"[2]。如此，缘起而形成的此世间法皆可视为俗谛，虽科学上并未将物质宇宙看做假定的结果，但以物质宇宙为实有，即可视为世间法之内容。熊十力特别强调俗谛作为形而下器世间的意义，即为了引出对科学知识的合理安排。

熊十力认为，真正的真俗不二，就应该表现为真俗不可分，于是将真俗二谛演化为体用不二，把胜义空转成了哲学本体。在《新唯识论》中，他指出，空宗的主旨是破相显性。空宗遮拨一切法相，乃至《中论》破四缘皆无，说明空宗的特点就在于遮诠的方法，如此而扫除一切知见，破除宇宙万象，而直见真如。但这只是站在认识论的立场来破除法相，空宗所要显之性，未达到性德之全，而是空性。为此，他建立了一元论的宇宙生成本体，将寂灭与生化之仁结合起来，走向儒家性德之全的本体。而这一肇万化含万德的本体，则被他视为胜义谛。现实世界则为世俗谛，知识论也属于俗谛假立的范围。由此熊十力区分了科学和哲学。哲学是探讨宇宙本体的，所以是实证相应，纯为性智认识的结果。而科学所凭借的工具是理智，知识即从这种逐于境的理智认识而来。理智的特点就是把一切物看作离人的心而独立存在的，因此理智只是向外去看，而认为有客观独存的物事，这就是所谓的逐于境而境化。由此就产生了对于现实世界的一切知识。

他说："随顺世间，设定境是有的，并且把他当做是外在的，这样，就使知识有立足处，是为俗谛。泯除一切对待的相，唯约真理而谈，便不承认境是离心外在的，驯至达到心境两忘、能所不分的境地，是为真谛。"[3] 依于俗谛而有现实世界，从而有对于现实世界的认识。可见，同样出于迷觉、证悟与否的区分，但理论导向有可能完全不同。在佛教，因胜义空而确立真谛，因缘起而立虚妄法，在熊十力那里则转为由本体起用而肯定现实世界的存有。不过这种存有也因其依于本体而呈现出迷觉不同的状态，其本质上属于非性智所行境界。依体用确立真俗，以真俗区分体用，亦构成熊十力吸纳佛教二谛论之后的思想特色。

受到二谛论的影响，熊十力的量论亦蕴含这种两层间架的特点。他试图纳西方知识论于中国哲学内证本体，将理智与思辨归于证量的思路表明，量论实际上是对境论之境的补充和推进，此在他造《新唯识论》开篇已阐明，也就是在《新唯识论》本体论哲学的框架中开出与之相应的知识论格局，将体用不二的主旨贯通到由境而量的哲学系统中。这是因为，在熊先生看来，哲学

---

[1] 《熊十力全集》第四卷，武汉：湖北教育出版社 2001 年版，第 371 页。

[2] 《熊十力全集》第四卷，武汉：湖北教育出版社 2001 年版，第 372 页。

[3] 熊十力：《新唯识论》，北京：中华书局 1985 年版，第 277 页。

是思修交尽之学。哲学的方法即思辨与体认并重，这也与熊十力纳科学方法于哲学，突出实践体认的认识本体思路一致。本体非不可知，哲学或玄学并非反知，科学依理智可获得对世间事物的认识，而"本体不可以理智推求而得，并非陷于不可知论，其说在性智与证量"。① 在此，强调本体非反知与本体非理智可知并不矛盾，理智可知世间法，安立科学知识②，此为俗谛，而性智内证冥会本体，则彰显思辨与修行不偏废，融理智于体认，此为真谛，若借助佛教二谛说，则科学与玄学便可通过俗谛与真谛不二圆融起来，也可见出熊先生会佛学以通中西的知识论思路。③

二、科学知识的成立——由二谛到三性

然而，仅仅把科学知识视为虚妄之俗谛似嫌不足。因科学知识乃与人们的认识活动有关，非对缘起法做一静态的存有表示能涵盖。在此基础上，熊十力比较了二谛与唯识学的三性说。"空宗破相，即空法执，有宗分别执与相是两回事。执，依妄情故有，照妄即执空；相，则真谛不无，去执乃于相而见性。此有宗矫正空宗之功……"④ 就科学知识为个体认识活动的结果而言，在承认俗谛的同时，亦应注意区分依他起与遍计所执性，就缘起是虚妄识执的结果而言，个体认识活动实际亦属于执，因执之有无区分执与相，则三性有其确立的必要性。就人的依于境而起妄执出发，由随顺世间设定一切物是外在之境，而妄执为有，科学知识就是对这种遍计所执的外境的认识。"从大用之非空的方面来说，可以施设宇宙万象，即科学知识也有安足处了。"⑤

对计执之有的肯定，也可见出二谛与三性之别。如熊十力之师欧阳竟无所言，"二谛诠真，克实唯遮世俗谛；三性诠幻，克实唯诠依他起性。……真俗以有无判，依、圆以真幻判也。"⑥ 欧阳竟无认为，二谛的确立实则为了突出一切法毕竟空无所得，实则是突出第一义。而三性说中，遍计所执对应俗谛，毕竟无所有，依他起上不起执，则转为圆成实，实际上将非有非无、亦有亦无系于一法，所以更侧重依他起的染净转依。所以二谛以真俗判，三性以染净分。那么，作为认知主体活动的科学知识，则未尝不依赖于人我之执，因执而分染净，这就偏重于从二谛过渡到对由依他起而落入识执的遍计性的强调。这正是熊十力于二谛之外突出遍计所执而成科学知识的原因。那么，科学知识作为量智作用的结果，必然要回归性智，将染转净，实现由俗入于真，可谓对中观二谛论与唯识三性说的灵活运用。

继熊十力之后，牟宗三继承了真俗二谛的思路，以真俗二谛建立了两层存有论。两层存有

---

① 萧萐父主编：《新唯识论》删定本，见《熊十力全集》第六卷，武汉：湖北教育出版社 2001 年版，第 28 页。
② 安立科学知识在前文言文、语体文本《新唯识论》中已多次提及并明言详待量论，参见《熊十力全集》第三卷，武汉：湖北教育出版社 2001 年版，第 133 页。
③ 萧萐父主编：《新唯识论》（语体本），见《熊十力全集》第三卷，武汉：湖北教育出版社 2001 年版，第 50 页。
④ 《熊十力全集》第五卷，武汉：湖北教育出版社 2001 年版，第 158 页。
⑤ 熊十力：《新唯识论》，北京：中华书局 1985 年版，第 437 页。
⑥ 《悲愤而后有学——欧阳渐文选》，上海：上海远东出版社 1996 年版，第 88 页。

论中最鲜明的特色在于以执区分存有世界，一为无执的存有，一为有执的存有，以此替代西方哲学中现象与物自身的二元思维。存有层虽有二，但二者只以佛教中极具心理色彩的识执概念加以区分，强调两层存有的区分只是主观的。这一主观区分自然就过渡到对遍计所执性的意义肯定。不过，与欧阳竟无不同的是，牟宗三更强调二谛与三性的同质性。

他从三论宗的立场强调了于真谛、于俗谛，而科学知识就是"于俗谛"，对世俗之人为真，而实际上从佛教内部来说，这种"于俗谛"的科学知识就不具备独立的意义。即使唯识说三性，也同样是空性。究其根本，无论空宗还是有宗，都不过是对缘起法的一种表示，对宇宙万法的根源并未作出存有论的说明。而科学知识虽然属于世间法，但不能否认科学知识本身的真理性。这就从佛教的真谛过渡到世间真理，从宗教意义的谛性过渡到哲学层面的真理问题。他说："科学知识即属遍计执，而科学知识也有相当的真理性、谛性，如此，则遍计执亦不应完全只是虚妄，也应有相当的谛性。"①

不过，以科学知识的真理性论，其似乎不应当视为识执，以主观色彩浓厚的"执"来诠释科学知识的谛性，其真理性势必要打折扣。为此，牟宗三认为，"知识就是知识，当然无所谓执着。但若知凡属于识的范围者都是执着，则科学知识当然也是如此。"②识心即了别心，识心之执即认知心的了别作用，这就涵盖了认知事物的判断、分析、推理等步骤。由概念起判断，便是知性之执，由架构时空形式而对应建立范畴，为想象之执，随感性而成直觉，为感性之执，以时空为形式条件则为感触的直觉之执，感性本身之执，依佛家说又可为现量执，总之，感性、知性、判断、推理等，均可以用执来表示。这是牟宗三对执的概念的一种特殊运用。

他举康德范畴论为例，数学知识成立的范畴，物理学中化质归量的手段，无不经过抽象思维的作用，"抽象作用就是执着"③，那么，执着也就不应该理解为仅仅具有心理学意义的名词，而应从知识的成立方面来理解。无论范畴、概念还是逻辑先验命题，知识构成的必然成分当中无一不具有人类的主观建构痕迹，从逻辑意义上肯定识执，则把执的范围扩大到了对科学知识的真理性规定。他特别以不相应行法为例，指出唯识宗的不相应行法中有时间、空间、数目等不与色、心相应，而数目、时空这些概念其实就是康德所谓感性之形式的时间空间及法则性的概念范畴，这些形式与概念在佛家即属于不与心相应，又不与心所相应，是分位假立，这自然是一种执。所以可以把科学知识中的范畴等看作执。

尽管可以从认识论上肯定执的逻辑意义，不过作为宗教解脱论关键的执如何确保其必然性，就涉及如何确保科学知识的地位问题。牟宗三认为，佛教内部对这一问题的解答是通过大乘菩萨道实现的。菩萨能示现神通，亦能随顺世俗，救苦救难普度众生，"因此菩萨是方便地保住科学知识，是由菩萨的'大悲心'来保住科学知识的必然性。"④ 到了佛境界，因佛的大悲心大智慧能

① 牟宗三：《中国哲学十九讲》，上海：上海古籍出版社1997年版，第256页。
② 牟宗三：《中国哲学十九讲》，上海：上海古籍出版社1997年版，第257页。
③ 牟宗三：《中国哲学十九讲》，上海：上海古籍出版社1997年版，第257页。
④ 牟宗三：《中国哲学十九讲》，上海：上海古籍出版社1997年版，第261页。

圆成一切法，通达畅晓一切法，此大悲心是佛为度众生而自觉的"坎陷"。在佛菩萨大悲心中可以有谛性的执着，即自觉从法身陷落下来开出随顺世俗的科学知识。"佛为度众生而需要科学知识，于是自我坎陷以成就科学知识，并保障科学知识的必然性。"①

然而，无论菩萨还是佛，这种自觉不离世间，坎陷自身的方式虽肯定了科学知识的存在，却只是辩证的必然性，而非逻辑的必然性，科学知识的相当谛性依然不具备充分条件。因其为权而非实。儒道两家亦同样存在这一问题。如此一来，牟宗三为中国为什么科学精神不发达找到了答案。

因儒释道均是通过圣人或觉者自身的修行实现某种超越境界，其世间法的层面不过是解脱之道的一部分，则科学知识是"有而能无，无而能有"②，这取决于圣人智心的成全，从二谛论的角度说，其虽有而非真，虽无却不虚，又处处彰显出不依世间，则不得涅槃。总之，科学知识的谛性依然不能说不是执的。"中国传统儒释道三教的重点不在科学知识，因此没有发展出西方近代的科学，但是在现代我们需要科学知识，就仍可以吸收学习，因此是'无而能有'。"③ 在新的时代环境下，转识成智依然是科学知识能为人们合理利用的出路。无论是从佛菩萨自身能自觉不舍世间停住于俗谛中，还是现代社会需要科学知识，其实都只是从不同主观层面上对科学知识地位的说明，科学知识的必然保证显然还是落回了形而上学的领域。将科学知识作为一种俗谛、遍计所执性来看待，以心性学统摄识执，以智的直觉这种超理性超世俗的本体之内觉来说明遍计所执的识心之知，实际上即是对科学的格义，以佛学格义科学来实现科学嫁接于儒学。这本身仍是德性之知高于见闻之知的传统思路，以抬高儒家心性学的地位来说明中国传统文化的人生智慧与科学知识并不冲突，也是对熊先生知识论思路的推扩发扬。

三、余论——孰为真理

纵观熊十力、牟宗三等人运用中观二谛论的致思路向，可见其吸纳中观思想来化解传统儒学与现代科学之间张力的用心。不过，这一路向依然存在着一些问题。首先，将科学视为俗谛，同时将真俗二谛化为体用不二，显然对中观思维进行了创造性的诠释。印顺指出，佛教中观的体用是不一不异的，而《新唯识论》的体用则是以真如实性为体，而空宗也不是熊十力所说的离用言体，而是泯相证性和即用显体（融相即性）同时存在。④ 根据言说，因言遣言，显然与建立存有意义的真俗二重世界大相径庭。佛教依缘起说立论，故不能就性智显现，本体流行来阐明现象界杂染法。佛法的修持也就必须在正见缘起本性的基础上闻思修证，以智化情，需要众生不断精

---

① 牟宗三：《中国哲学十九讲》，上海：上海古籍出版社1997年版，第262页。
② 牟宗三：《中国哲学十九讲》，上海：上海古籍出版社1997年版，第262页。
③ 牟宗三：《中国哲学十九讲》，上海：上海古籍出版社1997年版，第263页。
④ 《熊十力全集》附卷上，武汉：湖北教育出版社2001年版，第239页。

进，而不是本心本俱，一反观自心即轻易获得。俗谛的稳定之谛性是在缘起而性空、性空故缘起的意义下实现的，并不能将之转为能创生之体意义下的万法大用。显然，在对真俗二谛的诠释上，熊十力、牟宗三等人皆将真俗不二转化为体用不二，由此建立儒学心性本体论，确立非缘起意义的存有哲学。

其次，将宇宙万法收摄于一心，科学知识亦成为主观面向的事物。科学知识作为世间法之一部分，其所得真理亦只有世俗谛的意义。且科学知识的地位如何在此过程中得以确保亦不无问题。为此，熊十力、牟宗三等人又回到了德性之知高于见闻之知的宋明儒思维里，并借助唯识学的三性说丰富了对二谛中的世俗谛间架结构的打开。为说明科学知识的谛性得以保证，特别指出从二谛过渡到三性的必要，因遍计所执而承认染依他意义的存有，说明科学知识不应该是泛心理主义的识执，还应该具有逻辑意义的执性。这一执性又通过佛菩萨的大悲心、圣人的无限智心获得保证。在圣人、佛菩萨境界下，世俗谛能无而能有，遍计所执亦成为认知主体自己的自我坎陷，执亦不碍无执，且执亦能成为无执，这就将科学知识的真理性纳回人的心性觉悟本身，体现现代新儒家强调心性学优先性的一贯主张。

然而，科学非觉悟之学、非宗教解脱之学，正如科玄论战中丁文江、陈独秀等人所言，科学有其自身的领域及范围，科学与人生观当分属不同领域。① 哲学或宗教上对知识类型的区分，不应该也不宜与科学知识混为一谈。当然，与许多同时代的知识论者相似，现代新儒家也常常将科学等同于知识，将对科学知识的讨论等同于对认识论的讨论②，这就难免在真正的科学大门外徘徊不清。这就涉及真理的标准问题，究竟是以中观意义的真谛为真理，还是以形而上的真理为真理，抑或以科学自身为真理？真理或如识执意义上的主观性，还是应强调其客观性？在面对不同论域与互异的世界观面前，仅仅通过诠释、假借、相似概念的类比，显然都不能对此问题作出令人满意的解答。

值得注意的是，以佛学格义科学并非现代新儒家的独创，自科学观念的传入以来，佛学界纷纷应科学之兴为佛法张目，借助现代科学知识论证佛法之科学性者不乏其人，如王季同、尤智表等。佛教革新领袖太虚大师亦尤为关注科学与佛法的融合，撰《佛法与科学》《唯物科学与唯识宗学》《论天演宗》等。近十几年来，更有以物理学、生物学等论证佛法与科学之若合符节，不惜以进化论反证缘起之演化，以物理世界的物质多变、运动无尽以说明缘起的种种因缘和合性，以至于认为佛陀早在几千年前已洞悉物理世界之精妙奥义，如此等等，不一而足。③ 这就不仅仅是以佛学格义科学，更是以科学格义佛学，入主出奴了。总之，诸种调和佛学与科学的努

---

① 有关科玄论战详情，可参看张君劢、胡适等：《科学与人生观》，北京：中国致公出版社 2009 年版。
② 依金岳霖《知识论》所言，知识论是"以知识为对象而作理论的陈述"，此无关知识何以可能的认识问题。而依张东荪《认识论》所言，"认识论是研究关于知识的问题"，包括知识的由来、性质及与实在的关系、知识的标准等。时人对知识论与认识论之运用可见一斑。
③ 笔者几年前曾听某位香港知名大学物理学教授大谈佛法高于科学，科学为印证佛法诸种道理的工具之高论，叹为观止。更有海外心理学家、临床医学家纷纷投入对修行者入定过程的身心机制研究，亦可谓以科学研究佛法之典范。

力，与现代新儒家以儒学融摄科学亦异曲同工，皆反映出不同宗派立场在应对科学冲击下的自我调适，可谓用心良苦。

不过，科学与佛学分属不同认知领域，亦不可混为一谈。站在宗教信仰的立场看，即使肯定科学知识的真实性，也无法回避科学真理与信仰真理这两种不同知识类型存在差异的矛盾现实。不论科学如何解释了世俗真实，胜义谛的真实才是究竟，科学终归不是佛法的胜义谛，那么科学真理被降格为佛学之婢女便无法避免。如印顺所说，世俗谛在反映世间真实上自无疑问，但却非如常情所知，"如科学者说太阳是恒星，不动的，地球是行星，绕太阳而行，这显然与一般所见不合"[1]，科学界诸种理论皆如此。如此论证两者虽不相矛盾，但科学之真囿于俗谛范围，"还不是佛法第一义谛"[2]。

问题在于，我执由谁认定？标准在哪里？若吾人始终以己见为真理见，以我执为真谛，以归证自心为方法，则此诸种努力亦不乏来者，但亦不会求得客观之真。西方基督教发展过程中出现的神创论与进化论之争已作出最好说明。科学与哲学、宗教真理之矛盾其实由此而来，虽然皆目之为求真，然此真理内容其实已貌合神离。克实言之，主观之真未必能圆满于客观世界之真，亦不必削足适履，定一是非，将所有学科纳为一体。就主观世界而言，各凭自心，莫若以明，就客观世界而言，科学亦是不断试错的结果，科学之谛性则不必回归无限智心的自由坎陷。在名言世界的各自论域内承认真理的有效性及适用范围，不失为避免盲修瞎炼、异位嫁接的中道方法。

作者简介：黄敏，女，中南财经政法大学哲学院副教授，哲学博士。主要从事近现代中国佛学、比较宗教学研究。

---

[1] 释印顺：《中观今论》，北京：中华书局 2010 年版，第 139 页。
[2] 释印顺：《中观今论》，北京：中华书局 2010 年版，第 140 页。

唯识学与"学衡派"缪凤林
对传统人性论的现代诠释*

沈 庭

摘要：人性论是学衡派伦理思想的基石，他们一方面弘扬传统文化的心性论，另一方面又认同白璧德新人文主义的人性二元论，这便形成了一种理论张力。"学衡"主将缪凤林对此一张力的解决方案最富理论深度，他以支那内学院宣扬的唯识学来补充和调合儒家的传统伦理思想，论证了其性可善可恶的主张，而且使之与白璧德新人文主义的人性二元论相契合。缪凤林的人性论已是基于人性之现实而立论，偏离了传统儒学从人的本性来谈心性问题的基本立场，学衡派的这种人性二元论实际上成为了近代中国哲学史上传统的心性论实现现代转化的一种重要模式。

关键词：学衡派；缪凤林；人性论；近代唯识学

伦理道德观在"学衡派"文化思想中占据极为独特而核心的地位，而在学衡派伦理道德思想之中，人性论则是整个理论体系的基石，也是理解学衡派道德思想的逻辑起点，正如吴宓所说："认定人性二元，而道德之基础以立。"① 梁实秋说得更透彻："世间政治经济法律制度等之设施，以及礼俗教育文学艺术之改良，皆必当根本于人性。奖善而除恶，崇是而黜非，扶真而去伪，从理而制欲，苟反背乎人性必失败，虽成功亦有害。"②

不过，学衡派在人性论问题上存在一个固有的难题，一方面，他们奉新人文主义的代表人物白璧德为精神导师，白璧德激烈批判卢梭浪漫主义的人本性善的观点，并推崇人性善恶二元的主张；另一方面，学衡派又极力推崇中国传统心性论，而中国传统心性论的主流观点仍是孟子的性善论或者荀子的性恶论，因此白璧德的人性二元论与传统儒家心性论（尤其是性善论）之间便产生了一定的理论紧张。为了解决这种紧张，学衡派许多学者都做过努力，其中最富理论深度和

---

* 本文为教育部人文社会科学研究青年项目"支那内学院与近代佛教知识的创生和发展研究"（20YJC730006）阶段性成果，并为武汉大学自主科研项目（人文社会科学）研究成果，得到"中央高校基本科研业务费专项资金"资助。

① 吴宓：《孔子之价值及孔教之精义》，《大公报》1927 年 9 月 27 日。
② 参见吴宓：《书评：浪漫的与古典的》，《国闻周报》第四卷第 37 期。

体系的是缪凤林的观点，正如郑师渠所指出的，白璧德新人文主义者和吴宓诸人都不曾对人性二元论作过具体的论证（事实上也无法证明），然而，耐人寻味的是，在学衡派中只有通晓佛学的缪凤林勉力借唯识论为人性二元作理论上的说明。① 以往的研究大多关注学衡派伦理思想的主要观点和总体特征，而对传统伦理与白璧德新人文主义道德之间的张力，缪凤林等人如何借助唯识学深化了学衡派人性论等问题的讨论仍有深入的空间。

一、学衡派的人性二元论及其与儒家传统心性论的张力

人性二元论是学衡派伦理思想的基础，虽然学衡派诸人对人性的理解各有不同，但他们总体上主张人性是善恶二元的。吴宓的表述最为经典："吾确信人性二元之说，以为此乃凡百道德之基本。主此说者，谓人性既非纯善，又非纯恶，而兼具二者。故人性有美有恶，亦善亦恶，可善可恶，西方柏拉图、亚里士多德即主此说，而吾国先贤亦同。盖皆见之真切，最合事实者也。"② 胡先骕也说："人性具善恶两元之原素，殆为不可掩之事实。"③ 缪凤林指出："人性中既有善恶二元，斯善恶值本真，即寓于性中。"④ 基于人性二元，学衡派提出"以理制欲"的主张，强调道德自制力对道德规范的重要性。吴宓认为，"人之心性（Soul）常分二部，其上者曰理（Reason），其下者曰欲（Impulses or Desire）"，理与欲相互争持，"理胜则欲屈服，屡屡如是，则之为善之习惯成矣；若理败，则欲自行其所适，久久而更无忌惮，理愈微弱，驯至消灭，而人为恶之习惯成矣。"⑤ 践行道德便是以理制欲的过程，需通过克己复礼、忠恕、守中庸而实现。⑥ 胡先骕也有类似的表达："人性之为两元，扬子所谓善恶混者，殆不刊之论。虽为上智，其情欲要与常人同，充类至尽，未见其异于禽兽也。而其理智与道德宗教观念，足以启其上进之机。其自制力足以御利欲之诱。即在下愚，非先天有罪犯性与精神病者，莫不有恻隐之心、羞恶之心、辞让之心，亦莫不有自制之力，此孟子所以称性善者也。故人心中莫不有理欲之战，战而胜则为君子，不胜则为小人。"⑦ 学衡派以白璧德为精神导师，其人性论显然深受白璧德新人文主义的人性二元论影响。

白璧德的人性二元论主张人心中一直存在着善恶、理欲的斗争，也即"洞穴中的内战"。这"洞穴中的内战"由人性中存在着的"自然"与"不自然"的两股力量对垒而展开，"自然"的一边是本能和情欲的激情；"不自然"的一边指的是"一种判断一般自我并抑制其冲动的力

---

① 郑师渠：《在欧化与国粹之间：学衡派文化思想研究》，北京：商务印书馆 2019 年版，第 308 页。

② 吴宓：《我之人生观》，《学衡》1923 年第 16 期。

③ 胡先骕：《文学之标准》，《学衡》1924 年第 31 期。

④ 缪凤林：《人道论发凡》，《学衡》1925 年第 46 期。

⑤ 吴宓：《我之人生观》，《学衡》1923 年第 16 期。

⑥ 参见李广琼：《论学衡派的伦理道德观》，《伦理学研究》2013 年第 1 期。

⑦ 胡先骕：《文学之标准》，《学衡》1924 年第 31 期。

量"。① 也即认为在人身上有一种能够施加控制的理性维度的"自我"和另一种需要被控制的情欲的"自我"。按照白璧德新人文主义的人性论，只有承认人性是理性与情欲二元对立的才能凸显自律、克制、道德约束的重要性。如果像卢梭那样肯定情欲、本能便是美德，以自然情感的名义摆脱一切道德约束和自我克制，则会导致社会混乱，他抨击浪漫主义文学过度地提倡情欲的放纵和道德上的不负责任；同时，过度强调理性，完全扼杀浪漫的想象则会陷入机械主义的危机，这也是白璧德所反对的。因此，他提倡亚里士多德的"中庸之道"，强调适度的原则，他说："违反了适度法则就不再是人了。"② 他提倡的人道主义美德是"法则或一种均衡感"。③ 而且这种"中庸之道"是一种实践的智慧，而不是某种形而上学，它"没有任何机械的意义，而是不仅在人与人之间有很多变化，即使在同一个人身上，也将根据其年龄的变化，根据他的健康状态而有很多变化。在决定什么与中庸之道或衡量法则一致时，在特例和一般原理之间总存在着一种调解，就是在这方面本能是必不可少的。但即使如此，也存在着一个正常的人类经验中心，过于远离这一中心的人将不再是可能的"。④ 这种人性二元论是白璧德新人文主义的理论基础，也是他批判卢梭浪漫主义的立足点。

卢梭的浪漫主义可谓是白璧德的"天敌"，尤其是卢梭人性善的思想，白璧德最为反对，因为肯定了人本性善，必然会否定人性二元论。他说："宣布人本性善显然只是卢梭思想的一个根本方面，但还有更根本的东西，那就是二元论本身的转移，是对认为人身上善恶之间有斗争观点的切实否定。"⑤ 卢梭主张人本性善，认为自然状态的人性本身是美丽而仁慈的，白璧德则指出人类心灵早已经脱离了这种"自然状态"，"人类心灵拥有一种根深蒂固的渴望的黄金时代，在这里不是被表现得充满诗意，虽然实际上它是充满诗意的，而是被表现为一种'自然状态'，但人实际上已经脱离了这种状态。……为了某种从未存在的东西，为了某种只是他自己的性情及其对悠闲生活的主导欲望的投射的自然状态，他准备打碎文明生活的一切形式。"⑥ 所以卢梭性善论的第一个缺点便是会倡导自然主义人性论，破坏道德约束，导致道德堕落。"按照卢梭的观点，美德实际上不仅仅是一种本能，而且还是一种激情，甚至可以说是一种激起情欲的激情，与其他激情同路而行，只是比它们更强烈而已。"⑦ 白璧德认为一个人无论出于何种高贵的理由，如果他完全被本能和激情主宰，而失去了道德原则的尊严或得体，那么，他应该和豹子、犀牛一起参加动物展览。⑧

当将美德视作一种自然的激情还会导致对一切固定的道德法则的否定，最终走向普遍而极

---

① 白璧德：《卢梭与浪漫主义》，北京：商务印书馆 2016 年版，第 131—132 页。
② 白璧德：《卢梭与浪漫主义》，北京：商务印书馆 2016 年版，第 356 页。
③ 白璧德：《卢梭与浪漫主义》，北京：商务印书馆 2016 年版，第 141 页。
④ 白璧德：《卢梭与浪漫主义》，北京：商务印书馆 2016 年版，第 165 页。
⑤ 白璧德：《卢梭与浪漫主义》，北京：商务印书馆 2016 年版，第 131 页。
⑥ 白璧德：《卢梭与浪漫主义》，北京：商务印书馆 2016 年版，第 88—89 页。
⑦ 白璧德：《卢梭与浪漫主义》，北京：商务印书馆 2016 年版，第 133 页。
⑧ 参见白璧德：《卢梭与浪漫主义》，北京：商务印书馆 2016 年版，第 200—201 页。

端的怀疑，结果是将每个人都视作"可疑的嫌疑犯"，有必要改革别人。白璧德指出从卢梭的跟随者罗伯斯庇尔在法国大革命时期的恐怖统治上，可以看到这种浪漫主义道德观的可怕危害。"卢梭及其学生罗伯斯庇尔都是现代意义上的改革者——也就是说他们关注的不是改革自身，而是改革别人。既然在美丽的心灵中不存在什么善恶冲突，那么他就可以自由地全神贯注于人类的改善，他计划通过广泛传播兄弟友爱精神以实现这一伟大目的。"① 自己的心灵美丽，而他人则是可疑的嫌疑犯，故而有必要致力于对他人人性的改造，这是法国大革命时期罗伯斯庇尔等人实行专制、残暴的恐怖统治的根源。

在白璧德看来，浪漫主义的道德不仅是有害的，而且在理论上是错误的。原因是浪漫主义的道德是基于幻觉而提出的。"如果我反对浪漫主义哲学，那也是因为我不喜欢其结果。我从其结果得出推论说：这种哲学误用了幻觉。"② 白璧德承认想象在文学和生活中的重要地位，甚至认为人们不得不生活于一种虚构或幻想的因素之中，因为永久、真实的事物是人们无法直接接触的，但他主张多样性和变化着的想象必然是对真实的模仿，这便是他所谓的"多"与"一"的哲学。白璧德评价巴尔扎克的作品："它最多表现在对一个世界的幻想方面，在这个世界，人们在追求权力和享乐中，在追求一种只由狡猾法则和力量法则支配着的纯粹自然主义的世界的过程中，正践踏着一切道德规范。……他的巴黎是不真实的，而只是一种幻象——一个心灵欲望的光辉之地。"③ 浪漫主义的根本错误在于让想象断绝了与现实的关系，脱离了现实的浪漫主义使人们陷入眩晕、迷醉。"当想象变得越来越浪漫时，人所拥有的不再是现实，而是美丽时刻的梦想，一种只有在象牙塔才能达到的强烈的梦想。"④

由上可见，学衡派的人性论继承了白璧德新人文主义的基本观点，坚定地主张人性是善恶二元的，而不是像卢梭的浪漫主义一样，赞同人本性善，从而削弱道德制约力在人性中的合理地位。

另一方面，学衡派以"昌明国粹"为宗旨，对传统道德极为推崇，然而传统儒家心性论的主流观点仍然是孟子的性善论或荀子性恶论，这与白璧德批判人本性善的人性二元论之间显然存在着一定的张力。所以我们看到学衡派关于人性论的说法并不一致，吴芳吉有时说"人性善"，有时又说"性无善无恶"，"故性超乎善恶"；柳诒徵则讲人性善，以为若信人性恶，则有违教育的原理。胡先骕、郭斌和也强调人性具有善恶两面，孔、孟虽讲性善，但那不过是在指出人性具有可以为善的端倪而已。学衡派诸人对人性善恶的提法，甚少规范，同一个人，或讲人性善，或讲人性善恶二元，充满随机性。⑤ 为了处理这种张力，胡先骕等人以宋明理学中的"性善情恶"的说法来进行调和，人心中理欲二元，其中"理"是善性，"欲"则为情欲，"理"胜"欲"则为君

---

① 白璧德：《卢梭与浪漫主义》，北京：商务印书馆 2016 年版，第 136—137 页。
② 白璧德：《卢梭与浪漫主义》，北京：商务印书馆 2016 年版，第 9 页。
③ 白璧德：《卢梭与浪漫主义》，北京：商务印书馆 2016 年版，第 112 页。
④ 白璧德：《卢梭与浪漫主义》，北京：商务印书馆 2016 年版，第 205 页。
⑤ 郑师渠：《在欧化与国粹之间：学衡派文化思想研究》，北京：商务印书馆 2019 年版，第 306 页。

子，"欲"胜"理"则为小人。① 但是，如何从理论上阐述人性二元？如何在学理上调和人性二元论与孟子、荀子的性善、性恶论之间的张力？胡先骕、吴宓，甚至白璧德等人都未作具体的说明。正如郑师渠所言，唯有缪凤林引入唯识学来阐发传统心性论，在这个议题上有深入的讨论。缪氏代表了学衡派人性论伦理思想的哲学高度。

缪凤林是著名史学家柳诒徵（翼谋）的得意门生，著有《中国通史纲要》《中国通史要略》《中国史论丛》《中国民族史》《中国民族文化》《日本论丛》《日本史鸟瞰》等著作，并因曾批评傅斯年的《东北史纲》而在当时学术界引起不小波澜；②③ 在南京高等师范学校（即后来的东南大学、中央大学）念本科时，便初露锋芒，于 1921 年至 1923 年 2 月担任著名的史地学会的学报《史地学报》的编辑、总编辑，并发表过《三代海权考证》、《历史与哲学》等论文；④ 毕业后曾任奉天东北大学、第四中山大学（1928 年 2 月改名为江苏大学，后又改名中央大学）等高校教师；⑤ 他还是《学衡》杂志发表文章最多的学者之一，曾担任过该杂志的"副编辑兼干事"，在支撑《学衡》杂志的学者中，缪凤林是仅次于主编吴宓的骨干力量。⑥

与熊十力类似，缪氏曾求学于支那内学院，深受欧阳竟无等人的唯识学影响，他以唯识学的心识理论来解释人性论问题，既维护了白璧德人性二元的立场，又没有违背"昌明国粹"的宗旨。

二、缪凤林的解决模式："本唯识立论"的人性论

缪凤林对学衡派人性论的阐发主要有两大方面，一是调和孟子性善论和荀子性恶论的传统；二是以唯识学心性论来建构人性二元理论，以呼应白璧德的新人文主义，而在这两大方面的论述中，他都采用了支那内学院所教授的唯识学知识，这构成了他人性论，甚至整个哲学思想的一大特色。

缪凤林于 1923 年从南京高等师范学校毕业，随后即转入同城的支那内学院学习，此一时期的支那内学院在知识界正如日中天，既有欧阳竟无、吕澂等佛学大家主持，汤用彤等佛教史大家任教，又有章太炎、沈曾植、梁漱溟、蒋维乔等一大批学界泰斗推崇，学生中也是群星璀璨，蒙文通、熊十力、黄忏华等皆为时杰，它在近代学人中具有极高的声望和影响力。内学院重点宣扬的唯识学也一时炙手可热，被不少传统知识分子视为足以媲美西学，尤其是西方哲学的传统资源。缪凤林的这段求学经历对他的伦理思想影响极大，他原先仅仅推崇儒学，求学于内学院后，开始以唯识学来融摄儒学，深化了对心性论等道德哲学问题的现代诠释。

---

① 方旭红：《学衡派伦理思想研究》，东南大学博士学位论文，2016 年，第 64 页。
② 柳定生：《缪凤林先生小传》，《民国档案》1988 年第 3 期。
③ 沈卫威：《话说缪凤林》，《读书》2014 年第 1 期。
④ 沈卫威：《"学衡派"编年文事》，南京：南京大学出版社 2015 年版，第 33—36 页。
⑤ 沈卫威：《"学衡派"编年文事》，南京：南京大学出版社 2015 年版，第 212 页。
⑥ 沈卫威：《"学衡派"编年文事》，南京：南京大学出版社 2015 年版，第 48 页。

缪凤林以唯识学来调和孟子性善说和荀子的性恶论。缪凤林曾在1922年发表了《孟荀之言性》一文，比较孟子的性善说和荀子的性恶说，认为："孟子虽言性善，实言性可以为善，可以为恶；荀子虽言性恶，实亦言性可以为善，可以为恶，徒以旨有所偏，言有轻重。浅人不察，遂为所蒙。"[①] 试图调和儒家性善、性恶两大传统，从而呼应白璧德的人性二元论。

但是，1923年他赴内学院求学以后，思想有明显的变化。他于1924年撰《阐性：从孟荀之唯识》[②] 重新表达了自己对心性问题的看法，该文前半部分基本延续了《孟荀之言性》的主要观点，但后半部分明显改变了立场，他认为孟荀之心性论有诸多"应有之问题"没有解答，"有待唯识家之补苴也"。[③] 正如该文标题所示，缪凤林由重视孟荀等儒家伦理转而归宗唯识学了。

在《阐性：从孟荀之唯识》一文中，缪凤林指出孟荀心性论存在的诸多理论问题。

（1）然孟荀之言性善也，则曰仁义礼智，言性恶也，则曰食色贪欲，此言善言恶，果以何为标准耶？其标准果尽当耶？其亦未当而别有在耶？（2）仁义云云，贪欲云云，皆性之用，非性之体，皆性之表显，于用之果而非其因，用必有体，果必有因，则所谓性之体与因者，果何物与？体与因之发而为用，与果又何藉与？体用因果之关系又何若与？（3）性之用起，必藉根身，然性之体用，果局于根身与？抑非局于根身与？如谓非局于根身，则奚为而不与他人相混与？（4）性可善可恶，其体其因，亦各有善有恶与？抑非善非恶与？谓有善恶与，则善恶之性不并起，云何其体与因能并处而无碍也？谓非善非恶与，云何其所发之用与果又有善有恶也？（5）此体此因，其一如良知良能之尽属诸先天者与？抑兼有后天者与？谓属诸先天与，则此先天又奚自而来？谓兼有后天者与，则此后天又何因而生？（6）性之用，不外乎心理作用，所谓性者，果心之一单独特殊之作用耶？抑诸种复杂现象联而成系之统称耶？如谓系各种作用之统称，则此各种作用之分析奚若？而所谓善恶者，其分子各有几？除善恶外，又尚有他种作用，不用必指为善恶否耶？（7）其善恶之性之起伏，又何若耶？为善舍恶又别有道否耶？[④]

其结论是孟荀心性论："其分析既极不精密，而其以仁等善性与贪等恶性皆各各为心之一单独特殊之作用，则尤昧乎心理作用之真相。"[⑤] 并宣布该文"本唯识立论"[⑥]。相比儒家，唯识学对心识问题的分析严谨细密，且理论体系完整庞大，其成为缪凤林重塑传统心性论的主要理论资源。

缪凤林主要论述了唯识学的阿赖耶识说、种子说、熏习说等理论，并以玄奘、窥基一系的种子本有新熏具有说来论证其性可善，可恶的主张。所谓"种子"，也即唯识学所说的第八识阿赖耶识所潜藏的心识功能，阿赖耶识就像一个仓库，储藏着各类种子，其中的善种子现行成善

---

① 缪凤林：《孟荀之言性》，《文哲学报》1922年第2期。
② 参见缪凤林：《阐性：从孟荀之唯识》，《学衡》1924年第26期。
③ 参见缪凤林：《阐性：从孟荀之唯识》，《学衡》1924年第26期。
④ 参见缪凤林：《阐性：从孟荀之唯识》，《学衡》1924年第26期。
⑤ 缪凤林：《阐性：从孟荀之唯识》，《学衡》1924年第26期。
⑥ 缪凤林：《阐性：从孟荀之唯识》，《学衡》1924年第26期。

行，恶种子现行成恶行，所谓"种瓜得瓜，种豆得豆"，所以用"种子"来比喻这种心识功能。关于种子的来源问题，印度佛教内部存在争议，玄奘、窥基一系的唯识学继承了印度护法论师的种子本新具有说，护法论师承认有两类种子：一者本有、二者新熏，新熏种子是熏生，本有种子是熏增。本有种子"谓无始来异熟识种，法尔而有生蕴、处、界功能差别"。本识中无始以来便摄藏着法而能生一切法的功能差别，这便是本有种子，又叫"本性住种"。此外，还存在一种由现行诸法数数熏习到所熏的本识，而储存于本识中的种子，即新熏种子，又叫"习所成种"。本新具有说，既承认存在本有种子，又承认具有新熏种子。阿赖耶识中本有无漏种子，等到"闻正法时"，本有无漏种子得到逐渐增盛，"辗转乃至生出世心"。有漏种子在修行时得到中断，此有漏种子是无漏种子现行之增上缘，而无漏种子则"与出世法正为因缘"。以玄奘为代表的中国法相唯识宗基本继承了护法一系的观点，于是，种子本新具有说被奉为中国唯识学之正义。[①]"支那"内学院也是奉玄奘一系的唯识学为正宗。

可见，唯识学的心性论与孟荀不同，它主张心识中同时储藏着善恶诸种子，既有先天的，也有后天的，而且先天心性与后天道德修养之间是相互作用的关系，后天的道德修养会影响心性（即熏习理论）。与孟荀心性论相比，唯识学的这种心性论显然更契合缪凤林的性可善可恶的主张，也能很好地调和孟子强调扩充先天善性，荀子强调道德是后天习得的两类观点。在内学院教授的唯识学中，缪氏找到了他伦理学，尤其是心性论的立论根据。

缪氏认为唯识学心性论比孟荀分析更加精密，理论更加圆熟。

首先，唯识学在善恶二元之外，提出了"无记性"，也即非善非恶的道德属性。无记性的心理活动或行为其实非常常见，而且无记性的心理或行为可以通三性，也即可以发展成善性、恶性或无记性（非善非恶）。[②] 这些都是传统的儒家伦理所极少讨论的。

其次，缪凤林认为唯识学心性论的基础是缘起理论，也即善恶道德行为的发生必须心性与外境因缘和合而成，[③] 缘起论也是儒家薄弱而佛家发达的理论之一。

最后，最为重要的是唯识学的五蕴说、五位百法的心识结构分析、种现缘起理论以及熏习说等，展现了道德活动是一系列复杂心理现象的系统活动，而不是心的一个单一特殊活动。他举孺子坠井的儒家经典例子，论证唯识学在分析此类事件时的优越性。在缪氏看来，见孺子坠井的恻隐之心，唯识学称之为"不害"——"无嗔一分为体"。此不害或恻隐之心，必须托眼识及五俱意识（与眼识等同时生起的第六识意识）等而起，不害、眼识和意识生起时，首先见到孺子，这叫"触"；然后会使心识警觉，呈现意向性，便是"作意"；接着便会产生感受，也即"受"；"受"能领纳喜乐忧苦等，促使心识"安立自境分齐，知此是孺子而非他等"，是名为"想"；然后产生出善的想法，这叫"思"；"思"令心识及其活动生起善的行为，也即"造作"。触作意受想思，

---

① 沈庭：《从"非本体"到"心性本体"：唯识学种子说在中国佛学中的转向》，武汉：武汉大学出版社 2016 年版，第 108—110 页。
② 缪凤林：《阐性：从孟荀之唯识》，《学衡》1924 年第 26 期。
③ 缪凤林：《阐性：从孟荀之唯识》，《学衡》1924 年第 26 期。

在唯识学里叫"五遍行心所","不害"起时，必然伴随此五种心理活动。[①]

不仅如此，"不害"起时，面对孺子坠井的事件，能毫不犹豫决定去行动，这在唯识学里叫"胜解"；能引起往昔所经同类之境，叫"念"；专注于这个境，名为"定"；这三者属于别境五种心所(附属于心的心识活动)。"非所以内交于孺子之父兄，非所以邀誉于乡党"，这叫"无贪"；"非恶其声而然"，是曰"无嗔"，可能还有其他心识功能的参与。[②]

总之，缪氏认为孟荀所谓的善性、恶性，分析至极，大概也就是如上过程。他最后总结说："故知性也者，乃诸种复杂心理现象联而成系之统，绝非心之一单独特殊之官能也。"与孟荀相比，唯识学显然对心识的活动分析更加细致而成系统。

当然，缪凤林以唯识来解释儒学存在着诸多理论问题。例如，他以唯识学的"不害"来比附儒家的恻隐之心便不会被儒家所接受，《成唯识论》说："云何不害？于诸有情不为损恼，无嗔为性，能对治害，悲愍为业。"[③]大意是"不害"，即不损害有情众生，无嗔根为其特性，能够对治"害"，能使人产生悲悯之情。它是相对于"害"而言的，所谓"害"，也即损害众生。儒家的恻隐之心是仁之端，而"不害"只是不损害他人的悲悯状态，在道德功能上，二者的重要性显然不可同日而语。缪凤林的这种比附不符合儒家的核心义理，无法为儒家所接受。此外，缪凤林解读唯识学也是"一以己意抉择"，其理解也存在诸多谬误，正如王恩洋在《书缪凤林君〈阐性〉篇后》所言，缪氏的理论"在佛在儒两俱乖反也"。[④]虽然如此，缪氏对儒家伦理的批判性反思是非常深刻、尖锐的。

由上可见，缪凤林以支那内学院所传授的唯识学知识调和儒家孟子与荀子两种长期对立的心性学说，并论证了其性可善可恶的主张，从而较好地解决了传统心性论与白璧德人性二元论之间的张力。他的解决方案偏离了传统儒家的心性论立场，而采用了佛家的理论，在缪氏看来，传统的唯识学种子说和熏习理论更加接近白璧德等人所讨论的人性二元论，而且更为重要的是儒家的性善或性恶是就人的本性而言，缪氏所说的性可善可恶则是从人的现实性而立论，可见他已经不是在传统儒家伦理的框架内讨论心性问题了，而是在现代意义的人性论上重新诠释和建构中国的人性论，代表了学衡派推进传统心性论实现现代转化的一种努力。可以说，在缪凤林那里，唯识学成为引导传统心性论转向现代性(白璧德新人文主义的人性二元论)的一座"桥梁"。

三、结论

缪凤林以唯识学为理论资源来重新诠释传统心性论问题也是时代风气使然。清末民初，

① 缪凤林：《阐性：从孟荀之唯识》，《学衡》1924 年第 26 期。
② 缪凤林：《阐性：从孟荀之唯识》，《学衡》1924 年第 26 期。
③ 玄奘：《成唯识论校释》，韩廷杰校释，北京：中华书局 1998 年版，第 377 页。
④ 王恩洋：《书缪凤林君〈阐性〉篇后》，《学衡》1924 年第 26 期。

西方文化以"进步""富强"之姿态冲击中国固有文化，激发国人学习西学以求进步，革新传统文化以求自强的热忱，反思传统文化，比较会通中西学说，成为当时的社会思潮，正是在这一背景下，沉寂千年之久的唯识学又重新复兴起来，成为近代思想史上最为引人注目的现象之一。佚失已久的中国唯识学典籍的回归也为复兴唯识学思潮提供了文本基础，杨文会托南条文雄从日本购回大量在中国已失传的唯识学典籍，如窥基的《成唯识论述记》以及因明类著作，并刻印流通，极大地推动了唯识学在近代的复兴。欧阳竟无创办的支那内学院继承其师杨文会的志业，刻印唯识典籍，研习唯识义理，一时使得唯识学在知识界炙手可热，成为许多近代学人回应西学挑战的思想资源和理论工具。唯识学被视为唯一一种可以与西方哲学、科学相媲美的传统学问，它成为不少近代学人，尤其是主张传统文化为本位的文化保守派学人的"公共知识"，如章太炎、梁漱溟、欧阳竟无、吕澂、蒋维乔、熊十力、王恩洋、景昌极、释太虚等人，无不对唯识学涉入极深，近代佛教学者大有不谈唯识学，无以论证其学说具有正当性之势。

缪凤林对佛学的吸纳其实也是承袭白璧德新人文主义的做法，佛学是白璧德新人文主义最为重要的思想源头之一。

一般认为白璧德的新人文主义推崇"一""多"融合的世界观，这种世界观的理论源头是柏拉图的理念论。《学衡》杂志曾刊登《白璧德释人文主义》，白璧德该文表达了其"一""多"相融的辩证文化观，所谓"一"，指的是"一贯之理"，也即文化中稳定恒常的价值，文化中普遍的、永恒的、延续的核心内容，它"使生活有条贯，而个人有规矩之可遵循"；"多"则指多种多样的文化现象，是具体的、多元的、变化的。"一"与"多"是辩证关系，偏于强调一致性的"一"，或偏于强调异致性的"多"，都会导致文化危机。① 这种印象被吴宓等人加强，他对白璧德的"一""多"融合有自己的理解和发挥。郭斌和、景昌极、缪凤林和汤用彤等也曾有专门讨论柏拉图理念论的著作。但是，这样的看法是不全面的，佛教也是白璧德"一""多"融合的世界观的一个理论源头，并且是比柏拉图更为重要的理论源头。

白璧德曾直言："我承认自己也受到伟大的印度实证主义者很大影响：例如，我处理'一'与'多'问题的方式就很接近佛，而不是柏拉图。"②"如果一个人要想成为一个健全的个人主义者，一个有人性标准的个人主义者，他就必须牢牢地把握柏拉图所谓'一'和'多'的问题。我自己解决这一问题的方法——我最好指出这一点——并不是纯粹的柏拉图式方法。"③无论是吴宓等学衡派代表人物，还是后来的研究者，似乎都忽略了这一重要信息。白璧德多次表达了对柏拉图的理念论的不满，柏拉图的"一"是形而上的、永恒不变的，"多"则是变化的，而白璧德站在实证主义的立场，认为"一"和"多"不可分割的、一体不二的，因为生活便是如此。"生活不会在这里给一个'一致'因素，那里给一个变化因素。它只给一个始终在变化的一致。一致和变化

---

① 参见白璧德：《白璧德释人文主义》，《学衡》1924 年第 34 期。

② 白璧德：《卢梭与浪漫主义》，北京：商务书馆 2014 年版，第 13 页。

③ 白璧德：《卢梭与浪漫主义》，北京：商务书馆 2014 年版，第 6 页。

是不可分割的。"①而且白璧德也不赞同柏拉图将想象置于直觉理性、推论理性或知性之下，而且甚至将想象置于外在感觉之下，他说："任何一个希腊思想家，甚至连柏拉图本人都没弄明白理性是借助于想象的，也就是说，借助于幻想的面纱而获得对现实的直觉和'一'的直觉。"②

白璧德对佛教的道德则极为推崇，他说："佛不仅肯定人性法则具有不同寻常的力量，而且，根据某些人的研究，他还做了我们今天需要做的事情——他不仅将这种法则建立在传统的基础之上，而且还建立在一种实验性的、批判性的基础之上。"③按照佛教的观点，人应该追求控制自己的欲望的扩张，人们"应该竭力追求自身永恒的或道德的因素，在他看来实际上只是一种对扩张性欲望的限制或内在约束力量。……佛并不承认人身上有一个通常意义上的灵魂，他最重视的是将生命冲动和生命控制之间的对立看作一种心理事实。懒惰地一味追逐着欲望之流的人，按照佛教的观点，是一切罪恶中最严重的犯罪，即精神或道德的懒惰。相反，谁约束或控制自己的扩张欲望，谁就表现出了最高的美德，即精神的警醒或紧张。"④白璧德认为佛教非常重视人性中限制欲望或内在的约束力量，最好的美德是约束或控制扩张的欲望，最坏的犯罪是追逐欲望之流，这与他的道德观最为契合，而且佛教"实证的方法和强烈的分析气质"，⑤以及提倡中道、适度的原则都深得白璧德的心意。

通过考察缪凤林的人性论，可以看到缪凤林等深涉佛学的学衡派成员更加契合白璧德新人文主义的核心理念。佛教将人生视做一"大苦聚"，而导致人生痛苦的根本原因是人因情欲的不满足而造业，从而陷入生死轮回，佛的基本教导主要对治的便是情欲，虽然儒家也主张"灭人欲"，但仍然肯定合理的人欲，没有像佛家那样将情欲视作人生痛苦的总根源。而且支那内学院宣扬的唯识学在佛学传统中具有强烈的实证主义特征和重视分析的气质，近代西学东渐，其带来的重分析、讲逻辑的科学观念、哲学体系等都是传统佛学所欠缺的，因此，体系严密、条理清晰、注重逻辑（因明）和知识检验（量论）的唯识学重新复兴起来，正如时人所说："今人研究多重唯识，复有一种意义，即法相唯识学，为佛教中最适于现代思想之佛学，有科学的方法，有哲学的理论，人生宇宙之说明。"⑥可见，缪氏求学于支那内学院，"本唯识立论"来阐释人性论问题，无论是在结论，还是在思路上都与白璧德的新人文主义契合。所以在学衡派中，对佛学涉入较深的缪凤林、汤用彤、景昌极实际更为接近白璧德新人文主义的真谛。

唯识学在近代成为中国学人回应西方现代性挑战的一种重要思想资源，对于唯识学回应西学的模式，学界目前大致可分为三种类型的观点：（1）"冲击—回应"模式，这是学术界最为流行的解释模式，近代知识分子不少都曾表示唯识学是佛学中，乃至整个传统学问中，最能经世致用，且又最具备理性思辨特质的学问，所以它是传统文化中可用于回应西方殖民主义文化冲击的

---

① 白璧德：《卢梭与浪漫主义》，北京：商务书馆 2014 年版，第 7 页。
② 白璧德：《卢梭与浪漫主义》，北京：商务书馆 2014 年版，第 164 页。
③ 白璧德：《卢梭与浪漫主义》，北京：商务书馆 2014 年版，第 148 页。
④ 白璧德：《卢梭与浪漫主义》，北京：商务书馆 2014 年版，第 148 页。
⑤ 白璧德：《卢梭与浪漫主义》，北京：商务书馆 2014 年版，第 13 页。
⑥ 大悟：《十五年来中国佛教之动向》，《海潮音》1935 年第 1 期。

最好选择。（2）"吸引"或"Pull"模式，这种观点主张西方现代性对近代学人而言也是一种"吸引"，他们是被西方现代性吸引着，从而建构了近代中国的现代性。（3）"内在脉络"模式，这一模式强调从清代朴学等传统学术到唯识学的近代复兴存在着哲学史的内在逻辑。① 在缪凤林身上，我们看到学衡派以唯识学来回应白璧德的新人文主义不能被纳入以上三种模式，他推崇白璧德的新人文主义，同时又"本唯识立论"，发现了白璧德人性二元论与唯识学阿赖耶识论及种子说之间的会通之处，他既"融化新知"，追求对人性论作现代诠释，又坚持了"昌明国粹"的立场，弘扬传统佛家、儒家的人性论，可以说，在人性论上，缪凤林与白璧德之间是一种"共振"关系，西方新人文主义在中国找到了志同道合的"知音"。因此，对缪凤林人心论考察也拓宽了我们对唯识学回应西学模式的理解。

总之，学衡派认同白璧德新人文主义的人性二元论，这与中国传统的心性论产生了一定的张力，缪凤林等人以支那内学院宣扬的唯识学为理论基础，论证其性可善可恶的主张，实际上已经是基于人性之现实而立论，偏离了传统儒学偏重于从人的本性来谈心性问题的基本方向，学衡派的这种人性二元论实际上成为了近代中国哲学史上传统的心性论实现现代转化的一种重要模式。

作者简介：沈庭，武汉大学国学院、哲学学院副教授，哲学博士，主要从事中国宗教、中国哲学研究。

---

① 沈庭：《中国佛教真理观的近代转向：论欧阳竟无的真如观》，《哲学研究》2021 年第 11 期。

重构完整的王阳明心学世界 [*]

——评束景南先生《阳明大传："心"的救赎之路》

斯彦莉

摘要： 2020 年初浙江大学束景南教授重要著作《阳明大传："心"的救赎之路》问世，这在整个阳明学界引起不小的震动。该著作的意义，不仅在于其体例宏大，思想精深，以翔实而全面的大量新考证资料，开拓出极为深广宏大而全面的历史叙事空间。更重要的是，其对王阳明一生及其思想发展历程作了深入的新研究，革新了阳明学五百年来学界沿用的旧有学术范式。本文详细解说该书破除阳明学传统研究中众多悬案、误说与空白的数十处研究成果，并帮助读者更好地了解该书展现的翔实与全面、扩展与突破、创新与变革的学术特色。

关键词： 王阳明；阳明大传；心学；束景南；书评

王阳明是中国文化思想史上继朱熹以后最重要的思想家，阳明学已成为中国传统文化研究的大热点。2020 年初，浙江大学束景南教授重要著作《阳明大传："心"的救赎之路》问世，这在整个阳明学界引起了不小的震动。这是束景南先生继《王阳明佚文辑考编年》《王阳明全集补编》《王阳明年谱长编》三部作品后，关于王阳明的一部传记体的文化思想研究的重要著作，由复旦大学出版社出版。

束景南先生这本著作的意义，不仅在于其体例宏大，思想精深，以翔实而全面的大量新考证资料，开拓出极为深广宏大而全面的历史叙事空间。更重要的意义在于，其对王阳明一生及其思想发展历程作了深入的新研究，破除了阳明学传统研究中众多悬案、误说与空白，革新了阳明学五百年来学界沿用的旧有学术范式。可以说，这部巨著的翔实与全面、扩展与突破、创新与变革，是阳明学研究中划时代之作。

---

* 《阳明大传："心"的救赎之路》一书为 2017 年国家社科基金年度项目成果，2020 年初出版。本文已经《阳明大传："心"的救赎之路》作者束景南先生审阅及认可。

一、开掘与创新：突破旧有狭隘框架，奠基更深广宏大的历史叙事空间

研究王阳明思想的传记著作，在探讨王阳明的生平及其思想发展演变上，历来有个显而易见且极为薄弱的环节——历史文献资料缺乏。这个硬伤导致了明清五百年来，许多关于王阳明生平及其思想上的悬案、迷案、误案与空白、阙疑、争议都未得到解决。简而言之有两大难：一是收集资料难，二是考辨真伪难。这不仅让历代作者著述时难以下笔，而且也让历代读者面对疑点难以解索。

按照旧有的研究方法，研究者大多依据王阳明弟子钱德洪撰写的《阳明先生年谱》为基础展开研究。但从这个起点起步，无可回避地也继承了钱德洪年谱中的种种错误与局限性。摆在当今研究者面前，是这样一个学术难点：如果在历史文献资料的搜集与考证上，没有全面性的新的重大突破，就无法超越传统研究采用的钱氏《阳明先生年谱》的狭隘框架，进而获得更深广宏大的历史叙事空间。

要完整地叙述一个真实的王阳明，是一个非常宏大的课题，甚至是一个高难度的文化系统工程。束景南先生自 25 五岁开始，潜心收集考证王阳明史料，翻阅二万余种古籍，手写百万字书稿，75 岁完成著述。以历时 50 年的资料收集与考证的巨量积累，对王阳明的生平行事史实作了大量的新考证、新发掘，跨越了这个世纪难题。可以说，该著作最重要独到的学术价值，就是其全面性、系统性，突破了五百年来钱德洪《阳明先生年谱》的狭叙事框架。束景南先生的研究基本思路，是以王阳明最终提出"王门八句教"的心学思想体系为立论根本，以阳明生平的四个"心学之悟"为思想发展线索，全面展现出王阳明从早年向尹真人学"真空炼形法"的修炼到晚年提出"王门八句教"的心学思想体系的心路历程。

如在王阳明的心学思想发展上，旧有学术研究历来只讲"龙场之悟"，而束景南先生梳理出王阳明一生实际有四次心学之悟，四次转变完整构成了阳明一生心学思想形成发展演变历程。第一次转变是弘治十八年（1505）的"乙丑之悟"，是王阳明归心陈白沙心学之悟。这一年，王阳明读《陈白沙先生全集》有悟，把陈白沙的"默坐澄心，体认天理"立为座右铭，踏上了陈白沙的心学之路；第二次转变是正德四年（1509）的"龙场之悟"，王阳明悟朱学之非，觉陆学之是，超越白沙心学，走向陆九渊的心学；第三次转变是正德十四年（1519）的"良知之悟"。王阳明妙悟良知之学，超越陆九渊的心学；第四次转变是嘉靖六年（1527）的"天泉之悟"。王阳明扬弃"王门四句教"，提出"王门八句教"，建立了"致良知"的本体工夫论心学体系。束景南先生这样全面而翔实的叙事框架，一步一步解说王阳明思想转变，不仅开拓了阳明学研究的新空间、新领域，也使得阳明学的研究站到了前所未有的高平台上。

又如："王门四句教"在阳明学中一直是一个悬案。过去的研究认为"王门四句教"是阳明心学的不二法门，天泉证道会上即是证"王门四句教"之道。束景南先生指出其说皆误。考明王阳明在天泉证道会上扬弃了"王门四句教"，提出了"王门八句教"（四无教与四有教）。所谓"四

无"，是认为心体、意、知、物皆无善恶；所谓"四有"，是认为心体、意、知、物皆有善恶。可见阳明在天泉证道会上是证"王门八句教"的新道，否定了"王门四句教"的旧道，"王门八句教"（包括四无教与四有教）是阳明终极确立的致良知的心学思想体系。"王门八句教"之于"王门四句教"，更加强烈凸显了王阳明良知心学的知行合一的实践精神，他从知与行的关系上，强调人人要从"困知勉行"的实践工夫做起，他超越了传统士大夫的那种忧君忧国忧民的思想境界，而上升到了忧人忧心忧道的终极人文关怀。这一重要考定，在对阳明的心学思想的认识上是一个"革命"。

可以说，束景南先生突破旧有狭隘视野，50年心血，融入百余万字中。全书以王阳明的一生为结构框架，分28章，将王阳明的一生分为五个时期，也是王阳明学术之五变，展现出王阳明心学思想形成发展演变的历程。掌握运用大量新资料的"真实性"与实事求是的"创新性"，是最大的亮点。

二、考辨与解惑：破解阳明学文化大公案中的众多悬案、误说与疑团

王阳明其人与其心学的问题，其实是明代思想史上的一桩最大的"文化大公案"，五百年来聚讼纷纭。束景南先生研究阳明学的独特之处，就在于把阳明其人与思想作为一个思想史上的文化大公案来破解。他以大量的考证纠正历来的误说，破解五百年来王阳明研究上长留的悬案、迷案、误案与空白、阙疑、争议。他在资料文海中发现线索，顺藤摸瓜侦破悬案，尤其把王阳明早期"走向心学的觉悟之路"的经历，历来资料最缺乏、最空白的一段填补殷实，把真实可信的杰出思想家王阳明，清晰地展现在读者面前。

以下就是《阳明大传》考证破解这一扑朔迷离的"文化大公案"独有的、最闪光的地方。

其一，王阳明早年是如何学仙学道修炼的？阳明何时筑室阳明洞的？他自号"阳明山人"是什么意思？他在洞中是修炼什么样的"导引术"？旧有研究大多只能语焉不详地略过。束景南先生考明：王阳明在弘治九年拜南京朝天宫全真道士尹真人学仙，修炼"静入窈冥"的真空炼形法。在尹真人的《性命圭旨》中留有一首阳明作的《口诀》诗，就是阳明向尹真人学修真空炼形法的体验记录，表明阳明在弘治十年筑室阳明洞中，就是静坐修炼这种"静入窈冥"的真空炼形法。他在正德五年写的《睡起写怀》诗，再次无可怀疑地证明了这点。

其二，王阳明早年如何学佛学禅？向来不得其详，一般研究都认为王阳明在弘治十六年已开始悟仙、释二氏之非。束景南先生考明王阳明8岁就开始好佛禅，在海盐资圣寺作《资圣寺杏花楼》诗。弘治十六年是王阳明出入佛道的高峰期，束景南先生专门详考了王阳明在杭州用佛教的"种性说"喝悟闭关僧，正显示了他已深得佛家三昧，而完全不是什么悟仙、释二氏之非。晚年他更仿佛教的"判教"建立了四无教与四有教（即"王门八句教"）。

其三，关于王阳明与陈白沙的心学渊源关系，向来不明，找不到任何阳明与白沙关系的资

料。束景南先生揭明了王阳明与陈白沙之间的学脉传承关系，考明白沙于成化十九年（1483）荐召至京师，寓居在西长安街大兴隆寺半年，与王华、阳明比邻，阳明曾亲见白沙与林俊日日讲论学问。成化二十年白沙弟子张诩中进士，王华为张诩"座主"，阳明也是当时科举"入场评卷"人，由此张诩与王华、阳明相识。在京王阳明又结识了另一名白沙弟子王缜。弘治十八年张诩刻《白沙先生全集》成，即携《白沙先生全集》进京赠王华、阳明。王阳明细读了《白沙先生全集》，作《评陈白沙之学语》，高度评价白沙之学。选取陈白沙的"默坐澄心，体认天理"为座右铭，立为与湛若水共倡"圣学"的心学宗旨。直到晚年，王阳明还又把白沙的《题心泉》诗立为座右铭，将读书楼取名为"天泉楼"，根据陈白沙的"古诗歌法"，创立了"九声四气歌法"。

其四，王阳明早年沉迷佛老，他什么时候回归孔孟儒学的？这一重要的思想转型历来不明。束景南先生独到地详细考察了王阳明在弘治十七年的主考山东乡试之行，揭开了他的"泰山之游"的秘密，指明他的泰山之游实际是一次宏大的"泰山之思"，是他对自己20多年来耽迷佛老的自我反思，推动他摆脱佛老异道回归孔孟儒学，他作的《泰山高》诗碑，成为他回归孔孟儒学的觉醒之碑，并推动他很快于次年实现了信仰白沙心学、走上心学之路的思想转型。

其五，关于王阳明弘治十七年主山东乡试的经过，向来不明其详，以至今人把《阳明全书》中的二十篇《山东乡试录》程文（卷三十一）无根据地定为伪篇，作为"附录"妄移到二十二卷中，打入"冷宫"。束景南先生详考了阳明主考山东乡试的全过程，确考《山东乡试录》二十篇程文为王阳明所作，是研究王阳明早期思想、特别是由辞章之学向圣贤之学转型时期思想最宝贵的资料。由此接上了王阳明的"泰山之思"，开出了王阳明早年由沉溺老佛异道回归孔孟儒学的觉醒之路。

其六，王阳明与湛若水在京如何共倡"圣学"，他们说的"圣学"指什么？王阳明的"主静"（静坐）思想的渊源出处在哪里？这些问题向来不明。束景南先生详密考明了王阳明与湛若水在京共倡圣学的全过程，揭明两人共倡的"圣学"实际就是陈白沙的"默坐澄心，体认天理"的心学，王阳明的"主静"思想源自陈白沙的"默坐澄心，体认天理"，同时与尹真人的静入窈冥的"真空炼形法"的静坐修炼有密切关系。

其七，关于王阳明正德二年贬谪龙场事，钱德洪、邹守益均虚构了一个刘瑾派军校追杀、阳明游海遇仙、驾飓风入闽、上武夷山遇虎不食的神话，五百年来为人所笃信不疑。束景南先生重新详考了阳明远遁武夷山的全过程，破解了这一千古谜案，考明所谓二校追杀、游海遇仙云云皆子虚乌有，是阳明所自造，其作《游海诗》一书，虚构二校追杀、游海遇仙的神话，并口授陆相作《阳明山人浮海传》广传，阳明后来已自向湛若水说破。

其八，阳明贬谪龙场驿一年半，究竟做了哪些事？向来不明其详。为什么被贬谪的53人都是在正德五年八月刘瑾伏诛后才被起用，独有王阳明却在正德四年闰九月破格起用升庐陵知县？历来成未解之谜。束景南先生详考了阳明在龙场驿一年半载的行事，考明阳明有一半的时间待在贵阳，参与了平阿贾、阿札乱的全过程，从写信给安贵荣宣慰劝其出兵，到最后助巡按徐文华平定阿贾、阿札乱，阳明给贵州地方官出谋划策，以建言立功，才得以很快作为立功的"言士"升庐陵知县。

其九，关于"龙场之悟"，向来多以为王阳明的"龙场之悟"即大悟"良知"之学，至今仍多有信此说者，今人作出新的解说，也多含混玄虚，不得要领。束景南先生考明所谓"龙场之悟"，实际就是悟朱学之非、觉陆学之是而已，他是从"格物致知"悟入，大悟到了求理于心、知行合一的心学大旨。但在"格物致知"上，阳明还主要是从"格物"上悟入，把格物解释为正心，达到了对心具众理、心外无物、知行合一的认识高度；此时，他却还没有能从"致知"上悟入，把"致知"解释为"致良知"，达到以良知为体、以致良知为工夫的认识高度。

其十，关于朱陆异同论战与《朱子晚年定论》的成书，向来不明其详，众说纷争了五百年。束景南先生详考了正德九年、十年间阳明与魏校、王道、邵锐、程瞳等人的朱陆之学异同论战，指明阳明的"朱子晚年定论"思想早在龙场驿时已经形成，是完全袭用了程敏政的《道一编》之说。后来在朱陆异同论战中，为了回击尊朱学者"环堵攻四面"，序定了《朱子晚年定论》，"聊借以解纷"，明里推崇朱子晚年定论，消泯朱陆异同，骨子里否定朱学，尊崇陆学。指出《朱子晚年定论》是一部论战游戏文字，阳明自己晚年也否定了此书。

其十一，关于王阳明与宸濠的种种关系纠葛，向来都说不清楚，使后人仍多质疑。束景南先生详细考明了阳明与宸濠往来的前前后后，从正德十二年正月赴南昌访宸濠，五月画家郭诩自宸濠处来赣投阳明幕下，到正德十三年十二月宸濠书来请阳明讲学，阳明派弟子冀元亨往南昌论学，再到正德十四年二月宸濠"国师"刘养正来赣拉拢邀结阳明，阳明发符牒命郭诩避祸他游，六月阳明奉赦处置福建叛军携家北赴南昌。束景南先生一一揭开了事情的真相，拨开迷雾，完全清洗掉了强加给阳明的种种诬陷不实的罪名。

其十二，王阳明何时始揭"良知"之教，钱德洪认为阳明正德十六年始揭"良知"之教，至今为人所从。束景南先生考明王阳明在正德十四年始揭"良知"之学。先在这年春间邹守益来赣问学，阳明向他大阐"良知"之说，聂豹称为"妙悟良知之秘"。稍后陈九川来南昌问学，阳明向他再发"良知"之教，乃至作《论致良知心学文》，不啻是阳明"致良知"心学诞生的"宣言书"。至十月阳明在杭，更向诸生弟子大讲"良知"之说。

其十三，关于王阳明与桂萼的关系纠葛，向来不明，都认为阳明与桂萼向未见过面，在大礼议上阳明与桂萼一致，嘉靖六年是桂萼荐起阳明总督两广等，束景南先生指出均为错误，并考明早在正德十四年阳明与桂萼就见面相识，两人论格物致知说不合。嘉靖以来桂萼为自己入阁，一直在暗中使阴谋阻挠阳明入朝入阁，如在聂能迁案中的所作所为就可见一斑。嘉靖六年是张璁荐阳明总督两广，并不是桂萼。而桂萼急于入阁，竟写信给阳明，要他入广后去侦伺安南，乘机收复安南，桂萼妄想以收复安南之功作为他入阁的最大资本，阳明未予答应。桂萼恼羞成怒，奏劾王阳明，终以首劾王阳明之功入阁。桂萼实际是迫害王阳明致死的罪魁祸首。

其十四，王阳明在平宸濠乱中有三次献俘之行，均受到张忠、江彬沮抑，钱德洪《阳明先生年谱》含混不言，留下三大谜团。束景南先生详考了阳明在平宸濠乱前前后后的行事，考明阳明有三次献俘之行：一次为正德十四年九月解宸濠等献俘钱塘，一次为正德十五年正月解刘吉等献俘南都，一次为正德十五年三月解冀元亨等献俘南都。由此许多不解之谜，如阳明何以遁入九华山，何以未能入行在南都，几次游九华山等，都得到破解。

其十五，关于王艮如何向王阳明问学受业以及王艮与嘉靖"学禁"的关系，向来不明，束景南先生详考了王艮来绍兴向阳明问道受学的全过程，揭开了王艮初见王阳明时用自己的"淮南格物"说同阳明的"良知"说进行论辩的秘密，揭开了王艮赴京伏阙上"大礼议"疏的秘密，考明王艮实际有三次着奇装古服，驾小蒲车，以"狂者气象"入都，招摇讲学，行事怪狂，都人朝士聚观，震惊都下，实犯朝廷大忌，遂有程启充、毛玉、向信、章侨等纷起攻阳明学为"异学"、"邪说"，卒至"学禁"兴起。王艮的入都狂怪之行，成为"壬午学禁"的导火线。

其十六，关于阳明弘正间与"前七子"、茶陵派等交游唱酬的文学活动以及阳明独特的诗学思想与歌诗法，向来不明。束景南先生详考了阳明与"前七子"、茶陵派等争逐诗赋辞章的详况及其诗歌创作取得的卓异成就，发现阳明作的《阳明九声四气歌法》，考定阳明发明了独特的歌诗法——九声四气歌法，在书院、精舍及社学中广泛推行。《阳明九声四气歌法》在诗歌史上的重要意义与价值，可比之《讴曲旨要》在词曲史上的重要意义与价值。

其十七，关于王阳明在"大礼议"中的立场与行事，向来不明。今人多喜欢为世宗、张璁、桂萼做翻案文章。束景南先生详考了阳明在"大礼议"整个过程中的态度与立场的转变，考明阳明一开始支持大礼议派张璁、桂萼、方献夫、霍韬、黄绾，互有通信，甚至面授机宜。表面上他对参加大礼议的两派弟子都不置一词，取两可态度，而私下里赞同张、桂、方、霍、黄的大礼议说。但后来他看清了世宗为自己的父亲争帝位、入皇宗的丑恶嘴脸，把"大礼议"变为"大礼禁"，张、桂也出于一己私利借大礼议升官入阁，阻止阳明赴京参与大礼议。所以后来阳明对大礼议双方都有批评，认为他们都是为追求一己私利议大礼，而没有从"良知"的公心立场来议大礼，否定了独夫民贼世宗的"大礼议"。

其十八，关于嘉靖中王阳明最终没有能入朝入阁的内幕以及世宗、桂萼制造阳明大冤案的真相，历来不明其详。束景南先生详考明嘉靖以来复杂的政局与"学禁"的背景，考明嘉靖二年以来朝官有十余次荐举王阳明入朝入阁，都被杨廷和、费宏、张璁、桂萼、杨一清一班人所沮抑。他们都极力抢先入阁而嫉妒排斥阳明，把他放到边远外任，甚至到阳明平八寨、断藤峡后大病将死之时，桂萼竟还上疏命阳明在两广再留驻三年，不得归朝，终使阳明在外病卒。

其十九，王阳明与湛若水两人生平共倡圣学（心学）、讲学论道二十余年，历来不得其详。束景南先生将《王阳明全集》与《泉翁大全集》进行仔细地对读与辨析，旁采重要的相关资料比较考证，探明了王湛二人20余年共倡圣学、讲学论道的全过程，揭示了王湛二人讲学论道的矛盾焦点所在，二人心学思想思体系的异同，二人心学思想的互相对立与影响，从一个重要方面深入展现了王阳明一生心学思想发展变化的脉络线索。

其二十，关于王阳明一生学问思想之变，历来说法很多。束景南先生独具匠心地以王阳明任南京鸿胪寺卿为界线，把王阳明的思想发展分为前后两个时期，指明王阳明对自己的思想学问作了两次总结，前期是对知行合一的心学思想体系的总结，后期是对致良知、复心体的良知心学思想体系的总结。在《阳明大传》中，束景南先生对阳明生平学问思想的两次总结作了精密的考定分析，发前人所未发。

三、结语

束景南先生在《阳明大传："心"的救赎之路》研究方法上有重要创新，综合运用了文化心态的研究方法、思想史的研究方法、历史学的研究方法。首先，在文化心态的研究方法上，即把"历史世界"的研究与"思想世界"的研究结合起来，对王阳明作"心态世界"的研究；其次，在思想史的研究方法上，把王阳明生平历史的研究同王阳明思想发展的研究结合起来，具有思想史著作的价值与意义；最后，在历史学的研究方法上，史论结合，考叙结合，共时态研究与历时态研究结合，是求真、求实、求是的历史学研究方法实例典范。

《阳明大传："心"的救赎之路》是一部划时代的传记体文化思想研究著作。该著作不仅突破了五百年来钱德洪《阳明先生年谱》的狭叙事框架及传统流行的传记写作模式，颠覆了五百年以来对王阳明的传统认识与看法，并以王阳明最终提出"王门八句教"的心学思想体系为立论根本，以阳明生平的四个"心学之悟"为思想发展线索，以王阳明一生心学思想的形成发展演变为中轴，多维度展现王阳明曲折复杂的一生与心学思想发展的心路历程。

作者简介：斯彦莉，杭州西湖博物馆总馆研究员，主要从事古籍文献整理与文物研究。

在古今中西会通中整合身心

——评李洪卫《王阳明身心哲学研究——基于身心整体的生命养成》

郑济洲

李洪卫先生的《王阳明身心哲学研究——基于身心整体的生命养成》是在作者 2003 年所确立的博士论文选题的基础上，历时 18 年所完成的鸿篇大作。作者致思 18 载对博士论文推演思辨、切磋琢磨，于 2021 年由国家社科基金后期资助出版，作者之沉潜用心、持久为功值得当代中国哲学界的中青年学者仿效学习。氏著分上下两篇，共计 8 章，以 58 万字之鸿篇巨作从王阳明身心哲学之"身""身心一体""身心整体"等向度进行整体、周密的研究。作者聚焦阳明心学中"心"的内涵及其引导性、规范性和修证层面的指向意义，旨在揭示阳明心学所倡导的"知行合一"的身心层面的根据，说明知行合一和阳明所指示的"自由"是在具有直接行动力层面所述，身心一体和身心整体的"行动力"，这一具有能动性的"行动力"在阳明哲学中的修养工夫、道德践履、教化实践和生命完善。李洪卫先生认为，在王阳明身心一体的圆融境界中，良知本根的心灵精神之向度达到彼种境界（致良知），身心一体性和整体性则会出现。李洪卫以古今中西会通之学术旨归，探赜王阳明身心哲学的整体向度，在"知行本体""生之谓性""自由意志"等方面的阐释具有创建性意义。

一、知行本体：在"知行"圆融中走进阳明心学

"知行本体"与"心之本体"是当前学界阐释阳明身心哲学的重要命题。相较于"心之本体"这一在近代以来学者所持续关注并不断推进的重要论域，"知行本体"在学界的解析力度相对较弱，且未形成相对稳定的解释范式。① 陈来先生在《有无之境：王阳明哲学的精神》中曾经指出阳明心学中"知""行"范畴的重要性："他对'知'与'行'这对范畴的使用照宋儒有一定的区别，

---

① 目前学界以"知行本体"为题的知网发文仅有李令晖、史千里：《"知行本体"与"心之本体"——再论王阳明"知行合一"》，《人文天下》2020 年第 13 期。

其'知'的范围要比宋儒来得狭小，而行的范畴在阳明哲学则较宋儒的使用来得宽泛。"① 李洪卫先生试图以知行本体将身心一体和知行一体整合起来论述，他就阳明心学的"知行本体"作了新的极有价值的阐释。

作者指出，"知行本体"是阳明自己的悟境理解也是他对这种悟境理解的发明，"知行本体"中"知""行"虽为两种存在，阳明在阐发"致良知"之前用"本体"指称"知行合一"，可见"知行合一"并非只是一种实践理性，而且内蕴着阳明的启智之法。阳明试图用知行关系本身说明他的悟性和思想宗旨，以知行本体论证"人心"或人心的本原。在论证中，李洪卫以"知行本体"论证"心之本体"，看似抛却哲学本体之"唯一式"表达，实则走进"圆融式"阐发阳明身心哲学的学术场域，从行动回溯身心的同一性。知行本体论证的核心路径是说明身心关系的整体性，进而说明知行本体的根基在身心一体和身心整体。身心关系是中西哲学具有根本性的共同论域，李洪卫先生在论证王阳明身心整体的过程中，最为艰难的哲学跳跃是从身心"一体论"进入身心"整体论"。在论证中，作者通过阳明身心境界认识论中的"感应"和"感应之几"论证王阳明身心哲学中感应的同一性问题，他在阳明身心哲学的解释框架内，借助佛教唯识学和西方现象学的阐释范式，论证了感官感知与内在心灵感知的统一性与整体性。这里李洪卫在其个人体悟和前贤与时贤论证的基础上对该问题的研究有重要推进。

在近代中国哲学研究的演绎中，冯友兰、张岱年、贺麟等先生在现代中国哲学建构中借助西方哲学的理路，构建了中国哲学史的"理本论""气本论"和"心本论"等不同研究范式。在这种"一元式"本体的哲学探究中，中国哲学的发展之路越发显现为"道术为天下裂"的学界现状，呈现为多元并起的形态和样式。在诸多学者争鸣、商榷之中，学界之百家争鸣背后是精专模式和问学理路的相对局限性。李洪卫先生的著作直面"知之本体"之强势，深究"知行本体"，在走出"一元式"本体命题的背后，也体现其为学之穿透与圆融。李洪卫所付出之努力并非要自立一宗，而是以"一体"之视域推进"整体"之贯通，这一学术趋向当为当今学界所重视。

二、生之谓性：在古今辨合中融通阳明身心哲学的"本体"与"工夫"

修养工夫是学界阐发阳明身心哲学的显题，由于王阳明工夫论所具有的理论性与体验性的融一，当代学界在阐释中相对简略化，且科学性不强。氏著对王阳明"本体工夫"的阐发同时面对了"生之谓性"这一具有原始发生逻辑的哲学命题之上。"生之谓性"是中国哲学史中一个颇为复杂的问题，这一论域的辩争不仅存于孟、告之间，亦是宋明时期朱、王之学的殊异之域，其所衍生的儒家道德理性的天道与自然生命之间的关系究竟是一体的自然属性，抑或是二元的天人结构，还是最终达成二元一体的心、性之体，这些问题不仅导致了牟宗三、唐君毅等现代新儒家

---

① 陈来：《有无之境——王阳明哲学的精神》，北京：北京大学出版社 2013 年版，第 88 页。

的学思疑虑，也曾引发当代学者有关性、天、命的持续讨论。作者指出，作为一个生命体，人的身体活动，各种行为举止，无论其得当与否，是否符合道德标准，都不可能是心灵的或道德理性的直接表现，它首先是身体的活动，是由人的心灵和身体之气共同协调的行动，因此，良知之在人身，其无时无刻不与人体的气同在同行，人体之中气的运行就是"生之谓性"。李洪卫在古今辨合的视域中对思想家史中的"生之谓性"进行阐释，构建起一套本体与工夫合一的身心涵养论。

"生之谓性"在研究研究内容中涉及的有无之境正是诠释王阳明身心哲学之必要内容。李洪卫在学术旨向上受到了现代新儒家关于心性儒学研究范式的启迪，在对牟宗三、唐君毅关于"生之谓性"命题的辨析中，李洪卫先生洞察到牟、唐在对这一命题学理阐释中所存在的警醒世人不能出现认日常为本真的修养倾向。在儒学发展史中，儒者忌讳谈"无"，虽然现代新儒家略有变化，但基调没有从根本上改变。由于阳明肯定"四无"是传心秘藏，但又很难以反身自省、豁然顿悟之工夫方法传人，遂造成近世以来学者们对这一论域的不同见解。面对阳明身心哲学的悟境，李洪卫不仅在学理上在进行缜密的逻辑演绎，亦亲身默识阳明所提供的工夫修养方法。从"生之谓性"到"有无之境"，作者在阳明身心哲学中，试图论证儒家道德价值与超道德价值的整合。他认为不能仅仅将阳明"无"的认识局限在境界论层面，而应该深入儒家心学一派的学理窥探其出世、入世之整体协同。李洪卫先生对于阳明人格修养论述部分作出明确的提示是：在现实的学术研究中不要离开生命涵养来看阳明学说，否则会陷入"理论的虚化之境"，而造成阳明"本体工夫"论的"有""无"分离。

由身心体证出发，李洪卫不是把"生之谓性"理解为自然人性论，而是通过与其相伴而生的"无善无恶"命题对其进行超越性解释。李洪卫认为，儒家变化气质背后的身心状态和精神境界，正是明道和阳明肯定"生之谓性"的内在要义，它既是以道德理性为根基的，同时在终极境界上又是对此超越的，这其中有身心、志气之间的通达性。具体来说就是，心志和良知是主导，而气是良知的实现功能，它的极致发挥可以看做是良知本体的"用"或"妙用"，李洪卫认为，这是阳明个人思想的一个特殊但重要的方面。李洪卫先生在阐释阳明哲学本体论和工夫论的过程中，以经典解释为基础，运用现代哲学理论将王阳明哲学中的身、心、气、理、天、道、性、命等范畴进行有机地整合，既实现了阳明身心哲学的整体性阐释，也彰显了其缜密与系统兼具、理论与实践统一的学术旨趣。

三、自由意志：在明辨中西会通中阐释个体道德意志现实化的可能

从阳明身心哲学到自由意志问题的哲学延伸思考是氏著的一大亮点。自由意志问题是康德哲学最根本、最核心的问题，康德以西方哲学中最深入和精彩的研究处理了这个问题，在作者看来，王阳明对身心问题的思考、论说是其身心哲学中一个可能的具有共同价值的学理内容，对西方哲学包括康德哲学在内的学术理路有接榫和延展作用。作者指出，康德哲学中的"自由意志"

不是将其与行动联系起来考察的，而是从人类意志的本体上来思考这一问题，继而导致其"自由意志"出现没有充分现实可靠性的局限。氏著在明辨中西路径之中，通过对阳明身心哲学中身心一体、身心整体的探讨，指出个体道德意志之现实转化的可能性、中间的身体阻力，以及道德整体化的可能。他在剖析了杨国荣、李明辉、陈立胜等学者对于"气""心气关系"及其对身心整体的影响等问题后，以"真知"这种切身的能行动的"知"如何才能实现之问题为致思关键点，阐释阳明身心哲学中的自由意志是把德性之知视作一种身心境界，它是一种独特的道德能力、认知能力和生命实践的能力，拥有德性之知的人是一种道德纯粹的、良知本体复现、与天地万物为一体的人，也就是为理性的道德意志所贯注、充盈的意志自由的人。

李洪卫指出，当代西方哲学中的责任讨论或自由意志的探究虽然已经触及身心整体层面的动因问题，但是由于西方哲学家缺乏中国古代哲人道德实践尤其是道德涵养上的"工夫"，因此西方哲人不曾讨论过身心一体认知之下的直接的心体直下的道德行动。而在阳明的身心哲学中，他的"立志""收敛精神""静坐涵养""事上磨炼"最后到消除这些动静之分的"致良知"，都体现了道德涵养的功能在身心层面的内在性的展示。这种方式从个体的内在精神出发，同时通过各种涵养工夫达致其中意志的纯化和气机的畅通。在阳明的"自由意志"中，意志行动和身体行动之间的对立就逐渐泯除，其内蕴的知行合一的本质性就展现出来，构成行动哲学的中国哲学特色和共同价值。

古今中西之辨是每一个中国学界必须直面的学术场域，氏著所研究的王阳明身心哲学不仅关注其在中国哲学史中的演绎逻辑，更以一种宏大的普遍性理念统摄赋予其无限的生命活力。作者在研究中所进行的中西哲学比较，为氏著的圆融性表达积累了充足的问题意识。同时，作者在探讨阳明身心哲学中所阐释的"元意向性"问题中虽然援引了康德、胡塞尔、舍勒等思想家的研究理路，但与当代中国现象学家的致思路径还有一些差异，作者坦言这是其借鉴西方哲学的最新研究方面的探索，还有继续申发的空间。在会通古今中西的努力中，李洪卫先生的学术研究所面对的中西方哲学的矛盾、差异与相似性等，同样内在于每一个致力于解释中国哲学、阳明心学学者的思想之域，但是唯其如此才有可能推进具有中国特色的世界性中国哲学的时代进程。

李洪卫先生在古今中西会通中探赜阳明心学近三十余载，其哲思传承并发展着现代新儒家和华东师范大学哲学系"金冯学派"的理路，以宏大的心境与广博的思域阐释王阳明的身心哲学体系。氏著将学术理智和实践理智有机结合，在为学界同仁供给王阳明知行本体的解释理路的同时，也提供了一种有效的工夫修德论。在完成《王阳明身心哲学研究——基于身心整体的生命养成》之后，李先生的研究计划已开始转向个人理性与公共理性的哲学思辨，儒家哲学的"家国天下连续体"的关切进路似乎也同样在李洪卫的身——心——教向政道推演的学术路向中重新开显。

作者简介：郑济洲，男，1988年生，中国哲学博士，牛津大学访问学者，福建省委党校副教授，硕士生导师，研究方向为中国哲学与政治文化。

知行合一牌坊赋

欧阳祯人

贵州龙场中国阳明文化园之知行合一牌坊，长23米，高14米，重达1000多吨。由巨型条石整体结构而成。三门八柱，立体冲天，匠心独运。巍峨苍莽，气冲霄汉，世罕其匹。遥想当年阳明先生辗转千里入黔，百死千难，而夜半悟道，其思想之博大精深，嘉惠世界500多年。其人生迂回曲折、大起大落、感人至深之故事历历在目，使人泣，使人惊，使人感同身受而至于今。

取道沅湘而凭吊兮，心怀稷黍。惺惺相惜之悲催兮，洞庭烟雨。忠愤恳切之离忧兮，倾吐肺腑："世之学者之跳踉兮，沽名钓誉。功利沦浃之心髓兮，得陇望蜀。狼狈为奸之营私兮，处心积虑。骋奇斗巧之眩瞀兮，趋之若鹜。圣学门墙之幽暗兮，不复可睹。魑魅魍魉之跳啸兮，四山狐鼠。嫉累正直而反诋殃兮，人神共怒。迢递千里之冥冥兮，叩天无路。"湘水凄清而寂寥兮，默默低沉无语。九嶷伏倚之参差兮，万壑杳窅仰俯。屈子高义而殷勤兮，执臂深情相抚。扈江离辟芷与秋兰兮，畅饮玉醴溆浒。草木摇落而萧萧兮，晚风漫卷天幕。云海飘逝之茫茫兮，浙楚黔闽连属。

蛮烟貊树之连绵兮，衡南凄楚。远离父老而伤神兮，衷情谁诉？山林萧瑟之霭霭兮，岩穴霜雾。夜半阴湿之浸体兮，鹿豕频顾。发落齿摇之摧残兮，茕茕谁与？挖蕨采药以自救兮，躬耕右圃。百死千难之磨炼兮，历尽困苦。高岩凤雏之落难兮，鸱枭凌侮。凭据丛林之险恶兮，弹弋围捕。人生艰险之绝境兮，欣逢苗土。直情率遂之淳庞兮，本真朴素。老稚日来以探视兮，倍加温煦。悲悯恻隐兮感动天地，动心忍性兮豁然神悟。吾性自足兮我心即理，知行合一兮心外无物。千古一日兮大道至简，心体同然兮神思飞渡。

知行合一之精微兮，由乎忠恕。忠恕本体之一贯兮，源于道术。体大思精之苍莽兮，伟岸堂庑。前仆后继之追随兮，峰峦如聚。孔曾思孟之精要兮，有如神注。天命率性之流转兮，缥缈天御。下学上达之求索兮，圣学孤旅。天道人道之拳拳兮，浩然神遇。与天地合德于礼乐兮，重在践履。与日月合明于四箴兮，戒乎诚笃。良知良能之隐微兮，昭明玉宇。格物致知之诚意兮，心体永驻。三纲八条之通贯兮，体用同步。明觉精察之知行兮，德行为务。由忠而恕之推演兮，意在众庶。万物一体之圣学兮，天理昭著。

危乎高哉之地标兮，三门八柱。榫卯相结之构造兮，匠心天铸。立体冲天之萧朗兮，翼翼鹤舞。天悬地隔之大荒兮，浑然高矗。儒学正脉之简易兮，沧溟凝仁。奎壁映带之巍峨兮，隐隐天数。黔中审美之韵致兮，青墙为辅。右孔颜和乐之高迈兮，左思孟之园承露。八派后学之恭敬兮，相伴为侣。正心泉水之涓涓兮，涤荡思绪。依托云贵之苍翠兮，气吞滇缅寒浦。神思乌江之渺渺兮，遥聆晨钟暮鼓。十万大山之拱卫兮，巍然屹立稳固。千岩万壑之奔腾兮，共奏天道妙谱。日星隐曜之浩瀚兮，庆贺龙场佳筑。天人冥合之四时兮，周流六虚守护。

乱曰：莽莽苍苍兮源远流长，气象森然兮荡气回肠。仗剑天涯兮万里幽梦，志在圣贤兮寻觅故乡。

辛丑大寒，欧阳祯人撰

知行合一牌坊赋（注释本）：

取道沅湘①而凭吊兮，心怀稷黍。②惺惺相惜之悲催兮，洞庭烟雨。忠愤③恳切之离忧④兮，倾吐肺腑："世之学者之跳踉兮，⑤沽名钓誉。功利沦浃之心髓兮，⑥得陇望蜀。狼狈为奸之营私兮，⑦处心积虑。骋奇斗巧之眩瞀兮，⑧趋之若鹜。圣学门墙之幽暗兮，不复可睹。⑨魑魅魍魉之跳啸兮，四山狐鼠。⑩嫉累正直而反诋欺兮，⑪人神共怒。迢递千里之冥冥兮，叩天无路。"湘水凄清而寂寥兮，默默低沉无语。九嶷伏倚之参差兮，⑫万壑杳窅仰俯。屈子高义而殷勤兮，执臂深情相抚。扈江离辟芷与秋兰⑬兮，畅饮玉醴淑浒。草木摇落而萧萧兮，晚风漫卷天幕。云海飘逝之茫茫兮，浙楚黔

---

① 沅、湘：指沅水、湘水。见王阳明《吊屈原赋》（见本文附录）。
② 黍稷：出自《诗经·王风·黍离》，这是一首爱国之诗。为了押韵，颠倒次序：稷黍。其诗曰："彼黍离离，彼稷之苗。行迈靡靡，中心摇摇。"
③ 忠愤：一词，出自王阳明《吊屈原赋》。
④ 离忧：古人对《离骚》一诗主题思想的概括之词。《离骚》中国诗歌名篇，是屈原被放逐之后的压卷之作。
⑤ 世之学者之跳踉：语出王阳明《答顾东桥书》，"世之"指的是明代中期，王阳明所处的时代。"学者"，不是指今天现代汉语中的"学者"，指的是明代中叶的士大夫。"跳踉"：跳跃、专横跋扈。原文是："世之学者，如入百戏之场，欢谑跳踉，骋奇斗巧，献笑争妍者，四面而竞出，前瞻后盼，应接不遑，而耳目眩瞀，精神恍惑，日夜遨游淹息其间，如病狂丧心之人，莫自知其家业之所归。"
⑥ 功利沦浃之心髓：语出王阳明《答顾东桥书》："盖至于今，功利之毒沦浃于人之心髓而习以成性也，几千年矣。"
⑦ 结党营私，是明代社会各阶层最大的特点，最后，因此而导致了明朝的灭亡。
⑧ 骋奇斗巧之眩瞀：王阳明《答顾东桥书》中的原话。瞀：音冒。心绪纷乱，愚蠢。
⑨ 圣学门墙之幽黯兮，不复可睹：王阳明《答顾东桥书》中的原话。
⑩ 魑魅魍魉之跳啸兮，四山狐鼠：王阳明《吊屈原赋》中的原话。
⑪ 嫉累正直而反诋欺：王阳明《吊屈原赋》中的原话。
⑫ 九嶷参差：王阳明《吊屈原赋》中的原话。九嶷，九嶷山。伏倚，暗含王阳明未来道路的吉凶起伏。"祸兮福之所伏，祸兮福之所倚"。
⑬ 扈江离辟芷与秋兰：出自屈原《楚辞》。扈，继续。江离、辟芷、秋兰，都是香花香草。在这里是指屈原馈赠给王阳明礼物。

闽连属。①

第一段写王阳明与屈原心灵感应，惺惺相惜，借此指出知行合一思想在明代产生的社会基础，以此相关内容照应后面的描写。本段中涉及的很多句子，都出自王阳明本人的原话，主要见于《吊屈原赋》《答顾东桥书》，也有《楚辞》的浪漫底蕴与气质。

> 蛮烟貊树之连绵兮，② 衡南凄楚。远离父老而伤神兮，衷情谁诉？山林萧瑟之霭霭兮，岩穴霜雾。夜半阴湿之浸体兮，鹿豕频顾。发落齿摇之摧残兮，茕茕谁与？挖蕨采药以自救兮，躬耕右圃。百死千难之磨练兮，历尽困苦。③ 高岩凤雏之落难兮，鸱枭凌侮。凭据丛林之险恶兮，弹弋围捕。④ 人生艰险之绝境兮，欣逢苗土⑤ 直情率遂之淳庞兮，⑥ 本真朴素。老稚日来以探视兮，倍加温煦。⑦ 悲悯恻隐兮感动天地，动心忍性兮豁然神悟。吾性自足兮我心即理，知行合一兮心外无物。⑧ 千古一日兮大道至简，心体同然兮神思飞渡。⑨

第二段写王阳明在龙场的苦难与人生的绝境，与苗族土家族山民的相遇，真情率性激发悟道、知行合一思想产生的原因和过程。茫茫黑夜，万山丛中，千古之所同然。

> 知行合一之精微⑩兮，由乎忠恕⑪。忠恕本体之一贯兮，源于道术⑫。体大思精之苍莽兮，伟岸堂庑⑬。前仆后继之追随兮，峰峦如聚。孔曾思孟⑭之精要兮，有如神注。天命率性之流转兮，缥缈天御。⑮下学上达⑯之求索兮，圣学孤旅。天道人道之拳拳兮，

① 浙楚黔闽连属：暗指王阳明一生的功德产生所在地。属，第三声，动词，连接。
② 蛮、貊：古代指少数民族聚居地。
③ 以上数句，都有文献依据，均写王阳明在龙场的生活困苦。
④ 这几句出自王阳明《居夷诗》中的《凤雏次韵答胡少参》："凤雏生高岩，风雨摧其翼。养疴深林中，百鸟惊辟易。虞人视为妖，举网争弹弋。此本王者瑞，惜哉谁能识！吾方哀其穷，胡忍复相哑？鸱枭据丛林，驱鸟恣搏食。嗟尔独何心？枭凤如白黑。"
⑤ 苗土：苗族、土家族。
⑥ 直情率遂之淳庞：出自王阳明《何陋轩记》。率遂，率直。淳庞，淳朴。
⑦ 老稚日来以探视兮，出自王阳明《何陋轩记》。
⑧ 动心忍性兮豁然神悟。吾性自足兮我心即理，知行合一兮心外无物：这几句是在写王阳明的龙场悟道。"动心忍性"，出自《孟子》；"吾性自足"是王阳明自己对所悟内容的表述；"我心即理"，就是心即理。
⑨ 千古一日兮大道至简，心体同然兮神思飞度：出自王阳明《答顾东桥书》，千古一日、心体同然，是说，我们目前的善心与数千年以前的圣人是一样的；大道至简，是先秦儒学的基本思想。也是阳明学的特征之一。
⑩ 精微：出自《尚书·虞书·大禹谟》的心学十六字心学要诀。"人心惟危，道心惟微。惟精惟一，允执厥中。"这十六个字，被王阳明称为心学之源。
⑪ 忠恕之道：出自《论语》。是整个先秦儒学的理论基础和框架。三溺三变之后，王阳明彻底回归儒学，回归孔子。知行合一的理论来源是孔子的忠恕之道。其目标就是通过自己的进德修业，达到天下的天地万物一体之仁。
⑫ 道术：语出《庄子·天下篇》。指中国原生态的哲学。
⑬ 伟岸堂庑：形容先秦儒家思想体大思精，像高大的建筑一样，暗示知行合一牌坊的气象壮丽。
⑭ 孔曾思孟：指孔子、曾子、子思子、孟子。
⑮ 天命率性之流转兮，缥缈天御：出自《礼记·中庸》。指的是人的善性，来源于天的启示。是天命性情的流转。
⑯ 下学上达：出自孔子之口。见《论语·宪问》。

浩然神遇。与天地合德于礼乐兮，重在践履。与日月合明于四箴兮，戒乎诚笃。① 良知良能之隐微兮，昭明玉宇。② 格物致知之诚意兮，③ 心体永驻。④ 三纲八条之通贯兮，体用同步。⑤ 明觉精察之知行兮，德行为务。⑥ 由忠而恕之推演兮，意在众庶。万物一体之圣学兮，天理昭著。⑦

第三段从整个儒学的思想体系上，阐述知行合一思想的内涵。本赋作者认为，孔子的忠恕之道一以贯之，本身就已经从极为深刻辽阔的视野上界定了人的本体。王阳明知行合一的思想是孔子相关思想的继续和发展。孔子的"忠"是离不开"知"的，"行"的极致也只能是孔子的"恕"——在王阳明那里就是天地万物一体之仁。虽然王阳明并没有走出孔子思想的伟大，但是在特殊的明朝，王阳明的知行合一思想针砭时弊，石破天惊坚守和发展了孔曾思孟的道义。

危乎高哉之地标兮，三门八柱。榫卯相结之构造兮，匠心天铸。立体冲天之萧朗兮，翼翼鹤舞。天悬地隔之大荒兮，浑然高矗。儒学正脉之简易兮，沧溟凝伫。奎壁⑧映带之巍峨兮，隐隐天数。黔中审美之韵致兮，青墙为辅。右孔颜和乐之高迈兮，左思孟之园承露。八派后学之恭敬兮，相伴为侣。正心泉水之涓涓兮，涤荡思绪。依托云贵之苍翠兮，气吞滇缅寒浦。神思乌江之渺渺兮，遥聆晨钟暮鼓。⑨ 十万大山之拱卫兮，巍然屹立稳固。千岩万壑之奔腾兮，共奏天道妙谱。日星隐曜之浩瀚兮，庆贺龙场佳筑。天人冥合之四时兮，周流六虚守护。⑩

第四段，以整个儒学和贵州的山水为背景，描述知行合一牌坊的壮丽雄伟。本段把牌坊与知行合一思想交互起来，把有形的牌坊与无形的思想交融起来，有天地山川，有云贵苍翠，更有阳明学历史的渊源与后学延伸，尤其有作者的赞美与祝愿。

乱⑪曰：莽莽苍苍兮源远流长，气象森然兮荡气回肠。仗剑天涯兮万里幽梦，志在

---

① 与天地合其德，与日月合其明，与四时合其序，与鬼神合其吉凶：出自《周易·乾·文言传》。言天人合一的境界。在《周易》中讲的是"时"与"中"的互动。在这里讲的是知行合一的要旨。在事事物物之中致吾之良知。"四箴"之语，出自《论语·颜渊》，孔子曰："非礼勿视，非礼无言，非礼勿听，非礼勿动。"宋明时期称之为四箴。

② 良知良能之隐微兮，昭明玉宇："良知良能"，出自《孟子》。"隐微"出自《中庸》。玉宇，指浩瀚澄澈的天空。

③ 格物致知：王阳明在格物致知上面花了大量的心血、做了大块的文章。

④ 阳明心学经常讲精微。精微出自《尚书》"人心惟危，道心惟微。惟精惟一，允执厥中。"阳明称之为"心学之源"。

⑤ 三纲八条：是指的《大学》中的三大纲领，八大条目。王阳明对此有不同于朱熹的独特解释，其核心思想就是体用不二。（三大纲领是：大学之道在明明德，在亲民，在止于至善。八大条目是：格物、致知、诚意、正心、修身、齐家、治国、平天下。）

⑥ 出自王阳明《传习录》："知之真切笃实处便是行，行之明觉精察处便是知。"

⑦ 知行合一的理论出自忠恕之道，而忠恕之道，不仅是人之所以为人的精神本性，而且推而广之，是打造诚信社会、公平、美好、健康人文社会环境的终极目标。

⑧ 奎、壁：二十八宿的奎宿、壁宿，二者连用表示文运、文苑。

⑨ 贵州修文：属于黔中，属于乌江水系。

⑩ 天人冥合之四时兮，周流六虚守护：天人冥合、周流六虚，均出自《周易》。是《周易》的天人境界。

⑪ 乱：古代赋体文结尾处的感发或思想总结。

圣贤兮寻觅故乡。

全文的正文一韵到底，用仄声。但是在写《乱》的时候，一改仄声的铿锵跌宕，用平缓的江阳韵，仿佛万里长江流入了东海之境，有反思、苍凉、虚幻的感觉。《乱》的第一句讲的是王阳明的思想源远流长，从先秦孔曾思孟一直到当今贵州省、修文龙场的仁人志士不懈地努力。第二句讲的是历代圣贤的历史故事壮丽巍峨，气吞云天。第三句讲的，其实不仅仅只是王阳明的文武兼备，更重要的是在说，古今的仁人志士千百年来，都是仗剑天涯，万里幽梦，备尝艰辛而永不放弃地追寻。第四句是在说，大家都在寻找着我们心中的圣贤故乡。这是我们追求的共同目标。

附录一
吊屈平赋（丙寅）

王守仁

正德丙寅，某以罪谪贵阳，取道沅、湘。感屈原之事，为文而吊之。其词曰：

山黯惨兮江夜波，风飕飕兮木落森柯。泛中流兮焉泊？湛椒醑兮吊湘累。云冥冥兮月星蔽晦，冰崚嶒兮霰又下。累之宫兮安在，怅无见兮愁予。高岸兮嵚崎，纷纠错兮校枝。下深渊兮不恻，穴颓洞兮蛟螭。山岑兮无极，空谷谽谺兮迥寥寂。猿啾啾兮吟雨，熊黑嗥兮虎交迹。念累之穷兮焉托处？四山无人兮骇狐鼠。魑魅游兮群跳啸，瞰出入兮为累奸宄。嫉累正直兮反诋为殃，昵比上官兮子兰为臧。幽业薄兮畴侣，怀故都兮增伤。望九疑兮参差，就重华兮陈辞。沮积雪兮涧道绝，洞庭渺藐兮天路迷。要彭咸兮江潭，召申屠兮使骖。娥鼓瑟兮冯夷舞，聊遨游兮湘之浦。乘回波兮泊兰渚，眷故都兮独延伫。君不还兮郢为墟，心壹郁兮欲谁语！郢为墟兮函嵚亦焚，谗鬼逋戮兮快不酬冤。历千载兮耿忠幅，君可复兮排帝阍。望遁迹兮渭阳，箕罹囚兮其侪以狂。艰贞兮晦明，怀若人兮将予退藏。宗国沦兮摧腑肝，忠愤激兮中道难。勉低回兮不忍，溘自沈兮心所安。雄之谀兮谗喙，众狂稺兮谓累扬。已为魑为魅兮为谗媵妾，累视若鼠兮佞颜有沚。累忽举兮云中龙，莅晻霭兮飘风。横四海兮倏忽，驷玉虬兮上冲。降望兮大壑，山川萧条兮济寥廓。逝远去兮无穷，怀故都兮蜷局。乱曰：日西夕兮沅湘流，楚山嵯峨兮无冬秋。累不见兮涕泗，世愈隘兮孰知我忧！

附录二
《知行合一牌坊赋》参考文献：

王阳明《吊屈原赋》《答顾东桥书》《居夷诗》《传习录》等。屈原《离骚》、《楚辞》，朱熹《四书章句集注》,《诗经》,《周易》,等等。赋文的很多句子,都是出自这些材料的原文。

附录三

编者按:此赋由王阳明取道沅湘入黔,凭吊屈原的描述入手,由思想的挖掘到牌坊的描述、由历史的回顾到现实的观照,力透纸背,一气呵成,充满了骚体赋铺张扬厉、浪漫飘逸的抒情特色,人情冷暖,世态炎凉,尽收眼底,读来酣畅淋漓。其次,本赋用骚体赋激荡、一唱三叹的语言,天与人相续相连,声情并茂地描述了王阳明在屈原面前哭诉自己遭遇的悲催场景。景中有情,情中有景,情景交融,以此带动对王阳明在龙场艰苦的历史背景、生活环境和当下心境细致的诉说,字字句句没有离开王阳明的著作和相关的历史记载,所以,这篇赋是代王阳明抒情达意,对王阳明龙场悟道的思想背景和原因,进行了细致的叙述。由此,王阳明在龙场一幕幕的生活场景都以形象的刻画艺术性地展现了出来。第三,本赋不是仅仅描写牌坊材质的别具一格、结构的匠心独具和审美效果的壮丽巍峨,而是始终富有历史沉淀的穿透力,富有中国心学哲理的睿智与深度。把牌坊的描写始终浸润于思想的深刻和历史的烟云之中,是本赋的最大特色。以知行合一的思想为楔子,构思了王阳明整体思想的巡礼,由王阳明的思想上溯到孔曾思孟的忠恕之道,也映带了无数的中国志士不懈地追求——仗剑天涯,寻觅故乡,莽莽苍苍,荡气回肠。

《阳明学研究》征稿

  《阳明学研究》是由武汉大学国学院与贵阳孔学堂文化传播中心联合主办的学术性研究期刊，每年两期。由武汉大学资深中国哲学史专家、武汉大学国学院院长郭齐勇教授担任主编。本期刊秉持自强不息、厚德载物的精神，客观理性、开拓创新，系统研究以王阳明思想为中心的中国传统心学，深入挖掘王阳明以及阳明后学的思想资源和当代价值，立足经典，面向现实，密切关注世界各地相关的研究成果，充分展示当代学人的思想智慧，努力打造国内阳明学研究的高端平台。欢迎您踊跃投稿。请您仔细阅读我们的征稿启事，严格按照我们的格式排版，然后再投稿。

一、本刊栏目

  1.心学源流；2.朱陆异同；3.程朱理学；4.阳明心学；5.阳明后学；6.阳明与贵州；7.阳明与浙江；8.阳明与楚中；9.阳明与江西；10.阳明兵学思想；11.阳明学与道家；12.阳明学与禅宗；13.东亚阳明学；14.西方阳明学；15.阳明学文献与版本。

二、本刊选题

  1.先秦儒家心性学研究；2.先秦道家心性学研究；3.心性学在中国思想史上的发展；4.心性学在现实中的作用；5.心性学与事功学的关系；6.陆九渊心学研究；7.北宋五子研究；8.朱熹与陆九渊的异同；9.陆王心学与程朱理学的关系；10.王阳明的心学思想；11.王阳明的教育思想；12.王阳明的兵学思想；13.王阳明思想的地缘研究；14.王阳明与道家、禅宗的关系；15.王阳明后学研究；16.东亚阳明学研究；17.西方阳明学研究；18.阳明学文献及版本研究。

三、特别启事

本刊根源性与多元性、学术性与思想性、理论性与现实性彼此融汇，数据的全面性、出处的准确性、理解的准确性与学术的规范性相得益彰，是严肃的学术性杂志，严禁投机取巧、凌空蹈虚之作。禁止剽窃抄袭。文责自负。

四、撰稿须知

1. 文稿请提供文章篇名、作者姓名、关键词（4—5个）、摘要（300字左右）、作者简介、当页注释等。并请提供内容提要、关键词，若文章有课题（项目）背景，请标明课题（专案）名称及批准文号等。从第四辑开始，本刊采用简体字编辑出版。

2. 请随文稿附上作者的相关信息：姓名、性别、出生年份、籍贯、学位、职务职称、专业及研究方向、工作单位、联系方式（电话、电子邮箱）及详细通信地址。

3. 注释统一采用当页形式，每页重新编号。全文以①②③的形式连续编号。

4. 参考文献用［1］［2］［3］标出，在文末按顺序排列。参考文献书写格式："［序号］主要责任者：文献题名，出版地：出版者（或者报刊名），出版年（报刊年出版日期），起止页码（当整体引用时不注）"。

5. 文章5000字以上，12000字以内，优稿优酬。请勿一稿多投，凡投稿三个月后未收到刊用通知者，可自行处理稿件。

五、联系方式

地址：湖北省武汉市珞珈山武汉大学国学院

武汉大学《阳明学研究》杂志社　**邮编：**430072

电话：（027）—68761714　戴芳、肖航　**邮箱：**ymxyj_whu@163.com

六、编辑部成员

学术顾问（以拼音为序）：

成中英（夏威夷大学）、陈来（清华大学）、陈立胜（中山大学）、丁为祥（陕西师范大学）、

责任编辑：洪　琼

图书在版编目（CIP）数据

阳明学研究．第七辑 / 郭齐勇主编；武汉大学阳明
学研究中心，贵阳孔学堂文化传播中心编．-- 北京：
人民出版社，2025．4．-- ISBN 978 - 7 - 01 - 027064 - 7

Ⅰ．B248.25

中国国家版本馆 CIP 数据核字第 2025R18909 号

阳明学研究

YANGMINGXUE YANJIU

（第七辑）

郭齐勇　主编

武汉大学阳明学研究中心　贵阳孔学堂文化传播中心　编

人民出版社 出版发行

（100706　北京市东城区隆福寺街 99 号）

北京中科印刷有限公司印刷　新华书店经销

2025 年 4 月第 1 版　2025 年 4 月北京第 1 次印刷
开本：889 毫米 × 1194 毫米 1/16　印张：22.25
字数：450 千字

ISBN 978 - 7 - 01 - 027064 - 7　定价：60.00 元

邮购地址 100706　北京市东城区隆福寺街 99 号
人民东方图书销售中心　电话（010）65250042　65289539